21世纪经济管理教材

市场营销学

MARKETING

乔均　主编

清华大学出版社
北　京

图书在版编目(CIP)数据

市场营销学/乔均主编．—北京：清华大学出版社，2010.2(2021.1重印)
(21世纪经济管理教材)
ISBN 978-7-302-21906-4

Ⅰ.①市… Ⅱ.①乔… Ⅲ.①市场营销学-高等学校-教材 Ⅳ.①F713.50

中国版本图书馆CIP数据核字(2010)第013212号

责任编辑：刘志彬
责任校对：宋玉莲
责任印制：宋 林

出版发行：清华大学出版社
http://www.tup.com.cn
社 总 机：010-62770175
地 址：北京清华大学学研大厦A座
邮 编：100084
邮 购：010-62786544
投稿与读者服务：010-62776969，c-service@tup.tsinghua.edu.cn
质量反馈：010-62772015，zhiliang@tup.tsinghua.edu.cn
印 装 者：三河市科茂嘉荣印务有限公司
经 销：全国新华书店
开 本：185mm×260mm **印 张**：24.5 **字 数**：566千字
版 次：2010年2月第1版 **印 次**：2021年1月第17次印刷
定 价：56.00元

产品编号：035993-02

CONTENTS 目录

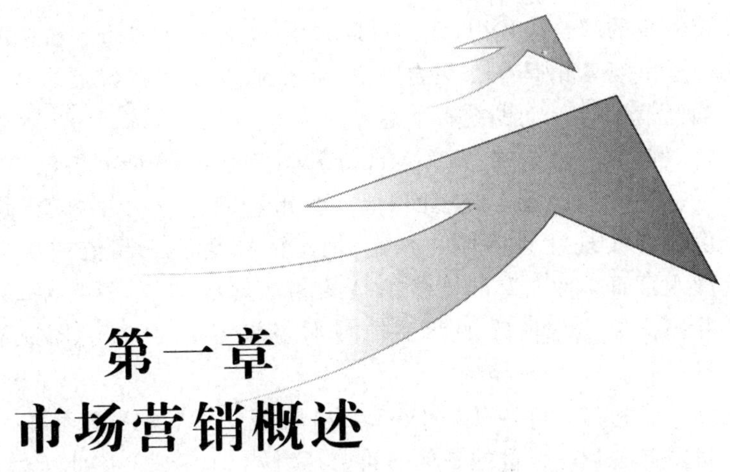

第一章 市场营销概述

[教学要求]

掌握市场营销学概念；

掌握市场营销学研究的对象和内容；

掌握顾客导向型市场营销观念；

了解市场营销观念演变的形态及原因；

了解市场营销学发展的几个阶段；

了解市场营销学创新和发展的动向。

市场营销学是国外商学院普遍开设的传统必修课程。市场营销学作为专业学科在国外已有很长的历史。市场营销学是在我国改革开放以后引进的，随着市场开放和改革的逐步深入，市场营销学亦已成为我国的"热门"学科，目前我国高等院校的管理专业基本都开设市场营销学课程或设置市场营销专业。众多的工商企业也重视市场营销研究，并开始自觉地把市场营销学的方法应用于企业经营。

第一节 市场营销的含义

市场营销学作为一门学科萌发于美国。"市场营销学"一词最早(1902 年)出现在美国密歇根大学的学报上。20 世纪 50 年代，市场营销学首先在美国迅速革新，并发展成为一门具有崭新内容的经济管理学科。不久又在日本、西欧等发达资本主义国家得到广泛的发展。广大发展中国家在发展本国经济的过程中，也相继引入了市场营销思想和市场营销学科。市场营销学译自英文 Marketing，Marketing 一词在我国有两种译法：一种是译作营销管理或市场营销，是指企业的市场经营管理活动；另一种是我国学者最初受日本等国家和地区的影响，将 Marketing 译作市场学。

研究市场营销首先要界定营销的概念。要想精确界定市场营销概念其实是一件十分困难的事情。从科特勒(Philip Kotler)对市场营销概念的比较以及我国学者对市场营销概念的综合表述中，我们可以看出，中外学者对市场营销的认识有较大分歧。

市场营销是一个集合概念，是企业在以消费者需求为中心的前提下所进行的一系列经营销售活动的统称。这些活动包括：市场调研、产品开发、销售渠道选择、促销、销售服务等。麦卡锡(E. J. MeCarthy，1960 年)[①]对市场营销分别从宏观和微观两个角度进行了界定。在宏观层面，他认为市场营销是一个社会过程，该过程以一种有效匹配供需并实现社会目标的方式，把经济社会的商品流或服务流从制造商引向顾客。在微观层面，他认为市场营销是某些活动的实施，这些活动通过预测顾客或客户需要，并把满足需求所需的商品流或服务流从制造商引向顾客或客户，从而实现组织的目标。

菲利普·科特勒从 1967 年出版第一版《营销管理》以来，曾多次对教材进行修改。我国首次翻译引进的是他的第五版教材(1985)。在此版教材中科特勒将市场营销定义为："市场营销是个人和集体通过创造并同别人交换产品和价值以获得其所需之物的一种社会活动。"[②]之后科特勒多次对教材进行修订，在第 12 版中他分别从社会和管理两个角度对市场营销作了定义。"从社会角度上看，营销是个人和集体通过创造，提供出售，并同别人自由交换产品和价值，以获得其所需所欲之物的社会过程。从管理的角度看，营销管理作为艺术与科学的结合，它需要选择目标市场，通过创造、传递和传播优质的顾客价值，获得、保持和发展顾客。"[③]

美国市场营销协会(AMA)1985 年比较全面地对市场营销进行了界定：市场营销是对思想、产品及劳务进行设计、定价、促销及分销的计划和实施的过程，从而产生满足个人和组织目标的交换。在此之后，2004 年美国市场营销协会(AMA，2004)[④]又进一步修正了所下的定义：市场营销是一项有组织的活动，它包括创造价值，将价值沟通输送给顾客，以及维系管理公司与顾客之间的关系，从而使得公司及其相关者受益的一系列过程。

我国学者吴世经教授、梅汝和教授则完全赞同美国市场营销协会的定义。[⑤] 邝鸿教授则基本赞同科特勒的定义[⑥]。中国人民大学纪宝成教授认为[⑦]：所谓市场营销，就是在变化的市场环境中，旨在满足消费者需要，实现企业目标的商务活动过程，包括市场调研、选择目标市场、产品开发、产品定价、渠道选择、产品促销、产品储存和运输、产品销售、提供服务等一系列与市场有关的企业业务活动。

笔者认为：市场营销就是研究市场中消费者的需求及其变化，通过创造和生产控制，渠道建设和价格设计，利用创意和促销，有针对性地满足个人、企业和政府需求的社会管理过程。

---

① 小威廉·D. 佩罗特，尤金尼·E. 麦卡锡. 基础营销学(学生版). 梅清豪，周安柱，译. 上海：上海人民出版社，2001.

② 菲利普·科特勒. 营销管理(第 5 版). 梅汝和，译. 上海：上海人民出版社，1990.

③ American Marketing Association，1985，2004.

④ 菲利普·科特勒，凯文·莱恩·凯勒. 营销管理(第 12 版). 梅清豪，译. 上海：上海人民出版社，2006.

⑤ 吴世经. 市场营销学(修订本). 成都：西南财经大学出版社，2001：6.

⑥ 邝鸿. 市场学原理. 北京：中国展望出版社，1987.

⑦ 纪宝成. 市场营销学教程(修订本). 北京：中国人民大学出版社，1997：20.

第二节 市场营销学的产生和发展

市场营销学是在资本主义经济迅速发展与市场现实矛盾日益突出的条件下,逐步形成和发展起来的。市场营销学作为一门独立的学科从经济学的殿堂中分离出来,是20世纪初在美国开始并逐步形成的。但是,市场营销的研究和发展究竟经历了几个阶段,学界的认识是不统一的。我国学者从西方国家对市场营销学研究的历史和发展过程出发,将市场营销学的发展分为萌芽、成长、形成和成熟四个时期。

一、市场营销学的萌芽期

从19世纪末到20世纪20年代,这是市场营销学的探索和初创阶段。这个时期,主要资本主义国家先后完成了工业革命,并从自由竞争资本主义向垄断资本主义过渡。随着生产社会化与生产资料资本主义私人占有制之间的矛盾进一步尖锐化,以及由于生产过剩导致的商品销售危机联系在一起,迫使资本家为了给产品找出路而重视销售研究。此时,曾出现一批总结商业经验的著作。特别是20世纪初,美国许多大企业推行泰罗的"科学管理",大大提高了生产效率,使生产能力增长速度超过了市场需求增长速度,产品销售遇到的困难日益加深。一些经济学家根据企业销售实践活动的需要,开始从理论上研究商品销售问题。西方许多大学也陆续开设了这一课程[⑧]:1902年,美国密执安大学的经济系最先开设了名为"美国的分配和调控产业"课程;在1903年,又增加了"农产品的分销"和"批发和零售贸易"两门课程。1904年,宾夕法尼亚大学沃顿商学院开设了它的第一门营销学课程"产品市场营销",并首次在题目中应用"市场营销"一词。哈佛大学在1909年开始开设市场营销课程;1912年美国哈佛大学教授赫杰特齐(J. E. Hagertg),在深入调查研究的基础上,撰写了世界上第一本以"Marketing"(市场营销学)命名的教科书。这本书只侧重研究广告和商业网点的设置,并没有像今天这样既研究生产经营,又研究市场销售。但是,它的问世却是Marketing(市场营销学)从经济学(Economics)中分离出来并作为一门独立学科出现的里程碑。此后,这方面的著作不断问世。然而,这时的市场营销学还没有形成独立完整的体系,研究的内容仅侧重于推销方法,所以,这时市场营销学还未能引起社会各界的广泛重视,它的研究活动仅限于高等院校。

二、市场营销学的成长期

从20世纪30年代到第二次世界大战结束,是市场营销学应用并得到发展的阶段。1929年至1933年的世界特大经济危机,使产品实现销售成为一个头等重要的问题,迫使企业普遍关心产品的销售活动,市场营销学获得企业家的青睐,并为企业家所采用。另一方面,市场营销学的理论体系已逐步建立起来,也引起了社会的进一步重视。这时,美

---

⑧ A. J. Faria, University of Windsor, Windsor. The Development of The Functional Approach to The Study of Marketing to 1940:160-190.

国成立若干个市场营销的研究中心。1926年"全美广告协会"改为"全美市场营销学和广告学教员协会"。1937年美国正式成立了全国性的"美国市场营销学会"(American Marketing Association)。这种组织吸收了企业界的实际工作者和理论界的理论工作者，共同研究企业的市场营销问题，并在美国全国成立了若干个分会。但是，这个时期，市场营销学从讲台走向应用，仍然是研究如何大规模地推销已生产出来的产品，侧重研究商品销售的组织机构和推销策略，并未研究生产如何符合市场需要的问题。然而，市场营销学从学校走向社会；从大学讲台进入流通领域的实际应用，使得更多的企业家和经济学家加入了市场营销学的研究队伍，在理论与实践相结合方面进行的探讨，既有益于企业的经营活动，同时也促进了市场营销学的发展。

三、市场营销学的形成期

从20世纪50年代至70年代，是市场营销学的变革和最终确立阶段。第二次世界大战后，美国急剧膨胀的军事工业转为民用工业，使得民用品生产在短短几年内出现严重的相对过剩。随着第三次科技革命的发展，劳动生产率大大提高，产量急剧增加，花色品种不断翻新，企业之间的竞争也因此更加激烈。美国政府吸取30年代大危机的教训，试图推行高工资、高福利、高消费政策，刺激社会购买力，来缓解生产与消费的矛盾。"三高政策"的实施，使人们的收入得到了很大的提高，同时也使整个社会的消费水平和消费结构发生了很大的变化。消费者的需求和欲望不断变化，使原有市场营销学的研究已不能适应新形势的需要，市场营销开始变革，突破流通领域的局限，进入生产领域和消费领域。企业要在市场上生存下去，取得竞争的胜利，仅仅注重推销技术已行不通了，必须调查、分析、判断消费者需求的发展变化趋势，按照消费者的需求组织生产和销售，产品才能在市场上得到更多顾客的欢迎。企业由原来的先有产品，后有顾客，转向了先有顾客，后有产品。市场营销学的研究发生了深刻的变革，从侧重市场推销转向市场营销。市场营销的范围始于产品被生产之前，终于产品实现销售之后。在产品生产之前，需要分析市场，按照消费者的需要确定生产什么，生产多少，如何生产；产品生产出来后，要研究营销策略，实现销售；产品销售后，要提供服务，使顾客满意，提高重复购买率，同时搜集反映，为再生产提供依据。市场营销观念的确立，研究对象的明确和拓展，使市场营销学的地位最终得到确认，并获得了很大的发展，迅速从美国传到西欧、日本和其他资本主义国家，遂成为一门新兴的现代学科。

四、市场营销学的成熟期

市场营销学作为一门成熟的学科，是从20世纪70年代开始的。进入70年代以来，在第四次科技革命的推动下，资本主义社会生产的科学化、自动化、高速化和连续化大大加速，社会产品丰富多样，市场竞争空前激烈。由于社会生产力的迅速发展和企业营销的实际需要，市场营销学作为一门专门研究企业的生产经营和市场销售的学科，越来越受到许多学科的学者和企业经理人员的重视。市场营销学的内容不断充实，概念时有更新，体系渐趋成熟。现代市场营销学，已经不只是企业营销实践的一般经验概括和总结了，它已同经济学、管理学、社会学、心理学、行为科学、运筹学、系统工程学、经济计量学等学科的有关知识紧密结合，相互渗透，形成了一门比较成熟的实用性很强的专门学科。

只有这时，市场营销学才称得上现代市场营销学。

目前，在资本主义国家，市场营销学所分析的市场营销理论、思路与方法，早已成为经济管理人才、工商业界人士必备的专门知识，西方国家的企业家普遍认为，不懂市场营销学，就不配当一位企业家。因此，在今天，市场营销学不仅是培养经济管理人才的必修课，而且也是一门经济理论工作者学习和工商业界人士研究的主要内容。

在我国，西方的市场营销学早在20世纪30年代就已传入，在一些高等院校开设过类似的课程，但由于商品经济不发达，对市场营销学的研究与运用未能受到重视，从新中国成立以后到十一届三中全会以前，由于种种原因，这门学科曾经受到冷遇而销声匿迹。党的十一届三中全会以后，我国大力推进社会主义经济体制的改革，使企业由政府机构的附属物变为自主经营、自负盈亏的商品生产者和经营者，条块分割、地区封锁的封闭性市场已经转变为竞争性、开放性的市场……所有这些都意味着我们的企业正在成为庞大而又复杂的市场系统中的一个单位，市场已经逐渐成为企业生存的空间、发展的条件和竞争的阵地。在这样的情况下，市场营销学这门学科日益为人们所重视。从20世纪80年代开始，中国人民大学、西南财经学院、上海财经学院、南开大学、云南财经学院、中南财经学院等院校率先开设市场营销学课程，市场营销学迅速发展成为我国管理教育中的一门重要学科。

第三节　市场营销学的研究对象和内容

市场营销学就是研究市场营销活动及其规律的一门学科。它是一门以市场为中心，为满足消费者和用户需要而开展各种经营活动的企业经营管理的科学。但是市场营销学在美国有许多流派[⑨]。威斯康星学派主要研究农产品营销；哈佛大学学派倡导案例研究；中西部学派强调对传统市场的综合分析；纽约学派侧重于对批发零售机构的研究等。1915年成立的美国全国广告教师协会侧重于从广告的角度研究营销传播和沟通；直到1950年以后，人们才开始逐渐重视对生产领域营销的研究。

现代市场营销学的建立，市场在生产经营过程中的应有地位才真正确立起来。在过去，人们把市场看成是生产过程的终点，而现在，市场则成为生产过程的起点。以市场为中心，实质上就是以市场需求为中心，也就是一切为了满足消费者的需要。

所谓满足市场(消费者)的需要，包括产品、价格、时间、地点等各个方面。也就是说，它要求企业能够生产出适合顾客需要的产品，制定出可以被顾客接受的价格，并且在适当的时间，把产品运送到适当的地点，用适当的方式，去满足消费者或用户的需要。只有在以上各个方面都满足了顾客的要求，才算做到了满足市场(消费者和用户)的需要，体现了"以市场需求为中心"的基本准则。

满足消费者需要，并非是一件容易做到的事情。因为消费者的需要是多种多样的，而且，这种需要又处于经常不断的变化之中，今年需要的产品，明年可能就不需要了；这一个季度需要的产品，下一个季度可能就改变了；现在暂时不需要的产品，在未来某个时

---

⑨　Thommas L. Collins. 最大化营销．邓盛华等，译．北京：中国标准出版社，2000：1.

候或许十分需要。面对这种复杂多变的市场环境,企业如何开展一系列的经营活动,去实现按需生产,"以需定产""产需结合",这就是市场营销学这门学科所要研究的问题。

市场营销学既然涉及生产、流通、消费的全过程,因此它包含的内容十分丰富广泛,如果概略地加以归纳,市场营销学研究的基本内容有以下几方面:

(1) 研究市场。即研究市场结构,营销环境,市场细分化,如何运用市场调查和市场预测等各种方法,获取市场信息,在此基础上,确立经营目标市场,进行恰当的市场定位。

(2) 研究顾客。即研究消费者和用户的各种需要及其发展变化,了解消费者现实和潜在的需要,研究消费者的购买动机、购买行为以及影响购买行为的诸多因素。

(3) 产品策略。即研究产品概念,产品生命周期规律,新产品开发,产品的竞争策略(包括产品包装和商标策略),以及如何选择产品策略。

(4) 定价策略。即研究企业定价的基本目标,定价方法,以及营销活动中的定价策略(技巧)。

(5) 促销策略。即研究促进销售观念,人员推销,营业推广,广告和公共关系,以及销售技术服务等。

(6) 分销渠道策略。即研究分销渠道的结构,分析影响分销渠道的因素,选择适当的销售渠道,以及选择销售产品的路线和方式,包括仓储、运输等物流路线。

(7) 市场营销决策。即研究企业的营销活动如何与市场环境相适应,使各项策略得到合理的组合。

(8) 市场开拓。即研究企业如何在深度和广度上开拓市场,包括对国际市场的开拓。

为了更加简明地理解现代市场营销学的基本内容,有的市场营销学专家把企业的营销活动主要概括为"六个适当",即适当的顾客群(选择目标市场)、适当的产品、适当的地点(选择销售渠道)、适当的时间、适当的价格、适当的信息传递方式(选择广告宣传和推广方式等)。

总之,企业根据市场的需求,设计和生产适当的产品,制定适当的价格,通过适当的信息传递方式吸引消费者,在适当的时间和地点,卖给适当的顾客群,最终达到取得良好经济效益的目的。这就是企业市场营销活动的"系统工程",也就是市场营销学研究的基本内容。

第四节　市场营销观念的演变

市场营销观念,是指企业从事市场营销活动的指导思想,它指导着企业从产品设计到售后服务等一系列的营销活动。它概括了一个企业的经营态度和思维方式。它的核心问题是:企业以什么为中心来开展市场营销活动。企业的市场营销观念正确与否,直接关系到企业市场营销活动的成败。市场营销观念,是随着商品经济的发展和市场的扩大而不断发展变化的。同市场营销学的产生和发展相适应。美国著名营销专家肯斯(Keith,1960)[10]将营销研究的发展分为三个阶段,即生产导向阶段、销售导向阶段和营销

---

⑩ Keith,Robert J. The Marketing Revolution. Journal of Marketing,1960:35－38.

导向阶段。以后科特勒在此基础上又增加了顾客导向，由此构成目前市场营销观念演变的四个阶段。

一、生产导向型市场营销观念

生产导向型市场营销观念是指以生产为中心的市场营销的指导思想。这是在市场营销学创立时期盛行的市场营销观念。从时间上来说，大约在19世纪末20世纪初。这种市场营销观念的基本内容是：企业以改进、增加生产为中心，生产什么产品，就销售什么产品。当消费者或客户祈求能购得有用的产品，而并不计较该产品的具体特色或特性时，就会产生这种市场营销思想。在这种市场营销观念指导下，企业的中心任务就是组织所有资源，集中一切力量增加产量，降低成本，提高销售效率，而很少考虑或者说不必考虑是否存在不同的需求，因而就谈不上市场调研活动。比如美国福特汽车公司创始人福特说："不管顾客需要什么，我的汽车就是黑的。"这是因为当时的社会生产力水平还不高，多数商品处于供不应求的"卖方市场"，市场经营权掌握在卖方手中。所以，统一规格的黑色汽车照样源源不断地销售出去，获得理想的目标利润。这种情况除了19世纪初是如此，即使"二战"以后的一段时间内由于物资短缺，需求旺盛，许多产品供不应求，因而这种观点也流行过一段时间。在我国，生产导向型的市场营销观念在许多企业还存在，其原因在于他们生产的产品长期处于供不应求的态势。

二、推销导向型市场营销观念

推销导向型市场营销观念，是指以推销为中心的市场营销的指导思想。这是在市场营销学应用时期盛行的市场营销观念。从时间上来说，大约在20世纪30年代到第二次世界大战结束。这种市场营销观念强调：如果不经过努力销售，消费者就不会大量购买。在这种市场营销观念指导下，企业十分注意运用推销术和广告术，向现实买主和潜在买主大肆兜售商品，以期压倒竞争对手，提高市场占有率，获得较为丰厚的利润。因为在这个时期，由于科学技术的发展，生产力水平有了较大的提高，因而商品产量大大增加。但是，社会购买力却没有相应的提高，逐步出现了供过于求的情况，销售困难成了市场供求矛盾的主要方面，"卖方市场"正在向"买方市场"转化，所以，商品的推销问题就成了企业生存和发展的关键问题。这里我们要注意的是：推销活动与推销观念并不是一回事。在产品不为消费者或客户所了解、所熟悉的情况下，企业为了占领市场，通常都会加强推销工作。但这并不意味着企业奉行的是推销观念。

三、顾客导向型市场营销观念

顾客导向型市场营销观念，是指以顾客为中心的市场营销观念。这是与市场营销学的"革命"同时进行的。它最早是由美国哈佛大学商学院教授西奥多·李维特(Levitt, 1960)[11]提出的，他指出那些曾经一度快速增长的行业，如铁路、电影业、石油业、食品杂货店业等之所以被衰退的阴影所笼罩，因为它们是以产品为导向，而不是以顾客为导向。

---

⑪ Theodore Levitt. Marketing Myopia. Harvard Business Review，1960：50.

以产品为导向的企业由于“关心产品甚于关心顾客需求”，不可避免地都患上了“营销近视症”，无法获得长期的持续增长。一个企业要想获得长期的生存和发展，就应该以顾客需求为导向，以顾客满意为追求目标。这种市场营销观念的基本内容是：消费者或用户需要什么产品，企业就应该生产、销售什么产品。企业思考问题的逻辑顺序不是从既有的生产出发，不是以现有的产品去吸引或寻找顾客，而是正好颠倒过来：从反映在市场上的消费需求出发，按照目标顾客的需求与欲望，比竞争者更有成效地去组织生产与销售。企业生产销售的主要目标不是单纯追求销售量的短期增长，而是着眼于长期占领市场。这是由于当代新科学技术革命的深入和普及于民用工业，社会生产力迅速提高，社会产品日新月异，消费者的消费需求千变万化，产品更新周期不断缩短，生产与消费的矛盾更加突出从而引起了这种市场营销观念的产生。在这种市场营销观念的指导下，“顾客至上”“顾客需要什么，我就生产什么、销售什么”“以需定产”“以销定产”“哪里有消费者的需要，哪里就有我们的机会”等一系列市场营销的口号被提了出来。

菲利普·科特勒(2006)指出[⑫]：“顾客观念”作为一种营销哲学，建立在“顾客清楚自己需要”的基础上，所要求的营销模式为“一对一营销”或“定制营销”。实行顾客导向的企业更关心的是顾客当前购买的满意程度以及未满足的需求。顾客导向要求企业生产的产品或服务必须是顾客所需要的、所选择的，需要企业的一切工作以顾客为中心，企业的各个部门在通力合作的基础上组织营销。在这种观念指导下，企业十分重视市场的调查研究和市场预测，在消费需求的动态变化中不断发现那些尚未得到满足的市场需求，并集中企业一切资源和力量，千方百计地去满足这种需求，以能在满足顾客的满意之中不断地扩大销售，实现其长期利润最大化的市场营销目标。市场营销学家们认为，这种以顾客为中心的市场营销观念，与旧的以生产为中心和以推销为中心的市场营销观念相比，是市场营销观念的一种质的变化，也是市场营销学的一场革命。

四、社会营销导向型市场营销观念

社会营销导向型市场营销观念，是指以满足消费者的需要与社会利益相一致的市场营销的指导思想。从时间上来说，这是从20世纪70年代起所形成的一种对顾客导向型市场营销观念的补充修正和完善的市场营销观念。因此，西方把顾客导向型和社会营销导向型市场营销观念，统称为现代市场营销观念。社会营销导向型市场营销观念，是市场营销学成熟时期的产物。此后，这种市场营销观念在许多资本主义企业中得到了广泛的传播和应用。因为，在顾客导向型市场营销观念指导下，会出现有些企业片面强调满足消费者的需求，而忽视企业自身的资源和能力，结果生产出来的往往不是自己所擅长的产品，因而并不比竞争产品更能满足消费者的需要。有的企业在满足消费者需要时，可能不自觉地与社会公众的利益发生矛盾，造成社会损失。于是，有些市场营销学家就对“顾客导向型”市场营销观念进行了修正与完善，强调工商企业的市场营销活动应该像生物适应自然环境那样，与市场环境相适应。这样，企业既能扬长避短，充分发挥本企业的优势，生产销售市场需要的产品，又能满足消费者的需求，他们还强调，工商企业在发挥优势，拓展市场，获取高额利润的过程中，必须维护社会公众的利益。否则，企业的生

⑫ [美]菲利普·科特勒，凯文·莱恩·凯勒．营销管理(第12版)．梅清豪，译．上海：上海人民出版社，2006.

产发展与公众的利益就会发生矛盾。例如,汽车工业的发展是为了满足人们的需要,而过量地生产汽车,结果造成环境的严重污染,以及交通事故的增多。社会营销观念即以社会为中心代替以消费者为中心,就是说企业的生产经营不仅要对消费者负责,而且要对整个社会负责,包括对社会环境污染的防治,生态平衡的保护,以及能源和各种资源的节约等等。社会营销导向型市场营销观念强调应将企业利润、消费者需要、社会利益三个方面统一起来。这种观念比以消费者为中心的观念更加全面。市场营销观念演变的四个阶段,各有不同的营销重点、营销策略和基本方法,产生的结果也不相同,其基本区别可归纳如下表。

市场营销观念演变的四个阶段比较表

市场营销观念		重点	营销的基本策略	营销的基本方法	结　果
旧观念	生产导向型	商品	增加产量,获得赢利	等客上门	获得有限利润
	推销导向型	商品	增加销量,获得赢利	加强广告宣传与其他推销方法	获得有限利润
新观念	顾客导向型	消费者	以满足消费者的需要获得利润	发展一套市场营销方案	获得稳定增长的利润
	社会营销导向型	消费者与社会	以满足消费者的需要发挥企业的优势,增进社会利益,获得利润	发展一套市场营销方案,兼顾企业利益、消费者利益和社会利益	获得稳定增长的理想利润

回顾我国经济建设几十年的历史,尽管我们的营销活动与西方国家的营销活动在目的、性质、任务等方面有区别,但对于市场营销的指导思想的演变,大体上和国外的经历有相类似之处。在新中国成立以后的很长时期内,我们照搬苏联的模式,实行高度集中的产品计划经济体制,"计划国家定、资金国家拨,物资国家配、人员国家分、产品国家销"。企业的责任和任务,就是机械地完成各级行政机构下达的产值,企业无须过问市场需求,这种做法实际上是一种类似生产导向型的市场营销观念。党的十一届三中全会以后,人们在总结历史经验的过程中,开始认识到经济建设必须按客观经济规律办事,要重视价值规律的作用,开始冲破那种高度集中的产品计划经济体制,面向市场,主动推销,管理工作开始由生产领域拓展到流通领域,这种做法,类似推销导向型的市场营销观念。随着社会主义商品经济的发展和经济体制改革的不断深入,人们觉察到抓了产品的销售工作,并没有真正改变企业的被动局面,生产以后再找用户的做法仍然是一种"以产定销"的被动做法。企业开始认识到必须通过市场调查、市场预测,摸清市场需求,实行以需定产,才能使计划落到实处,避免产品积压,提高企业的经济效益。因此,这种认识类似顾客导向型市场营销的观念。从我国市场营销观念或指导思想的认识发展过程来看,它表明我们已经由单纯抓内部生产管理转到了全面抓企业内部管理和市场营销活动,开始面向市场,按需生产了。当然,这种转变还仅仅是开始,要使我们企业的生产真正适应市场需要,整个市场运行井然有序,就必须在市场营销的观念上或指导思想上来一个根本的转变,转到既使企业的生产营销活动符合市场需要,满足消费者的需求,又使社会利益增进的社会营销导向市场营销的观念上来。

与此相适应,我们必须确立市场营销新理念和新战略,实现市场营销学的理论创新。

首先，要确立全新的营销战略观念。包括全球营销的战略观念，服务营销的战略观念，全方位竞争的战略观念，绿色营销的战略观念。其次，要确立新型的营销战略目标。包括确立长期竞争优势的营销战略目标，确立合作发展、资源重组的营销战略目标，确立集合式的营销战略目标。再次，要确立崭新的营销人才战略。最后，要确立适应知识经济时代要求的企业文化战略。

复习题

1. 学习市场营销的发展演变过程对我们有何启示？
2. 市场营销研究的基本内容是什么？
3. 市场营销学的发展经历了哪几个阶段？各个阶段有何特点？
4. 联系实际阐释为什么营销观念会发生变化。
5. 什么是顾客导向型市场营销观念？以顾客为中心的市场营销观念的积极意义是什么？

第二章 营销战略计划

[教学要求]

掌握顾客价值的概念及价值传递过程；

掌握企业评估战略业务单位的主要方法；

掌握企业的三种增长战略；

掌握战略联盟的概念及特征；

掌握企业营销战略计划过程；

了解企业战略的层次结构；

了解市场营销部门对战略计划的贡献；

了解企业一般性竞争战略。

企业要在动态的环境中生存和发展，就必须善于适应不断变化的市场，开展营销管理。营销管理过程的一个关键因素是设计能够指导营销活动的具有远见和创造性的营销战略与计划。战略计划过程是企业面对竞争日益激烈的市场而做出的谋划，为企业实施营销管理提供了向导。

第一节　营销与顾客价值

一、价值传递过程

传统的观点认为，公司先生产产品，然后再销售产品（如图 2-1 所示）。依照这种观点，营销发生于价值传递过程的后半阶段。该传统观点的假设基础是公司知道生产什么和市场将会购买足够的数量，并为公司提供利润。在商品短缺的经济时代，持有此观点的企业都有很好的成功机会。（如图 2-1 和图 2-2 所示的是价值让渡过程的两种观点。）①

① Michael J. Lanning, Edward G. Michaels. A Business is a Value Delivery System. Mckinsey Staff Paper no. Copyright, Mckinsey&Co, Inc. , 1988.

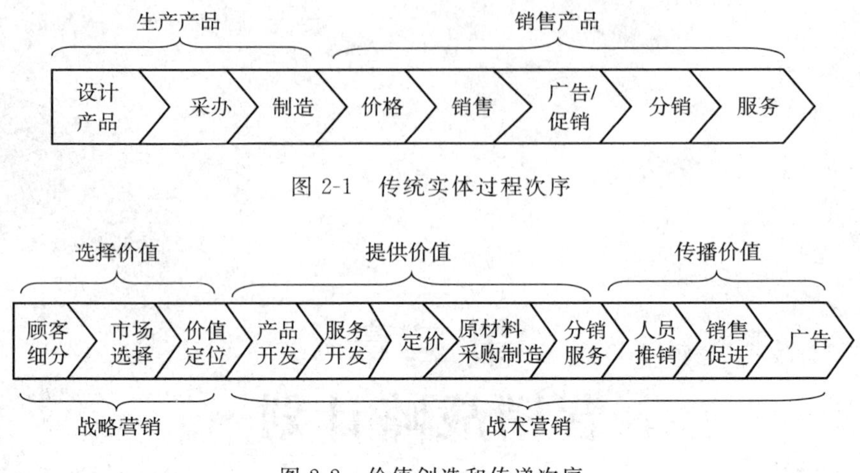

图 2-1　传统实体过程次序

图 2-2　价值创造和传递次序

然而，随着市场环境的变化和科学技术的迅猛发展，传统的经营理念已不再适用。当今市场是买方市场，消费者面临丰富的选择机会并有较强的鉴别力。“大众化市场”被分割为若干个细分市场，每一个细分市场都有自己的需求、感知、偏好和购买标准。因此，精明的竞争者必须为正确界定的目标市场设计和传送供应品。这是关于业务流程的新观点的核心，这种观点认为营销处于整个计划的开始部分，公司应该把自己看成是价值传递过程的一部分，而非只是过去制造与销售的简单功能的角色。

图 2-2 所示的价值传递过程包括三个阶段：第一阶段是选择价值。在任何产品产生以前，必须先做营销“作业”。营销工作过程是细分市场，选择适当的市场目标，开发供应品的价值定位。业界通常称其为“STP 模式”，即细分(segmentation)、目标(targeting)、定位(positioning)。STP 是战略营销的精粹。一旦业务单位选择好了价值，第二阶段就是提供价值。营销人员必须确定特定产品性能、价格、分销。第三阶段的任务是传播价值。在这一阶段中，需要组织销售力量、促销、广告和其他推广工作，以传播和促销该产品。这些价值的每个过程都需要成本投入。如图 2-2 所示，价值传递过程始于产品以前，行于产品开发之中，在产品销售之后还应延续。

二、价值链

哈佛大学的迈克尔·波特(Michael Porter，1985 年)[②]提出了价值链(value chain)这个概念，他认为每一个企业都是用来进行设计、生产、营销、交货以及对产品起辅助作用的各种活动的集合。所有这些活动都可以用价值链表示出来(如图 2-3 所示)。它可以作为一种分析工具去确定各种创造顾客价值的途径。波特认为价值活动可以分为两大类：基础性活动和辅助性活动。基础性活动是涉及产品的物质创造及其销售、转移给买方和售后服务的各种活动；辅助性活动是辅助基本活动并通过提供外购投入、技术、人力资源以及各种公司范围的职能以相互支持。竞争优势则来源于企业的各个价值活动中。

② [美]迈克尔·波特．竞争优势．陈小悦，译．北京：华夏出版社，1997：40.

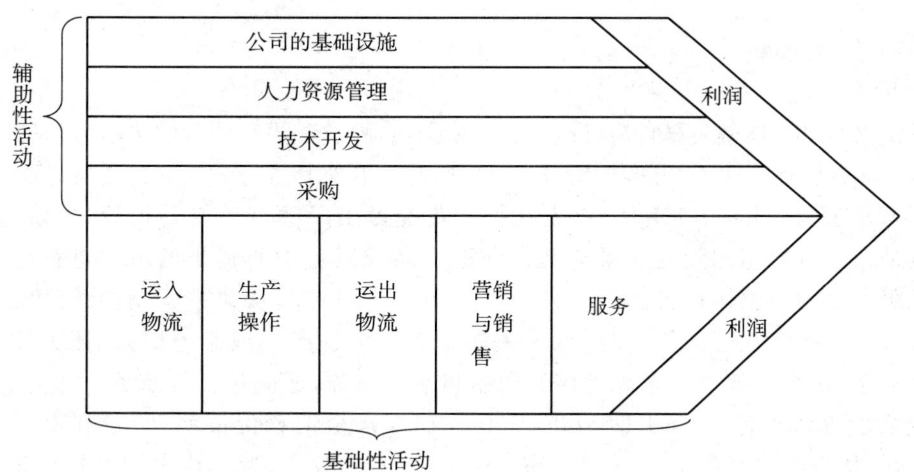

图 2-3　基本价值链[③]

根据波特的价值链理论，企业的竞争优势来源于企业在设计、生产、营销、交货等过程及辅助过程中所进行的许多相互分离的活动。企业的任务是检查每项价值创造活动的成本和经营情况，并寻求改进措施。同时企业还应对其竞争者的成本和经营绩效做出估计，并以此作为企业参照标杆(benchmarking)的基础。

三、全面营销导向和顾客价值

关于全面营销理论，一种观点认为[④]，全面营销理论是整合了价值探索、价值创造、价值传递过程，目的是为了与关键的利益方建立长期的互动的令人满意的关系。根据这一观点，成功地运用全面营销理论需要管理一条传递优质产品、服务和速度的价值链。通过扩大顾客份额，建立顾客忠诚度，捕捉顾客终身价值，全面营销者可使利润不断增长。

全面营销理论认为企业相关人员通过以价值为基础的活动(包括价值探索、价值创造和价值传递)来创造、维持和提升顾客价值。

(一) 价值探索

因为价值是通过市场得以体现的，而市场本身又是动态的和充满竞争的，因此，公司必须规划好价值探索的战略。开发好这项战略需要对以下三方面的关系和作用有所了解：①顾客的认知空间(cognitive space)，反映了顾客的现有需要和潜在需要；②企业能力空间(competency space)，可以以宽度和深度来描述：所谓宽度是指宽广的业务范围或聚集的业务范围，所谓深度是指硬件或知识能力；③合作者的资源空间(resource space)，涉及水平合作者(公司选择合作者的基础是有共同扩展市场机会的能力)与垂直合作者(公司选择合作者的基础是以他们的价值创造能力为标准的)。

③ [美]迈克尔·波特．竞争优势．陈小悦，译．北京：华夏出版社，1997.

④ Pew Internet and American Life Project Survey，November-December，2000.

（二）价值创造

1. 顾客价值

早在1954年，彼得·德鲁克（Drucker）[⑤]就指出，顾客购买和消费的绝不是产品，而是价值。尽管学者们都使用了“顾客价值”这一概念，却没有对其进行详细的描述与解释。

载瑟摩尔（Zaithaml，1988）[⑥]首先从顾客角度提出了顾客感知价值论，她认为，顾客价值就是顾客所能感知到的利得与其在获取产品或服务中所付出的成本进行权衡后对产品或服务效用的整体评价。格隆鲁斯（Gronroos，1996）[⑦]从关系营销的角度阐述顾客价值，他认为，顾客在感知价值时，除了关注企业提供的产品或服务以外，还关注相互间的整体关系；顾客价值不仅来源于核心产品和附加服务，还应包括维持关系的努力，并提出了全情景价值理论（Total Episode Value，TEV），全情景价值＝（情景利得＋关系利得）/（情景损失＋关系损失）。伍德鲁夫（Woodruff，1997）认为[⑧]，顾客价值是顾客对特定使用情景下有助于（有碍于）自己实现目标和目的的产品属性、属性的效能以及使用的结果所感知的偏好与评价。

菲利普·科特勒（Philip Koltler，2001）[⑨]从顾客让渡价值和顾客满意的角度来阐述顾客价值，他提出所谓顾客让渡价值（customer delivered value）是指总顾客价值与总顾客成本之差。总顾客价值（total customer value）就是顾客从某一特定产品或服务中获得的一系列利益，它包括产品价值、服务价值、人员价值和形象价值等。顾客总成本（total customer cost）是指顾客为了购买一件产品或服务所耗费的时间、精神、体力以及所支付的货币资金等，顾客总成本包括货币成本、时间成本、精神成本和体力成本。

2. 顾客价值创造

企业要战胜竞争对手、提高顾客的满意度、培养更多的忠诚顾客，就必须向顾客提供比竞争对手更多的感知价值。为此，企业就要从顾客的角度来定义新的顾客利益，了解顾客所想、所需、所忧，充分利用自身在业务领域的核心能力，为顾客创造新的价值。

（三）价值传递

传递价值通常意味着投资于基础建设和能力培养。一个公司要想能赢利，必须擅长客户关系管理、内部资源管理和合作伙伴管理。客户关系管理（Customer Relationship Management）要求企业发现谁是他们的顾客、顾客的行为表现以及他们的需求。这使企业能适当、合理、快速地回应不同的顾客机会。为了有效地回应，一个公司要掌握内部资源管理方法来整合主要的业务过程（如订单处理、商品分类、薪金发放和组织生产）。最后，业务关系管理帮助企业处理复杂的各方关系，如与贸易伙伴在资源、工序和产品运送等环节上的关系。

---

⑤ Peter F. Drucker. The Practice of Management. Collins. 1993.

⑥ Zeithaml，Valarie A. Consumer Perceptions Of Price，Quality，And Value：A Means-end Model and Synthesis of Evidence. Journal of Marketing，1988，52(3).

⑦ Annika Ravald and Christian Gronroos. The value concept and relationship marketing. European Journal of Marketing，1996，30(2)，19－30.

⑧ Woodruff. Customer Value：The Next Source for Competitive Advantage. Journal of the Academy of Marketing Science，1997，25(2)，139－153.

⑨ 菲利普·科特勒．营销管理（第10版）．北京：中国人民大学出版社，2001，第1版．

四、战略计划的主要角色

成功的营销需要公司具备了解、洞察、传递、捕捉和维护顾客价值的能力。每一个行业中只有少数的公司能成为该行业的市场领导者，如宝洁（清洁）、沃尔玛（超市）、麦当劳（快餐）以及某些日本公司（索尼、丰田、佳能）和欧洲公司（宜家、地中海俱乐部、诺基亚、ABB、乐高、特易购）等。这些企业的共同之处就在于它们都十分关注客户并有组织地来改变顾客需求。它们的营销组织拥有优秀的员工，而且其他部门如生产、财务、研发、人力资源和采购部等，同样“视顾客为上帝”。

创造、提供和传播价值需要开展多种不同的营销活动，而在这一过程中，战略计划对确保选择适合的活动或执行很重要。

第二节 战略和战略计划

一、战略的概念

“战略”一词来源于希腊文“Strategos”，含义是“将军指挥军队的艺术”，该术语最初用于描述军事战略，包括战场规划、调兵遣将、集合武器装备等。根据美国经济学家安索夫（Ansoff H. Igor）的考证，最早把“战略”这一术语应用到企业领域的是冯·诺依曼（J. von Neumann）和奥斯卡·摩根斯特恩（O. Morgenstern，1948）[10]，他们指出战略可以在任何冲突下进行应用，包括战争、政治和企业活动等。

但是“企业战略”的概念最早是由安索夫（Ansoff，1965）在其所著的《公司战略》中提出的[11]，从此之后“企业战略”一词开始在企业经营学中得到广泛应用。在该书中，他认为，所谓战略是在无法事先提出各种可能的行动方案条件下，在面临部分情况不明朗的情形中，企业所制定出来的一套决策范式。加拿大麦吉尔大学的亨利·明茨伯格（Henry Mintzberg）教授借鉴市场营销组合“4P”的提法，他认为[12]，战略是由五种规范的定义阐明的，即计划（plan）、手段（ploy）、模式（pattern）、定位（position）和透视（perspective），由它们构成了企业战略的“5P”。

“战略”与“战术”不能混为一谈。战略是如何赢得一场战争或战役的概念，而战术是如何赢得一次战斗的概念。如果说战略明确了企业努力的方向，战术则决定由何人、在何时、以何种方式、通过何种步骤将战略付诸实施；战术具有某种竞争优势，而战略则用以保持这种优势。菲利普·科特勒（Philip Koltler，2006）指出[13]营销计划制定分两个层次：战略和战术。战略营销计划在分析当前最佳市场机会的基础上提出其目标市场和价

---

[10] J. von Neumann，O. Morgenstern. Theory of Games and Economic Behavior. Princeton University Press，1944.

[11] Ansoff. H. Igor. Corporate Strategy：An Analytic Approach to Business Policy for Growth and Expansion. New York，McGraw-Hill，1965.

[12] ［美］明茨伯格（Mintzberg，H.）. 公司战略计划——大败局的分析（第1版）. 张艳等，译. 昆明：云南大学出版社，2002.

[13] ［美］菲利普·科特勒，凯文·莱恩·凯勒. 营销管理（第12版）. 梅清豪，译. 上海：上海人民出版社，2006.

值主张。战术营销计划则描绘一个特定时期的营销战术，包括产品特征、促销、销售规范、定价、销售渠道和服务。

二、企业战略的层次结构

企业战略一般分为三个层次，三个层次的战略都是企业战略管理的重要组成部分，但侧重点和影响范围有所不同。

（一）公司战略

公司战略又称总体战略，是企业最高层次的战略。它需要根据企业的使命，选择企业可以参与竞争的经营领域，合理配置企业资源，使各项经营业务相互支持、相互协调。如在海外建厂、在劳动成本低的国家建立海外制造业务的决策。通常，总体战略是企业高层负责制定、落实的基本战略。

（二）竞争战略

竞争战略也称事业部战略，是在企业公司战略指导下，各个战略经营单位或有关的事业部、子公司制定的战略，是公司战略之下的子战略。竞争战略主要强调经营范围和资源配置两个因素，主要研究的是产品或服务在市场上的竞争问题。其目的从企业外部来看主要是建立一定的竞争优势，即在某一特定的产品与市场领域获得能力；从企业内部来看主要是获得一定的协同效应，即统筹安排和协调企业内部的各种生产、财务、研究开发、营销等业务活动。

（三）职能战略

职能战略又称职能层战略，是为贯彻、实施和支持公司战略与竞争战略而在企业特定的职能管理领域制定的短期战略。职能战略一般可分为营销战略、人事战略、财务战略、生产战略、研究与开发战略、公关战略等。与公司战略和竞争战略相比较，职能战略更为详细、具体和具有可操作性。

三、企业战略计划

（一）战略计划的含义

战略计划(Strategic Planning)是企业根据外部环境和内部资源条件而制定的涉及企业管理各方面(包括生产管理、营销管理、财务管理、人力资源管理等)的带有全局性的重大计划。这种规划一般要定出5～10年甚至更长时间的发展方向，但也不是一次完成后就固定不变，它是随着企业内部环境和外部环境的变化而不断修正的一种管理过程。它强调企业组织的整体性，而不限于市场营销一个方面。尽管如此，市场营销部门在企业战略计划中起着重要的作用。菲利普·科特勒(Philip Koltler,2006)认为[14]，战略计划需要三个方面的内容：首先把公司的业务作为一项投资组合管理；其次是通过分析市场增长率和公司在市场中所处的地位，评估每项业务优势；最后是建立一种战略。对于每一项业务，公司都应设立一个长远的目标。

---

⑭ [美]菲利普·科特勒，凯文·莱恩·凯勒．营销管理(第12版)．梅清豪，译．上海：上海人民出版社，2006.

（二）市场营销部门对战略计划的贡献

制定企业战略计划与企业的市场营销活动有着密切的关系。战略计划人员至少在以下五个方面要依赖企业市场营销部门：

（1）依靠市场营销部门获得有关新产品和市场机会的启迪；

（2）依靠市场营销部门来评估每个新机会，特别是有关市场是否足够大，企业是否有足够的市场营销力量来利用这一机会等问题；

（3）市场营销部门还要为每一个新机会制定详尽的市场营销计划，具体陈述有关产品、价格、分销和促销的战略和战术；

（4）市场营销部门对市场上实施的每项计划都负有一定的责任；

（5）市场营销部门必须对随时出现的情况作出评价，并在必要时采取改正措施。

总之，市场营销部门在战略计划的制定和实施过程中，担负着关键性的任务。

第三节　营销战略计划过程

战略计划过程，又叫做战略管理过程。它是指企业的最高管理层通过制定企业的任务、目标、业务组合计划和新业务计划，在企业的目标和资源或能力与迅速变化的经营环境之间发展和保持一种切实可行的战略设计的管理过程。换而言之，战略计划过程是企业及其各业务单位为生存和发展而制定长期总战略所采取的一系列重大步骤，包括：规定企业任务；确定企业目标；安排业务组合；制定新业务计划。[15]

一、确定企业使命

企业使命是指企业在社会经济发展中所应担当的角色和责任，是企业的根本性质和存在的理由，说明企业的经营领域、经营思想，为企业目标的确立与战略的制定提供依据。明确的企业使命有助于提高员工士气，调动全体工作人员的工作积极性；而且企业的使命可以让企业的经理、员工和顾客共同负有使命感。一份有效的使命说明书可以让公司的每个成员明确企业的目标、方向和机会，并引导广大而又分散的职工围绕同一个组织目标工作。

一个公司在确定它的使命时，可以参考彼得·德鲁克(Peter Drucker)的五个经典问题[16]：我们的企业是干什么的？顾客是谁？我们对顾客的价值是什么？我们的业务将是什么？我们的业务应该是什么？

一份好的使命说明书应具备以下几个特点：

（1）目标集中，切实可行。企业使命说明书要根据本企业的资源的特长来规定和表述其业务，业务范围不能太窄或太宽，要让员工有明确的方向感。

---

⑮ Gary Armstrong，Philip Kotler. Marketing：An Introduction(7th ed). New Jersey：Pearson Education，Inc.，2005，42.

⑯ Peter Drucker. Management：Tasks，Responsibilities. New York：Harper and Row，1973.

(2) 体现政策，实现价值。政策规定了公司如何处理与各利益关系方的关系，并将个人自主的范围加以限制，以便员工能围绕组织主要目标采取一致行动，实现统一的价值观。

(3) 明确领域，加强竞争。一般应涵盖以下几个方面：①行业领域。公司将要从事的行业领域。有的公司只参与一种行业的经营；有些只限于经营一些相关行业的产品；有些只限于工业品、消费品或服务；还有一些公司无所不经营。②产品与应用领域。公司要参加的产品与应用领域。③能力领域。能被公司掌握和支配的技术与其他核心能力的领域。④市场细分领域。这是公司想要服务的市场或顾客类型。⑤垂直渠道领域。公司想要加入的从原材料到最终产品到分销的渠道，其一个极端是公司拥有巨大的垂直渠道领域，例如福特汽车公司，它有自己的橡胶园、玻璃制品厂和钢铁制造厂。⑥地理区域领域。企业努力开拓新区域或一个国家范围。例如联合利华或卡特彼勒那样的跨国公司，它们几乎在全世界所有的国家都有经营业务。

企业使命一旦确定，就成为企业在很长一段时间内努力的方向。一般来说，企业使命不能随着环境变化而频繁地变更，但当它已不再有效或者不能为企业规定一个最好的行动方向时，就需要做出修改。而且，环境变化越快，企业就需要经常检查其使命的规定和表述是否适当。

二、区分战略经营单位

大多数的企业，包括规模较小的企业，都有可能同时或准备经营若干项业务，每项业务都会有自己的特点，面对的市场环境也不可能完全一样。企业为了便于从战略上进行管理，有必要对组成其活动领域的各项业务，从性质上区别开来，划分为若干战略经营单位。战略经营单位是企业值得为其专门制定经营战略的最小经营管理单位。战略经营单位可能是企业的一个部门，或一个部门中的某类产品，甚至某种产品；有的时候，又可能包括几个部门、几类产品。

区分战略经营单位的主要依据，是各项业务之间是否存在共同的经营主线。所谓"共同的经营主线"，是指目前的产品、市场与未来的产品、市场之间的一种内在联系。区分战略业务经营单位是为了将企业使命具体化，并分解为各项业务或某一组业务的战略任务。一个战略业务单位应有如下四个特征：

(1) 它是一项独立业务或相关业务的集合体，但在性质上能与公司其他业务分开而单独作业的业务；

(2) 它有自己的竞争者；

(3) 它有一位经理，负责战略计划、利润业绩，并且该经理控制了影响利润的大部分因素；

(4) 它掌握一定的资源，能够相对独立地开展业务。

三、评估战略业务单位

由于企业的资源有限，各个战略经营单位的增长机会、经营效益大不相同。因此，企业有必要对各个战略经营单位及其业务状况进行评估和分类，以确认它们的发展前景和潜力，从而决定哪些应当发展，哪些应当维持，哪些应当减少，哪些应当淘汰。企业通常采用“市场增长率/市场占有率”矩阵或“多因素投资组合”矩阵来评估战略经营单位，从而动态地规划企业的投资组合方向。

（一）波士顿矩阵

波士顿矩阵(BCG Matrix)，又称市场增长率/市场占有率矩阵、波士顿咨询集团法、四象限分析法等。它是由美国波士顿咨询集团(Boston Consulting Group，BCG)创始人布鲁斯·亨德森[17](Bruce B. Henderson)于1968年首创的一种用来分析和规划企业产品组合的方法。BCG矩阵将组织的每一个战略事业单位(SBUs)标在一种二维的矩阵图上，从而显示出哪个SBUs可以提供高额的潜在收益，以及哪个SBUs是组织资源的漏斗。布鲁斯认为，“公司若要取得成功，就必须拥有增长率和市场份额各不相同的产品组合。组合的构成取决于现金流量的平衡”。

在矩阵中，纵坐标表示市场增长率，可以年为单位。增长率的高低可依具体情况确定。假设以10%为分界，高于10%为高增长率，低于10%为低增长率。横坐标为相对市场占有率，表示各战略经营单位与其最大竞争者之间在市场占有率方面的相对差异。假设某个经营单位的相对市场占有率为0.4，说明它的市场占有率为最大竞争者的40%。假定以1.0为分界线，可分为高、低两类市场占有率。矩阵中，圆圈代表各战略经营单位，圆圈的位置表示各单位在市场增长率及相对市场占有率方面的现状，圆圈的面积表示各单位销售额的大小(如图2-4所示)。

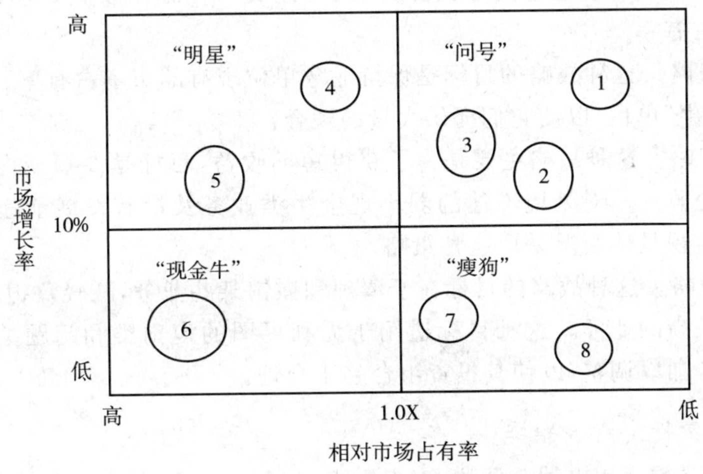

图2-4　市场增长率/市场占有率矩阵

1. 波士顿矩阵四个象限的定义和对策

(1)“问号”型业务(Question Marks，指高增长率、低市场占有率)。处在这个领域中的是一些投机性产品，带有较大的风险。这些产品可能利润率很高，但是占有的市场份额很小，大多数企业进入市场最初都处于这种状况。这一类经营单位需要较多资源投入，以便跟上迅速发展的市场，并超过竞争对手。但这一类问题的发展前景具有很大的不确定性，企业必须慎重考虑是否继续增加投入还是维持现状，甚至减少投入或淘汰。

---

⑰ Henderson，B. The Product Portfolio. BCG Perspectives，1968：66.

(2)"明星"型业务(Stars,指高增长率、高市场占有率)。问号类的战略业务单位如果经营成功,就会转入明星类。这个领域中的产品处于快速增长的市场中并且占有支配地位的市场份额,但因为增长迅速,同时要击退竞争对手的进攻,就需要投入大量现金。企业如果没有明星业务,就失去了希望,但群星闪烁也可能会闪花企业高层管理者的眼睛,导致做出错误的决策。这时必须具备识别"行星"和"恒星"的能力,将企业有限的资源投入在能够发展成为现金牛的"恒星"上。

(3)"现金牛"型业务(Cash cows,指低增长率、高市场占有率)。这类单位相对市场占有率高,赢利多,现金收入也多,会产生大量的现金流。企业可以用这些现金来支付账单,支援需要现金的问号类、明星类和瘦狗类单位。但由于这类单位的市场已经成熟,未来的增长前景是有限的。

(4)"瘦狗"型业务(Dogs,指低增长率、低市场占有率)。这类单位还能为企业提供一些利益,但赢利甚少或者有亏损。而且,瘦狗型业务通常要占用很多资源,如资金、管理部门的时间等,大多数时候是得不偿失的。

2. 公司选择的战略

对各个战略业务单位进行分类以后,企业要评估自己的业务组合是否恰当,并根据评估情况制定相应的战略。可供选择的战略有以下四种:

(1)发展战略。这种战略以提高经营单位的相对市场占有率为目标,甚至不惜放弃短期收益。这种战略特别适合问号类业务,因为这类单位如果要转入明星类,就必须提高其相对市场占有率。

(2)维持战略。这种战略的目标是保持业务单位现有的市场占有率。这种战略适合于较大的"现金牛"单位,以使它们提供大量的现金。

(3)收割战略。这种战略主要是为了获得短期收益,目标是在短期内尽可能地得到最大限度的现金收入。对处境不佳的弱小现金牛类业务及没有发展前途的问题类业务和瘦狗类业务应视具体情况采取这种策略。

(4)放弃战略。这种战略的目标在于清理和撤销某些业务,减轻负担,以便将有限的资源用于效益较高的业务。这种目标适用于无利可图的瘦狗类和问题类业务。一个公司必须对其业务加以调整,以使其投资组合趋于合理。

(二)多因素投资组合矩阵

GE矩阵法又称通用电器公司法、麦肯锡矩阵、九盒矩阵、行业吸引力矩阵,是美国通用电气公司(General Electric)针对波士顿矩阵所存在的很多问题,于20世纪70年代开发的一种新的投资组合分析方法。

通用电气公司认为,企业在对其战略业务单位加以分类和评价时,除了要考虑市场增长率和市场占有率之外,还要考虑许多其他因素。这些因素可以分别包括在以下两个变量之内(如图2-5所示):

(1)行业吸引力。纵轴表示行业吸引力,具体包括市场规模、年市场增长率、市场赢利能力、市场机会、宏观环境因素(技术要求、能源要求、环境、社会、政治、法律等因素)。

(2)企业竞争能力。横轴表示企业竞争能力,具体包括战略业务单位在本行业中的市场占有率、市场增长率、品牌资产、分销渠道建设、相对于竞争对手的赢利能力,还包括

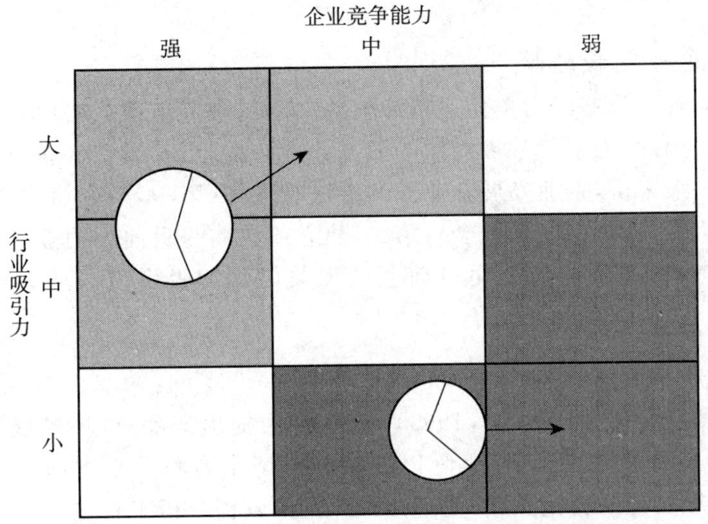

图 2-5　多因素投资组合矩阵

产品质量、销售能力、生产效率、单位成本、研发能力以及管理水平等因素。

显然，行业吸引力大、企业战略业务单位竞争能力又强的业务是最好的业务。

美国哈佛大学专家(David J. Collis, Cynthia A. Montgomery 等)[18]对多元素投资组合做过解释，如图 2-5 所示，每一个圆圈代表一个战略业务单位，圆圈的大小代表市场的规模；饼图的大小代表该业务单位所占有的市场份额；箭头的方向代表该业务单位未来的发展方向。企业管理者要对上述两个变量中所涉及的各个因素进行打分，最低分为 1 分，最高分为 5 分；并依据权重进行加权计算，求出每个变量的加权平均值，最后得出每个战略业务单位的总分。

多因素投资组合矩阵依据行业吸引力的大、中、小和竞争能力的强、中、弱分为九个区域，形成三种地带：

(1)“浅灰地带”(又叫左上角地带)，由左上角大强、大中、中强三个区域组成。这个地带的行业吸引力和竞争能力都很有利，因此要开“绿灯”，采取增加资源投入和发展的战略。

(2)“白色地带”(又叫从左下角到右上角的对角线地带)，由小强、中中、大弱三个区域组成。这个地带的行业吸引力和竞争能力都是中等，对这个地带的战略业务单位一般要开“黄灯”，采取维持原投入水平和市场占有率的战略。

(3)“深灰地带”(又叫右下角地带)，由小弱、小中、中弱三个区域组成。这个地带的行业吸引力偏小，竞争能力偏弱，因此企业多开“红灯”，采用收割或放弃战略。

企业通过对每个战略业务单位的评估和分析，以及对其未来的发展趋势的预测，最终作出投资决策，并制定相应的战略计划。

---

[18] David J. Collis, Cynthia A. Montgomery, Michael Goold, Andrew Campbell, C. K. Prahalad, Kenneth Lieberthal, Stuart L. Hart. Harvard Business Review on Corporate Strategy. Harvard Business School Press, 1999.

四、规划企业增长战略

企业通过对各个战略经营单位进行评估并制定出投资组合战略后，决定了哪些经营单位需要淘汰。因此，为了代替被淘汰的旧业务，企业需要发展一些新业务，以实现预定的利润目标。一般来讲，企业发展新业务的方法有三种：第一，在公司现有的业务领域里寻找未来发展机会（密集型增长机会）；第二，建立或收购与目前公司业务相关的业务（一体化增长机会）；第三，增加与公司目前业务无关但富有吸引力的业务（多样化增长机会）。[19]

（一）密集型增长

战略管理鼻祖安索夫（Ansoff，1965）[20]博士首次提出产品/市场扩展方格，安索夫在书中称之为“成长向量模型”。该矩阵以产品和市场作为两大基本面向，区别出四种产品/市场组合和相对应的营销策略，是应用最广泛的营销分析工具之一。

根据产品-市场扩展方格，这一战略可以分为以下四种（如图 2-6 所示）：

（1）市场渗透战略。在现有市场上增加现有产品的市场份额。以其目前的产品市场组合为发展焦点，力求增大产品的市场占有率。采取市场渗透的策略，借由促销或是提升服务品质等方式来说服消费者改用不同品牌的产品，或是说服消费者改变使用习惯、增加购买量。

（2）产品开发战略。推出新产品给现有顾客，采取产品延伸的策略，利用现有的顾客关系来借力使力。通常是以扩大现有产品的深度和广度，推出新一代或是相关的产品给现有的顾客，提高该厂商在消费者市场的占有率。

（3）市场开发战略。用现有产品满足新市场的需要。企业通过在新地区或国外增设商业销售网点或利用新分销渠道，加强广告促销，在新市场上扩大现有产品的销售。企业必须在不同的市场上找到具有相同产品需求的使用者，其中往往产品定位和销售方法会有所调整，但产品本身的核心技术则不必改变。

	现有产品	新产品
现有市场	1.市场渗透战略	2.产品开发战略
新市场	3.市场开发战略	4.多样化战略

图 2-6　产品-市场扩展方格图

⑲ 菲利普·科特勒，凯文·莱恩·凯勒．营销管理（第 12 版）．梅清豪，译．上海：上海人民出版社，2006：49.

⑳ Ansoff. H. Igor. Corporate Strategy: An Analytic Approach to Business Policy for Growth and Expansion. New York, McGraw-Hill, 1965.

（4）多样化战略。如果经营单位在原来市场营销系统的框架之内已经无法发展，或市场营销系统之外有更好的机会，便可考虑多样化发展战略。它包括同心多样化、水平多样化、综合多样化三种方式。但是进行市场多样化战略必须要有主业或依托主业进行多种经营，这样，企业成功的可能性大一些。

（二）一体化增长

如果企业所在的行业很有发展前途，而且企业重新整合供应链可以提高效益，加强控制，扩大销售，则可实行一体化增长战略。这种战略也包括以下三种：

（1）后向一体化。即企业通过收购或兼并上游的若干原材料供应商，拥有和控制其供应系统，实行供产一体化。如果供应商赢利或发展机会好，后向一体化可以为企业争取更多收益，同时还可以避免原材料短缺、成本受制于供应商等风险。

（2）前向一体化。即企业收购或兼并下游的批发商、零售商，自建销售渠道，或将产品线向前延伸，实行产销一体化。如果下游业务赢利高或发展机会好，前向一体化可以争取更多收益和机会。另外，企业实现前向一体化还可以确保营销理念、服务质量、品牌形象宣传的一致性，从而更有利于培养顾客的忠诚度；同时，还可以及时、准确地掌握消费者需求信息和市场动态，有利于企业应对市场环境的变化。

（3）水平一体化。即企业通过收购、兼并或联合同行业中的其他企业，或在国内外与其他同类企业合资生产经营，目的是为了扩大生产规模、降低成本、减少风险、提高企业竞争优势、增强企业实力。

（三）多元化增长

如果企业在当前业务范围以外的领域发现好的市场机会或原有的业务领域已没有发展潜力时，就可以考虑采用多样化增长战略。多样化增长是企业利用现有的资源和优势，跨行业生产经营多种产品或服务，扩大企业的生产范围和市场范围，从而提高经营效益。多样化增长一般包括以下三种方式：

（1）同心多元化。即企业利用原有的技术、特长、条件和经验等发展新产品，增加产品种类，以满足新市场、新顾客的需要。同心多元化的特点是新产品与原产品的用途不同，但有着较强的技术关联性。因此，企业从同一圆心逐渐向外扩展活动领域，有利于充分利用已有的优势，降低风险，易于成功。

（2）水平多元化。即企业利用原有市场，针对现有市场和现有顾客，采用不同技术发展新产品，增加产品种类。水平多元化的特点是新产品与原产品的基本用途不同，技术关联性不强，但存在着较强的市场关联性，可以充分利用已有的销售渠道销售新产品。

（3）综合多元化。即企业通过收购、兼并或投资其他行业，把业务扩展到其他行业去，新业务、新市场与企业原有的产品、技术、市场关联不大。综合多元化的特点是企业既不以原有技术也不以原有市场为依托，向技术和市场完全不同的业务发展，风险较大，对企业自身的实力有较高的要求。

五、业务单位的战略计划

各个战略经营单位应根据总体战略的要求制定相应的经营战略。一般来说，业务单

位战略计划过程包括如下几个步骤(如图 2-7 所示):

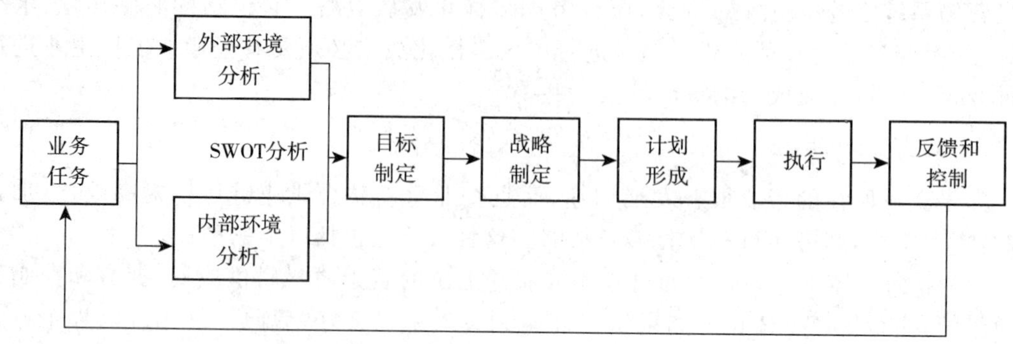

图 2-7　业务单位的战略计划过程

1. 确定业务任务

每一个战略业务单位都需要在企业总任务的要求下确定自己本单位的具体任务,这是制定战略计划的开始。业务任务规定了战略经营单位的发展方向和目标。比如,如果本单位是企业的“现金牛”,那么本单位的业务任务就是保持业务单位现有的市场占有率,为企业提供大量的现金。

每个经营单位还要确定自己的业务活动范围,业务活动范围可以从行业范围、市场范围、纵向范围和地理范围中引申,需要明确三个问题:①要满足何种市场需求;②目标顾客群是哪些;③企业打算通过何种业务满足目标市场的需求。

2. SWOT 分析

哈佛商学院教授安德鲁斯(Kenneth R. Andrews,1980)[21]首先提出了“SWOT 分析法”。安德鲁斯认为,战略形成过程实际上是把企业内部条件因素与企业外部环境因素进行匹配的过程,这种匹配能够使企业内部的强项和弱项与企业外部的机会和威胁相协调。他的战略分析比较抽象和简明,注重从外部环境分析中发现机会和威胁,从公司的独特能力中寻找公司的可用资源,然后将二者结合,就可以决定机会和资源的最佳匹配,从而选定产品和市场,制定出经济战略。

SWOT 是一种分析方法,用来确定企业本身的竞争优势(strength)和竞争劣势(weakness)、机会(opportunity)和威胁(threat),从而将公司的战略与公司内部资源、外部环境有机结合。因此,清楚地确定公司的资源优势和缺陷,了解公司所面临的机会和挑战,对于制定公司未来的发展战略有着至关重要的意义。

(1) 机会与威胁分析(OT)。机会和威胁分析将注意力放在外部环境的变化及对企业的可能影响上。其中,外部环境包括宏观环境因素(人口统计特征、社会、政治、法律、文化因素等)和微观环境因素(顾客、竞争者、供应商、股东等)。企业通常可采用 PEST 分析法和波特五力模型对企业所处的环境进行分析。

分析环境的目的是辨别市场机会。营销机会(marketing opportunities)存在于一个公司通过满足购买者需要而能够赢利的某一领域里。市场机遇有三个来源:第一是某种产品供应短缺。因为需要非常明显,所以无须营销技巧。第二是使用新的或更好的方法

㉑ Kenneth R. Andrews. The Concept of Corporate Strategy. Illinois,Richard D. Irwin,Inc. ,1980:69.

去向顾客供应现有产品或服务。这里有多种方式改进现有产品与服务:直接向顾客询问需求(问题探索方法);让顾客描绘该产品或服务的创意(想象方法);询问顾客获得、使用和处理一个产品的步骤(消费链方法)。第三种方法则是向顾客提供崭新的产品或服务。营销机会可以按照吸引力的大小和成功实现可能性的大小进行分类,如图 2-8 所示,左上角的机会对企业而言是最好的,因为它不仅具有很大的吸引力,而且成功的可能性也很大,企业应努力抓住这样的机会。而相比之下,右下角的机会对企业意义不大,可以不予考虑。对右上角和左下角的机会,企业应密切加以关注。

环境威胁(environment threat)是指外部环境中出现的不利的发展趋势对企业形成的挑战,如果不及时采取有效的营销行动,这种不利趋势将会损害公司的利润。环境威胁可按威胁的严重程度和发生的概率大小来分类。如图 2-9 所示,左上角的威胁是关键性的,因为它们的严重性高,并且出现的概率也最大。公司应对每一个这样的威胁准备一个应变计划;右下角的威胁比较微弱,可以不加理会。右上角和左下角的威胁不需要应变计划,但是需要密切加以关注,因为它们可能发展成严重威胁。

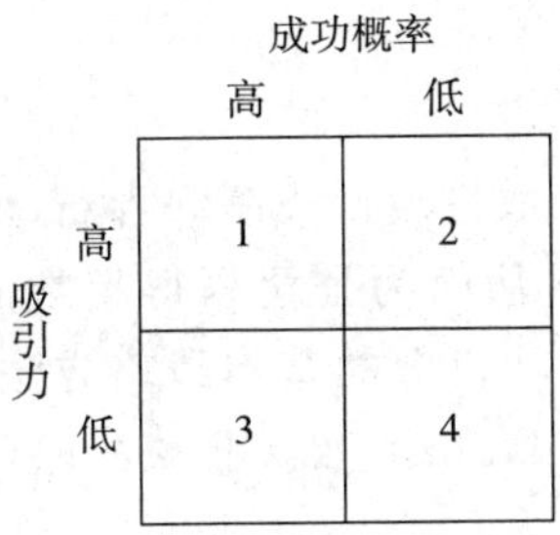

吸引力 \ 成功概率	高	低
高	1	2
低	3	4

图 2-8　机会矩阵

严重性 \ 发生概率	高	低
高	1	2
低	3	4

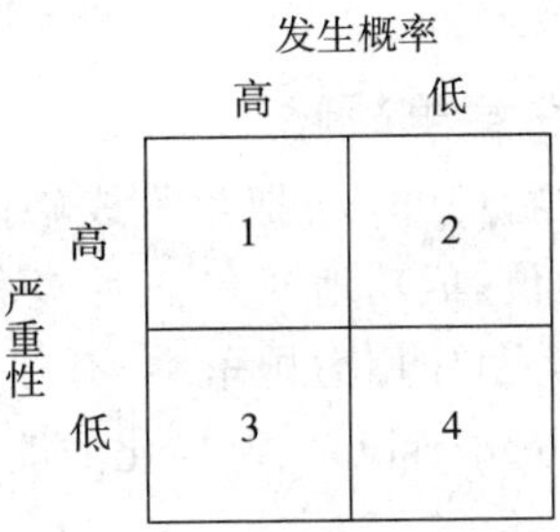

图 2-9　威胁矩阵

(2) 优势与劣势分析(SW)。优劣势分析主要是着眼于企业自身的实力及其与竞争对手的比较。企业可采用波特价值链分析法对企业基本活动(运入物流、生产、运出物流、营销与销售、服务)和支持性活动(公司的基础设施、人力资源管理、技术开发、采购)进行清晰的评估。组织擅长的活动或专有的资源构成组织的优势;而组织不擅长的活动或非专有的资源构成组织的劣势。

3. 选择目标

经过 SWOT 分析,战略业务单位对所面临的机会与威胁以及自身的优势与劣势都有了清晰的了解,那么就应当把具体的业务任务转化为特定的目标。

大多数业务单位追求的目标不是单一的,而是几个目标的组合,如企业同时追求较高的利润率、销售增长额、市场份额、风险的分散、企业的声誉等。同时,一个大目标又可分解为若干个更次一级的目标,最终形成一个目标体系。因此,确定战略目标应注意:①目标体系的层次化。企业应根据目标的轻重缓急进行有层次的安排,明确各个目标之间的因果关系或主次关系。②目标应可以量化。目标以数量表达便于进行管理和控制。③目标应具有可实现性。目标必须在分析机会和优势的基础上形成,而不是主观愿望的产物。④各项目标之间应该协调一致。

4. 选择战略

目标说明企业向何处发展,而战略则说明企业如何达到目标。每个企业必须制定达到目标的恰当战略，具体战略将在下一节中作详细介绍。

5. 计划的形成和执行

确定了实现目标的战略之后，业务单位就必须制定详细的计划并付诸实施。如果企业想要取得技术优势，就必须通过相应的计划来支持其研发部门，以搜集可能影响本企业的最新技术的相关信息，开发先进的尖端产品，训练销售人员了解技术，制定广告计划宣传本企业的技术领先地位等。

6. 反馈和控制

在战略的实施过程中，企业需要对内外环境中的新变化进行追踪和监测，并做好环境变化的准备。当环境变化时，公司应立即修订它的执行、计划、战略，甚至目标，以确保预定目标的实现。

第四节 竞争战略的基本策略

一、一般性竞争战略

迈克尔·波特(1991)[22]把竞争战略描述为：采取进攻性或防守性行动，在产业中建立起进退有据的地位，成功地对付五种竞争作用力，从而为公司赢得超常的投资收益。他认为，在与五种竞争作用力抗争中，有三种提供成功机会的基本战略方法：总成本领先战略(overall cost leadership)、差异化战略(differentiation)、目标集聚战略(focus)。

(一) 总成本领先战略

这种战略在20世纪70年代由于经验曲线概念的流行而得到日益普遍的应用。成本领先要求企业力争使其总成本降低到行业最低水平，并以此作为战胜竞争者的前提。企业要采用这种战略，就要积极地建立起达到有效规模的生产设施，在经验基础上全力以赴降低成本，强化成本与管理费用的控制，以及最大限度地减少研究开发、服务、推销、广告等方面的成本费用。

1. 总成本领先战略的优势

(1) 尽管可能存在着强大的竞争作用力，处于低成本地位的公司可以获得高于产业平均水平的收益。其成本优势可以使公司在与竞争对手的争斗中受到保护，因为它的低成本意味着当别的公司在竞争过程中已失去利润时，这个公司仍然可以获取利润。

(2) 形成进入障碍。低成本为潜在进入者设置了较高的门槛，那些生产技术不熟练、缺乏经验或尚未达到规模经济的企业因其成本较高会望而却步。

(3) 低成本地位有利于公司增强讨价还价的能力，在强大的买方威胁中保护自己。因为买方公司的压力最多只能将价格压到效率居于其次的竞争对手的水平。低成本也构成对强大供方威胁的防卫，因为低成本在对付卖方产品涨价中具有较高的灵活性。

(4) 降低替代品的威胁。在与替代者竞争中仍具有成本低的优势，可以降低、缓解替代品的威胁。

---

[22] 迈克尔·波特．竞争战略．陈小悦，译．北京：华夏出版社，1997：47－53.

2. 总成本领先战略的风险

(1) 实行低成本战略可能要有很高的购买先进设备的前期投资、激进的定价和承受初始的亏损,以攫取市场份额。而一旦出现具有破坏性的技术变革并在生产中得以应用,则会使企业成本方面的高效率优势不复存在,前期高额投资的收益率急剧下降。

(2) 实行这种战略可能会出现过度关注成本而忽视顾客需求变化的现象,在产品研发上投入不足,难以满足顾客不断变化的需求。

(3) 如果竞争对手有更强的能力降低成本,则企业就会处于不利地位。

3. 总成本领先战略的适用范围

总成本领先战略有一定的适用范围,当产品的市场需求具有较高的价格弹性、实现产品的差异化途径很少、价格竞争是市场竞争的主要手段而且购买转换成本较低时,企业可以考虑采用这一战略。

(二) 差异化战略

这种战略是将公司提供的产品或服务进行差异化,使企业产品、服务、形象与众不同,以一种独特的定位满足客户的需求。企业往往因其产品的独特性而获得溢价报酬。

1. 差异化战略的优势

(1) 形成进入障碍。企业在品种、质量、价格、包装、服务等方面具有独特的优势,顾客对该产品或服务具有很高的忠诚度,从而为其他企业的成功进入设置了障碍。

(2) 降低了顾客的敏感程度。差异化战略利用客户对品牌的忠诚以及由此产生对价格的敏感性下降使公司得以避开竞争。它也可以使利润增加却不必追求低成本。

(3) 增强讨价还价的能力。产品差异带来较高的边际收益,可以用来对付供方压力;同时当客户缺乏选择余地时,其价格敏感性也就不高,可以缓解买方压力。

(4) 缓解替代品的威胁。采取差异化战略而赢得顾客忠诚的公司,在面对替代品威胁时,其所处地位比其他竞争对手也更为有利。

总之,在条件允许的情况下,差异化战略是一种可行的战略。它不仅能满足用户的特殊需要,而且在一定时期内是同行业竞争者难以取代的,具有很好的防御各种竞争的力量和作用。

2. 差异化战略的风险

(1) 实现这种战略有时会与争取占领更大的市场份额相矛盾。它往往要求公司对于这一战略的排他性有思想准备,即这一战略与提高市场份额两者不可兼顾。较为普遍的情况是,如果实行差异化战略就会产生高昂的成本。

(2) 形成差异化导致较高的成本。要有特色就要有创新,要创新就需要进行广泛的研发、设计,需要较高的投入,进而导致产品的高成本和高价格。但并非所有的顾客都能承受高价格,从而导致目标市场较为狭窄。

3. 差异化战略的实现途径

实现差异化战略可以有许多方式:包括产品差异化、服务差异化、人员差异化、营销渠道差异化和形象差异化。

(三) 目标集聚战略

目标集聚战略(focus)是指企业主攻某个特定的顾客群、某产品系列的一个细分区段或某一个地区市场，充分发挥企业的资源效力，为这个市场的消费者提供个性化服务，赢得竞争优势。这一战略的前提是：公司能够以更高的效率、更好的效果为某一狭窄的战略对象服务，从而超过在更广阔范围内经营的竞争对手。目标集聚战略有两种形式：一是公司通过较好满足特定对象的需要实现差异化，二是为这一对象服务时实现了低成本。尽管从在整个市场的角度看，集聚战略未能取得低成本或差异化优势，但它的确在其狭窄的市场目标中获得了一种或两种优势地位。

目标集聚战略与前两种基本竞争战略不同。前两种战略是面向全行业，在整个行业的范围内进行活动；而目标集聚战略则是围绕一个特定的目标进行密集性的生产经营活动，要求能够比竞争对手提供更为有效的服务。

1. 目标集聚战略的优势

(1) 企业集中精力服务于少数细分市场，可以更好地了解不断变化的市场需求，能够比竞争对手提供更为有效的产品或服务，提供更好的顾客价值，从而可以提高顾客的满意度，获得竞争优势。

(2) 实行专业化，节约成本费用。在生产和营销上实行专业化，可以节约营销费用，提高投资收益率，增加企业赢利。

2. 目标集聚战略的风险

(1) 市场过窄。企业所选的目标市场范围较小，而且孤注一掷，一旦选择失误或发生突变，企业将面临巨大的风险。

(2) 目标市场需求的变化，使目标集聚战略失效。由于技术进步、替代品出现、价值观念更新、消费偏好变化等原因，目标市场与整个市场的需求差异变小，降低了目标市场的进入壁垒，企业原来赖以生存的目标集聚战略将失去效用。

3. 目标集聚战略的实现条件

当企业自身资源有限、消费者存在需求差异、目标市场具有较大的吸引力且尚没有其他竞争对手采用这一战略时，企业可以考虑采用这一战略。

三种战略之间的区别如图 2-10 所示。

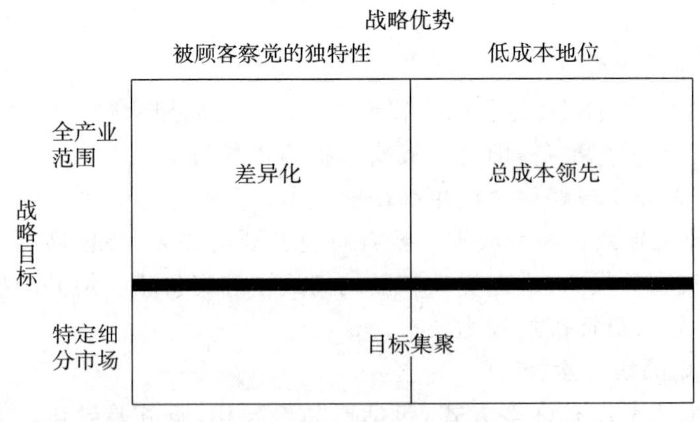

图 2-10　三种战略之间的关系[23]

---

[23] 迈克尔·波特．竞争战略．陈小悦，译．北京：华夏出版社，1997：55.

二、市场地位竞争性营销战略

根据公司在目标市场所处的地位，把它们分为领导者、挑战者、追随者和补缺者。其中市场领导者掌握了 40%的市场，市场挑战者掌握了 30%的市场，市场追随者掌握了 20%的市场，而剩余的 10%市场掌握在一些市场补缺者手中。

（一）市场领导者战略

市场领导者是指在相关产品的市场上占有最大的市场份额，在价格变动、新产品开发、分销渠道建设和促销战略等方面对本行业其他公司起着领导作用的公司。一般来说，大多数行业都有一个公认的市场领导者，它既是市场竞争的先导者，也是其他企业挑战、模仿或回避的对象。如通用汽车公司（汽车）、宝洁公司（洗洁包装）、麦当劳（快餐食品）、可口可乐（软饮料）等都是各行业的市场领导者。

市场领导者的地位是在竞争中自然形成的，但不是固定不变的。因此，市场领导者为了维护自己的优势，保住自己的领先地位，通常可采取三种战略：扩大总需求；保护现有市场份额；提高市场占有率。

1. 扩大总需求

处于市场主导地位的领先企业，其营销战略首先是扩大总市场，即增加总体产品需求数量，因其在总需求扩大时收益最多。通常可以运用以下三条途径：

（1）开发新用户。通过开发新用户来扩大市场需求量，其产品必须具有能够吸引新的使用者、增加购买者数量的竞争潜力。企业通常可以运用三种有效策略：第一种是市场渗透策略，企业可以通过各种营销策略说服尚未使用本行业产品的人开始使用，将潜在顾客转变为现实顾客。第二种是市场开发策略，企业通过扩大原有产品的适用范围进入新的细分市场。如一般而言，老年人不会购买青年服装，企业可以通过营销宣传说服中老年人购买青年服装，实现心理上的年轻。第三种是地理扩展策略，指企业开发新的地理市场。

（2）开辟产品的新用途。领先者企业往往最有能力根据市场需求动态，为自己的产品寻找和开辟新用途、新用法、新功能，以增加销售量。美国杜邦公司不断开辟尼龙产品的新用途就是一个公认的成功的范例。

（3）增加用户的使用量。通过说服产品使用者增加使用量也是扩大市场需求量的有效途径。说服产品的使用者增加使用量的办法有许多，但最常用的是：促使消费者在更多的场合使用该产品；增加使用产品的频率；增加每次消费的使用量。

2. 保护现有市场份额

市场领导者企业在扩大总需求的同时必须时刻防备竞争对手的进攻和挑战，保护企业现有的市场阵地。最佳的战略方案是不断创新、掌握主动权，在新产品开发、成本降低、分销渠道建设和顾客服务等方面培养独特的竞争优势，以壮大自己的实力。同时，还应抓住竞争对手的弱点主动出击，即使不发动主动攻击，至少也应加强防御，坚守重要的市场阵地。防御战略的目标是使市场领先者在某些事关企业领导地位的重大机会或威胁中采取最佳的战略决策，可以选择采用以下六种防御战略，如图 2-11 所示。

（1）阵地防御。这是一种静态的、被动的防御，是最基本的防御形式。企业围绕目前

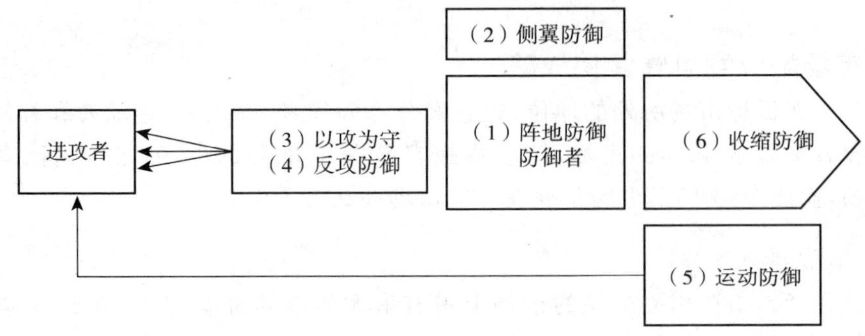

图 2-11　六种类型的防御战略[24]

的主要产品和业务建立牢固的防线，根据竞争者在产品、价格、渠道和促销方面可能采取的挑战性进攻战略而制定自己的预防性营销战略，并在挑战者发起进攻时坚守原有的产品和业务阵地。阵地防御在许多情况下是有效的，但单纯依赖这种防御则是一种"市场营销近视症"。

（2）侧翼防御。市场领先者在自己主阵地的周围建立一些作为防御的辅助性基地，并在必要时作为反攻基地。市场领先者对挑战者的侧翼进攻要准确判断，及时改变营销战略战术，用以保卫自己较弱的侧翼，防止竞争对手乘虚而入。如超级市场通过提供广泛的、货源充足的冷冻和速冻食品、推广廉价的无品牌商品以及在社区开设新店以抵御快餐业的蚕食。

（3）以攻为守。这是一种先发制人的积极性防御。在竞争对手尚未构成严重威胁或尚未动作之前，先主动攻击，以削弱或挫败竞争对手，在竞争中掌握主动地位。具体做法是当某一竞争者的市场占有率达到对本企业可能形成威胁的某一危险高度时或在竞争对手推出新产品或开展重大促销活动前就主动出击，必要时还需采取连续不断的正面攻击。

（4）反攻防御。市场领导者面对竞争对手发动的降价或促销攻势，主动反攻入侵者的主要市场阵地。反击战略主要有：一是正面反击，采取与竞争对手相同的措施，如降价、促销等，迎击对方的正面进攻；二是侧翼反击，选择对手的薄弱环节加以攻击；三是"钳形反击"，同时实施正面攻击和侧翼攻击；四是退却反击，以退为进，在竞争者发动进攻时我方先从市场退却，避免正面交锋的损失，待对手放松进攻或麻痹大意时再发动进攻，收复市场，以较小的代价取得较大的战果；五是"围魏救赵"，在对方攻击我方主要市场时攻击对方的主要市场区域，迫使对方为保卫自己的大本营而撤退进攻。

（5）运动防御。市场领先者不仅要防御目前的阵地，还要把自己的势力范围扩展到新的领域中去，而这些新扩展的领域可能成为未来防御和进攻的中心。市场扩展可通过两种方式实现：一是市场扩大化，这是企业将其注意力从目前的产品转移到有关该产品的基本需要上，并全面研究与开发有关该项需要的科学技术。例如，把"石油"公司转变为"能源"公司就意味着市场范围扩展到石油、煤炭、核能、水利和化学等工业。但是市场扩大化必须有一个适当的限度，否则就违背了两条基本的军事原则：即目标原则（确定明

---

[24] Philip Koltler, Ravi Singh. Marketing Warfare in the 1980s. Jounal of Business Strategy, 1981, (3): 30－41.

确可行的目标)和优势集中原则(集中优势兵力打击敌军薄弱环节)。二是市场多角化,这是向彼此不相关联的其他行业扩展,实行多角化经营。例如,美国雷诺和菲利浦·摩尔斯等烟草公司认识到社会对吸烟的限制正在加强,而纷纷转入酒类、软饮料和冷冻食品这样的新行业,实行市场多角化经营。

(6) 收缩防御。在所有市场上进行全面防御会得不偿失,市场领导者逐步放弃某些对企业不重要的、疲软的市场,把力量集中用于主要的、能获取较高收益的市场。

3. 提高市场占有率

市场领先者实施这一战略是设法通过提高企业的市场占有率来增加收益、保持自身成长和市场主导地位。美国的一项称为"企业经营战略对利润的影响"(PIMS)的研究表明,市场占有率是影响投资收益率最重要的变数之一,市场占有率越高,投资收益率也越大,市场占有率高于40%的企业其平均投资收益率相当于市场占有率低于10%的企业的3倍。

但是,也有些学者对该项研究提出不同意见。他们在对某些产业的研究中发现,有些企业其市场占有率虽然较低,但其利润率高,它们的特点是产品质量较高,相对其高质量来说价格中等或偏低,产品经营范围狭窄,其中大部分企业都是生产常用的工业部件或原材料,对其产品很少改动。对有些行业的研究结果表明,市场占有率和利润率之间存在着一条V形关系曲线。在V形曲线上,大企业趋于追求占领整个市场,并通过实现规模经济而获得较高的利润率。弱小的竞争者可集中经营某些较窄的业务细分市场,制定专用于该细分市场的生产、市场营销和配销的策略方针,通过建立专业化竞争优势也能获得较高的利润率。而在V形曲线底部的中等竞争者,既不能获得规模经济效益,又不能获得专业化竞争优势,因此利润率最低。

由于通过购买而获得较高市场份额的成本也许大大超过收入的价值,因此公司在盲目追求提高市场份额之前,应该考虑以下四个因素:

(1) 引起反垄断诉讼的可能性。许多国家为维护市场竞争,制定有反垄断法,当企业的市场占有率超过一定限度时,就有可能受到指控和制裁。

(2) 经济成本。当市场占有率已达到一定水平时,再进一步提高的边际成本非常大,甚至得不偿失。如图2-12[25]所示,该公司的最高市场份额是50%,如果公司要继续提高市场份额,就可能使赢利受到损失。

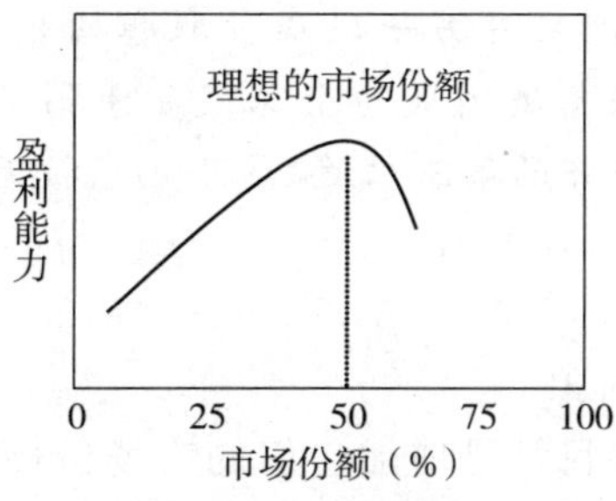

图2-12 最佳市场份额的概念

[25] 菲利普·科特勒,凯文·莱恩·凯勒. 营销管理(第12版). 梅清豪,译. 上海:上海人民出版社,2006:394.

（3）企业在争夺市场占有率时所采用的营销组合策略。需要注意的是提高市场占有率不一定能给企业增加利润。只有当具备以下两项条件时利润才会增加：第一，产品的单位成本能够随市场占有率的提高而下降，市场领先者常常拥有较高的生产和经营能力，能够通过提高市场占有率来获得规模经济，追求行业中的最低成本，并以较低的价格销售产品；第二，产品价格的提高超过为提高产品质量所投入的成本。通常，具有较高质量的产品才能得到市场的认可，并有可能获取较高的市场占有率。但高质量并不意味过高的投入成本。美国管理学家克劳斯比指出，质量是免费的，因为质量好的产品可减少废品损失和售后服务的开支，所以保持产品的高质量并不会花费太多的成本，而且，高质量的产品会受到顾客的欢迎，使顾客愿意付较高的价格。

（4）被增加的市场份额影响实际和被察觉的质量。林达和杰克布森（Linda，Jacobson，1999）[26]认为，顾客太多会给公司的资源增加负担，伤害产品估值和服务交付。

（二）市场挑战者战略

市场挑战者是指在行业处于次要地位的企业。例如，汽车行业的福特公司、软饮料行业的百事可乐公司等。这些亚军公司对待当前的竞争情势有两种态度：一种是向市场领导者和其他竞争者发动进攻，以夺取更大的市场占有率，这时他们可称为市场挑战者；另一种是维持现状，避免与市场领导者和其他竞争者引起争端，这时他们称为市场追随者。对于那些与市场领导者地位相接近的企业，它们有能力扩大市场占有率，往往最有可能成为市场挑战者。市场挑战者如果要向市场领导者和其他竞争者挑战，首先必须确定自己的战略目标和挑战对象，然后再选择适当的进攻策略。

例：2004 年，联想集团以总价 12.5 亿美元收购 IBM 的全球 PC 业务，其中包括台式机业务和笔记本业务。具体支付方式则包括 6.5 亿美元现金和 6 亿美元的联想股票。中方股东、联想控股将拥有联想集团 45%左右的股份，IBM 公司将拥有 18.5%左右的股份。至此联想集团将成为年收入超过百亿美元的世界第三大 PC 厂商。2007 年宏碁宣布以 7.1 亿美元收购 Gateway。Gateway 与宏碁两家公司总收入超过了 150 亿美元，预计个人电脑发货量将达到2 500万台左右。同时 Gateway 一直是美国最知名的电脑品牌之一，收购 Gateway 将大大增强宏碁在美国市场的地位。实际上如果交易完成，宏碁将以 10%左右的市场份额成为美国市场上的第三大电脑公司，远超过退居第四位的苹果公司，而这自然也将成为其在欧洲之外另一块压住联想的板砖。联想心里一定很是郁闷，因为这项交易将使宏碁超过联想集团成为全球发货量第三大的电脑制造商。此前联想用“不同来源的市场数据”所坚守的第三位置，这下彻底被无可置疑地颠覆了。

资料来源：新浪科技，2004 年 12 月 08 日。

1. 明确战略目标和挑战对象

大多数市场挑战者的战略目标是增加它们的市场份额。一般说来，挑战者可以选择以下三种公司作为攻击对象：

㉖ Linda，Robert Jacobson. Market Share and Customer's Perception of Quality：When Can Firms Grow Their Way to Higher Versus Lower Quality？ Journal of Marketing，1999，63(1)：16－25.

(1) 攻击市场领导者。这一战略风险很大,但是潜在的收益也很高。为取得进攻的成功,挑战者要认真调查研究市场领导者的弱点和失误。如美国米勒啤酒(Miller Beer)[27]之所以获得成功,就是因为该公司瞄准了那些想喝"低度"啤酒的消费者为开发重点,而这一市场在以前却被忽视了。还可以通过产品创新,以更好的产品来夺取市场。例如,施乐公司通过开发出更好的复印技术(用干式复印代替湿式复印),成功地从3M公司手中夺去了复印机市场。

(2) 攻击与己实力相当者。挑战者对一些与自己势均力敌的企业,可选择其中经营不善而发生危机者作为攻击对象,以夺取它们的市场。

(3) 攻击地方性小企业。对一些地方性小企业中经营不善而发生财务困难者,可作为攻击对象。例如,美国几家主要的啤酒公司能成长到目前的规模,就是靠吞并一些小啤酒公司,蚕食小块市场而得来的。

2. 选择进攻策略

在确定了战略目标和进攻对象之后,挑战者要考虑进攻的策略问题。其原则是集中优势兵力于关键的时刻和地方。总的来说,挑战者可选择以下五种战略:

(1) 正面进攻。正面进攻就是集中兵力向对手的主要市场发动攻击,打击对手的强项而不是弱项。这样,胜负便取决于谁的实力更强,谁的耐力更持久,进攻者必须在产品、广告、价格等主要方面大大领先对手,方有可能成功。一个可供选择的方法是进攻者用减价来同对手竞争,如果市场领导者没有采取相应的措施,而且进攻者使顾客相信它的产品与竞争对手相同但价格更低,那么这种方法便十分有效。

(2) 侧翼进攻。侧翼进攻就是集中优势力量攻击对手的弱点,以强胜弱;有时也可正面佯攻,牵制其防守兵力,再向其侧翼或背面发动猛攻,采取"声东击西"的策略。侧翼进攻可以分为两种:一种是地理性的侧翼进攻,即在全国或世界各地选择对手忽视或绩效较差的市场和产品发动攻击。另一种是细分性侧翼进攻,即选择对手尚未重视或尚未覆盖的细分市场作为攻占的目标。侧翼进攻最好地体现了现代营销的要义,即发现需要并为它们提供服务。侧翼进攻也是一种最有效和最经济的策略,尤其对资源较少的企业更具吸引力,较正面进攻有更多的成功机会。

(3) 包围进攻。包围进攻是一种全方位、大规模的进攻策略,它在多个领域同时发动全面攻击,迫使对手同时全面防御。进攻者可向市场提供竞争者能供应的一切产品或服务,甚至比对方更加物美价廉。当挑战者拥有优于对手的资源,并确信包围计划的完成足以打垮对手时,这种策略才能奏效。日本精工表在国际市场上就是采取这种策略。在美国,它提供了约400个流行款式、2 300种手表,占据了几乎每个重要钟表商店,通过种类繁多、不断更新的产品和各种吸引消费者的促销手段,精工表取得了很大成功。

(4) 迂回进攻。这种策略避开了对手的现有业务领域和现有市场,进攻对手尚未涉足的业务领域和市场。具体办法有三种:一是多样化地经营无关联产品;二是以现有产品进入新市场,实现市场多元化;三是通过技术创新和产品开发,以替换现有产品。例如,美国高露洁公司在面对强大的宝洁公司竞争压力下,就采取了这种策略:即加强高露

---

[27] 唐立军.美国米勒啤酒在市场细分中寻找机会获胜.价格月刊,2001,(1).

洁公司在海外的领先地位,在国内实行多元化经营,向宝洁没有占领的市场发展,迂回包抄宝洁公司。该公司不断收购纺织品、医药产品、化妆品及运动器材和食品公司,结果获得了极大的成功。

(5) 游击进攻。游击进攻主要适用于规模较小、力量较弱的企业,目的在于通过向对方的有关领域发动小规模的、断断续续的攻击,逐渐削弱对方,最终夺取永久性的市场领域。游击进攻可采取多种方法,包括有选择的降价,强烈突袭式的促销行动等。应予以指出的是,尽管游击进攻可能比正面围堵或侧翼进攻节省开支,但如果要想打倒对手,光靠游击战不可能达到目的,还需要发动更强大的攻势。

由此可以看出,市场挑战者的进攻策略是多样的。一个挑战者不可能同时运用所有这些策略,但也很难单靠某一种策略取得成功,通常是设计出一套策略组合,通过整体策略来改善自己的市场地位。

(三) 市场跟随者战略

前面已说明,并非所有在行业中处于次要地位的公司都会向市场领导者挑战。因为这种挑战会遭到领导者的激烈报复,最后可能无功而返,甚至一败涂地。因此,除非挑战者能够在某些方面赢得优势,否则,他们往往宁愿追随领导者,而不愿对领导者发动正面攻击。

而且,要获得市场领导者的地位,就要承担新产品的开发、分销渠道的建设、新市场的开发等巨大的开支。而通过仿造或改良这种产品,虽然不能取代市场领导者,但因不必承担新产品创新费用,可获得更高的利润。

这种"自觉共处"(conscious parallelism)的状态在资本密集且产品同质的行业如钢铁、化工等行业中是很普遍的现象。在这些行业中,产品差异化的机会很小,而价格敏感度却很高,很容易爆发价格竞争,最终导致两败俱伤。因此,这些行业中的企业通常形成一种默契,彼此自觉地不互相争夺客户,不以短期市场占有率为目标,以免引起对手的报复。这种效仿领导者为市场提供类似产品的市场跟随战略,使得行业市场占有率相对稳定。

跟随并不等于被动地单纯模仿领导者,追随者必须要找到一条不会招致竞争者报复的成长途径。菲利普·科特勒将跟随策略分为以下四类[28]:

(1) 仿制者。仿制者复制领导者的产品和包装,在黑市上销售或卖给名誉不好的经销商。许多唱片、苹果电脑和劳力士手表被仿造成灾,尤其在亚洲地区,这种现象特别严重。

(2) 克隆者。克隆者模仿领导者的产品、名字和包装,但稍有区别。

(3) 模仿者。模仿者在某些方面仿效领导者,但在包装、广告、价格等方面又有所不同。领导者并不注意模仿者,而模仿者也不进攻领导者。

(4) 改变者。改变者接受领先的产品,并改变或改进产品。改变者可以选择销售给其他不同市场。然后,许多改变者成长为将来的挑战者。

(四) 市场补缺者战略

几乎每个行业都有些小企业,它们专心致力于市场中被大企业忽略的某些细分市

---

[28] 菲利普·科特勒,凯文·莱恩·凯勒. 营销管理(第12版). 梅清豪,译. 上海:上海人民出版社,2006:400.

场，在这些小市场上通过专业化经营来获取最大限度的收益。这种有利的市场位置就称为"利基"(niche)，而所谓市场补缺者，就是指占据这种位置的企业。

市场补缺者战略的关键是专业化市场营销，公司必须在市场、顾客、产品或渠道等方面实行专业化：①最终用户专业化。即专门致力于为某类最终用户服务。例如，书店可以专门为爱好或研究文学、经济、法律等的读者服务。②垂直层次专业化。即专门致力于为生产—分销循环周期的某些垂直的层次经营业务。如制铝厂可专门生产铝锭，铝制品或铝质零部件。③客户规模专业化。即专门为某一种规模(大、中、小)的客户服务。许多利基者专门为大公司忽略的小规模顾客服务。④指定顾客专业化。即只对一个或几个主要客户服务。如美国一些企业专门为西尔斯百货公司或通用汽车公司供货。⑤地理区域专业化。即专为国内外某一地区或地点服务。⑥产品或产品线专业化。即只生产一大类产品，如日本的 YKK 公司只生产拉链这一类产品。⑦客户订单专业化。即专门按客户订单生产预订的产品。⑧质量与价格专业化。即选择在市场的底部(低质低价)或顶部(高质高价)开展业务。⑨服务项目专业化。即专门提供一种或几种其他企业没有的服务项目。如美国一家银行专门承办电话贷款业务，并为客户送款上门。⑩分销渠道专业化。即专门服务于某一类分销渠道，如生产适用超级市场销售的产品。市场利基者是弱小者，它面临的主要风险是当竞争者入侵或目标市场的消费习惯变化时有可能陷入绝境。因此，市场补缺者的任务主要有三项：创造补缺、扩展补缺和保卫补缺。如果能在多种利基市场上发展，企业就避免了风险，增加了市场机会。

三、战略联盟

(一) 战略联盟的概念

随着世界经济一体化、金融全球化的趋势日益明显，企业竞争日趋激烈，竞争的风险更大。20 世纪 80 年代以来，西方企业尤其是跨国企业迫于强大的竞争压力，开始对企业竞争关系进行战略性的调整，纷纷从对立竞争走向大规模的合作竞争，也因此使得战略联盟的组织形式成为了诸多企业用来实现资源和战略共享而实施的核心战略。

卡洛斯(Carlos Jarillo，1988)[29]首次提出了"战略网络"(strategy network)的概念，他将其定义为相互独立而又利益相关的各个组织之间达成的协议。这个组织中的各个公司联合起来以获得和维持竞争优势，来应对该组织之外的共同竞争对手。卡洛斯在这一概念中重点强调了组织中核心企业(hub firm)的作用，核心企业担负着构建这一战略网络，并发挥积极主动的作用以维持其正常运行的任务。在温登和布鲁斯(2003)[30]看来，战略网络的组建是否成功取决于其是否比原来纯粹的市场关系更有效率。战略联盟就是两个或两个以上的企业或跨国公司为了达到共同的战略目标而采取的相互合作、共担风险、共享利益的联合行动。

迈克尔·波特在《竞争优势》[31]一书中提出：联盟是超越了正常的市场交易但并非直接合并的长期协议。联盟的例子包括技术许可生产、供应协定、营销协定和合资企业。

㉙ J. Carlos. On Strategic Networks. Strategic Management Journal，1988，9(1)：31－41.

㉚ Willem van Winden，Paulus Woets，Local Stratigy Networks And Policies in European Ict Clusters，2003.

㉛ 迈克尔·波特．竞争优势．陈小悦，译．北京：华夏出版社，1997.

联盟是扩展景框而无须扩展企业，一般做法是通过与一家独立的企业签订协议来进行价值活动（如供应协定）或与一家独立的企业合作共同开展一些活动（如营销方面的合资企业）。

卡瑟尔斯在《竞争的革命》[32]一书中提出：联盟兼具公司和市场的双重特性。和市场情况一样，联盟各成员代表不同的利益团体，保持作为公司的独立性；和公司内部一样，联盟中各成员同意协调运作，共同进行决策行为。为维持联盟关系，各成员会相互妥协、放弃较短期间的机会主义行为。

（二）战略联盟的形式

根据当前世界范围内存在的企业战略联盟的主要形式，将战略联盟分为横向战略联盟、纵向战略联盟和跨国战略联盟三种。

(1) 横向战略联盟。指不同企业旨在采取联合行动、共同经营而结成的企业战略联盟。这种战略联盟的具体形式包括连锁加盟、特许经营、企业集团等。

(2) 纵向战略联盟。指企业为增强竞争实力，通过资本联合所形成的企业战略联盟。这种战略联盟的具体形式包括企业合资、企业兼并和企业收购。

(3) 跨国战略联盟。即企业通过跨国经营而与东道国企业结成的企业战略联盟。跨国公司是跨国战略联盟的最主要形式。

菲利普·科特勒认为许多战略联盟采用营销联盟(marketing alliances)[33]的形式，它们有以下四种形式：

(1) 产品或服务联盟。其形式可以是一家公司许可另一家公司生产产品，或两家公司共同营销它们的互补产品或新产品。

(2) 促销联盟。一家公司同意为另一家公司的产品或服务促销。例如，麦当劳联合迪士尼一起向购买套餐的人促销迪士尼电影的衍生品。

(3) 物流联盟。一家公司为另一家公司的产品提供物流服务。

(4) 价格合作。几家公司加入特定的价格合作。最常见的是，旅馆连锁和租车公司共同推出价格折扣。

（三）战略联盟的特点

(1) 边界模糊性。战略联盟并不像传统的企业具有明确的层级和边界，而是一种你中有我，我中有你的局面。

(2) 关系松散性。战略联盟主要是契约式或联结起来的，因此，合作各方之间的关系十分松散，兼具了市场机制与行政管理的特点，合作各方主要通过协商的方式解决各种问题。

(3) 行为的战略性。战略联盟的方式与结果，不是对瞬间变化所做出的应急反应，而是对优化企业未来竞争环境的长远谋划。因此，联合行为注重从战略的高度改善联盟共有的经营环境和经营条件。

(4) 合作的平等性。战略联盟是联盟各方在资源共享、优势互补、相互信任、相对独

---

[32] 本杰明·古莫斯-卡瑟尔斯．竞争的革命——企业战略联盟．邱建等，译．广州：中山大学出版社，2000.

[33] 菲利普·科特勒，凯文·莱恩·凯勒．营销管理(第12版)．梅清豪，译．上海：上海人民出版社，2006：59.

立的基础上，通过事先达成协议结成的一种平等关系。这就从根本上改变了合资、合作企业之间依赖股权多少，或其他控制能力的强弱来决定母公司与子公司之间不平等关系的局面。

（5）管理的复杂性。结成战略联盟的企业间除了对抗性竞争外，还存在以合作和联盟为基础的竞争。为竞争而合作，靠合作来竞争，竞争中的合作与合作中的竞争并存不悖。然而管理权关系的模糊、企业文化的冲突、收益的不均衡性等都增加了管理的复杂性。

战略联盟具有非常显著的优势，比如：快速性、互补性、低成本、低风险、高效性等等，是一个相对比较容易实施的策略。但战略联盟的成功也要以竞争与合作为基础，联盟的成功与否在很大程度上与联盟体之间能否有效地相互合作有关。而有效合作，又离不开联盟体内部的有效竞争，没有适度的竞争与合作，联盟最终难以成功。

复习题

1. 什么是顾客价值？战略计划在价值传递过程中扮演什么角色？
2. 简述企业评估战略业务单位的主要方法。
3. 企业的增长战略一般有哪几种？
4. 联系实际谈谈企业如何运用一般竞争战略。
5. 处于不同市场地位的企业应采取何种竞争性营销战略？
6. 什么是战略联盟？战略联盟有何特点？

第三章 市场营销环境

［教学要求］

掌握市场营销环境的含义；

掌握企业的微观营销环境和宏观营销环境分析要素；

熟悉竞争对手评价法；

熟悉社会购买力对营销环境的影响；

了解环境给企业带来的机会与威胁；

了解一些分析市场环境的方法；

了解营销决策支持系统。

第一节　企业营销与营销环境

一、企业营销环境的含义

企业的营销环境可以从不同的角度来理解，思考的角度不同，其含义亦有所区别。从系统论的角度来思考，企业营销环境的一般定义是区别于该企业系统的其他周围系统的一个相对性的概念。企业营销环境是针对某一分析对象而言的，一旦分析对象发生变化，与其对应的营销环境也要发生变化。如果以企业整体系统为对象，那么企业系统以外的其他系统，如政治系统、产业系统、文化系统等等，就构成了企业营销的外部营销环境。如果以企业内部生产子系统为对象，那么其他子系统，如销售子系统、财务子系统、人事子系统等就构成了该生产系统的营销环境，将其称为内部营销环境。我们研究市场营销环境时较多地思考的是企业外部的营销环境。

从企业营销管理的角度来思考，可把企业的营销环境界定为与企业营销活动有关的外部因素的结合。企业营销的外部环境并非是存在于企业外部的全部环境，而是指对企业市场营销活动起促进作用或阻碍作用的因素，除此以外的环境因素称为中性因素，则可舍而不论。

从企业市场营销战略的角度来思考，企业的市场营销环境是在企业营销战略形成过程中创造出来的未来环境，我们将其称为市场营销的战略环境。

西南财经大学吴世经(2000)[①]认为：市场营销环境是指市场营销能力和效果的外在各种参与者和社会影响力。这里所指的“外在的”既是指企业的外部，有时亦是指企业营销部门的外部。云南财贸学院吴健安(2000)[②]认为：企业营销环境是企业营销职能外部的不可控制的因素和力量，这些因素和力量是与企业营销活动有关的影响企业生存和发展的外部条件。

菲利普·科特勒(Kotler,2006)[③]认为：营销环境是由工作环境和大环境组成的。竞争仅仅是营销者所面临的机会中的一个环境因素。

工作环境(task environment)包括直接影响产品、分销和促销的人。这些人主要由公司内部成员、供应商、分销商和目标顾客组成。在供应组织中还包括材料供应商和服务供应商，例如营销调研公司、广告代理人、银行和保险公司、运输与电信公司。分销商和经销商中包括代理人、经纪人、制造商代表和其他推进寻找和向顾客销售的人。

大环境(broad environment)有六个因素：人文、经济、自然、技术、政治和文化环境。这些环境因素成为影响工作环境的主要因素。营销工作者必须密切关注工作环境中的这些趋势与发展，并且不断调整他们的战略。

我们研究市场营销环境是把上述概念从三个角度加以综合运用的。以企业的各种外部力量为主，构成了影响企业市场营销活动的市场营销环境，这里最主要的是企业营销活动的外部环境。

二、企业营销与营销环境

企业的营销环境包括微观环境和宏观环境两个方面的内容。微观营销环境影响着企业服务其目标顾客的能力，一般由企业的供应者(提供本企业生产营销活动所需货物和劳务的其他企业和个人，特别是供应商)、营销中间人(中间商、物流企业、融资企业及其他营销服务机构)、顾客(消费者或用户)、竞争对手、社会公众以及企业内部影响营销管理决策的各个部门如财务、人力资源等部门所构成。企业微观环境中的主要影响力量如图 3-1 所示。

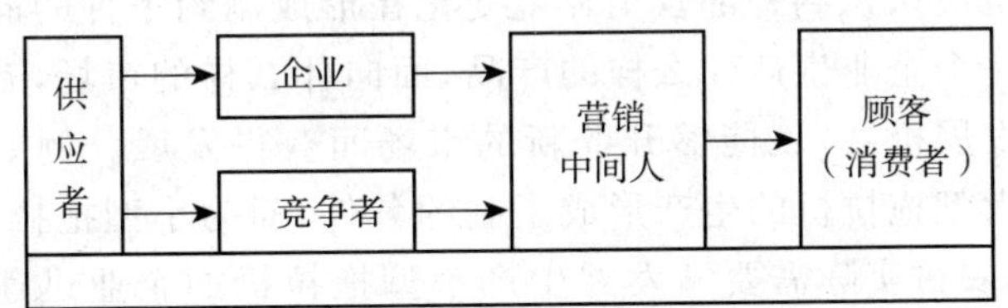

图 3-1　企业微观环境中的主要影响力量

公司与他们的供应商、营销中间机构、顾客、竞争者和公众，都在一个充满力量和趋势的宏观环境中运作，这些力量和趋势创造机会，也带来威胁。这些力量是“不可控制

① 吴世经．市场营销学(修定稿)．成都：西南财经大学出版社，2000：30.

② 吴健安．市场营销学．北京：高等教育出版社，2000：66.

③ [美]菲利普·科特勒，凯文·莱恩·凯勒．营销管理(第 12 版)．上海：上海人民出版社，2006：26.

的"，但公司必须对其进行监测和做出反应。

科特勒(2006)[④]认为，随着全球面貌的迅速变化，一个公司必须监测六种主要因素：人文、经济、自然环境、技术、政治法律、社会文化因素。虽然这些因素有一定的独立性，营销者必须注意它们之间的相互作用，因为它们是新机会与威胁的舞台。例如，人口爆炸式地增长（人文）导致了资源匮乏和污染（自然环境），它使消费者要求法律保护（政治法律）。政府的限制刺激了新技术和产品（技术），如果人们承担得起（经济因素），它又会改变人们的观念和行为（社会文化）。

（一）市场营销环境对企业的制约作用

企业的外部营销环境的变化常常对企业形成新的制约条件，甚至威胁企业的生存。由于这种变化是不以企业的意志为转移的客观规律，企业除了适应制约条件以外，没有更多的能力改变外在客观的环境。例如，宏观产业政策的调整、环保法规的颁布等等，都属于结构性或制度性的重要制约条件。对于这类制约条件，企业并非能通过临时性的措施就能解决的，必须通过对营销战略的调整，改革营销结构才能适应。当然，这种新制约条件并非都是坏事，它为企业实行内部改革，推进企业市场营销的开展也创造了机会。例如，外部原材料供应不足的环境因素，促使着企业研究节约原材料和能源的措施，或寻找开发替代原材料和能源。有所作为的企业家就是应该在外部环境的制约中，寻找企业发展的新契机，而不是被动地适应外部环境。

（二）企业对营销环境的反作用

企业在接受营销环境制约的同时，也反作用于营销环境。

一方面企业可以发挥组织成员的智慧并运用各种可控因素反作用于外部营销环境，影响并引导外部环境朝着对自己有利的方向转化。这里最重要的是改善微观环境。例如，企业开发出新产品可以创造需要，诱发消费者的潜在需求，形成新的流行热潮；企业通过有计划的广告宣传，可以使本企业产品与竞争产品相区别，从而造成对自己有利的差别，正确引导消费者偏爱本企业的产品，扩大销售量。企业这种积极的努力，对于在环境制约中谋求稳定的发展有着重要的作用。

另一方面企业也应认识到外部营销环境变化在形成制约条件的同时，也为企业创造了新的发展机会。一个企业生产什么样的产品，面向什么样的市场，有其自主的选择性。企业善于利用新的发展机会，就能够开辟新的市场而获得发展。例如，我国农村实行联产承包制之后对于大型拖拉机的生产形成了制约条件，而为小型拖拉机的发展创造了机会。因此，及时根据农村实际需要开发并生产小型拖拉机的企业迅速得到了发展，而因种种原因固守大型拖拉机市场的企业则陷于十分困难的境地。

值得注意的是，在企业和外部营销环境的相互作用中，营销环境对企业的制约作用远远大于企业对营销环境的反作用。同时，由于营销环境具有复杂性、多变性、不可控性和难以准确评估性等特点，因此，建立适应外部营销环境的柔性系统是企业营销战略的基本目标。否则，企业的营销活动就会陷入困境。为此，企业应该重视营销环境信息的收集，预测营销环境的变化趋势，分析企业营销环境的机会与威胁，归纳环境分析的结

---

④ [美]菲利普·科特勒，凯文·莱恩·凯勒．营销管理（第12版）．上海：上海人民出版社，2006：86．

果。只有这样，企业才能抓住机遇，避免威胁，取得市场营销活动的成功。

第二节　企业营销环境分析

在企业营销活动中，受外部客观环境特别是宏观环境的影响程度很大，因此，在本节我们将着重研究企业营销的宏观环境，而对微观环境将在本节的最后作简单的介绍。

对市场的宏观营销环境专家有不同见解。云南财贸学院吴健安教授认为："宏观营销环境指对企业营销活动造成市场机会和环境威胁的主要社会力量。"[⑤]西南财经大学吴世经教授认为："宏观营销环境是指对企业的生存发展创造机会和产生威胁的各种社会力量。"[⑥]它包括人口环境、经济环境、政治法律环境和自然、文化、科技环境。

西方营销学家提出一个有关市场的公式，即市场＝人口＋购买力＋购买欲望。从这个公式中我们可以看出构成市场的第一大因素是人口因素。因此，我们研究企业营销的宏观环境应首先从人口环境入手。

一、人口环境分析

（一）人口的总量

人口数量决定市场消费需求总量的大小。假如收入不变，人口总量与市场需求总量成正比。人口总量增加，市场需求总量也必然相应增加。反之亦然。同时，人口总量的增长速度对市场需求量也有一定的影响。如果生产力水平是既定的，人口增长速度较快，则消费资料需求量也就大；反之亦然。正是由于这个原因，在一些不发达国家中过多的人口形成了对市场需求的强大压力。但是，必须指出，我们分析人口总量影响市场需求，并非是说它与市场购买力水平的高低有着必然的联系。一个经济发达而人口较少的国家的社会购买力比一个经济落后而人口众多的国家的市场购买力要大得多，这是一个事实。当然，这一事实并不影响我们这里的问题分析，因为我们这里的分析是相对于一个特定的国家或地区而言的。另外，如果人口数量增加，一方面会导致市场需求的增加，这对企业而言其市场机会得以增加；但另一方面又会造成环境污染和对有限资源的过度需求，这就会使得企业生产的成本上升，导致产品价格的上扬，这对企业而言又意味着市场机会的减少。

（二）人口的地区分布

人口在不同区域的分布状况与市场需求有着密切的联系。不同地理区域，由于经济发展水平、气候、自然环境和风俗习惯的差异，人们的消费需求也就存在着差异。例如，北方居民对棉衣、棉鞋等御寒商品的需求量较大，南方居民对凉鞋、草帽等防暑用品的需求量较大；江苏苏南居民爱吃甜食，四川居民则爱食辣味等等。

---

⑤　吴健安．市场营销学．北京：高等教育出版社，2000：76.

⑥　吴世经．市场营销学．成都：西南财经大学出版社，2000：39.

（三）人口的年龄结构

不同年龄的消费者，由于爱好、兴趣不同，对各种消费品的需求也有所差异。因此，企业在其营销活动中，可根据消费者的年龄结构，把市场区分为儿童市场、少年市场、青年市场、中年市场、老年市场等等。这里有一个值得注意的动向是不少国家的人口老龄化问题日趋突出。由于人们生活水平的提高，医疗条件的改善，死亡率降低，人口寿命显著延长，使老龄化问题凸显出来。例如，美国人口死亡率1960年为9.5‰，1990年为6.7‰，人均寿命1990年已达到76岁。日本人口死亡率1960年为7.6‰，1990年为5.9‰，人均寿命1990年为78岁。我国这个问题也日益凸显出来，据第三次人口普查资料表明：1953～1982年，60岁及60岁以上的人口净增加84.5%，平均每年增长2.14%，2000年我国60岁以上年龄者约为1.3亿，约占总人口的11%。人口老龄化要求我们企业必须重视老年人用品的生产和销售。

（四）人口性别

人口性别的差异，也给消费需求带来明显的差异。一个地区男性较多，则男性用品的需求就较多，反之，女性用品的需求就较大。深圳市男女比例是1∶5，因此，我们的企业要开拓深圳市场，就必须重视妇女用品的生产和供应。

（五）文化程度

消费者的文化程度的差异，也使消费需求有所差别。在一定地区内，消费者文化程度越高，则对文教用品和精神生活用品消费量就大；反之亦然。我国公民的文化程度正在逐步提高，但城乡、地区间很不平衡，而且在许多贫困和边远地区仍有大量的文盲、半文盲人口。而文化程度的高低直接影响人们对事物的认知，对环境变化敏感程度的不同也影响着人们的消费习惯以及消费方式。因此，企业应当充分了解这种状况，同时适当调整企业的营销战略，充分利用有限的资源实现赢利最大化。

（六）家庭单位和家庭人口

家庭单位的多寡，直接影响到市场消费需求量的大小。因为许多商品的购买通常是以家庭为购买单位的。因此，家庭户数增加，家具、家庭生活用品的消费量必然增加，很多家庭用的产品能够有很大的市场，一个新的家庭理念的产生必然会影响企业市场的大小以及很多相关的产业。同时，家庭人口多少，会对许多家庭用品的消费形态产生直接影响，家庭人口减少则需求转向小规格的商品，家庭人口的多少不但决定了购买次数的多少，而且能够决定购买产品的规模数量以及相关联的影响因素。

（七）家庭类型

“传统家庭”被认为由丈夫、妻子和孩子(有时包括祖父母)组成。科特勒(Kotler，2006)⑦认为，在今天的美国，有些家庭是由“离婚”或“非传统”的家庭组成，包括：独身生活家庭，与一个异性或同性的成年人生活在一起的家庭，单亲家庭，丁克家庭，空巢家庭，更多的人是离婚或独身而不选择结婚，或同居在前结婚在后，或结婚但对小孩不感兴趣，

---

⑦ [美]菲利普·科特勒，凯文·莱恩·凯勒．营销管理(第12版)．上海：上海人民出版社，2006：90.

各种家庭类型都有自己的需求和购买习惯，例如，SSWD[独身(single)、分居(seperated)、丧偶(widowed)、离婚(divorced)]群体需要较小的公寓，便宜和小型的器具、家具和设备，小包装食品。营销者应当考虑非传统家庭的特殊需要，因为非传统家庭住户数量的增长速度远远快于传统家庭的增长速度。

(八) 人口在地区间的流动及其增长状况

世界人口正呈现出“爆炸式”的增长，2000 年世界人口为 61 亿，到 2025 年时，世界人口将达到 79 亿。人口“爆炸式”的增长受到了广泛的关注，未加限制的人口增长和消耗最终导致食物供应量的不足、重要的矿产资源消耗殆尽、人口过密、污染和生活质量整体水平的下降。而且人口增长使城市和社区不堪重负。目前，不发达国家和地区的人口已占世界人口总数的 76%，并以每年 2% 的速度递增，而世界较为发达的国家和地区的人口仅以每年 0.6% 的比率增长。在发展中国家，死亡率由于现代医学水平提高而下降，但出生率却一直相当稳定。

几十年来，我国实行了比较严格的户籍管理制度，人们的居住及工作地点都比较稳定。随着改革开放事业的推进，我国的人口流动相应增多起来，人口迁移呈现出逐年上升的趋势。我国的人口流动呈现三大特点：一是农村人口流入城镇务工经商；二是内地人口迁入东部沿海发达地区；三是大量高素质人才流向发达国家和地区。另据有关资料预计，我国农村约有 1.2 亿剩余劳动力涌向城镇。这种人口在地区间流动的现象，给不同地区的市场营销环境带来不同的影响。

二、经济环境分析

(一) 社会购买力

一个国家、地区社会购买力的大小，决定着市场容量的大小。因为，市场规模(指现实商品需求与潜在商品需求的规模)的大小，归根到底取决于购买力的大小。所以从企业市场营销的角度来看，经济方面最主要的环境力量是社会购买力。所谓社会购买力，即一定时期内社会各方用于购买商品(包括劳务)的货币支付能力。它是构成市场的要素之一。企业应当密切关注由于社会购买力的增减变动所带来的机会或威胁。

(1) 社会购买力与市场营销的关系。总的来讲，社会购买力的大小取决于国民经济的发展水平以及由此决定的国民平均收入水平。经济发展快，人均收入高，市场物价稳定，利率变动正常，社会购买力就大，企业的营销机会就多。反之，经济衰退，市场规模缩小，市场物价上涨，通货膨胀严重，利率变动频繁，则会给企业营销带来威胁。

(2) 社会购买力的实现与市场供求状况的关系。市场商品供求状况包含着总量的比例和结构的比例，两者对企业均发生着明显的影响，通常情况下，企业在营销活动中直接感受到的是市场商品供求结构比例的影响。当某企业的商品在市场上处于供不应求的状况时，企业生产量的扩大和销售量的增加就相对容易得多；而在市场上处于供过于求的状况时，企业所承受的外部压力则大得多。

(3) 社会购买力实现与通货膨胀的关系。如果出现通货膨胀就意味着纸币贬值，物价上涨，货币的购买能力下降。它会恶化企业的营销环境：一是它会引发恐慌心理，导致市场上出现以保值为目的的抢购风潮，从而给企业输入大量混乱、虚假的需求信息，增加了企业未来发展的风险度。二是各种生产要素涨价，不仅会提高产品的成本，而且会对企业的资金周转、投资组合、营销组合等形成冲击，增加了以后营销活动的难度。这两种情况都有碍于市场营销活动的开展。

(4) 社会购买力与储蓄增减的关系。居民储蓄来源于消费者的货币收入，最终还会用于消费。但一定时期内储蓄增加会减少近期的消费资料购买力。反之，会增加近期的消费资料购买力。所以，储蓄的增减变动会引起市场的需求规模和结构的变动，对企业的营销活动也就会产生或近或远的影响。因此，我们企业在制定市场营销战略时，应该考虑到这一点。

（二）消费者收入与支出

(1) 消费者收入与市场营销。消费者收入，是指消费者个人从各种来源所得到的货币收入。它包括个人的工资、奖金，以及其他劳动收入、红利等。消费者收入主要形成消费资料的购买力，这是社会购买力的重要组成部分。消费者收入的多少不仅决定着消费者市场购买力水平的高低，而且直接影响着消费者支出行为模式。消费者收入的变化，不仅对生产经营消费资料的企业的营销活动有重大影响，而且由于生产资料需求是由消费资料需求派生出来的，因而对生产经营生产资料的企业的营销活动也会产生重大影响。所以，无论是生产资料生产经营企业还是消费资料生产经营企业，都必须重视消费者收入的研究。

(2) 收入分配。各个国家在收入水平和分配上有很大的差异。在全球经济中，营销者应该对各国收入分配的变化，尤其是对那些走向富裕的国家更需要提高注意力。营销人员把各国的收入分配分为五种类型：①家庭收入极低；②大多数家庭是低收入；③家庭收入极低与家庭收入极高同时存在；④低、中、高收入同时存在；⑤大多数家庭属于中等收入。

主要发达国家人均国民收入水平的比较情况

（名义 GDP 和名义国民所得(GNI)比较，单位：美元）

国家	人均 GDP		按货币购买力平价计算的国民所得	
	2001 年	2006 年	2001 年	2006 年
日本	35 780	38 410	26 619	32 950
美国	34 760	44 970	35 309	44 270
加拿大	22 140	39 081	28 889	36 490
英国	25 310	40 180	27 026	34 050
意大利	19 470	32 020	25 687	29 310
德国	23 670	36 620	26 313	33 150
法国	22 880	36 550	27 271	32 210

资料来源：世界银行数据库，http://ddp-ext. worldbank. org/ext/DDPQQ/member. do? method=getMembers

(3)消费者的货币收入、实际收入和市场营销。由于消费者收入往往要受到产品价格变化的影响，因而对消费者收入还要区别为货币收入和实际收入。在消费者的货币收入不变时，如果物价下跌，则表明实际收入上升；反之，则表明实际收入下降。还有一种情况是货币收入虽然增加，但通货膨胀率超过货币收入增长率，实际收入也会减少，分析实际收入变动的意义在于这种变动直接影响着消费者的支出行为和购买方向。同时,我们还必须重视研究不同时期、不同地区、不同阶层消费者收入水平的变化。不同时期、不同地区、不同阶层消费者收入水平的变化,对市场营销也有一定的影响。一般说来,消费者收入的多少,对于消费者支出模式具有决定性影响。

（三）商品供应因素

这是指企业向市场提供的商品数量、质量、规格、品种及其服务等因素。商品量的充裕与短缺,商品质量的优劣,商品结构的合理与失调,规格品种的齐全与单调,服务质量的优劣,这些都会促进或抑制消费需求,影响消费需求的增减或购买力的转移。

（四）储蓄、债务以及信贷的应用

消费者的支出还受消费者储蓄、债务和信贷适用性的影响。例如,日本消费者收入的13.1%用于储蓄,而美国的消费者储蓄率为4.7%。其结果是日本的银行比美国银行有更多的钱和更低的利息贷款给日本企业,这使日本公司拥有较为便宜的资本快速发展。美国的消费者有很高的债务收入比率,这进一步减缓了房屋或大额票据的支出。信贷在美国非常适合低收入购买者,但利息相当高。

（五）商品的价格因素

价格因素是影响消费需求较为敏感的因素。在购买力既定的情况下,商品价格变动对消费需求的变化有两种情况:一种情况是价格和需求相互推动,价格下降,消费需求量增加;价格上升,消费需求量降低。另一种情况是某种商品价格下降,会把同类商品的购买者吸引过来,某种商品价格上升,会使消费者将购买力转向其他同类商品。一般说来,价格高低对需求弹性较小的生活必需品影响较小,对需求弹性较大的享受性商品影响较大。

（六）交通运输和公用事业的发展状况

交通运输的发展状况对企业的生产和经营有着直接的影响。如果交通不发达,所买到的原材料、设备运不进来,所生产的产品运不出去,就直接影响到企业的生产发展,从而影响消费需求的实现。公用事业发展快慢,也直接影响到企业的生产经营。一般说来,公用事业发展快,就能促进企业的生产经营,促进消费需求的实现;反之亦然。

（七）对外贸易的状况

对外贸易的发展状况对国内市场消费需求影响很大。如果出口商品数量大于进口的商品数量,国内的商品生产就比较顺利;反之,结论则相反。经济环境的变化,对市场规模和产业结构影响极大,或者对企业造成威胁,或者形成发展的机会,我们的企业家必须审慎对待经济环境的变化,认真思考其对策,才能使自己的营销活动取得成功。

三、政治法律环境

在任何社会制度下,企业的市场营销活动都要受到政治法律环境的强制和约束。这种政治与法律环境是由那些强制和影响社会上各种组织和个人行为的法律、政府机构、公众团体所组成的。企业的市场营销活动总是在一定的政治法律环境下进行的。政治法律环境包括四方面的内容：

(1) 政治体制、经济管理体制、政府与企业的关系。就我国当前的情况来看，与企业密切相关的突出问题在于进一步精简政府机构，规范政府行为，全面转变政府职能，克服官僚主义，实现政府角色的转变，实行政企职责分开。只有深化经济体制、政治体制的改革才能为企业提供一个更为开放、民主、法制化的经济管理体制和政治环境，企业的市场营销活动才能有效地进行。

(2) 法律、法令、法规与企业的关系。经济立法旨在建立并维护社会主义市场经济秩序，保障所有权，保护竞争和保护消费者利益。每一项新的法律、法规的颁布，或者原有法律、法规的修改，都会影响企业的营销活动。目前，我国经济立法还很不完备，为了适应改革开放的需要，新的立法将会陆续颁发，日臻完善。到目前为止，我国已经相继颁布许多相应的法律、法规。这些法律、法规的出台对指导企业开展营销活动起到了制约和规范作用。随着我国加入 WTO，国际营销的开展越来越频繁，我国企业营销活动逐步跟国际对接。

(3) 政治主体的目标、纲领及方针政策。如果说法律、法规是相对稳定的，那么方针政策等则有较大的可变性，它随着政治经济形势的变化而变化。当然目标和纲领也是相对稳定的。政府方针政策显然会对企业的营销活动产生直接或间接的重大影响。例如，1992 年 8 月，各级政府贯彻中共中央有关治理经济环境、整顿经济秩序、全面深化改革的方针，采取了压缩膨胀的基本建设投资规模，控制信贷资金投放，控制社会集团购买力，对一些重要商品实行专营等一系列政策措施，所有这些都对企业的市场营销活动产生了广泛的直接影响。

(4) 公众团体。公众团体即为了维护某一部分社会成员的利益而组织起来的，旨在影响立法、政策和舆论的各种社会团体，如经国务院 1985 年 1 月批准成立的中国消费者协会以及稍后成立的工商行政管理学会等。这些社会公众团体的活动，也会对企业的市场营销活动产生一定的压力和影响，促使企业按照经济法规办事，讲究职业道德和企业信誉。

四、自然、文化、科技环境分析

(一) 自然环境

自然环境与企业的企业选址、原材料供应、设备和生产技术的采用有着密切的关系。市场营销学上的自然环境，主要是指自然物质环境。这方面的环境也处于发展变化之中，当代最主要的动向是：自然原料日益短缺，能源成本趋于提高，环境污染日益严重，政府对自然资源管理的干预不断加强。所有这些都会直接或间接地给企业带来威胁或机会。企业要想有效地开展市场营销活动必须重视对自然环境的研究。

我国幅员辽阔，但是由于人口众多，大片国土自然条件恶劣，因而就原料资源来说，无论是不可再生的矿物资源，还是可再生的动植物资源，抑或水资源，总的说来都是短缺型的，绝大多数资源的人均占有量很低。原料资源短缺，特别是不可再生资源总是越开采储量越少，对许多企业的发展当然是一种威胁，我们的企业家必须看到这一点。但是这种情况反过来又迫使人们研究如何合理开发利用自然资源，寻找替代品，这又给许多企业带来了发展的机会。当然，我们还有不少资源尚未开发或尚未充分利用，在地区之间也很不平衡，这就说明我国既存在资源短缺的威胁，也存在着资源利用的潜力。我们只要正视这种情况，就能使企业的市场营销活动获得应有的发展。

随着企业的发展和技术的进步，绿色营销越来越受到重视。我国的环境污染日趋严重，在许多地区已经严重影响到人民的身体健康、自然生态的平衡和长远的生产发展，越来越引起全社会的密切关注。如何保护自然环境，合理利用资源，加强企业的社会责任感等问题，已经成为企业决策的重要内容。

（二）文化环境

文化是在社会长期发展过程中形成的知识、信仰、艺术、道德、法律、价值观念、风俗习惯的综合反映。不同国家、民族和地区的文化环境具有一定的差异性。所以，企业所面临的诸方面环境中，文化环境是较为复杂的，它不像其他环境那样显而易见与易于理解，却又时刻影响着企业的市场营销活动。例如，在我国社会的传统中，家庭起着极为重要的作用，往往成为人们日常活动的一个个中心。正因为这种关系，家庭在人们的消费行为中具有重要的影响。由于历史上长期形成的一些伦理观念对人们的影响较大，因而人们较关心自己或亲属的地位及声誉；由于社会公众的行为对个人消费者的影响较强，因而相当部分的人具有"大众化"的消费倾向，由于受过去较长时间的影响，一旦实行开放，外来风气的影响使社会受到了一定的冲击，特别是人们的一些传统认识。对于这些我们的企业在开展市场营销活动时，必须引起重视。又如，随着我国正式加入世贸组织，企业面向国际市场，就会发生与异国文化的接触与摩擦，如何适应异国文化并有效地开拓国际市场就成了我们企业必须面对并迫切需要研究的课题。

（三）科技环境

改变人类命运最戏剧化的因素之一是技术。每一种新技术都是一种"创造性破坏"因素。晶体管危害了真空管行业，复印机伤害了复写纸行业，汽车使铁路的经营日趋惨淡，如果老行业不采用新技术，而是压制它、轻视它，那些老行业的业务必定会衰退下去。然而，对于市场资本主义来说，本质是保持动态，并且作为进步的代价是容忍科技衍生的破坏。

经济的增长率与新发明的数量是息息相关的。遗憾的是，技术发明并不总是随着时代均匀地出现——铁路行业曾吸引大量的投资，随后却出现了投资不足，直至汽车行业问世；每种技术都会产生长期的重大影响，而且都会超出人们预先的估计。营销人员应该看到技术的趋势：技术变革步伐加快，无限的革新机会，变化着的研究与开发预算和增加的技术革新规定。

新的创意不断涌现，而且与成功应用的差距正在迅速缩短，技术引入期至生产高峰期之间的时间差也在大大缩短。科学家们现在正从事范围惊人的新技术的研究，这些新技术将会给我们的产品及生产过程带来革命化的影响。⑧

---

⑧ ［美］菲利普·科特勒，凯文·莱恩·凯勒．营销管理（第12版）．上海：上海人民出版社，2006：101．

五、企业的工作环境分析

以上我们分析的企业市场营销环境,着重是从宏观环境角度分析的,最后我们简要分析一下企业市场营销的微观环境。企业市场营销的微观环境对企业的市场营销活动也有一定的影响,主要是影响企业为目标市场服务的能力问题。构成企业营销微观环境的各种制约力量,与企业形成了协作、竞争、服务与监督的关系。一个企业能否成功地开展营销活动,不仅要适应宏观环境的变化,而且要适应微观环境的变化。这里讲的微观环境,既包括企业内部环境,亦包括与企业营销活动直接发生关系的周围环境。

(1) 企业内部环境。企业内部领导集团是否和谐得力;各个部门、各个管理层次之间的分工是否科学,协作是否和谐;广大职工能否精神振奋,做到心往一处想、劲往一处使,直接影响到企业市场营销的成功与否。

(2) 资源供给和中间人环境。资源供应者向企业提供为目标顾客服务所必需的原材料、零部件、能源、劳动力等;中间人则为企业融通资金,推销产品,提供运输、储存、咨询、保险、广告等种种便利营销活动的服务。这种环境是否优良,对于企业提高服务目标顾客的能力关系极大。因此,我们的企业家开展市场营销活动,必须重视资源供给及中间人环境的研究。

(3) 顾客环境。顾客是企业服务的对象。企业的顾客市场无非是消费者、生产者、转卖者、政府和国际市场五种类型。这些顾客不同的、变化着的需求,必定要求企业以不同的服务方式提供不同的产品(包括劳务),从而制约着企业营销决策的制定和服务能力的形成,这种环境对企业市场营销活动的成败是最重要的,因此,我们必须重视研究目标市场,把握消费者需求。

(4) 竞争者环境。从消费需求的角度划分,企业的竞争者包括愿望竞争者,普通竞争者,产品形式竞争者和品牌竞争者等形式。愿望竞争者,是指提供不同产品以满足不同需求的竞争者。如你是电视机制造商,那么生产电冰箱、洗衣机、地毯等不同产品的厂家就是愿望竞争者,如何促使消费者更多地首先购买电视机,而不是首先购买其他产品,这里面有许多竞争技巧。普通竞争者,是指提供能够满足同一种需求的不同产品的竞争者。例如,自行车、摩托车、小轿车都可用作家庭交通工具,这三种产品的生产经营者之间必定存在着一种竞争关系,它们也就相互成为各自的普通竞争者。产品形式竞争者指生产同种产品但不同规格、型号、款式的竞争者。品牌竞争者,是指产品相同,规格、型号等也相同,但品牌不同的竞争者。企业要有效地开拓市场也必须重视竞争环境的研究。

综上分析可见,在全球营销的大背景下,企业开展市场营销活动,必须做到与周围环境保持协调状态,并创造优化的内部环境。正确认识企业市场营销活动的宏观环境与微观环境,把握企业与环境之间的相互作用。只有这样,才能使企业的营销活动收到预期的效果。

第三节　企业营销机会与威胁

市场营销环境不是一成不变的,而是经常变动的,环境的变化不仅给企业的市场营销活动带来威胁，而且也给企业的市场营销活动带来机会。企业要使市场营销活动顺利开展，就必须善于运用机会努力避免威胁。为此，必须重视对营销机会和威胁的研究。

一、对营销机会与威胁的认识

研究市场营销环境的最终目的，就是要认识企业市场营销活动中的机会与威胁。吴世经教授(2000)[⑨]认为，市场机会是指在营销环境中所出现的对企业的营销活动具有吸引力的领域，在这一领域内企业拥有竞争的优势或有得到更多营销成功的可能性。环境威胁是指营销环境中所出现的不利的发展趋势及由此形成的挑战。吴健安教授(2000)[⑩]认为，市场机会是指对企业营销活动富有吸引力的领域，在这些领域中，企业拥有竞争优势。环境威胁是指环境中不利于企业营销的因素的发展趋势，对企业形成挑战，对企业的市场地位构成威胁。认识企业市场营销的机会与威胁应注意以下几点。

(一) 分清营销机会与威胁的类别

企业市场营销中的机会与威胁，大体说来可以分为两类，即短期机会与威胁和长期机会与威胁。正确区别这两类性质不同的机会与威胁，对于企业的市场营销决策，具有十分重要的作用。如果我们把短期的机会与威胁判断为长期的机会与威胁，那就会给企业的市场营销决策造成巨大的失误。例如，把短期的市场虚假需求当作长期的机会，而进行大规模设备投资和增加人员，那么必然会在短期需求减退以后开工率不足，使企业的市场营销活动陷入困境，我们研究企业市场营销活动中的机会与威胁，主要是要寻找长期的机会与威胁，因为长期机会与威胁对企业的市场营销活动会发生长期的作用。

(二) 从企业的实际情况出发

市场营销环境的变化，究竟是机会还是威胁，对于不同企业可能是不同的。机会与威胁和企业的综合实力密切相关。市场环境变化对甲企业可能是威胁，而对乙企业可能是机会。例如，市场原材料价格上涨，对于使用原材料多而且内部消化能力差的企业来说是一个威胁，而对于使用原材料少，内部消化能力强、生产附加价值高的产品的企业来说却是一个机会。又如，本国货币升值时，对以出口为主的企业来说是一个威胁，而对于以进口为主的企业来说则是一个机会，所以，认识市场营销的机会与威胁，必须从企业的实际情况出发，不能一概而论。

(三) 运用科学的思维方式

对机会与威胁的认识，是借助于人的思维而对客观事实推断的结果。如果我们的企业家缺乏科学的思维方式，习惯主观臆想，那么对机会与威胁的判断就失去了客观性，那样认识的机会与威胁，给企业的市场营销决策会带来极大的损失。因此，我们必须确立科学的思维方式，既要克服因循守旧对机会视而不见，对威胁惧怕失败的表现，又要培养自己对环境变化的敏锐的感受力，树立立足实际，善于创新，勇于开拓的精神。只有这样，才能正确识别市场营销环境给企业带来的机会与威胁。

---

⑨ 吴世经．市场营销学(修订版)．成都：西南财经大学出版社，2000.

⑩ 吴健安．市场营销学．北京：高等教育出版社，2000：82～83.

例： 2001 年 9 月 3 日午间，中央电视台名牌栏目《新闻 30 分》报道了南京著名食品企业冠生园用陈年馅料制作月饼的丑闻。报道引爆了全国月饼行业的信誉危机。冠生园公司创建于 1918 年，创始人冼冠生在全国投资了 20 多家企业，新中国成立后都收归国有。目前各地以“冠生园”为名的同类企业，全国总数超过三十家。虽然各自的商标完全不同，但由于在市场上都以“冠生园月饼”自居，自然被当成一个品牌“株连九族”。危机发生后，各地“冠生园”企业齐声声讨南京“冠生园”。四川冠生园联合同行向南京冠生园打官司要说法；新都县县长为“新都冠生园”喊冤，该厂老总当众表演流泪许诺，发现次品重奖；上海冠生园大呼冤枉的同时公开发表声明，上海冠生园与南京冠生园没有关系。尽管如此，在陈馅丑闻被曝光后的几天里，百年老店上海冠生园（中国冠生园）在全国的十几家销售中心都接到了各地商场的撤货通知，刚运往福州、北京、武汉的月饼由于没人敢要已经被迫开始运回。四川省“新都冠生园”在事发两天之内被迫停产。

资料来源：爱成，谋断冠生园，中国营销传播网，www. emkt. com. cn/article/81/8147. html. 2002-09-25。

二、把握营销机会与威胁的方法

对于机会与威胁的研究，是贯穿于市场营销环境的全过程的活动。这个过程包括对日常环境信息的收集、分析与处理，作机会与威胁问题的专门调查研究，在对机会与威胁进行初步分析的基础上，作深入的分析论证。

把握营销机会与威胁的方法多种多样，在特定的市场营销环境下主要运用以下方法。

（一）产业魅力评价法

产业魅力是指某一产业的产品的市场综合状况，通过该产业对企业吸引的程度来评价。一般说来，某一产业魅力越大，对企业参加该产业市场的吸引力程度也就越大。产业魅力评价法可以从以下四个角度来认识：

(1) 产业成长性因素。表示某一产业成长性的因素主要有：市场规模的大小、销售增长率的高低、产品寿命周期所处的阶段以及进入国际市场的可能性大小，等等。

(2) 收益性因素。收益性因素是指企业在某一产业中可以获得利润程度的高低。一般以该产业中市场占有率最大的企业的资本利润率或销售利润率来衡量。在通常情况下，高收益的产业具有很大的市场吸引力，能将众多企业吸引来参与该产业市场的竞争活动。

(3) 竞争性因素。某一产业中的企业竞争状况可以用竞争企业数量、企业集中度、产品差别化程度、价格弹性、参与市场竞争的难易程度及设备利用率等指标来衡量。对于一个企业来说，产业中的竞争对手越少越好。如果某一产业竞争特别激烈，那么它的市场魅力也不会很大，即使高成长率产业也是如此。

(4) 制约性条件因素。当一个企业参加某一产业活动时，常常受到该产业许多制约性条件的制约，如政策法规的制约、原材料和能源供应的制约、劳动工会的制约及公害问题的制约等等。由于这些制约条件的存在，往往使企业难于利用该产业的成长机会。

（二）地区魅力评价法

地区魅力是指某一地区对企业的重要性和利用性的指标。这种评价方法的内容与企业运用该地区的目的有关。利用的目的不同，评价的内容也就不同。地区魅力评价法可以从以下三个方面来认识：

(1) 产品销售市场。企业在把某一地区作为产品销售市场时，必须重视该地区的市场特征。主要评价的因素有人口数量和年龄结构、收入水平与消费水平、平均文化程度、风俗习惯与爱好、流通机构及竞争状况等。通过各地区产品销售市场的评价，可以为企业寻找开辟新地区的市场机会。

(2) 产品生产基地。一个企业想在某地区建立产品生产基地，必须重视该地区的生产要素的供给情况，评价的因素有劳动力的来源和素质、工资水平、产品质量和制造成本、原材料的供应及交通运输条件等。通过这一评价，可以为企业寻找合适的产品生产基地的机会。

(3) 国际市场的状况。如对该国的政治、经济、社会、文化、产业等条件进行评价，把握该国的政治体制、政局的稳定性、对外国企业的政策、进出口的限制等。通过这一评价，可以为企业寻找合适的国际市场营销的机会。

（三）竞争对手评价法

竞争对手评价法主要包括从现实竞争对手和潜在竞争对手两个方面来认识。

(1) 现实竞争对手。现实竞争对手是在特定产业和地区中，与本企业生产、销售同类产品并直接进行竞争的企业。这主要包括：行业地位及市场占有率变化的预测；现有产品在性质、质量、成本方面的优缺点及产品结构的调整方向；新产品的研究开发方向、结构及投放市场的时间；技术革新及设备投资方向；采用新技术的可能性；渗入新领域、新地区的市场目标等等。通过对竞争对手的评价，可以从竞争对手的竞争手段、经验中获得启示，作为改进本企业竞争的借鉴，寻找适合本企业的市场营销机会。

(2) 潜在竞争对手。潜在竞争对手是指从外产业、外地区渗入本企业市场进行竞争的企业。这类企业的实力一旦崛起，将会对本企业市场营销产生极大的威胁，因此，必须认真对待。这种企业包括外国企业、军工企业；零件生产企业或产品装配企业的纵向扩展；与本企业设备和技术密切关联的企业；与本企业的用户及销售渠道有关联的企业等等。认真研究潜在竞争对手，对于加强本企业市场营销的地位显得十分重要。

企业在对机会与威胁评价以后，需要整理、归纳以上对企业市场营销环境进行调查、预测和分析的结果，写出市场营销环境评价报告。将该报告提供给企业的最高决策层，作为构想企业市场营销决策方案的重要依据。这个报告应包括企业在今后面临怎样的环境，是机会还是威胁；各个环境因素将会发生怎样的变化，对企业营销机会与威胁将造成怎样的影响；未来环境对企业有哪些机会与威胁，它们出现的概率是多少；企业适应未来环境，利用市场营销机会，避免市场营销威胁的对策是什么。报告应力求简明扼要，论证尽量运用数据和事实加以说明。

（四）波特的竞争优势理论

波特(Poter,1980)[⑪]认为,一个产业竞争激烈,这既不是偶然的巧合,也不能归咎于"坏运气"。相反,产业内部的竞争扎根于其基础经济结构,并且远远超越了现有竞争者们的行为范围。

一个产业的竞争状态取决于以上五种基本竞争力量,如图3-2所示,这些力量汇集起来决定着该产业的最终利润潜力。这种利润潜力以投资资本的长期收益衡量,并非所有产业都有相同的潜力。最终利润潜力会随着这种合力的变化而发生根本性变化;这些力量变化的范围有强有弱。在那些力量强的产业,如轮胎、造纸、钢铁等,没有一个公司能赚取惊人的收益,而在那些竞争相对和缓的产业,如油田设备及服务设施、化妆品及卫生用品,获取高收益是不足为奇的。波特的"五力"模型是一个常用的管理分析工具,有很高的学术地位,也是国内外企业界认可的理论。

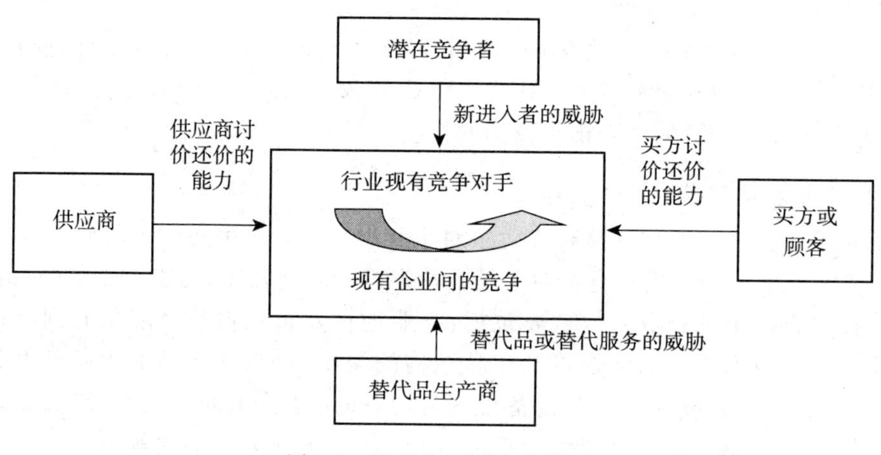

图3-2　波特"五力"竞争模型

第四节　企业营销决策支持系统

由于企业的市场营销所面临的环境是复杂多变的,因而营销决策支持系统是一种半结构化系统,这类系统的决策含有大量的不确定因素,缺乏程序化的工作范式。因此,在这种系统下企业如何有效地进行营销决策,如何更有效地开展营销活动,这一直是市场营销研究的重点。营销决策支持系统(Marketing Decision Support Systems,MDSS)是20世纪70年代末期兴起的一种新的管理系统。美国麻省理工大学李特教授和宾夕法尼亚大学沃顿商学院林纳德教授(John D. C. little,Leonard M. Lodish,1969,1979)[⑫]对创

---

⑪　[美]迈克尔·波特(Michael Porter). 竞争战略. 季晓东等,译. 北京:中国财政出版社,1980:10.

⑫　John D. C. Little,Leonard M. Lodish. A Media Planning Calculus. Operations Research,1969,(2), 1－35; John D. C. little,Decision Support Systems for Marketing Manegers,Journal of marketing(Summer 1979):11. John D. C. little,Leonard M. Lodish,Commentary on Judgment Based Marketing Decision Models. Journal of Marketing, 1981,45(fall):24－29.

立营销决策支持系统和推动营销学走向科学化起到了重要作用。直到今天，人们对营销决策支持系统的研究依然在不断深入。

一、营销决策支持系统的功能

营销决策支持系统是计算机技术、人工智能技术与管理决策技术相结合的一种决策技术，它涉及计算机软件和硬件、信息论、人工智能、信息经济学、管理科学、行为科学等学科，旨在支持半结构化决策问题的决策工作，帮助决策者提高环境分析和决策能力与水平。DSS技术应用于市场营销决策的研究始于20世纪90年代初，在市场营销决策中的应用目前仅限于市场分析方面。因此，建立系统的市场营销决策支持系统仍是目前需深入研究的问题。

市场营销管理过程中各阶级的主要功能如下：

(1) 分析市场机会。主要进行企业宏、微观环境分析，从而找出与企业能力相适应的环境机会即企业机会，以及企业可能面临的威胁。

(2) 研究与选择目标市场。针对存在的企业机会，根据顾客需求的差异性，划分并确定细分市场，进而选定适合于企业的目标市场并进行产品定位。

(3) 制定市场营销战略。这里包括企业发展战略、企业业务发展规划及企业营销资源配置等。

(4) 制定市场营销战略。这里主要进行的是营销四要素，即产品(Product)、价格(Price)、销售渠道(Place)、促销(Promotion)的组合及具体实施方案。

(5) 营销工作的组织、执行与控制。针对已制定的市场营销战略与策略，进行具体的组织、实施，并对营销计划的执行过程进行控制，以保证计划的有效实施。

二、市场营销决策支持系统的建立

广义地讲，人们的决策行动包括确定目标、设计方案、评价方案和实施方案四个阶段。

在确定目标阶段，主要是探查决策环境，进行数据和信息的搜集、加工、分析，确定影响决策的因素或条件。因此，在确定目标阶段实际上包含了问题识别和问题诊断两个内容。在设计方案阶段要理解问题，建立模型，进行模拟，并获得结论，提供各种可供选择的方案。评价方案阶段要根据确定的决策准则，从可行方案中选择出最优或最满意的方案。实施阶段中将所选择的方案予以执行，对实施结果进行监测，并根据反馈信息对方案进行修正和调整。实际的决策过程并非如此简单，各阶段可能是相互重叠、交叉甚至跳跃进行的，最终形成的决策是各个阶段多次循环往复的结果。

三、营销决策支持系统的基本内容

对于MDSS总体结构形式基本采用层次型营销决策支持系统。针对市场营销实践活动，以下我们着重谈一下在营销决策支持系统结构中的三库，即数据库、模型库、知识库的具体实现及管理。

(1) 数据库。营销决策支持系统中的数据是和决策过程密切相关的，一切数据都要经过恰当的加工、浓缩。我们强调在营销决策支持系统中一定要面向模型,面向模型的生成与决策来设计数据库。在营销决策支持系统中,由于营销决策支持系统一般面向高层决策,所以决策过程除了需要企业内部数据外,还要应用到大量的外部数据,如市场需求量、市场价格、竞争情况等等。当今市场环境已由卖方市场转为买方市场,市场需求多样化与多变性决定了营销工作必须具有即时性与动态性。为此,我们将数据库细分为静态数据库与动态数据库。像企业生产能力、企业资本、营销人员数量等一般较少发生变化的数据则放入静态数据库,而如市场价格、库存、市场环境等一类经常发生变化的数据则放入动态数据库。这样一来就可以大大地提高数据库的利用效率与效能,很好地适应外部环境的变化。同时,在营销决策支持系统数据库的设计中应注重企业内部的实际信息流,注意实践中数据传递的路径和方法。

(2) 模型库。针对营销工作的特点,我们在模型使用上不仅要注重定量模型,而且还要注重定性模型。根据营销工作决策类型,我们基本上将模型分为预测类、投入产出类、优化类、决策类与不确定类等几大类模型。由于在营销决策支持系统使用中,每一个模型的生成与应用都需要大量的数据信息进行驱动,因此在营销决策支持系统中一定要强调模型管理与数据管理的结合,强调每一个模型都要从数据库提取输入数据及参数值,同时又将模型运行结果送回数据库。当数据发生足够的变化而要求模型变化时,模型也应能被修改。

(3) 知识库。由于营销环境的多变性与营销工作的非结构性,在营销决策支持系统中必须大力加强知识库的运用。在营销决策支持系统中,知识库主要用来存放各种规划、因果关系、各类营销专家的经验与成功企业的营销经验。此外,在营销决策支持系统中还应有综合利用知识库、数据库和定量计算结果进行推理和问题求解的推理机,这方面主要涉及专家系统在营销决策支持系统中的应用。

四、营销决策支持系统的基本功能模块

营销决策支持系统开发过程中基本采用模块化方式。这种模拟现实市场营销管理决策过程来建立营销决策支持系统,其优点是整个系统易于理解与实现,同时各子系统、子功能的划分也基本符合企业内的组织结构形态。我们给出营销决策支持系统的子系统及各自功能模块如下:

(1) 企业市场营销现状及机会分析。重点做好以下分析:①宏观及微观环境扫描与评价;②市场机会分析;③企业经营现状分析;④存在问题分析;⑤企业机会分析。

(2) 研究与选择目标市场。重点做好以下分析:①市场细分;②目标市场选定及市场覆盖战略;③产品定位。

(3) 市场营销战略与策略制定。重点做好以下分析:①制定营销计划;②资源配置方案;③产品决策;④价格决策;⑤销售渠道决策;⑥促销决策。

(4) 营销工作的组织、执行与控制。重点做好以下分析:①营销费用预算及控制;②计划执行与控制;③赢利率控制;④正负反馈。

市场营销是一个系统的、综合性的活动,强调营销因素即各子功能的相互配合和综合运用。而在这种模块化、分层系统中,各模块仅在市场营销整体功能的某一侧面为决策者提供支持,这样就易于造成各模块各自为政,实际上把最困难的综合决策问题留给

了决策者。因此,在子模块设计与模块集成过程中,必须注意模块间的协调与接口技术的应用。

复习题

1. 企业为什么要分析市场营销环境?
2. 什么是大环境,企业的大环境对企业具有什么样的影响?
3. 工作环境有哪些?对企业有哪些影响,企业应该如何应对?
4. 如何认识营销的机会与威胁?具体的方法有哪些?结合案例谈谈如何应用。
5. 简述营销决策支持系统的基本模块内容。

第四章 市场调查及预测

[教学要求]

掌握市场调查问卷的设计；
掌握市场调查的方法和步骤；
掌握市场预测的几种方法；
了解市场调查的意义、类型和原则；
了解市场预测的重要性和种类；
了解预测方法相关领域的重要研究。

任何一个企业的市场营销活动都是在不断变化的社会经济环境中进行的，因此，一个企业要想做好营销工作，必须重视市场调研，并能够在调查基础上对事物发展做出预测判断。市场调研和市场预测是企业加强管理、做好计划的基础。只有市场调研和市场预测搞好了，企业才有可能制定出科学的市场营销战略与策略。

第一节 市场调查的类型和原则

一、市场调查的含义

关于市场调查的含义，国内外理论界有着不同的理解。菲利普·科特勒(Kotler, 2006)①认为，营销调研是系统地设计、收集、分析和报告与公司所面临的特定的营销状况有关的数据及发现的调查研究结果。美国市场调查协会(AMA)认为，市场调查是收集、记录和分析有关生产者将货物或劳务转移、销售给消费者的各种问题的全部事实。这个定义突出了市场调查的目的是收集信息，并指出应收集哪些方面的信息。美国经营管理协会认为，市场调查，是对现在市场和潜在市场各方面的情况的研究和评价，其目的在于了解市场信息，寻找结论，以作为决策的依据。这个定义也强调市场调查要收集市场信

① 菲利普·科特勒．营销管理(第12版)．梅清豪，译．上海：上海人民出版社，2006：110.

息,但更强调市场调查收集信息是为企业制定经营决策服务。

德国大多数学者认为,市场调查是指企业对经营各方面的影响因素,运用系统的原理和方法,去获取信息的一项活动。这种定义也是强调市场调查的目的是要获得市场信息。法国大多数学者认为,市场调查应分为广义和狭义两种情况。广义市场调查是有计划、有步骤地收集市场信息的一项活动。狭义的市场调查是指对消费群的调查。

日本大多数学者认为,市场调查是企业为了销售产品,扩大市场,而对用户的消费要求、购买动机、购买行为的调查。这种定义较多地强调对消费群的调查。中国台湾大多数学者认为,市场调查是指为了解决市场流通的有关问题,运用科学方法去掌握情报的一项活动。

中国大陆学者对市场调查也提出了各自的看法。纪宝成教授(1995)②认为,市场营销调研是为实现营销管理和决策的目的,运用科学方法,对有关信息进行有计划、有步骤、系统地收集、整理、分析和报告的过程。吴世经教授(2000)③认为,市场营销调研是指采用科学的方法对市场营销有关的资料和信息,进行系统的和客观的收集、记录、处理、分析和报告的活动,旨在帮助企业的营销管理者进行有效的营销决策。

中外学者的诸多定义虽然有所差异,但有一点是相同的,即各种市场调查的含义,都强调了市场调查具有收集信息,掌握外部环境这一基本功能。

本书认为,市场调查是企业根据市场预测和经营决策的需要,依据一定的理论原则和科学方法,有组织、有计划地收集、整理与分析市场情况,了解市场现状及其发展趋势的活动过程。市场调查确有狭义和广义之分。狭义的市场调查,就是对消费者的调查,即企业为了销售产品,对用户和消费者购买和使用商品的情况的调查,广义的市场调查除了对消费者的调查以外,还要对企业的经营环境和经营状况进行调查。本书分析的市场调查是指广义的市场调查,而非狭义的市场调查。

二、市场调查的意义

市场调查是市场调查研究的有机组成部分,它是为社会主义市场经济的运行及企业的市场营销预测决策服务的。随着社会主义经济体制的改革和市场经济的发展,“卖方”市场正在向“买方”市场转化,这就要求国家在宏观经济运行中,应该重视市场调查以提高宏观经济运行效益。企业在其经济运行中,也必须重视市场调查,以提高企业的微观经济效益。市场调查的直接目的是搜集准确可靠的市场信息,为企业经营活动提供重要依据。可以这样说,企业经营的重点是决策,决策的前提是信息,信息的来源是调查。可见开展市场调查研究对企业生产经营活动是十分必要的。市场调查在企业的营销活动中的意义主要表现在以下几个方面。

(一)市场调查是企业制定正确营销决策的基础

企业的任何一项正确的营销决策,都必须来源于对特定条件下客观经济情况的正

② 纪宝成.市场营销学教程.北京:中国人民大学出版社,1995:393.

③ 吴世经.市场营销学.成都:西南财经大学出版社,2000:109.

确认识和对经济规律的自觉运用。企业的营销决策一般来说取决于三个条件,即企业内部的各种条件、企业外部的客观经济情况和决策者的主观能力。企业内部的各种条件和决策者的主观能力通常是已知的、比较确定的,而企业外部的客观经济情况却是经常变动的,不确定的。企业外部的客观经济条件包括国家的发展方针、政府的政策和法令、产品的价格、消费者的需要、竞争者的情况,原材料的供应状况、销售渠道、广告和推销方法以及市场的发展趋势等等。外部的客观经济情况影响着企业营销决策的制定、制约着企业营销的内容和方法。而企业外部客观经济情况的获得,都离不开市场调查。只有通过市场调查,弄清企业在特定条件下的客观经济情况,才能使企业紧跟市场形势,做出正确的市场营销决策和营销策略,并及时调整企业的市场营销决策和营销策略,把企业承受的风险降低到最低限度。如果不作调查,盲目决策,不仅会造成企业生产的产品不对路,造成人力、物力、财力的巨大浪费,甚至会遭到破产或倒闭的危险。

(二)市场调查是实现社会主义生产目的的保证

社会主义社会的生产目的是为了满足人民日益增长的物质文化生活的需要。在社会主义市场经济条件下,市场是反映人民需要的"镜子"。社会主义的生产目的要求每一个企业都能自觉地按照社会需要来组织生产和经营。而企业要使自己的产品符合人民生活的需要,就必须深入进行市场调查,弄清社会需要什么产品,谁需要某种产品,为什么需要某种产品,需要多少某种产品,哪些产品处于衰退期需要限制生产,哪些产品已进入成长期需要扩大生产等等。只有弄清这些情况,企业生产的产品才能适销对路,社会主义的生产目的才能得以实现。

(三)市场调查有利于企业提高市场营销活动的经济效益

企业营销活动的直接目的就是要以较少的劳动耗费和资金占用,取得较多的符合社会需要的产品,提高营销效益。而要做到这一点,就必须开展市场调查,弄清市场需求的变化,了解同行业中先进企业的经营状况,学习他们的管理经验,提高本企业的管理水平,加强推销人员配置、训练和管理,采取有效的广告和销售手段,实行正确的销售策略,选择合理的销售方式等等。在实践中,重视市场调查将会大大提高企业的经济效益。

(四)市场调查研究有利于企业获得市场信息,发现市场机会

随着商品经济的不断发展,竞争越来越激烈。企业处在商品经济竞争的大潮中,要想在竞争中立于不败之地,就必须开展市场调查研究,自觉地、及时地、准确地掌握市场信息,发现市场机会,提高企业自身的竞争能力。如市场供求关系发生了什么变化?由此而带来的产品的价格发生了什么变化?本企业产品在市场上是不是得到了消费者的喜爱?本企业产品在同类产品中占多大比重?消费者对本企业产品的售后服务有什么要求?要通过市场调查研究,将这些信息及时反馈到企业中来,使企业及时地调整营销决策,提高对市场变化的适应能力,最终在竞争中取胜。

综上所述,市场调查在企业的营销活动中,具有十分重要的意义。今天,世界上许多国家的企业都非常重视市场调查工作。他们认为,"市场调查是无形的财富""是企业成

败的关键”。据美国管理协会的调查报道，在美国制造业中有93%以上的企业，都通过自己专门的市场调查机构或者专门的市场调查研究公司进行市场调查研究工作。在我国，随着社会主义市场经济的发展，许多企业对市场调查开始重视，并已取得了良好的效果。可以预见，这项工作将越来越被列入企业营销活动的日程。

例：在西方发达国家，绝大部分的企业甚至一部分非营利性机构都设有营销研究部或专职的营销研究人员，同时还有许多专门从事营销研究的公司。营销研究是一门快速增长的产业，并已具备了相当的规模和一定的集中度。1997 年，全球排名前 25 位的营销研究公司专职雇员达59 130人，营销研究业务收入共计 66 亿美元，占全球营销咨询市场份额的 60%。在这 25 家公司的营业总收入中，美国公司占 67%，英国公司占 18%，德国公司占 7%，日本公司占 4%，法国公司占 2%。全球排名前 3 位的营销研究公司分别是 ACNielsen、Congizant、TaylorNielsenSofres，1997 年他们的研究收入分别约为 14 亿、13 亿和 5 亿美元，合计达 32 亿美元，占前 25 名公司研究收入的一半(Honomichl，1998b)。从以下美国主要营销研究机构承接的研究项目比重分布可以看出，美国企业对市场需求、有效沟通和顾客满意度的高度重视，市场测量、媒体受众研究和顾客满意度测量的业务收入分别约占美国前 50 家营销研究公司总研究收入(55 亿美元)的 34.6%、17.4%和 8.5%。

- 市场测量 34.6%
- 媒体受众研究 17.4%
- 顾客满意度测量 8.5%
- 新产品/服务开发 6.4%
- 市场模型 4.9%
- 广告/品牌跟踪 4.9%
- 态度与使用研究 4.5%
- 定性/专题组 3.5%
- 广告预试 2.9%
- 企业调查 2.5%
- 多目标/成本共担调查 1.5%
- 其他 8.4%

资料来源：wuxueshuang. blog. 163. com/blog/static/1353488620077228254077，2009. 10. 25.

三、市场调查的类型

市场调查有许多类型，常见的类型主要有以下几种。

(一) 按市场调查的范围划分

(1) 市场商品供给和需求的调查。市场经济运行的关键是要实现其商品的社会总供给与总需求在总量上和结构上的大体平衡。要做到这一点，必须重视对市场供方和需方的调查。供方调查主要包括对某一时期内整个国家或某一地区、某一市场投入市场的商品和能够提供商品总量的调查；对竞争企业进货来源的调查，包括进货客商、途径、渠道结构、进货数量和货源结构的调查。需方调查主要包括对某一时期内整个社会购买力状况，包括工资水平、国家农产品收购的货币投放量以及社会储蓄存款的变化；竞争企业同类商品的消费对象的调查，包括现实的消费、潜在的消费、消费的趋向和购买行为以及消费水平的变化趋势的调查。通过这些调查，摸清供求矛盾，调整生产结构，从而促使社会商品的总供给与总需求在总量上和结构上趋于基本平衡。

（2）量的市场调查和质的市场调查。量的市场调查主要是收集了解有关市场变化的种种数据，进行定量分析，预测潜在的需求量和商品销售额变化趋势，以及企业未来商品的市场经营的赢利状况。质的市场调查主要是调查企业市场营销的政治环境、经济环境、思想文化环境以及来自消费者各方面的反映等等，进行定性分析，为企业的市场预测和市场营销决策提供科学的依据。

（3）动态的市场调查和静态的市场调查。动态市场调查是指在特定的时间对市场状况进行调查，如2008年11月30日对南京新街口百货商店营销情况的调查。由于是在短暂的特定时间内进行的调查，因而其数据与前后相比带有很大的变动性，所以叫动态调查。静态市场调查是指在某一段时间内对市场状况进行的调查。例如，2008年1月至2008年12月对南京新街口百货商店营销情况的调查。这种调查时间较长，观察问题较全面，因而调查结果相对稳定，所以叫静态调查。在实际的调查活动中，应将动态市场调查与静态市场调查有机结合起来，才能保证得出科学的调查结论。

（4）国内市场调查和国际市场调查。国内市场调查是指以国内市场为对象进行的调查。国际市场调查是指以国际市场为对象而进行的调查。

（二）按市场调查的目的划分

（1）探测性调查。这是一种用来发现市场机会，探索市场营销问题发生的原因，或为解决某种市场营销疑难问题寻找一些思路的市场调查。这是在市场研究的问题和范围还不甚明确的情况下采用的调查。例如，在市场营销活动中，某企业的产品近期销售量突然下降，究竟是由于销售渠道不畅，还是由于出现了新的竞争对手？是质量下降，还是价格偏高？是市场上出现了新的替代品，还是消费者的爱好发生了变化？或者是由于其他原因造成的，企业一时弄不清楚，又不能一一调查，这时就可以采用探测性调查来寻找答案。这种调查只要确定“是”与“非”，而不要作具体分析。

（2）描述性调查。这是对市场上存在的客观情况加以描述和反映，以便从中找出各种因素的内在联系的调查。描述性调查的特点是对市场调查的情况只作描述而不作结论。因而，它对调查者的素质要求相对较低。例如，本企业产品在全国各地市场上历年的销售变化情况、市场潜在需求情况、本企业在全国同类产品中市场占有率、质量水平和价格情况等等，都可以通过描述性调查来寻找答案。至于答案是什么，市场调查人员一般可不作具体分析，由企业的专门人员进行研究。

（3）因果性调查。这是在描述性调查的基础上，对市场上出现的各种现象之间或问题之间的因果联系进行的调查。因果性调查的目的是要找出问题的原因和结果，即要搞清“为什么”的问题。例如，在诸多牌子的商品中，消费者为什么特别偏爱某种牌子的商品，而不喜欢其他牌子的商品？为什么一种商品销售情况发生变化会引起另一种商品销售情况的变化等等，这里就存在着因果关系。把握了市场各种现象之间或问题之间的因果联系，就能预测市场的发展变化趋势。因果性调查不仅要求找出市场经营中各种因素的关联现象，而且还要从这些关联中揭示其因果联系。所以，从事这种调查，要求调查人员应具备较高的素质。

（三）按市场的调查形式划分

（1）可行性调查。这主要是在企业开拓市场，试制、生产和投放新产品时，进行的可行性比较的调查。通过调查市场的动态及消费者的反映，掌握企业内部和外部的主客观条件，对新产品、新市场进行可行性研究，提出选择性方案，为企业的营销服务。

（2）检验性调查。这是检查分析、验证既定商品购销的政策和营销决策的适应性，包括对企业市场营销成果和经济效益的检验。通过对企业产品与竞争产品的成本、利润的分析比较，总结成功经验，找出不足和存在的问题，以便采取相应的措施，提高决策水平，适应不断变化的市场需求。

（3）试验性调查。这是对商品的物理性能、化学性能等商品质量性的数据和指标，通过一定的仪器和设备，进行试验性的考查、观察和检查，也可以通过各种调查形式，了解消费者对商品性能的反映。为改善生产工艺流程，改进包装材料，提高商品质量提供科学的依据。

（四）按市场调查的目标划分

（1）市场增长性调查。这是通过对不同商品的市场进行分析，弄清其销售等指标的变化情况，从过去和现在的销售数据，找出不同商品在未来市场营销中市场增长的可能性，以不断调整生产结构和生产规模，维持和促进市场占有率不断增长。

（2）市场的开拓性调查。这是通过对消费者的调查，研究市场需求的现状及其发展趋势，弄清不同消费层次、消费结构、消费能力对市场需求的影响及其所表现的消费意向，作出定量和定性分析，不断填补市场空隙，开拓市场，获取预期的目标利润。

（3）市场的收益性调查。这是通过对企业各种赢利指标的了解和分析，弄清销售组织是否合理，结构规模是否适应，销售渠道是否畅通，商品流向是否谐调，以便采取有效的措施，加强对市场经营的管理，促进市场经营收益不断提高。

（4）市场稳定性调查。这是通过对本企业商品的质量、价格、品种、花色、商标、包装、装潢和消费者反映的调查，分析企业市场竞争的能力，弄清商品的市场寿命周期阶段，采取相应的营销决策，延长商品的市场寿命周期，保持企业商品的分销渠道、分销路线和销售数量的稳定增长。

此外，按照市场调查的方法划分，可分为普查、典型调查、抽样调查等等，这些问题将在后面进行详细分析。

四、市场调查的原则

市场调查是一项极其复杂的工作，要使市场调查卓有成效，必须遵循以下原则。

（一）实事求是，一查到底

辩证唯物主义常识告诉我们，人们对客观事物的本质和规律的认识，需要经过一个不断深化的发展过程。如果我们调查的材料不充分、不真实、代表性不强，由此做出的市场营销决策就不科学、不准确，推理也就必然脱离市场实际，产生偏差和失误。这就要求我们在市场调查过程中,必须以科学的态度,运用科学的方法,实事求是地调查市场营销决策所需要的资料,杜绝没有任何事实根据的想象和推理,更不能以虚代实,以假乱真。在实事求是的基础上,应该具有甘当小学生的精神,深入基层,深入实际,一查到底,绝不能走马观花,半途而废。

(二)既有科学性,又有系统性

市场调查就是调查市场。企业开展市场调查应该紧紧围绕市场这个中心,弄清市场需要,以促进生产、保障供给、繁荣市场经济为目的。市场调查应该针对企业市场营销决策的需要来进行,不要企图一次把所有的市场问题都调查清楚,应该有计划地明确先调查什么,后调查什么,再调查什么。市场调查要对市场作系统的观察。从众多的资料中加以分析和筛选,抓往本质和主流,不能把一时一事或者个别现象作为普遍现象,做到全面化、系统化。这样可以避免由于资料零星而造成决策的失误。

(三)注意时效,讲究经济

市场调查必须及时,要做到收集资料及时,分析计算及时,反映情况及时,以及营销决策的制定和调整及时。不讲究时效性的调查,调查的资料很可能失去价值,影响企业的生产和经营。市场调查要考虑到经济效果,用尽可能少的资金耗费取得相对满意的资料。一般来说,在调查内容不变的情况下,采用不同的调查方案和方法,会消耗不同的费用;在调查费用不变的情况下,采用不同的调查方案和调查方法,将取得不同的效果。所以,每一项调查都要明确目的,根据目的确定调查范围、规模和费用,不能小题大做,为了调查而调查,并要选择恰当的市场调查的方法,才能收到预期的调查效果。

第二节　市场调查的内容

市场调查的内容十分广泛,凡是企业经营活动中的各方面的问题,都应进行调查,但主要应调查以下几个方面的问题。

一、环境调查

市场环境的调查,主要是指对社会政治、经济、文化、科学等方面客观环境的调查,环境调查的内容包括:党的方针、政策和国家法律法规;社会的政治状况和经济状况;人口家庭、收入水平、消费水平、文化教育水平;职业、民族、宗教信仰、风俗习惯等。如党的方针政策和国家法律法规是企业必须自觉执行和严格遵守的,因此,企业要及时了解,认真研究这些方针政策和法律法规,使企业的经营活动遵守党的方针政策和国家法律法规,从而提高执行党的方针政策和国家法律法规的自觉性。

二、顾客调查

顾客(包括消费者和用户)的需要是企业一切营销活动的中心和出发点。因为只有满足了顾客的需要和要求,商品才能出售,价值才能实现,企业才能有经济效益。因此,对于顾客需求情况的调查研究就成为市场调查研究的一项最重要的内容。对顾客的调查研究通常包括:现有顾客数量的多少;现有顾客地区分布情况;顾客的经济来源和收入情况及支出构成;对产品的购买原因和动机,购买习惯和嗜好及购买数量的多少;顾客对本企业产品信赖程度以及信赖原因;对本企业产品或服务的满意程度;对本企业产品设计、性能、包装、服务的意见和要求;社会集团购买力需求和控制,生产需求的品种、数量、规格、质量及其影响因素和变化趋势。当前企业尤其要重视对农村市场的需求及其变化的调查研究。

三、市场需求和销售趋势调查

进行市场需求和销售趋势调查,目的在于进一步发现企业的潜在市场和产品的潜在销售量,进行开发和占领。企业要想不断发展,不能满足于已占领的市场,还要调查了解还有哪些市场可以开发和占领,为企业今后制定市场营销决策提供可靠的资料。市场需求和销售趋势调查主要包括:整个市场对某种产品的总需求量和它的饱和点;有无替换产品;市场的地区划分和地区分布;市场销售的发展趋势;本企业产品在各个地区市场上的占有情况;还有哪些没有被开发和占领市场可以开发和占领;在哪些地区的市场有较多潜在顾客可增加产品的销售量等。

四、产品调查

产品是企业为顾客提供服务的对象,当今在科学技术不断发展,新技术、新材料不断地被应用到生产实践中去的情况下,产品的升级换代周期日趋缩短,竞争不断激烈,开展对产品的调查研究对企业来说尤为重要。一个企业要想在竞争中求得生存并不断发展,关键在于能否始终一贯生产出适合顾客需要的产品来。产品调查主要包括:产品设计、功能、用途的调查,产品品牌、商标设计调查;产品外观和包装调查;产品使用是否方便、操作是否安全的调查并与同类竞争产品进行比较;产品系列及产品组合的调查;产品生命周期的调查;老产品的改进和新用途的研究;产品的售前售后服务工作的调查等。产品调查的重点应放在如何做好新产品开发工作的调查研究上。社会主义企业要不断地满足人们日益增长的物质和文化生活需要,必须不断设计和研制出新产品。要研制新产品就必须对新产品开发工作做详细的调查研究。例如,新产品在市场上有无销路,顾客对新产品有哪些意见和要求,新产品价格如何确定,新产品在什么时间上市最为有利等,这些问题都应作为新产品开发工作调查研究的主要内容。假如新产品研制过程中掌握了顾客对该产品的意见和要求,就更有利于企业改进产品的设计和试制,新产品上市一定会受到顾客的欢迎。

五、价格调查

价格对于产品的销售量和企业赢利的大小有着重要的影响。如果价格过高就会影响产品的销售量。如果价格过低则会影响企业的经济效益。因此,积极开展产品价格的调查,对于企业制定正确的定价策略有着重要的作用。价格调查的主要内容有:影响产品价格变化的诸因素;产品需求和供给弹性的大小;各种不同的价格政策对产品销售量的影响;

产品生命周期不同阶段的定价原则;新产品的定价决策;替代产品的价格高低等。

六、销售促进调查

销售促进调查是企业为了进一步开拓市场打开产品销路,建立企业良好声誉而进行的一种市场调查,根据销售促进措施的一般分类,销售促进调查可分为广告的调查、人员推销的调查、公共关系的调查和特种推销的调查等。

广告调查的内容包括:广告信息的选择和设计,广告计划和费用的拟定、广告媒介(广告牌、报纸、电台、电视、杂志等)的比较和选择、广告最佳时间的确定和广告最佳效果的测定等。

人员推销调查的内容包括:销售人员的配备和选择是否合理;销售人员如何培训;销售人员的时间安排及对各类顾客如何走访;对销售人员的业绩评价和选择合理的报酬制度等。

公共关系调查的内容包括:采取什么方式取得社会各界的信任与支持;如何加强同新闻界的联系,通过新闻媒介增进外界对企业的了解;如何积极参与社会公益活动,做到既有效益地为社会服务,又可以扩大企业的知名度,树立企业声誉。

特种推销调查的内容包括:宣传橱窗、展览会等方法与产品的适应关系;提供咨询服务有利于哪些产品的推销;哪些产品开展售后服务有效;开展展销、试销、赠送纪念品或样品的效果如何等。

七、竞争调查

竞争调查的主要目的是通过对竞争者和潜在竞争者的竞争能力、竞争产品的特点,开发新产品的动向以及竞争发展趋势等方面的调查研究,为本企业确定营销决策提供竞争对手的准确情报,使本企业产品在市场上立于不败之地。竞争调查内容包括:竞争对手的数量;竞争对手的生产规模、生产能力、技术水平、产品发展方向;竞争对手产品设计、性能、商标、包装、服务的优缺点;竞争对手产品的价格和定价策略,竞争对手产品扩大销售政策和分销渠道;竞争对手所处的地理位置及交通运输条件;竞争对手的竞争手段和方法;未来竞争趋势的分析和估价等。

以上列出的市场调查研究的七项基本内容是从市场调查研究的一般情况来讲的,不是说一个企业在一定时期内都要同时进行这几个方面的调查研究,企业要根据自己营销过程中遇到的实际问题,有重点地开展某个方面或几个方面的调查研究,为企业正确进行营销决策打下一个良好的基础。

第三节 市场调查问卷的设计

所谓问卷是由一组为了收集某种信息而精心设计的问题所组成的衡量工具。问卷是营销和广告调研中最常用的衡量工具,不仅可以用于询问调研,也可以用于实验调研。

要设计一个良好的问卷并不简单。问题类型、用语、顺序等不当,版面安排等不周,都可能造成严重的衡量误差。避免或减少衡量误差是问卷设计的基本要求。要设计一个良好的问卷，调查人员必须做七个方面的决策：①初步决策；②问题的内容；③问题的措辞；④问题的类型；⑤问题的顺序；⑥调查问卷的外观布局；⑦调查问卷的预试。上述七个方面的决策问题是相互关联，交互影响的，不仅前面的决策会影响后面的决策，而且后面的决策有时也会迫使问卷设计者修正前面的决策。

一、初步决策

在正式进行调查问卷设计前，市场调研人员首先要确定用什么方式向什么对象发布什么信息。

（一）确定所需信息

调研人员正式进行调查问卷设计前，首先要明确进行某种管理决策所需的信息。用问卷设计的信息应该与管理决策所需的信息相一致。假如以问卷设计的信息与管理决策所需的信息关系不大，那就犯了“信息替代误差”。在此情况下，用问卷设计的信息是毫无价值的。

（二）确定访问对象

调研人员在正式进行问卷设计前，还要确定向谁收集信息，即还要确定目标受访者。由于不同的受访者具有不同的社会、经济特点，所以我们在设计问卷时，必须考虑目标受访者的特点。不同受访者的特点，以千篇一律的问卷向各类受访者调查，问卷的反应率必然不高。一般而言，受访者的背景愈复杂，问卷设计的难度便愈大，所以设计一个以包容各类受访者的群体为对象的调查问卷并非易事。

（三）确定访问方式

调研人员在正式进行问卷设计前，最后要确定访问的方式。在询问调研的情况下，主要有三种不同的访问方式：人员访问、电话访问和邮寄访问。采用不同的访问方式时，与其相配合的问卷也应有所不同。比如，在以人员访问方式调查时，我们设计的问卷可以相对复杂一些，问卷中的问题的难度可相对大一些，因为万一受访者对问卷中的问题有任何疑虑不理解的话，能及时得到访问员的解释和帮助；但问题的敏感度应小一些，因为当面询问敏感问题，会使受访者感到窘迫、难堪从而影响他们对问卷的反应率。在以邮寄问卷方式调查时，则正好相反，问卷中的问题难度应小，但敏感度却可高一些。在以电话访问方式调查时，问卷的问题的难度和敏感度则应适中一些。

二、问题的内容

问题的内容主要是指问题以及它所展示的信息的一般性质，而非问题类型或措辞。在决定问卷的内容时必须考虑五个因素：问题的必要性；问题的充分性；受访者的答题能力；受访者的答题意愿；外部事件的影响。

（一）问题的必要性

一般而言，问卷上的每一个问题都应该有助于收集进行管理决策所需的信息。如何确定某个问题是否必要？最简单的方法是自问一下：“我拟如何利用该问题收集资料？”如果答案不明确，那么就应该毫不犹豫地将该问题从问卷上删除。

（二）问题的充分性

我们在设计问卷时，不仅要考虑问题的必要性，还要考虑问题的充分性。问题的充分性是指某个问题产生我们所期望获取的资料的能力。为了保证问题的充分性，我们在设计问卷时应谨防两类错误：第一类错误是由调查问题定义过宽造成的。由于所得信息过于"充分"，无法为后续市场研究提供明确的指引，反而使市场调查陷入对信息的鉴别与筛选之中。第二类错误是由调查问题定义太窄造成的。信息不能满足所需，可能妨碍调查者去涉及管理决策问题中的重要部分。

（三）受访者的答题能力

在确定问题的必要性和充分性后，我们应该考虑受访者正确回答问题的能力。影响受访者正确答题能力的因素主要有三个：经验、记忆力和表达力。

(1) 经验。要避免向受访者提出一些他们没有经验（体验）或并不知情的问题，如要求某受访者谈谈他对某个从未听说过或使用过的产品的意见。由于受访者大多不愿承认对某事的无知，往往采用猜测的态度对此类问题做出虚假反应，因此这类问题常常造成严重的衡量误差。

(2) 记忆力。影响受访者答题能力的第二个因素是受访者的记忆力。当访问员向受访者提出某些需要受访者运用其记忆力才能回答的问题时，由于受访者对某些情况难免有所遗忘是一种常见的现象。我们在设计问卷时，应对不同的遗忘现象、提问方式，采用不同的措施，帮助受访者提高记忆力。

(3) 表达力。影响受访者答题能力的第三个因素是受访者的表达能力。有些问题是受访者难以用语言、文字说清道明的。如果我们对消费者表达不清，那便会造成实质性的衡量误差。

（四）受访者的答题意愿

即使受访者有正确答题的能力，我们还要估计受访者的答题意愿。受访者常常不愿意答复那些涉及个人隐私、声誉，令人窘迫、难堪的敏感问题。因此，问卷设计的要求之一是设法提高受访者的答题意愿。我们应根据问题的性质，采用不同的方法来提高受访者的答题意愿或克服受访者的答题意愿不高而产生的反应偏差。

（五）外部事件的影响

外部事件的影响是斟酌问题的内容时必须考虑的最后一个因素。所谓外部事件的影响是指问卷之外的因素对受访者反应的影响。这种影响常常会造成受访者的反应误差。克服外部事件影响的方法是，尽量减少有可能引起反应误差的答题约束条件。

三、问题的措辞

问题的措辞应直截了当、简明扼要，使受访者对问题的理解与调研者的愿意一致。确定问题的措辞应考虑五个因素：用词的意义、偏差性用词和诱导性问题、隐性替代、隐性假设以及参考架构。

(1) 用词的意义，首先应估计受访者是否能理解拟用的词语。比如，向小学生提问的词语应浅显易懂。除此之外，还应尽可能避免用专业性很强的词语向非该专业的受访者提问。其次，应估计来自不同社会阶层的受访者是否能对拟用的词语有一致的理解。来自不同阶层的人对同一词语意义的理解往往有所不同。

(2) 偏差性用词和诱导性问题。偏差性用词(biased word)是带有感情色彩，并会导致受访者发生反应偏差的用词。诱导性问题(leading question)是启发受访者如何回答，或表明调研者本人观点的问题。

(3) 隐性替代。隐性替代(implied alternatives)是指存在于问题中的具有暗示作用、能导致受访者产生选择偏差的措辞。隐性替代主要发生在是非题中。

(4) 隐性假设。隐性假设(implied assumption)是指受访者回答问题时需考虑的但存在于问题之外的因素。由于题中没有提供统一的假设，因而受访者的答复往往各不相同。

(5) 参考架构。参考架构(frame of reference)是受访者回答问题时可资参考的标准、观点或其他相关因素。问题的措辞可决定受访者回答问题的参考架构。

四、问题的类型

设计问卷时，还必须考虑问题的类型。

(1) 开放题。开放题(open-ended question)是不向受访者提供任何参考答案，允许受访者在问题所暗示的讨论范围内自由回答的问题。但每个开放题所暗示的讨论范围，或称受访者答题的自由度是有大小的。比如，“您对香烟有何评价”这个问题所给予的讨论范围是非常大的，它允许受访者对所有牌号或个别牌号的香烟的各个方面，诸如香烟的质量、香烟对健康的影响、香烟的广告语等进行广泛的评论。

(2) 选择题。选择题(multiple-choice question)是向受访者提供若干参考答案，并要求受访者从中进行选择的问题。下面是两种形式的选择题：

A. 您认为在欧洲、亚洲和美洲三个地区中，哪个地区的经济发展潜力最大？

B. 您是否准备在今年夏季来临前购买空调？

肯定买____可能买____可能不买____肯定不买____

在设计选择题时，要注意以下几个问题：首先，应注意参考答案的完全性。很多人问：“提供多少个参考答案为宜？”对这个问题的标准答案是：所有可能的答案都不应疏漏，但每个可能的答案只应出现一次。然后再列一个“其他”项，并在“其他”项的后面注明“请写出具体品牌”。其次，应注意参考答案的平衡性。参考答案的平衡性，是指表示正面或负面评价的参考答案的对等性。除非另有特殊原因，在某一选择题中所提供的表示正、负评价的参考答案无论在数目，还是在强度上都应对等。否则，所获结果有误差。最后，应注意参考答案的位置偏差。同一问题，只要参考答案的排列不一，受访者的反应也会不一。

(3) 是非题。是非题(true and false question)是一种特殊形式的选择题，通常只有两个参考答案供受访者选择。如“是”或“非”、“同意”或“不同意”、“男”或“女”等等，但有时再增加一个“没意见”或“不知道”等中性选项。

五、问题的顺序

个别问题确定后，应研究问卷中问题的排列顺序，因为这常常是使调查结果产生误差的潜在原因。在长期的实践中，营销和广告调研人员总结了若干避免因问题的顺序不同而影响调查结果的原则：

(1) 第一题要简单、有趣、客观。如果受访者难以回答第一题，或对此举索然，他们就可能将问卷搁置一旁，不再回答问卷上的其余问题。如果受访者看了第一题后，觉得这是假调查之名，行推销之实，或觉得问卷有明显的偏向，他们就可能有意歪曲对问题的回答，或不作回答。因此，第一题应该简单易答，以树立受访者的信心；应该注意引起受访者的兴趣；注意问题的客观性。为了引起受访者的兴趣，调研者在设计问卷时，常常在问卷的开始部分穿插几个与调查主题无关，但能引起受访者兴趣的问题。

(2) 敏感问题应放在问卷的结尾。一般来说，整个问卷中的问题应按逻辑一道紧扣一道地排列，但难以回答的问题、容易引起误解的问题或敏感的问题应排列在问卷的结尾。这样做能使访问员在受访者答复敏感问题前有充裕的时间与其建立亲密的关系；能使已经回答了前面问题的受访者觉得更有责任完成剩余的问题；还能避免因受访者对此类问题的不快而影响其对前面问题的答复。

(3) 防止先行问题对后续问题的影响。要注意先行问题对后续问题的可能影响。如果在某一问卷中有下列两个先后排列的问题："你家的冰箱是否省电?"和"您认为冰箱的什么性能最重要?"那么，大多数受访者对第二题的答复肯定是"省电"。原因是第一题无形中成了受访者回答第二题的参考架构。

(4) 防止因问卷的长度而引起的受访者反应质量递减。许多研究表明，受访者对过长的问卷会感到厌烦，因而对较长问卷中问题的反应质量，是随着问题在问卷中的排列先后而递减的。换而言之，受访者对列在较长问卷尾部的问题的反应质量低于列在问卷前部的问题的反应质量。克服反应质量递减现象的根本方法是，变动问题在问卷中的排列顺序，以形成多种不同排列的问卷，现代电脑技术已完全能十分经济、迅捷地满足这种要求。

(5) 问卷流程图。在决定问题的排列顺序时，问卷的流程图(flow chart)是十分有用的。利用这种流程图，可以使问题的先后合乎逻辑，从总体上把握整个问卷的结构。下图就是一个问卷流程图的例子。

我是______，正在为新泽西州普林斯顿舆论调研公司调查当前的某些全国性问题，我希望了解您的意见。

六、调查问卷的外观布局及预试

(1) 调查问卷的外观布局。问卷外观的优劣会影响受访者对某项调查的态度。如果问卷的纸张或印刷质量低劣，可能会使受访者的态度受到影响。如果问卷的页数超过一页，应给问卷标上页号，以便检查问卷是否缺页。问卷中的问题也应编号，以便于结果的整理和统计表格的编制。问卷的布局应清晰易懂，既便于访问者依序发问，又便于受访者依序答题，不至于发生混淆或错误。

(2) 调查问卷的预试。问卷设计好以后，不能直接在正式调查中使用，而应先在小范围内进行预试，以发现问卷的不足，提高问卷的质量。

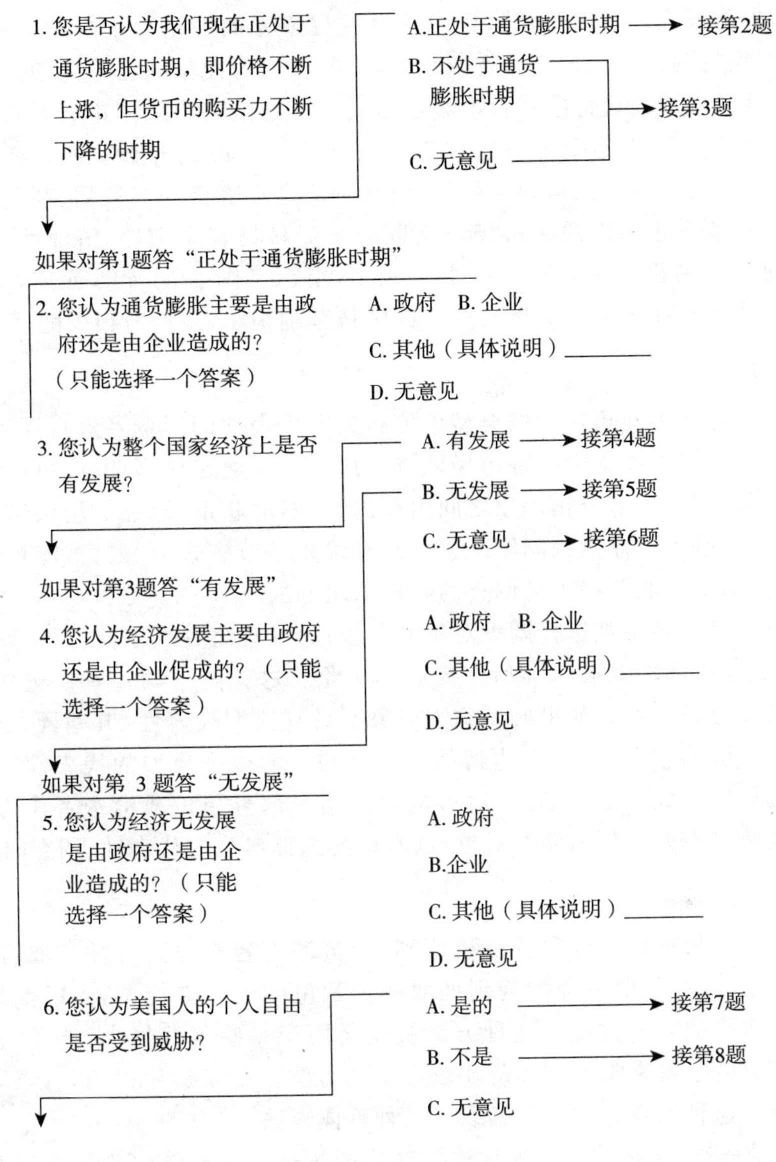

第四节　市场调查方法和步骤

一、市场调查方法

市场调查的方法，是指市场调研人员在实际调查过程中收集信息资料所采取的具体方法。市场调查的方法多种多样，但其基本方法主要有以下几种。

（一）普查法

市场普查是以市场调查的总体为对象，对市场上某些产品的供应、销售、库存与消费的全面调查，以达到准确了解营销过程中某个过程或方面的全部情况的一种调查方法。这是一种一次性的调查方法。在市场调查中，一些资料的搜集往往不能通过经常性的调查获得，或通过经常调查获得的资料不够全面、精确，这就需要采用市场普查的方法。例如，进行库存商品普查、某种商品社会保有量的普查等。市场普查在通常情况下有两种方法：一是组织专门的普查机构和人员，对调查对象进行直接调查；二是利用机关、团体、企业内部的统计表等进行汇总。市场普查取得的资料具有全面性、精确性，资料实用价值很高。但进行市场普查耗费的人力、物力较多，组织工作量大，牵涉面广，调查时间长。企业一般较少采用这种方法。只能在产品的销售范围很小，或用户很少的情况下采用。

（二）典型调查法

市场典型调查法是对市场中的典型单位和具有代表性的消费者进行深入调查，以了解全部单位及消费者的要求的一种市场调查方法。企业通过典型调查，可以了解市场营销活动中的一般现象，了解营销现象之间内在的、必然的联系，研究市场供给与需求及变化发展趋势，寻找解决企业营销问题的途径。其优点是节省人力、财力，能较快地取得所需资料，它是适用于企业开展市场调查的一种常用方法。

典型调查法是一种主观选择调查对象的方法，其最难之处在于能否科学地选择典型调查对象，避免选择那种极端的类型作为调查对象。这就要求调查者在选择典型时，要对被调查者有充分的了解。如果典型调查对象不具有典型代表性，典型调查也就失去了通过个别了解一般的意义，而不能达到预期的目的。为提高典型的代表性，可先把调查总体按一定的标准分成若干类别，然后再从中选出一部分单位或消费者作为调查对象，这样才能避免将极端典型列为调查对象，从而提高选择典型的代表性、调查的可靠性。

（三）抽样调查法

抽样调查法是根据概率分布的随机原则，即被调查者都有同等被抽取可能性原则，从被调查者的总体中，按照一定的规则抽取一定数量的样本进行调查，以推断出市场需求总量和平均水平的调查方法。这种方法主要适用于一些消费量大、涉及面广的商品。这是通过对部分的了解来掌握整体的比较可靠的方法。如果运用得当，可以取得最近乎于普查的结果。这种调查方法又包括以下三种具体方法：

(1) 抽签抽样法，又称纯随机抽样法。这是指从被调查总体中不作任何有目的的选择，用纯粹偶然的方法抽取若干个体作为样本进行调查，借以推断整个母体的特征的调查，这种调查比较简便易行，但样本可能集中在总体的某一部分，因此准确性不高。

(2) 机械间隔抽样法，又称等距随机抽样法。这是指将调查对象整体按照预定的某一标志顺序排列编号，然后再依固定的机械间隔抽取样本进行调查。此法抽出的样本在总体中分布均匀，代表性强，误差比较小，故被企业广泛采用。

(3) 分类抽样法，又称分层随机抽样法。这是指先将调查总体根据调查目的的需要按照特性分成几类(层、组)，然后再在各类中按比例用随机或机械抽样法，抽出一定数目作为样本进行调查，用以推断总体的方法。此法样本代表性强，准确性高，因而是市场抽样调查中最常用的方法之一。但在层次类型划分时，要注意到分类明确，不能发生层次内的混淆、遗漏和交叉，同时也要了解在总体中各个层次或类型所包含的样本数目和比例。分层的数目也不宜过多，否则不便在每个层次中抽样。

（四）访问调查法

访问调查法是以访问作为收集资料的手段，以被访问人的答复作为调查资料依据的调查方法。这种方法又称直接调查法。采用这种调查法，一般是以事先准备好的调查事项，用不同的方式向被调查者提出询问。访问的内容一般包括事实访问、意见访问和阐述访问三种情况。采用这种方法要把所有要问的问题简要、准确地传达给被调查人，并要创造一种让被调查者乐意回答问题的气氛。访问法因其访问内容和传送方式不同，又可分为以下几种具体方法：

（1）面谈调查法。又称派人调查法，是指调查者与被调查对象面对面地询问有关问题，当场记录所需的情况资料的一种调查方法。按照调查人员数目，面谈调查法又分为个人访问和集体访问两种。内容简单的调查，宜采用个人访问，而调查问题比较复杂的，则宜采用集体访问。

面谈调查法的优点是：调查人当面听取被调查者的意见，增加接触，比较容易了解被调查者的真实态度，增加感性认识，促进感情联络，根据被调查者的性格，创造被调查者乐于合作的气氛，便于采用灵活多样的调查形式；询问的回答率是各种调查方式中最高的；可以根据具体情况扩大提问范围，打消被调查者的误解，使收集到的资料比较全面准确。

面谈调查法的缺点是：费用较高，尤其是集体访问费用更高，调查结果受调查人员业务水平和态度的影响较大，对调查人员控制较难；面对面的调查，有些被调查者会产生一种被质问的压迫感；被访问对象因出差错或工作关系或说话人员表达不准确，往往影响调查的效果等。

面谈访问成功的技巧在于：调查人员必须重视"导引""询问"和"设法获得准确答案"三步曲。"导引"是建立访问者与被访问者的相互依赖活动。这要求调查人员应像拜访老朋友一样，心情较为轻松，先谈些题外话，以消除被访者的戒备心理，然后再表明调查的目的。"询问"要事先拟好问题，善于随机应变，合理调整，问话口气要自然，不可给被访者暗示答案的方向。"设法获得准确的答案"要求调查人员善于"追根刨底"，必要时可采用重复询问的方式，以求获得准确答案。

（2）邮寄调查法。这是调查者将设计好的问卷或表格邮寄给被调查者，请被调查者根据要求填好后按预定的时间寄回的方法。采用这种方法的关键是调查对象的选择。

邮寄调查法的优点是：调查的区域广阔，提问范围较广，内容含量较大，可以避免调查人员先入为主的影响；被调查者可以获得充分时间作答，调查的成本较低，对调查人员的教育与管理工作量较小；调查的真实性较强，调查者与被调查者不直接见面，被调查者很可能对某些敏感的、隐私的问题回答出自己的真实情况和方法等。

邮寄调查法的缺点是：调查问卷的表格回收率较低，影响调查的效果，这是因为被调查者不感兴趣，或者问卷太长过于复杂，问题次序上的偏差，被调查对象文字能力不足，难以判定被调查对象的性格特征，信息反馈时间较长，答卷者可能不是目标被调查者，会失去调查对象的代表性，影响调查的效果等。

（3）电话调查法。这是由调查人员按照预先规定的内容，用电话询问被调查者意见的一种调查方式。这种调查方式在试探性调查阶段运用较多。

电话调查的优点是：时间短，费用低，它可以在较短的时间内调查较多的对象，耗费的费用较低；征求意见快，回答率较高，有利于访问不易接触到的被调查者；坦白性强，易于控制，有些涉及私人或敏感的问题，面对面不易获得，但电话调查对方就能坦然一些，电话访问者的语气、声调及措辞等是否恰当，可以由研究人员帮助纠正等。

电话调查的缺点是：不易得到对方的合作，难以访问到较为复杂的问题；受到电话设施发展条件限制，农村调查很多人家没有电话，因而调查总体欠完整；电话交谈时间不能太长，被调查者的意见只能作简要说明，不能询问较为复杂深入的问题，一般也无法显示照片、图表等背景材料等。

(4) 留置问题调查法。这是由市场调查人员将调查问卷和表格当面交给被调查者，说明调查的要求，留给被调查者自行填写，再由调查者按期收回的方法。

留置问卷调查法的优点是：费用较少，在某种程度上可以预测被调查对象的性格特征。争取被调查者的合作；询问的内容可以较为详细等。因此，这种调查方法既可弥补当面询问时时间仓促、回答不成熟的缺点，又可以克服邮寄调查回收率低的不足。

留置问题调查法的缺点是：回收率虽高于邮寄调查法，但所得到的资料明显低于面谈调查法，难以同时调查许多项目等。

(五) 网上访问法

网上访问法的实质是传统的访问方法与现代电子网络技术的结合，因此其操作方法主要有以下几种：④

(1) E-mail 调查。即通过电子网络向被调查者传递问卷，被调查者在规定的时间内回答问卷并再寄给研究人员。使用此种方法，由于问卷出现在被访者私人信箱中，因此能引起被访者的注意，但使用这种方法的前提是拥有足够多的被访者电子信箱地址，并保证一定的回收率。

(2) 互动式调查。即与被调查者约定在某一时间段内进行网上交流，回答问题，收集信息。此种方法既可一对一交流，又可"座谈式"交流。这种方法充分利用了网上访问的优势，可根据被访者回答的情况进行"追问式"访问，及时沟通，使研究工作既有速度，又有深度；但使用此法应事先约访，并负担被访者上网费用，确保被访者按时上网。

(3) 弹出式调查。所谓弹出式调查，是指将软件安装在网站上，根据一定的比例抽取被访者，当网站的访问者被随机选中时，一个独立的小窗口就会弹出，询问访问者是否愿意完成一份调查问卷。使用此种方法的优点是尊重被访者的意愿，但据此获得的资料准确性和代表性等均难以控制。

(4) 网络固定样本组调查。即研究公司根据自愿注册及有偿参与的原则，只要是符合要求的网民，均可注册为样本组成员，研究公司将所收到的所有网民的背景资料存入网民固定样本组——"网民信息库"中。通过该数据库，研究公司能够提供一个全方位的、精确的和独立的目标网民细分，来满足客户的特殊要求。

(六) 观察调查法

观察调查法是由调查者对调查对象的行为及反应感受进行侧面观察和记录的一种

---

④ 韩德昌，等．市场调查与预测教程．北京：清华大学出版社，2008：101.

调查方式。这种方法又有以下两种具体方法：

(1) 直接观察法。这是由调查者自己或者派人员直接对调查对象的行为、反映、感受进行观察，调查、记录调查对象的全部实际活动的方法。例如，从对顾客的询问与观察中了解顾客对商品和品种、花色、式样、包装等方面的要求。这种方法有时会被调查对象察觉，引起误会。

(2) 行为记录法。这是调查人员借助于一些仪器设备与某种手段、方法记录调查对象的行为和反应的方法，如通过照相机、录像机、录音机等来了解调查对象的行为和反应。这种方法对了解消费者的需要具有一定的价值。

观察法的优点首先在于观察调查中能保持顾客正常活动的自然性。观察者不仅可以了解顾客对商品的各种反映，而且可以注意到当时当地的特殊环境。观察者置身于顾客之中，直接了解、记录调查的事实和顾客的现场言行，收集到的资料既原始又真实，准确性较高。

观察法的主要缺点是：观察者往往看到的是表面现象而不能了解顾客的心理活动，不易得出正确的结论；对观察进行记录描述时，观察者难免带有主观性和片面性；由于观察者往往处于被动地位，其客观的内容往往缺乏系统性和完整性。为弥补观察法的不足，可结合采用访问法进行调查。

（七）实验调查法

实验法是通过小规模的实验并对实验结果进行分析，来了解产品及其发展前途的一种调查方法。例如，某企业生产出一种新产品，为了了解消费者对该产品的意见、要求和评价，就可以选择一部分消费者作试穿试用实验；消费者在试穿试用后，必须对产品的改进提出建议；为了解产品是否有销路，是否受消费者欢迎，价格是否被消费者接受等，便可在一个地区、一个市、一个商店进行试销调查。一面推销产品，一面征求消费者的意见，从而预测该产品的发展前途。

实验法的优点是：方法比较科学，调查者处于主动地位，较为精确地调查研究营销现象，获得的信息既具体又精确，客观价值高。其缺点主要是实验费用较高，取得资料较慢，实验组织难度较大。

（八）室内研究法

这是一种间接调查法。它是根据企业内外的现成资料和数据进行调查、分析、研究的一种方法。其基本做法是调查者利用掌握的各种资料，如科技发展资料、市场行情资料、广告资料等，分析研究市场供求情况及变化发展趋势。资料主要包括文字资料、统计资料、图片资料等。室内研究法的优点是费用小，资料参考价值高。

二、市场调查的步骤

市场调查的一般步骤可分为：

（一）确定调查研究问题

一切市场调查研究都必须首先从确定调查研究问题开始。每一次市场调查研究能否达到预期的目的，首要的条件就是选题是否正确。选题如果发生错误，则整个调查工作将成为无效劳动。因此,市场调查研究问题的确定一定要准,提出的目标一定要明确。

确定市场调查研究问题的依据是本企业当前所需要解决的问题。例如,一个企业的经营活动在一定时期内出现了这样或那样的问题,而要解决这些问题,必须先找到问题存在的原因,那就应该把寻找问题存在的原因作为调查的问题。再如,一个企业急需开发一种新产品,对新产品能否占领市场心里没有数,那就应把新产品发展前途作为调查的问题确定下来。

（二）进行初步调查

初步调查就是根据确定的调查问题,先进行一般性的摸底调查。初步调查可以为确定的调查问题指出行动方向或缩小调查范围。例如,某企业近几个月来产品销售量大幅度下降,根据初步分析,不外是这样几个问题,如产品质量下降、市场产品饱和、同行业的竞争、广告宣传不够等。在确定寻找产品销售量下降原因作为调查问题后,可先进行初步调查。经初步调查后,如了解到是由于竞争对手对原有产品进行了改进,受到顾客的欢迎,这样就可以把下一步的调查集中到主要了解竞争对手如何改进产品这一问题上去。一般情况下,初步调查是得不出什么结果的,只能了解“是什么”,而不能回答“为什么”,更不能提出“怎么办”。

（三）制定调查计划

经过初步调查,调查范围进一步缩小,调查目标也进一步明确。接着就要拟定调查计划,调查计划内容通常包括:

(1) 确定调查时间、地点、范围、对象。也就是要确定在什么时间进行调查,在什么地方进行调查,调查的范围有多大,被调查的对象有哪几类等。

(2) 确定调查的方式和方法。根据调查的内容和目的,调查计划中必须确定调查的具体方式和方法,如在方法上是用访问法,还是用实验法。如果用访问法,是用电话访问法,还是用通信法,或是都用。在方式上是用抽样调查还是典型调查。如果用抽样法,样本数量确定为多少等。

(3) 确定资料搜集的来源。企业市场调查资料的来源主要来自两个方面:一方面是企业的内部资料,它具有比较丰富、可靠性高和费用少的优点;另一方面是企业外部资料。企业外部资料又分为经本企业人员亲自调查的各种原始的第一手资料,和经他人搜集、整理、发表的第二手资料。第一手资料具有搜集工作量大,费用高,但可靠性大、时间性强的特点。第二手资料具有搜集迅速、费用较少,但资料内容时效性差等特点。企业应该根据调查的具体要求来确定资料搜集的来源。

(4) 预算调查费用。调查费用的多少要考虑企业的承受能力和资料本身价值的大小。

（四）设计问卷或调查表

市场调查的实施,一般是从设计问卷或调查表开始的。通过向被调查者发放问卷或调查表以征得他们对所提问题的回答,这是市场调查搜集资料的基本途径。因此,问卷或调查表的设计如何,直接影响到调查内容能否得到正确的答案。问卷或调查表的设计一般应由既精通本行业生产经营业务又了解市场调查基本知识的人来担任,在设计问卷或调查表时，应该注意以下几个问题：①语言要亲切，题意要明确，避免提问含义不清、模棱两可。②提问要切合调查问题的需要，范围不可漫无边际。问题不能大而不当。③问卷能使被调查者容易看懂，容易回答。提问不宜超出被调查者的认识能力，尽量避免特殊的或专业名词和难以理解的概念。④提问的排列要具有逻辑性。次序一般是先易后难，先简后繁。⑤提问不能带有主观趋向性或暗示性。⑥不要提出让被调查者无法回答或不愿回答的问题，尤其不要涉及个人生活隐私。

（五）选择调查人员

市场调查研究，是通过调查人员来进行的，调查人员水平的高低，直接关系到调查质量的高低。所以，要做好对调查人员的选择、培养和管理。

(1) 调查人员的选择。市场调查人员要有一定的文化知识水平，最低也要有高中文化程度。要了解本企业生产和经营业务，并懂得市场调查的基本方法和程序、要善于同陌生人打交道，思维反应敏捷，语言口齿流利，为人随和有耐心。

(2) 调查人员的培训。调查人员的培训要由经验丰富的调查人员来担任，要突出对没有参加过市场调查人员的培训。培训主要是使调查人员了解市场调查基本知识和本次调查具体规定、要求，将调查表和调查须知发给调查者，并作具体说明，提出各种可能出现的问题进行讨论。还要注意教会他们如何同被调查者搞好关系，以取得真诚的合作。为掌握调查的一般技巧，培训也可搞一些调查案例模拟训练，使调查者身临其境，提高调查水平。

(3) 调查人员的管理。也就是对调查人员的调查工作进展情况进行及时的检查监督。主要是查看他们搜集资料是否符合调查要求，如发现问题可及时进行纠正，或令其重新进行调查，还可以采取抽样复查的方法，验证收集的资料的准确性。

（六）资料分类整理

在实施调查取得原始资料后，必须根据调查的目的和要求，对搜集到的原始资料进行分类加工整理。以便为资料分析做好准备。资料分类整理一般程序有以下几种：

(1) 校核。校核就是对搜集到的资料加以检查，以消除其中的错误部分和含糊不清的地方，使资料达到准备性、完整性和可靠性的要求。准确性校核，是检查调查答案或调查记录是否真实等，凡是有疑问的地方，都要及时加以澄清；完整性校核，是检查被调查的单位或个人有无遗漏，调查项目是否齐全，调查样本是否具有充分的代表性等，如发现有所遗漏，应立即采取必要的补救措施；可靠性校核，是检查在一个较短时间间隔内进行两次相同的调查所获得的资料是否一致，或检查一份问卷时看答案内容是否前后一致。如不一致，要采用重复测定方法来鉴定，或将其问卷从资料中剔除。对原始资料的校核是一项很重要的工作，在调查实施结束，资料搜集齐全后要立即进行。

(2) 分类。就是在对原始资料校核后，按照调查内容和要求将所搜集到的资料数据进行划分类别，这是整理工作的一个重要环节，是资料科学性的基础。其实分类工作在问卷设计时就已经开始，搜集资料时就已经进行。通过分类可以明确调查对象类型，清晰地揭示出调查总体内部构成状况，分析市场营销现象之间的相互依存关系。在进行资料分类时，要注意各类别之间的显著差异性，分类标志应当明确，互相排斥，前后一致，切忌分类界限模糊不清。

(3) 列表。就是把校核分类的资料制成各种系统的统计表和统计图,以便于分析研究使用。统计表是用表格来表示各种统计指标。它能使人们在较短时间内迅速了解调查所获得资料之间的关系,具有简单明了的特点。统计图是用图形表现统计资料的一种形式。它能把调查内容或现象的全貌形象化地反映出来,便于理解和记忆,具有直观、生动的特点。

(七) 提出调查研究报告

市场调查研究的最后一个程序就是提出调查研究报告,作为企业领导进行市场营销决策的参考。这是进行市场调查研究的目的。

市场调查研究报告的内容一般包括以下几类:

(1) 导言。即对市场调查的原因、目的、意义等予以简要说明,提出本报告所要探讨、解决的问题。

(2) 调研概况。即简明扼要地介绍这次调查的时间、地点、对象、范围、过程以及主要的调查方式、方法。

(3) 资料分析。一般分为统计分析和理论分析。统计分析主要对调查的内容予以客观的描述,主要在于有序地摆出经过整理而有效的调查资料,并作出简述性介绍,口答"是什么"的问题。理论分析就是依据翔实的资料数据,运用科学的研究方法,系统地展开分析。如对市场营销现象的状况、特点、原因、相互关系等进行阐释分析和具体论证。着重回答"为什么"的问题。

(4) 提出建议。即依据前文的分析,提出具有必要性、可行性的解决问题的建议,或做出某种预测。回答"怎么办"的问题。如有必要,调查报告可附适当的调查统计资料等。

写调查报告时要注意以下几点:

(1) 主题鲜明、集中。给人看过要使别人明确调查了什么问题,怎么调查的,这些问题应该怎么解决。

(2) 结构层次分明。结构妥当,论证才能严谨、确切、脉络清晰。

(3) 选材准确、得当。要通过对材料的认真研究分析,剔除与主题无关或关系不大的次要的、非本质的、琐碎的材料,选出能反映调查主题本质的、主要的典型材料。

(4) 语言简洁、生动、通俗易懂,切不可咬文嚼字,故弄玄虚。

第五节　市场预测方法和步骤

市场预测是对市场未来发展趋势的推测、判断。具体地说,市场预测即是根据科学的市场理论,采用比较系统和先进的方法,在对影响市场供求关系的诸多因素进行调查、整理、分析的基础上,掌握市场供求关系变化规律,推测其发展趋势。市场预测是企业经营管理者必须认真研究的重要课题。

一、市场预测的重要性

随着经济全球化的发展,商品市场及市场与企业之间的关系发生了很大变化,主要表现在:由卖方市场转变为买方市场;竞争中优胜劣汰;企业经营活动范围扩大,市场拓宽;经济“转轨变型”,要求企业生产经营相结合。市场作为商品经营的场所,对于整个国民经济和商品生产起着重要的调节作用,我们知道,一切社会的和企业的经济活动都必须以满足市场需求为目的,而市场是处在经营变化之中的,因此要避免工作中的盲目性,不论是从事宏观经济管理或微观经济管理,都离不开市场预测。因此,市场预测已越来越被人们所重视。

就企业而言,市场预测在整个经营活动中占有十分重要的地位。它是企业制定战略目标及各项经营决策的先决条件;是使企业的内部环境与外部环境经常保持动态平衡,合理组织产、供、销等一系列经济活动,实现经营目标,提高企业经济效益和社会效益的重要条件。市场预测在企业营销活动中的重要性主要表现在以下几方面。

(一)市场预测是企业确定发展方向和制定战略目标的重要内容

对于企业来说,应首先制定出战略目标和确定自己的发展方向,这个目标就是市场。企业必须以选定的目标市场为导向,并在此基础上制订具体行动方案。我们知道制定目标不能是盲目的,它必须以某种依据为前提条件,这个条件就是对市场本身及影响市场变化的诸因素的了解、掌握和判断。市场预测是企业掌握外部环境的主要手段,是企业制定合理的战略目标最重要的依据。

(二)市场预测是企业经营决策的重要依据

企业的战略目标为企业的发展确定了方向,而经营决策则是企业在一定时期内和条件下,通过经营活动实现目标的具体行动方案及行动的先导。企业面对广大的市场和市场因素中不断出现的变化,经常需要做出各种决策,这是经济全球化发展的客观要求。经营决策是否正确是企业经营活动成败的关键所在。为了保证决策的正确性,必须把握一个依据,这个依据就是科学的市场预测的结果。企业只有通过市场预测,掌握市场规律和有关资料和数据,才能做出正确的决策和制定出切实可行的计划,使计划的实施建立在稳妥可靠的基础之上。日本三菱集团有一个信条:“企业的成败在于经营,而经营的关键在于预测。”这个信条就明确地表达了市场预测对于经营,进而对于企业在市场竞争中成败的重要性。

(三)市场预测是企业把握社会需求合理组织生产的依据

企业的生产只有符合社会需求,才能求得生存获得发展。在经济全球化发展的条件下,商品供给不断增加,市场需求瞬息万变,企业只有了解和掌握消费者对商品的需求情况,才能合理地组织生产和供应,使自己企业生产经营的产品得到社会的认可,完成商品从生产到消费的转移。要做到这一点,企业必须重视市场预测。通过市场预测,把握市场近期、中期和长期对商品需求的数量、质量、式样、花色品种、颜色、款式等发展趋势,以便根据市场需求和企业的可能,安排生产和经营,以满足社会的需要。否则,企业“跟着感觉走”,其结果是可想而知的。

(四)市场预测是使企业营销组合经常处于最佳状态的保证

企业营销组合的最佳状态是充分利用、合理配置企业内部的各种条件因素,以自觉适应外部环境的发展变化,提高企业的应变能力,达到避免或减少经营风险,提高经济效益的目的。人们的需要是无限的，这使得市场需求瞬息万变。在经济全球化条件下，企业经营与发展同市场息息相关，这就要求企业必须“因变而变”。从根本上说，“因变而变”的能力也就是企业竞争能力的集中体现。因变的“变”就是市场的变化情况及发展趋势。对这种“变”的了解和掌握，靠的是市场预测，从这个意义上说，市场预测贯穿于企业经营活动的全过程。如果企业只满足于把市场预测用于制定战略目标、经营决策和制定各种策略，就不能及时调整、修正营销组合，在市场竞争中就难以取胜。

（五）市场预测是企业提高经济效益的保证

企业的一切经济活动，必须以提高经济效益为中心。市场是经济效益实现的场所。企业只有加强市场预测、掌握大量的第一手的市场动态和发展的数据资料，才能制定出正确的营销决策，生产适销对路的产品，努力降低生产成本，以较少的劳动耗费生产出较多的符合社会需要的有用产品，提高经济效益。否则，企业的市场营销活动就会陷入盲目状态，经济效益的提高则无从谈起。

总之，企业必须自觉地以市场为导向，根据市场的需要，以销定产，自主经营，灵活安排产、供、销，在市场调节中寻找出路，搞活企业，增强企业的生存能力、发展能力和竞争能力。所有这一切都离不开科学的市场预测。因此，市场预测在企业的经营活动中绝非可有可无，而是已经成为必不可少的重要内容，它的重要性还将得到越来越充分的显示。

二、市场预测的种类

市场供求关系是经济整体的综合反映，具体表现为企业可以提供的商品与购买者的实际需要这二者之间的状况及其变化趋势。市场学原理告诉我们，市场始终是处在变化之中的，而影响市场变化的因素又是多种多样的。原则上说市场预测即是根据调研收集的企业外部信息和内部条件的资料，从已知推测未知，做出对未来变化趋势的评估和判断。在实际工作中，面对纷繁复杂的市场现象和极其广泛的预测内容，应从哪里下手，应以什么为预测内容，这是企业经营管理者首先遇到的问题，因此，我们应先根据预测内容不同的性质或特性，从不同的角度进行分门别类，然后再根据需要，选择不同的预测类型。

市场预测可以分为以下几种类型：

（一）按预测的内容分类

按预测的内容可以分为：

(1) 对市场需求的预测。消费者对商品的各种需要形成了总的市场需求。企业的市场预测实际上就是要列出市场上潜在消费者的全部需求，包括消费水平、需求层次和结构、消费习惯、消费者心理、消费倾向及其他需求特征。其目的主要是用以确定企业的产品种类。

(2) 对市场购买力的预测。市场购买力有两层含义：一是消费者的货币支付能力；二是能够用于购买某种商品的货币量。企业对市场购买力预测的主要内容应是：购买力的投向；现实购买力与潜在购买力的变化趋势及影响变化的因素，包括价格浮动因素等。其目的主要是用以确定企业产品的生产量。

(3) 对企业产销能力的预测。企业产销能力就是实际能在多大程度上满足市场需求,这里主要讲的是企业在各个生产要素方面已经具备和可能达到的条件,包括企业市场占有率,产品生命周期和新老产品发展前途;劳动力数量、劳动力组合和劳动者素质;生产设备及原辅材料供给力等,还包括宣传推广效果;提供产后销售服务能力等。

(4) 对市场供应的预测。我们知道,广义的商品市场应具体包括消费品市场、生产资料市场、服务性市场、技术市场、金融市场、劳务市场等。对于一个企业来说,各个具体市场都可视为客观条件,对这些客观条件的评价、判断及在可以为企业所利用的或对本企业可能产生的影响,是市场预测的一项重要内容,是企业经营决策的重要参数。

(5) 对竞争者状况和竞争能力的预测。竞争者除了主要是指同种(类)商品生产者以外,还包括各种条件市场上有着相同需求的"贸易伙伴"。对竞争者状况和竞争能力的了解和判断,有助于促使本企业采取有效的竞争手段,扬长避短,最大限度地发挥自身优势和获取最佳经济效益。

以上内容大致可以分为企业内部条件和外部环境两部分,任何一个企业的市场预测都必须包括这些内容,这对于预测的准确性和完整性是至关重要的。从企业目前的情况看,普遍对市场需求种类、需求量、原材料供应及本企业生产能力等方面的预测较为重视,而对诸如消费者心理、消费倾向、潜在购买力、产品质量需求、竞争者对企业市场占有率等因素研究得不够,因此致使不少企业产品积压或生产能力使用不足,从而造成经营上的被动局面。

(二) 按预测期分类

按预测期可以分为:

(1) 近期预测,是预测市场在今后一段时间内可能出现的状况和变化,这是一种期限最短的预测,一般是以季、月、旬为单位。它适用于企业安排短期行为,如制定季、月指标分解计划。尤其是对于新产品以及季节性、时间性较强的产品,很需要通过短期预测,为产品生产和经营计划确定一个最适当的量,并且还可以根据市场偶然发生的变化,对原计划及时做出相应的调整和修正。

(2) 短期预测,是指一年或半年的预测。一年预测又称年度预测,它一般是为制定企业年度经营计划而对市场需求进行的预测。半年预测则是为调整、补充年度计划提供依据,其内容主要是对市场需求量在本年度内变化趋势的预测。

(3) 中期预测,是指一年以上至五年的预测。它适用于产品的自然生命周期或市场生命周期较长,且处在较前段,市场供求关系较稳定的商品市场预测。

(4) 长期预测,是指五年至十年或更长一段时间的预测。投建一个新厂;研制、投产某种耗资较大的新产品;较大规模地扩大固定资产投入,如引进全套生产线、添置大中型辅助设备、动力能源投资、扩建厂房等,都必须在安排投资计划前对市场供求发展趋势进行长期预测。只有如此,才能保证投产效益,增强企业发展后劲。

目前,我国的大部分企业由于受到资金、设备、技术和管理经验等方面条件的限制,大多是以生产短线产品或中高档、主机产品的配套(零部件)产品为主,因此,根据实际需要和现有能力，进行近、短期预测比较适宜，也比较普遍。随着企业的发展，企业经营管理者还必须改变小农经济思想，逐步消除那种“只顾眼前，不顾长远”，缺乏战略眼光的小生产者意识，自觉树立现代战略发展观念，注意加强中、长期预测，并努力提高预测的质量水平，使企业得以保持持续、稳定、健康的发展。

（三）按预测商品的种类分类

按预测商品的种类可以分为：

（1）一类商品的预测。我们可以按照不同的标准，将特点相近似、对生产条件的需求差别不大、供求状况大致相同的商品划分成一类来进行预测。如可将儿童服装划分成一大类，其中包括冬装、夏装、春秋装、男装、女装、布装、化纤服装等若干种；再比如可将电冰箱、电风扇、电熨斗、电暖器、洗衣机等作为家用电器一类商品。

（2）一种商品的预测。这是指对某种特定商品的预测。如在食品类中对啤酒的预测；又如在服饰类中对领带的预测。

企业之所以经常需要按商品的种类进行预测，是因为一方面企业没有能力对整体市场进行预测；另一方面企业进行市场预测总是以具体目的为内容，这种具体目的可以是对一类商品，也可以是对一种商品的市场供求矛盾的了解和掌握。一般来说产品性能或用途或其他方面大致相同，进行对一类商品的预测比较适合；对那些在市场中供求矛盾较为突出的商品，则适合于进行一种商品的预测。

（四）按预测的项目分类

按预测的项目可以分为：

（1）单项预测。影响市场供求关系的因素很多，如实际和潜在供应量、价格与现实购买力、消费结构变化、新产品发展情况等。单项预测就是在各种因素中选择其中的一项进行预测。

（2）复项预测。复项预测就是在影响市场供求关系因素中选择两项以上同时进行的综合性预测。如服装商品对花色和规格这两个因素同时进行预测；又如钟表商品对款式、价格、质量等因素进行综合预测。

对于一个企业来说，究竟以哪种预测为宜，还应根据具体情况而定，主要是看对各项因素已掌握了多少，或者选择对引起突出变化作用的因素。由于市场供求因素之间的相关性很强，所以进行复项预测较多，即使是单项预测，也多是在对其他项目已知的基础上取得未知，作为已知的补充。

（五）按预测范围分类

按预测范围可以分为：

（1）宏观市场预测。一般以全国市场为对象，即是指对整体市场的综合性预测。它主要是国家计划部门与经济管理部门用于掌握、控制国内市场供求关系的平衡；控制、保证有关国计民生的重点商品总量并进行有计划的分配及保证地区间商品流通的平衡发展。

（2）微观市场预测。这里是指某一企业对一定地区内或某一系统市场的预测。它适用于掌握企业经营范围内的商品在市场上的供求状况及变化趋势，为经营决策提供依据；为合理使用人、财、物及合理确定企业发展规模和产品品种、产量、制定正确的销售策略并为组织有效的营销活动提供依据。

微观市场预测是宏观市场预测的基础，宏观市场预测对微观市场预测起指导作用。对个别企业来说对宏观市场的了解是需要的，但最主要的应是对微观市场的预测，因为它能够直接得到具体的、比较确切的、最有参考价值的结果，因此也是最重要的预测结果。在这里也必须指出，企业虽然不直接受到国家计划的具体控制，但也绝对不能忽视对宏观市场的预测，必须自觉地使企业经营活动与宏观市场变化相协调、相适应，否则就不能完全避免造成经营决策上的失误。

（六）按地理位置或区域分类

按地理位置或区域可以分为：

（1）对城市市场或农村市场的预测。城市和农村由于在经济条件、消费者数量，以及消费习惯和其他需求等方面存在着较大差异，这就决定了他们对商品的实际需求往往有明显的不同，因此有必要对城市和农村分别进行预测。一般情况是高档精制的，属装饰性、娱乐性的商品，如档次较高的时装、电动玩具、工艺品、精制糕点、罐头食品等，其需求量城市大于农村。

（2）对各经济区、行政区、少数民族地区、自然地区的预测。如果我们的预测仅仅是按城市和农村来划分是很不够的，还应按不同的地域划分标准将较大的市场进一步细分化，这在实践中是非常必要的。如同为城市，南方城市与北方城市；沿海城市与内地城市；轻工业较发达地区的城市与重工业较发达地区的城市；大城市与小城市（镇）等，对商品的需求就有所不同。对于农村也是如此，农民、山民、渔民对于电器产品的需求差别就比较明显；各地农村因风俗习惯及生产力发展水平不同，对食品、服装及不同档次的商品需求差异更是显而易见的。

上述市场预测的种类是从不同的角度、按不同的标准来划分、归类的。企业在实际预测时多数需要交叉进行，尤其是对新产品和新开辟市场的预测，由于对市场供求情况掌握得不多，更不应拘泥于某一种类型，为了准确、全面地了解市场，真正达到预测的目的。几类预测结合进行是十分必要的。如预测某种商品在某地区今后三年的购买力，就必须结合四种类型的预测：一种商品（某种商品）、微观市场（某地区）、中期预测（今后三年间）和购买力。选择了预测类型，实际预测就不难了，问题是应该选择几种、选择哪几种，怎样才能做到正确选择预测类型，这是很值得注意的。一般来说预测的范围越小、时间越短、项目越多、内容越具体，预测结果越容易或者是越接近于准确，反之准确度就差些。是不是为了精确度高一些就非得都选择前面的类型呢？不一定，一切还要视具体情况而定。如某些老产品或老市场，由于已经掌握了许多资料，而且市场需求变化不是很大，则预测的项目就可以少些；对产品周期较长并处在较前阶段的产品预测时间可长些；对高档商品预测的范围应该大一些。总之，选择预测类型的原则应是从本企业进行市场营销活动的目的和需要出发，否则就会影响预测价值，使预测失去意义。

三、市场预测的常用方法

就个别企业而言，由于彼此在内部条件和外部环境上的差异，各自的预测对象、内容和预测的要求不尽相同，这就要求企业在进行预测时必须选择适当的预测方法。市场预测的方法很多，据有关资料记载，可以应用的约有200种，随着市场经济和科学技术的发展，还会不断出现新的方法。从我国目前情况看，由于企业的管理水平及在其他一些方面受到现有条件的限制，许多方法还不完全适用，尤其是那些技术性较强，需要应用比较复杂的数理统计方法，使用要求较高的方法。在这里我们介绍几种简单易行、实用性较强的方法。

常用的市场预测方法大体可归纳为定性市场预测和定量市场预测两大类，见下表。

市场预测方法表

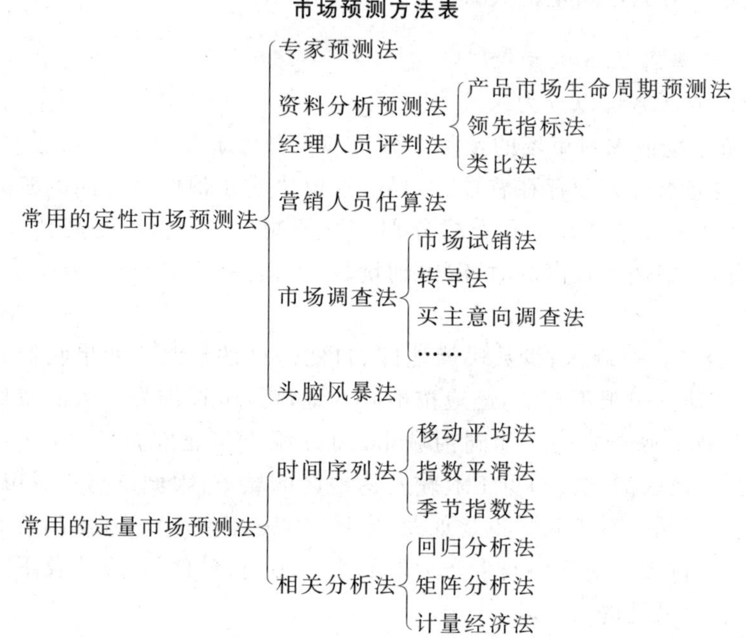

（一）定性市场预测法

定性市场预测是人们凭借积累的经验及数据来对市场进行分析、推理、判断，以测定市场未来发展趋势的方法。有人认为，定性市场预测法不是科学的方法，只有定量市场预测的方法才是科学的。其实，这是一种片面的认识。实际上，定性市场预测也是根据市场各方面的变化因素加以分析、推理和判断而确定预测值的。因此，它也是一种科学的预测方法。定性预测比较适用于下列情况：市场总体形式的演变；科技成果的推广与应用；新产品的开发；企业未来发展方向；企业经营环境分析和战略决策；企业市场营销策略的调整等。当然，使用这种方法时，切忌主观臆断，要注意综合比较。常用的定性市场预测法有以下几种。

1. 专家预测法

这是依据专家的经验和直观，对市场过去和现在的情况进行分析与综合，并对未来发展变化的趋势做出个人判断的方法。

专家预测法有以下两种具体形式：

(1) 专家会议法。这是根据预测的目的和要求，邀请有关专家（如推销专家、产品设计专家、产品使用专家、产品经营管理专家等），通过会议的形式，就产品本身情况、市场动态、产品适用情况等问题，进行集体讨论和分析，最后提出预测结果。这种方法的优点是可以集思广益，弥补个人知识的不足；缺点是与会人员有限，代表性受到限制，“权威者”可能左右与会者的意见，影响展开充分讨论。

(2) 专家小组法。这是一种采用函询预测，避免专家会议的缺点而采用的一种预测方法。这种方法在国外叫德尔菲(Delphi)法。

德尔菲法是美国兰德公司的赫尔姆(Olaf Helmer，1946)[⑤]，达尔克(Norman Dalkey，1946)[⑥]和莱斯策(Nicholas Rescher)在20世纪40年代末提出来的一种预测法。它是通过对专家匿名的几轮函询调查(每次函询，企业都提供预测需要的资料)，逐步将预测结果集中到某一种数值，最后由企业领导根据专家意见与自己的经验和资料确定预测值。

这种方法的步骤是：①由预测主管人员根据预测的主体，在有关领域物色并确定专家名单，组成专家组(人数在10～20人之间)，用书面的方法向选定的专家提出所要预测的问题，并附上有关这一预测的多种背景资料，由专家们根据自己的知识和经验，对所要预测事物的未来发展趋势，提出自己的意见，并说明其依据和理由，填好后寄回主持预测的主管人员。②预测主管人员根据专家第一次的预测意见，加以归纳整理，对不同的预测值分别说明预测值的依据和理由，并补充必要的资料，再寄给专家。请专家们研究后发表第二次的预测意见和预测理由，再返回预测主管人员。如此反复征询、归纳、修改，就可以使各种意见趋于一致，最后由主管人员根据全部资料写出书面预测意见。

这种方法成败的关键是专家的选择。应选择与预测目标有相关的，具有研究、战略眼光、分析问题能力较强的生产、科研、经营管理、信息情报、高等院校等单位的专家担任。这种方法的优点是专家之间互不见面，避免了发表意见会受到约束，改变意见怕有损自己威望的局限性，从而可以充分发挥专家独立思考的能力和集中专家们的智慧；缺点是信函来往麻烦，分类处理工作量大，耗费时间长，因此，短期预测不宜采用这一方法。

我们必须指出，在使用德尔菲法进行市场营销预测时应注意下列问题：

(1) 调查表或问卷中应有调查目的、特点、反馈时间、填表说明，避免专家产生误解。

(2) 所提问题应有针对性，不要过于分散，力争使相关问题放在一起；提出的问题应能引起专家们回答的兴趣。

(3) 在拟定预测问题时，不要使用含糊不清、易产生歧义的用语，否则专家难以回答，或使预测结果发生误差。

(4) 调查表格应简化，突出重点，问题不宜过多，应便于专家回答。

(5) 要充分发挥民主，绝不可以把预测组织者的意见加在调查表中提供给专家。轮隔时间不宜过长，一般间隔时间在3～5周内为宜。

2. 资料分析预测法

(1) 产品市场生命周期预测法。市场营销学中讲过产品的市场生命周期是指产品从

---

⑤ Olaf Helmer，Hirschberg. Analysis of the future：The Delphi Method(Rand Paper)，1967.

⑥ Norman C. Dalkey. Delphi(Rand Paper)，1967.

投入市场开始到被市场淘汰为止的过程。产品市场生命周期预测法是将过去的销售资料描绘成图形，预测人员凭借丰富的市场经验和营销知识，对这种市场现象未来的发展趋势进行预测的方法。

(2) 领先指标法。社会现象可看做是随时间推移而不断发展的变量。比较各种变量变化的曲线图形，常常会发现某些变量的图形存在着明显的相似性，即曲线之间具有相似的上下波动形态，而且起伏变化间距也几乎是相同的。就是说某一曲线之间经过一段时间由波峰(或波谷)发展到波谷(波峰)，而另外一条曲线也就以相同的时间以波峰(或波谷)发展到了波谷(波峰)。根据这一特点，人们可以把先发生变动的事物作为参照物，以此推测后发生变动的事物的发展变化趋势。

(3) 类比法。类比法是把预测目标与其同类的或相似的先行事物加以对比分析，来推断预测目标未来发展趋势及可能水平的一种预测方法。类比法一般用于新产品销售预测。因为新产品未投放市场，没有销售资料，所以，其预测销售量只能通过同类产品销售资料进行类比分析。类比法依据类比的目标不同可分为类比法、地区类比法、行业类比法、更新换代类比法。

3. 经理人员评判法

这是由企业负责人将与市场有关或熟悉市场情况的生产、采购、销售、储运、市场研究与财务等部门具有较高素质的经理人员，召集在一起交换意见，共同讨论，然后将各种意见汇总分析，以做出判断的预测方法。其主要步骤是：①企业经理分别提出各自的预测方法；②确定企业的综合预测；③确定企业最后的预测方案。

经理人员评判法的优点是：经理人员等可以相互启发、互为补充，发挥集体的智慧，不要进行复杂的计划，在资料不足的情况下亦可进行；缺点是凭个人经验，偏重于主观估计预测趋势，易受当时市场形势的影响。

4. 营销人员估算法

这是由销售人员根据自己的经验估计市场需求量和企业产品销售量的预测方法。由于营销人员最接近市场，对消费者、竞争对手和所在地区的市场活动的动向比较了解，能够反映多数消费者的意见，所以，他们的预测是较有价值的。其具体做法是：企业主管人员向销售人员提出预测的要求，让他们根据以往的销售经验，对自己所负责的销售区在未来一定时期内该商品的销售量做出估算，然后企业的主管人员再将个人估算的销售量进行汇总，做出本企业在今后一定时期内该商品销售量的预测。

销售人员估算法的优点是适合于任何部门或企业，简单易行，尤其是对一些不可控因素较多的商品销售量的预测效果较好；缺点是主观随意性大，预测结果的精确度不够理想。

5. 市场调查法

市场调查预测法是指预测者首先进行市场调查，获取市场的直接资料，然后对资料进行分析和测算，从而对市场未来的需求状况进行预测的方法。市场调查预测法预测结果较为客观，它根据直接调查获得客观实际资料，进行分析推断，主观判断较少，可以在一定程度上减少主观性和片面性，故也称为客观性市场预测方法。市场调查预测方法的另一个特点是适用性强，尤其是在缺乏历史资料的情况下，通过直接检查，也能获得较为可靠的预测方法，主要的方法有市场试销法、转导法、买主意向调查法、市场联测法、主观概率预测法。

(1) 市场试销法是指尚未在当前市场上销售过或还未正式进入市场的新产品或改进的老产品,作为试销商品投放到小范围市场中,进行销售实验,调查消费者对商品的反映偏好,并以此调查资料为依据进行市场预测的方法。

(2) 转导法是以间接调查所得的某项经济指标预测值为基础,依据该指标与预测目标间相关比率的资料,转导出预测指标的一种方法。

(3) 买主意向调查法是通过一定的调查方式(如典型调查、抽样调查等)选择部分消费者调查其未来某种商品的购买意向,并在此基础上对商品需求量或销售量进行预测的方法。在缺乏历史统计数据的情况下,运用这种方法,可以进行市场预测。

6. 头脑风暴法(Brainstorming Method,BM)

最初是奥斯本(A. F. Osborn,1939)⑦提出的,后经过一系列修改在1953年的著作中发表,是通过专家之间的互相交流,在人头脑中进行智力碰撞,产生新的思维和观点,使专家的论点不断精确化、集中化,从而得到最优预测结果⑧。

采用头脑风暴法组织专家会议有以下几个特点:对会议就所论的问题提出一些具体要求,并严格规定提出设想时所用的术语,以便限制讨论问题的范围,使参加者能把注意力集中于所讨论的问题;与会者不能对别人的意见提出怀疑,不能放弃或中止讨论中的任何一个设想,要分析研究任何一个设想,而不管这种设想是否可行;会议主持人鼓励与会人员对已经提出的设想进行改进和综合,并为准备修改自己设想的人提供优先的发言权;这种方法支持和鼓励参加预测的专家解除思想顾虑,创造一种自由的气氛,激发参加者的积极性;与会专家的发言不能是事先经过准备的发言稿,且发言要求精练,不需要详细论述。

实践已经证明,利用头脑风暴法从事企业市场预测,通过专家之间直接交换信息,充分发挥每位专家的创造性思维,有可能在比较短的时间内得到富有成效的结果。

以上几种调查法各有其优缺点,在具体运用过程中应相互配合,尽可能选择比较科学、调查时间快、费用较省、结果准确的方法,为市场预测提供可靠的依据。

此外,还有历史类推预测法、预购预测法、用户预测法等。

(二) 定量市场预测法

定量市场预测法是依靠数据资料,使用数学模型或数理统计的方法,来判断市场发展趋势和数量关系的一种预测方法。这种方法的优点是客观、准确可靠,科学性较强,用途较广。市场定量预测对下列情况较适用:历史统计资料较详尽;事物发展变化的客观规律比较稳定;事物在发展变化过程中较少发生质的突变,尤其是对产品成熟期的产品的市场需求预测、企业销售预测、广告效果预测等定量预测效果更好。定量市场预测的缺点是对市场活动的某些动向和政治因素,较难进行有效的预测。定量预测常用的方法主要有以下几种:

1. 时间序列法

这是根据企业过去几个时期产品销售的数据资料进行分析,预测未来的销售趋势。

⑦ Alex Osborn. Applied Imagination: Principles and Procedures of Creative Problem Solving. New York: Charles Scribner's Sons,1953.

⑧ 韩德昌,等. 市场调查与预测教程. 北京:清华大学出版社,2008:188.

这种方法的前提是假定事物的过去延续到未来是有联系的，它主要适用于短期市场预测和近期市场预测。因为，市场的发展变化是受多种因素影响的，而多种影响因素又是不断发展变化的。

时间序列法的具体方法很多，这里我们仅介绍移动平均法、指数平滑法和季节指数法三种。

(1) 移动平均法。这是假定预测值同预测期相邻的若干观察期数据有密切联系，利用过去若干时期的实际销售量相加求其平均值，在时间上向后移动作为对下期的预测值的一种预测方法。

(2) 指数平滑法。指数平滑法最初是布朗(Robert G. Brown，1956)⑨在美国研究组织的运作会议上首次提出来的，在其第一本著作中有详细的描述，在其第二本著作中他将指数平滑法做了一定的延伸和发展。由于运用的资料数据较少，因而资料比较容易取得，计算又比较简单，故目前较广泛地运用于企业短期销售的预测。指数平滑法与移动平均法比较有两大优点：第一，由于指数平滑法给予所有数据以不同的权数，因此，它预测考虑了所有历史数据对于预测的影响；移动平均法只能给予有限数据以相同或不同的权数。第二，用指数平滑法预测时，只需要最近(本期)的实际值和上期的预测值；移动平均法一般要三个以上的数据。

(3) 季节指数法。季节指数法又称季节变动预测法。有些产品的销售量随着季节的变化而发生周期性的变动，例如，某些商品销售量往往因气候原因或社会习惯而发生变动。这种变动是有规律性的，故对这类产品销售量的预测则宜采用季节变动预测法，即根据这些产品季节变动的规律性，预测其销售量。运用这种方法进行预测时，应先根据历史(三年以上各月份销售量的完整资料)资料，求出该产品各季的销售量构成比例(又称季节变动指数)，再用这个比例来预测未来季节的销售量。

2. 相关分析法

相关分析法，也称因果分析法。这是运用相关分析理论，从经济发展过程中各种因素的内在联系，分析市场变化的原因，找出原因同结果之间联系的方法，并据此预测市场未来的变化趋势。

社会经济发展过程中各种因素的内在联系大体有两种情况：一种是此长彼消，在数学上叫负相关，如肥皂和洗衣粉之间的关系就是负相关的关系；另一种是相互增长，在数学上叫正相关，如社会商品购买力与居民的收入水平就是正相关的关系。变量之间的相关程度用相关系数 r 表示，r 的绝对值在 0 和 1 之间，绝对值越大，相关程度就越强。

相关分析法中最常用的有回归分析法、矩阵分析法和计量经济法。矩阵分析法(即通过矩阵形式对市场的未来发展趋势进行回归分析)和计量经济法(即用经济分析与数学分析方法相结合的市场预测方法)，比较复杂，在目前工商企业的市场预测中还用得很少。

回归分析法，是研究两个以上变量之间关系的数学分析法。如果所研究的因果关系涉及两个变数，叫一元回归分析法；如果涉及两个以上变数，则叫多元回归分析

---

⑨ R. G. Brown. Statistical Forecasting for Inventory Control，McGraw-Hill，New York，1959.

法。一元回归分析法通常按下列步骤进行：调查收集资料，筛选变量；绘制相关图与相关表；确定回归方程形式；估计参数；检验预测结果的可靠性；应用回归方程进行预测。

市场定性预测和定量预测是相互补充的。人们在定性预测时，往往尽可能地采用数学方法，对事物发展变化的趋势进行综合估计。而在定量预测时，也常用定性方法进行判断，如在预测期内发生了重大变化或出现新的影响因素，就需要运用定性预测来补充，在市场定量预测基础上，根据新的因素加以修正。所以，在实际市场预测中，只有把定量预测同定性预测方法正确结合起来，相互印证，才能取得较好的预测结果。

四、市场预测方法的选择

以上介绍了几种基本的常用预测方法，应当指出的是，由于市场因子的多样化和商品经营者的目的、要求及实际水平千差万别，在选择和运用预测方法时必须注意以下几个问题：

(1) 进行预测必须占有一定的统计资料。市场预测是在市场调查基础上进行的，市场调查的根本目的就是获取各种有关的市场信息资料，为市场预测提供条件。统计资料包括以往的和现在的，有数据的也有非数据的。

(2) 要具有比较丰富的实践经验和比较广泛的知识面。实践经验主要是指企业经营管理经验，以及正确理解和把握国家的方针、政策、各种经济法规的能力；知识面包括地理、风俗、心理、科技、文学艺术、数学知识等。

(3) 合理选择并正确运用预测方法。这对于经营决策是至关重要的。关于这个问题主要有以下两点：

一是对各种预测方法既要区别异同，又不要简单采用。预测方法很多，不可乱用。通常情况下，每种方法都是单独使用的，但任何决策都不仅仅是依靠使用一种方法，其原因在于影响市场供求因素的多样化和各种预测方法作用的专门化、具体化，也就是说各种方法都有自己的适用范围和局限性。完整的预测结果是多种预测方法的共同预测得来的。

二是选择预测方法应具体从以下几个方面来考虑：a. 预测目的。即所选择的预测方法要能够满足预测目的。如要根据销售实际情况推测未来的市场销售量，就应采用实绩对比累进法；如要根据相关因素判断某种商品的市场销售量，只要有比较可靠的预测资料，就可采用回归预测方法。b. 产品寿命周期的长短和处在寿命周期的哪个阶段对实际销售量会有所影响，如果产品处在投入期，数据资料不足，只有采用经验判断法比较合适；如果产品进入成熟期，且增长趋势平缓，就可采用简单平均法。c. 统计资料占有情况。若掌握的各期数据资料比较充实，可先用统计资料累积推延法中的某一种；若不完整则仅适合采用经验判断法。d. 预测要求。预测要求有急有缓、有高有低，这是受各种因素决定的，如数据资料不全且需要比较急，可采用专家会议法；如果预测时间可以比较长，则以采用德尔菲法为好。

复习题

1. 市场调查的类型有哪些？
2. 简述市场调查的基本内容。
3. 市场调查的方法有哪些？各有哪些优缺点？
4. 如何设计市场调查问卷？设计调查问卷的步骤有哪些？
5. 市场预测的方法有哪些？怎样根据不同情况选择不同的预测方法？

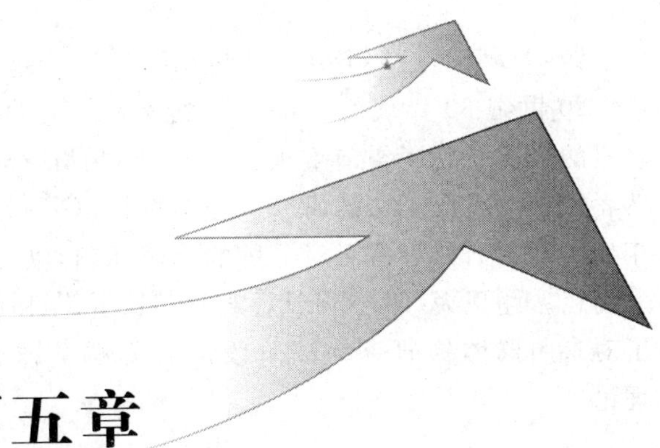

第五章 消费者市场购买行为

［教学要求］

掌握消费者市场的概念及其特点；

掌握消费者购买行为模式；

掌握消费者购买决策过程的五个阶段内容；

了解消费者购买决策过程的模型；

了解影响消费者购买行为的外在因素和内在因素。

消费者需求是市场营销的核心，因此，研究消费者购买行为以及消费者需求形成的市场是市场营销学的基本任务。由于地理区域、风俗文化和收入的差异，消费者需求往往表现出很大的不同。本章侧重研究由诸种消费需要产生的消费者购买行为和决策过程，以及影响消费者购买行为的因素。旨在使企业了解自己营销对象的特点，掌握消费者购买行为的一般规律。

第一节　消费者市场特点及类型

一、消费者行为学研究的阶段

消费者行为学研究的阶段可以分为以下三个阶段：

（一）萌芽时期

消费者行为学研究始于19世纪末20世纪初，美国社会学家凡勃伦《有闲阶级论》(*Theory of the Leisure Class*，1899)提出了炫耀性消费及其社会含义，这是业界认为区分消费者阶层的开始。1901年心理学家斯各特(W. D. Scott)指出，心理学可以在销售和广告中发挥重要作用，由此心理学开始与市场营销结合起来，推动了心理学在现实中的运用。科普兰(M. T. Copeland)是奠定消费者研究的大师，他于1923年提出将消费物品分为便利品、选购品和专门品，由此建立了三个方面的消费者行为的分析。

（二）应用时期（1930—1960 年）

20 世纪 30 年代的经济大危机及第二次世界大战期间及战后恢复时期，消费者行为动机的研究受到了空前重视。1950 年，梅森·海尔（Mason Haire）以速溶咖啡为例对消费者行为动机作了实证研究。盖斯特（L. Cuest）和布朗（George H. Brown）于 20 世纪 50 年代初开始研究消费者对品牌的忠诚问题，以便找到促使消费者重复选择某一品牌的有效途径。谢里夫（M. Sherif）、凯利（Harlod H. Kelley）和谢把托尼（Shibutoni）等人开展了对参照群体的研究。该阶段最有影响的研究是马斯洛（A. H. Maslow）的需求层次理论。

（三）变革与发展时期（1960 年至今）

1960 年美国心理学会中成立了消费者心理学分会，这是消费者行为学开始确立其学科地位的前奏。1968 年第一部消费者行为学教材《消费者行为学》由俄亥俄州立大学的恩格尔（James Engel）、科拉特（David Kollat）和布莱克维尔（Roger Blackwell）合作出版。1969 年美国的消费者研究协会（Association for Consumer Research）正式成立。谢思（J. N. Sheth）等人关于组织购买行为的研究和关于消费者权益保护问题的研究推动了消费者行为的研究发展。消费者行为研究借此走向成熟。

现如今人们对消费者行为动机的研究已经出现多元化趋向。①研究角度趋向多元化。从宏观经济、自然资源保护、消费者利益、生活方式等多角度研究。②研究参数趋向多样化。心理因素、社会心理因素、文化、历史、地域、民族、道德传统、价值观念、信息化程度等一系列变量。③研究方法趋向于定量化。运用统计分析技术、信息处理技术以及运筹学、动态分析等现代科学方法和技术手段，揭示各变量之间的联系。

二、消费者市场的概念及特点

任何一个企业都不可能满足所有消费者的消费需求，也不可能满足一种产品的整体市场需求。这不仅是由于企业的资源有限，也是为了保持企业的整体效益。因而，我们必须研究消费者市场的特点，以期识别出本企业可满足的目标消费者。

（一）消费者市场的概念

由于消费者在年龄、收入、教育水平和爱好上的不同，其表现出的需求有差异。但是，人们发现上述条件相似的消费者的消费需求具有一定的相似性。另外，一个地区消费者市场大小与该地区消费者数量成正比例关系。因此，区分消费者并按照其需求开发市场很有必要。

科特勒（Philip Kotler）①认为，消费者市场是由为个人消费而购买和取得商品或劳务的全部个人和家庭组成。它是一切市场的基础，也是商品的最终市场。我国学者在出版市场营销教科书时，基本上都在采用科特勒对消费者市场的界定概念。

研究消费者市场，最重要的是要研究消费者购买行为。这种消费者购买行为的研究，既包括对消费者在购买决策过程中的各种有关活动的研究，也包括对这些活动的制

① 菲利普·科特勒．营销管理（第 5 版）．梅汝和，译．上海：上海人民出版社，1990.

约和影响因素的研究。研究的目的是为了制定相应的营销战略和策略，从而在一定程度上引导消费者的购买行为。麦当劳在中国市场取得成功正是得益于其成功的消费者市场分析及采取的适当策略。

（二）分析消费者市场的意义

对消费者市场进行科学的分析研究，对于企业搞好市场营销工作具有十分重要的作用。

(1) 有助于企业选定目标市场。企业通过对消费者市场进行分析，可以了解不同类型消费者的需要、爱好和特点，结合企业自身资源状况，发掘新的市场机会，就可能形成新的富有吸引力且适宜于自身发展的目标市场。而以此为出发点，还能设计出合适的营销战略，为企业迅速取得市场竞争优势、提高市场占有率打下基础。

(2) 有利于企业获得良好的经济效益。企业在选定目标市场后，开展营销活动，既易于企业掌握消费者需求的特点及其变化，也便于企业及时、正确地规划和调整产品结构、产品价格和销售渠道，更好地开展营销活动。这样，一方面，使产品保持适销对路并迅速送达目标市场，扩大销售；另一方面，也能使企业有限的人力、物力、财力资源相对集中，开展有针对性的经营活动，降低成本，提高企业竞争能力，使企业获得投入较少、产出较多的良好的经济效益。

(3) 满足不断变化的社会需求。分析消费者市场使企业清楚哪些做法能满足消费者要求，并取得成效；哪些是消费者的新需求，或尚未满足的需求。这样可以拾遗补缺，加强新产品开发或丰富商品的品种，使消费者能在市场上购买到各自称心如意的商品，从而以使企业在满足不断变化的消费需求时，占有较大的市场份额。

（三）消费者市场的特点

消费者市场和组织市场不同，有其自身的特点。消费者市场的特点有以下几点：

(1) 广泛性。生活中的每个人都不可避免地发生消费行为，成为消费者市场中的一员，因此消费者市场人数众多，范围广泛。

(2) 分散性。由于消费者购买的单位是个人或家庭。一般而言，家庭人口少、商品消耗量不大；现代市场商品种类齐全，购买方便，不必大量存储。这些因素导致消费者每次购买数量少，购买次数频繁，特别是易耗的耐用品。

(3) 复杂性。对于消费者而言，衣食住行中需要各种各样的消费品，从生活必需品到奢侈品。再者由于消费者文化背景、性别、宗教、种族等的差异，导致了他们对同一种产品也产生了不同的需求，如规格、型号、品种、颜色等。

(4) 易变性。人们总是喜新厌旧的，因此消费者需求具有求新求异的特点。要求商品的品种、款式不断更新，追逐潮流，这与科学技术的进步无必然联系，只是消费者心理变化的反应。正因为消费者需求的易变性，使得产品生命周期不断缩短。

(5) 发展性。人类社会的生产力和科学技术总是在不断进步，新产品不断出现，消费者收入水平不断提高，消费者需求也呈现出由少到多、由粗到精、由低级到高级的发展趋势。发展性和易变性都说明消费者需求的变化，区别在于易变性说明变化的偶然性和短期现象并且与技术进步无关，发展性说明变化的必然性和长期现象与技术进步有关。

(6) 情感性。消费者人数众多，且对所购买的商品大多缺乏专门知识，对质量、性能、使用、维修、保护、价格乃至市场行情都不太了解，大多数情况下只能根据个人好恶和感觉做出决策，购买行为容易受情感因素、广告宣传和推销活动的影响。

(7) 伸缩性。消费者需求受消费者可支配收入、生活方式、商品价格和储蓄利率的影响，在购买数量和品种选择上存在着较大的需求弹性。可支配收入增加就会增加购买，价格降低、利率下降时也会增加购买。

(8) 替代性。商品种类繁多，同种商品的不同品牌之间甚至不同品种之间具有替代性。消费者根据自己的偏好和购买习惯，就会导致消费者会在多种品牌和产品之间转换。

(9) 地区性。各地区的生活习惯和风俗的不同，也会影响消费者的购买行为。

(10) 季节性。一是季节性气候变化引起的季节性消费，冬天穿棉衣，夏天买冰箱空调等。二是季节性生产而引起的季节性消费。三是风俗习惯和传统节日引起的季节性消费，如端午节吃粽子、中秋节吃月饼等。

三、消费者市场的分类

进行消费者市场分析，必须把握购买对象、目的、方式等问题。这里所说的购买对象就是指消费品分类，即消费者要购买什么。消费者购买的商品成千上万，对这些商品分类，也是众说纷纭。但通常而言，消费者市场的分类主要采用以下两种形式：

（一）按产品形态分类

(1) 耐用消费品。指可以多次使用的有形物品。由于这类商品使用时间较长，价格较高，消费者购买时考虑时间相对较长，购买时比较慎重，如房屋、汽车等。

(2) 非耐用消费品。也叫易耗消费品，是指只能使用一次的易耗的有形物品。由于这部分商品的使用寿命较短，要求不断得到补充。消费者对这类消费品较多地要求信誉、购买方便和价格便宜，如食品、燃料、日用品等。

(3) 服务。这是一种无形的商品，是为消费者获得利益或满足而提供的服务，如旅游、理发、餐饮等。

（二）根据消费者的购买特点分类

(1) 便利品。又称日用品，是指消费者日常生活所需、需重复购买的商品，诸如粮食、饮料、肥皂、洗衣粉等。消费者在购买这类商品时，一般不愿花很多的时间比较价格和质量，愿意接受其他任何代用品。因此，便利品的生产者，应注意分销的广泛性和经销网点的合理分布，以便消费者能及时就近购买。

(2) 选购品。指价格比便利品要贵，消费者购买时愿花较多时间对许多家商品进行比较之后才决定购买的商品，如服装、家电等。消费者在购买前，对这类商品了解不多，因而在决定购买前总是要对同一类型的产品从价格、款式、质量等方面进行比较。选购品的生产者应将销售网点设在商业网点较多的商业区，并将同类产品销售点相对集中，以便顾客进行比较和选择。

(3) 特殊品。指消费者对其有特殊偏好并愿意花较多时间去购买的商品，如电视机、电冰箱、化妆品等。消费者在购买前对这些商品有了一定的认识，偏爱特定的厂牌和商标，不愿接受代用品。为此，企业应注意争创名牌产品，以赢得消费者的青睐，要加强广告宣传，扩大本企业产品的知名度，同时要切实做好售后服务。

四、消费者购买行为模式

现代市场营销学研究消费者市场，核心内容是研究消费者的购买行为。消费者的购买行为，直接受到消费者内部因素(包括心理特性、个人特性、社会文化特性因素等)的影响，同时也受到一系列外部环境因素，特别是企业市场营销活动的很大影响。消费者的购买行为，实际上就是这些错综复杂的内外部因素相互制约和相互作用的结果。因此，研究消费者的购买行为，就要注意了解支配和影响消费者购买行为的各种因素，并将这些因素与消费者在购买过程中的各种活动结合起来进行分析，以便弄清由谁购买(who，购买者)、消费者购买什么(what，需求对象)、为什么买(why，购买目的)、谁来买(who，购买组织)、如何买(how，购买方式与购买要求)、何时买(when，购买时机)、何处买(where，购买地点)这样一些基本问题(即“六 W-H”问题)，这是企业有目的地开展营销活动，在满足市场需要的竞争中取得优势的基础。

研究消费者购买行为理论中最具有代表性的是刺激-反应模式(如图 5-1 所示)，市场营销因素和市场环境因素刺激购买者的意识，购买者根据自己的特性处理这些信息，经过一定的决策过程导致了购买行为。

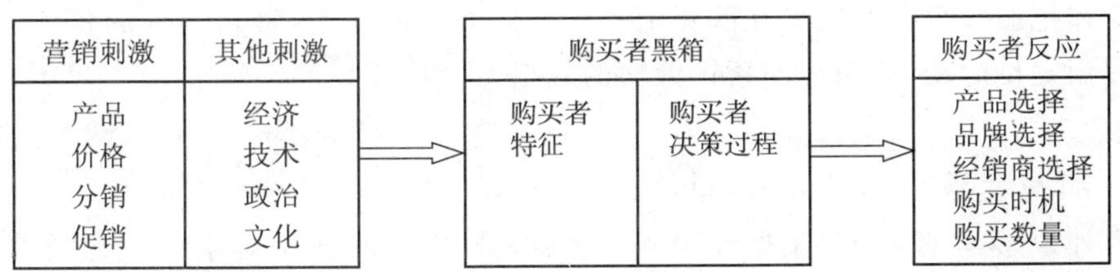

其中：购买者黑箱是消费者对外界刺激转化为反应的场所，分为两个部分：第一部分是购买者的特征，它们影响购买者对于刺激的认识和反应；第二部分是购买者决策过程，它影响购买结果。

图 5-1　消费者购买行为模式

第二节　消费者购买行为与决策过程

消费者购买行为，是指消费者为满足自己的需要，在一定的购买动机支配下，进行实际购买活动的行动过程。菲利普・科特勒(2003)②认为，消费者行为研究是指研究个人、集团和组织究竟怎样选择、购买、使用和处置商品、服务、创意或经验，以满足他们的需要和欲望。

吴世经教授(2000)③认为，消费者购买行为是指消费者为满足个人或家庭生活需要而购买所需商品或服务的活动，以及与这种活动有关的决策过程。纪宝成教授(1995)④认为，消费者的购买行为即消费者购买商品的活动和与这种活动有关的决策过程。

② 菲利普・科特勒．营销管理．梅清豪，等译．上海：上海人民出版社，2003：199.

③ 吴世经．市场营销学．成都：西南财经大学出版社，2000：62.

④ 纪宝成．市场营销学教程．北京：中国人民大学出版社，1995：54.

消费者购买行为，包括消费者的购买程序，消费者何时、何地、由谁、如何购买，以及消费者购买行为的类型。研究消费者购买行为，对企业有效地进行营销策划，具有重要的意义。

一、购买者角色

消费者并不仅仅是单独的个人，通常情况下以家庭为单位，参与购买决策活动的有时是家庭成员中的某一个人，有时是全部家庭成员或某几个成员。无论属于哪种情况，在购买决策活动中都存在着不同的角色并发挥着不同的作用。希夫曼（Leon G，Schiffman，2007）⑤认为，购买者角色包括：

（1）发起者。首先想起或提议购买某种产品或服务的人。

（2）影响者。其看法或意见对最终决策具有直接或间接影响的人。

（3）决定者。对是否购买、买什么、买多少、何时购买、何处购买等问题做出全部或部分最后决定的人。

（4）购买者。实施购买行为的人。

（5）使用者。直接消费或使用所购产品或服务的人。

由于不同的购买者角色在购买过程中发挥着不同的作用，这就要求营销人员能够准确地判断和把握每个家庭成员在购买活动中扮演的不同角色，针对不同的角色实施有针对性的促销宣传活动，从而提高营销策略的效率。

二、消费者购买行为的类型

国内外很多学者都对消费者决策类型做过深入的研究，其中以美国普渡大学（Purdue University）乔治·斯波勒斯教授（Sproles，1985，1986）⑥的研究最为著名。他整理了有关消费者行为研究的文献，总结出消费者购物决策类型可以用三种方法归类：①生活类型/心理归类法；②消费者类型归类法；③消费者特征归类法等。但这些方法并不能很好地解释消费者的行为。其在前人研究的基础上最早发展出一套简单的模式来研究分析消费者购物决策类型，得出六种决策类型：即完美主义型、价值认知型、品牌认知型、新奇-时尚认知型、时间节省型、信息困扰-信息搜寻型。归纳出八种消费者决策维度：即完美-高质量认知导向、品牌认知-价格等于质量、新奇-流行认知导向、购物娱乐导向、价格认知导向、冲动-粗心型、决策困扰型、习惯-品牌忠诚型。

此后，又有很多学者（Hafstrom，Chae Chung，1992；Durvasula，Lysonski，Andrews，1993）将这八种消费者决策维度应用于不同的国家，在跨文化条件下对消费者决策类型进行了修正和研究，提出了适用于不同国家的消费者决策类型。我国学者（Fan Xiao，1998）⑦对中国大学生进行实证研究，结果显示冲动性导向、忠诚习惯性导向及流行认知导向并未出现在购买决策类型的因素中，并认为主要原因在于不同地区的经济发展和文

---

⑤ 利昂·G. 希夫曼，等．消费者行为学．江林，译．北京：中国人民大学出版社，2007，(8)：317.

⑥ Sproles，Geogre. B.，Elizabeth L. Kendall. Methodology for Profiling Consumers' Decision-Making Styles. The Journa lof Consumer Afairs，1986，20(2)：267－279.

⑦ Fan，Jessie X.，Jing J. Xiao. Consumer Decision-Making Styles of Young-Adult Chinese. The Journal of Consumer Aafirs，1998，32(2)：275－293.

化上的差异。

由以上研究结果可知，受到个人、购买情境、社会环境等诸多因素的影响，消费者购买行为的类型也存在着很大的差异。但其中最主要的影响因素是消费者参与程度和品牌差异化程度。对于同类产品，如果品牌差异越大，消费者对产品信息不了解也没有购买经验，购买风险越大，过程也越复杂。根据这两个维度，美国纽约大学商学院的亨利·阿萨尔教授(Henry Assael，2003)[8]提出了消费者购买行为的四种类型(如图 5-2 所示)。

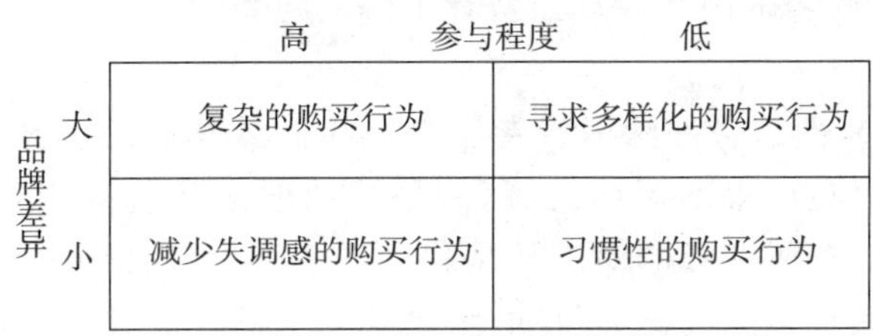

图 5-2　消费者购买行为的四种类型

(一) 复杂的购买行为

如果是复杂的购买行为，也即高参与度、品牌差异度大，为了了解现有各种品牌的产品规格和品种之间的差异，就会产生复杂的购买行为。复杂的购买行为是指消费者需要经历大量的信息收集、全面的产品评估和比较、慎重的购买决策和认真的购买评价等各个阶段。比如，汽车还属于一种奢侈消费品，价格比较昂贵，消费者一旦考虑购买汽车可能就会投入很多的时间和精力去了解各种配件的规格、型号和性能等，同时对各种汽车品牌进行比较和评价。如果在不了解产品信息的情况下贸然购买，就会存在很大的风险，这也是很多消费者竭力规避的。对于复杂的购买行为，企业的营销策略应帮助消费者很方便地了解到产品信息，确保销售人员对产品信息了如指掌，要对消费者疑惑的地方及时做出合理的解释。运用大众媒体和互联网及时向消费者传递产品信息，宣传本品牌的优点和特点。

(二) 减少失调感的购买行为

如果是减少失调感的购买行为，消费者并不认为各品牌之间有显著的差异，但对于购买这类产品态度慎重，则会产生减少失调感的购买行为。往往会把在一定价格幅度范围内的大多数产品看成是同样的，在了解相关特性后一般会较快地做出购买决策。但是，消费者在产品购买后有时会产生一种购后不协调的感觉，因为他发现了产品上的一些缺点或其他同类品牌产品的优点。于是他的参与度进一步提高，收集更多的信息，试图证明自己的决策是正确的，以减少购后的不协调感。在这种情况下营销沟通工作就显得尤为重要，提供完善的售后服务，使消费者确信自己的决策是正确的，以培养顾客的忠诚度。

(三) 习惯性的购买行为

如果消费者属于低参与度并认为各品牌之间没有显著的差异，就会产生习惯性的购

⑧ Henry Assael. Consumer Behavior: A Strategic Approach (Hardcover), 2003, Houghton Mifflin College Div. Henry Assael, Consumer Behavior and Marketing Action(Hardcover), 1998, South-Western Pub.

买行为。消费者有时会长期购买某种品牌的产品，但这只是出于对该品牌产品的熟悉而非忠诚。对于大多数价格低廉、经常购买的产品，消费者就会表现出习惯性的购买行为，例如，食盐。

对习惯性购买行为的主要营销策略有：

（1）利用价格和销售促进吸引消费者试用。由于产品本身和同类品牌相比很难找到独特的优点以吸引顾客的注意，就只能靠合理的价格优势和优惠、展销、赠送、有奖销售等销售促进手段吸引顾客试用。一旦消费者了解或熟悉该产品，就可能经常购买以至形成习惯购买。

（2）开展大量重复性广告加深消费者印象。在低参与度品牌差异小的情况下，消费者并不主动收集品牌信息，也不评估品牌，只是被动地接受包括广告在内的各种形式的信息传播，根据这些信息所造成的对不同品牌的熟悉程度来选择。消费者购买某种品牌不一定被广告打动，只是熟悉而已。例如，大家熟知的脑白金广告，尽管很多人很讨厌它的广告形式，但是销售额仍然很高，原因就在于它使用了重复性的广告策略，不断地加深消费者对该产品的印象，最终达到熟悉了解的程度。

（3）增加购买参与程度与品牌差异。在习惯性购买行为中，消费者只购买自己熟悉的品牌而很少考虑品牌转换。除了以上两种营销策略外，还可以考虑通过技术进步和产品更新将低参与度的产品转换成高参与度产品，并扩大与同类产品的差异性。这将促使消费者改变原来的习惯性购买行为，寻求新的品牌。提高参与程度的主要途径是在不重要的产品中增加较为重要的功能和用途，并在价格和档次上与同类品牌拉开差距。

（四）寻求多样化的购买行为

如果消费者属于低参与度并了解现有品牌和品种之间具有显著的差异，则会产生寻求多样化的购买行为。寻求多样化的购买行为是指消费者购买产品有很大的随意性，并不深入收集信息和评估比较就决定购买。在消费时才进行评估，但是在下次购买时又转换其他品牌。转换的原因可能是厌倦原口味或想尝试新口味，是寻求产品的多样性而不一定有不满意之处。针对这一购买行为，处于不同市场地位的产品往往会采取不同的营销策略。市场领导者会试图通过占有货架、避免脱销和提醒购买的广告来鼓励消费者形成习惯性购买行为。而挑战者则以较低的价格、折扣、赠券、免费赠送样品和强调试用新品牌的广告来鼓励消费者改变原习惯性的购买行为。

三、消费者购买决策的阶段和主要模型

很多学者都对消费者购买决策过程做过深入的研究，本书中主要介绍以下几位学者的研究成果。其中恩格尔模型最具代表性，并对其进行具体的介绍。

（一）消费者购买决策过程的五个阶段

威廉姆和纳拉西木汉（William，Narasimhan，1994）[⑨]认为，消费者决策过程是指从消费者第一次考虑购买某产品到真实购买该产品所持续的时间。消费者购买类型的不同，

---

⑨ William P. Putsis, Jr.. Narasimhan Srinivasan, Buying or Just Browsing? The Duration of Purchase Deliberation [J]. Journal of Marketing Research, 1994, (8): 393-402.

也反映了消费者购买决策过程的差异性，但是从整体来看，消费者购买决策过程也存在着一定的共性。近年来西方很多学者对此做了研究，但普遍采用的是威廉姆和纳拉西木汉在1994年提出的五阶段模式(如图5-3所示)。

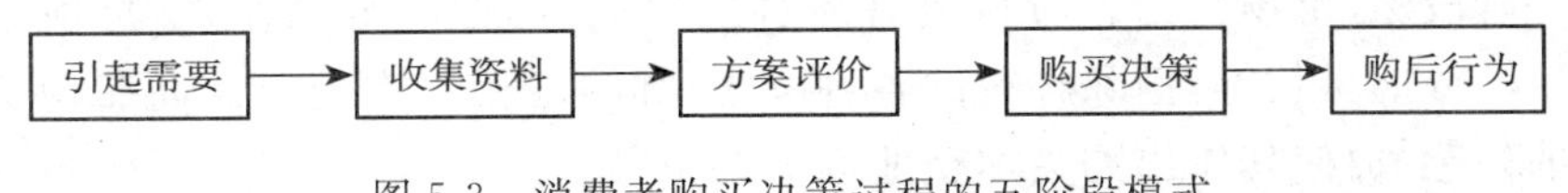

图5-3　消费者购买决策过程的五阶段模式

1. 引起需要

消费需要引发消费者的购买动机，消费者在购买动机支配下产生购买行为。当消费者有了某种需要并期望满足时，购买过程就开始了。需要可以由内在或外在的刺激引起。例如，感觉寒冷想买衣服，而橱窗里挂的，广告宣传的，甚至别人身上穿的漂亮衣服，也会引起购买欲望。企业在市场营销中应十分注意引起需要。应了解其经营的商品的现实需要与潜在需要，在不同时间这种需要的程度，以及这种需要会被哪些诱因所触发。这样，可以通过合理的、巧妙的、恰当的诱因，在适当的时间、地点，以适当的方式引起消费者的需要。

2. 收集资料

当消费者在某种需要驱使下产生购买动机后，就会考虑购买什么样的商品，到哪里购买等问题，为了解决这些问题，就会收集有关商品的资料。所需资料的多少，与购买哪一类商品有关。购买耐用品所需资料较多，如在同类产品中哪家质量最好、价格最便宜、式样最好看、维修最方便，等等。资料来源常有如下几方面途径：①私人来源。如家庭成员、亲戚、朋友、邻居、同事的介绍或其他熟人提供的情况。②商业来源。如商业广告、商品展销、商品说明书、商店售货员介绍等各种信息。③公众来源。如群众的议论，报刊的评述，权威鉴定的结论等。④经验来源。这是指消费者自己通过观察、试验、实际使用等获得的资料。为使消费者迅速获得市场信息资料，把注意力集中到所需要的商品上来，市场营销者应该努力做好商品的广告宣传，搞好商品的上市陈列，讲究商品的包装和显示，等等。企业要充分利用上述资料来源的途径，让消费者熟悉了解自己生产或销售的产品。

3. 方案评价

消费者收集到各种不同的资料后，就会对所需要的商品的各个方面进行比较评价，以便做出选择。比较评价一般分为三个步骤：①对商品所有品质进行了解，包括对商品的性能、质量、式样、价格、厂牌、商标、包装等全面的了解。②对同类商品之间的优缺点进行综合比较。③根据自己的喜爱和条件，确定购买对象。这个阶段是顾客决定购买的前奏，对消费者的购买有决定意义。因此，市场营销者应当尽可能为消费者提供方便，帮助消费者迅速了解商品的性能、品质及使用保管的方法，等等，当好参谋，促成消费者尽快做出购买决策。另外，不同消费者评价商品的标准和方法有很大的差异，各人的爱好和条件，也有很大不同，企业应该深入了解消费者，熟悉自己的营销对象，"投其所好"，生产并投放他们喜爱、偏好的商品。

4. 购买决策

消费者通过比较评价后就进入购买决策阶段。购买决策一般有三种情况：①决定购买，认为商品质量、价格、式样等符合自己的要求，可以立即购买。②延期购买，认为商品的某些方面还不太满意，或者还需要进一步了解而暂缓购买。③决定不买，认为商品的性能、质量、款式、价格等不合适而决定不买。购买决策是消费者购买过程中关键的阶段。在这一阶段中，市场营销者应该搞好各种销售服务，如示范操作、指导使用、保证维修、实行退换、分期付款等，消除顾客的各种疑虑，加深他们对本企业及商品的良好印象，赢得他们的好感，促使其作出购买本企业商品的决策。

5. 购后行为

这是消费者对已购买商品通过使用后是否满足自己预期需要的反馈：或满意，或基本满意，或不满意。消费者的买后感觉，直接影响到企业的信誉和今后的业务发展，购买者感到满意，就会提高企业信誉并带来重复购买或扩大购买。反之，则损坏企业信誉。所以企业要做好售后服务工作，收集和了解各种反馈信息，热情诚恳地欢迎消费者的批评意见和合理建议，并将此意见和建议反映到生产部门，不断改进销售服务和提高产品质量、增加花色品种，以不断提高企业的信誉，扩大销售数量。

在此模式中，消费者购买决策过程的五个阶段是其精髓。

（二）关于消费者购买决策过程模型

1. S-O-R 模式

美国著名心理学家、前心理学会主席武德沃斯（Woodworth，1869－1962）[⑩]在其1918年出版的《动力心理学》中首先提出了“S-O-R 模式”。其中 S(stimulus)代表导致消费者反应的刺激，O(organism)则表示有机体或反应的主体，R(response)表示刺激所导致的反应。“S-O-R 模式”对应用心理学发展和研究产生了极大影响。20 世纪 70 年代，经过美国学者雷诺兹（Reynolds，1974）[⑪]的改进，“S-O-R 模式”在营销学界得到广泛应用。如图 5-4 所示为当消费者在购买情境上受到外界刺激时，消费者有可能产生购买反应。

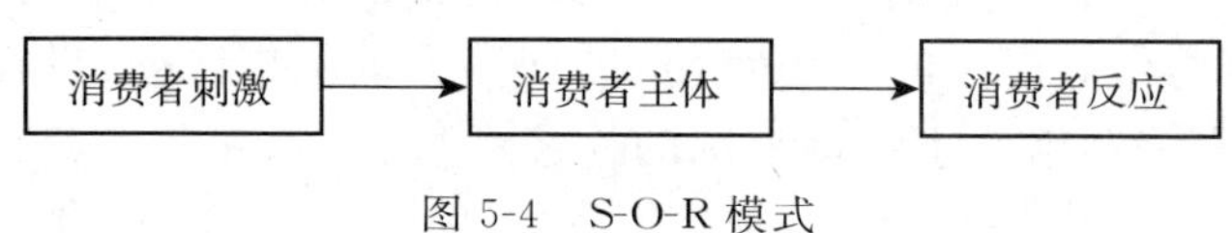

图 5-4　S-O-R 模式

其后，许多学者基于 S-O-R 理论进一步发展了对消费者行为模式的研究。

2. 尼科西亚模式

尼科西亚(Nicosia. F. M)在 1968 年的《消费者决策程序》[⑫]一书中提出了尼科西亚决策程序。该模式主要由四大部分组成：第一部分，消费者获取信息；第二部分，消费者对商品进行调查和评价，并且形成购买动机；第三部分，消费者采取有效的决策行动；第四部分，消费者购后评价反馈到销售者或企业。该模式主要强调了消费者的心理活动过

---

⑩ Robert Sessions Woodworth. Dynamic Psychology. New York, Columbia University Press, 1918: 206.

⑪ Reynolds, F. K., W. R. Dadren. Construing Life Style and Psychogaphics. William D. Wlls ed., 1 Chiegao: AMA., 1974.

⑫ Nicosia Francesco M. Consumer Decision Process-Marketing and Advertising Implication. Englewood Cliffs, New Jersey, Prentice-Hall Inc., 1968.

程、购买决策过程，购后反馈过程，并对购后反馈过程进行全面而清晰的描述。该模式认为行为源于产品特性与消费态度。

3. 霍华德-谢思模式

霍德华与谢思(Howard John A，Sheth Jagdisk N)合作在1969年的《购买行为理论》[13]一书中提出，消费者购买行为应该从四大因素去考虑。①刺激或投入因素(输入变量)；②外在因素；③内在因素(内在过程)；④反映或者产出因素。该模式对消费者购买心理、购后反馈过程、购买决策过程的描述都比较全面、清晰。模式认为行为源自心理与动机。

4. 恩格尔模式

恩格尔模式(Engel，Blackwell，Miniard，1993)(简称EKB)[14]是研究消费者购买的重要指标，该指标已经普遍得到理论界和实务界的认同。恩格尔等人认为消费者并非对所有的购买都会花相同的时间和精力，消费者主观认定的卷入度、所购买的商品或劳务有相当的差异以及消费者是否有充足的时间，这三个因素都会影响消费者究竟会投入多少时间和精力在购买决策上。EKB模式分为四个部分：①中枢控制系统，即消费者的心理活动过程；②信息加工；③决策过程；④环境。该模式认为行为来自记忆与思考的处理(如图5-5所示)。

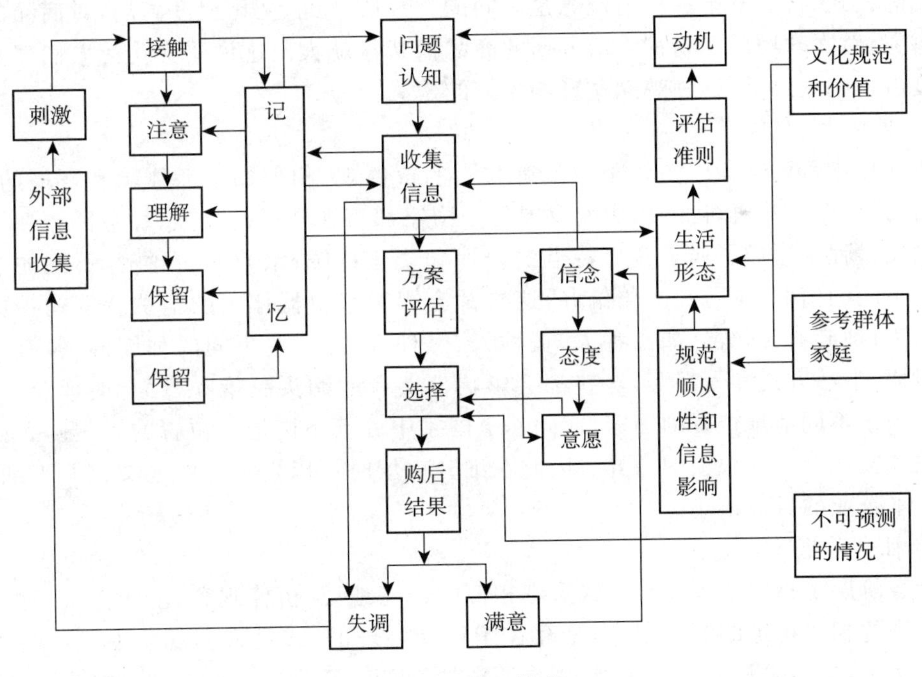

图5-5　EKB模式

⑬ Howard，John A.，Sheth，Jagdisk N. The Theory of Buyer Behavior. New York，Appleton-Century-Crofts Co，1969

⑭ Engle，JamesF.，Blackwell，Roger D.，Miniard，Paul W. Consumer Behavior Orlando Florida. Dryden Press，1993

第三节 影响消费者购买行为的因素

在实际生活中，消费者的购买行为很复杂，受到诸多因素的影响。这些因素主要分为外部因素和内部因素两大类。外部因素主要包括社会因素、文化因素；内部因素主要包括心理因素、个人因素和经济因素。传统市场营销，通常用经济学模型来解释消费者的购买行为。而现代市场营销，通常结合运用经济学、心理学、社会学、行为科学等分析方法，对消费者购买行为做出更准确的解释。

一、影响消费者购买行为的外部因素

（一）文化因素

1. 文化

文化指人类从生活实践中建立起来的价值观念、道德、信仰、理想和其他有意义的象征的综合体。每一个人都生活在一定的社会文化环境中。不同社会文化环境的人们，认识事物的方式，行为准则和价值观念是不同的。一般来说，文化程度高的，对商品的格调比较讲究，对文教用品和精神生活方面的商品消费量就大。这说明文化使人们建立起一种审度事物的观念，而这种观念又影响人们的购买行为。

2. 亚文化

亚文化指每种文化中的较小的具有共同的价值观、相似的生活体验和环境的群体，主要有：民族亚文化群，由于历史的发展每个国家都存在不同的民族，每个民族在漫长的历史发展过程中形成了属于各自特点的习惯和文化传统；宗教亚文化群，不同的宗教群体有其不同的信仰、禁忌和文化偏好，这些都会影响宗教群体内的消费者的购买决策和消费行为；种族亚文化群，如白种人、黄种人、黑种人等，这些不同的种族群，各有不同的生活习惯、生活方式和爱好等，这些都会影响消费者的购买决策和行为；地理亚文化群，世界上处于不同地理位置的国家，或同一个国家中处于不同地理位置的省、县，人们的消费习惯和文化会存在很大的差异。因此在细分市场时可以根据这些亚文化群来细分，找到适合本企业的目标市场。

3. 社会阶层

社会阶层是指社会中按个人或家庭相似的经济地位、价值观念、生活方式、兴趣及行为来归类的相对稳定的等级制度，是存在于社会心理的，或是人们观念中的社会等级系统。在美国，社会阶层理论最有影响的是华纳（W. L. Wamer），他以职业、学历、收入来源、住房种类作为考察的因素。根据每一因素影响作用大小给予不同的权数；每一因素下根据实际情况列出若干项目，再分别确定分数；将分类得分乘以因素得分，然后相加得到一个总分数，用总分数对照事先给定的标准，就可以确定消费者所在的社会阶层。在同一社会中，由于人们经济条件等的差异，会形成不同的社会阶层。不同的社会阶层其生活方式、消费习惯和价值观念都有很大的差别，因而他们的购买行为也就不同。

（二）社会因素

1. 参照群体

自海曼（Hyman，1942）[15]提出参照群体的概念以来，社会学家便开始探索相关群体对个体行为的影响作用。莱思和帕克（Lessig，Park，1978）[16]将参照群体定义为，对消费者的评价、愿景和购买行为产生重要影响的真实的或虚拟的组织、个人或群体。

（1）参照群体的分类。我国学者万后芬（2008）[17]将直接参照群体又称为成员群体，即某人所属的群体或与其有直接关系的群体。成员群体又分为首要群体和次要群体。首要群体是指与消费者经常直接接触的群体，一般都是非正式的群体，如家庭成员、亲戚朋友和邻居等。次要群体是指对其成员并不经常影响但一般较为正式的群体，如工作单位等。间接参照群体是指消费者的非成员群体，即该消费者不是其中的成员但受其影响。间接参照群体又分为向往群体和厌恶群体。向往群体是指消费者推崇或希望成为其中一员的群体。该群体的成员对消费者购买行为会产生很大的影响，并且这种影响是正相关的。厌恶群体是指消费者讨厌的群体。人们总是不愿意与厌恶群体发生任何关系，希望在各方面都与其保持一定的距离，有时甚至反其道而行之。

（2）参照群体对消费者购买行为的影响。参照群体对消费者购买行为的影响主要体现在三个方面，信息性影响、规范性影响与价值性影响（V. Park Lessig，C. Whan Park，1978），这一提法被沿用至今，具体阐述如下：第一，信息性影响主要指个体出于对所在群体成员的信任，在购买过程中将群体成员的行为、观念、意见当作有用的信息予以参考，进而影响自身购买行为。群体在信息性方面对个体的影响程度及作用大小，取决于被影响者与群体成员的相似性以及施加影响的群体成员对所购商品信息掌握的专业程度等因素。第二，规范性影响是指由于群体成员所奉行的道德规范、价值观和生活方式往往被个体当作自身的行为准则。个体成员的思想、行为受到其影响和制约。规范所带来的无形压力，促使个体改变自己的态度和行为以符合群体的期望，从而获得赞赏、避免惩罚，在很大程度上影响着个体的购买选择。第三，价值性影响指个体在与群体成员长期的接触中受到群体潜移默化的影响，从而认可并自觉遵循相关群体的信念和价值观，在选择和购买商品时有明显的体现。一方面，商品作为社会群体文化的符号象征，是人与人之间相互获取认同的标记。个体选择和购买的商品便成为自我表现、体现身份价值的工具。另一方面，个体在日常消费中存在明显的模仿现象，个体视群体价值观为自身的价值观，产生趋优消费以获得该群体实质或象征性的成员资格。

2. 家庭

消费者以个人或家庭为单位购买产品，因此家庭成员在购买决策中起着至关重要的作用。通过分析这个问题，营销人员可以针对家庭中关键人物开展营销活动来提高营销效率。家庭不同成员对购买决策的影响往往由家庭特点决定，家庭特点可以从家庭权威

---

[15] Hyman，Herbert H. The Psychology of Status. Archives of Psychology，1942，269（6）：5 － 94；H. Hyman，E. Singer（eds. ）. Readings in Reference Group Theory and Research. New York：Free Press，1968：147 － 165.

[16] V. Park Lessig，C. Whan Park. Promotional Perspectives of Reference Group Influence：Advertising Implications. Journal of Advertising，1978，（7）：41 － 47.

[17] 万后芬，汤定娜，杨智．市场营销教程．北京：高等教育出版社，2008.

中心点、家庭成员的文化与社会阶层等方面分析。

(1) 家庭权威中心点。社会学家根据家庭权威中心点不同,把所有家庭分为四种类型:第一,各自做主型。指每个家庭成员对自己需求的商品可以独立做出购买决策,其他人不加以干涉。第二,丈夫支配型。指家庭购买决策权掌握在丈夫手中。第三,妻子支配型。指家庭购买决策权掌握在妻子手中。第四,共同支配型。指大部分购买决策由家庭成员共同协商做出。"家庭权威中心点"会随着社会政治经济状况的变化而变化。由于社会教育水平提高和女性就业人数的增加,妻子在购买决策中的作用也来越大,因此家庭权威中心由"丈夫支配型"转变为"妻子支配型"或"共同支配型"。

(2) 家庭成员的文化与社会阶层。家庭主要成员的职业、文化及家庭分工不同,在购买决策中的作用也不同。在教育程度较低的"蓝领"家庭,日用品的购买决策一般由妻子做出,耐用消费品的购买决策由丈夫做出。在受教育程度高的家庭里,贵重商品的购买决策由妻子做出,日用品的购买普通家庭成员就能决定。

例: 1981 年,有着 300 多年酿制历史的"状元红"首进上海。厂商认为,古老名酒,质优价廉,到上海必定能"旗开得胜",畅销全市。殊不知由于产品不适销对路,"状元红"出现严重滞销。"状元红"酒厂,面对现象,仔细研究,根据调查得知:上海最大的消费者是青年人,他们的购买目的一是作为礼品,二是作为装饰。在各种价格的瓶酒中,以中档商品销路最好。同时酒厂分析了本厂产品的劣势:外观质量欠佳,"状元红"见光保存半年以上,酒色易褪;出厂前密封时间过短,酒味稍辣;存放久了易产生沉淀,影响外观;包装沉闷,缺乏吸引力,"状元红"商标图案呆板;标签用糨糊粘贴,易霉变而脱落;酒瓶造型不美,易破损;1 斤装酒瓶过高,无法放入酒柜陈列,外包装不牢,破损率高,影响经销商店利益。加之广告促销不利,销售渠道薄弱,售价不适宜等因素作用,致使"状元红"难在上海"红"起来。

资料来源:商国志网站 http://wu.umgr.com/blog/PostView.aspx? bpId=28753.

二、影响消费者购买行为的内部因素

(一) 经济因素

经济因素虽然不是影响消费者购买行为的唯一因素,但仍然是最重要的因素。因为消费者购买力总是有限的,人们总是力求在自己购买力允许的范围内,做出最合理、最有效的消费决策。比如顾客在购买日常生活用品时,如果两种商品品质相同,甲牌商品价格比乙牌商品价格便宜;或者两种商品价格相同,甲牌商品质量比乙牌商品稍好,那么他肯定会购买甲牌商品。因此,当经济因素影响消费者购买行为时,常常有这样一些规律性的现象:①商品价格越低,越容易销售;②商品价格不变,性能越好越容易销售;③商品价格不变,提供服务越多越容易销售;④商品价格相同,质量高、牌子响、功能多、服务好、销售地点近,容易销售;⑤人们收入水平高,销量增多,而且名、优、特、新产品容易销售;⑥可替代商品价格越低,相联系商品售价越高,本商品越难销售。

当然,在现代市场营销中,除了工业品的采购外,消费品购买很难用纯粹经济因素来解释所有的购买行为。据国外有的专家研究,在商品经济高度发达的地方,消费者购买家庭日常用品只有1/4真正考虑经济因素。

(二)心理因素

约翰·沃森(John B. Watson)[18]构建的刺激—反应模型,一套整合了消费者性格特征的心理过程导致了决策过程和购买决定。心理因素的影响涉及消费者购买活动的各个方面和全过程。消费者个人的心理因素,主要包括动机、知觉、学习、信念和态度等,从根本上影响消费者对于外界刺激的反应。

1. 行为动机

在任何时期,每个人总有许多需要。有些需要是生理性的,诸如饥饿、口渴、不安等。另外一些需要则是心理性的,它是由心理状况紧张而引起的,例如,认识、尊重和归属。当需要升华到足够的强度水平时,这种需要就会变为动机。动机是由伍德·沃斯(R. Woodworth,1918)[19]率先引入心理学的。动机也是一种需要,它能够产生足够的压力去驱使人行动。最著名的人类动机理论有三种,即由西格蒙得·弗洛伊德(Sigmund Frued),亚伯拉罕·马斯洛(Abraham Maslow),弗雷德里克·赫兹伯格(Frederick Herzberg)分别提出的弗洛伊德理论、马斯洛理论及赫兹伯格理论。这三种动机理论对于分析消费者行为有着重要的作用。

(1)弗洛伊德理论。西格蒙得·弗洛伊德(Sigmund Frued)作为精神分析学的创始人,他把人的心理比作冰山露在上面的小部分为意识领域,水下的大部分为无意识领域。造成人类行为的真正心理力量大部分是无意识的,无意识由冲动、热情、被压抑的愿望和情感构成。无意识动机理论建立在三个体系基础之上,即本我、自我和超我。本我是我们人格中隐秘的、不易接近的部分,它们大多具有否定的特性,本我充满了本能,充满了本能所提供的能量,力求实现对本能需要的满足。它没有什么相当于时间观念的东西,不懂得价值判断,没有善恶,无所谓道德性,寻求释放的本能的精神专注,这就是本我中存在的一切。它的本质特性是"原始的、非理性的"。自我就是本我中由于接近外部世界并受其影响而改变的那个部分,其功能类似于把一个生命物质包裹起来的外皮的作用。超我和本我有密切的关系,比自我距离知觉系统更远。它对自我的行为进行"监视",自我的行为"受超我的控制"。

(2)马斯洛理论。需要层次理论是美国心理学家、行为科学家亚伯拉罕·马斯洛(Abraham Maslow)在1943年发表的《人类动机的理论》[20]一书中提出的。马斯洛认为,人的需要有五个基本层次,即生理需要、安全需要、社交需要、尊重需要、自我实现的需要,这些层次依其重要的程度由低到高排列(如图5-6所示)。马斯洛进一步认为,产生人们行为的根源是需要没有得到满足,换而言之,也就是只有得不到满足的需要才促使人们去行动。当低层次的、最基本的生理需要得到满足后,新的、高一层次的需要会随即产生,促使人们继续去满足它;在这层需要满足后,又会产生更高一层的需要。当然,已满足的低层需要如再一次出现,仍会再一次成为一种行为的驱动力。

---

⑱ Watson, J. B. Psychology as the Behaviorist Views It. Psychological Review, 1913a, (20): 158－177. Watson, J. B. Image and affection in behavior. The Journal of Philosophy, Psychology, and Scientific Methods, 1913b, (10): 421－428.

⑲ Woodworth, R. Dynamic Psychology. New York: Columbia University Press, 1918.

⑳ A. H. Maslow. A Theory of Human Motivation. Originally Published in Psychological Review, 1943, (50): 370－396.

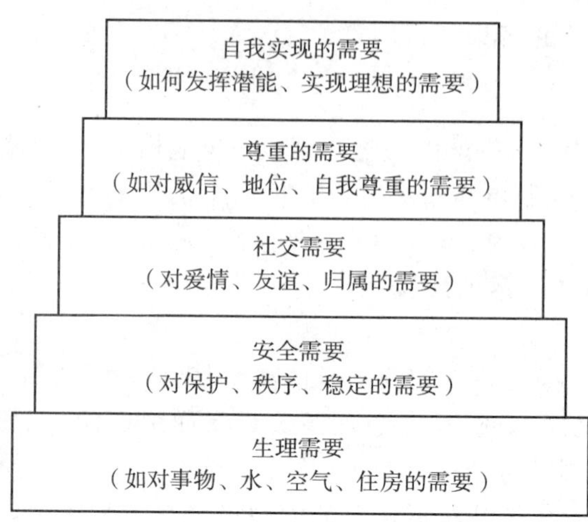

图 5-6　马斯洛需求层次

需要层次理论的意义在于揭示了不同层次的需要，影响消费者不同的购买行为。从而市场营销者运用马斯洛的需要层次理论，不仅可以帮助企业更细致地分析消费者的需要，设计符合人们不同层次需要的产品，而且应用该理论，对细分市场，针对不同市场的产品采取不同的营销措施，开展有效的营销活动都有很大的帮助。同一个产品还可以针对不同的需要层次进行宣传。

(3) 赫兹伯格理论。美国心理学家弗雷德里克·赫茨伯格等[21](Frederick Herzberg，1959)在《工作的激励》一书中首次提出动机双因素理论。他认为，使人感到满意的因素基本上都是工作本身的因素，包括工作上的成就感、工作成绩得到认可等。这类因素如果不理想，员工未必很不满意，但却能严重影响工作的效率；这类因素若得到改善，员工就会很满意，从而提高工作积极性。因此，赫茨伯格把这类因素称为激励因素。与此相反，使人不满意的因素大多是环境、条件等外部因素，包括公司政策与行政管理、工作条件、薪金等。这类因素若解决不好，员工得不到基本的满足，就会很不满意；但是即使处理得当，也仅能消除员工的不满情绪，并不能使人很满意，他把这类因素称为保健因素。

2. 认知

认知是个人选择、组织并解释信息输入，以创造一个关于这个世界的有意义的图像的过程。认知不仅取决于刺激物的特征，还依赖于刺激物同周围环境的关系及个人所处的状况。在营销中人们的认知比真实更重要。菲利普·科特勒提出[22]，人们会对同一刺激物产生三种认知过程：选择性注意、选择性扭曲、选择性保留。①选择性注意。人们每天接触到的信息量非常大，不可能对所有信息加以注意，其中多半被筛选掉。人们只会更多地关注那些与当前需要或期待有关的刺激物，同时那些特别醒目的刺激物也会被注意。②选择性扭曲。即使是消费者注意到的刺激物，也不一定会达到传播者预期的效果。选择性扭曲就是人们将信息加以扭曲，使之合乎自己的意思。消费者通常会对一些

[21] Herzberg, F., Mausner, B., Snyderman, B. B. The Motivation to Work(2nd ed.). New York: John Wiley & Sons, 1959.

[22] 菲利普·科特勒．营销管理(第12版)．梅清豪等，译．上海：上海人民出版社，2006：204.

优先的品牌和信任的产品产生信息的误解。③选择性保留。人们会忘记他们知道的许多信息，但倾向于保留那些支持其态度和信念的信息。

3. 学习

学习是指由于经验而引起的个人行为的改变。人类行为大多来源于学习。学习论者认为，一个人的学习是通过驱动力、刺激物、诱因、反应和强化而形成的。学习也称“习得”，指人会自觉、不自觉从很多渠道、经过各种方式获得后天经验。消费者的学习过程中，以下几点特别需要关注：①加强。购后非常满意，会加强信念，以至重复购买。②保留。称心如意或非常不满，都会念念不忘。称心时会加强购买，非常不满意时会不再购买。③概括。感到满意会爱屋及乌，对有关的一切也产生好感；反之，则会殃及池鱼。④辨别。一旦形成偏好，需要时会百般寻求。

4. 信念与态度

信念是指一个人对于某些事物所持有的描述性思想。态度是指一个人对某些事物或观念长期持有的认识上的评价、感情上的感受和行动上的倾向。态度能使人们对相似的事物产生相当一致的行为。人们几乎对所有的事物都持有态度，如对某件衣服、某部电影等。人们没有必要对每一件事物都以新的方式做出解释和反应。消费者一旦产生对某种产品或品牌的态度，以后就倾向于根据态度做出重复的购买决策，不愿意再花费心思去比较、判断。

（三）个人因素

消费者的决策也会受到个人特征的影响，特别是受年龄及所处家庭生命周期阶段、职业、经济状况、个性特征、生活方式以及自我观念的影响。

1. 年龄和家庭生命周期阶段

人们在一生中购买的商品和服务是不断变化的。对于食物、服装、家具和娱乐的喜好，都表现出很大的年龄特征。例如，儿童偏爱的消费品为糖果、玩具等，保健品的消费者以老年人居多。另外，不同年龄段的消费者的购买行为也存在很大的差异。消费者的购买需求还受到家庭生命周期的影响。关于家庭生命周期的研究主要分为三个阶段：第一阶段，基础研究阶段，早在 20 世纪 30 年代就有很多社会学家对家庭生命周期做了深入的研究（Sorokin, Zimmerman, Galpin, 1931; Kirkpatrick, Cowles, Tough, 1934; Loomis, 1936）并各自提出了家庭生命周期的不同划分；第二阶段，延伸研究阶段，和第一阶段的研究相比，这个阶段对家庭生命周期阶段的划分有所增加，主要代表人物有 Bigelow（1942）、Glick（1942）、Duvall 和 Hill（1948）；第三阶段，完善阶段，罗杰斯（Rodgers, 1962）提出了 24 个家庭生命周期的划分方法，但被营销学者普遍认可的是威尔斯、古巴（Wells, Gubar, 1966）、杜维尔（Duavll, 1971）提出的观点，他们都以孩子或父母的年龄作为划分的依据。

本书采用威尔斯、古巴（Wells, Gubar, 1966）[23]家庭生命周期的划分方法，他们认为家庭生命周期分为以下几个阶段：

（1）单生阶段。消费者单独生活，刚参加工作不久，收入不高，但几乎没有负担，可以

---

[23] Wells William C, Gubar, George. Life Cycle Concept in Marketing Research. Journal of Marketing Research, 1966, (3): 355－363.

随意支配的收入相对较多，因此具有一定的购买能力。这个阶段的消费者求新意思强，追求时尚，是新潮服饰、新科技产品、度假休闲等的购买者。

(2) 新婚阶段。新婚夫妻一般具有双份收入，又因刚建立家庭而产生的强烈的购买欲望，是家庭耐用消费品、家具、保险的主要购买者。

(3) 满巢阶段Ⅰ。此阶段家庭中最小的孩子不超过6岁。由于孩子的出生，家庭生活方式和消费方式会发生很大的改变，家庭收入可能因为照顾孩子而减少。用于孩子的支出费用增加，购买倾向于理性，购买的商品以保证孩子健康成长的婴儿用品和学前教育服务产品为主。

(4) 满巢阶段Ⅱ。此阶段子女都已上学。消费者收入因家长全职工作而较前一阶段有所增加，购买取向仍以孩子为中心，除了孩子成长需要的衣食住行等各种产品或服务外，教育费用的支出也占很大的比重。

(5) 满巢阶段Ⅲ。此阶段子女成年但尚未独立。由于有的子女已经工作，经济负担会减轻，会考虑更新住宅、耐用消费品和家具。

(6) 空巢阶段。年长的夫妇无子女同住，在工作或退休，收入支配较以前比较宽裕，也有了更多的闲暇时间。比较关注健康、健身和娱乐，成为医疗用品、保健品、旅游休闲产品、家政服务等的主要购买者。

(7) 鳏寡阶段。年长的夫妇一方已经离世，家庭进入解体阶段，经济收入相对较少，对医疗、保健、社会服务需求较大。

在家庭生命周期的不同阶段，由于消费者有不同的消费观念和购买取向，所以目标市场定位也常常以家庭生命周期的不同阶段作为划分的依据。

2. 生活方式与个性

(1) 生活方式是一个人生活中表现出来的活动、兴趣和看法的整个模式。生活方式会对品牌的看法、喜好产生影响。营销者可以通过生活方式了解消费者不断变化的价值观及其对消费行为的影响。

(2) 个性是个人特有的心理特征，对所处环境做出相对一致和持续的反应。通过自信、支配、自主、顺从、交际、保守和适应等性格特征表现出来。对消费者个性的研究，可以更好地赋予品牌个性，以期与消费者的个性产生共鸣。

3. 自我形象、职业、性别和经济条件

(1) 自我形象。个人所特有的关于自己的"图案"，驱使其寻求与此相一致的产品或品牌，采取与自我形象相一致的消费行为。为此，营销者需要了解消费者自我形象与其拥有物之间的关系。

(2) 职业影响。如工人、农民、军人及教师，由于他们文化背景的不同，导致他们对不同产品或品牌产生不同的看法和购买意向。同时，他们还表现出不同的消费习惯。

(3) 性别。长期以来，性别一直是影响人们购买服装、鞋帽、化妆品等的重要因素，现在"男女有别"已经延伸到不少领域，如万宝路推出女性香烟，从风味、包装乃至广告各个方面都着力迎合女性消费者的消费特点。

(4) 经济条件。消费要"量入为出"，依据经济条件消费和购买。人们的经济状况包括可支配收入(收入水平、稳定性、时间形态)、储蓄与财产、借债能力，以及对消费与储蓄的态度。

复习题

1. 简述消费者市场及其特点。
2. 简述消费者购买决策过程五个阶段的主要内容。
3. 购买者角色有哪些？简述消费者的购买决策类型。
4. 影响消费者购买行为的内外部因素有哪些？它们是怎样影响消费者购买行为的？
5. 什么是参照群体？它在消费者购买行为中的作用是什么？
6. 什么是消费者学习模式？联系实际进行分析。

第六章 组织市场购买行为

［教学要求］

了解组织市场的概念、类型、特点；

了解影响生产者市场的购买行为的因素；

掌握生产者市场的购买决策过程；

掌握中间商市场购买行为及其影响因素；

掌握非营利组织市场及政府采购市场的购买特点。

在市场经济条件下，企业的市场营销对象不仅包括广大最终消费者，而且包括生产企业、中间商企业、政府机构及非营利性组织等各类组织。这些组织顾客的购买行为表现为一种有组织的活动，体现着集体意志，有着不同于消费者的购买特点。因此，企业不仅要研究消费者的购买行为，还必须注意研究组织市场的购买特点及其购买决策过程，为制定正确的决策提供依据，以便更好地满足组织市场的需要。

第一节 组织市场的类型和特点

一、组织市场的概念和类型

组织市场是指以生产企业、中间商、政府机构及非营利组织等正规组织为购买单位的购买者所构成的市场。它们购买商品或服务的目的不是为了满足个人或家庭的生活需要，而是为了用于生产或转卖以获取利润，以及其他非生活性消费。组织市场是一个规模巨大、范围广泛的销售市场。组织市场具体包括生产者市场、中间商市场、非营利组织市场和政府市场。

在美国研究组织市场最权威的学者是美国达特莫斯大学（Dartmouth College）韦伯斯特教授和美国宾州大学沃顿商学院（University of Pennsylvania）温德教授（F. E.

Webster, Y. Wind)。温德(Y. Wind, 1967)[①]早在1967年就系统研究了组织市场购买问题。韦伯斯特和温德对产业组织购买行为的研究影响了一代美国学者。

科特勒在其出版的营销管理教程中直接使用了韦伯斯特和温德对组织市场及组织购买行为等概念。韦伯斯特和温德(1972)[②]认为,组织购买行为是各类正规组织以确定购买产品和劳务的需要,并在可以提供选择的品牌与供应者之间进行识别、评价、选择的决策过程。

(一) 组织市场研究的阶段

组织市场研究在美国经历了三个阶段,即研究前期、研究中期和研究后期。

(1) 研究前期(20世纪60年代)。最早开始对组织购买行为进行研究的是美国决策理论学派的代表西蒙(H. A. Simon)和马奇(J. G. March)等。他们对于组织心理学的研究直接被用于产业购买行为的理解和建模。另外还有一些学者(Matthews, Buzzell, Levitt, Stanton等)也曾对组织购买的影响因素做过研究。其着重研究的变量多为情感、个人目标、国内政治等。这些虽与购买决策过程有关,但与组织购买任务和目标并无直接关系。1967年,罗宾森和温德(Robinson, Wind)出版的主要论著《组织购买和创造性营销》(*Industrial Buying and Creative Marketing*)一书中,对产业或组织行为做了基础性的研究工作。此时,对组织理论的研究工作已经渐渐走向成熟。

(2) 研究中期(20世纪70年代)。1973年,谢思(Sheth)出版了《产业购买行为》的著作,试图对以往的相关研究成果进行整合。1972年,韦伯斯特和温德发表了《研究组织行为购买的一般模式》,该文成为了营销学领域划时代的最有影响的文章之一。1977年,谢思等人(Sheth, Woodside, Bennett)出版了《消费者和企业购买行为》。此外,还有布诺玛等人(Bonoma, Zaltman, 1978; Johnston, 1981)都对组织购买行为进行了研究并作出贡献。

(3) 研究后期(20世纪80年代及以后)。对于20世纪70年代组织行为理论研究的兴起以及80年代的发展,安德森等认为(Anderson, Chu, Weitz, 1987)认为,对组织购买行为的研究仍停留在“概念化阶段”(Conceptual Stage)。在这之后的对组织行为研究的发展中,逐渐分成了两个派别。一个派别(Jackson, Keith, Burdick, 1984; Krapfel, 1985)坚持组织购买中心的说法,致力于研究在特定购买决策过程中具有重要影响的组织成员。另一个派别(Puto, Patton, King, 1985)则坚持组织购买行为的说法。它主要研究整个组织是怎样进行购买过程决策的,而不是单独关注购买中心,比如对组织购买中卖方决策过程的风险抗拒战略的探讨等。

(二) 组织市场的主要概念

(1) 生产者市场。布诺玛(Bonoma, 1984)[③]认为,产业市场(Industrial Market)是一

---

① Robinson, Fairs, Wind. Yoram. Industrial Buying and Creative Marketing. Allyn & Bacon, 1967.

② Frederik E. Webster Jr., Wind Yoram. A General Model of Organizational Buying Behavior. Journal of Marketing, 1972, 36(2): 12－19; Frederik E. Webster Jr., Wind Yoram, Organizationgal Buying Behavior (Upper Saddle River, NJ: Prentice Hal, 1972), 2; Frederik E. Webster Jr., Keller. K. L., A Roadmap for Branding in industial markets. Journal of Brand Management, 2004, 11(May): 388－402.

③ Thomas Bonoma, Benson Shapiro. Segmenting the Industrial Market. Lexington Books(September 1984).

个由计划分类的工业和商业客户来指导战略和战术决策所形成的若干个细分市场的组合。生产者市场又称为产业市场、工业品市场或生产资料市场，是指由所有购买产品或服务用于生产其他产品或服务，然后出售或出租给他人以获取利润的组织单位所构成的市场。生产者市场主要由农业、林业、渔业、牧业、采矿业、制造业、建筑业、运输业、通信业、银行业、保险业、服务业等产业构成。生产者市场的内容主要分为生产资料和各项生产要素（资金、劳动力、技术、信息、房地产等），它们构成生产者市场的两个细分市场。

（2）中间商市场。斯特恩和艾尔-安塞利（Stern，EI-Ansary，1996）[④]认为，中间商使商品或服务流通顺畅，可以把生产者生产的商品或服务分类与消费者需求分类之间的差距弥合起来。中间商市场又称转卖者市场，是指通过购买产品后再转卖或租赁给他人以获取利润的组织所构成的市场。中间商市场由批发商和零售商构成，其中，批发商是指购买产品后将之转卖给其他批发商和零售商以及产业用户、非营利性组织用户等，但不面对最终消费者的中间商组织；零售商是指购买产品后直接销售给最终消费者的中间商。对于生产者来说，中间商既是产品的购买者又是企业可供选择的销售渠道，因此，生产者和中间商为双向选择关系。

（3）非营利组织市场。科特勒（Kotler，2006）[⑤]认为，机构市场由学校、医院、疗养院、监狱和其他非营利机构组成，他们向其对象提供商品和服务。基于对 41 个国家的比较分析，约翰霍普金斯大学塞拉蒙（Salamon，1995）教授发现，在世界上大多数的国家里，都存在一个庞大的非营利部门，这个部门的平均规模大约是：占各国 GDP 的 4.6%，占非农就业人口的 5%，占服务业就业人口的 10%，相当于公共部门就业人口的 27%[⑥]。根据 1999 年《国际组织年鉴》的统计[⑦]，国际非营利组织的数目在过去的十年内已经增长了四倍有余；东欧地区已有超过十万个非营利组织诞生；而在亚洲地区的印度，也有超过一百万个非营利组织在运作。

非营利组织市场是指购买产品或服务后用于维持正常运作和履行职能的各类非营利组织所构成的市场。非营利组织市场主要由学校、医院、疗养院、博物馆、监狱和其他为公众提供产品或服务的部门构成，它们往往以低预算和受到一定的控制为特征，而且是以推进社会公益为宗旨，而不是以营利为目的。世界各国的非营利组织不仅成为最大的"雇主"，也是一个最大的买主，构成了一个潜力巨大的市场。

（4）政府市场。政府市场是指为执行政府职能而购买或租用产品的各级政府和下属各部门所构成的市场。政府是特殊的非营利组织，它通过税收、财政预算掌握了相当部分的国民收入，为了开展政务活动、促进社会经济发展、保证物资储备等经常采购物资和服务，从而形成了一个庞大的采购市场。世贸组织的《政府采购协议》对政府采购的定义[⑧]，是指为了公共利益的需要，由政府部门或政府指定的部门实体购买货物或劳务或工程的行为。

---

④ Stern LW，EI-Ansary Ai Cvoughlan A T. Englewood Cilffs. New Jersey：Prentice-Hall，1996.

⑤ 菲利普·科特勒，凯文·莱恩·凯勒．营销管理（第 12 版）．梅清豪，译．上海：上海人民出版社，2006：254.

⑥ Lester M. Salamon，Helmut K. Anheier，the Emerging Nonprofit Sector：An Overview. Manchester，Manchester University Press，1995.

⑦ Year Book of International Organizations（35th ed）. 1998/99 Ed. by Union of International Associations.

⑧ 关税及贸易总协定业务手册．北京：经济管理出版社，1993：378.

我国学者(楼继伟,1998)⑨认为,政府采购是指各级政府及其所属机构为开展日常政务活动或为公众提供公共服务的需要,在财政的监督上,以法定的方式、方法和程序,对货物、工程或服务的购买。政府采购不仅指具体的采购过程,而且是采购政策、采购程序、采购过程及采购管理的总称,是一种对公共采购管理的制度。还有专家(余凌云,2000)⑩认为,政府采购就是政府部门或所属团体为了实现行政职能或为公众提供服务,使用公共资金而进行的货物、服务、工程建设等项目的采购。

二、组织市场的特点

由于产品的经济用途与购买决策的差异,组织市场的需求与消费者市场的需求有着不同的特点。而且,在组织市场内部的各个市场之间,其需求也存在着十分显著的差别。

(一) 组织市场的需求特点

(1) 需求具有派生性。派生需求又称为引申需求或衍生需求,是指某产品或服务的需求是缘于对另一种产品或服务的需求。组织市场是"非最终用户"市场,这个市场的购买者对产品或服务的需求是由消费者对最终产品或服务的需求引致的。没有消费者市场的相应需求,就没有组织市场的需求。组织市场的需求还随着消费品需求的变化而变化。组织市场的派生需求往往是多层次的,形成一环扣一环的链条,消费者需求是这个链条的起点,是原生需求,是组织市场需求的动力和源泉。如消费者对皮包、皮鞋的需求引致生产企业对皮革、钉子、切割工具、缝纫机等的需求,而这些需求又引起有关企业和部门对饲养业、钢铁业等相关行业产品的需求。

(2) 需求弹性较小。组织市场对产品或服务的需求总量受价格变动的影响较小。这是因为:①组织市场需求的派生性。只要最终消费者有需求,生产者就会组织生产,一般不重视价格的变化,使得组织市场的需求对价格的敏感性差。②生产者不可能像消费者改变它们的需求偏好那样经常改变它们的生产工艺,用别的材料来代替涨价了的原材料和零配件。③在总成本中所占比重较小的原料价格上涨,对最终产品的价格影响程度有限,生产者不会因此而大幅度地提高产品价格。④在组织市场的购买中,购买者更注重产品的规格、质量、性能、交货期、服务及技术指导,相比之下,单位价格往往不是决定购买的主要因素。

(3) 需求波动性大。组织市场需求的波动幅度大于消费者市场需求的波动幅度,一些新企业和新设备尤其如此。有时消费者需求仅上升10%,就可导致生产这些消费品的企业对有关生产资料的需求增长200%;而若需求下降10%,则可导致有关生产资料需求的全面暴跌。这种现象在经济学上被称为"加速原理"。组织市场需求波动大,一是某些行业受宏观经济波动影响大;二是新旧技术的更替造成市场需求急剧变化;三是需求的派生性加大了企业采购决策的难度,企业对消费市场需求判断具有滞后性。

(二) 组织市场的购买特点

(1) 购买者数量较少,规模较大。消费者市场的购买者是个人或家庭,购买者必然为

⑨ 楼继伟. 政府采购法律制度研究. 北京:经济科学出版社,1998:1.

⑩ 余凌云. 行政契约论. 北京:中国人民大学出版社,2000:188.

数众多，购买数量很小。而组织市场的购买者多为单位组织，购买者的数量必然比消费者市场少得多，购买者的规模也必然大得多。组织市场购买量大，主要表现在组织市场在总交易量、每笔交易的当事人数、客户经营活动的规模和多样性、生产阶段的数量和持续的时间等方面。组织市场的购买还按照一定的周期重复购买。

(2) 购买者地理分布相对集中。由于资源和区位条件等原因，各种产业在地理位置的分布上具有相对的集聚性，故组织市场的购买者往往在地域上是相对集中的。国际上生产者市场上的顾客集中于经济发展占优势的国家中。在一个国家，又通常集中于某些特定的区域。如美国钢铁产业大量集中于匹兹堡、伯明翰和芝加哥地区，先进的电子制造业集中于旧金山附近的硅谷和波士顿128区。在我国重工产业大多集中在东北地区，石油化工产业集中于东北、华北以及西北的油田区，金融保险业相对集中在上海，轻纺和电子产品加工业多集聚于广东、江苏、浙江等沿海地区。

(3) 供需双方关系密切。由于组织市场的购买者数量较少且购买量较大，一旦建立业务关系，供需双方的转换成本就比较高，相互依赖性也比较强；另一方面，有些购买者在花色品种、技术规格、质量、交货期限和服务项目等方面提出特殊要求，供应商必须经常与购买者沟通，详细了解购买者的需求并尽力予以满足。经过多次的交往，供需双方通常会建立起一种长期的、互信的合作关系。

(4) 专业人员采购。组织市场的购买业务通常由经过专业训练、具有丰富专业知识和技能的采购人员完成。专业采购人员不仅对所购产品的性能、质量、规格和技术要求十分熟悉，而且具有较高的谈判技能。为此，供应商应当向他们提供详细的技术资料和特殊的服务，从技术的角度说明本企业的产品或服务的优点。

(5) 集体决策。组织市场购买者的决策，通常比消费者的决策更为复杂，涉及数额款项更大，技术和经济问题更为复杂，往往需要花费更多的时间进行反复论证，购买决策更为慎重，往往需要“采购中心”成员集体讨论，共同商定，很少由单独一人做出。即使是采购经理甚至总裁，在做出决策前，也要听取多方意见。

(6) 直接采购。直接采购有助于降低采购成本，同时组织市场的购买活动在售前、售后环节需要提供相应的技术服务。因此，组织市场的购买者往往向供应方直接采购，而不经过中间商环节。特别是那些技术复杂、价格高昂的产品，或需要按照特定规格制造的产品尤其需要直接采购。

(7) 互惠购买。组织市场的购买者在选择供应商时往往是出于“你买我的产品，我就买你的产品”的考虑。这种买卖双方角色互换的做法叫互惠。互惠有时表现为三角形或多角形。例如，假设有A、B、C三家公司，C是A的客户，A是B的潜在客户，B是C的潜在客户，A就可能提出这样的互惠条件：B买C的产品，A就买B的产品。

(8) 租赁使用。组织市场往往以产品租赁代替完全购买。租赁对于承租方可以减少公司资本流出，取得销售者的最新产品，获得更好的服务，甚至期满后折价购买此产品；对于出租方则可以抓住向没有能力完全购买产品的客户出租产品的市场机会，获得更多的收益。这种方式目前在工业发达国家有日益扩大的趋势，特别适用于电子计算机、包装设备、重型工程机械、运货卡车、机械工具等价格昂贵、磨损迅速或并不经常使用的设备。

第二节　生产者市场购买行为

一、生产者购买行为类型

生产者购买行为的主要类型按照购买情况的复杂程度，可分为三种：直接重购、修正重购和新购。

（一）直接重购

直接重购是指企业的采购部门按照过去的采购目录、购买方式和条件不作任何修订而再次购买。这是一种重复性的采购活动，按一定的程序办理即可，基本上不需要做新的决策。在这种情况下，采购人员的工作只是从以前有过购销关系的原供应商中，选取那些供货能最大限度满足本企业的需要，以及能使本企业满意的供应商，向他们继续订货。入选的供应商应该尽力保持产品或服务的质量，降低重购成本，提供区别服务，提高购买者的满意度，争取稳固的关系。落选的供应商应该努力做一些新的工作，消除购买者的不满，设法争取部分订货，为以后争取更多订货创造条件。

（二）修正重购

修正重购是指企业的采购部门对原先所购产品的规格、价格、交易条件或其他条款进行调整后再行购买。造成修正重购的可能原因有：计划外的发展问题（如质量、供应状况、存款）或者环境的变化（如经济法律、最终用户、技术变革）；客户需求的变化（如数量、服务水平、交付期限）或供应商供应的变化（如价格、产品开发）；供应商或客户对购买的定期复查。这类采购类型比较复杂，通常需要较多的人参与。在修正重购中，对原供应商来讲应清醒地认识到自己所面临的威胁，积极改进产品规格，提高服务质量，全力维持现有客户，而对其他竞争者来讲此时是获取新订单的好机会。

（三）新购

新购是指企业第一次购买所需产品或服务。新购是最复杂的采购类型，需收集的信息最多、需做出的决策也最多。同时，成本费用和风险越大，决策参与者的数目越多，完成决策所需的时间就越长。在新购中，采购者必须在产品规格、供应商情况、价格限制、付款条件、订购数量、交货时间及服务约定等方面分别进行决策。供应商应选择得力的推销人员，尽可能多地向采购者提供市场信息，并帮助其解决可能发生的问题，努力争取抓住这一新的市场机会。

例 6.1：德尔福派克电气系统有限公司过去寻找供应商经常是采购部的事，而现在对供应商的挑选主要关注以下几个事项：一是要由工艺设计部门在设计过程中提出；二是参照历史数据资料的提示；三是对供应链各个节点之间的关系进行分析，看供应商在供应链里是否处于关键节点上；四是充分利用公共网络上的信息，在公共网络上寻找优秀的供应商。通过以上几项要素，最终把供应商锁定在比较大的范围内。供应商选择有四个基本条件，即技术、质量、价格、交货。在技术方面主要注重开发能力和发展能力。

在质量方面主要看质量控制的能力、质量体系稳定的能力。在价格方面要看核算能力，看是不是只是简单的"加法"，或者说是不是只停留在比较简单的核算上；另外，就是从供应商的核算能力、稳定能力上看是否有降价的趋势。在交货方面，一个是看准时的供货能力，另一个是看出现意外情况下的紧急供货能力。另外，还要看供应商的系统，看供应商日常生产中测量与控制的能力和应急状态下的恢复能力。这里有两个考量：一是供应商各种系统的兼容性，二是系统的安全性。根据这两方面的实际状况，就可以知道供应商各种简化和优化的能力，即企业所推行的精益生产、价格控制等的准确性。

资料来源：www.cwgw.com/index/iframe.php? docid=11377&class=%B2%C6%BB%E1%B9%A4%D7%F7.

二、生产者购买决策的参与者

购买类型不同，购买决策的参与者不同。所有参与决策的人员一起组成采购中心。所谓采购中心，是指生产者的购买决策制定单位，它由所有参与购买决策过程的人或群体构成。他们具有某种共同目标并一起承担由决策所引起的各种风险。不同企业由于规模不同，任务不一，采购中心的构成和决策权力也就各不相同。小企业采购中心的成员可能只有一两个人，大企业则可能由一位高级主管率领一批人组成采购部门。在决策权方面，有的采购中心的决策权大些，基本决定整个采购意向；有的采购中心只有直接重购时才有决策权，否则只负责从事购买业务活动。因此，供应商不仅要了解组织市场的购买行为，还必须了解谁参与购买决策过程，他们在决策中各充当什么角色，起什么作用，以便有针对性地开展工作，争取更多的订货机会。在组织市场大宗采购活动中，除了专职的购买人员外，单位的领导者和部分专业人员也参与购买决策过程。参与决策的人员均从不同的角度对采购决策施加影响。根据成员在采购执行过程中职能的不同，可分为以下七种角色：

(1) 发起者。即首先提议购买某种产品或服务的人。他们可能是使用者，也可能是其他人，发起这项采购中提出了第一次信息，采纳的可能性较大，因而供应商应做好发起者的工作，以便让他们提议购买自己的产品。

(2) 使用者。即未来使用拟购产品或服务的成员。由于他们是直接使用者，了解这些产品或服务的性能、优点和存在的问题，因而往往是采购方案的倡议者，并在所购产品或服务的种类、规格等方面起关键性作用。

(3) 影响者。即组织内部和外部能够直接或间接影响购买决策过程的人。如财务人员、质检人员、工程技术人员、营销人员、使用者及供应商的销售人员、市场咨询机构等，其中技术人员是最重要的影响者。他们协助确定产品规格，并提供方案评价的情报信息。

(4) 决策者。即有权决定产品规格、购买数量和供应商的人。在常规的采购工作中，采购者通常就是决策者；而在复杂的情况下，特别是在新购中，决策者往往是企业的主管而非采购者。

(5) 批准者。即有权批准采购决定或采购者所提采购方案的人员。

(6) 采购者。即被赋予按照采购方案选择供应商并商谈采购条款职权的人员。采购者可以帮助制定采购产品的规格，但其主要任务是选择供应商和交易谈判。在复杂的采购中，采购单位的高层管理人员往往亲自参加磋商交易。

(7) 信息控制者。也称守门者，即有权阻止销售员或信息员与采购中心成员接触的人。主要是为了控制采购组织的一些信息不外露。如采购代表、技术人员、接待员乃至电话接线员都可以阻止销售员与用户或决策者接触。

三、影响生产者购买决策的因素

生产者在制定采购决策时受到许多因素的影响。有人认为，生产者的购买决策属于理性活动，即主要考虑经济利益，供应者只要满足采购者的这一基本要求即可。也有人认为，生产者的采购者在执行采购任务时会感情用事。特别是当不同货源在质量、价格、服务等方面大致相似时，采购人员更可能根据人际关系和个人感情选择供应商。实际上，生产者的购买决策是环境因素、组织因素、人际因素和个人因素共同影响的结果。

(1) 环境因素。环境因素是指影响生产者购买的一切外部因素，主要包括国家的经济前景、市场需求水平、技术发展变化、竞争态势、政治法律状况等。从经济因素看，假如国家经济前景看好或国家扶持某一产业的发展，有关生产者就会增加投资，增加原材料采购和库存，以备生产扩大之需。如果经济发展不景气，消费者需求就会不足，对产品或服务的需求相应下降，生产者可能由此减少投资，降低购买规模，调整原有计划和库存量。从技术因素看，技术的进步将导致生产者购买需求的改变，彩电、手机、电脑等产品的升级换代，导致生产者所需原材料和机械设备有了很大变化。从政治和法律因素看，国家法律和国际国内政治环境会影响生产者的购买需求。国家环境保护法规的建立和完善使得生产者对绿色环保材料的需求激增；国内良好的政治氛围促进了国民经济持续健康发展，生产者的采购需求持续增加；国际良好关系的建立，大幅度提高了产品的进出口量；各国对进出口业务的有关政策和制度规定，促进了进出口企业在采购与销售程序、组织结构和制度体系等方面的完善。环境因素是生产者无法控制的，但生产者必须重视环境因素的作用，测定这些因素将如何影响采购的有效性和经济性，并使问题转化为机会。

(2) 组织因素。组织因素是指生产企业内部的各种因素，包括经营目标、政策、程序、组织结构、制度等。这些因素从生产企业内部的利益、经营和发展战略等方面影响购买的决策和行为。企业的经营目标影响到购买行为，如以追求成本领先为目标的企业，会对符合本企业要求的尽可能低价的产品感兴趣；以追求市场领先为目标的企业，会对技术先进、优质高效的产品感兴趣。企业规模大小影响着购买决策过程，如规模大的企业通常比较复杂，可能拥有管理、财务等方面的专家，倾向于集体协商决策；而一些小的企业则可能由个人承担采购任务。生产企业内部采购部门地位的演变和采购方式，影响着其购买决策。激烈的竞争使得采购部门的地位大大提高，采购部门成为更富有挑战性、以寻求最佳供应商为任务的机构。以往企业的各事业部进行分散采购来完成各自的采购任务，现在企业为了控制存货和降低采购成本、强化企业采购力量，决定采用集中采购。集中采购使得企业的购买更专业化、规模化和规范化。企业的业务程序和制度等也可能对企业的购买决策行为形成某种程度的限制或推动作用。

(3) 人际因素。人际因素是指企业参与购买决策的人员的地位、职权、说服力、态度、利益及相互关系对购买行为的影响。企业的采购中心成员的意见是否容易取得一致，参与者之间的关系是否融洽，是否或在某些决策中形成对抗，这些人际因素对企业的营销活动产生极大影响。营销人员必须了解用户购买决策人员的决策风格、评价标准、相互关系等，以便采取有效的营销措施，获得用户的关注，促成交易的达成。

（4）个人因素。个人因素是指购买决策过程中，各个参与者的年龄、受教育程度、职位、个性及购买风格等因素对购买行为的影响。生产者的购买行为都是在有组织的相互影响的基础上产生的个人行为，也就是说，生产者的购买行为实际上是由个人确定问题、做出决策和采取行动的过程。而参与购买决策的个人在做出决定和采取行动时，都不可避免地受年龄、受教育程度、职位、个性特征及购买风格等因素的影响。因此，营销人员应该了解采购中心各个成员的性格特征、偏好等个人情况，以便采取"因人而异"的营销措施。下图是对影响生产者购买行为的主要因素的总结。

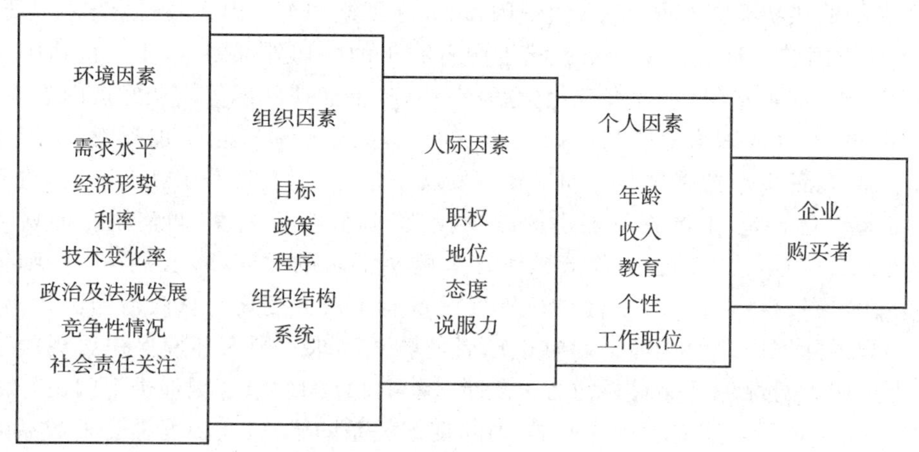

影响生产者购买行为的因素图

四、生产者购买决策过程

生产者市场购买过程与消费者购买过程有相似之处，但也有许多不同。可以说没有一个统一的格式支配各产业客户的实际购买过程，而仅能归纳出大多数情况下遵循的典型过程。

生产者市场购买的一般决策过程可以分为以下八个阶段：

（1）认识需要。指生产者用户认识自己的需要，明确所要解决的问题。认识需要是生产者用户购买决策的起点，当生产企业在经营活动中认识到可以通过获取某一产品或服务来解决某个问题或需要的时候，购买决策过程就开始了。认识需要，既可以是内部的刺激，也可以是外部的刺激引起的。内部的刺激，如企业决定生产某种新产品，需要采购相关的设备和原材料；企业设备报废，需要采购新设备；过去采购的原料质量不好，需要更换供应商等。外部的刺激，如本企业的产品用户提出了新的要求而产生购买需要；采购人员通过广告宣传、商品促销会等途径获取到更理想的产品而产生购买需要等。

（2）确认需要。指生产者用户在认识需要的基础上，确定所需产品或服务的需求要项，即对购买数量、可靠性、耐用性、价格等因素及其重要程度做出恰当的描述。需求要项的描述要切合企业的实际需要和财务能力。一般而言，简单项目的需求要项由采购人员直接决定，而复杂项目的需求要项由采购人员同企业内部的有关人员共同确定。

（3）说明需要。指生产者用户对所需产品的规格型号等技术指标做出详细的说明，并形成书面材料，作为采购人员的采购依据。这需要由专业人员运用价值分析法进行，即将产品及其配件的功能与各自的成本或费用相对比，得出它们的经济效用，确保产品的必要性。卖方应通过价值分析向潜在顾客说明自己产品的功能比其他品牌更优良。

（4）物色供应商。指生产者用户根据产品技术说明书的要求寻找最佳供应商。如果是新购或所需品种复杂，生产者用户为此需要花费较长的时间。生产企业采购部门可以登录网站，进行搜索，列出名单。同时，可以通过查找"工商企业名录"、向商业指导机构咨询、听取其他公司意见、参加展览会等途径，将名单中部分不合格的供应商删除，其余的再进一步比较。

（5）征求建议。指生产者用户邀请合格的供应商提供供应建议书。采购人员应适时向合格的供应商发函，请他们寄送详尽的产品目录、说明书、价目表以及相关资料，从中筛选出各方面条件较好的供应商，并请供应商做出正式的说明建议书，参加生产者的投资研讨会，接受调查小组的参观，以及同意做出相应改进等事项。

（6）选择供应商。指生产者用户对供应建议书进行综合评估，确定适宜的供应商。评估内容主要包括：供应商的产品质量、性能、产量、价格、信誉、维修服务能力、技术水平、交货能力、财务状况、地理位置、销售代表的素质、个人关系等。如果各项指标相似，则可以通过竞标方式选择合适的供应商。同时，生产者用户应同时保持几条供应渠道，以免受制于人。

（7）签订合同。指生产者用户根据所购产品的技术说明书、需要量、交货时间、退货条件、担保书等内容与供应商签订最后的定单。现在"一揽子合同"正逐步取代"定期采购交货"方式。"一揽子合同"的签订，可使采购方与供应商建立长期购销关系，并且一旦需求发生，即按原来约定的价格条件随时供货。

（8）绩效评价。指生产者用户对各个供应商的绩效加以评价，以决定维持、修正或中止供货关系。绩效评价的方法或方式主要包括：询问使用者；按照若干标准加权评估；把绩效差的成本加总，修正包括价格在内的采购成本。生产者用户在进行绩效评估时应注重评估标准统一性，以求评价的客观性和正确性。

生产者市场购买过程的八个步骤，并不是所有的购买类型都需要，具体情况要具体分析。

第三节　中间商市场购买行为

中间商市场的购买行为与生产者市场的购买行为有诸多相似之处，也有不少区别。相似的方面主要有：中间商采购组织也有许多人参与决策；其购买过程与生产者市场的购买过程基本相同；其购买行为与购买决策同样受到环境、组织、人际和个人因素的影响。二者的区别主要体现在中间商市场的购买行为在采购业务类型、采购决策及其参与者等方面。

一、中间商的购买决策内容

中间商的特点是通过转售产品来赢利，为此，中间商必须按照自己顾客的要求来制定采购计划。在购买活动中，中间商主要面临三个层次决策的问题：一是经营哪些品种；二是选择哪些卖主；三是接受何种价格。其中，商品搭配是最主要的决策，它决定中间商的市场地位。批发商和零售商可以从以下四种品种搭配策略中作出选择：

(1) 独家搭配。即只经营某一生产企业的某一产品，以求得较好的供货条件。一般只是规模较小的少数企业采用这类策略。

(2) 深度搭配。即经营多家生产企业的同种产品，以给顾客在购买某种产品时提供较大的选择余地，从而增强对顾客的吸引力。这种策略在目前较具竞争力。

(3) 广度搭配。即经营多家生产企业的多种相关产品。这种策略经营范围广泛，但产品品种并未超出行业界限，从而使中间商具有一定的经营范围，也使顾客方便购买相关产品。

(4) 混合搭配。即经营多种互不相关的产品。这种策略能减少中间商因外界环境变化所带来的经营风险，但要求企业具有雄厚的经营实力。

二、中间商的购买类型

在采购业务中，中间商要根据不同的购买类型，作相应的决策。中间商的购买类型一般有以下四种：

(1) 新产品采购。新产品采购是指中间商根据供应商所提供的新产品来决定“是否购买”及“如何购买”的购买类型。中间商新产品的采购不同于生产者的新购，生产者如需要某种新产品就必须采取购买行动，而中间商面对某种新产品则需要分析其进价、销价、市场需求、市场风险等因素之后再作购买与否的决定。

(2) 选择最佳供应商。选择最佳供应商是指中间商在已确定需要购买的产品之后来决定谁是合适的供应商的购买类型。导致中间商作出此类购买决策的原因包括：一是中间商由于经营场所等限制不能经营目前所有供应商的产品，只能从中选择经营一部分供应商的产品。二是中间商由于打算用自有品牌销售产品，必须选择出为自己制造品牌产品的最佳生产企业。例如，英国的马狮百货公司就是对供应商进行严格筛选后从它们那里购进商品，然后打上马狮的品牌印记，以“马狮”的品牌形象进行销售。

(3) 寻找最好的供应条件。寻找最好的供应条件是指中间商并不更换供应商而是从原有供应商那里获取更为有利的交易条件的购买类型。在同类产品的供应商增多或其他供应商提出了更具诱惑力的价格和供货条件的情况下，中间商通常会希望原有供应商改善供货条件，如更为合适的信贷条件、更为优惠的价格折扣、增加服务等。中间商并不想更换供应商，但是会把这作为一种施加压力的手段。

(4) 直接重购。直接重购是指中间商按照过去的订货目录和交易条件继续向原先的供应商购买产品的购买类型。这一购买类型常常发生在中间商的商品库存量低于规定水平的情况下，中间商会选择经过评估而感到满意的供应商进行直接重购。

三、中间商购买决策的参与者

中间商购买决策参与者的多少取决于中间商的经营规模和采购项目的规模及重要程度。小型批发商和零售商组织分工较粗，采购往往由一个和几个兼做其他工作的雇员担任，或者由业主亲自从事商品选择和采购业务。大型的中间商分工较细，采购成为专业化的职能和工作，形成一个事实上的"采购中心"。虽然不同类型甚至同种类型的中间商采购方式不尽相同，但其中也有许多共同之处。以连锁超市为例，中间商购买决策的参与人员和组织主要有以下三种：

(1) 商品经理。他们是连锁超市总部的专职采购人员，负责各类商品的采购工作。不同的商品经理其权限有所不同，某些商品经理被授予较大权限，他们可以自由决定接受或拒绝某种新商品、新品牌；某些商品经理的权限受到一定限制，仅有权审查和甄别那些明显应拒绝和接受的品种。在国内连锁店和独立的超级市场上，仓库里有 2/3 的新商品是商品经理决策订购的，只有 1/3 不是商品经理决策的。

(2) 采购委员会。采购委员会通常由公司总部的各部门经理和商品经理组成，主要负责审查商品经理提出的新产品采购意见，作出是否购买的决策。由于商品经理控制信息和提出建议，事实上具有决定性作用。采购委员会主要是对各种意见进行平衡和协调。

(3) 分店经理。他们是连锁超市下属各分店的负责人，掌握着分店一级的采购权。美国连锁超级市场各个分店的货源有 2/3 是由分店经理自行决定采购的。分店经理采购的依据是：消费者是否愿意购买此新产品；供应商的广告宣传和促销工作情况如何；供应商给予批零商的折扣是多少等。

四、影响中间商购买决策的主要因素

中间商市场同生产者市场一样，其购买行为同样受环境因素、组织因素、人际因素和个体因素的影响。供应商必须对这些因素给予足够的重视，以便采取应对措施。此外，中间商市场的购买行为还受到购买者个人的购买风格的影响。美国学者狄金森(Roger A. Dikinson)把采购者个人的购买风格分为以下七类：

(1) 忠诚型购买者。指长期忠实于某一供应商，始终如一地从某一渠道进货的采购者。这种采购者无疑是对供应商最有利的，供应商应当分析能够使采购者保持忠实的原因，如利益因素、情感因素、个性因素等，以便采取有效的措施保持忠诚者的忠实，并将其他采购者转变为忠诚者。

(2) 机会型采购者。指与几个符合其采购要求和满足长期利益的供应商保持合作关系并随机选择交易对象的采购者。这种采购者喜爱变换和不断地尝试，对任一供应商都没有长期的合作关系和感情基础。面对这种采购者，供应商一要保证产品质量，二要提供理想的交易条件，三要加强相互沟通，强化感情投资，这样才能使之成为忠诚的采购者。

(3) 最佳交易型购买者。指力图在某一时点上实现最佳交易条件的采购者。这类采购者往往在与某一供应商保持业务关系的同时，努力收集其他供应商的信息，一旦发现具备更加优惠的交易条件的供应商，便会立即转换购买。这类采购者属于理智型购买行为，关注的焦点在于交易所带来的实际利益，受情感因素影响较小，为此，供应商不能单纯依靠感情投资来强化联系，而必须不断完善自己的营销策略和交易条件，以提供比竞争者更多的利益。

(4) 创造型购买者。指经常向供应商就交易条件提出一些创造性想法并要求其接受的采购者。这类采购者有思想、善于创新，常常提出一些改善交易条件的新想法，对于交易中的矛盾分歧总能提出多种解决方案。对于这类采购者，供应商应该给予尊重，对好的想法要予以鼓励和配合，对不成熟的想法要耐心说服，在不损害自己根本利益的前提下，尽可能地接受他们的意见和想法。

(5) 广告型采购者。指在每笔交易中都要求供应商补贴广告费用的采购者。这类采购者关注的重点在于产品购进以后的销售状况，为了保证产品有个好的销路，总是希望供应商给予广告支持，以便扩大影响、刺激消费。这种要求由于符合双方的利益，为此，供应商应该给予力所能及的满足。

(6) 吝啬型采购者。指每笔交易都要求供应商在价格上做出额外让步以求获得最大价格折扣的采购者。这类采购者在交易时往往反复地讨价还价、得寸进尺，要求供应商做出特别的让步，甚至一些蝇头小利也不放过。对这类采购者，供应商在谈判中要有耐心，要用雄辩的事实和数据来证实自己的让步已是最大限度的让步，争取达成交易。

(7) 琐碎型采购者。指注重产品结构搭配，力图实现最佳产品组合的采购者。这类采购者每次购买的总量不大，但品种繁多，与之打交道会增加许多工作量，如算账、开单、包装、送货等，供应商应尽量提供细致周到的服务，不能表现出厌烦之意。

第四节　非营利性组织市场购买行为

一、非营利组织的类型

非营利组织按照不同的划分标准，可以分为不同的类型。基于不同的职能，非营利组织可分为以下三类：

(1) 履行国家职能的非营利组织。指服务于国家和社会以实现社会整体利益为目标的有关组织，如各级政府及下属部门、军队、警察、消防队、监狱等。

(2) 促进群众交流的非营利组织。指促进群体成员之间的思想和感情交流、宣传普及某些知识和观念、推动某项事业发展、维护群体利益的有关组织，如宗教组织、各种协会、职业团体等群众性组织。

(3) 提供社会服务的非营利组织。指向某些公众的特定需要提供特殊服务的非营利组织，如学校、医院、红十字会、卫生保健组织、新闻机构、图书馆、博物馆、基金会、慈善机构和福利机构等。

例 6.2： 国外的实践已经证明，执行集中采购至少可以节约 10% 的资金。从目前我国各地近年执行政府采购试点的情况来看，其资金节约率也至少在 10% 左右。如 2008 年 12 月 23 日，红河州政府采购中心组织竞争性谈判的《红河哈尼族口碑文化译注全集》

采购项目，其采购预算资金600万元，通过竞争性谈判的方式，谈判小组成员按照招标文件的要求，对参加竞标单位的投标文件内容及承诺，认真一一进行对比、谈判后，最后以400万元成交，节约资金200万元，节约率高达33.3%；2009年1月20日公开招标的公安局办公自动化设备及一般设备，其采购预算资金为305.52万元，采购中心通过公开招标，评委本着公开、公平、公正的原则，在认真分析、对比的基础上、择优选择中标单位的中标总价为247.85万元，节约资金57.67万元，节约率高达18.88%。政府采购之所以会节约如此多的资金，一是集中采购按照公开、公平、公正的原则进行交易，其透明性强，企业无须给掌握采购大权的人物请客、送礼、回扣等不必要的开支，从而减少了企业的成本；二是集中采购制度，有利于促使企业采用新工艺、新技术以及加强内部管理等措施降低产品及服务成本，只有成本降低了才能在竞争中取得优势。

资料来源：http://www.hhcz.cn/Article/ShowArticle.asp? ArticleID=6011.

二、非营利组织的购买特点和方式

（一）非营利组织的购买特点

（1）限定总额。非营利组织设立的目的是为了推进社会公益，而不是创造利润，其正常运转的活动经费主要来自政府拨款或社会捐助，其经费的预算与支出都会受到严格的控制。因此，非营利组织的采购必须量入为出，不能随意突破预算总额。

（2）价格低廉。非营利组织由于受到经费预算的限制，因此，其在采购时要仔细计算，争取选择商品价格低廉的供应商，以便用较少的钱办较多的事。

（3）保证质量。非营利组织采购商品不是为了转售，也不是使成本最小化，而是为了维持组织的正常运行和履行基本职能，所购商品的质量和性能必须有保证。

（4）受到控制。为了使有限的资金发挥更大效用，非营利组织的采购人员受到较大的制约，只能按照规定的条件进行购买，缺乏自主性。

（5）程序复杂。非营利组织的采购过程要经过许多部门的审核，参与者众多，程序相对繁杂。

（二）非营利组织的购买方式

（1）公开招标选购。即非营利组织的采购部门通过媒体发布广告或以发出信函的形式，将所购商品的相关要求作以说明，并邀请合格的供应商在规定的期限内进行投标。各个供应商要在规定的时间内填写标书，密封后送交非营利组织的采购部门。招标单位在规定的日期开标，选择报价最低且其他方面又符合要求的供应商作为中标单位。这种采购方式有利于控制预算，保证质量。采用这种方式，非营利组织处于主动地位，供应商之间却会产生激烈竞争。供应商在投标时应注意以下问题：一是自己产品的品种、规格是否符合招标单位的要求。非标准化的产品因其规格不统一而往往成为投标的障碍。二是能否满足招标单位的费用。许多非营利组织在招标中经常会附带提出一些如需提供较长时期维修费用等特殊要求。三是中标欲望的强弱。如果企业缺少市场机会，为维持经营而迫切需要赢得这笔生意，则需要降低标价，否则就可以抬高标价。

（2）议价合约选购。即非营利组织的采购部门同时与若干供应商就某一采购项目的价格和有关交易条件展开谈判，最终与符合要求的供应商签订合同，达成交易。这种方式适合于复杂的采购项目，因为它们涉及巨大的研究开发费用且风险较高。这种方式避免了招标方式周期过长、缺乏采购弹性的不足。

(3) 日常性采购。即非营利组织为了维持日常办公和组织运行的需要而进行采购，如购买办公桌椅、纸张文具、小型办公设备等。这类采购涉及金额较少，购买者对商品也比较熟悉，一般是即期付款，即期交货，类似于生产者的“直接重购”。

三、政府市场及购买行为

政府市场是非营利组织市场的重要组成部分，关于非营利组织购买行为的阐述同样适用于政府市场。此外，政府市场还有自身的特点与购买行为。

（一）政府采购的特点

(1) 资金来源的公共性。政府采购的资金来源是财政性的资金，即全民的公共财产。财政性资金不仅包括预算内资金，也包括预算外资金。基于政府采购资金来源的公共性，政府采购必须进行法制管理。

(2) 采购主体的特定性。政府采购的主体，也称采购实体，为依靠国家财政资金运作的国家机关、事业单位和团体组织，不是一般的个人或企业。

(3) 采购活动的非商业性。政府采购为非商业性采购，它不是以赢利为目标，也不是为卖而买，而是通过买为政府部门提供消费品或向社会提供公共利益。

(4) 采购对象的广泛性。政府采购的对象包罗万象，既有标准产品也有非标准产品，既有有形产品也有无形产品，既有价值低的产品也有价值高的产品，既有军用产品也有民用产品。为了便于统计，国际上通行的做法是按性质将采购对象划分为货物、工程和服务三大类。

(5) 采购范围的政策性。采购实体在采购时不能体现个人偏好，必须遵循国家政策的要求，包括最大限度地节约财政资金、优先购买本国产品、保护中小企业发展、保护环境，等等。

(6) 采购行为的法制性。政府采购不是简单的一手交钱，一手交货，而是按有关政府采购的法规，根据不同的采购规模、采购对象及采购时间要求等，采用不同的采购方式和采购程序，使每项采购活动都要规范运作，体现公开、竞争等原则，接受全社会的监督。

(7) 采购影响力较大。政府采购不同于个人采购、家庭采购和企业采购，它是指一个整体，这个整体是一个国家最大的单一消费者，其购买力非常巨大，因此，政府采购对社会的影响力很大。

（二）影响政府购买行为的主要因素

政府市场与生产者市场和中间商市场一样，也受到环境因素、组织因素、人际因素和个人因素的影响，但是在以下几个方面有所不同：

(1) 受到社会公众的监督。政府采购工作受到社会各方面的监督和制约，主要监督者包括：国家权力机关和政治协商会议；行政管理和预算办公室；传播媒体；公民和社会团体。

(2) 受到国际国内政治形势的影响。国际国内的政治形势变化多端，当国家安全受到威胁、国内发生暴动或者发动对外战争时，军备开支和军需品需求就大；和平时期用于建设和社会福利的支出就大。

(3) 受到国际国内经济形势的影响。国际国内的经济形势对政府采购活动的影响巨大。当经济呈现高速发展的势头时，政府会增加支出用于国家建设；反之，当经济疲软时政府会缩减支出。

(4) 受到自然因素的影响。自然因素在很大程度上影响着政府的采购行为，如全球环境的恶化会促使政府加大资金投入用以改善环境；各类自然灾害的发生会增加政府赈灾、救灾的物资投入等。

(三) 政府采购的方式

根据《中华人民共和国政府采购法》规定，政府采购基本上采用公开招标、邀请招标、竞争性谈判、单一来源采购、询价采购等方式。其中，公开招标是政府采购的主要方式。

(1) 公开招标。公开招标采购就是不限定投标企业，按照一般的招标程序所进行的采购方式。公开招标的具体数额标准，属于中央预算的政府采购项目，由国务院规定；属于地方预算的政府采购项目，由省、自治区、直辖市人民政府规定；因特殊情况需要采用公开招标以外的采购方式的，应当在采购活动开始前获得设区的市、自治州以上人民政府采购监督管理部门的批准。

(2) 邀请招标。邀请招标采购也称选择性招标采购，是由采购人根据供应商或承包商的资信和业绩，选择一定数目的法人或其他组织(不能少于三家)，向其发出招标邀请书，邀请它们参加投标竞争，从中选定中标的供应商的采购方式。邀请招标的条件：一是具有特殊性，只能从有限范围的供应商处采购的；二是采用公开招标方式的费用占政府采购项目总价值的比例过大的。

(3) 竞争性谈判。竞争性谈判是指采购人或代理机构通过与多家供应商(不少于三家)进行谈判，最后从中确定中标供应商的采购方式。竞争性谈判的条件：一是招标后没有供应商投标或者没有合格标的或者重新招标未能成立的；二是技术复杂或者性质特殊，不能确定详细规格或者具体要求的；三是采用招标所需时间不能满足用户紧急需要的；四是不能事先计算出价格总额的。

(4) 单一来源采购。单一来源采购也称直接采购，是指达到了限额标准和公开招标数额标准，但所购商品的来源渠道单一，或属专利、首次制造、合同追加、原有采购项目的后续扩充和发生了不可预见紧急情况不能从其他供应商处采购等情况。该采购方式的最主要特点是没有竞争性。单一来源采购的条件：一是只能从唯一供应商处采购的；二是发生了不可预见的紧急情况不能从其他供应商处采购的；三是必须保证原有采购项目一致性或者服务配套的要求，需要继续从原供应商处添购，且添购资金总额不超过原合同采购金额10%的。

(5) 询价采购。询价采购是指采购人向有关供应商发出询价单让其报价，在报价基础上进行比较并确定最优供应商一种采购方式。询价采购一般适用于采购的货物规格、标准统一、现货货源充足且价格变化幅度小的政府采购项目。对于某些继续采购项目或招标谈判成本过高的项目也可采用询价采购的方式。

复习题

1. 组织市场的类型有哪些？其主要特点是什么？
2. 简述生产者购买行为的类型和生产者购买决策的参与者。
3. 结合实际阐述生产者市场购买行为的决策过程。
4. 试述中间商购买决策的内容及影响因素。
5. 简述非营利组织的购买特点及购买方式。
6. 试述影响政府购买行为的因素。
7. 结合实际谈谈采购中心模式的逐渐兴起给营销管理的启示。

第七章
市场细分与目标市场

[教学要求]

掌握市场细分的含义及作用；
掌握目标市场定位的概念和定位方式；
掌握目标市场的含义及其营销策略；
掌握目标市场定位的策略；
了解市场细分的依据和程序；
了解生产者市场细分的依据；
了解影响目标市场选择的主客观因素；
了解目标市场定位的操作过程。

市场营销的实践证明，成功的企业，既要明确为什么样的需要服务，更要明确为谁的需要服务，即确定科学的目标市场。正确选择目标市场，明确企业特定的服务对象，是企业制定营销战略，有效开展市场营销活动的重要内容和基本的出发点。要解决这一问题，首先必须进行市场细分研究。

第一节　市场细分

一、市场细分的含义及作用

（一）市场细分的含义

第二次世界大战后，美国众多产品的市场态势由卖方市场转化为买方市场。在买方市场条件下，消费者的需求和欲望日益呈现出多样化的趋势。面对严峻的市场形势，生产企业由于受其自身资源、设备、技术等方面的限制，都不可能满足全部顾客的所有需求，而必须根据自身的优势条件，辨别各个不同的顾客群的差别，选择力所能及的、适合自己经营的顾客群作为自己营销活动的主要对象。于是，市场细分理论应运而生。由此可见，市场细分理论顺应了买方市场形成和人们消费需求日益多样化的发展形势，是企业的生产经营活动贯彻市场导向这一营销观点的合乎逻辑的产物。

市场细分是美国学者史密斯·温德(Wendel Smith,1956)[①]总结了一些企业的市场营销经验率先提出的。他认为，"细分是基于需求一方的发展，并且代表着对产品和为满足消费者和用户的需求而做的营销努力的一个合理并且更为准确的调整"。他对这一概念的基本表述是：多数市场都不是单一的市场，而是由几个相对同质的子市场组成的。对于企业营销人员来说每个细分市场就是由对为实现营销计划目标而进行的营销活动具有相似反应的人群和组织组成的。之后，美国学者瑞瑟·哈利(Russell I. Haley,1968)[②]进一步发展了细分理论，提出"利益细分"理论，其比其他细分方法更具经济价值地描述性变量(地理、人文)和因果性变量(使用率、利益)，并用案例解释了这一观点。由于其在当时有关的营销研讨会争论中独占一席之地，因此他的论文成为了《权威论文集》的选择对象，并作为营销学发展中的经典理论之一被保存下来。

市场细分被誉为创造性的新概念，问世后立即引起业界广泛的探讨。市场细分理论的依据是消费需求的绝对差异性和相对同质性。美国著名管理学家维德和卡多索(Yoram Wind,Richard N. Cardozo,1974,1978)[③]认为，市场细分就是将市场分为一些拥有共同特征的当前或潜在客户群，这些特征常用来解释和预测他们对供应商营销刺激所做出的反应。包括市场一般性了解、定位研究、新产品引进、定价决策、广告决策和配销决策等。这种研究方法在当时被业界普遍认同和采用(被称为"P&O 模式"，即 Personal 和 Object)。20 世纪 70 年代以后市场细分研究方法上有了很大突破，格林和温德(Green & Yoram Wind 1975,1977)[④]探讨了新的研究方法，提出了细分的"ANOVA 模式"。迪克森(Peter R. Dickson,1982)[⑤]提出了"个人—情境混合"细分模式，认为人与消费情境关系的作用特征是最高层细分标准，它决定了诸如利益细分、行为细分等较低层级的细分标准。这些方法的出现对人们研究目标市场提供了极大便利。

波恩和库尔茨(Boone,Kurtz,1988)[⑥]认为，市场细分就是将整个市场划分为较小又相对同质的市场。科特勒(Kotler,2006)[⑦]认为，市场细分行为是指确定有若干不同需要和偏好的购买者群体，根据消费者特征细分(地理细分、人文细分、心理细分)以及顾客对产品反映的行为细分(利益细分、使用率细分、忠诚度细分等)来描述消费者特征的行为。

---

① Wendel Smith. Product Differentiation and Market Segmentation as Alternative Marketing Strategies. Journal of Marketing,1956,21(7):3－6.

② Russell I Haley. Benefit Segmentation:A Decision-Oriented Research Tool. Journal of Marketing,1968,32(7):30－35.

③ Yoram Wind,Richard N. Cardozo. Industrial Market Segmentation Industrial Marketing management 1974(3):155;see also Vincent-Wayne Mitchell and Dominic F. Wilson. Balancing Theory and Practice:A Reappraisal of Business-to-Business Segmentation. Industrial Marketing Management,1998,27(9):429－455.

④ Green,Yoram Wind. New Way to Measure Consumer Judgments. Harvard Business Review,1975,(53):107－17. Green P,A New Approach to Market Segmentation Business Horizons,1977,20(2):61－73.

⑤ Peter R. Dickson. Person-situation:Segmentation's Miss-ing Link. Journal of Marketing,1982,46(4):56－64.

⑥ Louis E. Boone,David L. Kurtz. The Journal of Personal Selling & Sales Management;Aug 1988,8(2):53.

⑦ 菲利普·科特勒,凯文·莱恩·凯勒．营销管理(第 12 版)．梅清豪,译．上海:上海人民出版社,2006:264.

我国学者吴世经教授(2001)[⑧]认为,市场细分是指营销者通过市场调研,依据消费者(包括生产消费者)的需求和欲望、购买行为和购买习惯等方面的明显差异性,把某一产品的整体市场划分为若干个消费者群体的过程或行为。纪宝成教授(2008)[⑨]认为:营销者通过市场调研,依据消费者(包括生产消费者、生活消费者)的需求与欲望、购买行为及购买习惯等方面的差异,把某一产品的市场整体划分为若干个消费者群(买主群)的市场分类过程。

所谓市场细分,就是指企业根据一定的标准,将某一产品的市场整体划分为各具明显特点的子市场的分类过程。这种分类的依据是消费者(生产消费者与生活消费者)的需要与欲望、购买动机、购买行为和购买习惯。在这里每一个消费者群就是一个细分市场。每一个细分市场都是由具有类似需求倾向的消费者群所组成的。他们都有相同或相近的消费需求、消费欲望、购买动机、购买行为和购买习惯。

同一产品的消费需求的多样性是市场细分的客观基础。从消费需求状况角度来考察,整个社会各种产品的市场可以分为两类:一类叫做同质市场;另一类叫做异质市场。凡消费者或用户对某一产品的需要、欲望、购买动机、购买行为、购买习惯等方面具有相同或相似性,这种产品的市场就是同质市场。例如,所有消费者对普通食盐的消费需求及其消费习惯和购买行为等都是大体相同的,普通食盐的市场就是同质市场。对于同质市场无须细分。但是,绝大多数社会产品的市场都是异质市场,即消费者或用户对某种产品的质料、特性、规格、档次、花色、款式、质量、价格、包装等方面的需要与欲望以及购买动机、购买行为、购买习惯上是不相同的。市场细分正是要把一个异质市场划分为若干个相对说来是同质的细分市场。当然,同质市场有的也可以渐变为异质市场。例如,内燃机燃料的市场在初期曾是相对的同质市场,主要由长途运输业和卡车行业组成;但后来随着内燃机的推广使用,这个市场愈来愈成为异质市场,不仅包括卡车运输业,还包括铁路运输业、农业和客车运输业。反之,异质市场有时也在向同质市场转化。例如,自行车、电冰箱等产品一度是高档耐用消费品,由少数购买者最先采购;但当这些产品不仅因其实用价值,而且代表着一定的消费水平或共同富裕的标志时,各消费者群体的购买力均投入于此,在这一时期,产品需求的同质性又占据了主导地位。

市场细分是将某一产品的市场整体划分为各具明显特点的子市场,但是,它并不是把一个整体市场加以分解,而是一个聚集过程,即把对某种产品特点最易作出反应(敏感)的人们或用户集合成群的过程。市场细分的目的就是把消费需求类似的消费者加以分类,以便企业了解市场中顾客需求的差异,发现有利的营销机会。

(二)市场细分的发展阶段

(1)大量营销阶段。早在19世纪末20世纪初,即资本主义工业革命阶段,整个社会经济发展的重心和特点是强调速度和规模,市场是以卖方为主导。在卖方市场条件下,企业市场营销的基本方式是大量营销,即大批量生产品种规格单一的产品,并且通过广泛、普遍的分销渠道销售产品。在这样的市场环境下,大量营销的方式使企业降低了产

---

⑧ 吴世经,等. 市场营销学. 成都:西南财经大学出版社,2001:219.

⑨ 纪宝成. 市场营销学教程. 北京:中国人民大学出版社,2008:121.

品的成本和价格，获得了较丰厚的利润。因此，企业自然没有必要研究市场需求，市场细分战略也不可能产生。

(2) 差异化营销阶段。在 20 世纪 30 年代，发生了震撼世界的资本主义经济危机，西方企业面临产品严重过剩的情况，市场迫使企业转变经营观念，营销方式开始从大量营销向产品差异化营销转变，即向市场推出许多与竞争者产品不同的，具有不同质量、外观、性能的品种各异的产品。产品差异化营销与大量营销相比是一种进步，但是，由于企业仅仅考虑自己现有的设计、技术能力，而忽视对顾客需求的研究，缺乏明确的目标市场，因此产品试销的成功率依然很低。由此可见，在产品差异化营销阶段，企业仍然没有重视研究市场需求，市场细分也就仍无产生的基础和条件。

(3) 目标营销阶段。20 世纪 50 年代以后，在科学技术革命的推动下，生产力水平大幅度提高，产品日新月异，生产与消费的矛盾日益尖锐，以产品差异化为中心的营销方式远远不能解决企业所面临的市场问题。于是，市场迫使企业再次转变经营观念和经营方式，由产品差异化营销转向以市场需求为导向的目标营销，即企业在研究市场和细分市场的基础上，结合自身的资源与优势，选择其中最有吸引力和最能有效地为之提供产品或服务的细分市场作为目标市场，设计与目标市场需求特点相互匹配的营销组合。于是，市场细分战略应运而生。

市场细分理论的产生，使传统营销观念发生了根本的变革，在理论和实践中都产生了极大影响，被西方理论家称之为“市场营销革命”。市场细分理论产生之后经过了一个不断完善的过程。最初，人们认为把市场划分得越细，越能适应顾客需求，从而通过增强企业产品的竞争力来提高利润率。但是 20 世纪 70 年代以来，由于能源危机和整个经济的不景气，使不同阶层的消费者可支配收入出现不同程度的下降，人们在购买商品时，更多地注重价值、价格和效用的比较。显然，过度细分市场必然导致企业营销成本上升而减少总收益。于是，西方企业界又出现了一种“市场合同化”的理论，主张从成本和收益的比较出发，对市场进行适度地细分，这是对过度细分的反思和矫正，它赋予了市场细分理论新的内涵，不仅使其不断的发展和完善，而且也使它更加成熟，对企业市场营销具有更强的可操作性。

(三) 市场细分的作用

市场细分是为企业在市场经营活动中，分析市场、研究市场、选择目标市场提供依据的活动。其作用主要有：

(1) 有利于研究潜在需要，开拓新市场，提高市场占有率。通过市场细分，可以了解各个购买者群的需要和购买潜力及该市场上的竞争状况，及时发现那些需要尚未得到满足或根本还没有人进入的市场。那些尚未满足的需求即是企业的市场机会。面对市场机会，企业运用自身优势条件，为这些市场生产和推销产品，既可开拓新市场，提高市场占有率，又有利于开阔视野，提高企业竞争能力。

(2) 有利于企业制定经营方案和调整生产、销售计划。随着人民生活水平的提高和社会生产规模的扩大，市场对商品的需求日益扩大和多样化。面对复杂多变的市场需求，企业必须及时调整自己的营销计划，这样才能掌握主动权。通过市场细分，企业将容易掌握市场需求的特点，从而有利于为企业进行产品设计、生产、定价、分配路线和销售推广等活动计划提供依据。企业就可以针对不同购买者的需要，调整产品结构与销售计划，生产适销对路的产品。

(3) 有利于根据市场细分的特点，用最少的经营费用取得最大的经营效益。任何一个企业，都不可能满足所有消费者的全部需要。通过市场细分，对市场的需求有较深入的了解，就可以根据企业的经营能力和条件，确定生产经营方向和服务对象，这样就减少或避免了在整体市场上人力、物力和财力的盲目投入与浪费，从而可以使企业将有限的资源集中使用在一个或几个细分市场上，避免力量的分散，形成竞争优势，取得事半功倍的经济效果，发挥最大的经营效益。

(4) 有助于企业调整营销组合策略。在市场细分的情况下，细分市场比单一产品的整体市场，更容易得到市场信息，察觉消费者的反应，一旦市场情况发生变化，就可以根据消费者所反映出来的产品在质量、品种、性能、价格、销售渠道和促销方式等方面的问题，及时地作出调整和改进，促使企业的特长与某些细分市场的需要达到最佳结合。

二、市场细分的依据

既然市场细分对企业的市场营销活动具有重要意义，那么，如何进行市场细分呢？其关键是要把握市场细分的依据，即根据何种变量将大市场划分为各个子市场。市场细分的变量很多，而且不同类型的市场，细分变量也会有所不同。美国学者瑞瑟·哈利(Russell I. Haley，1968)、温德(Yoram Wind，1974)、托尼(Tony Lunn，1986)[⑩]、温斯丹(Weinstein，1987)等在市场细分的变量衡量依据上作出了重大贡献，并推动了市场细分定量研究的发展。

(一) 消费品市场细分的依据

由于消费者需求存在着差异性，从而使市场细分有了客观依据。而影响消费者需求差异性的因素即变量，就是进行市场细分的依据。概括起来，细分消费者市场的变量主要有地理变量、人口变量、心理变量、行为变量四大类。

1. 地理变量

地理变量是指消费者所处的地理位置和自然环境等不同所形成的地理变量，包括国界(国际、国内)、地形、气候、行政区域、城乡、自然条件、交通运输、人口密度等。科特勒(Kotler，2006)认为[⑪]，地理细分要求把市场划分为不同的地理区域单位，如国家、洲、地区、县、城镇或街道。还有人认为地理因素还应该包括洲际、城乡、气候条件和其他地理环境等一系列的具体变量。市场细分的地理依据主要包括 6 个方面的因素(见表 7-1)。以地理变量作为市场细分的依据，是因为地理因素直接影响着消费者的需求和反应。生活在同一地区的消费者有很多相同的特点，而不同地区的消费者又存在着很多明显差异，地区的范围大小对于人们的消费活动也构成一定的限制。

---

⑩ Tony Lunn. Segmentingandconstructingmarkets. Robert M. Worcesterand John Downhameds. Consumer Market Research Handbook，Third Revisedand Enlarged Edition. Elsevier Science Publishers. B. V. 1986：387－423.

⑪ 菲利普·科特勒，凯文·莱恩·凯勒. 营销管理(第 12 版). 梅清豪，译. 上海：上海人民出版社，2006：273.

表 7-1 细分市场的地理依据

地理因素	细分市场类型
地理特点	平原、山区、高原、沿海、江河流域、湖区等
区域位置	东部沿海地区、中部内陆地区等
气候特点	南方、北方、多雨地区、干旱地区、多雪地区、多风地区等
人口密度	小于 100 人/平方千米、101～200 人/平方千米、201～300 人/平方千米、301～400 人/平方千米等
都市和乡村	特大城市、大城市、中小城市；直辖市、省会城市、县镇城市、郊区农村等
行政区	省、自治区、地区、县、乡、街道等

2. 人口变量

人口变量是指人口的各种构成及其变化情况。人口统计细分是将市场按人口统计变量，如年龄、性别、家庭人数、家庭生命周期、收入、职业、教育、宗教、种族以及国籍为基础划分成不同的群体。人口变量是市场细分常用的和最主要的依据，因为人口是构成市场营销的最根本因素，其所包含的各种因素对消费者的价值观念、生活情趣、审美观念和生活方式等都直接产生影响，而且比其他因素更容易测量。比如一种叫 Schick 女用去毛器，其定位为女性用品，其广告也专门针对女性。虽然女性并不可能生长胡须，但其夸张和幽默的表现，让人印象深刻难忘。

按性别细分市场一直运用于服装、首饰、鞋帽、化妆品、美容美发、烟酒、杂志等领域；以收入水平细分市场是汽车、服装、旅游等行业的长期做法；按年龄将消费者分为儿童、青年、中年、老年等不同的消费者群在食品、娱乐等企业很普遍。人口统计可以用表 7-2 来表示。

表 7-2 人口统计

人口因素	细分市场类型
性别	男、女
年龄	5 岁以下、5～10 岁、11～18 岁、19～28 岁、29～34 岁、35～44 岁、45～55 岁、55 岁以上等；或婴儿、儿童、青年、中年、老年等
家庭规模	1 人、2～3 人、4～5 人、6 人以上等
家庭生命周期	单身家庭、新婚家庭(无子女)、完整家庭(有子女)、不完整家庭(子女独立)、老年孤寡家庭等
收入	人均收入 500 元以下、501～1 000 元、1 001～2 000 元、2 000 元以上等
职业	工人、农民、技术人员、国家公务员、教师、学生、个体户、私营主、企业经营管理人员、军人、离退休人员，等等
民族	回族、汉族、蒙古族、维吾尔族等
文化程度	初中以下、初中、高中、中专、大专、本科、硕士、硕士以上等

在人口变量中，家庭生命周期对于消费品市场影响极大。例如，单身青年的消费支出与新婚家庭及完整家庭又不一样。具体详见表 7-3。这里必须指出：人口依据虽然像地理依据一样，为人们所普遍重视。但是，消费者对许多商品的购买并不单纯取决于人口因素，而是同其他因素，如心理因素密切相关，因此，我们还要考虑其他因素。

表 7-3　人口统计中家庭生命周期对消费品市场的影响

<table>
<tr><th colspan="2">阶　段</th><th>一般特征</th><th>主要需求内容</th></tr>
<tr><td colspan="2">青年单身</td><td>无经济负担，各方面求新求奇，喜欢娱乐活动，特别注重时装，不注意储蓄，追求理想，容易冲动，广告影响极大</td><td>各种新奇时装，基本家具和厨房用具，较高档食品、娱乐、教育和体育活动用品</td></tr>
<tr><td colspan="2">新建家庭</td><td>经济状况较好，注重家庭美化和用品现代化，但开始注意储蓄，容易被广告吸引</td><td>各种耐用消费品，中高档家具和服装，较高档食品</td></tr>
<tr><td rowspan="3">完整家庭</td><td>第一阶段最小孩子不满六岁</td><td>经济收入紧张，开支较大，特别是用于孩子开支较大，自己开销较为节省，对新产品感兴趣，但无力购买，积蓄较少，比较相信广告</td><td>各种儿童食品，玩具和儿童用品，食品多为中低档，家具和服装添置较少</td></tr>
<tr><td>第二阶段最小孩子六岁以上</td><td>经济状况好转，孩子的教育成为家庭活动重点，家庭储蓄开始增加，在观念上比较注重实际，不轻易相信广告</td><td>儿童教育用品和学习费用开支增加，家庭食品用量较大，多为中档，开始添置少量大的家具，或更新少量耐用消费品</td></tr>
<tr><td>第三阶段中年夫妇，孩子尚未完全独立</td><td>经济状况好，孩子开始参加工作，家庭积蓄较多，观念上更加注重实际，更加不易受广告影响，家庭生活开始从质量上向较高水平发展</td><td>更新更多的耐用消费品，食品中高档次，服装添置很多，文化用品增多</td></tr>
<tr><td rowspan="2">不完整家庭</td><td>第一阶段中老年夫妇，尚未退休，孩子完全独立</td><td>开始满足自己的经济状况，对儿童重新发生兴趣，对新产品没兴趣，不注意广告，在观念上非常成熟，似乎没有不知道的，积蓄丰富</td><td>追求较高水平的生活用品、食物，各种商品价格高低对他们影响不大，只要满意喜欢就会购买</td></tr>
<tr><td>第二阶段老年夫妇已经退休</td><td>收入减少，维持现状，不再求发展，对儿童的兴趣加强，其他兴趣减弱</td><td>只对日常用品感兴趣，为隔代子孙购买各种用品、食物毫不计较，自己需要的食物用品不愿花费但营养品、药品和保健用品增加</td></tr>
<tr><td colspan="2">孤寡家庭</td><td>经济状况好坏，主要由原来的积蓄和与子女的关系决定，生活孤独感很强，非常怕寂寞，观念上是混一天算一天，需要照顾</td><td>生活必需品，营养保健用品，药品用量很大</td></tr>
</table>

3. 心理变量

心理变量是指消费者的生活方式、个性特征和社会阶层等因素。同样性别、年龄、收入的消费者，由于职业、收入、地位、教育程度等因素的不同，客观上造成了一些在价值观念、兴趣爱好、行为方式、消费结构存在较大差异的不同社会阶层。分属于不同阶层的消费者，他们对商品的需求和购买行为大不相同。

美国斯坦福研究所1978年提出了VALS(Values & Life Style System)[12]价值观和生活方式系统。1989年,VALS修改为VALS2,将美国成年消费者划分为八个细分类型,即:①现代者(actualizers):成功、积极,"能挣会花"类型的人;偏好较上等的、补缺导向的产品,购买常反映出文化素养。乐于赶时髦,善于接受新产品、新技术和新的分销方式,不相信广告,阅读大量的出版物,轻度电视观看者。②实现者(fulfilleds):对名望不太感兴趣。喜欢教育和公共事务,阅读广泛。③成就者(achievers):成功的、工作与职业导向的人;偏好有威望的产品,以显示他们的成功和高贵。中度电视观看者,阅读商务、新闻和自助出版物。④享乐者(experiencers):年轻、冲动和有反叛意识的人;在衣着、快餐、音乐、电影上的消费占了他们收入的很大部分。⑤有信仰者(believers):保守、习俗和传统类型的人;偏好熟悉的产品和一致的品牌。⑥挣扎者(strugglers):忠实品牌的人。使用赠券,观察销售,相信广告。⑦生产者(makers):实践、自我满足、传统、家庭导向的人,只偏好实用或功能性产品。⑧奋斗者(strivers):注重形象的人。有限的灵活收入,但能够保持信用卡平衡。花销主要在服装和个人保健产品上。与阅读相比,更喜欢观看电视。基于生活方式的不同,我们可以分为12个消费者群体即市场类型:①舒适型:追求舒适;②方便型:强调方便;③耐用型:强调产品的牢固性;④经济型:倾向于廉价产品;⑤健康型:注重健康;⑥豪华型:追求高级;⑦安全型:强调稳妥;⑧美感型:强调艺术享受;⑨地位型:注重自己的社会地位;⑩传统型:安于现状;⑪社交型:乐于社交;⑫新潮型:体现时代潮流等。

4. 行为变量

行为变量是指消费者购买或消费某种产品的时机、追求利益、进入市场程度、使用频率和对品牌的忠诚状况等因素。许多人认为,行为变量能更直接地反映消费者的需求差异,因而成为有效市场细分的最佳依据。

例7.1: 北京前门全聚德烤鸭店以经营传统挂炉烤鸭蜚声海内外,是京城著名的老字号。前门全聚德烤鸭店的成功源自其针对不同类型的就餐顾客提供不同的服务对策的攻击型服务。①多血质-活泼型。该类型顾客活泼好动、反应迅速、善于交际但兴趣易变的特征,为此服务员要主动同这一类型的消费者交谈,但不应有过多重复。要多提供新菜信息,但要让他们进行主动选择,遇到他们要求退菜情况,应尽量满足他们的要求。②黏液质-安静型。该类型顾客安静、稳定、克制力强、很少发脾气、沉默寡言、不够灵活、喜欢清静、熟悉的就餐环境、不易受服务员现场促销影响的特征,为此服务员应尽量安排他们坐在较僻静的地方,点菜服务时,尽量提供一些熟悉的菜肴,还要顺其心愿,不要过早表述服务员自己的建议,给他们足够时间进行选择,不要过多催促,不要同他们进行太多交谈或表现出过多的热情,要把握好服务的"度"。③胆汁质-兴奋型。该类型顾客热情、开朗、直率、精力旺盛、容易冲动、性情急躁、点菜迅速、容易接受服务员的意见、喜欢品尝新菜、比较粗心、容易遗失所带物品的特征,为此服务员在点菜服务时,尽量推荐新菜,要主动进行现场促销,但要避免争执;在上菜、结账时尽量迅速,就餐后提醒他们不要

⑫ Naval Postgaduate School Monterey, California. This Report was Prepared by: Derr Brooklyn, C., William M. Tolles, 1978.

遗忘所带物品。④抑郁制-敏感型。该类型顾客沉默寡言、不善交际、对新环境新事物难以适应、缺乏活力、情绪不够稳定、遇事敏感多疑、言行谨小慎微的特征,为此服务员应尽量安排僻静处,如果临时需调整座位,一定要讲清原因;应注意尊重他们,服务语言要清楚明了,与他们谈话要恰到好处;在他们需要服务时,要热情相待。

资料来源:http://snowbrad. blog. sohu. com/90774311. html.

消费者在购买商品的时间上存在着客观差异。一是由于消费者的购买习惯所致,如有的消费者喜欢在节假日或休息日集中购买,有的则在早晨上班前或傍晚下班后进行选购。二是由于商品的特性所致,如有些商品是时令商品,有些商品是节日礼品或婚丧特殊品,消费者的购买时间有一定的规律性。基于消费者购买时间的差异,企业可以把特定实际的市场需求作为服务目标,并利用营业推广、商品展示、广告宣传等有效促销方式开展营销活动。

按消费者进入市场程度,通常可以划分为常规消费者、初次消费者和潜在消费者。一般而言,资金实力雄厚、市场占有率较高的企业,特别注重吸引潜在购买者,争取通过营销战略,把潜在消费者变为初次消费者,进而再变为常规消费者。而一些中小企业,特别是无力开展大规模促销活动的企业,主要吸引常规消费者。

由于不同消费者对产品的使用频率有很大悬殊,可以细分为大量使用者、中量使用者和少量使用者。大量使用者的人数不一定多,但他们的购买量常占较大或很大比重。根据美国某啤酒公司的调查,某一区域有32%的人消费啤酒,其中,大量使用户与少量使用户各为16%,但前者购买了该公司啤酒销售总量的88%。因此,许多企业把大量使用者作为自己的销售对象。

许多消费者在购买商品的过程中存在着“品牌偏好”。消费者对品牌的偏好程度可以用品牌忠诚度这一指标来衡量。根据品牌忠诚度可以把消费者市场划分为四个群体:即绝对品牌忠诚者、多种品牌忠诚者、变换型忠诚者和非忠诚者。在“绝对品牌忠诚者”占很大比重的市场上,其他品牌难以进入;在“变换型忠诚者”占比重较大的市场上,企业应努力分析消费者品牌忠诚转移的原因,以调整营销组合,加强品牌忠诚程度;而对于那些“非品牌忠诚者”占较大比重的市场企业来说,则应审查原来的品牌定位和目标市场的确立等是否准确,并且随着市场环境和竞争环境变化重新对定位加以调整。

(二)生产资料市场细分的依据

对产业市场细分依据做出重大贡献的是美国学者维德和卡多索(Cardozo & Wind,1974)⑬,通常称他们的模型为“卡-温模型”,该模型在西方有很大影响。但是,不知为何菲利普·科特勒在其教材中几乎没有提到该模型。产业细分模型第一次比较系统地概括产业细分的基本方法和过程,模型中的一些细分因素提供了有价值的研究思路。但是该模型也存在缺陷,它对营销战略结果多侧重解释而非策划。美国学者乔菲和盖瑞·李林(Choffray,Cary Lilien,)对“卡-温模型”进行了改进,提出了“两阶段论模型”:①宏观市场细分——在两个或多个组织间进行市场细分。主要是以地理区域、人口统计、组织性购

⑬ Wind,Y. ,R. Cardozo. Industrial Market Segmentation. Industrial Marketing Management,1974,(3):153-166.

买和其他具体可见特点为依据进行市场细分，这样区分的好处是便于把握细分市场的同质性。②微观市场细分：在第一阶段选定的组织范围内，在符合宏观要求的组织间进行细分。两阶段论模型的目的是试图根据实际购买过程、购买过程参与者的影响力，购买者动机和制定决策的方式等，在各个决策单位之间找到共同点。两阶段论模型的难点是对这个阶段所有使用的细分依据（特征）进行比较。其优点是弥补了"卡-温模型"的一些不足，强调在策划营销时按两步法，进行有效的市场细分，准确进行市场定位，建立战略目标。其缺陷是实际操作的难度比较大。

还有专家认为，由于产业市场的特殊性，对一个企业来说，大客户虽然数量少，但是其业务总量占企业的多数。美国质量管理大师约瑟夫·朱兰（Joseph Juran）通过实证研究提出，对任何一个公司来说，总是发现"80%的业务来自20%的顾客"。一小部分顾客通常带来一大块不成比例的销售，这些顾客频繁购买或大量购买，或两者兼备。有两种策略可供选择：①把注意力集中于"关键的少数顾客"，逐渐甩开其他顾客。②对不同顾客群体采取不同方法，鼓励他们加大消费力度，同时也要接触边缘顾客群体，鼓励他们多花钱。

生产资料市场与消费品市场的性质不同，市场细分的依据也有差异。生产资料市场细分的主要依据是：

（1）行业类别。不同行业生产者对某种生产资料的需求，是为了生产不同的产品。因此，行业类别是生产资料市场细分最通用的变数。国民经济可划分为工业、农业、商业、交通运输等许多部门，每个部门还可进一步细分。通过这种划分，可鉴别出使用本企业产品的行业用户，有利于制订生产计划与经营策略。

（2）生产规模。需用生产资料企业生产规模的大小，是市场细分的重要标志。大客户的数量可能不多，但购买量则不小。按用户生产规模大小细分市场，不仅有利于选择目标市场，而且有利于选择不同的销售方式。

（3）地理位置。每个国家或地区由于气候、物产、历史传统等的不同，形成了若干个不同的工业地带。如有的以钢铁工业为主，有的以机械制造业为主，有的以轻纺工业为主。按用户的地理位置不同来细分市场，有利于企业把经营领域放在用户集中的地区，这样可以集中利用销售力量，节约推销费用和运输费用。

以上是生产资料市场细分的主要变数。企业不能只用单一的细分变数进行市场细分，只有分层次从不同的角度综合进行市场细分，才能更准确地确定企业的目标市场。

三、市场细分的条件与程序

（一）市场细分的条件

从企业市场营销的角度看，无论消费者市场还是生产资料市场，并非所有的细分市场都有意义。形成有效的细分市场必须具备一定的条件。

（1）具有差异性。差异性也称可区分性，就是不同细分市场的需求特征差异明显，而且可以清楚地加以区分。无论企业使用什么标准进行市场细分，所细分出的市场都必须在概念上能被区别，并且对不同的营销组合因素和方案有着不同反应，否则该细分就没有意义。如在已婚和未婚的夫妇之中，对香水销售的反应基本相同，该细分就不必继续下去。

(2) 可衡量性。这是指细分市场的大小、购买力和特性应该是能够加以衡量的[14]。为此,据以细分市场的各种特征应是可以识别和衡量的。然而,也有一些因素是不易测量的,例如,要测量有多少消费者是"豪华型"的,那就相当困难。凡是企业难以识别、难以测量的因素或特征,都不能据以细分市场,否则,细分的市场将会因无法界定和度量而难以描述,市场细分也就失去了意义。所以,恰当地选择细分变量是十分重要的。

(3) 可赢利性。这是指细分出来的市场必须大到足以使企业实现它的利润目标。在进行市场细分时,企业必须考虑细分市场顾客的数量,他们的购买能力和产品的使用频率,使企业能够降低生产销售成本,取得预期的目标利润。波音 747 飞机是按军用、商用、货用、客用四个方面来细分市场的,如果它把私用也作为细分市场的依据就大错特错了,因为私人目前购买飞机的数量还极少。

(4) 易进入性。这是指细分市场应该是企业能够通达的市场。企业通过细分市场,应该能够通过一定的媒体,如广告,通过一定的分销渠道把企业生产经营的产品送达到该市场广大消费者之中去,如果无法进入或难以进入,再详细的市场细分都是毫无意义的。

(5) 易反应性。这是指细分市场对企业市场营销活动变项组合中任何要素的变动都能作出差异性反应。这就要求对细分的消费者群,应统筹考虑他们对所有市场营销组合因素的各种反应,而不能以单一的变项为基础加以考虑。

(二) 市场细分的程序

科特勒(Kotler,2006)[15]认为,一个营销机构使用的共同方法程序包括以下三个步骤:调查阶段,调研人员与消费者进行非正式的交谈,并将消费者分成若干个专题小组,以便了解他们的动机、态度和行为;分析阶段,研究人员用因子分析法分析资料,剔除相关性很大的变数,然后用集群分析法划分一些差异最大的细分市场;细分阶段,根据消费者不同的态度、行为、人口变量、心理变量和一般消费习惯划分出每个群体。市场细分是一件相当复杂的事情,要使这一活动顺利进行,必须遵循一定的程序。

(1) 选择一种产品或市场范围加以研究。这种研究必须与企业的市场营销目标、任务相联系,而不能脱离企业的实际,孤立地进行市场细分。

(2) 选择符合企业实际的市场细分的依据。如何有效地进行市场细分,很重要的是把各种市场细分的依据有机结合起来进行思考,根据历史上市场营销实践的结果和经验,将有关市场细分的依据结合使用。

(3) 确定市场细分依据后,挑选出具体的细分单位。

(4) 调查设计并组织调查。通过认真的调查研究,取得与已选细分市场变量有关的信息资料。

(5) 分析评价调查后确定的各个细分市场的规模和性质。通过调查,各个细分市场的情况已摸清楚,这时就要分析评价各细分市场的规模大小、竞争状况及变化趋势。

(6) 选择细分市场,确定市场营销策略。通过市场细分,将若干有利可图的细分市场按赢利程度排列并选择目标市场,直至企业能力不能满足为止。然后确定市场营销的各

---

⑭ 菲利普·科特勒,凯文·莱恩·凯勒. 营销管理(第12版). 梅清豪,译. 上海:上海人民出版社,2006:288.

⑮ 菲利普·科特勒,凯文·莱恩·凯勒. 营销管理(第12版). 梅清豪,译. 上海:上海人民出版社,2006:284.

种策略，以有效地占领每个已选择的目标市场。

最后，我们必须指出，要使细分市场取得成功，应该把握市场细分的层次，适可而止，讲究细分市场的效益，防止过分细分而增大成本，避免一些不必要的细分或难以细分的市场，力争企业始终以最大的和最易进入的细分市场作为目标市场，避免竞争对手的仿效，必要时还可放弃某些细分市场，以争取实现其规模效益。

第二节 目标市场选择

一、目标市场的选择标准及工具

（一）目标市场的含义

企业通过市场细分可以发现企业可能面临的市场机会，在此之后，企业必须要对各种细分市场进行评估，根据评估结果确定具体进入并为之服务的细分市场，亦即选择目标市场。

麦卡锡(Jerome McCarthy，1960)认为[16]，应当把消费者看做一个特定的群体，称为目标市场。吴世经教授认为[17]，目标市场是营销者准备用产品或服务以及相应的一套营销组织为之服务或从事经营活动的特定市场。简单地讲，目标市场就是企业营销活动所要满足的市场，或者说是企业为实现预期目标而要进入的市场。纪宝成教授认为[18]，所谓目标市场，就是企业营销活动所要满足的市场，是企业为实现预期目标而要进入的市场。

可见，所谓目标市场，一般来说就是企业在市场细分的基础上，结合考虑各细分市场上顾客的需求和企业自身的经营条件，而选出的一个或若干个企业能很好地为之提供产品或服务的细分市场。简而言之，目标市场就是企业产品或劳务的主要需要者或顾客。

（二）目标市场的选择标准

企业选择的目标市场是否适当，直接关系到企业的经营业绩。因此，选择目标市场时，必须认真评估细分市场的营销价值，同时考量自身的目标、资源和能力，以此来确定把哪些细分市场作为目标市场。一般而言，一个细分市场要能成为企业的目标市场，必须符合以下标准：

(1) 具有足够的潜力。细分市场潜力是指在一定时期内，在消费者愿意支付的价格水平下，经过相应的营销努力，商品在该细分市场上可能达到的销售规模。企业进入某一细分市场是期望能够有利可图，如果市场规模狭小或者趋于萎缩状态，企业进入后难以获得发展，此时，应审慎考虑，不宜轻易进入。

(2) 竞争对手尚未完全控制。企业要进入某个细分市场，必须考虑该细分市场上的竞争状况。不言而喻，企业应尽量选择那些竞争相对较少，竞争对手比较弱的细分市场作为目标市场。那些竞争十分激烈、竞争对手实力雄厚的细分市场，企业要想在其中占

---

⑯ Jr. William Perreault，E. Jerome. MacCathy. Joseph Cannon Basic Marketing，16 edition，2006.

⑰ 吴世经．市场营销学．成都：西南财经大学出版社，2001：245.

⑱ 纪宝成．市场营销学教程．北京：中国人民大学出版社，1997：141.

有一席之地，可能要付出高昂的代价，应慎重考虑。

(3) 符合企业目标和能力。目标市场的选择必须坚持扬长避短的原则。某些细分市场虽然有较大吸引力，但不能推动企业实现发展目标，甚至分散企业的精力，使之无法完成其主要目标，这样的市场应考虑放弃。而且，还应考虑企业的资源条件是否适合在某一细分市场经营，是否能够发挥自身的优势。

（三）目标市场的选择工具

通过市场细分来确定目标市场，一般采用产品—市场矩阵图进行。例如，一家电视机厂根据市场潜在销量、本厂优势、市场竞争状况等，决定进入电视机市场。该厂运用产品—市场矩阵图对电视机的整体市场进行分析：他们将消费者收入水平分为中下、中、中上、高收入四个层次，产品有 25 英寸、29 英寸两种。消费者收入和产品构成 8 个细分市场(见表 7-4)。根据调查和预测，认为未来市场是 29 英寸将畅销，并且我国绝大多数居民的消费水平将不断提高。于是，决定将 5、6、7 三个细分市场作为本厂近期的目标市场，开发中、低档 29 英寸电视机以满足目标市场的需求。

表 7-4　市场细分后的目标市场选择

市　场		（顾客群）			
		中下收入	中等收入	中上收入	高收入
产品	25 英寸	1	2	3	4
型号	29 英寸	5	6	7	8

如果一种产品的市场是同质市场，或者营销者认为该产品的市场基本上是同质的，企业就不必进行市场细分，那么，营销者就必须把该产品的整体市场作为自己的目标市场。

二、目标市场的选择策略

目标市场的选择策略，即关于企业为哪个或哪几个细分市场服务的决定。通常有五种模式或策略可供选择，如图 7-1 所示。

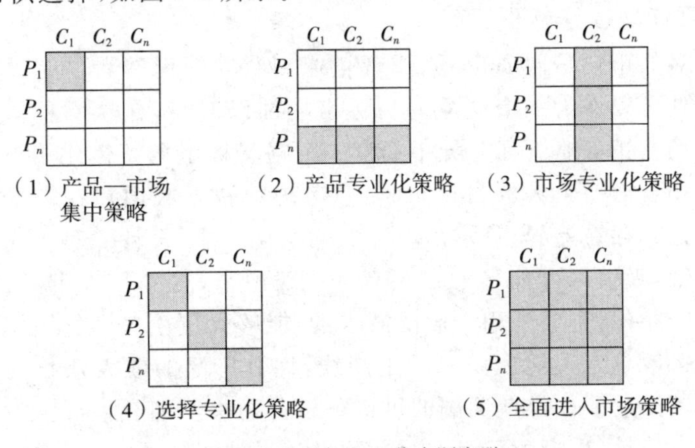

这里 P 代表产品，C 代表顾客群

图 7-1　选择目标市场的策略类型

(1) 产品—市场集中策略。即企业只选取一个细分市场，只生产一种标准化产品，供应某一单一的顾客群，进行集中营销，以取得企业在该细分市场上的优势。其优点是有利于企业更加深入地了解市场的需求特点，在所选择的细分市场上构筑强有力的市场地位和良好声誉，但同时隐含着较大的经营风险。这一策略适宜企业实力较小时采用。

(2) 产品专业化策略。即企业集中优势只生产一种产品并向各类顾客群销售这种产品。当然，由于面对着不同的顾客群，产品在档次、质量或款式等方面会有所不同。其优点是有利于形成和发展生产和技术上的优势，提高产品质量，降低产品成本，在该领域树立形象。但当该领域被一种全新的技术与产品所代替时，产品销售量有大幅度下降的危险。

(3) 市场专业化策略。即企业专门经营满足某一顾客群所需要的各种产品。如某工程机械公司专门经营满足建筑业用户需要的推土机、打桩机、起重机、水泥搅拌机等各种建筑工程机械设备。其优点是有利于企业与顾客建立起稳固的联系，能有效地分散经营风险。但由于顾客过于集中，一旦这类顾客的需求下降，企业会遇到收益下降的风险。

(4) 选择专业化策略。即企业以生命力较强的产品有选择地进入几个不同的有吸引力的细分市场，为不同的顾客群提供不同性能的同类产品。该策略是以这几个细分市场均有相当的吸引力为前提，亦即均能实现一定的利润为前提。其优点是可以有效地分散经营风险，即使某个细分市场营利情况不佳，仍可在其他细分市场取得赢利。但要求企业具有较强的资源和营销实力。

(5) 全面进入市场策略。即企业决定全方位进入各个细分市场，为所有顾客群提供他们所需要的性能不同的系列产品。这是大企业为在市场上占据领导地位甚至力图垄断全部市场而采取的目标市场策略，现代企业极少采用。

三、目标市场的营销策略

企业选择的目标市场不同，提供的产品或服务就不同，进占目标市场的营销策略也就不一样。一般说来，可供企业选择的目标市场策略主要有三种，即无差异市场营销策略、差异性市场营销策略和集中性市场营销策略。

(一) 无差异市场营销策略

假如企业面对的市场是同质市场，或者企业判断即使消费者是有差别的，但他们也有足够的相似之处可以作为一个同质的目标市场加以对待，在这两种情况下，企业就可以采用无差异市场营销策略。无差异市场营销策略又称市场整体化策略，是指企业把一种产品的整体市场看做一个大的目标市场，只考虑消费者或用户在需求方面的共同点，而不管他们之间是否存在差异，只推出单一的标准化产品，设计一种市场营销组合，通过无差异的大力推销，吸引尽可能多的购买者。一般说来，这种目标市场营销策略除适用于市场是同质的产品外，主要适用于广泛需求的，能够大量生产、大量销售的产品。采用这种策略的企业一般具有大规模单一的生产线，拥有广泛的或大众化的销售渠道，并能开展强有力的促销活动。如早期美国的可口可乐公司由于拥有世界性专利，只生产一种口味、一种瓶装的可口可乐，甚至连广告词都是统一的“请饮可口可乐”。

无差异市场营销策略的最大优点是成本的经济性。因为大批量的生产和储运，必然会降低单位产品的成本;无差异的广告宣传等推销活动可以节省促销费用;不进行市场细分,也相应减少了市场调研、产品调研、制订多种市场营销组合方案等所要耗费的人力、财力与物力。因此,不仅在同质市场上运用这种策略是合理的,而且即使是异质市场,只要产品能够大量生产、大量销售,实行这种策略多半也是有效的。但是,这种策略对于大多数产品并不适用,对于一个企业来说,一般也不宜长期采用。因为,消费需求客观上是千差万别并不断变化的,一种产品长期为该产品的全体消费者或用户所接受极为罕见。当众多企业如法炮制,都采用这种策略时,就会形成整体市场竞争异常激烈,这对营销者、消费者都是不利的。所以,任何再好的策略都不能死搬硬套,而应从企业和市场的实际出发。

(二)差异性市场营销策略

差异性市场营销策略是指以市场细分为基础,把产品的整体市场划分为若干细分市场,从中选择两个或两个以上细分市场作为自己的目标市场,并为每个选定的细分市场制定不同的市场营销组合方案,同时多方位或全方位地分别开展有针对性的营销活动。云南财贸学院的吴健安教授认为,它就是把整体市场划分为若干需求与愿望大致相同的细分市场,然后根据企业的资源及营销实力,分别为各个细分市场制定不同的市场营销组合。或者说,企业多个营销组合共同发展,不同的营销组合服务于不同的细分市场。例如,某服装厂为不同性别、不同年龄组、不同收入水平的消费者生产不同颜色、不同档次的服装,该厂在服装市场上实行的就是差异性市场营销策略。采用这种策略,进行小批量,多品种生产,具有很大的优越性。它可以有针对性地分别满足不同顾客群的需要,提高产品的竞争能力,有利于企业扩大销售。而且,如果一个企业在数个细分市场上都能取得较好的营销效果,那么就能树立起良好的市场形象,大大提高消费者或用户对该企业产品的信赖程度和购买率。在国外,美国的宝洁公司、日本的松下公司等都采用的是这一策略。

但是,这一策略并非任何企业、任何时间都可以采用。这一策略的运用只能限制在销售额的扩大所带来的利润超过营销总成本费用的增加时才能采用,并且只有大中企业可以采用,实力不足的小企业不宜采用。

(三)集中性市场营销策略

差异性市场营销策略或无差异市场营销策略都是以整体市场作为营销目标,试图满足所有消费者在某一方面的需要。集中性市场营销策略则是选择一个或少数几个细分子市场为经营对象,集中企业的所有力量,实行专业化生产和销售,为目标市场顾客服务。采用这种市场策略的企业,不是追求在整个市场上占有较大的份额,而是在一个或几个较小的细分市场上取得较大的占有率,甚至居于支配地位。具体做法不是把有效的人力、物力、财力分散在广大的市场上,而是集中企业的优势力量,对某个细分市场采取攻势营销策略,以取得市场上的优势地位。例如,某空调生产企业不是生产各种型号和款式,满足各种不同顾客和用户的空调,而是专门生产安装在汽车内的空调,就属于集中性市场营销策略。

一般说来,小企业无力在整体市场或多个细分市场上与大企业抗衡,而在大企业未予注意或不愿顾及,自己又力所能及的某个细分市场上全力以赴,则往往易于取得经营上的成功。但是这一策略也有不足之处，它潜伏着较大的风险。一旦目标市场突然不景气，企业会因为没有回旋余地而立即陷入困境。因此，采用这一策略的企业必须密切注意目标市场的动向，并制定适当的应急措施，使企业遇到困境时能迅速摆脱。

一个企业究竟应当采用上述哪一种目标市场营销策略，取决于企业资源状况、产品性质、产品生命周期、市场竞争态势、市场供求关系的变动等多种因素。目标市场的营销策略既要相对稳定，又要根据上述因素的变动进行适当调整。只有这样，才能赢得市场营销的主动权，取得市场营销的成功。

四、影响目标市场选择的因素

目标市场选择类型的多样性和企业情况的复杂性，决定了企业在具体选择目标市场时必须考虑下列条件或因素：

(1) 企业的实力。企业实力是指企业在生产、技术、销售、管理和资金等方面力量的总和。如果企业资源雄厚，人力、物力、财力充足，可选择差异性营销战略或无差异性营销战略。如果企业实力有限，无力顾及整体市场或多个细分市场，则适合选择集中性营销战略。

(2) 产品的性质。产品的性质是表现产品是同质的还是异质的。对于同质性或相似性较高的产品，如大米、食盐等初级产品，可以实行"无差别市场营销"；对于同质性或相似性较低的产品，如汽车、电脑、服装、食品等，就应考虑实行差别市场营销策略或集中市场营销策略。

(3) 产品生命周期。当企业向市场投入新产品时，由于竞争者少，此时宜采取无差别市场营销策略，或集中市场营销策略；当产品进入成熟阶段后，由于竞争者的加入，这时宜改为差别市场营销策略，开拓新市场，也可实行集中市场营销策略，设法保持原有的市场，延长产品生命周期。

(4) 市场的特点。如果市场消费者具有相同的口味、爱好，在每一个时期内购买的数量也大致相同，对销售方式的要求也无大的差别，在这种情况下，可采用无差异性市场营销策略；反之，市场需求的特点差别很大，就应选择差别市场营销策略或集中市场营销策略。

(5) 市场竞争情况。企业采取何种目标市场策略，往往要视竞争对手采取何种市场营销策略而定。如果竞争对手实行无差别市场策略，企业应当实行差别市场策略；如果竞争对手已经采取差别市场策略，此时就应运用更为有效的市场细分，采取差别市场策略或集中市场策略，充分发挥本企业的优势，力争在竞争中取胜。

为此，企业要把握确定目标市场的原则：企业所选择的目标市场，应能充分发挥企业的特点或优势，生产出符合市场需要的产品；目标市场应根据企业的市场经营战略，即市场渗透战略、市场开拓战略、产品开发战略和多种经营战略来确定；应选择新产品和老产品能相互促进、充分利用企业资源、彼此都能扩大销量、经济效益最佳的目标市场。

第三节　目标市场定位

目标市场的选定，并不意味着企业寻找和确定自身市场位置的工作已经完成。因为一方面目标市场本身尚待进一步剖析，包括它的结构和其中的竞争者的分析；另一方面企业营销最终要落实于具体产品的生产和销售。因而还需从产品出发真正明确企业的业务发展目标。因此，我们在这里引入市场定位的概念。

一、目标市场定位的概念和定位方式

（一）目标市场定位的概念

“定位”(positioning)一词最早是由两位美国广告公司经理里斯和特劳特(Ries，Trout，1969)[19]提出来的。1972年，他们为《广告时代》撰写了题为“定位时代”(Positioning Era)的系列文章，在学术界产生轰动效应。很快定位概念风靡全世界。1981年，他们合著了《定位》一书，对定位问题进行了系统修正的阐述。他们指出：“定位要从一个产品开始。那产品可能是一种商品、一项服务、一个机构甚至是一个人，也许就是你自己……但是，定位不是你对产品要做的事。定位是你对预期客户要做的事。换句话说，你要在预期客户的头脑里给产品定位。”“定位的基本方法不是创造出新的、不同的东西，而是改变人们头脑里早已存在的东西，把那些早已存在的联系重新连接到一起。”[20]

菲利普·科特勒于20世纪70年代最先将positioning引入到营销中，作为4P之前最重要的另一个P，以引领企业营销活动的方向。他对定位的定义是：“对公司的产品进行设计，从而使其能在目标顾客心目中占有一个独特的、有价值的位置的行动。”[21]

目标市场定位，又称产品市场定位，系指企业确定自己产品在目标市场上位置的过程。吴世经教授认为[22]，市场定位是为了适应消费者心目中某一特定的看法而设计的企业、产品、服务及其营销组合的行为。纪宝成教授认为[23]，市场定位就是根据竞争者现有产品在市场上所处的位置，针对消费者或用户对该产品某种特征或属性的重视程度，强有力地塑造出本企业产品与众不同的、给人印象鲜明的个性或形象，并把这种形象生动地传递给顾客，从而使该产品在市场上确定适当的位置。目标市场定位实际上是在已有基础上深一层次的市场细分和目标市场的选择，即从产品特征出发对目标市场进行进一步细分，进而在按消费者需求确定的目标市场内再选择确定企业产品的目标市场。有效的目标市场定位有助于塑造企业及其产品的鲜明个性和独特形象，满足目标顾客的需求偏好，从而在目标市场上获取竞争优势。

---

⑲ Jack Trout, Al Ries. Positioning Is a Game People Play in Today's Me-too Market Place. Industrial Marketing, 1969, 54(6): 51－55.

⑳ A·Ries, Jack Trout. Positioning: The Battle for Your Mind. Warner Books, February, 1993.

㉑ [美]菲利普·科特勒．营销管理分析、计划、执行和控制．梅汝和等，译．上海：上海人民出版社，1997：445.

㉒ 吴世经等．市场营销学．成都：西南财经大学出版社，2001：256.

㉓ 纪宝成．市场营销学教程．北京：中国人民大学出版社，1997：150.

（二）目标市场定位的方式

确定目标市场定位的方式很多，但总的说来，一般有以下几种：

(1) 根据产品特性和利益定位。这种定位是根据产品自身的特性及能给消费者带来的利益而对产品进行的定位。如佳洁士牙膏的"防蛀功效"；丰田汽车的"经济节能"；劳力士手表的"尊贵高雅"；飘柔洗发水的"飘逸柔顺"；海飞丝洗发水的"去除头屑"等。这种定位的方式是一种新产品进入市场时定位的常用方式，通过强调产品独特的性质和能给消费者所带来的特殊利益来迅速进行产品的目标市场定位。

(2) 根据质量和价格定位。这种定位是根据产品质量和价格这两者的组合而创造出产品的不同目标市场定位。该定位方式突出的是在经济利益上给消费者以好处。一般有两种定位，即高质高价产品的市场定位和高质低价产品的市场定位，前者往往向消费者传递一个"高价优质"的产品信号，来满足消费者追求高档次产品以体现自己的自尊和优越感等心理诉求；后者则多与公司抢占市场份额的目的有关，它向消费者传递一个"物超其值"的产品信号，来满足消费者追求物美价廉的心理诉求。

(3) 根据用途定位。将产品用途作为产品市场定位的一种方式，通常对正确进行产品的市场定位而言是很有效的。它有利于突出本企业产品与市场上其他产品的差异，便于消费者的选购。例如，美国杜邦公司的尼龙制品，在战争期间公司将其主要定位于军用物品，如降落伞；而在战后则将其主要定位于女性丝袜、服装面料、汽车轮胎内衬等。

(4) 根据使用者定位。这种定位方式是以市场上使用者的个性、偏好及消费类型为基础，它能够将企业的产品或服务通过这种定位引向特定的使用者，以在这些使用者心目中树立起产品或劳务的形象和地位。如按阶层定位，哈雷摩托(Harley-Davidson Motor)定位高档消费的青年人。因为与众不同的车身造型，也许是因为独具魅力的轰鸣声，哈雷摩托车有着让成千上万的爱好者着迷的魔力，"哈雷"连续跻身于美国十大最著名品牌。哈雷与其他名贵汽车一样拥有自己的位子。

(5) 根据产品类别定位。企业产品在定位时还可以借助另一种已被大家所熟悉的产品，而将自己的产品定位在与这种熟悉产品相近的位置上。如大家对奶油都很熟悉而对麦淇淋则往往不甚了解，但若将麦淇淋比作人造奶油，则大家就会迅速了解并对它产生印象。

(6) 根据竞争者定位。这种定位方式是将自己的产品与竞争对手的产品进行比较后，针对竞争者产品的定位方式，来决定一种既能突出自己产品优势特性，又能对抗竞争者产品的定位方式。如美国一家专门经销红色鲑鱼罐头的商家针对其竞争对手在市场上推出粉红色鲑鱼罐头的情况，对原有罐头上的标签进行了修改，增加了一句话："正宗挪威红鲑鱼，保证不会变成粉红"，间接地暗示自己的产品是正宗的，而对手的产品不是正宗的。

二、目标市场定位的操作过程

（一）识别潜在的竞争优势

目标市场定位的关键是企业要塑造自己的产品或服务比竞争对手更具竞争优势的

特性。企业只有向顾客提供有别于竞争对手的差异化产品或服务，才能与竞争对手区别开来，才能提高顾客的感知价值，从而提高顾客的满意度，实现目标市场定位的成功。

要识别企业可能拥有的竞争优势，就必须对企业向顾客提供产品或服务的全过程进行科学的调研分析，分析内容涉及与顾客发生联系的每一个环节，具体分析路径包括产品、服务、渠道、人员及形象的差异化。

（二）选择适当的竞争优势

企业可能拥有一种或多种潜在的竞争优势，在同时拥有多种优势的时候，企业必须从中做出选择，确定以其中的一个或几个竞争优势作为目标市场定位的基础。这可以通过绘制定位图来完成。

(1) 以产品的特征为变量勾画出目标市场的结构图。产品的特征有价格（高与低）、质量（优与劣）、规格（大与小）、功能（多与少），等等。用两个不同的变量指标组合便可以画出多个目标市场平面图。

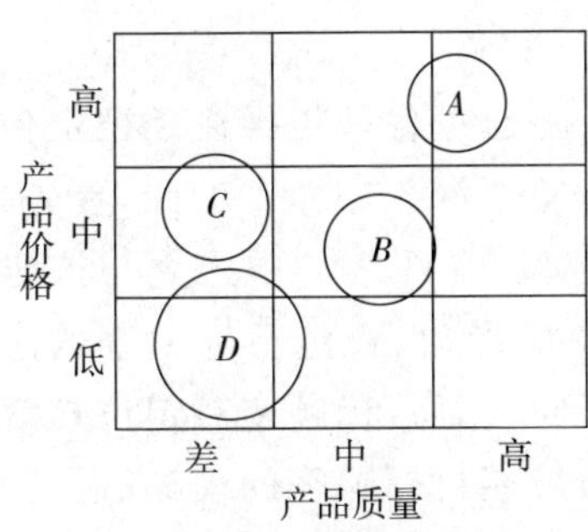

图 7-2　按价格和质量指标确定的目标市场定位

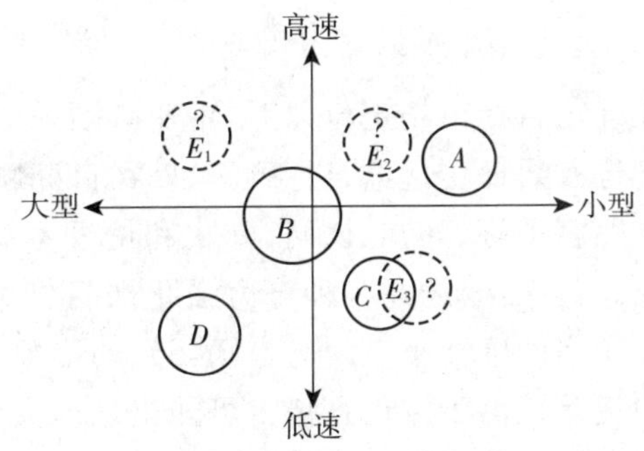

图 7-3　按规格和速度指标确定的目标市场定位

如图 7-2 所示是产品的价格和质量组合成的平面图，假定这一产品是某种容量的电冰箱。如图 7-3 所示是根据不同的规格型号（规格和速度）组合成的平面图，假定这一产品是某种旅游用客车。前者有九个小区，后者分四个小区。事实上根据需要，使用不同的产品特征组合，可以画出多种平面图。

(2) 大致描绘出目标市场目前的竞争状况。企业选中的目标市场可能是还没有人涉足的新市场，但在更多情况下是目标市场内已有众多竞争者。目标市场的第二个操作阶段，就是要在充分调查、分析的基础上，将现有竞争状况反映到目标市场平面图上，以便进行图上操作。图 7-2 中 A、B、C、D 四个圆圈分别代表目标市场已有的四个竞争者，圆圈面积的大小表示各个竞争者销售额的大小，圆圈的位置则表明各个竞争对手在目标市场上的实际区位。以图 7-3 为例，竞争者 A、B、C、D 分别生产和推销小型高速客车、中型中速客车、小型低速客车和大型低速客车。其中竞争者 B 规模最大，竞争者 C 规模最小。通过第二阶段的工作，目标市场的整个竞争态势便一目了然了。当然，实践中在企业选定的目标市场内竞争对手会很多，竞争结构将更为复杂，因而在实际操作中应将竞争状况尽可能描绘得详尽一些。我们这里举的例子十分简单，但已足够说明其中的原理。

(3) 分析各种可能的方案并进行初步的定位。剪一块圆纸块,在目标市场平面图的各个位置上试放,看看可以有几种放置方案,哪种放置方案比较可行和理想。经过分析研究之后,便可初步确定企业产品在目标市场上的位置。目标市场的初步定位应该看做是企业的一项重大决策,方案必须通过企业各有关部门的详细论证,最后由企业最高当局拍板定案。

(4) 确定企业的目标市场定位。一般情况下目标市场的初步定位很可能就是正式定位了,但由于目标市场定位是否正确往往会影响到企业的兴衰成败,一失足成千古恨的现象也并不少见,因此在初步定位完成后,为了谨慎起见还可以做一些内外调查,包括对企业外的专家做一些征询,对消费者做一些问卷调查,以至进行小量的试销。通过调研分析,如果发现初步定位存在偏差,应立即进行修正并进行二次定位。重新定位一般能做到基本正确,至此目标市场定位工作最终完成。这里需要说明一点,随着目标市场供求状况的不断变化,企业的产品在目标市场上的定位将不断得到修正,因此我们这里所讲的正式仅是就一段时期内相对而言的。

(三) 显示独特的竞争优势

在确定目标市场定位以后,企业必须采取有力措施通过各种传播途径把定位信息即竞争优势有效地传达给目标顾客,以在目标顾客心中留下深刻印象。为此,首先,企业要使目标顾客了解、熟知、认同、喜欢和偏爱本企业的定位,在顾客心中建立与该定位一致的形象。其次,要通过各种努力强化在目标顾客心中的形象,稳定目标顾客的态度和加深目标顾客的感情来巩固与市场一致的形象。最后,要注意目标顾客对定位理解上可能出现的偏差或由于定位宣传上可能出现的失误,以防造成目标顾客的模糊、混乱和误会,及时纠正与定位不一致的形象。

例 7.2: 中国邮政速递服务公司是一家专门从事国际、国内邮政特快专递业务的企业。特快专递作为一种新型业务,因其经济效益显著,从而引起了国内外诸多公司的关注。基于竞争的需要,中国邮政速递公司进行了明确的市场定位。①定位集团大客户,挖掘潜在客户。通过对市场进行调查和分析,在继续稳固发展国际、国内特快专递业务的基础上,将业务的重点放在了发展集团用户的物品类业务、单证类业务上。对于集团大客户,突出重点地区和大城市,大力发展同城、区域性业务,提高物品类业务比重。②对三类不同的普通客户市场实施不同的市场定位。为充分挖掘普通客户市场,提出了业务结构分层次发展的思路,根据客户对快递业务在资费和时限上的不同要求,在继续稳固发展国际、国内普通特快专递业务之外,成功开发出"经济类快递"和"精品类快递",旨在更好地为客户服务,以满足不同客户市场的需求。具体包括:普通特快专递业务;国际经济快递业务;EMS 限时专递——次晨达业务。③抓住空白市场大力创新,积极开发新业务。在巩固现有市场的同时,中国邮政速递公司在竞争对手尚未涉足的地方开拓和占领市场,推出特色业务来推进目标市场营销。特色业务主要有:国内特快专递代收货款业务;特快专递收件人付费业务;超常规特快专递邮件业务;邮政礼仪专递业务;邮政 EMS 手机短信息查询服务。

资料来源:http://www.telewiki.cn/MyWeb/baike/WordContent.aspx? id=634201714.

三、目标市场定位的策略

企业的目标市场定位并不是随心所欲的行为，它必须是在对竞争者有正确的了解，对消费者有充分的分析，对企业自身有客观的评价之后作出的抉择。目标市场定位的策略从理论上讲基本上可以分为以下三种：

（一）填补市场空位

这种策略就是将自己产品的位置确定在目前目标市场的空白地带。以旅游客车目标市场为例：目前小型高速客车、中型中速客车、小型低速客车和大型低速客车都已有竞争者生产推销，唯有大型高速客车市场目前尚未有人涉足；这显然是个机会，企业可以将自己的产品确定在大型高速客车的市场区位上。填补市场空位策略的明显优势使企业可以避开激烈竞争压力，而且可以比较潇洒地与竞争者在目标市场上形成鼎立之势。

在决定采用填补市场空位策略之前必须搞清三个问题：第一，这一目标市场空白区位是否有相应数量的潜在顾客。很可能有这样的情况，目前这一市场区位仍然是空白并不是因为竞争对手熟视无睹或无暇顾及，而是这里根本没有潜在消费需求。如果事实真是如此，企业将产品置于这一区域，将必败无疑。第二，企业是否有足够的技术力量去开发目标市场空白区域的产品。常有这样的情况，消费者对某一种产品存在需求，但由于技术水平的限制，目前现有的竞争厂商还无力生产这种产品。这时如果一个企业能够开发这种产品，那将独领风骚，可能获得十分可观的经济效益，同时产生很好的社会效果。但如果这一企业也不具备相应的技术水平，那也只能望洋兴叹，无能为力。如果明知自己没有能力，却一意孤行硬要去占领这一空白市场，其结果必然是不仅达不到目的，而且要浪费企业大量的资源。第三，企业开发新产品以填补市场空位经济上是否合算。企业是营利组织，因此即使某一市场空白存在潜在的顾客，而且企业也有能力去满足这一部分需要，但如果这样做，仅能获得微利甚至要亏损，那么任何企业都不会作出这样不明智的选择。

（二）与现有竞争者并存

所谓与现有竞争者并存的目标市场定位策略，就是将自己的产品的位置确定在现有竞争产品的旁边。从实践看，在市场营销中，企业尤其是一些实力不太雄厚的中小企业在产品定位时大多采用这一策略。

与现有竞争者并存的产品定位策略具有以下三条明显的优势：第一，企业无须具有较高的生产技术水平，仿制现有产品，用自己的品牌向市场推销即可。第二，由于无须开发新产品，甚至对现有产品不必作任何改进，因而企业可以节省大量的研究开发费用。第三，由于现有产品已畅销市场，企业不必承担产品不适销的风险。

企业实行与竞争者并存的策略需要具备两个前提条件：第一，在企业产品欲进入的目标市场区域还有未得到满足的需求，这些需求足以吸引新进入的产品。第二，由于消费者对现有产品已比较了解，因而企业推出的产品必须在各方面能与竞争产品媲美，否则消费者是不会接受的。

（三）逐步取代现有竞争者

取代现有竞争者的目标市场定位策略，就是指将竞争者赶出原有位置，并取而代之，占有它们的市场份额。采用这种策略一般有两种原因：一是企业选定的目标市场区位已为竞争者占领，而且其中已没有进一步发掘的潜在需求；二是一些实力雄厚的大企业自信有足够的力量打败竞争者，扩大自己的市场范围。

取代现有竞争者定位策略是富有挑战性的。采用这种策略的企业要有充分的思想准备。首先，新投入的产品必须明显优于现有产品；其次，企业必须做大量的宣传推销工作，大造舆论以冲淡消费者对原有产品的印象和好感。如有可能，在宣传推销时应充分利用企业已有的卓著的声誉。

复习题

1. 市场细分的普遍应用是否意味着大众营销的消亡？

2. 对你来说理想品牌的牙膏有何特性？从利益划分的角度来说。理想品牌的概念是什么？你最不想买的品牌是什么？你的理想品牌和最不想买的品牌之间的差异是什么？

3. 有人说用途是市场细分最有用的变量，另一些人认为广告服务所提供的利益是最重要的，还有些人对以上两种观点都不同意，你的观点是什么？为什么？

4. 论述目标市场定位的操作过程和策略。

5. 论述影响目标市场选择的主客观因素。

第八章
产品策略管理

[教学要求]

了解产品的整体概念；

掌握产品生命周期的概念以及不同阶段的销售策略；

了解产品组合的含义和它的最佳状态；

了解产品组合及其策略；

了解新产品开发的意义和开发新产品的方式与要求；

掌握新产品开发的策略；

了解产品商标的含义、作用及策略；

了解销售技术服务的意义、主要内容及其方式。

产品是企业营销活动的基础。没有适合市场需求的具有一定质量的产品，其他各种营销活动都会徒劳无功。因此，产品策略是企业整个营销策略的基础和关键。企业产品策略的正确与否，直接影响企业市场运营的绩效乃至整个经营活动的全局，关系到企业的兴衰成败。

第一节　产品及其生命周期

一、产品的概念

(一) 产品的含义

产品就是生产出来的物品。对产品的概念，科特勒(Kotler，2006)教授认为[①]，产品是指能提供给市场以满足需要和欲望的任何东西。产品在市场上包括实体商品(如汽

① [美]菲利普·科特勒，凯文·莱恩·凯勒．营销管理(第12版)[M]．梅清豪等，译．上海：上海人民出版社，2006：414.

车、书籍)，服务(如理发、音乐会)，人(如迈克尔·乔丹)，地点(如夏威夷、威尼斯)、组织(如美国心脏协会、女童子军)和主意(如家庭计划、安全驾驶)。吴世经教授认为[②]，产品是指企业提供给市场，能引起人们注意、获得、使用或消费，用于满足人们某种需要和欲望的一切东西。吴健安教授认为[③]，产品是通过交换而满足人们需求和欲望的因素或手段，包括提供给市场，能够满足消费者或用户某一需求和欲望的任何有形物品和无形物品。在市场经济条件下，企业生产出来的基本上都是商品。从市场营销角度来说，产品就是满足消费者需要的商品。譬如一个消费者买一台洗衣机，是想获得一种帮助其洗衣服的功能，以减轻家务劳动，满足其多休息的需要。再如一家工厂买一台机器，是为了增加产量，或提高质量，或增加花色品种，或降低能源和原材料消耗，或开发新的产品，以达到提高经济效益的目的。当然，消费者在购买洗衣机时，他所考虑的不只是洗衣机的功能如何，而且还要看洗衣机的造型是否美观，颜色是否好看，是哪家工厂生产的，坏了能否得到及时的修理服务，保修期多长，等等。也就是说，他要求产品的各个方面都能满足他的需求。上述工厂在购买机器时也是如此，只不过其要求各有侧重罢了。因此，从企业市场营销角度来看，产品不仅包括其实体，而且包含以下更广泛的内容：

(1) 产品的实体性。即指市场上产品的具体物质形态，包括产品的实体及其品质、式样和包装等。它是产品的自然属性，是产品的物质承担者。

(2) 产品的效用性。即指产品提供给消费者的一种基本效用和利益。它是人们一种主观价值的体现。一个乡镇企业购买计算机，并不是买一台机器放在桌子上观赏，而是希望把计算机应用到企业的经营管理中去，给企业带来更高的效益。可见，人们所需要的并非产品本身，而是使自身的某种需要得到满足。

(3) 产品的可靠性。即指产品实现其效用的可靠程度，也叫附加产品。现代市场对产品要求日益提高，消费者购买产品特别关心产品的安全可靠性。

(4) 产品的经济性。即指消费者购买和使用产品过程中所花的费用与产品的使用价值之比。消费者购买某种产品一般总是特别注重经济性。一个购买者，不论购买消费品还是购买生产资料，都希望用尽量少的费用，购买尽量多的使用价值。

(二) 产品的整体概念

产品的整体概念是包括一切能满足购买者某种需要和利益(含购买前希望获取的利益)的有形产品实体、无形服务、经验、人、地点、组织、信息、理念、财产和事件。科特勒(Kotler，2006)[④]认为，产品的整体概念包括五个层次：核心利益、一般产品、期望产品、附加产品和潜在产品。我们认为产品的整体概念包括以下五个层次：核心利益部分、具体形式部分、希望实现部分、延伸利益部分和超额利益部分。

(1) 核心利益部分。这是指产品的效用，即产品的实体与功能，它是购买者购买某种产品所追求的利益，是购买者真正所要购买的内容。

(2) 具体形式部分。这是指产品的具体形态，包括外观、包装、商标、式样、规格、质

② 吴世经，等．市场营销学．成都：西南财经大学出版社，2000：263.

③ 吴健安．市场营销学．北京：高等教育出版社，2000：189.

④ [美]菲利普·科特勒，凯文·莱恩·凯勒．营销管理(第12版)．梅清豪等，译．上海：上海人民出版社，2006：414.

量、颜色等。如化妆品盒本身的外观和包装,化妆品的品牌、形状、色泽等。

(3) 希望实现部分。这是指顾客在购买产品时,希望在使用产品后所达到的使用效果。如女性在购买化妆品时,总希望能通过化妆品购买后的涂抹使自己达到美的效果。

(4) 延伸利益部分。这是指顾客在购买产品时和购买之后所能获得的快捷的服务和产品的保证、运输、安装和维修等方面的服务。国内有的学者(吴世经,2001)也将此理解为是附加产品,即指企业在提供产品时所包含的各种附加服务和利益,也就是顾客在购买产品时所得到的附加服务和附加利益的总和。

(5) 超额利益部分。这是指顾客在购买产品或服务之后所获得的超出原购买承诺之外的利益或在再次购买同一产品或服务时所能得到的前次购物所没有或没有及时获得的有关利益,这主要是心理上的满足。如某一位顾客入住某一酒店,当他由于工作的原因而忘记了自己的生日时,酒店服务小姐及时提醒并赠送给他一个生日蛋糕以示庆贺。原来酒店服务小姐是根据他在住宿时登记的身份证号码得知他的生日日期的。这给他一个极大的惊喜,他所获得的利益已超出了原购买(服务)产品所应获得的承诺利益。

二、产品生命周期

(一) 产品生命周期的概念

产品生命周期理论在营销学中发展较早,产品生命周期不仅是营销学重要的一个部分概念,而且是企业制定营销战略和开发产品战略的重要依据。产品生命周期理论从产生到现在经历了不同的阶段,由于在不同阶段的社会环境的不同,导致产品生命周期理论研究的重点也不同。

产品生命周期理论最早是由汀安(J. Dean,1950)⑤提出,以后李维特(T. Levirt,1965)⑥作了进一步发展。产品生命周期理论提出的目的是研究产品的市场战略,并给出了确定产品生命周期的阶段特征的描述性标准。产品依其进入市场后不同时期销售的变化,可分为投入期、成长期、成熟期和衰退期。产品生命周期理论的提出为企业开发新产品、规划产品的更新换代、分析市场形势以及制定产品市场营销策略和经营决策提供了计划、分析、比较研究、资本运筹和调控的重要观念和工具。当时,对产品生命周期的划分也是按照产品在市场中的演化过程,分为推广、成长、成熟和衰亡阶段。美国学者弗农(R. Vernon,1966)⑦在总结国际贸易对于处于高度发达的工业先行国的美国工业结构转换影响的基础上,通过剖析产品的国际循环,从产业经济学和国际贸易的角度提出了国际产品生命周期的理论(又称产品循环论)。产品生命是指市场上的营销生命,产品和人的生命一样,要经历形成、成长、成熟、衰退这样的周期,而这个周期在不同技术水平的国家里,发生的时间和过程是不一样的,其间存在一个较大的差距和时差。弗农使得产品生命周期研究的范围从一个市场扩大到涉及产品循环的国内外市场,从而成为从营销角度研究国际贸易和分析产业结构转换的重要理论工具之一。

---

⑤ Dean J. Pricing Policies for New Products. Harvard Business Review,1950,28(6):45－53.

⑥ Levirt T. Exploit the Product Life Cycle. Harvard Business Review,1965,43(6):81－94.

⑦ Raymond Vernon. International Investment and International Trade in the Product Cycle. The Quarterly Journal of Economics,MIT Press,1966.

科特勒(Kotler,2006)[⑧]教授从市场营销学的角度对产品生命周期理论进行概括,他指出,产品生命周期包括四个方面:①产品有一个有限的生命;②产品销售经过不同的阶段,每一阶段都对销售者提出了不同的挑战;③在产品生命周期不同的阶段,产品利润有高有低;④在产品生命周期不同的阶段,产品需要不同的营销、财务、制造、购买和人力资源战略。

吴世经先生认为[⑨],产品生命周期是按照企业在市场上的产品销售量和销售利润衡量的,产品从进入市场直到退出市场,通常经历了投入期、成长期、成熟期和衰退期四个阶段。所以,产品生命周期是指产品从投入市场开始到被淘汰退出市场为止所经历的全部时间过程。描绘产品在其生命周期中发展变化过程的曲线,称为产品生命周期曲线,如图 8-1 所示。

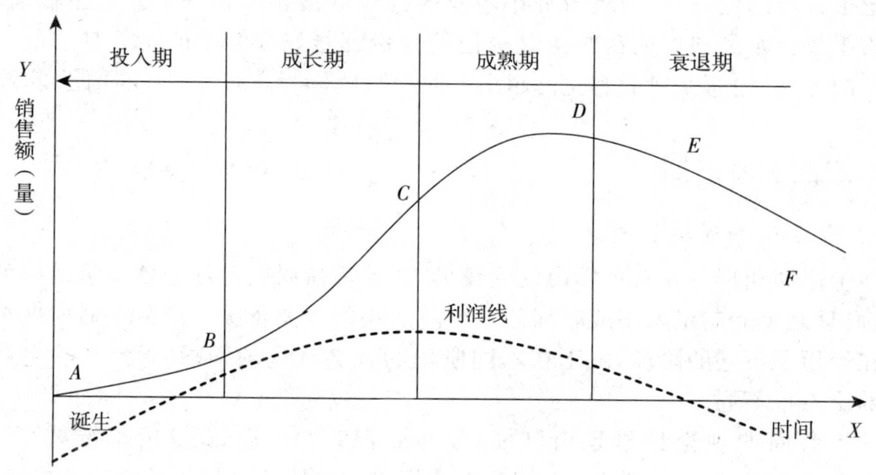

图 8-1　产品生命周期曲线

1. 投入期(A—B)

投入期也称为引进市场阶段。产品引入市场是销售缓慢成长的时期。在这一阶段,因为产品引入市场所支付的巨额费用所致,利润几乎不存在。一种新产品经过发明、试验、制造,便可以进行生产和投入市场,这便进入了投入期。产品处在投入期有以下特点:

(1) 生产企业少。可能只有少数几家企业刚刚试制成功投入市场,甚至只有独家生产。

(2) 产品的设计还没有完全定型。因为是新产品,所以在产品设计上可能还存在着某些不合理、不完善的地方,或者根据消费者的意见,对产品的某些部分还可以进行适当的改进。

(3) 生产工艺还不成熟,工人的生产熟练程度低,废品率也相应较高。

(4) 生产批量小,产品成本高。

(5) 消费者对这种产品还比较陌生,因此需要花较多的钱做广告或进行其他促销活动。

(6) 由于生产成本较高,销售费用较大,因此企业生产处在这一阶段的产品一般获利很少,有的甚至赔本。

---

⑧ [美]菲利普·科特勒,凯文·莱恩·凯勒. 营销管理(第 12 版). 梅清豪,译. 上海:上海人民出版社,2006:356.

⑨ 吴世经等. 市场营销学. 成都:西南财经大学出版社,2001:298.

2. 成长期(B—C)

成长期也称为发展期。是产品被市场迅速接受和利润大量增加的时期。产品经过投入期后，越来越为广大消费者所了解，用户对其性能感到满意，销售量也随之增长，这样就进入了成长期。产品处在成长期一般有以下特点：

(1) 销售额增长速度很快。

(2) 产品设计已基本定型。

(3) 工艺流程已基本确定，专用设备已经配齐，生产线已经形成，市场需求量扩大，开始大批量生产。

(4) 工人的熟练程度提高，废品率降低，生产成本大幅度下降。

(5) 产品销路已经打开，销售费用减少。

(6) 由于生产成本下降，销售费用减少，因此，企业生产处于这一阶段的产品，一般开始得到大量利润。

(7) 竞争者看到生产这种产品有利可图，纷纷进入市场，抄袭成功的产品设计，并生产许多同类产品。

3. 成熟期(C—E)

成熟期也称为饱和期。因为产品已经被大多数的潜在购买者所接受而造成的销售成长缓慢的时期。为了对抗竞争，维持产品的地位，销售费用日益增加，利润稳定或下降。新产品经过迅速发展，很快进入成熟期，产品处在成熟期的特点是：

(1) 需求量虽然还在增长，但增长的速度已经缓慢。

(2) 产品在原有的基础上进行不断改进，生产技术已完全成熟。

(3) 市场已处于饱和状态，新的需求已经不多，消费者的购置多数属于替换性需求。

(4) 竞争趋向激烈，许多企业为招揽生意，大量增加销售费用，因此，在总销售额有所增加或保持相对稳定的情况下，总利润额开始下降。

4. 衰退期(E—F)

衰退期也称为下降期或淘汰期。销售下降的趋势增强和利润不断下降的时期。一般是指产品更新换代阶段，产品处在衰退期一般有以下特点：

(1) 总销售额迅速下降。

(2) 产品在技术、经济上已经老化。

(3) 降低产品价格已成为竞争的主要手段。

(4) 新的替代产品在市场上出现，并逐渐代替原有产品。

(5) 利润锐减，甚至亏损。

产品生命周期是市场营销学中一个重要的概念，它是营销学家们以统计规律为基础进行理论推导的结果。作为一种分析归纳现象的先导和工具是有一定道理的。但在现实生活中，并不是所有商品的生命周期都完全符合上述曲线模型。有些产品刚进入市场，很可能迅速跳过销售额缓慢增加的投入阶段；有些产品又可能由投入阶段直接进入成熟阶段；也有些产品经过成熟期以后，再次进入第二次迅速增长，并没有进入衰退期。所以，在产品生命周期运动中，由于厂家增加销售促进费用，降价优惠措施等使产品生命周期经常出现“循环—再循环”的现象，如图 8-2 所示。

甚至由于厂商在产品销售量下降以前，通过进一步发展新的产品特性，寻求产品新用途，或改变企业的营销战略等，使企业产品在市场上一个高潮接着一个高潮，不断出现再循环的现象，如图 8-3 所示。

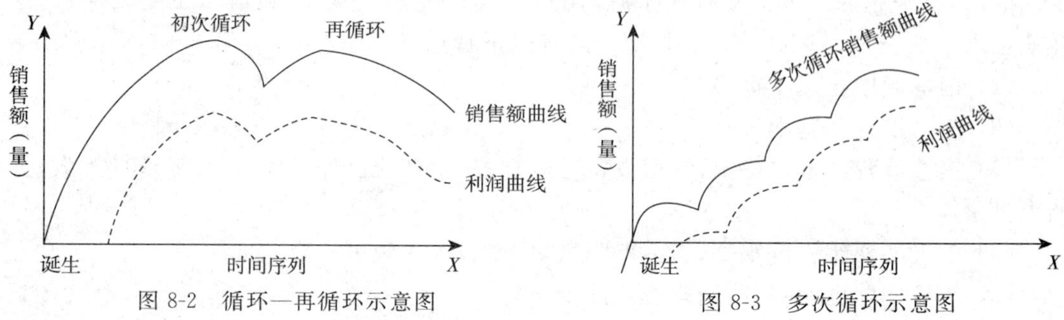

图 8-2　循环—再循环示意图　　　图 8-3　多次循环示意图

当然，也有一些时尚商品会出现非连续性循环的现象，这些产品刚一上市热销一阵就退出了市场，如图 8-4 所示。

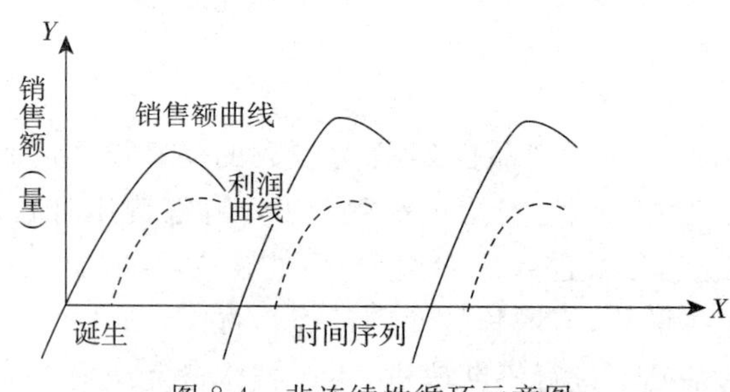

图 8-4　非连续性循环示意图

由上述分析可见，商品生命周期阶段不是必须经过四个阶段，但是一般来讲，商品的生命周期要经过四个阶段。随着科学技术的进步，商品生命周期愈来愈短，因此，我们必须重视产品生命周期策略的研究。

（二）产品生命周期与产品使用寿命的区别

为了更好地理解产品生命周期的概念，我们有必要将产品生命周期与产品使用寿命加以区别。

产品使用寿命是指一件产品或若干件产品能够被使用的时间。它与产品生命周期概念的主要区别，请见下表。

产品生命周期与产品使用寿命比较表

比较类别	产品生命周期	产品的使用寿命
生命类型及其代表含义上比较	指产品的市场生命，代表产品在市场中的运行状况	指产品的自然寿命，代表产品的耐用程度
本质特征上比较	具有抽象性和无形性的特征	具有具体性和有形性的特征
影响和决定因素上比较	其影响和决定因素主要包括：技术进步，市场竞争，政府干预，消费者需求变化	其影响和决定因素主要包括：产品的设计，原材料的质量，产品的制造技术，工艺及质量，消费方式，消费过程，维修保养等

（三）产品生命周期四个阶段的销售策略

1. 投入期的销售策略

这一时期企业所应采取的基本策略是：积极搜集市场对新产品的反应。甚至不惜采取赠送、试用、折扣等方式来搜集用户对产品的意见，争取尽快改进定型。同时要搞好市场试销，大力开展广告宣传活动，尽力疏通销售渠道，千方百计打开销路。

企业在产品的投入期，应根据市场情况，灵活采用不同的价格策略和促销策略。其组合情况大体上有四种：

（1）双高策略。即以高价格和高促销把产品投入市场。由于价格高，获利多，从而可以迅速收回投资，开创企业经营的新局面；由于高促销，广泛进行宣传推销活动，从而可以迅速提高产品的知名度，迅速占领市场，科特勒称之为快速撇取战略[⑩]，公司采用高价格是为了在每单位销售中尽可能获取更多的毛利。同时，公司花费巨额促销费用向市场说明虽然该产品定价水平是高的，但有其值得的优点。但并非任何新产品都可以使用这种策略。一般说来，使用这一策略必须具备下述条件：产品具有较大的市场需求；竞争激烈；产品具有优于市场上现有类型产品的明显特点，能给人以新颖独特、别开生面的新鲜感，从而可以诱发消费者产生强烈的购置欲望。

（2）选择型渗透策略。产品以高价格、低促销进入市场。采用这一策略一般应具备下述条件：产品的市场规模小，如某些“高精尖”的专用仪器仪表、特殊材料等；市场供不应求，竞争不激烈；价格弹性不大，对于消费者来说主要是必须购买，选择余地很小。

（3）密集型渗透策略。产品以低价格、高促销投入某一特定的市场。采用这一策略，一般应具备下述条件：产品市场规模大；竞争激烈；价格弹性较大。此时，只有采取这一策略才能在某一特定的目标市场内形成优势，达到以廉取胜、薄利多销的目的。

（4）双低策略。即产品以低价格、低促销投入市场。采用这一策略一般应具备下述条件：该产品的知名度比较高；市场规模比较大；竞争者比较少；价格弹性比较大；替代产品比较多。此时只有采用低价格策略才能迅速占领市场；同时，又只有低促销才能节约销售费用，降低产品成本，保证企业在以低价格销售产品时还能够获得必要的利润。

2. 成长期的销售策略

商品成长期是指产品已大批量进入市场的时期，这是产品生命周期的黄金时期。这时产品已经定型，质量已经有了很大提高，形成了批量生产，成本大幅度降低，市场销路畅通，销量增加，利润增多。但这时竞争对手已经加入，企业的领导者必须保持清醒头脑，防止乐极生悲。这时期的主要策略有：

（1）努力拓展新产品市场。这主要通过疏通流通渠道，扩大销售网点，增加供应，补充货源，扩大市场产品的覆盖面；推出多种包装，防止产品单调而弱化消费者的兴趣；努力挖掘产品的新用途，使产品不断向市场的深度发展；采用多种优质服务措施方便购买，积极做好售后服务工作，以吸引更多的消费者重复购买，维护企业的市场地位。

（2）努力从价格和质量上应付竞争对手。在这个时期，企业应该灵活运用价格策略和产品策略，一面提高产品质量，一面适当降低销售价格，以争取更多的顾客和在竞争中

---

⑩ ［美］菲利普·科特勒．营销管理分析、计划、执行和控制．梅汝和等，译．上海：上海人民出版社，1997：521.

保持有利的地位。急功近利,是失败的前奏。许多企业在兴旺时期往往得意忘形,不仅不注意提高产品质量,适当降低产品价格,而是反其道而行之,结果招来杀身之祸,这样的教训是屡见不鲜的。我们的企业要求得发展,必须记住这种惨痛教训。

(3) 努力提高企业和产品信誉。产品成长期的主要任务是扩大产品的知名度,从而达到扩大企业知名度的目的。产品进入成长期以后,它已为广大消费者所熟悉,其宣传的战略任务必须及时地从介绍产品性能、质量转向突出宣传产品的优点和企业的形象,以提高产品的置信度和企业的声誉,因而广告必须突出企业的特色和产品的可靠性,使产品和企业的形象在消费者心目中同样完美,导致消费者对本企业产品的偏爱。

3. 成熟期的销售策略

商品成熟期是指产品已趋于普及并逐步达到饱和状态的时期。这一时期市场潜力近乎穷尽,市场销售中多属重复购买。同时,随着竞争者的加入,市场产品增多,顾客的挑选性不断加强。企业生产工序和机械设备早已定型,因而灵活性愈来愈差,改革的难度在加大,这时企业要想维护原来的市场地位,获得企业的发展,必须采取以下策略:

(1) 寻找新的市场机会,向市场的深度和广度发展。在深度上,应注意运用市场细分化原则,开辟和发展新的目标市场,创造新的消费方式,使产品的用途更为广泛。在广度上,应遵循“堤内损失堤外补”的原则,积极开拓远方市场,从城市转向农村,从沿海转向内地,从国内转向国外,以有效地拓展市场。

(2) 积极进行产品改革;使产品具有新的特色。这种改革可从这几方面着手进行:一是对产品品质进行改革,如提高产品的耐用程度、可靠程度和安全程度;二是对产品性能进行改革,如增加产品新的用途,提高产品的方便性和适应性,使产品具有新的特色;三是对产品风格进行改革,如在产品的外观设计、造型、色彩、包装装潢等方面进行改革,以维护其市场地位。采用灵活的价格策略,适时降低售价;有效地采用包装策略、分销渠道策略、销售服务策略等,以延长产品的市场生命周期,使企业能持续稳定地向前发展。

4. 衰退期的销售策略

商品衰退期是指某种产品在经济上处于老化和在市场上面临淘汰的时期。这一时期企业的生产能力与日渐狭窄的市场形成了一对尖锐的矛盾。在这种情况下,企业的领导者切忌仓促撤退或优柔寡断。如果仓促撤退,会出现既无退守之处,又无它径可图,新旧产品无法衔接的混乱局面。如果优柔寡断,则会导致企业越拖越垮,元气大伤,增加企业转轨变型的困难。因此,当产品进入衰退期以后,企业的领导者必须审时度势,有效撤退。这时企业可采用以下策略,使企业度过山重水复的困境。

(1) 逐步缩减生产计划,实行集中销售。这时企业应从实际出发,缩减原有的生产计划,保留部分目前仍有销路的品种,把企业的人、财、物集中到最有利的细分市场和销售渠道上去争取后期的购买者,从中获得较多的利益。

(2) 积极扩大出口,简化分销路线。这时企业可在一些经济发展水平较低和人民生活水平较差的国家寻找市场。同时应努力简化分销路线,只保留一些经济效益和流量较大的分销渠道。

(3) 采用灵活的销售策略,有效选择退场时机。这个时期,企业可以降低商品的售价,积极推销与处理库存商品,把死钱变活,把产品经营权转让或把产品线淘汰给一些经济不发达地区的一些中小企业。削减广告和促销计划,使其仅限于部分忠实的消费者。在努力开发新产品的同时,拟定退场时机。

要使产品生命周期得以延长,企业可以采用附加新功能,开发新用途,开发新市场相结合的做法,当然,不管采取什么措施,产品最终从市场上消失的结局则是不可避免的。重要的是在获利的基础上,加速新产品的开发,力图以新的姿态参与竞争。

例 8.1: 中国现已成为移动电话拥有量最多的国家。目前,手机已达 2.5 亿部,消费类电子产品更新换代快,废旧家电及电子产品回收处理问题已引起社会的广泛关注。作为一个对社会和环境负责任的企业,诺基亚把环境保护作为企业生命的一部分,使环境保护工作融入公司的运营。诺基亚环境保护工作的一个重要的出发点和落脚点便是基于对整个产品生命周期的考虑,在产品整个生命周期减少对环境的负面影响。具体而言,一个产品从诞生到消亡经历了研发、原材料采购、生产制造、最终产品、产品使用和最终废弃等多个过程。在产品最终废弃阶段,要充分考虑如何回收、循环利用及妥善处置,使资源可以重新返回物质链中。上述环节协调融合,从而真正形成一个闭环系统,完成了一个产品的整个生命周期。诺基亚开展"绿色回收大行动"。有资料介绍,以每部手机平均使用 3 年。这些电子废弃物含有多种有害或重金属的成分,分解及回收的技术要求很高,如果弃之不管或处理不当,将成为一种新的巨大污染源。诺基亚主动在全国率先发起这次回收行动。回收行动利用诺基亚遍布全国的授权维修中心网络设置回收箱,到目前为止,在全国 100 余个大中城市中设置了回收箱,收集到数量可观的废弃手机配件和电池。诺基亚这一在中国建立的回收体系、创立示范模式的做法赢得了社会各界的好评和尊重。诺基亚品牌在中国美誉度高,手机市场占有率高与其良好的企业形象密不可分,与其为中国环境保护包括手机回收行动所作贡献密不可分。

资料来源:诺基亚产品生命周期案例解决方案,www.ccw.com.cn,2009.02.25.

第二节　产品组合策略

一、产品组合的含义

产品组合分析的对象是本企业的全部产品。研究产品组合,是想借助产品的市场占有率和市场成长速度评价企业所有种类或系列的产品所处的状态,为制定产品竞争市场战略提供决策的依据,因此,产品组合就是指一个企业如何对本企业生产经营的全部产品,进行有机结合,确定自己的经营方向、目标的问题。

对于产品组合概念的认识,国内外的学者各自的定义有所不同。美国学者波特和唐纳里(Peter,Donnelly,2004)认为[11],产品组合是组织所出售的所有的产品。罗格、斯蒂文和威廉姆(Roge,Steven,William)认为[12],产品组合是公司所提供的所有的产品线。科特

⑪ J. Paul Peter, James H. Donnelly. Jr. Marketing Management. 北京:清华大学出版社,2004:85.

⑫ Roger A. Kerin, Steven W. Hartley, William Rudelius. Marketing The Core. 北京:清华大学出版社,2007:212.

勒(Kotler,2006)教授认为[13],产品组合是指某一特定销售商所能提供给消费者的一整套产品和项目。吴世经教授则认为[14],产品组合是指一个企业营销的全部产品的总称,由营销的产品的品种和规格构成,也是企业提供给顾客的一组产品。

产品组合具有广度、长度、深度和密度四个方面,产品组合的广度(宽度),说明企业生产经营的产品类别(产品线)的多少,多者为广,少者为狭。产品组合的长度,说明企业生产经营的各产品类别内产品项目的总数,多者为长,少者为短。产品组合的深度指产品线上每种产品有多少花色品种和规格。产品组合的密度,说明企业生产经营的各种产品类别在最终用途、生产条件、分销渠道等方面的关联程度,关联性大者为密,小者为疏。

产品线是指企业经营的产品核心内容相同的一组密切相关的产品。密切相关是指产品都是针对具有同质需求的顾客,通过同一种渠道被销售出去。科特勒认为产品线是指密切相关的一组产品,因为这些产品以类似的方式发挥功能,售给同类顾客群,通过同一种类的渠道销售出去,售价在一定的幅度内变动。如一个家用电器公司,既生产电视机、录音机,又生产洗衣机、吸尘器,还生产电冰箱、空调机等。电视机、录音机、洗衣机、吸尘器、电冰箱及空调机组成了这家企业的六条产品线。每一条产品线中的产品的核心内容是相同的。

产品项目是产品线中的一个明确的产品单位,它可以依尺寸、价格、外形等属性来区分,也可以依品牌来区分,因此,有的时候一个产品项目就是一个品牌。

(1) 产品组合的广度(宽度)。产品组合的广度是指产品线的总量。产品线越多意味着企业的产品组合的广度就越宽。上述某家用电器公司的产品组合广度就是六条产品线。如果另一家企业的产品线是八条,那么,具有八条产品线的企业的产品组合广度就要宽于具有六条产品线的某家电公司。产品组合的广度表明了一个企业经营的产品种类的多少及经营范围的大小。

(2) 产品组合的长度。产品组合的长度是指产品项目的总和,即所有产品线中的产品项目相加之和。再以上述某家电公司为例,此公司的电视机产品线有 6 个产品项目;录音机产品线有 8 个产品项目,洗衣机有 3 个产品项目,吸尘器有 4 个产品项目,电冰箱有 6 个产品项目,空调机有 4 个产品项目。这家公司的产品组合长度就是:6+8+3+4+6+4=31(个)。一般情况下,产品组合的长度越长,说明企业的产品品种、规格就越多,由于有时候一个产品项目就是一个品牌,因此,产品组合的长度越长,企业所拥有的产品品牌也可能越多。

(3) 产品组合的深度。产品组合的深度是指企业的产品线上每种产品有多少花色品种和规格。如某一公司产品线上的 A 品牌产品,假设它有 4 种规格和 3 种配方,则该品牌产品的深度为 12。通过计算每一品牌产品的深度,然后将其加总,再除以品牌产品总数,我们就可以得出该企业产品组合的平均深度。

(4) 产品组合的相关度(密度)。所谓产品组合的相关度是指各个产品线在最终用途方面、生产技术方面、销售方面以及其他方面的相互关联程度。最终用途是指各个产品

---

⑬ [美]菲利普·科特勒,凯文·莱恩·凯勒. 营销管理(第 12 版). 梅清豪,译. 上海:上海人民出版社,2006:424.

⑭ 吴世经,等. 市场营销学. 成都:西南财经大学出版社,2001:272.

线的产品所提供的使用价值，也就是产品的核心内容。生产技术则指产品的生产、工艺流程、加工技术等。销售方面是指产品的销售渠道、仓储运输、广告促销等。

产品组合的相关度与企业开展多角化经营有密切关系。相关度大的产品组合有利于企业的经营管理，容易取得好的经济效益。反之，则对企业的要求高，经营管理难度大。

产品组合通用的分析方法是 PPM 分析法，这是由美国波士顿经营顾问集团、麦肯锡咨询公司、美国通用电器公司和哈佛大学经营学院共同开发的一种产品组合分析方法，这种方法包括 PPM 分析图的原型、产品组合的合理构成、分析程序及不同区域的参照战略等，如图 8-5 所示。

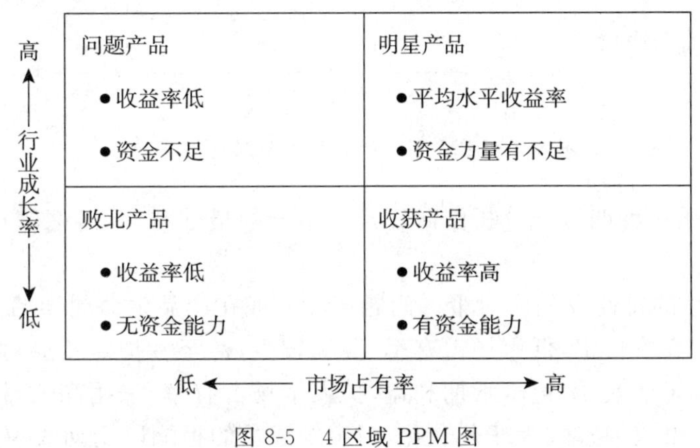

图 8-5　4 区域 PPM 图

PPM 分析法十分重视产品成长率和市场占有率，因为这两个因素与反映企业业绩的收益性和财务的流通性密切相关。PPM 原型分成四个区域，区域 PPM 图中各个区域的产品市场特性是不同的。在成长率高而市场占有率低的这一区域内的产品称为“问题产品”；在成长率和市场占有率都高的这一区域内的产品称之为“明星产品”：在成长率低而市场占有率高的这一区域内的产品称之为“收获产品”；在成长率低并且市场占有率也低的这一区域内的产品称之为“败北产品”。

二、产品组合的最佳状态

企业如何进行产品组合，是一个很值得研究的问题。只有使企业的产品组合处于最佳状态，企业的市场营销活动才能有效进行。企业的产品如果集中于“败北产品”区域，则目前形势虽好，但因产品生命周期规律及经营环境的变化，容易陷入困境之中；若集中于“问题产品”或“明星产品”区域，其经营状态也不够稳定。利用 PPM 分析法就可以找出产品组合存在的问题。产品组合的最佳状态应该是“问题产品”“明星产品”“收获产品”各占一定的比例。处于这种状态的产品组合，既有利于利润、资金的稳定与平衡，也有利于目前利益和未来利益的平衡。在这样的产品组合下，由于“收获产品”的资金来源支撑着“问题产品”的成长和“明星产品”的发展，不但可以扩大明星产品的投资和利润收入，而且也有利于将问题产品发展为未来的明星产品。

产品在 PPM 图中的位置是动态的最佳状态，理想的动态移动状况如图 8-6 所示。

实现产品最佳状态的组合步骤是分析评价现有产品线上不同产品项目所提供的销售额和利润水平，然后分析各产品线的产品项目与竞争产品的市场地位，最后拟定产品市场的战略意向。

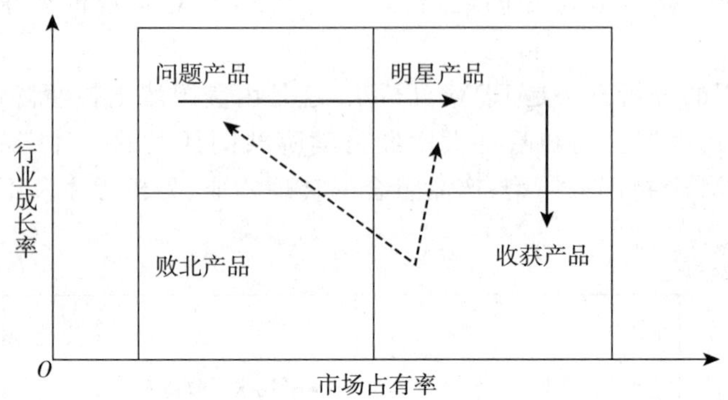

图 8-6　PPM 图中产品和资金的合理流向

如果企业采用这种四区域分析图研究产品组合的最佳状态，各区域产品市场特性及相应对策主要有：

(1) 问题产品的特性及相应对策。问题产品一般在产品生命周期的导入期和成长前期，其市场特性是高成长率，低市场占有率，赢利较少，甚至亏损。相应对策是：停止投资或重点投资；放弃短期效益，追求长期利益，扩大市场占有率，采用高质量低价格的战术，以扩大销量；信息渠道的方式为非公开化，对组织成员的报酬以变动式为主。

(2) 明星产品的特性及相应对策。明星产品处于产品生命周期的成长期阶段，其市场特性是高成长率、高市场占有率，利润率有所提高。相应对策是：扩大投资，确保或提高市场占有率，防范竞争对手；采用高质量、高价格、高促销费用的"三高"战术进击市场；信息沟通为公开化方式，组织成员报酬为变动固定相结合。

(3) 收获产品的特性及相应对策。收获产品的市场特性是成长率低和市场占有率高，利润丰厚。相应对策是：适当控制投资和市场占有率；重视发展中的商品；改进原有产品，开发新产品；降低宣传等促销费用；信息沟通为公开式、统一式；组织成员的报酬为固定式为主。

(4) 败北产品的特性及相应对策。败北产品的市场特性是：成长率、利润率、市场占有率明显降低。相应对策是：有计划有步骤地撤出原市场，合理地将资源转向其他事业和实施产品系列单纯化；信息沟通自上而下的命令式，组织成员的报酬为固定式。

在现实的市场营销活动中，也有人运用九区域 PPM 图分析产品组合的最佳状态，如图 8-7 所示。

A 区域宜采用防御战略。为此应坚守市场占有率的优势并力图不断扩大，防止竞争对手发起各种反攻；该区域产品所需资源应最优投入，以追求规模效益，高产品质量和高价格及高收益为企业的市场营销目标。

B 区域宜采用强化扩大战略。应冒一定的风险而积极投资；对该区域产品所需的资源应优先投入，提高市场占有率和营销的效益，以追求成为行业的领导企业为企业的市场营销目标。

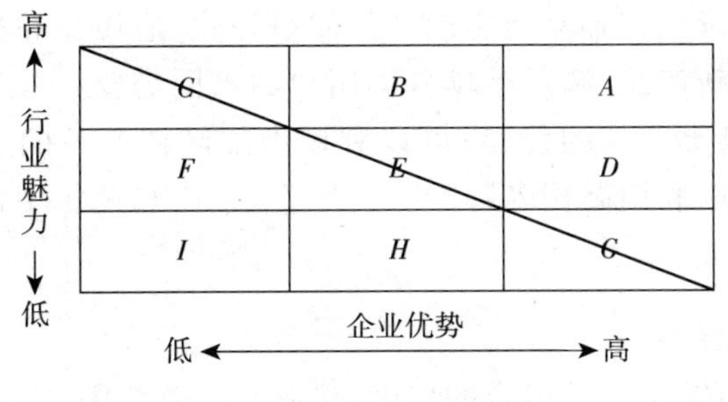

图 8-7　9 区域 PPM 图

C 区域宜采用扩大市场占有率的战略。应冒一定的营销风险，实施将来市场最大容量的投资；追求长期利润最大化，实施产品多样化而采取各种有效的促销策略，以实现追求提高市场占有率的企业市场营销目标。

D 区域宜采用维持优势战略为目标。应对个别优势不足的产品，一旦出现机会时力求扩大市场占有率；保持和提高收益率，对所需资源应优先投入；理顺销售网，加强内部管理，降低生产成本和提高劳动生产率，以实现维持市场优势的市场营销目标。

E 区域宜采用基础安定策略。应重视收益与资金的安定，通过使二者平稳来扩大事业；将投资集中于风险较小的产品上。

F 区域宜采用选择投资战略。为了防止企业损失的扩大，应将投资限定在最小限度或某一范围；逐步撤退，控制投资。

G 区域宜采用资金回收战略。应编制中长期资金回收计划；实施小规模的以提高生产效率和降低成本的投资活动，加速资金的回收。

H 区域宜采取消磨战略。应以短期资金收回为目标，避免价格竞争；中止原产品的改良；压缩资源和资金投放，停止投资。

I 区域宜采用抑制战略。应压缩已投入的资源，迅速撤出市场。

以上分析了企业的产品处在九个区域的各自应采用的战略。如果从商品组合的最佳状态来说，只有 *A*、*B*、*D* 三组处于最佳状态，*H*、*F*、*I* 三组广度不足，尤其是 *I* 组产品应该加以淘汰，代之以有前途的新产品。

三、产品组合的策略

（一）广度扩展策略

这是指有选择地增加产品大类，扩大产品组合的广度，具体来说可向两个方面发展：一是横向发展，即以现有的技术和经验为基础，发展与现有产品大类相关联的产品大类；二是侧向扩展，即发展与现有产品大类完全不相关的产品大类。

采用广度扩展策略，可以充分利用本企业的资金、技术、人才、设备、市场、销售渠道等方面的潜力，并可以分散经营风险。但若产品组合广度过大，经营管理较为复杂，企业力量较为分散，不容易形成某一方面的优势，经营得好，不同产品之间可以相得益彰；经营不善，则可能影响企业的竞争能力。

（二）深度扩展策略

这是指以现有产品大类为基础，向纵深发展，增加产品大类的品种规格。

采用这种策略,可以比较容易地实现产品的系列化、通用化和标准化;可以用较少的资金、较快的速度发展新产品,满足市场各类用户的不同需要;可以充分利用本企业的设备、技术和经验,形成某类产品的优势;可以利用增加高档产品的生产和销售,提高现有产品声誉和销量;还可以利用高档名牌产品的声誉,生产和销售中低档产品,以吸引购买力较低的顾客。

(三)广度收缩策略

广度收缩策略是指缩小产品组合的广度,以缩小经营范围,实现生产专业化。

采用这种策略的企业,有的可能是在市场营销活动中选择了对企业有利的产品大类,淘汰了对企业不利的产品大类,有的则可能是根据自己的专长和特殊的生产条件,采用较窄的产品大类,以满足某一特殊的需要。这种策略对中小企业尤为适用。

(四)产品细分策略

这是指企业在市场细分的基础上,专门为某一类需求未能得到满足的消费者生产和销售某种产品。例如,自行车厂把自行车细分男车、女车、运动车、轻便车、儿童车等细分市场。每一类细分市场都为满足某一类消费者的需要,销售某一特定种类的自行车。

(五)产品差异化策略

产品差异化策略是指在同类产品市场上,企业为突出某一产品与市场上其他同类产品的不同特点,而采用不同设计、不同配方或不同包装,以表示本企业产品的特殊效用,尽管该产品与其他同类产品的实际功能并无差别。

(六)产品定位策略

产品定位策略是指根据消费者对产品的印象和重视的程度,给本企业产品确定一个市场地位,也就是找出用户心目中理想点的位置,同时找出本企业和同行业现有产品在主要属性方面所存在的差距。这样,企业就可以根据本企业的经济技术条件,避开现有产品区,在接近理想点的空白区确定目标产品的位置,据此改进或开发新产品,将会因具有与现有产品的不同的特色,而在竞争中处于优势地位。

第三节　新产品开发策略

一、开发新产品的意义

(一)新产品的含义

市场营销中认识的新产品与科学技术意义上认识的新产品是不完全相同的。前者含义宽于后者,并且包含了后者。科学意义上的新产品是指以新的科学技术的应用为标志的;市场营销中所认识的新产品是指以现有消费品市场的存在为标志的。所谓新产品,即在结构、性能、材质、技术特征等某一个方面或几个方面有显著改进、提高或独创,在一个省、市、自治区范围内第一次试制成功,经有关主管部门鉴定确认并在市场上初次出现的产品。

科特勒(Kotler,2006)认为⑮,"新产品"包括新发明产品、新产品线、现行产品的改进更新、现行产品线的增补品、市场重新定位、成本减少和新的品牌,它们都是公司通过自己的研究开发努力而发展起来的。吴世经教授认为⑯,作为企业的新产品的定义是:企业向市场提供的较原产品在使用价值、性能、特征等方面具有显著差别的产品。吴健安教授认为⑰,产品只要在功能或形态上得到改进与原有产品产生差异,并为顾客带来新的利益,即视为新产品。它包括全新产品、新产品线、现有产品的改进或更新、再定位、成本减少以较低成本推出同样性能的新产品。具体分为以下几类:

(1) 完全创新新产品。这是指完全应用新的科学原理、新的生产技术、新的原材料生产出来的与已有产品毫无雷同之处,具有划时代意义的产品。例如,电话、飞机、电视机、电子计算机、真空管、激光器、核反应堆等第一次问世,都被公认为完全创新新产品。生产经营完全创新新产品,需要花费企业较大的人力、物力和财力,并需要有较长的时间作保证,推销这类新产品的技术要求也高。完全创新新产品与科学意义上的新产品其含义是一致的。

(2) 换代新产品。这是指在原有产品基础上,部分采用新技术、新材料生产出来的在性能、质量上有明显提高的产品。例如,黑白电视机改换为彩色电视机,电子管收音机改换为晶体管收音机,电动玩具改换为遥控玩具等均属于换代产品。吉普(Jeep)是美国克莱斯勒公司的产品,该汽车在登山越野性能上不断改进,形成自己特点。该公司Jeep钥匙篇广告将钥匙的齿锯改造为高山形状,让人感到盘山越岭尽在一手掌握。

(3) 改进新产品。这是指在改变原有产品功能、结构基础上,使产品的性能、质量有所改进以及花色品种有所翻新等。例如,药物牙膏、变速自行车、落地电风扇、香味手帕等就是在普通牙膏、一般自行车、台扇、一般手帕基础上经过改进后的新产品。这些产品在原来市场上没有,因此,它与消费者所认识的新产品的含义是一致的。

(4) 仿制新产品。这是指企业模仿他人生产的产品,在商品外形、颜色等方面作少许改变。例如,自行车本身高矮,服装中口袋、领口、袖口的变化都属仿制新产品。从整个市场来说,它已不是新产品,对尚未生产这类产品的企业来说,它仍然是新产品。这种新产品的含义是市场营销学所特有的。

例 8.2:沈阳黎明航空发动机(集团)有限责任公司的业务主要是飞机发动机、外购非航空零部件、燃料发动机和钢铁产品的生产和维修。它们还在精心计划下制定了先进的信息流运作,优化利用制造资源,降低产品开发成本,缩短产品开发周期和提高产品质

⑮ [美]菲利普·科特勒,凯文·莱恩·凯勒.营销管理(第12版).梅清豪,译.上海:上海人民出版社,2006:716.

⑯ 吴世经,等.市场营销学.成都:西南财经大学出版社,2001:315.

⑰ 吴健安.市场营销学.北京:高等教育出版社,2000:202.

量。黎明公司的管理层认为,UGS公司的PLM解决方案是保证他们的公司成功实现转型的关键。UGS公司和黎明公司之间成功合作的历史长达10多年,双方合作非常融洽。黎明公司成立了项目研究小组。项目小组主要由黎明公司的员工和UGS公司的本地和国际专家组成,主要负责调试和实施PLM解决方案。整个过程是分成几个阶段进行的,首先是为期4个月的最初评估阶段,UGS公司在此阶段帮助黎明公司确定了PLM解决方案的特定要求。该模式是在设计阶段由NX创造的。在下游作业(包括制造作业)中,这一模式将获得一定的支持。实施PLM解决方案为黎明公司带来的最明显的好处就是信息检索速度变得更快了;另外一个好处是数据共享变得更方便了。另外,通过实施PLM解决方案,产品开发过程也得到了改进,这个效益是可以衡量的。例如,更改设计所需的时间已经减少了48%;流程规划时间(包括批准周期)已经减少了一半;夹具开发时间则缩短了51%。UGS公司提供的PLM技术正在黎明公司迈向精益企业的转型过程中发挥着日益关键的作用。

资料来源:PLM成功案例,www.c3ps.com/case.asp? aid=73,2009.02.25.

(二)开发新产品的意义

开发新产品是企业商品策略中重要的组成部分,它是企业产品竞争的一场深刻的革命,对企业的生存和发展有十分重要的意义。

(1)有利于适应市场需求的变化,保证企业的稳定发展。随着社会经济的发展,市场需求的变化日新月异。任何企业要求的生存和发展必须是在提高产品质量的同时,大力开发新产品,增加花色品种以适应市场需求变化的基础上方能实现。

(2)有利于企业扩大产品市场占有率,提高企业的市场地位。不断开发新产品,以新产品代替旧产品,这是维持企业生存和发展的基本条件。企业只有不断开发新产品,取代销售量下降的老产品,才能保证原有市场,补偿下降的销量和利润。否则,就会失去市场,企业也难以生存和发展。

(3)有利于企业提高市场竞争能力,促使企业稳定发展和壮大。企业在市场竞争中的地位怎样,主要看企业产品是否符合市场需要,是否为广大消费者所接受。哪个企业能不断地推出符合市场需要的新产品,哪个企业在市场竞争中的能力就比较强,企业就能保持青春的活力和良好的竞争态势。

二、开发新产品的方式与要求

(一)开发新产品的方式

(1)由企业独立研制。这是企业针对现有商品存在的问题,充分发挥本企业的优势,研制出具有本企业特色的新产品。采用这种方式,企业必须有较雄厚的经济和技术力量,中小企业、乡镇企业一般不宜走这条道路。

(2)实行技术引进。这是开发新产品常用的方法。其优点是节约研制费用,争取时间,缩短差距,填补空白,效益比较明显。

(3)独立研制与引进技术相结合。这是企业在引进技术充分消化和吸收的基础上,与本企业的科学研究相结合发展新产品的方式。采用这种方式有利于发挥引进技术的经济效益。因此，企业开发新产品常常采用这一方式。

(4) 企业与有关大专院校、科研机构联合研制。企业可以充分利用有关大专院校、科研机构的研发优势，投入必要的资金、物力与人力和它们共同研制和开发新产品，在新产品投放市场获利后，彼此之间根据合同或契约分享收益。这是一种企业开发新产品的常用方法。

(二) 开发新产品的要求

(1) 要符合市场需求。企业开发新产品以前，必须深入进行市场调查和市场预测，在把握市场需求的基础上，作出开发新产品的决策。要善于发现市场的新需求，借助外部的成功事例。

(2) 要具有新的特色。新产品的一个显著特点就是一个"新"字，它应该具有新的性能、新的用途、符合消费者新的需求。在新产品的设计上，应努力赶上时代的潮流，做到新产品多功能化、微型化、组合化、简便化。

(3) 要与企业的实力相适应。开发新产品涉及企业的人力、物力、财力以及技术力量等条件，因此，企业在开发新产品时必须量力而行。应当尽可能选择那些有利于发挥企业特长的产品，不要勉为其能，以免事与愿违。

(4) 要有较高的经济效益。开发新产品不仅要有利于市场消费需求，而且应该能给企业带来明显的经济效益。因此，企业应该采取积极慎重的科学态度，依据市场需求和本身的开发能力，坚持主导产品与辅助产品相结合，"拳头"产品与普通产品相结合。这样，有利于综合利用原材料，降低产品成本，提高经济效益。

三、新产品开发的策略和程序

(一) 新产品开发的策略

新产品开发是关系到企业能否生存和发展的大问题，要积极而又慎重地、准确地开发新产品。在新产品开发过程中，企业要周密地进行市场调查和预测，根据企业生产类型、产品复杂程度，以及企业生产技术条件精心地组织。企业要按照自身的实际情况，制定新产品的长远发展规划和近期计划，运用远近结合、配补结合、高低结合、集散结合的策略。

1. 远近结合策略

所谓远近结合，就是一个企业，应该有发展新产品的长远规划和近期目标。由于新产品的研制需要相当长的时间。因此企业一般必须在第一代产品的成长期或成熟期初就要着手进行第二代产品的研制工作。它通常可以是对第一代产品作某些改进，同时还必须开始第三代产品的研制和第四代产品的预研工作。这就是人们常说的"四代同堂"，即要做到"生产一代，改进一代，研制一代，预研一代"，用习惯的比喻来谈，就是要做到"嘴里吃一个，手里拿一个，眼睛盯一个，脑子想一个"。只有这样，才能保证企业在市场发生变化的情况下，能够及时拿出新产品来投入市场，以满足消费者的需要。

2. 配补结合策略

所谓配补结合就是指企业要尽量生产配角产品和短线缺门产品。

(1) 配角策略。中小企业一般不能就某一类产品的生产经营活动取得主导地位，这时就要甘当配角，主动地为主导企业研究、生产和经营某种产品服务，大力发展主导企业所需的配套产品,提供必要的服务。这时往往容易得到主导企业在技术和维修方面的支持和帮助,原料、市场、价格都较有保证,风险较小。但也要防止对主导企业的过分依赖,要甘当配角而又不做附庸,其办法是充分发挥专业生产的优势,扩大市场,拓宽销路,努力提高产品或服务的质量,发展品种规格,降低成本,争取为更多的用户服务。只有在配角所提供的产品或服务,在质量、成本、交货期等方面都比主角自己干更好、更有利、更方便时,配角才有可能成为主角不可缺少的伙伴,也才有可能真正获得独立、平等、自主的地位。

(2) 补缺策略。中小企业一般应回避那些供给充足或供求平衡产品的诱惑。这些产品一般可能是利润较高的热门货,但生产厂家众多,竞争激烈,对于实力不足的中小企业,最好不要跻身于此去作背水一战的较量,而应把注意力放到努力发现市场供应的空当上去,积极开发市场急需的短线缺门产品,以及外贸需要而又供应不求的产品。这些产品一般可能技术难度较大,或因需要批量较小而被人遗忘,或因利润不丰而被人抛弃。但在它们当中往往有许多很有前途的产品。不少企业都是由于及时抓住时机,由此而发展起来。采用这种策略容易成功的原因还在于:在许多企业都不愿生产的情况下,愿意生产的企业就容易受到有关方面的支持,竞争相对较少。当该产品开发成功以后,其他企业竞相仿效时,先开发的企业在技术、维修、市场等方面都已处于领先地位,因而增加了竞争中取胜的可能性。

3. 高低结合策略

所谓高低结合,是指企业开发新产品,要注意高档产品和低档产品相结合,尤其是生活资料,更要注意这一点。这样做能够满足不同层次消费者的需要,适应不同市场的需求。

4. 集散组合策略

所谓集散组合,就是企业在新产品开发成功后,要不断采用同心扩散和重新组合策略,开发出各种新产品。

(1) 扩散策略。当一种产品开发成功后,该产品的技术、生产能力、销售市场、商标和声誉,就成了一种宝贵的资源。企业必须充分利用这些资源,扩大经营成果,否则将是一种巨大的机会损失。为此,企业应采用同心扩散战略,即以已获得成功的产品为中心,开发出各种变型产品、系列产品、配套产品和延伸产品。这些产品由于可以利用原有产品的销售渠道和声誉,因而比较容易进入市场,打开局面。同时,用于产品系列化和配套程度的提高,可以使用户选用、采购、维修更为方便;又由于这类产品所使用的原理、结构、制造技术基本相同,零部件的通用化、标准化程度较高,因此生产成本比较低廉,并且可以用较短的时间和较少的费用,开发出较多品种的产品,从而可以有效地扩大企业产品的市场,增强企业的竞争能力。

(2) 组合策略。采用这种策略,并不着力于追求新的发明创造,也不一定要采用什么新原理、新结构、新技术,而只是将现在的已经成熟的技术和产品加以组合,开发出别具一格的新产品,如把收音机和录音机加以组合,开发出一种全新的产品——收录机,把已有的自动测距技术、集成电路技术和普通的照相机、闪光机加以组合,开发出一种新型的全自动照相机。运用这种组合策略,可以在现有技术和现有产品的基础上不断加以组合,开发出许许多多的新产品。运用这种策略开发新产品,一般不需要大量投资,花费的时间较少,失败的风险也较小。其成功的关键在于细心地研究市场的需要,富于想象,匠心独运,独辟蹊径,发现各种产品重新组合的可能性。如盐城无线电总厂生产的"燕舞牌"组合电子系列产品,把收音机、电视机合为一体,就是这种策略的巧妙运用。

(二)新产品开发的程序

开发新产品的难度大,是一项非常细致的工作。为了使新产品适应市场需要,减少失败的风险,发展新产品就要有一定步骤,缜密策划,精心组织,建立研制新产品的管理程序。

新产品的开发过程,由于采用开发方式不同而有所区别。从市场营销角度来看,这个过程一般可以分为构思、筛选、经济分析、设计、试制、试销、正式投产等七个阶段。

1. 构思

这一阶段也称为产品的设想或创意阶段。即是对满足一种新需要的设想。它来源于市场的需要,是产品诞生的开始。现代科学技术为新产品的构思提供了条件,而现代企业越来越感到"闭门造车"已不适应经济发展和市场的需要。企业经营者必须作深入的市场调查,广泛听取用户对老产品的意见;鼓励企业所有生产人员、销售人员、服务人员提出发展新产品的建议;广泛收集市场情报信息以及产品革新成果;学习研究经济政策;听取经销代销单位、科研单位的反映;分析竞争产品成功和失败之处,等等,以形成有一定现实基础的各种新产品构思。当然,最重要的是企业经营者的创新精神,这是不断获得新产品构思的重要条件。一般说来,成功的新产品创新构思,不仅来源于突发的灵感、敏锐的观察、巧妙的联想、不懈的探索,而且要方法运用得当。此外,实践证明,起源于外部而被企业接受的新产品设想方案,往往导致成功;而冥思苦想、脱离现实、片面求新求奇的产品却会遭到失败。

2. 筛选

企业经营者经过构思后,可能有许多设想方案。这时企业要根据本企业的发展目标、经营范围、经营策略、资源条件和生产条件,对这些新构思进行选择和取舍。筛选的方法很多,最普通的方法是,根据筛选对象,列出评价项目,如产品质量、功能特色、产品生命周期、市场规模、竞争情况、本企业技术能力、生产能力、销售能力、预期利润率等,并对每个项目规定评价等级和各等级分数,然后根据各种产品构思所得的总分来决定取舍。但在取舍中要防止失误。一是误舍,即把有希望的产品设想放弃,所谓失之交臂。这种误舍的原因是:一是可能由于情况资料不全、不准而造成,也可能与决策者的保守思想有关;二是误用,即将一个没有前途的产品设想付诸实施而造成人力、物力、资金和时间的损失。

3. 经济分析

经济分析即对新产品的必要性、可能性和经济效益进行综合分析,判断其是否符合企业目标。经济分析贯穿新产品开发全过程中,在新产品构思、筛选阶段,要进行经济分析,在筛选之后,更要进行经济分析,具体分析其可行性。经济分析如图 8-8 所示。

4. 设计

新产品的设计分为初步设计、技术设计和工作图设计三个阶段。

(1) 初步设计。它的主要任务是对新产品的结构进行试验和研究。如机械产品是由

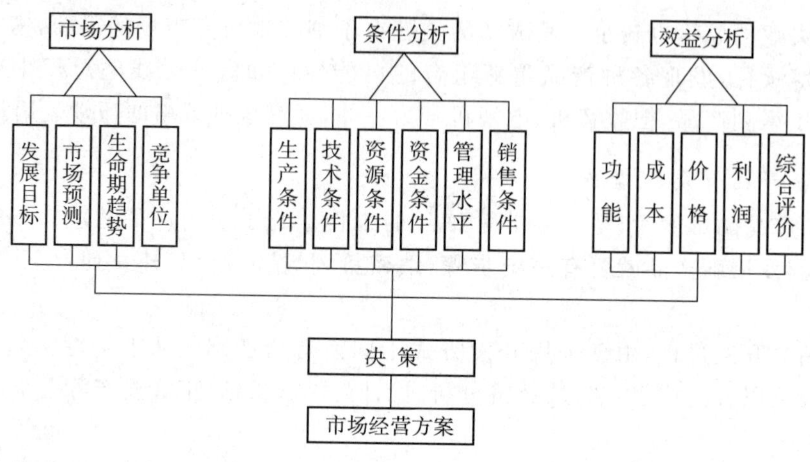

图 8-8 经济分析

零部件组装起来的。因此,设计此类新产品,就要对一些零部件进行必要的研究和试验,以便为设计工作提供允许应力、安全系数等方面的资料。在初步设计中,还要确定产品的组成部件以及它们的结合方式和尺寸,并画出产品的结构草图等。

(2) 技术设计。这是新产品的定型设计,它包括:确定新产品的各部件、组件的详细结构、尺寸及其配合关系;计算结构和零件的强度和刚度;画出产品总图、部件和组件的结构装配图、传动系统图、润滑系统图以及电器原理图,等等;计算产品主要技术经济参数,并检查其性能、成本等是否达到了产品开发方案的要求。

(3) 工作图设计。它是在技术设计的基础上,为新产品的试制、生产和使用提供所需要的图纸和全部技术文件,包括:绘制零件图、部件图和总图;编制零部件、备件和附件的明细表;提出通用件、标准件、外协件、自制件以及原材料、毛坯等综合明细表;编制产品使用维修说明书以及产品验收和交货的技术条件等。

5. 试制

新产品试制是把图纸变成产品,也是对新产品设计的检验,是新产品开发过程中必不可少的重要环节。它包括样品试制和小批量试制。在样品试制过程中,一方面要解决所碰到的各种技术问题,另一方面也要检验产品的技术性能是否达到设计的要求。小批量试制是在样品试制成功的基础上进行的。它是为产品的正式投产做好生产工艺、各种工装及生产组织等各项准备工作,同时要解决由样品试制到批量生产的各种技术问题。

6. 试销

新产品试销也叫市场检验。它是把试验成功并通过鉴定的产品,投放到通过挑选、并且有代表性的小型市场范围内进行销售试验,了解顾客对产品的反映和意见,以便进一步改进。如试销成功,则可以通过各种方法探索向全国市场推销所应采取的各种市场经营组合决策,并测试将来的可能销售量;如果试销不成功,则要停止生产。当然,有些新产品,如经过市场调查研究以后销售成功的把握很大,也可不进行市场试销。

7. 正式投产

通过市场试销成功的新产品,企业就可以正式投入生产,并制定适当的市场营销组合策略,以扩大产品销售,尽快赢利。

第四节 产品的包装和商标

一、产品的包装

(一) 产品包装的作用

包装对于人们来说并不是什么陌生的东西,从大自然到人类社会俯拾即是。一夹青豆、一颗花生果、一只香蕉、一头大蒜,都是大自然中完美的包装。一瓶老酒、一盒糕点、一包花生米,都是人类对商品的包装。随着社会经济的发展,包装已远远超过了字面上"包"与"装"的简单含义,并形成了一门涉及数学、物理学、化学、生物学、美学、心理学、社会学、市场学、法学等多学科以及造纸、机械加工、摄影、印刷等多种技术的综合性学科。企业生产的商品要想引起消费者的注意,以致产生购买动机,发生购买行为,非得有精致、美观、醒目的包装不可。

所谓包装,就是盛放产品的容器和包装物,是指为了运输、保管、陈列、销售、携带的需要,用各种容器或其他包装物把商品盛装或包裹起来的一系列活动。它是整体商品的一部分,即外形商品。良好的商品包装,既具有良好的物理功能,又具有不可忽视的心理功能。商品包装的作用主要有以下几点。

1. 保护商品

保护商品是商品包装最基本的功能。商品经过包装才能保证产品的安全和内在质量免受外界各种因素的影响而造成损失。例如,易潮、易蒸发类商品经过密封包装,可以起到防潮、防虫、防蒸发的作用;易燃、易爆类商品经过特殊包装,可以起到防火、防爆、防毒的安全作用;食品、服装类商品经过包装,可以起到不受污染、保护商品清洁卫生的作用。

2. 方便运输和储存

商品的物质形态多种多样,有气态、固态、液态、胶态,等等,其物理、化学和生物的性质也各不相同,有的易燃易爆,有的易挥发渗漏,有的易霉烂变质,有的剧毒或具有放射性,等等,只有经过合适的包装,才能进行运输和储存,保证其运输和储存的安全。

3. 便于消费者的携带和使用

许多商品的自然形态是无法直接携带和使用的,必须加以包装。包装能使商品以适当的分量,可靠的保藏手段和方便的开启方式,使消费者易于携带和投入使用。

4. 美化商品促进销售

具有艺术感、时代感的商品包装,往往能紧紧地吸引消费者的视线,唤起消费者浓厚的兴趣,激发对商品的购买动机,从而达到促进销售的目的。

5. 增加商品的价值和提高企业的经济效益

包装是整体商品的一部分，包装的价值也是商品价值组成的一部分。所以，优质的产品包装不仅能提高产品的身价和地位，也增加自己的价值。这样，整体商品的价值提高，就能为企业获得更多的销售收入和利润。

（二）产品包装的要求

1. 保护商品方面的要求

（1）坚固可靠。这是指用来盛装或包装各种商品的装具，如箱、桶、篓、袋、罐等，必须能起到经受运输和装卸中的挤压、碰撞、震动等外力作用，并能防止雨水、阳光和空气等自然力的侵蚀、暴晒、氧化，从而确保产品运输安全。

（2）方便运载和装卸。由于运载工具、运输方式不同，运输包装必须根据运卸特点采用不同的装具和数量。铁路和远洋运输运量大，为了便于机械化操作，必须采用集装箱包装。公路汽车和其他类型交通工具运输，一般靠人工装卸，因而装量必须符合人的体力要求。为了防止运输装载发生错误，必须在包装物上标明各种运输标志、箭头及注意事项。

（3）轻质价廉。笨重的包装，既浪费材料，又浪费动力，包装材料必须选择质量轻、体积小的。同时，包装物在可靠保护商品的前提下，尽量选择价廉的材料，以降低包装费用。

2. 产品包装的心理要求

（1）使用安全便利。包装应注意便于消费者携带、搬动和使用。在市场上一些采用密封式、携带式、挂包式、折叠式、拉环式、按钮式等包装的商品，之所以特别受消费者的青睐，其原因之一就是它给消费者携带、搬动和使用带来了便利。为此，企业必须根据消费者的这一心理要求设计商品包装，同时在包装物上应印有使用和保管方面的说明。

（2）突出商品的形象。商品包装虽能对消费者产生较强的吸引力，但消费者最关心的还是商品的内在质量。因此，包装设计应运用多种手段，直接或间接反映出商品特性，突出地显露出商品形象，以缩短消费者对商品的认识过程。为此，可采用透明式、开窗式包装，直接显示商品形象，也可设计印有鲜明真实的商品实体或使用效果的摄影包装，间接显示商品形象。同时，包装设计应力求与商品的特点、价值和使用价值及消费者的个性心理特征相一致，以获得包装与商品在情调上的一致性。例如，妇女用品的包装，造型应柔和，装潢雅洁；儿童用品的包装，应五彩缤纷，活泼可爱；青年人用品的包装，应素洁淡雅，端庄大方；成年人用品的包装，应质朴沉实，经济实惠。

（3）富有时代感。随着社会经济的发展，人们的心理要求不断演变，对商品包装现代化的要求也日见强烈。为此，商品包装必须具有时代感。在材料选择、制作工艺、装潢造型方面都具有时代特色，给消费者新颖独特，简洁明快，技术先进的心理感受。当然，强调商品包装的时代感，也要注意民族传统特色的继承，应使二者互为补充，相映生辉。

（4）必须符合消费者的消费习俗和社会道德规范。同厂牌商标一样，消费者的好恶与它命运休戚相关，商品包装要为消费者所接受，必须适合消费者的口味，而不是相反，当然，这种适合并非完全是投其所好，更不是迎合一些不健康的心理偏好。

（三）产品包装的策略及趋势

1. 产品包装的策略

无数实践证明，商品包装在企业发展中具有特殊的作用，因而企业间的竞争，正日益向包装方面渗透和延伸。许多企业为了争夺包装方面的优势，往往不惜重金投入巨大的人力、物力和财力，收集包装信息，研究和制定包装战术。目前企业常用的包装策略有以下几种：

(1) 配套包装策略。这是根据消费者的消费习惯和消费中的连带性，把几种相互关联的商品配套包装于一个包装物中一起出售。例如，成套餐具、酒具、茶具、家用中成药、针线和套装等。这种包装策略具有一定的效果，因为，它既能大大地方便消费者，又能以一物带多物，扩大商品的销售，提高企业的经济效益。

(2) 类似包装策略。这是企业把全部或大部分产品的包装，采用相同的或类似的图案、色彩、式样等。采用这一包装策略，能使企业的产品在零售货架上形成庞大的产品阵容，扩大企业的影响，在销售中以多取胜。并且能节省包装费用，提高企业的经济效益。当然，采用这一包装策略必须注意产品品质相近，如果名优产品与一般产品采用相类似的包装，则会失去名优产品的特色。

(3) 再使用包装策略。这是指当产品消费以后，其包装物还可用作其他用途的包装。如一些药盒、药瓶、果酱等包装物就可用作餐具和茶具。一些高级化妆品、珠宝盒其包装物可用作工艺品欣赏。当然，采用这一策略也必须适度，否则，就会导致成本加大，甚至助长社会上的不正之风。

(4) 附赠商品包装策略。这是在包装物内，根据消费者的特点偏好附赠他们喜欢的一些小礼品，如玩具、彩票、化妆品、美术品等。这种策略有助于联络企业与消费者的感情，激发他们的好奇心和侥幸心理，从而达到扩大销售的目的。但是，经常采用这一策略其效果会递减，如果馈赠礼品过重，也会加重企业和消费者的负担，从而达不到预期的目的。

2. 产品包装的发展趋势

(1) 包装材料不断翻新。随着社会经济的发展和科学技术的进步，陈旧的包装材料日益为新的包装材料所取代。一些延续了几千年的粗纸、木板、柳条、瓦罐等包装材料正在消失，而性能良好、应用广泛、美观耐用的塑料、金属材料已上升为主要的包装材料。

(2) 包装手段越来越先进。随着科学技术的发展，手工操作的包装方式已日益为机械化的操作方式所取代。在现代生活中包装已发展成为国民经济中一个独立的部门，因而运用手工包装的手段已很不适应，高度现代化、自动化的包装手段正在蓬勃发展。

(3) 包装设计日益具有时代特色。在今天，包装设计正在从单纯保护商品向科学性、卫生性、实用性、艺术性全面发展，使包装的物理功能和心理功能实现了与时代的优化组合，从而使各种新的包装物以几何速度涌进市场，如透明包装、真空包装、挂式包装、折叠包装、携带包装等层出不穷。这一切表明，单纯保护商品的包装已经成为过去，使包装的物理功能与心理功能有机结合的包装已成为现实。我们的企业必须注意到这一点。

二、产品的商标

（一）商标的含义与作用

商标是一个专门的法律术语，它是品牌或品牌的一部分在政府有关部门依法注册、取得专用权后形成的。商标受到法律的保护，是一项重要的工业产权和知识产权。商标是整体产品概念的重要组成部分。因此，我们在分析商品包装以后，还必须对其进行研究。

1. 商标的含义

商标是商品的标志，总体上说，商标是由商品的视觉图案符号"品标"和语言文字符号"品名"两部分构成。商标是品牌的重要组成部分。

商标各式各样，根据其构成、作用和使用者不同，我们可以作以下分类：

（1）按其构成可分为：①文字商标，即只用文字组成的商标，如"英雄""飞跃""腾空"，等等。②图案商标，即仅用图案组成的商标，如三棱牌手表，其商标即是"八"。③符号商标，即用一种符号组成的商标，如"川"是刀具的商标。④数字商标，即用数字表示的商标，如"555"（三五牌）电池。⑤组合商标，即由文字和图形相互结合而组成的商标，如"熊猫"牌电视机商标中，既有"熊猫"二字，又有"熊猫"图案。

（2）按其作用可分为：①营业商标，即将生产或经营单位名称作为商标使用，如"同仁堂"制药厂，"张小泉"剪刀店。②商品商标，即在个别商品上使用的商标。③等级商标，即为区别商品的品种或质量逐级使用独立的商标。

（3）按其使用者可分为：①制造商标，即表示商品生产者的商标，如"永久牌"自行车。②商业商标，即表示商品销售者的商标，如"桂花牌"盐水鸭。③证明商标，即为证明和保证商品等级和质量的商标。

商标久已有之，但被广泛采用却是商品经济发展的结果。随着商品经济的发展，人们越来越认识到商标无论是对生产者，还是对消费者都有十分重要的作用。

2. 商标的作用

商标通常具有六个方面的作用：

（1）商标便于消费者认识和购买商品。商标是商品质量和来源的文字标记，是消费者购买商品的主要识别手段。

（2）商标可以消除消费者的不信任感。商标代表着商品质量的声誉，可以消除消费者的不信任感，有效地防止其他企业冒充、伪造，维护企业的正当权益。

（3）商标可以树立企业的形象。企业可以通过商标产品宣传与企业宣传联系起来，树立起良好的企业形象，有效地进行产品扩张。

(4) 商标有利于企业扩大市场占有率。商标的声誉一经建立,就会在消费者中产生一种信赖感和崇拜感,这对增加产品销售,提高市场占有率具有重要的影响。

(5) 商标可以降低产品的价格弹性。因为商标本身就是产品异样化的手段,它可以明显地把自己的产品与其他厂家的产品区别开来,这样就避免了产品的正面冲突,使商品价格出现竞争性疲劳,从而降低产品的价格弹性。

(6) 商标有利于国家加强市场管理。有了商标,国家可以根据商标法对市场进行统一管理,以维护社会主义市场经济运行的秩序,保护社会主义条件下的平等竞争。

(二) 商标的设计

商标是由文字、图案、符号等要素构成的,其题材极为广泛,诸如语言词汇、数字记号、制造厂名、销售者名、花鸟鱼虫、飞禽走兽、人物事件、名胜古迹、神话传说、天文地理以及道德规范等都可作为商标的内容。商标的设计是一门艺术性很强的工作,商标竞争往往是产品竞争的第一回合,如何在第一回合中取胜,商标设计必须注意以下几个方面的要求:

(1) 一定要独具特色。只有独具特色,才能使自己的商标与别人的商标明显地区别开来并给消费者留下深刻的第一印象。因此,商标的设计必须强调其个性和特点,避免与别人的商标雷同。我国《商标法》规定,雷同商标不予注册。为了避免与别人商标雷同,使自己的商标独具特色,在商标设计以前必须到商标管理部门查询,商标设计后必须尽快注册。

(2) 符合《商标法》规定和道德习俗的要求。商标设计不能与社会法律、伦理道德相冲突。例如,我国 1982 年公布的《商标法》规定:在我国不能使用我国或其他国家的国旗、国徽、军旗、勋章和红十字会、红新月会标志相同或相近的图案;不能使用政治上会产生不良影响的商标;商标的设计不能带有民族歧视、欺骗性及损害社会主义道德风尚的内容,庸俗、淫秽的商标不允许进入市场。

(3) 商标必须能体现产品内在特性,符合消费者的心理特点。商标的设计要努力体现商品的内在特性,例如,化工产品常用化学分子链和原子结构作商标;机械产品常用锤头或齿轮作商标;化妆品常用美女作商标。同时,商标设计应努力符合消费者的心理特点。例如,用“奔驰”作摩托车商标,会使消费者意会到这种产品高速、轻便的性能,如果用“银象”作摩托车商标,就会使消费者想到它笨拙,从而放弃购买。老年人有追求健康长寿的心理特点,因此,一些老年用品用松鹤、海龟作商标就比昙花一现的鲜花效果好。年轻父母有怜爱孩子的心理特点,因此,一些儿童用品采用天真活泼的小动物作商标,就会备受欢迎。

(4) 必须考虑当地的风俗习惯。一个地区、一个民族的风俗习惯是相对稳定的,他们都有特殊的偏好和忌讳。例如,信奉伊斯兰教的国家忌讳用猪作商标,而其他国家则没有这样的忌讳。日本人喜欢樱花,却忌讳荷花,因为他们把荷花视为浅薄、淫荡和不祥之物。中国人喜欢以蓝天作商标图案,而美国人则认为蓝天是企业收不回的债券。因此,商标的设计必须考虑到不同地区不同民族的风俗习惯,采用当地人喜闻乐见的题材。出口商品还要注意中外文的区别。

(5) 简洁明了,便于理解和记忆。商标设计要求语言精练,生动有趣;图案清晰,一目了然;符号数字简明,便于记忆。枯燥无味涩口繁杂的商标,不会给人们留下深刻的印象。

(三)商标策略

商标策略也是产品策略的一个组成部分。常用的商标策略有以下几种:

(1)统一商标策略。这是指一个企业生产的一切产品均使用一种统一的商标。这种策略可节约大量的广告费用,利用各种产品的推销,扩大商标的声势;同时又可利用市场上已经知名的商标将新产品推入市场。但值得注意的是企业必须保证每一种产品的质量均达到要求,若有一种产品的质量发生了问题就有可能会影响到整个产品系列的形象和销售。

(2)分类商标策略。这是指企业将产品按其用途或档次分类,不同类产品分别使用不同商标,这种策略的优点在于:便于各类产品竞争,防止不同档次产品的混淆,避免某些产品不成功的商标对其他产品的影响。

(3)多商标策略。这是指企业生产各种产品分别采用不同的商标命名。这种策略的优点在于:不同商标可用于不同质量水平的产品,企业声誉建立在各种商标的基础上,某种商标的失败不会造成全局性的影响,从而分散了风险。同时扩大了企业商标阵容,有利于壮大企业声势。有的企业深谙此道,同一类产品,性能稍有区别即用不同的商标推进市场,由于大部分消费者都有追求新产品的心理,因此结果往往比使用单一商标能达到更大的销售量。

(4)平行商标策略。这是指企业生产的各种产品使用企业商标和各种产品的商标。采用这种策略可以使新产品借助企业商标的知名度而显示出该产品的正宗性,同时又可使各种不同的商标表现出各种产品诱人的特性。例如,通用汽车公司的商标"别克""Buick",其豪华版的"Buick"商务;中高档的"Buick"君威;中低档的"Buick"凯越;低档的"Buick"赛欧等。

(5)扩展商标策略。这是指利用已经获得成功的商标把新产品和改进型产品推入市场,如"海鸥牌"照相机Ⅱ型,利用畅销的Ⅰ型商标顺利进入市场。有时甚至可以利用已经知名的商标扩展到其他非同类产品上去,如"美加净"牙膏成为名牌以后,又推出"美加净"洗涤精、"美加净"洗衣粉、"美加净"银耳珍珠霜,等等。

(6)使用其他厂商标策略。这是指本企业生产的产品使用其他企业商标出售。这种策略尤其是适用于中小企业,企业可以与某些名牌产品企业合作经营,在它们的指导监督下,生产出产品用名牌产品的商标出售,如上海郊区和江苏许多乡镇企业生产的服装,使用上海名牌服装的商标出售。采用这种策略的优点在于:可以利用名牌产品的销售渠道比较容易地进入该商标产品的传统市场。同时在合作过程中也可以得到先进厂家在生产技术和经营管理方面的帮助。

(7)无商标策略。这是指某些产品在制造过程中,其物理化学特性无法与其他企业生产的产品相区别,即无差别产品,或消费者购货时并无选择的要求,因而可以不用商标进入市场。如自来水、电力、煤炭、煤气、钢材、小农具,等等。采用这种策略的优点在于:节省包装、广告等费用,降低成本,从而降低价格,扩大销售。

第五节　销售技术服务

商品的销售技术服务，既是产品内容的一个组成部分，又是维护企业信誉，促进产品销售，提高企业竞争能力，增加企业赢利的一种重要手段。因此，企业必须十分重视。

一、销售技术服务的意义

在现代市场经济中，随着科学技术的进步，产品结构越来越复杂，从而使用户或消费者对生产企业的依赖性越来越大。因此，做好产品的销售技术服务工作，对于企业的生存和发展有着极为重要的意义。具体来说有以下几点：

(1) 提高企业竞争能力的重要手段。在现代市场经济中，企业与企业之间的竞争日趋激烈，销售技术服务不仅是竞争的主要内容之一，而且在某些行业，如机电产品、成套设备、电子产品等行业，销售技术服务已经成为竞争的一个主要手段。

(2) 是赢得重复购买机会的重要条件。在现代企业的经营中，用户对产品(尤其是对生产设备和耐用消费品)的要求，不是以交货而告终，而是要求生产企业保证产品能够处于最佳状态。如果这方面的工作做得好，使用户满意，那么今后就会继续购买你的产品；相反，如果这方面的工作做得不好，不能保证产品处于最佳状态，用户就会不再购买你的产品。而要保证产品始终处于最佳状态，就必须做好销售技术服务工作。因此，做好销售技术服务工作，是赢得用户重复购买的一个重要条件。

(3) 是占领广大市场不可缺少的重要条件。做好产品的销售技术服务，是占领广大市场不可缺少的重要条件。特别是机电产品，如果没有技术服务工作作保证，就不能在市场上打开销路，并且站稳脚跟。

(4) 是增加企业收入的一个重要途径。做好产品的销售技术服务，同时还可以得到收入，是增加企业收入的一个重要途径。

二、销售技术服务的主要内容

现代销售技术服务的内容是多方面的，如果按经营过程，可分为售前服务和售后服务两部分。

(一) 售前服务

售前服务是指产品购买之前的各项服务工作，它包括：①为用户提供各种技术咨询，回答顾客提出的各种技术问题，使用户了解本企业产品的技术特点和使用范围等；②协助用户做好设备的选型工作，即根据不同的需要，选购不同的设备；③根据用户的要求，提供各种技术资料和图纸等。

(二) 售后服务

售后服务是指产品销售以后进行的各项服务工作，它包括：①为用户培训技术人员和操作工人。②到现场为用户安装、调试设备，使设备能尽快投产，并能正常运行。③为用户提供零配件。④为用户修理设备。⑤特殊服务。根据用户要求，进行特殊方式的服务，如租赁特殊工具、特殊运输车辆，等等，这种服务对用户来说，次数很少，但是自行解决费用太大，都希望制造企业提供服务。

三、销售技术服务方式

现代销售技术服务，一般有以下两种方式。

（一）固定技术服务

所谓固定技术服务，就是企业根据自己产品的销售分布情况，在产品销售比较集中的地区，设立固定的服务网点，在当地开展销售技术服务工作。

（二）流动巡回技术服务

所谓流动巡回技术服务，就是企业技术服务部门的技术服务人员，根据销售档案的记载和销售卡片的安排，定期到用户处走访，检修本厂的产品；也可以根据用户的临时要求，在短时间内派遣技术人员携带工具、材料、零配件等到现场进行修理。

售前技术服务与售后技术服务，固定技术服务或流动巡回技术服务，有收费和免费两种情况。一般来说，根据合同或保证单规定，在保修期内因质量问题而进行的技术服务应该是免费的；保修期外，或虽在保修期内，因事故或不合理使用造成产品损坏而进行的修理，大多数是收费的。当然，技术服务工作收费与否，还要考虑本企业产品的情况和市场情况。有时为了配合一项新产品的推销或开拓某一区域的市场，争取更多的用户，有些技术服务工作往往也是免费的。

复习题

1. 如何理解产品的整体概念？
2. 怎样划分产品生命周期的不同阶段？每阶段具有怎样的特征？
3. 什么是产品组合的最佳状态，评价的关键因素是什么？
4. 不同类型的新产品采用者分别具有怎样的特点？
5. 联系实际谈谈企业为何对产品采取商标策略。
6. 结合实际论述新产品开发的意义。

第九章
品牌资产管理

［教学要求］

了解品牌的层次；
掌握品牌和品牌资产的定义；
了解品牌资产的特性及其价值；
了解品牌资产的构成；
掌握品牌资产的评估模型；
了解品牌策略的形式；
了解品牌延伸的分类；
掌握品牌延伸策略；
了解品牌资产评估的意义。

品牌在当今营销中扮演的角色越来越重要。它不仅改进了消费者的生活质量，而且提高了企业市场竞争的力量，并将层次不同的企业逐渐区分开来。对企业来说，品牌是一种质量和形象的象征；对消费者来说，品牌是一种态度和价值的选择和评判。品牌作为一种比较竞争优势，与价格、技术、服务、渠道等一样，开始逐渐显现出其独特的魅力。

第一节　品牌资产的内涵

一、品牌概述

（一）品牌的定义

西方国家真正关于品牌理论的研究最早出现在 1942 年（Wolfe，1942）①，1950 年有

① Harry Deane Wolfe. Techniques of Appraising Brand Preference and Brand Consciousness by Consumer Interviewing. Journal of Marketing，1942，(4)：81－87.

专家探讨了品牌偏好与品牌购买之间的关系(Banks,1950)[②]。许多专家已经意识到产品和品牌之间是有区别的(Gardner,Levy,1955)[③],品牌发展距今已有半个多世纪。由于品牌具有极其丰富的内涵故国内外学者对其研究不断地深化。

在商品交换过程中品牌不同于普通的产品,品牌扩大了交换过程中消费者的心理感受对商品价值的影响。最早给品牌下定义的是美国广告教父大卫·奥格威(David Ogilvy,1955)[④],1955年10月奥格威在芝加哥对美国广告同业公会发表了一个演说,题目为《形象和品牌——创意运作的新方法》,专门论述了建立品牌形象的问题。他认为品牌是一个错综复杂的象征,它是产品的自然属性、名称、包装、价格、历史、声誉、广告方式等有形和无形的总和,品牌同时也是根据商品交换过程中消费者对其使用的印象和自身的经验来界定,它是消费者对产品的一切感觉的总和。本书主要采用美国营销协会(American Marketing Association,1964)对品牌的定义:"品牌是一种名称、术语、标记、符号或设计,或是它们组合的运用,其目的是借以辨认某个销售者或某群销售者的产品或服务,并使之与竞争对手的产品或服务区分开来。"[⑤]

总的来说,在半个世纪中关于品牌理论的研究,经历了从20世纪60年代初罗塞尔·瑞夫斯的独特差异销售理论(Rosser Reeves,1961)[⑥]、60年代大卫·奥格威(David Ogilvy,1963)[⑦]和大卫·A. 阿克的品牌形象论(David Aaker,1967)、80年代初里斯和特劳特的品牌定位论(Ries,Trout,1981)[⑧]和80年代后期法奎哈(Farquhar,1989)[⑨]等人的品牌资产论,国外对品牌理论的研究逐渐成熟。

(二) 品牌的层次

法国巴黎高等商学院(HEC)营销教授让-若尔·卡普菲勒(Kapeferer,1992)[⑩]认为品牌应该体现六个研究层次:品牌属性、品牌利益、品牌价值、品牌文化、品牌个性和品牌使用者。

(1) 品牌属性。品牌代表着特定的商品属性,这是品牌最基本的含义。例如,奔驰轿车意味着工艺精湛、制造优良、昂贵、耐用、信誉好、声誉高等。这些属性是奔驰生产经营者广为宣传的重要内容。

(2) 品牌利益。品牌不仅代表着一定的属性,而且还体现着某种特定的利益。顾客购买某种品牌的产品实质上是购买某种利益,这就要属性转化为功能性或情感性利益。就奔驰而言,"工艺精湛、制造优良"的属性可以转化为"安全"这种功能性和情感性的利益;"昂贵"的属性可以转化为情感性的利益:"这车令人羡慕,让我感觉到自己很重要并

---

② Seymour Banks. The Relationship Between Preference and Purchase of Brands. Journal of Marketing,1950,(10):145-157.

③ Gardner,B. B. and Levy,S. J. The Product and The Brand. Harvard Business Review,1955,(2):33-39.

④ 大卫·奥格威:广告教皇,http://www.sh133.cn/article/2006/0913/article_317_2.html,2009,(6).

⑤ www.marketingpower.com/mg-dictionary.php.

⑥ Reeves,Rosser. Reality in Advertising. New York:Alfred A. Knopf,1961.

⑦ David Ogilvy. Confessions of an Advertising Man. London:Southbank Publishing,1963.

⑧ Al Ries,Jack Trout. Positioning:The Battle for Your Mind. Published by:McGraw-Hill,1981.

⑨ Farquhar,P. H. Managing Brand Equity. Marketing Research,1989,(30):24-33.

⑩ Kapeferer Jean-Noel. Strategic Brand Management:New Approaches to Creating and Evaluating Brand Equity. London,1992.

受人尊重”;“耐用”属性可以转化为功能性利益:“多年不需要买新车”。

(3) 品牌价值。品牌体现了生产者的某些价值感。品牌的价值感要求企业营销者必须分辨出对这些价值感兴趣的购买群体。

(4) 品牌文化。品牌还附着着特定的文化,每个品牌都有其特定的文化内涵,这样才能更好地区别于其他品牌。一个好品牌的文化内涵能够与其目标群体产生共鸣。奔驰品牌蕴涵着“有组织、高效率和高品质”的德国文化。

(5) 品牌个性。品牌个性反映了品牌使用者的某些个性,这种个性能够让消费者感到很自豪,乐于向其他人展露。例如,开着奔驰的人会让人联想到一位严谨的老板。

(6) 品牌使用者。品牌暗示着某种品牌使用者的类型。在一定程度上,品牌代表着品牌使用者的身份、地位等。

例 9.1: 福建七匹狼集团公司创建于1990年6月。公司先是主动放弃其他市场专门生产男装,而后逐步突入皮具业、香烟、酒业、茶业等领域,成功地把七匹狼品牌延伸至其他行业,从而建立“统一品牌的多元化经营”战略。品牌资产是客户价值与消费者价值的凝聚,是企业与消费者彼此关系的体现。七匹狼品牌管理是全面提升七匹狼的个性。“倡导男士族群新文化”的七匹狼品牌个性,使七匹狼集团公司在纷繁芜杂的男性消费品上独树一帜。在现代社会的竞争环境中,男士面临着巨大的社会压力,包括家庭责任、社会关系、事业成败等方面的因素。生存本身意味着沉勇机警,不懈奋斗。男性在表面和潜质上兼具狼的性格:孤独,荣辱胜败,勇往直前,百折不挠,精诚团结。七匹狼的品牌形象的规划是:“狼的智慧——无止境的生命哲学”。七匹狼把目标消费者牢牢地锁定在私营企业主、政府官员、公司职员等20～50岁的社会主流消费群体。七匹狼由于涉及的产品领域较广,为达到更佳的沟通效果,就必须对各类产品进行开发和定位,使每个产品的调性(TONE)与品牌的个性吻合最终丰富七匹狼的品牌个性。具体执行路线:服装——自信、端重;香烟——沉重、思索;啤酒——潇洒、豪放;茶品——安静、兼容;白酒——至醇、至酷等,将男士主要性格特征提炼出来,不断提升“七匹狼”男性品牌个性与文化。在促销策略上,不是单一依赖广告或其他促销手段,而是将人员推销、广告、销售推广和公关策略以及品牌文化延伸进行组合性运用。增强整体促销合力,为七匹狼品牌的顺利延伸与迅速发展提供了广阔的发展空间。1996年七匹狼品牌无形资产评估达2.449亿元,1999年“七匹狼”被评为影响中国服饰市场的十大男装品牌。

资料来源:jf2008. home. sunbo. net/show_hdr. php? xname=4MUHL11&dname=31ORL11&xpos=9.2009.10.21.

二、品牌资产的定义

品牌资产的研究源自20世纪80年代末。由于当时西方国家企业兼并浪潮的涌起,令人意想不到的是,并购金额竟远远超过了这些被并购企业的账面资产。比如,在1988年雀巢收购英国郎利公司,收购价格高达50亿瑞士法郎,是郎利公司股市价格的3倍、资产总额的26倍。于是,品牌资产作为一种无形资产逐渐被企业和学者所关注。到20世纪90年代初,对品牌资产的研究达到顶峰,大卫·A. 阿克、凯文·莱恩·凯勒、让-若尔·卡普菲勒等一批顶尖的品牌学者对品牌资产的内涵、评估模型、创建和管理方法等问题作了深入的研究。时至今日,有关品牌资产的研究依然方兴未艾。作为一个热点问题,每个学者都从不同的角度给出了自己对品牌资产的不同理解。

（一）基于财务会计角度的品牌资产

从财务会计角度阐述品牌资产是最早的一种观点,也是目前世界上几大品牌价值评估公司(Interbrand,Financial World,WBL)进行全球品牌评估的基础。此观点着重于利用经济或是财务模型精确估计出品牌价值,即从财务会计角度,把品牌视为资产或商誉,将品牌价值表现在财务报表上,视为具有巨大价值的可交易资产。一些代表性的品牌资产的定义如:肖克(Shocker,1988)[11]指出品牌资产是有品牌产品与无品牌产品之间的现金流差额;穆林(Mullen,1989)[12]认为,品牌资产是高于一般竞争者价格的附加值;芝加哥大学的西蒙和沙利文(Simon,Sullivan,1993)[13]根据公司未来现金流量折现的递增量定义品牌资产,意即相同产品比较有无品牌对未来现金流量的影响。就以上三个定义来看,品牌资产可以直接反映在产品的价格上,也可以反映在的现金流上。正因为品牌资产体现为财务收益,所以许多管理者也经常用“品牌价值”来指代“品牌资产”。

（二）基于市场角度的品牌资产

基于市场角度理解品牌资产是顺应品牌的不断扩张和成长而提出的,该角度与财务会计角度最大的不同在于,财务会计角度着眼于品牌的短期利益,而基于市场角度研究的重心则转移到品牌的长远发展潜力(Barwise,1993)[14]。品牌资产是来源于品牌所达成的市场地位,是超过其实体资产价值的附加价值。金(Kim,1990)[15]认为品牌资产是指,品牌唤起注意者思考、感受、知觉、联想的特殊组合,此组合会进而产生市场购买影响力。戴森等人(Dyson,Farr,Hollis,1996)[16]认为按购买商品的重复率把消费者区分为忠诚消费者、经常购买者、价格驱动者三种类型,分别计算出其市场占有率,当做各类消费者的权数,乘以对不同品牌的购买意愿,为各品牌的消费者价值,再除以市场上所有品牌的消费者价值加总,可估算出品牌的市场占有率,并与实际市场占有率相对照,即为品牌资产。

（三）基于消费者角度的品牌资产

基于市场角度的品牌资产概念开始注意到消费者与品牌资产的关系,认为品牌是因为消费者的认知和认同而存在的,消费者与品牌的关系决定了品牌资产的高低,所以是

---

⑪ Shocker A,Weitz B. A Perspective on Brand Equity Principles and Issues. *In*:Summary of Marketing Science Institute Conference,Cambridge,MA. Report No. 1988:88－104.

⑫ Mullen M,Mainz A. Brands. Bids and Balance Sheets:Putting a Price on Protected Products. Acquisitions Monthly,1989,(24):26－27.

⑬ Simon. C. J. ,M. W. Sullivan. The Measure and Determinants of Brand Equity:A Financial Approach. Marketing Science,1993,(1):28－52.

⑭ Barwise,Patrick. Brand Equity:Snark or Boojum? . International Journal of Research in Marketing,1993,(10):93－104.

⑮ Kim,P. A Perspective on Brands. Journal of Consumer Marketing,1990,(4):20－31.

⑯ Dyson,P. ,Farr,A. ,N. S. Hollis. Understanding,Measuring and Using Brand Equity. Journal of Advertising Research,1996,(6):9－21.

品牌资产的来源。著名品牌专家凯勒(Keller,1993)[17]最早从消费者观点来定义品牌资产,他认为品牌通过营销传播而使消费者在品牌知识上反映出来的差异化效应。拉瑟等人(Lasser,Mittal,Sharma,1995)[18]认为品牌资产是品牌名称加诸产品上消费者所增加的认知效用与好处。后来的学者如克里斯南(Krishnan,1996)、纳特梅尔(Netemeyer,2004)等人的研究也是沿着这一思路进行的。

(四) 基于综合角度的品牌资产

除了用以上三种角度来剖析品牌资产外,很多学者和机构也尝试着考虑品牌资产的各个角度以全面定义品牌资产。法奎哈(Farquhar,1989)[19]将其定义为:与没有品牌的产品相比,品牌给产品带来的超越其使用价值的附加价值或附加利益。美国营销研究院(MSI,1988)对品牌资产的定义是:品牌的顾客、渠道成员、母公司等对品牌的联想和行为,这些联想和行为可以使产品获得比在没有品牌名称的条件下更多的销售额和利润,同时赋予品牌超过竞争者强大、持久和差别化的竞争优势[20]。阿克(Aaker,1991)认为,品牌资产是与品牌、名称和标识等相关的一系列资产或负债,可以增加或减少通过产品或服务给企业或顾客的价值[21]。

根据以上品牌资产研究现状的分析,可以知道各个学者从不同的角度对品牌资产进行定义,可谓是众说纷纭。本书采用的品牌资产定义是:品牌资产是指超越商品有形实体以外的价值部分,它与品牌名称、品牌标识物、品牌忠诚度、可察觉质量相联系,是能给企业带来收益的价值,属于企业的无形资产。简单地说,品牌资产就是能增加产品或服务附加值的一种无形资产。品牌资产与品牌名称、品牌标识物等密切相连,如果品牌名称、品牌标识物等发生了变化,品牌资产也会随之而变化,企业资产负债表中的有关内容也要进行相应的调整。

三、品牌资产的特性及价值

(一) 品牌资产的特性

品牌资产作为企业资产的重要组成部分,主要有以下几个基本特征[22]。

1. 无形性

品牌资产属于无形资产,与厂房、机器设备等有形资产不同,它不能使人们凭借眼、手等感官直接感受到它的存在及大小。从这一点看来,品牌资产对消费者而言是抽象的,它增加了消费者对它予以直观把握的难度,是消费者很难用言语表达的部分,它关注

---

[17] Keller, K. L. Conceptualizing, Measuring, and Managing Consumer-Based Brand Equity. Journal of Marketing, 1993, (1): 1－22.

[18] Lasser, Walfried, Bauwari Mittal and Arun Sharma. Measuring Customer-Based Brand Equity. Journal of Consumer Marketing, 1995, (11): 12－13.

[19] Farquhar, P. H., Managing Brand Equity. Marketing Research, 1989, (30): 24－33.

[20] Park, C. S., Srinivasan, V. A, Survay-based Method for Measuring and Understanding Brand Equity with Extendibility. Journal of Marketing Research, 1994, 5(3): 271－288.

[21] Aaker, D. A. Managing Brand Equity: Captitalizing on the Value of a Brand Name. New York: Free Press, 1991.

[22] 乔均. 品牌价值理论研究. 北京:中国财政经济出版社,2007:53－54.

消费者的情绪、认知、态度及行为。例如,产品是否有个性、是否足以信赖、是否产生了满意度与价值感,是否代表某种特殊意义或情感寄托等。品牌资产作为一种特殊的无形资产,其重要性在企业兼并案例中显得非常明显,兼并者为品牌资产支付的资金远远高出资产负债表中的资产。

2. 增值性

就一般有形资产而言,其投资与利用往往是泾渭分明的,投资会增加资产存量,利用则会减少资产存量,而品牌资产则不同。品牌资产作为一种无形资产,其投资与利用常常是交织在一起、难以截然分开的。品牌资产的利用并不必然是品牌资产减少的过程,如果管理利用得当,品牌资产非但不会因为利用而减少,反而会在利用中增值。例如,某些企业在品牌延伸过程中,将原有的成功品牌延伸到其他产品或行业时,一旦取得成功品牌的影响力就得到了扩大,品牌资产也会因此而增值。

3. 模糊性

品牌资产的计量已经成为企业十分关心的问题,和有形资产相比品牌资产很难准确的计量。一方面,品牌资产的特殊构成决定了品牌资产难以精确的计量。品牌反映的是企业与顾客之间的关系,这种关系的深度与广度通常通过品牌的知名度、品牌联想、品牌忠诚和品牌品质形象等多方面予以透视,而且品牌资产的这些组成部分又是相互联系、相互影响、彼此交错难以区分的。另一方面,反映品牌资产价值的品牌获利性受到许多不易计量的因素的影响,如品牌在消费者中的影响力、品牌投资强度、品牌策略、产品市场容量、产品所处行业及其结构、市场竞争的激烈程度等。这也增加了准确计量品牌资产的难度。

4. 波动性

从品牌资产构成上看,无论是品牌知名度的提高,还是品牌忠诚度的增强,或品牌品质形象的改善,都不可能是一蹴而就的事情。品牌从无到有,从消费者感到陌生到熟知并产生好感,是品牌运营者长期不懈努力的结果。尽管品牌资产是企业以往投入的沉淀与结晶,但并不表明品牌资产只增不减。如果企业品牌决策失误、竞争者品牌运营成功,都有可能使企业的品牌资产发生波动,甚至是大幅度下降。如太阳神凭着 CI 系统和好产品在 20 世纪 90 年代初期的中国保健品行业叱咤风云,但疏于对品牌的维护,渐渐从保健品行业销声匿迹。再看韩国三星,20 世纪 90 年代初还是一个给日本三洋等品牌代工的小企业,在狠抓品牌建设的基础上,品牌业绩和地位直线上升,现已超过索尼成为亚洲第一大电子品牌。

(二) 品牌资产的价值

品牌的价值有很多。以下就品牌对营销者、消费者以及国家的不同价值分别介绍。

1. 品牌对营销者的作用

奥美广告公司(O & M)的专家乔恩·米勒(Jon Miller)和戴维·缪尔(David Muir)[23]充分讨论了强势品牌的商业价值。品牌对企业的有益作用主要体现在以下几个方面:

---

[23] 乔恩·米勒,戴维·缪尔. 强势品牌的商业价值. 北京:中国人民大学出版社,2007.

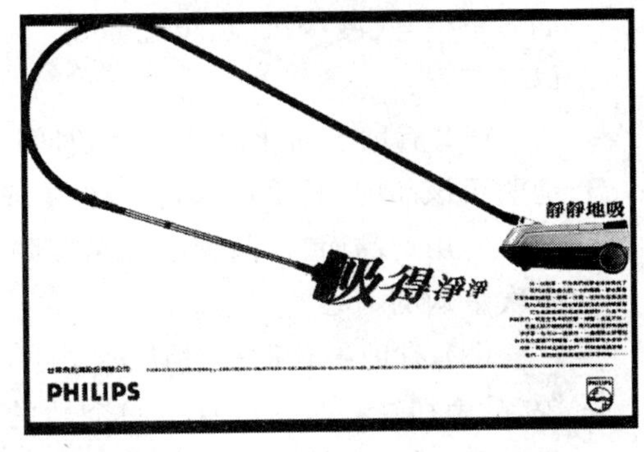

(1) 品牌有助于促进产品销售,树立企业形象。企业在推销商品时,离不开介绍商品特征、生产制造技术、售后服务等。消费者接受信息后,留下记忆最深的是商品的品牌。企业宣传品牌远比介绍企业的生产制造技术等更为方便。有时消费者知道品牌,但不一定知道是哪个厂家生产的。企业有一个好的品牌,通过广告等形式宣传,有利于提高企业的知名度、信誉度,取得消费者的认可,有利于产品的推销。品牌对于企业的生存和发展是至关重要的,它在很大程度上已经成为企业营销战略乃至整个企业的核心。品牌对于企业来说是一种超越企业实体和产品以外的一种资产,良好的品牌可以为企业树立良好的企业形象,使消费者、社会媒体等受众对企业产生良好的印象。对于消费者来说,良好的印象会使消费者对企业的产品产生购买行为并形成品牌忠诚。对于媒体来说,良好的印象会使媒体对企业做出更多有利于企业的正面宣传,从而提高品牌的注意力。

(2) 有利于进行品牌延伸。一种新品牌产品的上市需要花费大量的时间和资金进行推广,而利用现有的品牌进行品牌延伸则可以取得事半功倍的效果。当某一品牌树立良好的信誉后就会使消费者对其产生一种信任感,从而当品牌进行品牌延伸时就会使消费者将这样一种对品牌的信任感和良好的印象带到新产品中,从而使新产品得以顺利进入市场。以飞利浦(PHILIPS)为例,飞利浦以做音响、电视起家,然后利用自身品牌进行品牌延伸做洗衣机、手机、吸尘器等产品,最终都取得了良好的效果。而反过来延伸产品的良好运营又可以进一步强化原有的品牌,提高品牌的知名度这样可以使品牌之间相互支持相互强化,取得良好的效果。

(3) 高附加值和超额利润。从企业来看,品牌给企业带来的价值不仅仅是产品本身的利润,而更多的是品牌文化、品质、价值等所带来的高额的附加利润。同样质量的产品,名牌产品的价格要比非名牌产品高出很多倍,这些高出的利润就是品牌给企业带来的超额的附加利润,这充分体现了品牌的巨大价值。从消费者的角度来看,品牌给消费者带来的不仅仅是物质或服务的需求,同时还有心理、情感等的需求。品牌所体现出来的产品文化内涵、可靠性等因素使消费者愿意为自己购买的品牌支付更高的价格,从而使品牌产品获得较高的附加价值和超额利润。

(4) 有助于企业保持竞争优势。品牌可以是一面“盾牌”,抵御竞争者的攻击,使企业保持竞争优势。当市场趋于成熟,市场份额相对稳定时,品牌忠诚是抵御同行竞争者攻击的最有力的武器,而且,品牌忠诚也为其他企业进入构筑了壁垒。从某种意义上来讲,品牌可以看成企业保持竞争优势的一种强有力的工具。

2. 品牌对消费者的作用

法国巴黎高等商学院(HEC)营销教授让-若尔·卡普菲勒(Jean-Noel Kapeferer)[24]以及凯勒教授等学者,都曾在品牌研究中指出品牌对消费者而言有多方面的作用和意义,

[24] Kapeferer, Jean-Noel. The New Strategic Brand Management: Creating and Sustaining Brand Equity Long Term(4th ed.). London: Kogan Page Limited, 2008.

如质量信号、减少风险、象征意义、保证、特色等。归纳起来品牌对消费者的作用主要有以下两点：

(1) 有助于简化风险，节约时间。品牌对产品质量的一致性提供了保障，无论何时何地购买该品牌，其质量都是一样的，简化了消费者的购买决策过程，节约购买时间。对于初次使用产品而言，品牌的知名度降低了选购的风险；对于多次使用的产品而言，坚定了下次重购的信心。

(2) 有助于获得自我认同或社会认同。成功的品牌一般都有鲜明的品牌个性和形象，品牌往往都是一种身份和个性的象征。通过使用某一品牌，消费者在内心实现了理想自我，或者将社会理想自我彰显出来。如奔驰、宝马同属世界名牌汽车，奔驰象征稳重、实力、权威，宝马代表新潮、冲劲、征服，大富豪都买奔驰，而宝马汽车的消费者则以新潮年轻人居多。

3. 品牌对国家的作用

品牌不仅是使一个企业在市场中占有一席之地，战胜对手的利器，更是一个国家实力和整个民族财富的象征。日本前首相中曾根就说过："在国际交往中，索尼是我的左脸，松下是我的右脸。"民族品牌不仅代表着国家产业的高端水平，而且代表了国家的国际形象。在经济全球化时代，如果一个国家没有优秀的民族品牌，它可能永远充当他国的贴牌生产基地，耗费大量的人力、物力来赚取可怜的加工费。

第二节　品牌资产的构成及评估模型

一、品牌资产的构成

美国加利福尼亚大学著名的市场营销战略教授大卫·A. 阿克(David. A. Aaker)在《品牌资产管理》一书中将品牌资产分为品牌忠诚度、品牌知名度、品牌认知度、品牌联想度和其他专有资产五类。这样分类的优势表现在：简化了对品牌资产的研究思路；统一了对品牌资产构成因素的细分标准；增强了品牌经营管理的针对性，提高了品牌资产投资的效率；有效量化了对品牌资产评估的指标体系，从而为世界品牌资产价值的比较提供了基础。

1. 品牌认知

品牌认知是消费者认出、识别和记忆某品牌是某一产品类别的能力，从而在观念中建立起品牌与产品类别间的联系。从品牌认知的广度来讲，是品牌知名度；从品牌认知的深度来讲，是品牌认知度。品牌认知是一个由浅入深的过程。品牌知名度反映了消费者总体中有多少数量或比例的消费者知道这个品牌；认知度则说明知道该品牌的消费者对产品性能和特点的认识程度。品牌认知作用主要体现在两个方面：第一，品牌知名度能提高品牌影响力。对知名度高的品牌，消费者有这样一种暗示："有这么大的宣传力度，实力不凡，品牌及产品定然不错。"第二，品牌知名度的作用还体现在抑制竞争者品牌知名度的提高。由于人脑吸纳信息的有限性、选择性和先入为主的特性，使得人脑对信息的吸纳容易形成壁垒，对其他信息形成"屏蔽效应"。

2. 品牌形象

品牌形象,即品牌体现的质量,是消费者对某一品牌的总体质量感受或在品质上的整体印象。它是消费者的一种判断和感性认识,是对品牌的无形的、整体的感知。良好的品牌形象有利于品牌延伸,产生溢价效应。品牌形象越好,品牌就越有竞争力,在消费者心目中就占有越重要的地位。良好的品牌形象是企业长期经营的成功之道,也是重要的品牌资产。

3. 品牌联想

所谓品牌联想,是指人们的记忆中与品牌相连的各种事物。这些联想可能包括产品属性、著名代言人,或者特定的标识。很明显,一个品牌的联想越多,其影响就越大,联想越少,影响就越小。品牌联想虽然是人们的一种意识,但这种意识的集合显然具有资产作用。首先,品牌联想可以通过影响消费者对信息的回忆,帮助消费者获得与品牌有关的信息,为消费者的购买选择提供方便。其次,品牌联想本身就凸显了品牌定位和品牌个性,有助于把一个品牌和其他品牌区分开来。最后,品牌联想影响消费者的购买行为,品牌联想往往涉及产品的特征,这就为消费者购买某一品牌提供了一个特别的理由。品牌联想还可以通过在品牌中表现出的信誉和自信来影响消费者的购买决策,这也就是为什么很多企业不惜花费巨额广告费请明星代言的原因。

4. 品牌忠诚

品牌忠诚是消费者持续购买某品牌产品的意愿程度。品牌忠诚度越高,就越可以留住老顾客,吸引新顾客,抵御竞争品牌攻击的能力就越强,市场竞争力就越强。这也正是品牌忠诚具有品牌资产价值的重要原因。因此,企业在品牌建设或维护时,一定要努力提高品牌忠诚度,这样对品牌忠诚的细分也显得很重要。对忠诚度细分的关注,能帮助企业在建立强势品牌的过程中获得战略和战术洞察力。主要可以分为以下几类:非顾客(购买竞争者品牌或非此类产品的使用者)、价格转换者、被动忠诚者(习惯性的而不是理性的购买者)、摇摆不定者(经常购买两个或两个以上的品牌)和忠诚的顾客。企业面临的挑战是改善品牌忠诚度的排列:增加非价格转换者顾客的人数;加强摇摆不定者和忠诚顾客与品牌的联系。

5. 附着在品牌上的其他资产

作为品牌资产的重要组成部分,被称之为附着在品牌上的其他资产是指那些与品牌密切相关的,对品牌的增值有重大影响的,不易准确归类的特殊资产,一般包括专利、专有技术、分销渠道、购销网络等。例如,可口可乐公司津津乐道的"7X"配方即一种专有技术,一种品牌资产。

二、品牌资产的评估模型

品牌资产评估是品牌资产领域的热门问题,由于带有很强的专业性,无论是品牌学者还是咨询机构都对此表现出极大的兴趣,提出了许多关于品牌资产评估的模型。下面就具体介绍阿克的品牌资产五星模型、凯勒的基于顾客的品牌资产金字塔模型、杨·罗必凯公司的品牌资产评估模型和奥美集团的品牌资产组合模型。

1. 阿克的品牌资产五星模型及十要素评估法

1991 年,全球权威品牌专家大卫·A. 阿克在其专著《管理品牌资产》一书中提出了著名的品牌资产五星模型[25]。之所以被称为"五星模型",因为阿克认为品牌资产是由五个方面构成的(如图 9-1 所示),包括品牌知名度、感知质量、品牌联想、品牌忠诚度及其他专有品牌资产。品牌知名度反映了消费者总体中有多少数量或比例的消费者知晓它,反映的是品牌的影响范围或品牌的影响广度,它可以通过品牌再识率和回忆率来衡量;感知质量是指与其他品牌或期望品牌相比,消费者对于该品牌产品整体性能优良度的评价;品牌联想是指人们的记忆中与品牌相联的各种事物。这些联想可能包括产品属性、著名代言人,或者特定的标识;品牌忠诚是消费者持续购买某品牌产品的意愿程度;其他专属品牌资产包括专利权、商标权等。

图 9-1　大卫・A. 阿克品牌资产五星模型

阿克(1996)[26]为了增强模型的应用价值,又提出了品牌资产十要素。十要素分成五个部分十个要点,包括:①品牌忠诚度评价(价格效应、满意度或忠诚度);②感知质量或领导品牌评估(感知质量、领导品牌或普及度);③品牌联想或差异化评估(感觉中的价值、品牌个性、公司组织联想);④知名度评价(品牌知名度);⑤市场行为评估(市场份额、市场价格与分销区域)。2008 年,阿克又对五星模型进行了修正,认为品牌资产只包括品牌知名度、品牌联想和品牌忠诚度。原来模型中的感知质量作为品牌联想的一部分并入其中。

2. 凯勒的基于顾客的品牌资产金字塔模型

凯文・莱恩・凯勒(Keller,1993)[27]是美国研究品牌资产的著名学者,他提出的"基于顾客的品牌资产"(Customer-Based Brand Equity,CBE)模型影响很大(如图 9-2 所示)。目前西方学者对品牌资产的研究大多是基于 CBE 模型进行研究的。他从消费者角度给出品牌资产的概念并讨论了如何测评和管理品牌资产。

该模型将品牌资产分为四个层次,由下向上依次为:品牌标识、品牌内涵、品牌反应和品牌关系。品牌标识回答了"品牌是谁"的问题,它是品牌被消费者知晓的程度,也即

㉕ Aaker. D. A.. Managing Brand Equity. New York:The Free Press,1991.

㉖ Aaker. D. A.. Building Strong Brand. New York:The Free Press,1996.

㉗ 凯文・莱恩・凯勒. 战略品牌管理(第 2 版). 北京:中国人民大学出版社,2006.

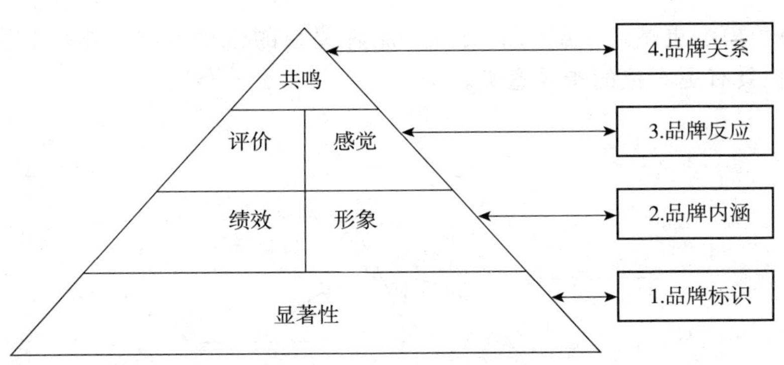

图 9-2 凯勒品牌资产模型

品牌的显著性。品牌内涵回答了"品牌是什么",理性的部分是品牌的性能,感性的部分是品牌形象。品牌反应回答了"消费者如何看品牌"的问题,针对品牌性能,消费者会形成一个品牌评价,而针对品牌形象,消费者会形成品牌感觉。品牌关系回答了"品牌与消费者之间有什么"的问题,反映的是消费者与品牌的共鸣程度。从金字塔底部的品牌识别,到金字塔顶部的品牌关系,反映的是品牌资产在消费者心里的形成过程。

3. 杨·罗必凯公司的品牌资产评估模型

品牌资产评估(Brand Asset Valuator,BAV)模型是美国著名广告公司杨·罗必凯公司开发的专有品牌资产评估工具,它是在浪涛公司开发的形象力模型(Landor Image Power)[28]基础上发展而来的。在 BAV 模型中,品牌资产由品牌活力(Brand Vitality)和品牌现状(Brand Stature)两方面组成。品牌活力反映的是品牌的增长潜力,具体又包括品牌差异性和品牌相关性两个指标。品牌差异性是指,品牌与竞争者之间的差异,而品牌相关性是指品牌与消费者个性及需求之间的关联度;品牌现状反映的是品牌当前的实力,包括品牌尊重度和品牌知识两个指标。品牌尊重度是指由于品牌的高品质、领导地位以及可靠性而致消费者对品牌的推崇程度,而品牌知识是指消费者对品牌的熟悉程度。BAV 模型是一个相当完美的品牌资产评估模型,不仅测量了当前品牌的表现,也对品牌未来的发展潜力进行了测量。阿克和凯勒都对该模型做了很高的评价。

4. 奥美集团的品牌资产组合模型

奥美国际(O&M)在 20 世纪 90 年代初提出了"品牌管家"(Brand Stewardship)的管理思想[29]。品牌管家实际上是一套完整的企业规划,用以确保所有与品牌相关的活动都反映品牌本身独有的核心价值及精神。简单地说,"品牌管家"意味着理解消费者对产品的感受,并将之转化为消费者与品牌之间的关系。到 20 世纪 90 年代中叶,随着整合营销传播(IMC)观念的风行,奥美又提出"360 度品牌管理"。360 度品牌管理强调在"品牌与消费者的每一个接触点"上实行传播管理。奥美的品牌管理之道,是一个完整的作业过程,它确保所有的活动都能反映并忠于品牌,以及积极地去管理产品与消费者的关系。该模型认为,品牌资产表现在六个方面:产品、形象、商誉、客户、通路和视觉(如图 9-3 所示)。该模型与阿克的五星模型有异曲同工之处。和阿克的五星模型相比尽管只是改变

---

[28] 周志民. 品牌管理[M]. 天津:南开大学出版社,2008:330.

[29] http://baike.baidu.com/view/1335080.htm.

了说法，但奥美模型更贴近于影响消费者与品牌关系的营销策略因素，因此对品牌资产的建设和维护具有更直接的指导意义。

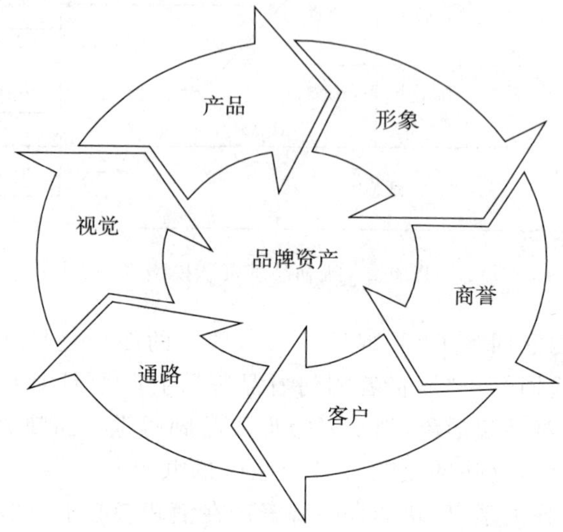

图 9-3　奥美集团的品牌资产组合模型

此外，还有国际市场研究公司的品牌资产引擎模型、全方位研究公司的品牌资产趋势法等模型，这里就不再赘述。

第三节　品牌资产的建立

品牌资产作为品牌与消费者相互作用的产物，是在企业一般营销活动中伴随着企业与消费者间交换关系的进行而逐渐积淀起来的。品牌资产的形成过程实际上是消费者从三个基本途径（直接消费经验、间接信息影响和消费者的心理活动）获得对品牌的熟悉和认知（对品牌特质、品牌利益的认知及品牌态度），进而建立对品牌的信心的过程。因此，建立品牌资产就要确定品牌策略、品牌定位以及对于新产品是否要采用品牌延伸策略等。下面我们对其关键方面做仔细的讨论。

一、品牌策略

一个企业对于其生产的新产品推向市场时，首先要考虑是否使用品牌。在决定使用品牌后还必须选择使用什么样的品牌名称。

（一）品牌有无策略

在考虑品牌策略时，企业首先要考虑的是是否要给产品标上品牌名称。今天的品牌化发展如此迅速，酒香不怕巷子深的时代已一去不复返了，即使要付出很高的费用（包括商标注册、包装费等），也很少有产品不使用品牌。

尽管品牌能够给品牌所有者、品牌使用者带来很多好处，但并不是所有的产品都必须使用品牌,这要看品牌运营的投入产出测算决定。有的企业为了节约包装、广告费用、降低产品价格,吸引低收入消费者,提高市场竞争力,通常也采用无品牌策略。如在超市里我们经常看到许多无品牌产品,它们大多是价格便宜包装简单的产品(如瓜果蔬菜等)。

(二)品牌策略

品牌策略是企业经营自身产品(含服务)之决策的重要组成部分,是指企业依据自身状况和市场情况,最合理、有效地运用品牌商标的策略。通常使用的品牌策略有以下几种。

1. 多品牌决策

多品牌决策是指公司在同一种产品项目中有两个或多个品牌。采取多品牌决策的重要性在于:

(1) 厂商可以掌握更多的货架空间,加重零售商对该公司的依赖。可口可乐(Coca Cola)麾下有芬达、雪碧、醒目、怡泉、酷儿等系列品牌,每个品牌都有自己的定位受众。右边广告是可口可乐在印度市场推广的广告,表现酷暑中可口可乐给消费者带来清凉。

(2) 很少有消费者对某一品牌的忠诚度高到不去使用其他品牌,因此把握住品牌转换者的唯一方式就是多推出集中品牌。

(3) 创造新的品牌会使公司内部具有士气和效率。

(4) 多品牌决策就是针对不同的利益和要求而定位的,因此每一个品牌都可以吸引一个特定的目标市场。例如,P&G公司是最早采用此种策略的公司,它以Cheer牌清洁剂来和其已经成功的Tide牌竞争,虽然此举使得Tide牌的销售额稍微下降,但两种品牌的销售额却比原来只有一种品牌时的销售额高。

2. 家族品牌决策

家族品牌决策是指决定企业的所有各种产品使用一个或几个品牌,还是分别使用不同的品牌的决策。制造商若决定使用自己的品牌,至少还有以下四种品牌策略可供选择:

(1) 个别品牌名称,即同一个制造商为其下属的各种产品分别起不同的品名,如P&G将它的各种洗发产品分别命名为飘柔、海飞丝、潘婷等。个别品牌策略最主要的好处就是可以将公司的声誉和个别产品的成败分开,万一某种产品失败,也不会严重损害到公司的声誉。

(2) 所有产品都用单一家族品牌。如亨氏公司和通用电气公司就采取这种政策。采取单一家族品牌策略的好处是不需要再费心去替产品找名字,也不必为认识品牌和建立其偏好去花费昂贵的广告费,所以推出的产品成本较低。此外如果该公司已经有良好的声誉,对产品的销售将大有帮助。

(3) 所有产品分别用数个家族品牌,根据产品的种类、产品的品质来创立各种不同的家族品牌。因为如果公司所生产的产品种类各异且相差很大,就不适合使用同一个家族品牌。如西尔斯公司采取的就是这种政策，它的家电品牌是 Kenmore，手工具品牌是 Craftsmant。

(4) 公司名称加个别产品名称，即公司可以在每一个产品品牌之前在冠上公司名称，以公司名称说明新产品的出处，以个别品牌表示产品的个别性。如凯洛格公司，它的产品有凯洛格玉米片、凯洛格饼干、凯洛格葡萄干等。

3. 品牌延伸决策

品牌延伸决策即利用已经成功的品牌，推出修正过的产品或者全新的产品。制造商利用这种决策可以节省宣传、介绍新产品的费用，使新产品迅速、顺利进入市场。另一种品牌延伸策略是，制造商在其耐用品类的低档中增加一种式样过于简单的产品，以宣传其品牌中各种产品的基价很低。下节将对其进行具体的介绍。

4. 品牌重定位决策

当出现下列情况时，公司需要进行重定位决策：

(1) 竞争者或许已经推出与公司的品牌十分接近的品牌，从而侵占了公司的市场占有率。

(2) 消费者的偏好已经改变，以致对于公司原有品牌的需求降低。

在引入新品牌之前，营销人员首先应该考虑是否只需要将既有的品牌重新定位。重定位决策意味着可以继续利用过去的营销努力以及所建立起来的品牌认知率和消费者的忠诚性。品牌重定位方法可以改变产品本身及其形象，但切忌让产品的新定位与旧的定位相冲突，以免失去或使现有的忠诚使用者感到疑惑，同时应当注意权衡重定位的成本与费用支出。

二、品牌延伸

据大卫·A. 阿克的一项研究表明，凡是业绩优秀的公司，在开拓新产品时，有 95% 采用了品牌延伸策略进入市场。国际市场研究公司(Research International)对22 000件产品进行调研后发现，其中 82% 的产品都是原有品牌的延伸，而且这一趋势不会改变。乐百氏营销总经理杨杰强指出："品牌延伸前乐百氏的销售额只有 4 亿多元，延伸后不到三年就达到 20 亿元。品牌延伸使乐百氏的发展有了一个加速度。"可以说，在企业推出新产品的过程中，品牌延伸已成为最常使用的一种策略。

(一) 品牌延伸的分类

美国康奈尔大学爱德华·陶博(Tauber Edward M)是品牌延伸研究的先行者，其在 1981 年发表的论文《品牌授权延伸，新产品得益于老品牌》中首次系统地提出品牌延伸的理论问题[30]。

究竟什么是品牌延伸？学者们的观点有些差异。凯勒(Keller，1990)[31]认为，品牌延伸是指利用一个已有的品牌引进一个新产品。这一界定并不是很清晰，到底什么才算是

---

[30] Tauber Edward M. Brand Franchise Extension: New Product Benefits from Existing Brand Names. Business Horizons, 1981, 24(2): 36－41.

[31] Aaker, D. A.; Keller, K. L. Consumer Evaluations of Brand Extensions. Journal of Marketing, 1990, 54(1): 27－41.

新产品,他并未明确指出。陶博(Tauber,1981)、卡普菲勒(Kapeferer,1992)[32]等人认为,品牌延伸是指利用现有品牌名称来推出其他产品类目中的新产品。卢泰宏教授(1997)[33]更全面地表述了这一概念,他认为品牌延伸是指借助原有的已建立的品牌地位,将原有品牌转移使用于新进入市场的其他产品或服务(包括同类的和异类的),以及运用于新的细分市场中,以达到以更少的营销成本占领更大的市场份额的目的。在品牌延伸中,被延伸的品牌称为母品牌,延伸的新产品称为延伸产品。需要注意的是,品牌延伸与多元化经营并不是一个概念。多元化可能采用同一个品牌,也可能采用多个品牌来经营。如果采用同一个品牌就属于品牌延伸,如古奇(Gucci)原来是生产皮具的,后将产品延伸到化妆品行业;如果采用的是多个品牌就不属于品牌延伸,如宝洁旗下有飘柔洗发水、汰渍洗衣粉、玉兰油护肤品等。

根据不同的划分标准,品牌延伸可以有以下几种分类。

1. 根据延伸的产品是否为公司所有来分类

根据延伸的产品是否为公司所有,把品牌延伸分为公司内品牌延伸和公司外品牌延伸。我们一般讲的品牌延伸都是公司内品牌延伸,它是指延伸产品都属于一家公司,如美的空调和美的电饭煲都属于美的公司。公司外品牌延伸就是通常所说的品牌授权,是指企业把品牌授权给其他公司使用,以推出延伸的产品,如迪斯尼就采用这种品牌授权的方式进行快速延伸。尽管延伸的产品属于另一家公司,但母品牌的使用是由公司授权的,所以本质上也是一种品牌延伸。

2. 根据延伸产品与原产品之间的关系进行分类

根据延伸产品与原产品之间的关系,可以将品牌延伸分为同类产品延伸和异类产品延伸。不同的学者对这两个概念的表达有些差异。例如,荷兰的莱兹伯斯教授把同类产品延伸称为产品延伸,把延伸产品和母品牌差异很大的情况称为概念延伸[34]。后者实际上也是一种异类延伸,只不过延伸的产品跨度更大。琼恩·金姆和安妮·拉瓦克(Chung K. Kim,Anne M. Lavack,2001)[35]指出,品牌延伸包括横向延伸和纵向延伸。横向延伸是指将原有的品牌名称应用在与母品牌种类相似或无关的新产品上,即异类产品延伸;纵

㉜ Kapeferer Jean-Noel. Strategic Brand Management: New Approaches to Creating and Evaluating Brand Equity. London,1992.

㉝ 卢泰宏. 论品牌延伸的评估模型. 中山大学学报(社会科学版),1997,(4).

㉞ [荷]里克·莱兹伯斯,等. 品牌管理. 北京:机械工业出版社,2004.

㉟ Kim,Chung K., Lavack, Anne M., Smith, Margo. Consumer Evaluation of Vertical Brand Extensions and Core Brand. Journal of Business Research,2001,(52),211-222.

向产品延伸指引入与原产品种类相同，但通常在价格和质量上与原产品差别较大的新产品，即同类产品延伸。法奎哈(Farquhar，1990)[36]的提法更容易理解。他认为品牌延伸分为产品线延伸和产品类别延伸。

(1) 产品线延伸。产品线延伸是指母品牌作为原产品大类中的针对细分市场而开发的新产品的品牌。这是品牌延伸的主要形式，目前有80%～90%属于产品线延伸。产品线延伸的方式有很多，如不同的口味、不同的成分、不同的形式、不同的大小、不同的用途、不同的档次等。如康师傅红烧牛肉面到香辣牛肉面、麻辣牛肉面等产品的延伸就属于产品线延伸。

(2) 产品类别延伸。产品类别延伸是指母品牌被用来从原产品大类进入另一个不同的大类。法国品牌权威学者卡普菲勒教授把产品类别的品牌延伸分为：相关延伸和间断延伸[37]。相关延伸往往借助于技术上的共通性进行延伸。间断延伸是指将母品牌延伸到与原产品并无技术联系的新产品类别上。如海尔既有电器又有生物医药、金融、物流等不相关的产业。

3. 根据延伸产品的品牌命名策略来分类

根据延伸产品的品牌命名策略，把品牌延伸分为单一品牌延伸、主副品牌延伸和家族品牌延伸。单一品牌延伸是指延伸的产品与原产品的品牌名称完全一样，如金利来领带和金利来西服；主副品牌延伸也称为母子品牌延伸、复合品牌延伸，是指延伸产品与原产品的品牌名称采用两段式，前面的主品牌名称相同，后面的副品牌名称有差异，以体现产品特点，如别克凯越和别克君威；家族品牌延伸是指延伸产品与原产品的品牌名称有部分相同，部分不同，如麦当劳的麦乐鸡、麦香鱼、麦辣鸡等都有“麦”(Mc)字。其中尤以主副品牌延伸使用最为平常，因为它既利用了原品牌的声誉又突出了不同品牌的差异性。

(二) 品牌延伸的优势与陷阱

1. 品牌延伸的优势

有人认为品牌延伸就像拉橡皮筋，拉得越长断的可能性越大。品牌的核心价值和内涵就那么一点，不断延伸将会使品牌的张力减小，并最终绷断。但是，如果品牌延伸是大目标小步子走，而且在延伸和利用品牌的同时，强化品牌的核心价值和充实品牌的内涵，那么品牌延伸就像垒金字塔，品牌的根基越来越坚实，品牌的价值越来越大。因此品牌延伸也有很大的优势。事实上很多国际知名品牌在品牌延伸策略上的成功已经雄辩的证明了这一点。

(1) 降低新产品进入市场的风险，提高新产品的市场成功率。一般而言，品牌延伸策略是在拥有一个成功的品牌的前提下才采用的，而该品牌之所以成功，必然包含着一系列使之成功的因素：如品牌名称的独特性，易为消费者识别，品牌原有产品的优良品质，良好信誉等。当新产品使用与原产品相同的品牌时，消费者对新产品信息不了解时，往往也会将其作为购买对象。每个企业都处在一个异常激烈的市场环境中，一个被接受的

---

[36] Farquhar，P. H.，Managing Brand Equity. Journal of Advertising Research，1990，30(4)：7－12.

[37] Kapeferer，Jean-Noel. The New Strategic Brand Management：Creating and Sustaining Brand Equity Long Term(4th ed.). London：Kogan Page Limited，2008.

品牌能够直接使企业获得市场优势，因此若是有知名品牌支撑，就会大大缩短消费者对新产品的认知过程，从而减少新产品进入市场的风险。如海尔集团以白色家电为核心，较早地向竞争激烈的相关领域如黑色家电、移动通信等信息领域拓展，并且都取得了卓著的成绩。

(2) 节省广告和宣传等费用。品牌延伸能力是体现品牌市场竞争力的一个重要指标。正如阿克和凯勒(Aaker，Keller，1990)[38]所指出的，现在对于一个企业而言，引入一个全新品牌的成本要比品牌延伸的启动成本高得多，而且失败的几率也要高，因此品牌延伸已为绝大多数企业所使用。而品牌延伸可以把现有品牌资产中的贡献因素向新的产品实现延伸，这些因素包括：品牌名称，消费者对品牌的态度、对现有品牌的忠诚度，现有产品与延伸产品之间的适应性及品牌形象，等等。因此，采用品牌延伸策略：①可以免去品牌的开发和商标的注册费用。②可以节省品牌的建立、维护和宣传费用。有研究结果显示，在欧美市场成熟的环境下，创造一个新品牌，一年至少要两亿美元的广告投入，且成功率不到10%。③可以节省渠道的建立和维护费用，这是因为新产品可以使用原产品的销售渠道进行销售。例如，海尔在向手机、电脑进军时，它的销售网络就是借助原有经销商资源很快搭建起来的。

(3) 扩大原品牌的影响与声誉，延长品牌寿命周期。利用品牌延伸成功推出新产品会反过来进一步提升原有品牌的知名度和美誉度，因为品牌延伸一方面能增加该品牌的市场覆盖率，使更多的消费者接触、了解该品牌，从而提高品牌知名度；另一方面，消费者使用延伸产品的良好体验和感受，有可能反过来提高原品牌声誉，产生积极影响，使原品牌的地位不但不会因为品牌延伸下降，反而会因此而获得提升。同时，每个产品都有生命周期，少则三五年，多则不过几十年，当名牌产品寿终正寝时，生产此产品的企业也就渐渐退出了人们的视线。采用品牌延伸策略，可以在保持品牌的前提下，循序渐进地以不断适应市场需求的新产品取代旧产品，既可以不断享受知名品牌的"品牌伞"效应，又可以用新产品不断支撑原品牌，延长品牌生命周期。

2. 品牌延伸的陷阱

品牌延伸策略确实具有多种优势，然而，利益和风险始终是并存的，且二者是对等的。美国广告学专家阿·里斯在《广告攻心战略——品牌定位》[39]一书中，将品牌延伸策略比作"陷阱"。之所以称其为"陷阱"而不叫"错误"，是因为延伸品牌的做法有时的确能够奏效。但是，策略的使用是有条件的。如果使用时机掌握适当，分寸把握适度，可以使新产品搭乘老品牌的声誉便车，一荣俱荣。反之，如果使用不当，特别是超限度使用，则容易落入品牌延伸的陷阱，一损俱损。

(1) 模糊或稀释了品牌定位。品牌延伸容易造成消费者认识上的混乱，进而导致品牌淡化或品牌稀释。任何一个成功的品牌都蕴涵一个定位，所谓品牌定位，是指建立一个与满足目标市场需要有关的独特品牌形象的过程。如"百事可乐"定位为"年轻人的可乐"，而这种独特的定位对消费者非常重要，消费者的注意力也集中于此。但如果这一品牌同时被用在两种或多种不同商品上，很可能模糊消费者的视线，因此这一品牌也就很

㊳ Aaker D. A. ，Keller K. Consumer Evaluations of Brand Extensions. Journal of Marketing，1990：27－41.

㊴ Al Ries，Jack Trout，Positioning. The Battle for Your Mind. Published by：McGraw-Hill，1981.

难再成为类别产品的代名词了。例如,美国"雪佛兰"汽车曾是家庭轿车的代名词,但当"雪佛兰"生产线扩大到卡车、赛车后,则"雪佛兰"在消费者心目中的品牌意象便模糊了,导致"雪佛兰"轿车的市场占有率急剧下降,而"福特"汽车则乘虚而入登上了第一品牌的宝座。

(2) 损害原品牌的高品质形象。企业在实施品牌扩展的过程中,有两种情况可能损害原品牌的高品质形象:其一,许多企业在创出"名牌产品"之后就急于实施品牌扩展策略,通过收购、兼并其他小企业或连锁扩张等策略进行品牌扩展,有的损害了原品牌的高品质形象。例如,我国的白酒著名品牌五粮液采用特许经营式的品牌买断策略,授权对象可以在其产品上使用五粮液这个总品牌,但同时授权对象还可拥有一个属于自己的产品品牌,结果五粮液家族在短短的数年间就延伸出了五粮春、五粮醇、五福液、金六福、浏阳河等上百个品牌,其品牌延伸数量之多、速度之快,到了令人吃惊的地步。这上百个品牌之间没有明显的市场区隔,产品同质严重,为市场竞争而自相残杀,既破坏了五粮液的品牌形象,又破坏了渠道体系,不仅对白酒市场造成混乱,而且对五粮液核心品牌造成伤害和对消费者的欺骗,引起了白酒行业的公愤。五粮液公司已"不堪重负",其品牌资产已严重透支。其二,把高档品牌使用在低档产品上,就有可能损害原品牌的高品质形象。如国际知名品牌"皮尔·卡丹",其原有品牌本是一种身份、地位的象征,但后来却将这一品牌延伸到了日常生活用品,从家具到灯具,从钢笔到拖鞋,甚至包括廉价的橱巾,结果在大多数市场上丧失了高档名牌的形象,也丢掉了追求独特的品牌忠诚者。

(3) 盲目的品牌延伸会产生株连效应。"城门失火,殃及池鱼"这是对品牌延伸的一种预警。聚集于同一品牌的几种产品,可能会因为一种产品的经营失败而波及其他产品的信誉,伤害整个品牌连锁系统,影响其他产品在消费者心目中的地位,甚至导致消费者对整个品牌的全盘否定,即产生"株连"效应。例如,在20世纪七八十年代,雀巢公司旗下的雀巢婴儿奶粉因品质问题和宣传不当,引发了多达九个国家持续七年的抵制运动,导致雀巢公司利润直接损失四千万美元,其他业务都受到不同程度的影响,而婴儿食品只占雀巢公司业务的3%。

(4) 原有品牌的特性淡化,价值流失。一个品牌在市场上获得成功后,会在消费者心中形成该品牌特有的形象定位。对于消费者来说,不同的品牌代表着不同的品牌特性。当不同类型的产品都使用同一个品牌时,会逐渐淡化该品牌原来在消费者心目中的形象,品牌原有的定位会变得模糊不清,品牌原有的核心价值会被弱化。如娃哈哈随着品牌的延伸,原先"喝了娃哈哈,吃饭就是香"的品牌儿童特性正在淡化,原有的品牌价值正在流失。

例 9.2: 诞生于1992年的汇源品牌,从开始就专门致力于各种果蔬汁饮料的开发与生产。在品牌建设初期就注重走专业化的路线,同时配合较为先进的品牌营销手段进行市场拓展,迅速成为中国饮料工业十强企业,销售收入、市场占有率均在同行业中名列第一,占据国内近30%的市场份额。目前,汇源所生产的系列产品都在搭"汇源"这一资源快车而进行品牌延伸,人们对"汇源"的认识基本上是"喝汇源果汁,走健康之路"。对于汇源所生产的茶饮料、果冻等产品,消费者往往会与汇源果汁结合起来,从而造成视觉识别上的错觉,这无异于分解了汇源品牌的专业资源。表面上看,好像每一个细分产品都借用了“汇源”的品牌资源，实际上，它们对汇源的专业性和个性化，产生了很大的干扰，导致了汇源品牌的资源被分解和弱化。

资料来源：商国志网站．http://wu.umgr.com/blog/PostView.aspx? bpId=28753.

第四节　品牌资产评估与管理

一、品牌资产评估的意义

近年来，越来越多的企业开始使用品牌资产进行融资活动。品牌资产评估使得企业资产负债表结构更加健全。资产负债表是银行贷款、股市融资的依据。评估品牌将品牌资产化，使得企业负债降低，贷款的比例大幅降低，显示企业资产的担保较好，获得银行大笔贷款的可能性大大提高。对品牌资产进行评估还具有下面一些意义。

(1) 品牌资产评估是品牌兼并、收购和合资的需要。近期兴起的品牌兼并、收购热潮，使得许多企业意识到对现有的品牌资产的价值进行更好的掌握是必须的，对兼并、收购的企业品牌价值掌握也同样重要。合资企业的不断出现产生了传统上认为不能联合的联合品牌名称。品牌资产评估有利于提高管理决策效率。虽然有企业形象资产对股东有利，然而无法具体评估各项品牌经营实际业绩。对公司各个品牌价值作出评估后，有利于公司的营销和管理人员对品牌投资做出明智的决策，合理分配资源，减少投资的浪费。

(2) 品牌资产评估能够激励公司员工，提高公司的声誉。品牌价值不但向公司外的人传达公司品牌的健康状态和发展，肯定品牌是公司长期发展的目标，更重要的是向公司内所有阶层的员工传达公司的信念，激励员工的信心。品牌经过评估，可以告诉人们自己的品牌值多少钱，以此可以显示这个品牌在市场上的显赫地位。

(3) 品牌资产评估的结果能够激励投资者信心。评估品牌可以让金融市场对公司的价值有较正确的看法，这可提高投资者的交易效率。

(4) 品牌资产评估有利于合资事业和品牌延伸的发展。将品牌从公司其他的资产中分离出来，当作可以交易的财务个体的做法，有日渐增加的趋势。很明显，这为合资与品牌繁衍奠定了稳定的基础。品牌的价值，很多未作评估，在与外商合资时，草率地把自己的品牌(如洁花、孔雀、扬子、美加净等)以低廉的价格转让给外方，就会吃大亏。

总之，研究品牌资产评估的原则和方法对于建立和管理品牌资产非常有价值。品牌资产是个战略性问题，它是竞争优势和长期利润的基础，它必须由企业的高级管理层亲自决策。品牌领导模式的目标不仅要管理品牌形象，更要建立品牌资产。

二、品牌资产评估

(一) 品牌的附加价值

品牌的附加价值是指为消费者欣赏的产品基本功能之外的东西。对于厂商而言，所有支持某一特定品牌的市场动力及其相互作用构成消费者对品牌附加价值的认知。也就是说，产品具体的实体组成与特定的符号和想象联系，这些符号和想象与广告、公关、包装、定价和分销联系产生新的意义。这一意义不仅区分了市场的不同品牌，而且赋予品牌特殊的附加价值。通过理解品牌的个性特征，消费者会对某一品牌产生忠诚度。

（二）品牌资产评价方法

一般的评价品牌价值的方法包括以下几种。

1. 历史成本法

历史成本的具体做法是将该品牌的投资，如促销、研究和开发、分销等直接记入品牌价值。历史成本法反映的是品牌产生时付出的价值，其问题在于：①品牌的成功取决于整个公司的努力，很难确定每个具体的支出项目；②不能反映品牌的现时价值，忽略投资的质量，容易造成高估失败的品牌。

2. 现时成本法

现时成本法是假定公允市场上，品牌交易的价格。由于不存在现时的品牌交易的市场，通常的做法是，以该品牌在过去几年所产生的利润来评价现存的品牌价值。这种方法无法说明品牌的未来获利能力。

3. 市场价值法

市场价值法是指评估品牌在市场上的影响力，如市场占有率、知名度、形象或偏好来评估品牌的价值。但是这些参数本身对于不同的市场有不同的定义，相互之间也不存在相关项，所以对于财务意义上的品牌价值没有意义。

4. 未来获利潜力法

对于品牌的拥有者而言，未来的获利能力才是品牌的真正价值所在。通常是依据现在的收益趋势，估算未来的收益，扣除现有价值后，得出未来的获利潜力。该方法的缺点在于没有考虑影响市场收益的各种因素变动的影响。而且当公司拥有多个品牌时，很难分类不同品牌产生的现金流量。

5. 英特品法(Interbrand)

为了衡量品牌资产的价值，英特品顾问公司开发设计了平衡各种市场因素，同时考虑主客观事实的品牌评价方法，称为英特品法。英特品的方法结合市场占有率、销售量、利润等真实资料，和主观判断的品牌“力量”，以决定品牌的相关利润。具体做法如下：

以品牌目前的获利能力为基数，乘以品牌力因子，获得品牌价值，即

$$品牌价值=获利能力\times乘数因子$$

其中，基数是指品牌近年来的利润平均值；品牌力因子是对品牌的估算，品牌力越强，其因子数值越大，越强的品牌获利的年限越长。因子的最大值为20，即假设20年为合理的年限。这种评价方法不考虑品牌所有权的转换，也不考虑重要的品牌延伸。

乘数因子根据以下七个因素计算：①领先度。领先度受市场定义的影响。但一般而言，市场力越大，品牌越有价值。②稳定度。也称为寿命，与品牌领先度密切相关。③市场特性。规模大且稳定的市场分值高，变化迅速的市场分值低。④国际性。国际品牌的认知可以提高品牌力，所以国际化水平高的品牌得分高。⑤品牌趋势。在消费者心中一直保持现代感的品牌得分高。⑥品牌支持。不只关注品牌投资的量与一般性，也考察评估品牌的推广质量。⑦品牌保护。注册或申请其他法律保护的品牌价值高。根据英特品法计算所得的品牌价值适用于比较性测量，而不是绝对值。

复习题

1. 联系实际谈谈品牌对消费者、生产者和竞争者有何作用。
2. 品牌资产的特性及其价值体现在哪些方面?
3. 品牌资产的评估模型有哪些?
4. 品牌联想的价值体现在哪些方面?
5. 品牌是否也有生命周期?
6. 联系实际谈谈企业实施品牌延伸战略究竟是利大于弊,还是弊大于利。

第十章 价格策略管理

[教学要求]

了解价格制定的依据及影响因素；
了解定价的重要性；
掌握企业的定价目标；
掌握企业的三种定价方法；
掌握企业的定价策略。

在市场营销活动中，定价直接影响消费者或客户的购买行为动机。价格策略是否为消费者或客户接受，决定了企业市场占有率和企业赢利水平。企业应该把商品策略同价格策略、经销渠道策略以及促销策略联系起来，以便为整个营销活动制定一个完整综合性的营销战略。制定价格策略是一项极其困难的工作，企业必须认真分析判断各种情况，使企业的定价，既能获得预期的目标利润，又能为消费者所接受。

第一节　价格制定的依据

一、价格制定的依据及影响因素

（一）商品价格制定的依据

价格是商品价值的货币表现，是凝结在商品中的社会必要劳动的货币形式。商品价格的基础是价值。但是，在现实的价格运动中，商品的价格与价值经常发生背离，有时价格高于价值，有时价格却低于价值。价格就是这样围绕着价值上下波动而调节社会经济活动的。这种形式并不违背价值规律，而是价值规律作用的表现。当然，这种波动有一个上限和下限。在通常情况下，下限不能低于成本，低于成本时，生产经营者就要亏本，长此以往企业就会破产；上限则是不能高于消费者所能接受的程度，高于这一上限，消费者就会持币待购，这样会造成企业生产的商品销路困难，商品积压，从而影响企业的目标利润的实现。

既然商品价格是商品价值的货币表现，因此，它由三个部分组成：一是已消耗的生产资料价值(*C*)；二是劳动者为自己劳动所创造的价值(*V*)；三是劳动者为社会所创造的价值(*M*)。在生产实践中，这三部分具体表现为物质消耗、劳动报酬和赢利。物质消耗和劳动报酬共同构成生产成本，它是价格构成的基本组成部分。产品定价必须高于或等于生产成本，如果低于生产成本，企业就会亏本甚至还会破产。因此，生产成本是企业定价的最低界限。

产品价格的构成因素除了生产成本以外，还包括流通费用、税金和利润。流通费用是指产品从生产领域通过流通领域发生的商业流通费用，它发生在流通领域各个环节之中，和产品流动的时间、空间相联系，是企业制定产品价格的基础。税金，指国家通过法令形式强制规定各类与产品生产销售有关的税率并进行征收的，税率的高低将直接影响产品的价格。利润，是对生产经营者付出的一种回报，是产品价格的主要组成部分，是生产经营者追求的目标。

西方经济学家认为，商品价格的高低是由市场供求关系和边际效用决定的。他们认为，市场价格是在竞争条件下，买卖双方对物品的主观评价彼此均衡的结果。在需求方面，取决于一定时期内消费者对一定数量的商品所愿意和能够支出的最高价格，即需求价格。而需求价格的高低，又取决于消费者对某种商品的需求强度和商品的稀缺程度，消费者的需求欲望越大，商品的稀缺程度越高，它在消费者心目中的效用就越大，这样他们就愿意接受较高的价格；反之，情况则相反。在供给方面，取决于一定时期内，生产者对一定数量的产品所愿意出售的最低价格，即供给价格。供给价格则决定于生产成本和费用。生产成本和费用越低，愿意接受的价格就越低；反之，情况则相反。

例 10.1：点燃这次战火的是夏普

2009 年 6 月，夏普将其新上市的灯泡型 LED 灯具产品价格，下调至当时市场同类产品价格的一半左右。此消息一出，市场上其他 LED 灯具竞争厂商也纷纷下调 LED 灯泡的价格。一场 LED 照明灯具的低价战火一点即燃，也必将推动 LED 照明灯具的普及进程。为了让 LED 灯泡每单位时间的价格与日光灯相同，夏普大幅减少了 LED、电源组件与材料成本。夏普低价策略在于，优先选择最合适的材料，因此不论材料为自行生产还是购自其他厂商的，夏普都乐见其成。例如，其核心的 LED 模块就是来自对外采购而非自行生产。夏普发起价格战策略，目的是为了在家用 LED 照明市场抢得先机，并扩大市场占有率。果然此举的市场反应非常良好，夏普甚至还为了确保供货顺畅，而延缓上市时间。当然，竞争对手也不会坐视夏普抢下大片江山，价格策略也将纷纷出笼。

资料来源：于博．LED 灯泡打响价格战．中国电子商情(基础电子)，2009，(9)．

从理论上来讲，价格是商品价值或其转化形式生产价格的货币表现，企业利润的大小取决于价格与价值的背离程度。从经济学的观点看，商品价格是一门严肃而又认真的科学，其价格政策也是由国家根据客观经济规律的要求，结合国民经济发展的状况决定的，不可随意变动。特别是在我国，商品价格的高低涉及千家万户的切身利益和社会主义生产目的的实现以及社会安定团结局面的维持等一系列问题。因此，国家对价格有着严格的规定和严肃的政策。从企业经营的角度看，价格是活生生的东西，它虽然也是以价值为基础，但却表现得异常活泼，可以根据市场供求关系的变化灵活地作出反应，可变亦可不变。其价格制定的最低界限是生产成本，最高界限是消费者的承受程度。这种最高界限是具有弹性的，企业的决策者如果善于运用价格策略，就能在激烈的市场竞争中处于有利的地位。

（二）定价的影响因素

1. 成本费用

成本费用可以分成以下几种，它们对定价的影响作用是不同的。

(1) 固定成本费用，指在既定生产经营范围内，不随产品管理者种类及数量变化而变动的成本费用，如折旧费、设计费、调剂费、管理者工资支出等。

(2) 变动成本费用，指随产品种类及数量的变化而相应变动的成本费用，如原材料、运输、存储方面的支出及劳动者的工资支出等。

(3) 总成本费用，指全部固定成本与变动成本费用之合。当总产量为零时，总成本等于未开工时发生的固定成本费用。

(4) 平均固定成本费用，指单位产品所包含的固定成本费用的平均分摊额，即固定成本费用与总产量之比，它随产量增减而增减。

(5) 平均变动成本费用，指单位产品所包含的变动成本费用平均分摊额，即总变动成本费用与总产量之比，它在生产初期水平较高，其后随产量增加而递减，减到一定限度后由于报酬递减率的作用转而上升。

(6) 平均成本费用，指总成本费用与总产量之比，即单位产品的平均成本费用。企业定价时，首先要考虑总成本费用应该得到补偿。这就要求价格不能低于平均成本费用，但这仅仅是获利的前提条件。由于平均成本费用包含平均固定成本费用和平均变动成本费用两部分，而固定成本费用并不随产量变化而按比例发生，因此，企业取得赢利的初始点只能在价格补偿平均变动成本费用之后的累积余额等于全部固定成本费用之时，即盈亏平衡点 E（如图 10-1 所示）。

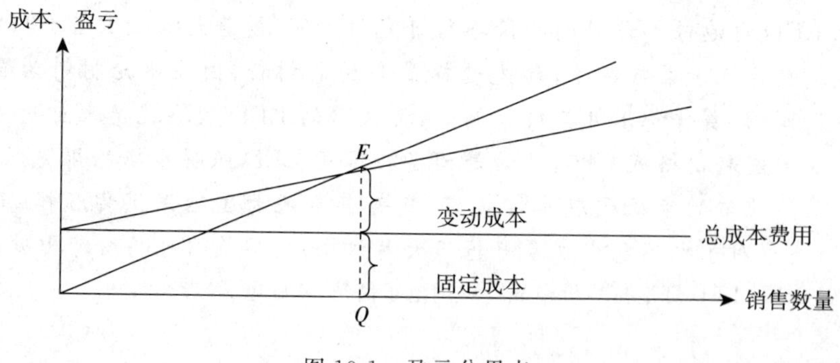

图 10-1　盈亏分界点

图 10-1 表明：①随着产品销售数量的增长，必存在一时点，这时，从销售收入中扣除已发生的变动成本费用，余额刚好能够补偿全部固定成本费用；②由于销售收入是产品单位价格与销售数量的乘积，所以，合理定价以便企业赢利既受总成本费用以及固定、变

动成本费用构成比例的制约，也必须以一定的销售数量为前提。显然，必须进一步考虑价格——销售数量的相互影响。

2. 生产率的水平

商品的价格由于生产商品的社会必要劳动决定，但商品中凝结的社会必要劳动时间的多少，同劳动生产率的高低又是紧密相关的。劳动生产率提高，单位产品中凝结的社会必要劳动时间减少，商品价值降低。反之，劳动生产率降低，单位产品中凝结的社会必要劳动时间增多，商品价值就高。所以，在其他条件不变的情况下，作为商品价值货币表现的价格，与商品价值成正比，与劳动生产率成反比。

3. 货币价值的变动

在商品价格的表现中，货币作为价值尺度充当了价值的一般等价物。用货币来表现商品价值时，它不过是商品价值的指数。商品价格体现的是商品价值和货币价值的比例关系。因此，商品价格不仅受商品价值所决定，而且还要受到货币价值的影响。在商品价值既定的情况下，货币价值同商品价格呈相反的方向变化。货币价值提高，商品价格则降低；反之，情况则相反。在纸币流通的情况下，如果纸币发行量与市场流通需求量相符，则物价稳定；如果纸币发行量超过市场流通需求量，则纸币贬值，物价上涨。

4. 供求关系的变化

上面分析说明价值是价格的基础，但在现实的价格运动中，商品价格与价值经常发生背离现象，这是为什么呢？因为，在商品价格围绕价值运动时，受到市场供求关系变化的影响。商品供过于求，价格低于价值，商品供不应求，价格高于价值。在现实生活中，市场上供应与需求的矛盾是经常存在的。因此，马克思认为价格完全等于价值是一种偶然的现象，但从总体上看，价格与价值是趋向一致的。

5. 销售数量

就单个商品而言，如果成本费用不变，则价格越高，赢利越大。但是，企业赢利总额并不是单位商品赢利之和，单位商品包含的赢利水平高并不意味着企业总赢利水平必然就高。正确的计算公式是

企业赢利＝全部销售收入－全部成本费用

＝商品销售数量×(单位商品价格－单位商品成本费用或平均成本费用)

由上式可见，企业赢利是单位商品实现的赢利与销售数量两者的乘积。但这两个因素是相关的。由于价格对需求存在反向作用，价格过高可能导致需求量及销售量的缩减，进而减少企业收入及赢利水平。因此，其他条件既定，企业赢利状况最终取决于价格与销售数量之间的不同组合。此外，还有资金周转状况、需求价格弹性(指因价格变动而引起的需求相应的变动率，公式为 E_P＝需求量变动的百分比/价格变动的百分比)、需求收入弹性(指固定收入变动而引起的需求量的相应变动率，公式为 E_y：需求量变动百分比/收入变动百分比)、需求交叉弹性(指因一种商品价格变动而引起其他相关商品需求量的相应变动率，公式为 E_P＝B 商品需求量变动百分比/A 商品价格变动百分比)以及同类产品的竞争状况和产品生命周期阶段等因素，都影响着企业商品价格的制定。

总之，价格是价值的货币表现，货币流通状况和供求关系的变化等只能影响价格与价值发生背离，但从一种商品长期的价格平均数看，从社会商品价格总额与价值总额看，二者仍然是一致的。但是，由于市场的复杂性，有时市场的信息可能不对称，此时生产厂

家与消费者之间就会产生价格博弈(任杰,2009)[①],搜寻成本度量的信息不对称也会对企业利润产生影响。中国是市场经济和计划经济并存的国家,迄今为止某些行业依然存在垄断性,垄断行业的产品定价具有政策赋予的掠夺性(阮青松,周隆斌,苟开红,2003;张红兵,2006)[②]。同时,在高新技术领域,由于技术差别优势导致了技术垄断(石飞,2006)[③],对企业产品定价也会产生影响。

二、定价的重要性

定价的重要性是由价格因素在交换中所处的重要地位决定的。在市场营销组合中,定价策略与其他各种策略相互配合的关系最为密切。因而,定价在企业的市场营销活动中始终占有重要的地位。具体说来,定价在企业营销活动中的重要性主要表现在以下几方面:

(1) 定价指导着企业的投资方向。投资是企业生产经营活动的第一步,也是关系到企业发展的重要的一步。如果企业的投资方向不对头,经营水平越高,则企业的损失越大。定价之所以指导着企业的投资方向,是因为企业价格定的高低直接影响到企业所获利润的高低。那些价格高于价值的商品,说明它供不应求,企业的投资方向就会向这些部门倾斜;反之,情况则相反。因此,在宏观上,国家应该十分注重价格问题的研究,利用价格来诱导企业的投资方向,使整个社会供求平衡,产业结构趋向合理。

(2) 定价是促进销售,引导需求的重要措施。在其他条件既定的情况下,需求量与价格成反比,过高的价格会限制市场需求,从而使企业丧失市场;过低的价格,会人为地刺激需求,使市场供求关系出现不平衡。企业在其营销活动中,可以采用灵活的价格策略,促进商品的销售,引导消费需求。

(3) 定价是企业开展市场竞争,提高经济效益的重要手段。价格在企业的营销活动中,既是进攻的手段,也是防御的工具。企业采用的定价策略是否恰当,关系到企业的市场进攻是否有力,防御是否有效。那些善于加强经营管理,降低商品成本的企业,就可以在市场竞争中采用灵活有效的定价策略,击败竞争对手,提高企业营销的经济效益。

(4) 定价能促进企业采用新技术,增加新产品。提高产品质量合理的价格应该是优质优价。遵循市场经济的价格运动的规律,实行优质优价,使商品质量好的企业得到鼓励,商品质量差的得到惩罚。任何企业要想赢得市场,就必须遵循经济规律的要求,不断采用新技术,增加新产品,提高产品质量。否则,就要受到价格规律的惩罚。

(5) 定价有利于正确处理生产者、中间商与消费者的经济利益关系。企业定价的高低,直接关系到企业利润的高低。如果生产企业定价过低,那必然会影响到企业收益目标的实现,从而影响生产者与中间商的经济利益关系,而中间商经营的积极性如何,又对生产者的推销活动产生重大的影响。如果中间商制定的价格偏高,就会影响消费者的经济利益,挫伤消费者的积极性,从而又会影响生产经营的发展,所以,我们必须认真研究

---

① 任杰. 考虑消费者信息不对称的企业定价策略研究. 江西农业学报,2009,(6).

② 阮青松,周隆斌,苟开红. 企业实施掠夺性定价的经济学分析. 价格理论与实践,2003,(11);张红兵. 寡头垄断市场条件下的VMI定价策略. 内蒙古科技与经济,2006,(17).

③ 石飞. 高新技术企业定价策略研究. 价格理论与实践,2006,(9).

价格及其定价策略的研究与运用。

第二节　定价的目标

企业的定价目标是指企业通过制定特定水平的价格，凭借价格产生的效用所达到的预期目的。定价目标是企业市场营销体系中的一个子目标，它的确定必须服从企业市场营销的总目标，并与其他目标相协调，才能收到预期的效果。科特勒教授曾将企业通过定价追求的主要目标归结为以下五个方面：维持生存、最大当期利润、最高市场份额、最大市场撇脂和产品质量领先[④]。

在企业的市场营销活动中，定价目标主要有以下几种。

一、以追求赢利最大化为定价目标

追求赢利最大化，是企业时时刻刻追求的目标，它是指企业在一定时期内所可能获得的最高赢利总额。在资本主义条件下，获取利润也是资本主义企业生产的终极目的，因而以赢利最大化为定价目标也就是十分自然的。在社会主义条件下，虽然企业生产的最终目的不是获得利润，但利润却是企业生产的直接目的，它是实现社会主义生产目的的重要手段。所以，这一定价目标在社会主义条件下同样适用。赢利最大化往往与较高的价格相联系，但与最高价格并没有必然的联系。因为企业赢利来自全部收入扣除全部成本以后的余额，而不是单位产品价格中包含的预期赢利水平。最大的赢利往往更多地取决于合理价格所推动产生的需求量和销售规模，如图 10-2 所示。

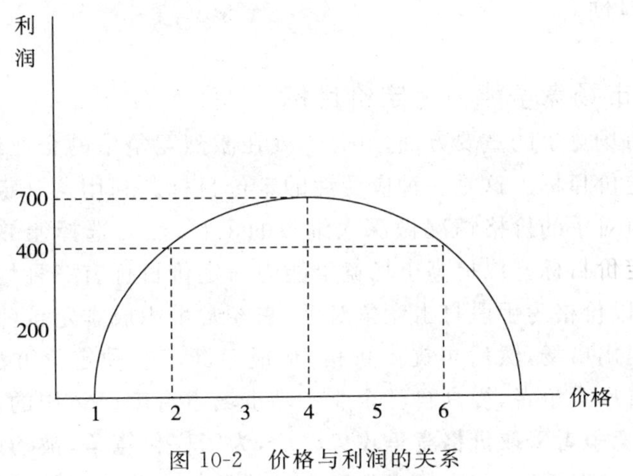

图 10-2　价格与利润的关系

当价格为 4 时，利润最大为 700；当价格高到 6 时，利润反而降到了 400。企业赢利最大化分为短期和长期两种。以短期赢利最大化为定价目标，一般只能是某些商品在特定情况下才能采用。例如，一些具有先进技术的系列产品，市场竞争能力很强，消费者的评

④　[美]菲利普·科特勒．营销管理．梅清豪，译．上海：上海人民出版社，2008：488．

价很高,又供不应求,企业可以把价格定得稍高一些,以取得较多的利润。但是如果企业急功近利,任意定高价,往往不仅不能获得最大利润,而且会适得其反。因为,在竞争条件下,单方面提高价格,也就无异于自我退出市场。所以,以赢利最大化为定价目标,一般是追求长期最大利润,而不是追求短期最大利润,并且必须要有更好的市场环境时才能采用。

二、以维持或提高市场占有率为定价目标

市场占有率是企业经营状况和产品竞争力状况的综合反映,它是指本企业产品销售量在同一产品市场销售总量中所占有的比率。它有两种表示方法,一是产品数量的市场占有率,二是产品销售的市场占有率。两种方法的区别是前者不涉及产品价格,后者则反映了产品的价格关系。市场占有率是反映企业实力的一个重要指标,也是大多数企业特别是较为成功的企业所追求的一个目标,而企业定价的高低,对市场占有率的高低具有十分重要的影响。所以,企业在制定价格时,必须对维持或提高市场占有率目标进行慎重的考虑。企业若以维持市场占有率为定价目标,则应以市场供求、市场竞争状况为转移,灵活地制定价格。企业若以提高市场占有率为定价目标,则多以降价为基本手段来进行市场扩张和市场渗透。但如果企业不切实际地采取降价政策,很可能会使企业蒙受损失,甚至适得其反。如果企业的供给能力不能适应膨胀后的需求时,潜在的竞争者更易乘虚而入,从而招致更激烈的竞争。在通常情况下,企业在初建时期或困难时期不宜选择提高市场占有率为定价目标。当企业实力已经扩大,可以考虑选择提高市场占有率为定价目标。事实证明,紧随着高市场占有率的往往是高赢利率。这种定价目标比短期高赢利定价目标更有意义。所以,西方国家的企业普遍采用这一定价目标。

三、以提高市场竞争能力为定价目标

价格竞争是市场竞争的重要方面。因此,处在激烈竞争中的企业经常采用适应价格方面的竞争作为定价目标。这是一种应变性的定价目标。利用这一定价目标,企业在定价以前应该对竞争对手的价格情况做深入细致的了解,然后选择能够应付竞争对手,有利于发展自己的定价目标。以提高市场竞争能力为定价目标有三种情况:第一种是进攻性定价,其目标是以价格为手段打击竞争对手,它经常采用成本定价法,使竞争对手无法维持经营而自动退出市场,然后再提高价格,形成垄断。这种定价方法一般都是实力雄厚的大企业用以排斥竞争者,提高自己企业产品市场占有率而运用的。第二种是防御性定价,这一般是在竞争者采取价格竞争攻势以后,为了应付竞争,被动地保持与竞争者相近的价格。在通常情况下,一些市场竞争能力较差的中小企业经常采用这一策略。第三种是预防性定价,这是在产品上市之初,企业为了维护自己产品的市场优势地位,常常采用低价的方法以抵制更多的企业加入竞争,有时也采用特别高价的方法出售商品,排斥其他竞争者进入同一市场。在通常情况下,采用这种低价和特别高价定价的是一些具有特殊技术、力量雄厚的大企业,力量薄弱的中小企业一般不宜使用这些做法。价格竞争本质上也是争夺市场占有率的一种主要手段。

四、以确保目标利润为定价目标

确保目标利润是以成本定价为主的定价目标。在现实生活中，没有哪一个企业不希望获得最大利润，但并不是任何一个企业都能做到这一点。当企业不能获得最大利润时，就可采用确保目标利润的定价目标。确保目标利润为定价目标与最大利润为定价的主要区别是：前者的利润目标是具体的；后者的利润目标没有具体的要求，它是以企业生存和维持企业稳定为基础，以收回成本为前提来制定价格。这种定价目标又分为销售额利润率方法和资本利润率方法。前者通过利润占销售额的比率来计算，后者以利润占投资成本的比率来计算。在实际生活中，企业在确定目标利润的时候，必须考虑目标利润的时间和企业设备变动的情况。如果是短期目标，问题比较简单。如果是长期目标，需要考虑未来新产品开发初期的大量投资没有利润可得的情况，目标利润定得过高，难以实现。如果企业的生产规模不发生变化，或者仅仅是老产品定价，则问题比较简单。如果企业大量投入资金扩大生产规模，这时候就必须考虑目标利润的范围。在一般情况下，企业应该分别制定定价目标。短期目标可以定得稍高一些，长期目标定得稍低一些。原有老产品定价可以略高一点，新投资的产品定价可以略低一些。在企业的经营实践中，一般来说大型企业可采用资本利润率的方法来确保利润，小型企业可采用销售利润率来确保利润，中型企业可两者兼而有之。

五、以实现预期的投资收益率为定价目标

投资收益率反映着企业的投资效益。企业对于所投入的资金，都希望在预期时间内分批收回。这种定价目标是以企业投资额为出发点，以预期产量为基础，根据投资额规定一定的投资收益率，然后计算出各单位产品的利润额，把它加到产品成本上，作为该产品出售价格的定价目标。采用这一定价目标，是以追求长期稳定的不低于银行利息的预期利润。这种定价目标风险较小。由于各单位产品的利润是固定的，因此，企业生产的产品数量越大，则利润额越大。采用这一定价目标的企业：①必须确定合理的投资收益率；②自己的产品在市场上必须是畅销的，不怕竞争对手，否则如果商品卖不出去，预期的投资效益率就不能实现。由于这种定价目标风险较小，因此，大中小企业只要有一定的优势，经过科学预测，市场销售目标可以实现，都可采用。而企业确定投资收益率应掌握以下原则：投资为银行贷款，其投资收益率应高于贷款利率；投资为企业自有资金，投资收益率应高于银行存款利息及其他证券利率；投资为政府财政拨款资金，投资收益率应高于政府投资时所规定的收益指标。

六、以保持价格稳定为定价目标

这是一种从长远利益来考虑的定价目标，它是指在产品的市场竞争和供求关系比较正常的情况下，生产者为了巩固自己的市场经营阵地，避免不必要的价格竞争，以便在稳定的价格中取得理想的利润。过度的价格竞争，容易引起“价格疲惫”，造成不必要的损失甚至两败俱伤。因此，绝大多数企业都希望有一个比较稳定的价格，以减少价格竞争的恶性循环。采用这一定价目标的企业必须是拥有一定资金实力和充足的后备资源，产

品比较定型，产量比较稳定的大企业。初建的或临时性的企业，中小企业一般不宜采用这一定价目标。在社会主义条件下，大企业采用这一定价目标，有利于保持整体市场的稳定和不断提高人民生活水平，实现企业生产的终极目的。

此外，还有以保持营业(通常是在企业处于不利环境中实行的一种缓兵之计)和维护企业形象(如考虑价格水平要与目标顾客需求量相符，顾及协作企业及中间商的利益等)为定价目标。在实践中，企业究竟采用什么样的定价目标，应该从内外环境的实际情况出发，不可盲目套用。

第三节　定价的方法

定价方法是企业为实现其定价目标所采取的具体做法。根据西方经济学理论和市场营销理论建立起来的企业定价模型与方法有几十种，如成本加成定价法、目标利润定价法、认知价值定价法、价值定价法、通行定价法、差别定价法、声望定价法等。但是，归根结底都是依据成本或顾客或竞争等因素进行定价。因此，有专家认为(钟和平，2004)⑤成本导向定价、需求导向定价、竞争导向定价是企业定价决策的基本策略思想。我们研究定价的方法，也就从这三个方面着手进行。

一、成本导向定价法

成本导向定价法，是以企业生产商品的全部成本为基础，加上企业预期利润的定价方法。而中间商的成本加成，则以进货成本为基础，加上一定比例的商业利润来确定转售商品的价格。成本导向定价法是企业定价中采用最为广泛的一种方法。它的主要优点是：

(1) 原则单纯，简便易行。因为成本是通过核算准确地得出并且与社会成本比较接近。按成本导向定价，这样既可以避免企业相互间的竞争，亦可省去根据市场需求不断调整价格的困扰。

(2) 将本求利，定出的价格风险较小。

成本导向定价法的缺点是：

(1) 难以确定各行各业的加成比例，因为各行各业的资本有机构成不同，生产规模不一样，用同一方法定价各行各业所获得的利润水平就会不一样，从而影响企业生产经营的积极性。

(2) 灵活性不大，市场竞争不得力。因为这种定价方法没有考虑市场需求的强度、季节周期、竞争状况及产品的生命周期等因素，因此，当市场供求出现矛盾时，这种定价方法就会显得捉襟见肘，缺乏灵活性，甚至可能使企业失去竞争能力。成本加成定价、收支均衡定价和投资报酬定价及系列产品定价等定价方法，都是这一定价方法的具体方法。

---

⑤　钟和平．企业定价决策问题研究．企业活力，2004，(10)．

1. 成本加成定价法

成本加成定价法,亦称完全成本定价法。这是以产品的单位成本加上预期利润的定价方法。销售价格与成本之间的差额叫“加成”;差额占成本的十分之几叫“成数”,又叫加成率;差额占成本的百分比叫“毛利率”。根据确定利润的内容不同,成本加成价又有三种方法。

(1) 以成本利润为基础的定价法。其计算公式为:

产品价格=部门平均成本×(1+社会平均成本利润率)

(2) 以工资利润为基础的定价法。其计算公式为:

产品价格=部门平均成本×(生产该产品的平均工资×社会平均工资利润率)

(3) 以资金利润为基础的定价方法。其计算公式为:

产品价格=部门平均成本×(生产该产品的平均资金占用量×社会平均资金利润率)

2. 收支均衡定价法

收支均衡定价法又称损益平衡定价法。这是依据盈亏均衡点的原理作为定价依据,用于确定企业产品销售价格最低限度的定价方法,即以企业投资总成本与市场销售收入保持平衡不亏不盈的定价方法。其计算公式为:

产品单价=固定成本/预计产量或销售量+单位产品变动成本
×预计产量或销售量/(1-税率)

例:某企业生产A产品,投放固定成本总额为200 000元,单位产品变动成本为15元,产品税率(或增值税率)为零,预计产品销售量20 000件,求收支均衡单位产品价格。

把上数代入公式:

单位产品价格=200 000+15×20 000/20 000+25(元),即每件产品的价格至少定为25元,才能达到收支平衡。

这种定价方法只是在市场产品供过于求,企业生产任务不足时才能使用。近年来,有专家对成本加成法作了改进(姜爽,沈烈志,金玉然,2007)⑥并进行了实证研究。提高了该方法的运用度。

3. 投资报酬率定价法

这是依据企业投资总额和预计的总销售量,确定一个投资报酬率作为定价标准的方法。投资报酬是指投资总额与投资报酬率的乘积。投资报酬的多少,一般由投资者或企业确定,具有一定的技巧,但一般不低于银行的存款利率。

例 10.2:某企业生产A产品的固定成本为100 000元,单位变动成本为10元,企业利润目标是每年的投资报酬率为50%,则投资报酬为:

100 000×50%=50 000(元)

假如预测市场需求量为5 000件,按投资报酬率定价,其单位产品价格为40元。该企业生产的产品每件价格为40元,企业才能获得预期的投资报酬。这种定价方法的优点是:它把产品成本与产量统一起来考虑,当根据销售量的变化来定价时,企业就能够获得比较稳定的收益。但它是根据产品销售量来倒推成本和核算价格,这样,价格又成了

⑥ 姜爽,沈烈志,金玉然. 基于成本加成定价法的玉件产品定价模型研究. 商场现代化,2007,(13).

影响产品销售量的因素，这里谁主谁从，关系很不清楚。并且，在市场变化中，如果预期销售量不能实现，这一定价方法则不能运用。

4. 系列产品定价法

系列产品定价法，又称价格阵线法。这是指将不同规格型号的产品，按档次或按规格型号的组距分为若干组，每组规定统一的价格的定价方法。系列产品的材料成本与产品规格往往成正比或接近正比。但由于不同规格的产品的加工复杂程度相同或基本相同，工费成本往往相差不大。因此。价格虽然随规格的增大而递升，但递升幅度一般小于规格的变动率。

5. 指数法

采用指数法这种方法的关键是合理确定 n 值。假设市场上某种系列产品的两种不同规格产品的价格 P_1 和 P_2，可根据下列公式计算该种系列产品的 n 值。

$$P_1/P_2=(S_1/S_2)^n$$

式中：P_1——代表 1 号系列产品的价格；

P_2——代表 2 号系列产品的价格；

S_1——代表 1 号系列产品的主要特征值；

S_2——代表 2 号系列产品的主要特征值。

该公式就是 $y=x^n$ 幂函数的另一种表现形式。其中 P_1、P_2 相当于 y，S_1、S_2 相当于 x。

采用这种定价方法既有利于节约购买时间，提高售货员的劳动效率，又有利于顾客迅速作出购买决策。但采用这种方法时，必须注意确定好 n 值。在通常情况下，如果同时有几种老规格产品，应选用与新规格产品相近者。新老规格越相近，定价越准确。新老产品相差 10 倍以上，则不宜采用这一定价方法。

二、需求导向定价法

需求导向定价法，是指企业定价时，不仅考虑到成本，而且注意到市场的需求强度和消费者的价值观念，市场需求较多时，可以将价格定得低一些。这种定价方法综合考虑了成本、产品生命周期、市场购买能力、销售区域及消费者心理等因素，是企业经常采用的一种定价方法。需求导向定价法主要有以下几种具体方法。

1. 理解价值定价法

这是根据消费者所理解的商品价格，而不是根据卖方的成本来定价的方法。采用这种定价方法，企业必须根据自己产品的投资额、销售量、单位产品成本和赢利来研究该种商品在消费者心目中的地位，作出较为恰当的判断，进而有针对性地运用

市场销售组合中的非价格因素去影响消费者,使消费者形成一定的价格观念,制定消费者需求的希望价格,如"欧米茄"表就用世界名模克劳馥代言广告,定价很高,突出尊贵的象征意义。采用这种定价方法,企业要充分考虑消费者的心理和商品的需求弹性。如果企业对消费者的理解价格估计过高,制定高价必然影响产品的销售量;反之,如果定价过低,又无法实现企业的经营目标。

2. 需求差异定价法

需求差异定价法,又称区分需求定价法。这种定价方法是指同一质量、功能、规格的商品,对待不同的消费者及不同的需求采用不同价格的定价方法。即对不同的产品、地点、时间、顾客而制定不同的价格。例如,对外观不同的同种商品,可以确定不同的销售价格;对不同的消费者,可以制定不同的价格,甚至可以讨价还价;对于不同的销售区域和服务区域,可以采用不同的地区差价;对不同季节消费的商品,可以制定不同的季节差价;等等。采用这种定价方法必须具备下列条件:必须根据市场需求强度搞好市场细分,细分后的市场相对独立,互不干扰;高价市场中不存在低价竞争者,不存在转手倒卖现象;价格差异要适度,应争得消费者的支持和理解。

3. 比较定价法

这是在比较不同价格所能获得的最终利益大小的基础上来制定价格的一种方法。采用这种方法,必须努力把握商品的需求弹性。在通常情况下,价格高,利润率也就高,但销售量则会相应减少,从而影响总赢利水平;价格低,利润率也较低,但价格低能扩大产品的销售量,从而带来更大的整体利益。但低价格对需求量的扩大也不是无止境的。当扩大的需求量并不能带来比高价格更大的总体利益,就不如定高价。同时,不同商品的需求弹性是不一样的。需求弹性相对大的商品可以将价格定得低一些,实行薄利多销,而需求弹性相对小的商品可将价格定得稍高些,以增加总收入。

4. 习惯定价法

这是根据消费者长期使用某种产品对其价格形成的习惯定价的方法。某些特殊的商品由于长期使用某种价格,就会在消费者中形成一种习惯,如火柴每盒多少钱。生产火柴的企业只能遵循这一习惯。如礼品包装的定价必须考虑不同地区人们送礼轻重的习惯,保证其礼品售价与人们习惯送礼的金额相适应。如因原材料涨价,确实需要改变价格,则可以采用适当降低分量,改变产品包装等过渡性的办法。

5. 可销价格倒推法

产品的可销价格即为消费者或进货企业习惯接受和理解的价格。可销价格倒推法就是企业根据消费者可接受的价格或后一环节买主愿接受的利润水平确定其销售价格的定价法。一般在两种情况下企业可采用这种定价法:①为了满足在价格方面与现有类似产品竞争的需要,而设计出在价格方面能参与竞争的产品。②对新产品的推出,先通过市场调查确定出购买者可接受的价格,然后反向推算出产品的出厂价格。

例 10.3: 消费者对某牌号电视机可接受价格为2 500元,电视机零售商的经营毛利为20%,电视机批发商的批发毛利为5%。计算电视机的出厂价格。

零售商可接受价格=消费者可接受价格×(1-20%)

=2 500×(1-20%)=2 000(元)

$$\text{批发商可接受价格}=\text{零售商可接受价格}\times(1-5\%)$$

$$2\,000\times(1-5\%)=1\,900(\text{元})$$

1 900 元即为该牌号电视机的出厂价格。

三、竞争导向定价法

竞争导向定价法是指企业在定价时，以竞争厂商同类商品的价格为主要依据，根据企业产品的市场竞争能力，选择有利于市场竞争的定价方法。这种定价方法又有以下几种具体的做法。

1. 随行就市定价法

随行就市定价法，又称通行价格定价法。这是一种广为流行的根据本行业平均定价水平作为本企业定价标准的一种定价方法。采用这种定价方法，主要适用于一些需求弹性比较小或供求关系比较平衡的商品。一般是在企业难以对消费者和竞争对手的反应作出准确估计的时候运用。这样易于与同业避免竞争，既能减少风险，又能大体上反映该种商品的社会必要劳动时间，补偿平均成本，获得平均利润。如果企业努力降低成本，还能获得超额利润。这种定价方法，常被人们认为较为合理，易于为消费者所接受，也能为企业带来合理适度的赢利。

2. 跟踪竞争定价法

跟踪竞争定价法又称高于或低于竞争者商品价格的定价方法。它是指生产特种商品和高质量商品的企业，依靠其商品本身性质的优点和声誉，以及自己所能为消费者提供特有服务制定高于竞争者商品价格的定价方法。采用这一定价方法的企业，一般都是实力雄厚，拥有高质量的服务设施，能够提供特殊的服务，或者享有专利的保护权，经营某种特殊商品的企业。在这些企业中采用高于竞争者商品价格的定价方法是有利的。因为，在很多消费者的心目中，这类企业的高价格是商品高质量的表现。相反，如果价格定低了，反而会有损于企业和商品的形象。低于竞争者商品价格定价的方法，是指那些生产成本低于社会平均成本的生产企业和经营很有成效的流通企业，为了提高竞争能力和扩大商品的销售而采用的定价方法。企业若不具备一定的优势，则不宜采用低于竞争者商品价格定价的方法。

3. 密封投标定价法

这种定价方法主要用于投标交易方式，它是指企业不预先制定价格，而是运用种种方式引导消费者竞争，从而选择有利成交的定价方法。密封投标定价所考虑的因素，主要是在保证不低于成本条件下，竞争者可能的出价，它的要求是为了中标。因此，采用这种方法，投标报价时要尽可能准确，预测竞争者的价格意向，然后在正确估算招标任务所耗费成本的基础上，定出最佳报价。报价时既要考虑实现目标利润，又要结合竞争状况，考虑中标概率。

4. 变动成本定价法

变动成本定价法，又称边际贡献定价法。这是指企业以变动成本为依据，考虑市场环境，对付竞争对手的一种定价方法。一般在市场产品严重过剩，竞争十分激烈的条件下才采用这一定价方法。采用这一定价方法的观念，是只要售价能够保证收回全部变动成本后还有剩余，就可以对固定成本作一定的补偿，这比停产后固定成本全部不能补偿合算,并能够在特殊情况下稳定职工队伍,保持企业实力。

以上各种定价方法只是大体上的分类,在企业的营销活动中,有些定价方法则是相互渗透的。因此,企业在采用这些方法时,必须注意它们的关联性。

第四节　定价的策略

灵活的定价策略是在具体场合定价的科学性与艺术性谐调结合的体现。针对不同的商品、消费心理、销售条件、销售数量及不同的销售方式而灵活变动价格,是保证企业价格策略制定成功极为重要的条件。

一、新产品的定价策略

企业生产的新产品能否打入市场,并在市场上站稳脚跟,定价策略选择得如何关系极大。新产品定价是企业定价的一个重要方面。新产品定价合理与否,不仅关系到新产品能否顺利地进入市场、占领市场、取得较好的经济效益,而且关系到产品本身的命运。新产品价格的正确制定,要依据成本、竞争、需求等因素分析,还要充分考虑影响价格的其他因素,特别是心理因素。事实上,一种新产品能否被消费者所接受,必须具备两个条件:一是对新产品有潜在的购买或享用意愿;二是要有现实的购买力。这两个条件使消费者在心理上形成一定的价格反应。通常企业对新产品大多采取撇脂定价或是低价渗透策略。由于新产品并不仅仅是制造商自己的事情,产品进入渠道后势必会涉及零售商,因此,有专家(张朝孝,蒲勇健,2002;全雄文,涂莑生,魏杰,2007)⑦开始探讨新产品的销售模型,试图建立制造商与销售商的供应链垄断销售模型,据此保证新产品给企业带来的利润最大化。

具体的新商品定价策略可分为以下三种。

1. 撇脂定价策略

这是指企业在新产品上市之初,把价格定得高一些,争取在短期内获得厚利全部补偿固定成本,并迅速获取赢利的一种定价策略。它就像煮牛奶把上面的一层油撇取出来一样。这种方法适合于需求缺乏弹性的产品、购买者很多、市场上没有替代品、生产企业拥有产品的专利技术、企业生产能力有限等情况。它的优点是能利用人们的求新心理,在短期内获取厚利,收回投资,主动性较大。当这种高价不利于销售时,适当降价也不会影响企业获取利润。它的缺点是,如果新产品市场吸引力不足,加之价格较高,就不利于打开市场,并且由于高价厚利,因而容易招致竞争对手。因此,没有相当实力的企业,不是名牌新产品,一般不宜采用这一定价策略。

2. 渗透定价策略

这是在新产品上市之初,把价格定得低一些,尽快打开销路的一种定价策略。这种定价策略普遍用于市场上已有同类或相关产品的情况,其优点是:低价低利,薄利多销,

---

⑦ 全雄文,涂莑生,魏杰. 新产品销售定价的制造商与销售商斯坦克尔伯格博弈. 系统工程理论与实践,2007,(8);张朝孝,蒲勇健. 新产品定价博弈模型的探讨. 商业经济与管理,2002,(2).

易为消费者所接受，能够迅速打开销路，提高市场占有率，并把竞争产品挤出市场，从而可以达到独占市场的目的，所以，这一策略又叫“别进来”策略。这种定价策略的缺点是：新商品一开始实行从低定价，会冲击企业已有的旧商品的销路，造成同类旧商品的市场生命周期缩短。并且，从低定价投资收回期限较长，企业若资金不足，采用这一策略是不利于企业发展的。因此，在一般情况下，中小企业不宜选择这一定价策略。

3. 满意定价策略

这是在撇脂定价与渗透定价之间选择一种能使生产者和消费者都能接受(比较满意)的定价策略。所谓满意定价，是指确定产品的价格使生产者、中间商和消费者都满意，价格水平适中，既不是撇脂的高价，又不是渗透的低价，使三方的利益都得到兼顾，都乐意接受，容易实施。这种定价策略风险性小，选用得当能给消费者以良好的印象，从而可以吸引更多的消费者，很快地打开产品销路，占领新商品市场。但这种定价策略比较保守，不适于需求复杂多变和竞争激烈的市场环境。

二、心理定价策略

心理定价策略是指在企业的定价活动中，考虑消费者对价格的心理反应，使定出的价格具有心理效应的一种价格策略。卖主应该考虑价格的心理学，而不能简单地考虑它们的经济学，许多顾客把价格作为质量的一种指标。根据消费者购买商品的不同心理需求，心理定价策略又有以下几种形式。

1. 整数定价策略

整数定价策略指采用合零凑整的方法，将商品价格定成整数，不带零头数。如宁可定1 000元或1 100元，也不定 999.50 元，因价格超过某一位数，更能使消费者感到产品的名贵，购买和使用该商品使自己的身份也提高了。这种价格策略只适用于名店、名牌或消费者不太了解的商品，一般消费品则不宜采用这一定价策略。这是针对消费者的虚荣心理而采取的一种定价策略。相反，如果将这类商品定成非整数，就会使消费者产生商品质量不高，使用时会影响自己身份的感觉，从而放弃购买。

2. 非整数定价策略

非整数定价策略指保留价格尾数，将商品价格定成一个带有零头数结尾的非整数价格。零头数定价给消费者的心理感觉是定价严肃，态度认真，从而对这种价格产生信任感，给消费者以价格偏低的心理感受。例如，一件商品定价 99.50 元与 100.20 相差不大，但给予消费者的心理感受是不一样的。前者给消费者以商品降阶的心理感受，因为靠近整数而定为零头数，其价格系列是向下的，给消费者以数字合意的心理感受。

3. 声望定价策略

所谓声望定价，是指企业利用人们认为质量好、价格必高的心理，对消费者心目中声望比较高的产品制定比较高的价格的方法。这是根据消费者对某些商品、某些商店的信任心理而使用的价格策略。许多消费者认为“价高质必优”“店大品必精”。所以，对一些名牌商品或一些声誉很高的商店，可以利用其在消费者心目中的声望，把该产品或几类产品的价格定得高于其他同类产品或同类商店的产品价格，这样既能巩固消费者对该种商品、该家商店的信任感，又不会因为高价而失去顾客。比如，奔驰汽车采取的就是声望定价策略。当然，采用声望定价也必须以商品或服务的高质量为基础，否则，就会丧失声望，失去市场。

1965年梅赛德斯－奔驰280SE轿车设计师之一 鲍尔·布拉赫

4. 招徕定价策略

这是利用消费者的求廉心理有意将一些“明星商店”的价格定得比市场同类产品低，以招徕顾客的定价策略。消费者自然对低于市价的商品感兴趣，往往在那里买了便宜货以后，又购买了其他商品。这种定价策略在购买高峰期和节假日，效果非常明显。但用于招徕顾客的商品，应选择需求弹性较小又能引人注目的商品，否则，不是招徕顾客不足，就是顾客感到失望，从而达不到招徕的目的。

三、折扣定价策略

价格有基本价格(价目表标明的价格)和成交价格之分。折扣定价是对购买数量较多或金额较多的顾客给予一定价格优惠的策略。折价定价通常分为以下几种具体的方法。

1. 数量折扣

数量折扣，即根据购买数量或金额的差异给予不同的价格折扣。科特勒认为这是卖方因买方购买数量大而给予的一种折扣。这又分为“累计数量折扣”和“一次数量折扣”两种。前者是指在一定时期内，累计购货总数达到一定数量时给予折扣。这种折扣有利于建立长期的客户关系。后者是指一次购货达到一定数量时给予折扣，这种折扣有利于形成购买大户。数量折扣的关键在于合理确定给予折扣的起点、折扣档次及每一档次的折扣率。

2. 现金折扣

现金折扣，即对按约定时期付款或提前付款者给予一定价格折扣的定价策略。用这一定价策略有利于鼓励顾客提前付款，加速资金周转，从而减少呆账的风险。折扣的大小一般根据付款期间的利息、风险、成本等因素来确定。如合同条款“2/10 净 30 天”，表示付款期为 30 天，如客户提前 10 天付款，给予 2%的折扣。

3. 交易折扣

交易折扣，又称功能折扣，即厂商依据各类中间商(批发、零售等)在市场营销活动中担负的不同功能而给予的不同价格折扣。科特勒提出，这是由制造厂商向履行了某种功能，如推销、储存和账务记载的贸易渠道成员所提供的一种折扣。采用这一定价策略，有利于充分调动中间商的积极性。

4. 季节折扣

季节折扣，即对在非消费旺季购买产品的客户提供价格优惠的定价策略。采用这一定价策略，有利于批发商和零售商在淡季进货，消费者淡季多购买，解决淡旺季问题，减少厂商的仓储费用，有利于产品均衡生产，均衡上市。由于国内市场季节性价格战比较普遍，所以对季节性定价研究(王宏达，郝以阁，汪定伟，2007)[8]也比较多。Swatch 手表

---

⑧ 王宏达，郝以阁，汪定伟．季节性商品的促销定价模型与算法．东北大学学报(自然科学版)，2007，(1)．

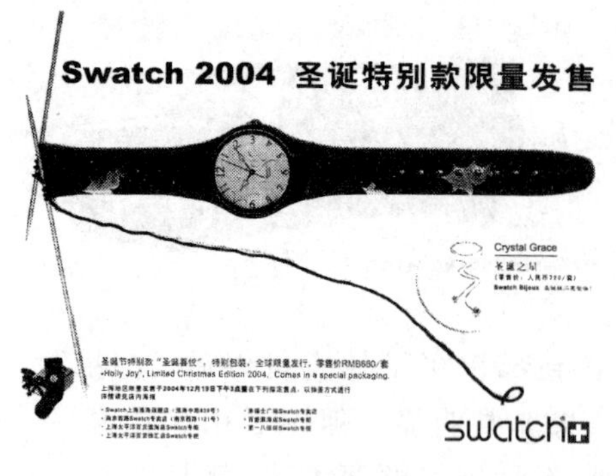

在圣诞节期间的广告很好地说明了节日折扣优惠。

5. 推广折扣

推广折扣，即厂商以中间商为产品推广进行的各项促销活动，给予一定让价作为报酬。这只是生产企业采用这一定价策略，有利于调动中间商推销商品的积极性，尤其是新产品的导入期更适宜采用这一定价策略。有时在市场发生波动时期商家也会采取此类策略。如2007年受美国金融危机影响，中国房地产业不景气，许多房地产商在价格上均采取了灵活举措（魏永哲，周晓静，2009）⑨，据此促进产品销售。

四、地理定价策略

企业制定价格，运费是考虑的重要因素，特别是当运费占成本的比例较大时，更要注意合理摊算运输成本。它包含着公司给全国各地的顾客如何决定其产品的定价。常用的地理定价策略有以下几种：

（1）生产地定价法。由生产厂订定统一价格，由需方负担全部运费。这种方法对卖方最为单纯、便利，适用各地的买主，应用最为广泛。也叫原产地定价、非送货制价格。

（2）统一运送定价法。由卖方订定统一价格，对所有买主实施相同价格，运费由卖方统一计算在成本内。不论运费多少，路程远近，均一视同仁，与邮政服务相类似，故也称为"邮票定价法"。采用这种方法，适宜于运费占总成本比例较小的产品。买主往往认为运费是一项免费的附加服务，有利于促进销售。

（3）区域运送定价法。卖方将市场划分为几个大的区域，在每一个区域内，实行统一定价法。运费计算类似邮政包裹、长途电话的收费方法。

（4）津贴运费定价法。卖方对距离产地较远的中间商或用户，津贴一部分或全部运费，以促进买方购买。这种方法可以弥补生产地定价法的不足，鼓励距生产地较远的中间商或用户的购买。

五、相关产品价格策略

相关产品具有销售上的相互联系性，企业就可以利用这种联系性制定价格。

1. 替代产品价格策略

替代产品是指基本用途相同的产品。替代产品价格策略即指营销企业有意识地安排本企业消费替代性产品间的价格比例，用以实现某种营销目标。具有替代关系的产品，降低一种产品的价格，不仅会使该产品的销售量增加，而且会同时降低替代产品的销售量。例如，一个企业生产不同型号的汽车，不同型号的电冰箱、不同型号的照相机就属这种情况。企业可以利用这种效应调整产品结构。如企业为了把需求转移到某些产品上去，它可以提高那些准备淘汰的产品价格，或者用相对价格诱导需求，以牺牲某一品种，稳定和发展另一些品种；企业也可以利用这种效应，提高某一知名产品的价格，突出

⑨ 魏永哲，周晓静．基于博弈视角的"万科领跌销售"分析．现代商业，2009，(12).

它的豪华、高档，创造一种声望，从而利用其在消费者心目中的良好形象而增加其他型号产品的销售量。

2. 互补产品价格策略

互补产品是指需要配套使用的产品。互补产品价格策略即指利用价格对消费连带品市场需求的调节、诱导功能，运用一定的作价技巧，使营销目标的实现由一个"点"扩展到一个"面"。具有互补关系的产品很多，如剃须刀与刀架，照相机与胶卷或数码储蓄卡，圆珠笔与笔芯，旅游活动中的食、宿、购物，等等。在互补关系中，一般存在起主导作用的内容，像照相机是"主机"，胶卷或数码储蓄卡是"附件"。在旅游活动中，观光是主要目的，食、宿、购物是辅助消费项目。互补产品价格策略就是降低连带消费关系中起主导作用的产品或服务项目的价格，来促进系列产品的销售。在一般情况下，照相机价格低一些，使用的人多了，对胶卷或数码储蓄卡的需求量自然会增加，这样企业就能从中获得更多的利润。

六、价格调整策略

经济活动是一个永继的过程，随着时间的推移，市场的各种因素都可能发生变化，因此，商品价格策略制定以后，并非就可以定格，策略的调整并非易事，必须认真研究上述因素对原有价格策略的影响，采用有效的价格调整策略。价格策略调整的决定性因素如图 10-3 所示。常用的价格策略调整主要有以下几种情况。

图 10-3　价格策略调整的决定性因素

1. 一次性调整策略

一次性调整策略包括一次性提高价格和一次性降低价格两种形式。其目的都是调整原来的高价策略和低价策略，使之更符合经营的实际。这一策略调整的特点是：①事先绝对保密，以使竞争对手和消费者措手不及，待他们反应过来时，时机已经过去。②为了在短期内收到调整的效果，一般提价和降价的幅度都较大，否则，难以充分强化市场吸引力，当然，调整幅度的大小也不是任意的，而必须以调整价格能给企业带来的总体利益为转移。并且，对于那些需求弹性较小，甚至需求弹性完全不足的商品，无论采用何种调整价格的策略也无济于事。

2. 渐进性调整策略

这是企业根据一定时期的定价目标，把现行价格分阶段调整，使原有价格策略失去效应。采用这种调整策略，或者是因为一些产品成本和质量较低，随着工艺技术的完备，产品质量不断提高，而产品成本相应提高了，为了使产品价格和价值基本相适应，必须调整原有的低价策略，或者是因为批量生产，产品成本下降，为了扩大市场销量，必须调整原有的高价策略；抑或是竞争者和消费者的原因，迫使企业改变原有的价格策略。但是，不论调整的原因如何，采用这一调整策略的特点是渐进性的，即调整的幅度不宜过大，否则，会引起消费者的不满，达不到调整的目的。

3. 特殊性调整

这是企业采用特殊方式改变原有价格策略的调整策略。例如，企业根据市场需求情况，对原有产品的式样，在颜色与包装装潢等方面进行改革，使之具有新的特色。即使在这样的情况下，企业也不马上改变自己原有的价格策略，而是采用变相调整的做法，无形中使低价的策略丧失其功能，按照调整后的新的价格策略定价。这种特殊性调整价格的策略，如果企业运用得当，能够收到意想不到的效果，这已经为企业市场营销的实践所证明。

复习题

1. 简述商品价格制定的依据及影响因素。
2. 什么是市场补缺者？它怎样进行专业化营销？
3. 结合实际阐释企业的六种定价目标和意义。
4. 市场主导者应该采取哪些措施来进一步扩大市场需求？
5. 结合实际论述新产品的定价策略。

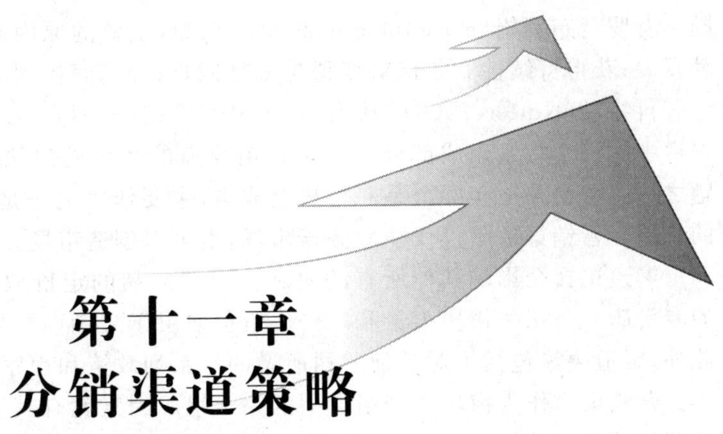

第十一章 分销渠道策略

［教学要求］

掌握分销渠道的含义、类型；
了解不同产品的分销渠道构成形式；
了解影响分销渠道选择的因素；
掌握分销渠道决策的基本原则；
了解分销渠道的选择及其策略；
掌握营销物流的储存、运输和配送；
掌握商品配送的概念、特征和作用；
掌握配送的基本环节。

企业不仅要制定行之有效的产品策略、价格策略、促销策略，而且还必须制定分销渠道策略，使消费者在所希望的地点和时间得到产品。分销渠道是否畅通，关系到企业生死攸关的问题。如果分销渠道不畅，商品卖不出去，“摔坏的不是商品，但一定是商品生产者”。因此，一切有所作为的企业家无一不重视流通疏导，选择合适的分销渠道，及时将产品送达“适当的地点”，在“适当的时间”以“适当的价格”出售给目标顾客。

第一节 分销渠道的类型和构成

一、营销渠道的重要性

相对于营销组合的其他三个因素——产品、价格与促销，渠道作为一种战略性营销的手段，若干年来一直处在次要的地位，很多企业都是在考虑了更为重要的产品、价格与促销战略之后，才将营销渠道战略作为某种剩余部分加以考虑的。近几年来，因为某些条件的变化，原来那种忽视营销渠道的观念发生了改变，并引起了人们极大的兴趣。美国学者罗森布罗姆(Rosenbloom,2003)①认为,主要的原因有:信息技术与电子商务的蓬勃发展;获得持续性竞争优势变得越来越困难;分销商权利的增强;削减成本的需要。

科特勒(Kotler,2006)②认为,营销渠道系统(marketing channel system)是公司分销渠道中的一个特别组成部分。关于营销渠道的系统的决策是管理者面对的最重要的问题之一。营销渠道实际上是一个机会成本,主要作用之一是将潜在的顾客转换成有利润的订单。营销渠道不仅仅能服务于市场,也可以创造市场。

渠道选择会影响其他所有的决策。公司产品的定价取决于它是走大商场还是高档的专卖店。公司的销售力量和广告决策也取决于分销商需要公司提供多少培训和激励。此外,渠道决策包括了对其他公司所做的一系列政策和程序的相对长期的承诺。

营销渠道作为市场营销组合中的一个组成因素就有其重要的作用,不能忽视其对市场营销的推动性影响,发展一个健全完善的营销渠道对一个企业来说就是意味着掌握生存的利器,可以与其他同质企业进行竞争,并能在技术高速发展的21世纪里获得差异化的竞争优势。

二、国内外对营销渠道的研究

国内外对营销渠道的概念的表述比较混乱。有时它被认为是以一种将商品从生产者转移到消费者或其他最终用户的通道,有时它被认为是商品通过各种代理环节的过程。此外,也有专家认为,渠道是一种商业企业之间为共同实现某种交易目的而形成的一种松散的联盟。这些观点都是从不同的角度来看的,包括了生产商、分销商、消费者以及研究者的观点,但这些都不能给营销渠道一个准确的全面的定义。

在国外的研究中,艾塞利、斯特姆(Coughlan,Anderson,Stem,Ansary,2001)③等人将营销渠道定义为:促使产品或服务顺利地被使用或消费的一整套相互依存的组织,它们组成一个产品或服务在产成以后的一系列途径,经过销售到达最终用户手中。

美国学者罗森布罗姆(Rosenbloom,2003)④将营销渠道定义为:为实现分销目标而受管理调控的外部关联组织。这个定义中,外部、关联组织、调控和分销目标这四个词比较重要。

我国学者吴世经(2001)⑤教授将分销渠道定义为,营销渠道是使产品或服务能被使用或消费而配合起来的一系列独立组织的集合。纪宝成(1997)⑥教授认为,分销渠道指产品从制造者手中传至消费者手中所经过的各中间商连接起来形成的通道。吴健安(2000)⑦教授认为,分销渠道指某种产品或服务在从生产者向消费者转移过程中,取得这种产品的所有权或帮助所有权转移的所有企业和个人。

---

① [美]伯特·罗森布罗姆.营销渠道:管理者的视野(第7版).宋华等,译.北京:中国人民大学出版社,2006.

② [美]菲利普·科特勒,凯文·莱恩·凯勒.营销管理(第12版).梅清豪,译.上海,上海人民出版社,2006.

③ Anne T. Coughlan,Erin Anderson,Louis W. Stem, Adel I. El-Ansary,Marketing Channels(6th ed),Upper Saddle River,NJ:Prentice Hall,2001.

④ Bert Rosenbloom,Marketing Channels-A Management View(7th ed),2003.

⑤ 吴世经.市场营销学.成都:西南财经大学出版社,2001:375.

⑥ 纪宝成.市场营销学教程.北京:中国人民大学出版社,1997:266.

⑦ 吴健安.市场营销学.北京:高等教育出版社,2000:253.

在分销活动中,主要分为“五流”,具体如图 11-1 所示。

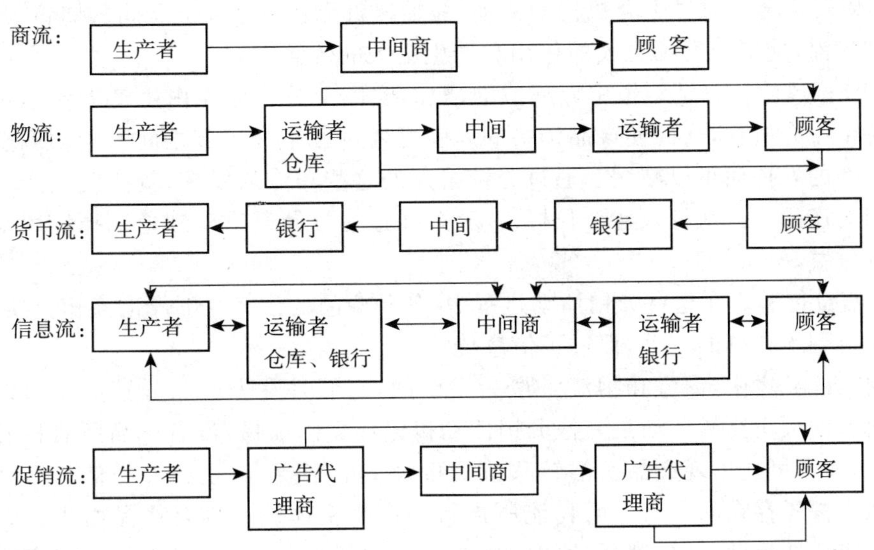

图 11-1　分销活动中的“五流”

商流是指产品从生产领域向消费领域转移过程中一系列买卖交易活动。在这一活动中,实现的是产品的所有权由一个机构向另一个机构的转移,有些机构表面上也介入这一过程,如有些中间商以代销的方式经营某一商品的交易活动,但由于它实际上并不拥有产品的所有权,所以就不应包括在商流活动之中。

物流是指产品从生产领域向消费领域转移过程中的一系列产品实体运动。它具体包括产品实体的储存以及由一个机构向另一个机构进行运输的过程。同时还包括与之相关的产品包装、装卸、流通加工等活动。物流活动从实质上保证了产品由生产领域向消费领域的安全转移。

货币流是指产品从生产领域向消费领域转移的交易活动中所发生的货币运动,它一般是同商流的方向相反的,即由顾客将货款支付给中间商,再由中间商扣除佣金或差价后支付给生产者(制造商),其中一般要以银行或其他金融机构作为中介。

信息流是指产品从生产领域向消费领域转移过程中所发生的一切信息收集、传递和处理活动。它既包括生产者向中间商及其顾客的信息传递(如产品、价格、销售方式等方面的信息),也包括中间商及其顾客向生产者所进行的信息传递(如购买力、购买偏好,对产品及其销售状况的意见反馈,等等)。所以信息流的运转方向是双向的。

促销流是指产品从生产领域向消费领域转移过程中,生产者通过广告公司或其他宣传媒体向中间商及其顾客所进行的一切促销努力。它包括利用广告、推销或公共关系等手段向其销售对象传递有利于产品销售的信息的一切活动。

“五流”的活动,形成了分销渠道的特定功能,那就是:

(1) 媒介交易。各类中介机构能沟通生产者与消费者的联系,为消费者提供有关商品的供应信息,为生产者寻找潜在的顾客,并促进和实施他们之间的商品交易活动。

(2) 运转实体。通过物流渠道能及时地把产品运送到销售市场和消费者的身边。还能根据消费者的需要对产品进行分等分类,合理组配。并通过包装和储存使产品的使用价值在实体运转过程中不受损害，以期在适当的时候投放市场。

(3) 周转资金。通过中介机构的活动，能加速资金在各个环节之间的周转，减少资金的积压和呆滞，使资金发挥更大的作用和产生更大的效益。

(4) 分担风险。分销渠道中介环节的增加，实际上是将原先由生产者所承担的风险分散到各个中介机构，从而使产品销售的风险可通过各中介环节之间的利益调整和专业化经营效率的发挥而得以减缓。通过分销渠道的这些功能的发挥，就能使生产者更有效地将他们的产品广泛地打入各个目标市场，并通过对分销渠道合理地选择运用来实现最佳的经济效益。

(5) 信息传递。在这些分销活动过程中，各种商品的信息在不停地互相交换，在各级经销商间得到了充分的流动，促进了信息传递。

在这"五流"之中，商流和物流是最为主要的，它们是整个产品分销活动得以实现的关键。商流的买卖交易活动是其他分销活动得以成立的前提，没有产品所有权转移的需要和实施，就不可能出现产品实体转移或货币运动的必要，与之相关的信息活动和促销活动也就失去了存在的意义。而物流所进行的产品实体转移则是产品由生产领域向消费领域的实质性运动，是分销活动的实质内容。值得指出的是，尽管只有当商流和物流都存在的情况下，产品的分销活动才得以成立。但是，在实际的分销活动中，商流活动和物流活动并不一定是同时发生的。物流活动有可能先于商流活动(如赊购赊销或分期付款)，也可能后于商流活动(如期货贸易或合同订货)。而且物流活动所经过的中间环节和运动轨迹也不一定同商流的环节和轨迹完全一致。所以，它们有可能形成各自的渠道和运行方式。当然，对于货币流、信息流和促销流来讲，也会形成各自的渠道和运行方式。对于各类分销活动的运行渠道和运行方式进行正确地选择并加以合理地组合，是有效地实现企业的营销目标并提高企业的经济效益的关键。

三、分销渠道的类型

从一个企业在分销渠道决策时所面临的选择来看，分销渠道大致可作以下几种分类。

(一) 直接渠道和间接渠道

直接渠道和间接渠道的区别实际上是企业在其分销活动中是否通过中间商的问题。直接渠道是指企业在其分销活动中不通过任何中间商，而直接把产品销售给消费者的分销渠道。如我国有许多服装生产厂都设有自己的销售门市部，它们直接向消费者销售自行设计的各类时装；也有些厂家虽然没有设立自己的门市部，但派出人员进场进店，以租借柜台或进行展销的形式直接向消费者推销自己的产品，这也应当属于直接渠道。此外，直接渠道的类型还包括：生产厂家以电视直销、电话营销、互联网销售、邮购等方式向消费者销售产品，以及我国传统的前店后厂的销售形式。间接渠道则是指企业通过一个或一个以上的中间商向消费者销售产品的分销渠道，中间商必须将产品买进后再转手卖出。如只是以代销的形式帮助厂家销售产品也不能算作是间接渠道。对于大多数消费品来讲，间接渠道是主要的分销渠道。

（二）长渠道和短渠道

对于间接渠道来讲，根据其介入的中间商层次的多少又可区分为长渠道和短渠道。西方市场营销学中，根据中间商介入的层次，将分销渠道按级数来进行划分（如图 11-2 所示）。

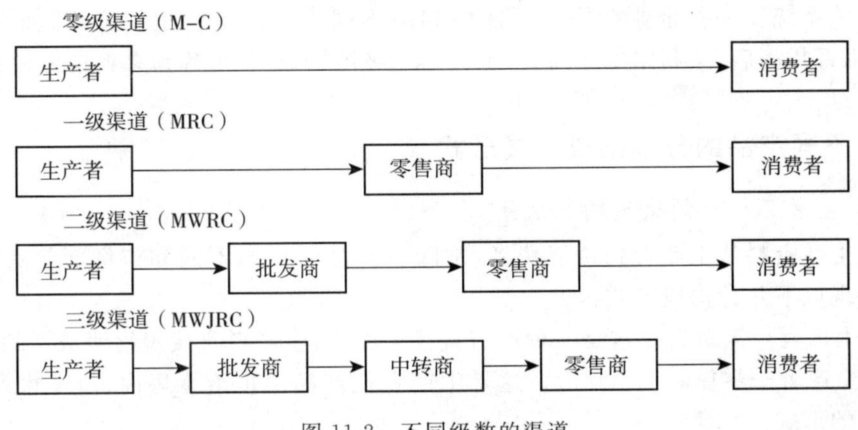

图 11-2　不同级数的渠道

零级渠道是指生产者直接将产品销售给消费者，无任何中间商介入；一级渠道是指生产者直接将产品销给零售商，再由零售商转卖给消费者，其中只有一个层次的中间商介入；二级渠道则是指有两个层次的中间商介入，一般是有一个批发商层次和一个零售商层次；而三级渠道，则指有三个层次的中间商介入，如我国由于地域辽阔，往往除了有产地批发商之外，还有销地批发商，他们从产地批发商处购进商品再转卖给销地的零售商。依次类推，渠道的级数越高，渠道就越长；渠道的级数越低，则渠道就越短。一般而言，渠道越长，企业产品市场的扩展可能性就越大，但企业对产品销售的控制能力和信息反馈的清晰度就越差；相反，渠道越短，企业对产品销售的控制能力和信息反馈的清晰度就越好，但是市场的扩展能力则会相应下降。

（三）宽渠道和窄渠道

根据企业在同一层次上并列使用的同类中间商的多少，企业的分销渠道又可以分为宽渠道和窄渠道。使用的同类中间商越多，企业产品在市场上的分销面就越广，故称之为宽渠道。一般日用消费品，如毛巾、牙刷、暖瓶、内衣等都是通过宽渠道进行销售的，由多家批发商经销，又转卖给更多的零售商去进行销售，从而能大量地接触消费者，大批地销售商品；而使用的同类中间商越少，分销渠道就越窄。如有些企业的产品在某一个地区只由一家中间商统包，独家经销，这就为窄渠道。窄渠道对生产企业来讲，比较容易控制，但市场的分销面就受到限制。因此窄渠道一般仅适用于专业性较强的产品或较贵重的耐用消费品。

（四）单渠道和多渠道

根据生产者所采用的渠道类型的多少，分销渠道又可以分为单渠道和多渠道。有些生产者采用的渠道类型比较单一，如所有产品全部由自己直接销售或全部交给批发商经销，这可称之为单渠道。过去我国有很长一段时期，生产企业的产品全部由国营批发企业统购包销，实行的就是单渠道的分销方式。而有的生产者则根据不同层次或地区消费者的不同情况而采用不同的分销渠道。如在本地区采用直接渠道，对外地则采用间接渠道；在有些地区利用独家经销，而在另一些地区则利用多家分销；对消费市场采用长渠道，对工业市场则采用短渠道，等等。西方市场营销学中常把采用多渠道的分销系统称作双重分销系统。一些企业在同一层次中利用不同类型的销售组织形式，如在零售商中，既利用百货商店，又利用专业商店，也利用超级市场，这也可称为多渠道分销系统。

四、不同产品的分销渠道构成形式

（一）生活资料分销渠道的构成形式

一般生活资料从生产者到达消费者，常随着产品的性质不同和市场面的大小，使分销渠道出现以下几种构成形式：

（1）生产者—消费者。这是一种产需直接见面，由生产者直接售给消费者的形式。

（2）生产者—零售商—消费者。这是生产者把产品出售给零售商，由零售商再转卖给消费者的形式。

（3）生产者—批发商—零售商—消费者。这是由生产者把产品经过批发商售给零售商，零售商再把产品卖给消费者的形式。

（4）生产者—代理商—零售商—消费者。这是由生产者把产品经过代理商售给零售商，零售商再把产品卖给消费者的形式。

（5）生产者—代理商—批发商—零售商—消费者。这是由生产者把产品经过代理商销售给批发商，再由批发商把产品销售给零售商，最后由零售商把产品销售给消费者的形式。

（二）生产资料分销渠道的构成形式

生产资料由于产品本身的特殊性，例如，体积大、精度高、规格多、专用性强、成套性高等，所以一般生产资料从生产者到达用户之间的中间环节较之生活资料要少，但还是存在着不同的分销渠道构成形式：

（1）生产者—用户。这是生产者把生产资料直接销售给用户的形式。

（2）生产者—物资企业—用户。这是生产者把生产资料出售给物资企业，再由物资企业销售给用户的形式。

（3）生产者—商业企业—用户。这是生产者把生产资料出售给商业企业，再由商业企业销售给用户的形式。

（4）生产者—生产企业销售机构—用户。这是由生产者设立的专业销售机构，经销本部门生产资料的形式。

随着我国市场经济体制的改革和市场经济的进一步发展，上述生活资料特别是生产资料的分销渠道构成形式，还将会发生一系列有利于我国市场经济发展的变化。

例 11.1：武汉豆香聚食品有限公司是采用中国的“豆腐之乡”湖北省钟祥市石牌镇传统的工艺和现代科技相结合的以生产、销售豆制品为主的股份制民营企业。其传播渠道的整合模式是：实现文化、媒体和口碑营销三结合。(1)文化营销。给豆制品注册品牌“豆香聚”，在消费者心中形成品牌意识；将卖场生鲜区装潢成古香古色的别致建筑，顾客可从墙上的文字里了解豆腐的历史渊源、营养成分；在全省豆制品行业中首开“现场制作／现场销售”的先河，实现了传统农耕文化和现代文明的有机融合。(2)媒体营销。近年来，《湖北日报》、湖北电视台、《楚天都市报》等 20 多家媒体报道了公司诚信、智慧的创业历程，为公司品牌的传播与塑造取得了良好的效果。(3)口碑营销。“好口碑才是最好的有效力的广告”，公司有着过硬的产品质量，获得了大量的荣誉，在消费者中有着良好的口碑效应。文化营销、媒体营销和口碑营销使公司与消费者建立了良好的合作关系，达到了传播渠道整合的效果。

资料来源：吴大周，汪威．中小食品企业整合营销传播策略研究：以武汉豆香聚食品有限公司为例，商场现代化，2008 年 1 月(中旬刊)总第 527 期．

第二节　分销渠道的策略及选择

如何选择合理的分销渠道是企业市场营销组合策略中的一个重要组成部分。合理选择分销渠道是一项非常复杂的工作，必须根据商品、市场以及企业本身的具体情况，在综合分析的基础上做出选择。

一、影响分销渠道选择的因素

(一) 产品因素

企业应根据不同产品，选择不同的分销渠道，一般情况下选择分销渠道应考虑产品的以下因素：

(1) 产品的重量和体积。若产品重量很重或体积很大时，一般应尽量缩短分销渠道，以节约运输和保管费用。如机床、大型电机等都是直接与用户签订购销合同，进行销售。又如家用电器中较昂贵的，企业一般与零售商挂钩销售，有时也可以某一市场选一零售商作为代理商在该市场进行分销。

(2) 产品的种类和品种规格。有些产品需求面广，有些产品需求面窄，这些都影响分销渠道的选择。如日用百货就要采用长渠道，通过批发商进行分销；而蔬菜类产品则往往直接由零售商销售。有些产品规格少、销售量大的可采用长渠道经批发商销售；若规格多、销量少、市场需求面窄的可由专业商店销售给企业或直接与用户签订购销合同销售。如机床、汽车的零配件等。

(3) 产品式样。式样多变的产品应以缩短分销渠道为宜，如服装、鞋、帽等。

(4) 产品的质地。如易腐、易损、易燃、易爆产品应尽量缩短分销渠道。

(5) 专用性和技术性强的产品。如有一些专门用途的产品像制氧机、煤矿机械、冶金设备等，都以直接与用户挂钩销售为宜。

(6) 新产品。新产品投放市场，若原分销渠道不能利用时，可设试销店或代销店来推销新的产品。

（二）市场因素

市场状况直接影响商品的销售量，因此，市场因素也是影响企业分销渠道选择的一个重要因素。它包括：

（1）市场容量的大小。对市场容量大的产品，企业必须利用批发部门来扩大自己的市场销售，以达到较高的市场占有率。若市场容量小的产品，企业可直接与用户联系进行销售，如专用机械产品、运输工具等。

（2）市场的地域大小。若市场地域范围大，企业产品必须通过批发商，当市场地域狭小时，可通过零售商或自销为宜。

（3）季节性市场。对一些季节性强的产品，要求供货快、销售快，速度是重要的因素，所以要利用各种渠道进行销售。

（4）竞争性市场。由于在同一市场有生产同类产品或相似产品功能的企业存在，必然出现市场竞争，为保住或增大市场占有率，企业应利用原有分销渠道或采用多渠道分销。

（三）企业因素

企业本身的状况也是影响商品分销渠道的一个因素。它包括：

（1）企业信誉。一般来说，企业信誉很高，可以自由选择分销渠道，甚至可以采用自产自销的短渠道。反之，就需采用长渠道分销，并配合其他营销措施来建立企业和产品的信誉。

（2）企业实力的大小。若企业处在生产能力大、技术水平高，人力、物力和资金充足的状况下，可以采取长渠道来扩大销售；而人力、物力和资金有限，实力相对小的乡镇企业则以选择短渠道为宜。

（四）外部因素

（1）国家的政策法令。若国家对某些产品实行统购包销，企业就无须为分销渠道多做考虑；若国家对某些产品的销售加以限制，企业就要设法改变其市场、其分销渠道或改变产品品种。如我国一些大城市对摩托车的销售就加以限制。

（2）经济的发展和生活方式的改变。由于国家经济发展的要求，市场需求从城市向农村扩展、从沿海向内地转移，以及由于人民生活方式的变化，使消费群发生变化等等，都影响企业产品分销渠道的选择。

二、分销渠道决策的基本原则

企业选择分销渠道一般应遵循以下一些基本原则。

（一）经济的原则

追求营销活动的经济效益是企业一切营销决策的基本出发点，对分销渠道的选择自然也应遵循这一原则，就是说应将分销渠道决策所可能引起的销售收入增长同实施这一渠道方案所需要花费的成本作一比较，以评价分销渠道决策的合理性。这种比较可从以下两个角度进行：

（1）静态效益的比较。分销渠道静态效益的比较就是在同一时点对各种不同的渠道方案所可能产生的经济效益进行比较，从中选择经济效益较好的方案。如企业认为自建销售系统的投资报酬率低于利用中间商的投资报酬率，它就会放弃自建销售系统而利用中间商来开展销售。

(2) 动态效益的比较。分销渠道动态效益的比较就是对各种不同的渠道方案在实施过程中所引起的成本和收益的变化进行比较，以选择在各种不同的情况下所应采取的渠道方案(如图 11-3 所示)。

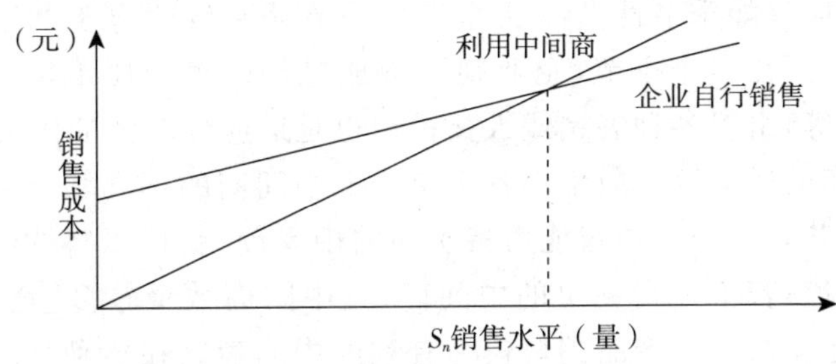

图 11-3　分销渠道动态效益的比较

图 11-3 中，企业自行销售系统在销售水平低于 S_n 点时，成本高于利用中间商的成本，此时利用中间商比较有利；而当销售水平高于 S 点时，自行销售系统的成本就开始低于利用中间商的成本。此时利用自行销售系统就相对有利了。

无论是静态比较还是动态比较都是为了保证分销渠道方案的决策能促使企业营销效益的增长而不是下降。

(二) 控制的原则

从长远的目标考虑，企业对分销渠道的选择不仅应考虑其经济效益，还应当考虑企业能否对其分销渠道实行有效地控制。因为分销渠道是否稳定对于企业能否维持其市场份额，实现其长远目标是至关重要的。企业对于自行销售系统是最容易控制的，但是由于成本较高，市场覆盖面较窄，不可能完全利用自行销售系统来进行分销。而利用中间商来进行分销，就应当充分考虑所选择的中间商的可控程度。一般而言，建立特约经销或特约代理关系的中间商比较容易控制，但企业也必须相应做出在同一地区不再利用其他中间商的承诺。在这样的情况下，中间商的销售能力对企业影响很大，选择时必须十分慎重。同时利用多家中间商在同一地区进行销售，企业利益风险比较小，但对中间商的控制能力就会相应削弱。

然而对分销渠道控制能力的要求并不是绝对的，并非所有企业、所有产品都必须对其分销渠道实行完全的控制。如市场面较广，购买频次较高，消费偏好不明显的一般日用消费品就无须过分强调对于分销渠道的控制；而购买频次较低，消费偏好明显，市场竞争激烈的高档耐用消费品，对分销渠道的控制就十分重要。又如在产品供过于求时往往比产品供不应求时更须强调对分销渠道的控制。总之，企业对分销渠道的控制应讲究适度，应将控制的必要性与控制成本加以比较，以求达到最佳的控制效果。

(三) 适应的原则

正由于除了企业自行销售系统之外，分销渠道对企业来讲，属于不完全可控的因素，所以企业在利用分销渠道时应讲究适应性。

首先，地区的适应性。俗话说："入乡随俗。"在某一特定地区建立产品的分销渠道，应充分考虑本地区的消费水平、购买习惯和市场环境，以建立与之相适应的分销渠道。如在西方，超级市场已成为一种普遍的零售形式。但它对习惯于每天拎菜篮子，把逛马路、购物当作一种生活乐趣的中国人来讲，其受欢迎程度仍不及西方国家。

其次，时间的适应性。根据产品在市场上不同时期的适销状况，企业可采取不同的分销渠道与之相适应。如季节性商品在非当令季节就比较适合于利用中间商的吸收和辐射能力进行销售；而在当令季节，企业则可增加自行销售的比重。利用特定的有利时机（如运动会、节日等）组织各种展销或人员推销也是适应性较强的做法。

最后，对中间商的适应性。应根据各个市场上中间商的不同状况采取相应的渠道策略。如在某一市场若有一两个销售能力特别强的中间商，就可以特约经销或代销的方法建立企业的分销渠道；若不存在突出的中间商，且中间商数量较多，竞争激烈，则可采用较宽的渠道策略，随机选择对产品销售较为有利的中间商。在这种情况下一般不宜签订长期的产销代理合同，而应视情况的变化随时改变自己的渠道策略。

总之，适应的原则要求企业在分销渠道决策时，应保留适度的弹性，能根据市场及其环境的变化，对其分销渠道进行适当的调整，做到稳而不乱，活而不死，以便更有效地实现企业的营销目标。

三、分销渠道的选择及其策略

（一）分销渠道选择的原则

对于企业来讲，好的分销渠道一般应符合以下一些要求。

1. 连续性好

企业所选择的分销渠道应能保证企业的产品能连续不断地从生产领域转移到消费领域，中间尽可能不发生脱节、阻塞和不必要的停滞现象。这就要求企业在选择自己的分销渠道时，应注意所选的渠道是否环环紧扣，一通到底。倘若渠道的连续性差，产品在某个环节的中间商处发生了搁滞，看来损失的是中间商而不是企业，但实际上由于产品不能迅速抵达市场，必然会使企业坐失销售良机，使其市场竞争优势下降，而且可能影响企业今后产品的分销能力。因此，对于分销渠道的连续性必须严加评估。

2. 辐射性强

分销渠道的辐射功能直接影响企业产品的市场覆盖面和渗透度。企业的分销渠道实际上是从企业为起始点向中间商进行辐射，又由各中间商为起始点进一步向外辐射而形成的多层次扇形网络，扇面铺得越开，企业产品的市场覆盖面就越广，市场渗透能力也就越强。而且由于辐射所形成的市场销售机会增多，企业的市场风险也相应下降。当然由于不同产品对市场的覆盖面要求不同，所以对分销渠道辐射功能的要求应视产品而定。

3. 配套功能全

由于产品的分销活动包括商流、物流、信息流等各种活动，所以分销渠道若能同时兼有分销活动所需要的各种配套功能，就能更有效地保证企业的产品顺利地完成由生产领域向消费领域的转移过程。企业所选择的中间商不仅要具有买卖交易的能力，而且要同时具有储存、运输商品等配套功能。能在进行商品交易活动的同时，保证商品实体也能顺利地进行流转。中间商若能具备维修、安装和信息收集、反馈等辅助功能，那就会更有效地促使企业的产品打开销路，受到消费者的欢迎。

4. 经济效益高

企业所选择的分销渠道应当尽可能以较少的耗费获得较高的收益。这主要是指所选择的分销渠道能使单位产品的流通费用降低。产品的流通费用一般包括：交易成本、物流成本和资金成本。交易成本的降低主要取决于交易环节的减少和交易成功率的提高。前者可使产品流通的转手费用减少，后者则可使无效的推销费用降低。这就要求企业在选择分销渠道时尽可能减少不必要的中间环节，同时谨慎选择适当的中间商为交易对象；物流成本的降低则有赖于合理组织商品实体的运转，要求商品运输速度快，距离短，费用低，损耗小；资金成本的降低主要在于加快资金的周转速度，提高资金的利用效益。如尽可能利用中间商转销，合理利用银行贷款等都能促使资金成本降低。

对分销渠道经济效益的评估应从总体上去进行考察，应追求分销渠道综合效益的最优化，而不能只强调某一个方面。

（二）分销渠道策略选择的策略

分销渠道策略的选择一般有以下几种情况。

1. 对分销渠道长短的选择策略

商品从生产者到消费者或使用者手中，由于所经过的中间环节的形式与数量不同，从而形成了长短不同的分销渠道可供选择。从企业加快实现产品价值和提高经济效益的目的来看，一般来讲，减少中间商环节可以节省流通时间和流通费用。但是，不是所有不经过中间环节的直接分销都能带来最好的经济效益。因为通过批发商的集散作用和零售商的扩散作用往往会加快整个社会再生产的过程，大大减轻企业的销售业务和经营负担，加快资金周转，增加企业赢利。

那么，作为生产者的企业在哪些情况下适合选用短分销渠道直接销售？哪些情况下又适合选用长渠道间接销售呢？

(1) 适合选用短分销渠道的情况，主要有：

从产品因素来看。单价昂贵、体积庞大、分量笨重、款式变化快、易损易腐、构造复杂而要求附加技术服务的，以及新投入市场的某种新产品可选用短分销渠道。

从市场因素来看。商品市场销路窄的，顾客比较集中或距离生产企业较近的，市场季节性明显而顾客的购买量又较大的，以及不经常购买的某种耐用品可选用短分销渠道。

从企业本身的因素来看。企业资金雄厚、声誉大、销售力量强的，有能力或有必要建立自己销售系统的，以及必须为顾客提供更多销前售后服务的可选用短分销渠道。

(2) 适合选择长分销渠道的情况，主要有：

从产品因素来看。商品单价较低、体积较小、分量较轻、款式变化较慢、容易运输储存、构造不过于复杂或附加技术服务较少的，可选用长分销渠道。

从市场因素来看。商品市场销路广的，顾客分散或距离生产企业较远的，顾客需要经常购买或日常必需的,市场季节不明显或需求不集中的,可选用长分销渠道。

从企业本身因素来看。企业资金力量薄弱的,销售力量不足或没有必要建立自己销售系统的,没有能力或没有必要直接为最终用户或消费者提供较多服务,而必须依靠中间商扩大市场的,以及从经济效益分析认为使用中间商更为有利者,可选用长分销渠道。

对于分销渠道长短的选择,综合考察了以上因素之后,归根结底还是应慎重考虑效益的大小,再做决策。如果既可以使用短分销渠道由企业派人员直接推销,也可以使用长分销渠道通过批发商或零售商间接分销,还可以几种销售渠道同时并用,究竟使用什么样的分销渠道好呢?这就要全面地考虑和比较它们的经济效益。

2. 对分销渠道出口宽窄的选择策略

所谓分销渠道出口的宽窄,是指商品分销所使用的零售出口的多少。宽的分销出口,就是使用许多零售出口,即利用较多的批发商和大量的零售商,使商品在广泛的市场上销售;窄的分销出口,就是使用较少的零售出口,即利用较少的批发商和零售商,使商品在有限的市场面上销售。由此可见,分销渠道出口的宽窄与分销渠道的长、短又有着密切的关系;一般来说,直接销售的短渠道,出口必然是窄的;而采用中间商环节间接分销的渠道,出口相应也就宽,采用批发商和零售商越多,分销渠道出口也就越宽。

对分销渠道出口宽窄的选择,主要取决于产品的类型、产量和价格,在产品类型中尤其要考虑产品的目标市场和销售成本。一般有以下三种形式可供选择:

(1) 独家销售策略。又称专一性或专营性销售策略,即生产企业根据产品特点在一个地区、一定时期内仅选择一家中间商独家经营自己的产品。采用这种策略,通常双方协商签订独家经销合同,规定不得向第三方,特别是竞争者承担购销义务。这一策略的重心是控制市场和资源应付竞争者的对策,或者是彼此充分利用对方的商誉和经营能力,增强自己的推销能力。这种经销渠道策略选择的优点是生产者与销售者利益相关。因此,他们从关心本身利益出发,增强了向对方负责的责任感。这种策略一般适用于需要售后服务的产品,如高档消费品、多数生产资料以及专利技术、专门用户、牌号具有优势等的特异性商品。

(2) 选择销售策略。即生产厂家在某一地区仅通过几个精心挑选的、最合适的中间商推销产品的策略。这种销售策略相对于独家销售策略范围要大一些,但它的专一性要差一些。因此,生产者与销售者之间相互承担的义务也就不甚严格。这种策略对产品的适用范围较大,一般说来,对所有的产品都适用。但对一些特殊贵重商品和选购商品更适用一些。这种经销策略是先采用普遍性经销策略,经过一段实践,逐步淘汰效益低的渠道,再形成选择性销售渠道的策略。采用这种策略的重心着眼企业市场竞争地位的维护,创牌子,保声誉,淘汰不理想的中间商,提高经济效益。这种做法,在新产品的试销阶段尤为适用。

(3) 广泛销售策略。也称普遍性或密集性销售策略,即通过能经营某种商品的所有批发商和零售商来销售企业生产的商品。这是一种又长又宽的销售渠道策略。采用这种销售渠道策略的重心是扩大市场覆盖面或快速进入一个新市场,使消费者随时随地买到这些商品。所以,这种策略多用于消费者经常需要的日用品的销售。如香烟、火柴、牙膏等和工业品中的通用机具等。对生产企业来说,采用这种经销渠道策略可以使自己的产品迅速进入流通领域,但是,采用这种策略往往要增大生产者的流通费用。因为,这种策略的采用，使中间商的专一性不强，所以，他们都不愿意负担销售促进费用，例如广告费、宣传费，等等。

3. 对中间商的选择策略

所谓中间商，是指在商品流通领域中担任各种商业职能的商业企业和个体商人的总称。按其在分销渠道中的地位和作用可粗略地分为批发商和零售商两大类。而批发商按照是否拥有商品所有权可划分为经销批发商和代理批发商。生产企业在对分销渠道的长短、出口的宽窄进行选择的同时，必须根据各类中间商在分销渠道中不同的地位和职能加以选择，以便适应企业和市场的实际，降低费用提高销售率。

(1) 经销批发商，简称批发商。在批发商中大多属于此类，是独立从事批发购销业务，拥有商品所有权的中间商。它的经营收入主要通过向其他的中间商或生产企业提供对商品的集散、销售与其他技术服务，而赚取进销差价及部分服务费。它与生产企业之间是买者与卖者的关系，双方之间的合作条件由经销合同确定。

生产企业要保证批发商的货源和有关权利，批发商则要保证按照经销合同约束的价格和义务出售产品，商业经营的利润和风险也就归其所有者承担。

(2) 代理批发商，简称代理商。代理商是接受企业委托从事批发购销活动，但不拥有商品所有权的中间商。它主要是通过为生产企业寻找顾客和代表生产企业进行购销活动而赚取佣金或手续费。与生产企业之间不是买者与卖者的关系，而是被委托人与委托人之间的委托关系。双方之间的合作关系，由代理合同确定，双方的权利与义务也要互相保证，而商业经营的利润与风险，仍归生产企业所有与承担。

(3) 零售商。零售商是商品从生产者到消费者流通过程的最后一个商业环节，处于分销渠道出口地位，对于保证商品销售能正常进行有着重要的作用。一方面，它是生产企业和批发商的最殷勤的推销者，对于保证生产企业和批发商的正常经营以及社会再生产的良性循环，有着重要的促进作用。另一方面，它又是消费者生活中最殷勤的服务者，对于保障供给，满足需求能够做出经常性的贡献。按照商品经营范围和经营特点来划分，零售商可分为专业型、综合型和百货型。企业在选择上述各类中间商作为自己贸易伙伴时，除要分析它们在分销渠道中不同的地位和职能外，还应考虑它们所处的地理位置与企业的目标市场是否相适应，以及它们的信誉如何。

4. 分销渠道的纵向联合策略

企业分销渠道的纵向联合，西方也称作建立垂直营销系统(VMS)，它是指用一定的方式将分销渠道中的各个环节的成员联合在一起，采取共同目标下的协调行动，以促使产品分销活动整体效益的提高。这种纵向联合的分销策略大致可分为两种形式，即契约型的产销结合和紧密型的产销一体化。

(1) 契约型的产销结合策略。契约型的产销结合通常是指生产企业同其所选定的中间商(包括各个环节上的中间商)以契约的形式来确定各自在实现同一分销目标基础上的责权利关系和相互间的协调行动，以保证分销活动有较好的整体效益。从我国的情况来看，契约型的产销结合大致有以下几种形式：①特约经销。即生产企业同一家或几家拥有稳定市场分销网络的中间商建立长期的特约经销关系。将产品主要提供给这些中间商进行销售，并给予一定的优惠。而这些中间商也相应承担满足企业的销售条件和服务要求等义务，以此建立起稳定的产销关系。②厂店挂钩。即生产企业直接同一些大型零售企业或专业商店建立联合关系，保证向这些商店提供所需的货源。指导这些商店的经营活动，并通过这些商店建立自己的市场窗口，扩大企业影响，反馈市场信息。③批发代理。即生产企业以契约的形式，委托一些大型批发企业基本代理自己的产品批发业务，而企业则将主要精力集中于产品的开发和生产。

(2) 紧密型的产销一体化策略。紧密型的产销一体化是指企业以延伸或兼并的方式建立起统一的产销联合体，使其具有生产、批发和零售的全部功能，以实现对分销活动的全面控制。产销一体化的形式也有所不同，主要分为以下两种：①自营销售系统。拥有庞大资本的生产企业自行投资建立自己的销售公司和分销网络，直接向市场销售产品。②联营分销系统。生产企业同中间商共同投资或相互合并建立起统一的产销联合体，共同协调产品的产销活动。

5. 分销渠道的横向联合

分销渠道的横向联合，西方也称作建立水平营销系统。通常是指由两个以上的生产企业联合开发共同的分销渠道。这种横向联合又可分作为暂时的松散型联合和长期的固定型联合。前者往往是为了共同开发一个市场机会，而由各有关企业联合起来，共同策划和实施有助于实现这一市场机会的分销渠道策略，如由某一企业负责建立商流网络，而另一企业负责物流事务等；后者则往往以建立同时为各有关企业开展分销活动的销售公司为主要形式。如美国的百万市场报纸公司就是一家为五家报纸实施分销业务并为它们所共有的销售公司。

分销渠道的横向联合可能较好地集中各有关企业在分销方面的相对优势，从而更好地开展分销活动。例如，各企业可能都有自己的一部分分销网络，联合起来就可能同时扩大各企业的市场覆盖面；各企业可能有各自不同的分销技术优势，联合起这些技术就可能得以共享；建立共有的分销渠道还能在一定程度上减少各企业在分销渠道方面的投资，并由于协同作用的产生而降低各自的经营风险，提高分销活动的整体效益。

6. 集团型联合的策略

以企业集团的形式，结合企业组织形式的总体改造来促使企业分销渠道的发展和改造，也是企业当今分销渠道策略的重大变化。企业集团是由多个企业联合而成的，具有生产、销售、信息、服务以及科研等综合功能的经济联合体。在这样的经济联合体中，往往同时含有生产企业销售机构、物流机构、科研机构，甚至金融机构的功能。集团中的销售机构和物流机构同时为集团内各生产企业承担产品分销业务。如日本的综合商社就是企业集团中的主要销售机构，担负着整个企业集团产品的对外分销业务。

企业集团的形式是多种多样的，有以生产企业为主体的，也有以商业企业为主体的，甚至有以金融机构或科研机构为主体的。企业集团的联合形式是一种比较高级的联合形式。从分销的角度看，它往往能集商流、物流、信息流于一体，分销功能比较齐全，系统控制能力和综合协调能力都比较强，对分销活动能进行比较周密的系统策划，并能建立起健全高效的运行机制，从而能促使分销活动的整体效益有较大的提高。

例 11.2：1990 年李宁有限公司从广东三水起步。1995 年李宁公司成为中国体育用品行业的领跑者。李宁公司拥有中国最大的体育用品分销网络。据 2008 年李宁公司的财务报表显示，截至2008年年底，李宁牌店铺共计有6245家。同时，李宁公司的国际网络也在不断拓展，目前已进入23个国家和地区。李宁公司是一家以传统渠道为主，网络拓展并举的企业。2008年初淘宝网上的李宁牌产品的网店已达700余家，当年李宁公司在淘宝商城上开设了自己的直营店铺、接着通过直营和授权的形式开设了多家网络店铺。2008年6月推出了官方商城。通过文字、图片和视频来了解服装产品的相关特性等。李宁公司官方网店的支付方式有三种，分别是网银在线、快钱、支付宝。与申通快递、顺风快递、EMS合作，开展配送业务。李宁公司所采取的网络营销渠道战略是成功的，公司的网络营销渠道建设对于服装企业是具有极高的参考价值的。

资料来源：李宁公司网络营销渠道建设案例分析，www. jiaoyanshi. com/? viewnews-1305. html.

第三节　物流的储存、运输和配送

科特勒(Kotler，1997)⑧认为，物流的定义是通过计划、实施、控制物资和最终商品从原产地到达顾客的使用地的实物流来赢得一定的利润。

美国物流管理委员会(美国供应链管理专家委员会，Council of Supply Chain Management Professionals前身)将物流描述为：为了满足客户的需求，对商品、服务和相关信息从产出点到消费点的合理、有效的流动和储存，进行规划、实施与控制的过程。

纪宝成教授(1997)⑨认为，对物流的理解存在广义和狭义之分。广义的物流包括原材料的“采购物流”，加工场所内半成品的“生产物流”和制成品的“销售物流”。从市场营销的角度看，物流管理只涉及制成品从生产者到消费者这一流通过程中的时间、空间转移。或者说，市场营销研究的是发生在分销渠道内的产品实体转移与经营管理问题。丁立言(2000)⑩教授认为，物流企业有五个微观职能：购买商品的职能，亦称为组织社会物质资源的职能；销售商品的职能，亦称为商品供应职能；储存商品的职能，即“蓄水池”职能；运送物质实体的职能；信息流通职能。

一、商品的储存

产品实体在其流通过程前和过程中，必然会出现一些停滞，这种停滞是由于产品生产和消费的时空背离所造成的。如季节性生产而常年消费的农副产品，或常年生产而季节性消费的时令产品都会在其待售期间出现停滞。在产品停滞的过程中，就需要进行商品储存。

(一) 商品储存的作用

商品储存是在流通过程中不可缺少的环节，它包括储存聚集、分类、分级和转运等工作。储存的作用主要有以下三个方面：

---

⑧ Kotler，Marketing Management Analysis，Planning，Implementation，and Control(9th ed).(Upper Saddle River，N. J.：Prentice-Hall)，1997：591.

⑨ 纪宝成．市场营销学教程(修订版)，北京：中国人民大学出版社，1997：288.

⑩ 丁立言，等．物流企业管理．北京：清华大学出版社，2000：2

(1)保管作用。妥善地保管商品,使其不变质,不损坏,及时有效地集中和分散。

(2)保证作用。为满足消费者和用户的需要,在储存过程中,将商品整理编号、挑选、包装、加工、分类,以保证产品的质量和货源供应的连续性。

(3)监督作用。商品在储存过程中,首先要进行验收,符合质量标准的才能发送销售,既能保持企业或产品的信誉,又能维护消费者和用户的利益。

(二) 仓储决策

公司必须决定一个储存场所的期望数量。储存场所多,就意味着能够较快地将货物送达顾客处。但是,仓储成本也将增加。储存场所的数量必须在顾客服务水平和分销成本之间取得平衡。企业在商品储存的问题上主要面临两个方面的具体决策:一是储存场所的选择;二是存货数量的控制。

1. 仓库选择

企业对于储存场所(即仓库)的选择,涉及三个问题:一是仓库的数量;二是仓库的性质;三是仓库的分布。

仓库的数量多往往能增加企业交货的便利性,从而提高对顾客的服务水准,但是必然会使企业在仓储方面的成本相应增加,所以应当在这两方面进行平衡,把仓库的数量控制在适当的水准内。

企业可自建仓库,这样使用比较方便,但投入的固定成本就比较大,限制了资金的流转;企业也可租用公共仓库,这样投入的资金比较少,但使用起来就不可能随心所欲,因此企业应当根据产品和市场的特点结合企业自身的能力,合理选用不同类型的仓库。

仓库位置的分布必须全面考虑市场容量,交货便利性,以及运输成本等因素。一般而言,仓库分布于目标市场附近,交货便利性会大大增加,但企业运输成本可能相应上升,仓库建于工厂附近,运输成本可能降低,但交货便利性也会下降,甚至有可能丧失市场机会,中心仓库距离各主要市场的位置也会影响到产品实体流通费用变化,所以在确定仓库位置时必须慎重权衡,合理布局。一般来讲,应根据不同产品的情况,贯彻“近厂近储、近销近储、近运近储”的原则设置仓库,紧靠一头,以取其长。

2. 存货控制

企业的存货水平受到两方面因素的影响:一是顾客需求的满足;二是存货成本。要使顾客需求随时都能得到满足,就应当有充足的存货,而大量存货必然会导致存货成本的上升;要降低存货的成本,则会冒市场产品脱销,顾客需求无法及时满足的风险。企业也应当在两者之间加以权衡,以做出合理的存货决策。

存货决策归根到底表现为进货的决策。因为相对于发货来讲,进货才属于企业的可控因素,企业只能通过对进货时间和数量的调节来达到控制存货水平的目的。进货时间控制一般有两种方法,一为定时进货,二为定量进货。

(1) 定时进货。采用定时进货的控制方法,一般应确定存货的最高水平和每次进货的间隔时间(如一个月或一个季度)。在进货前首先检查一下实际的存货数量,看其与所确定存货最高水平相差多少,然后按照所差数额组织进货,予以补足,如图 11-4 所示。定时进货的好处在于进货时间有规律,比较容易安排。但缺陷在于对市场变化的适应性较差。若在两个进货期之间，市场销量大增，就可能出现脱销的情况，所以定时进货的方法一般适用于固定进货间隔期。

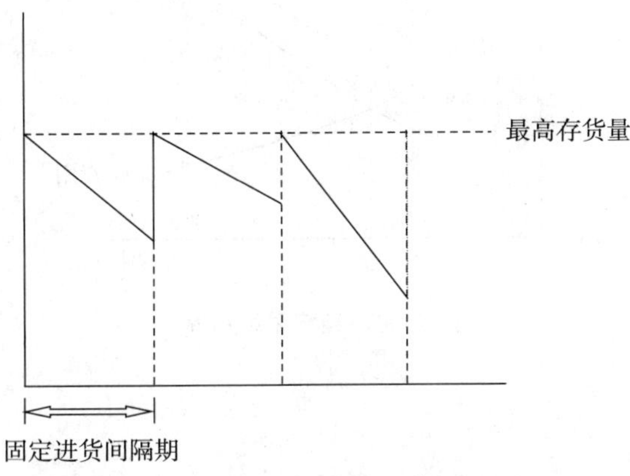

图 11-4　定时进货

(2) 定量进货。采用定量进货的控制方法，一般不确定进货的间隔时间，而是确定一个存货的最低水平(安全存量)和每次进货的固定数量(采购批量)。采用定量进货的方法必须经常检查存货的实际数量。当发现存货数低于安全存量时，就应当按照确定的采购批量组织进货，如图 11-5 所示。定量进货对存货水平的控制比较严格，能保证顾客需求的及时满足，但进货时间和每次进货数量不易准确掌握，需要进行认真的核算。定量进货的方法较适合于市场需求变化大的商品。

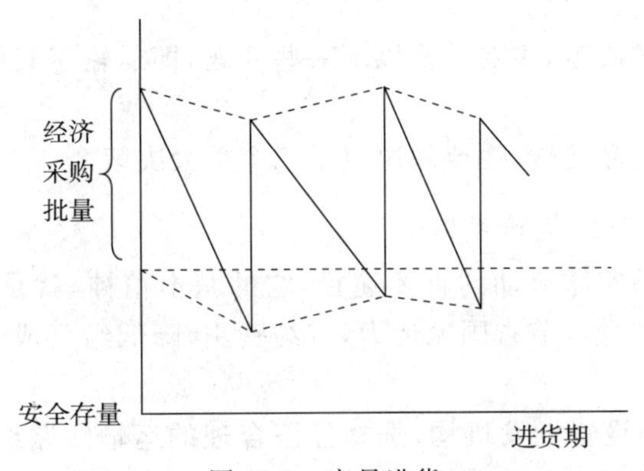

图 11-5　定量进货

进货数量的控制主要对于定量进货而言，因为定量进货需要确定一个固定的采购批量。这个采购批量的大小对企业的存货费用水平影响很大。一般来讲，主要影响两方面的费用：一是采购费用；二是储存费用。随着采购批量的变化，这两方面费用变化的方向是相反的，如图 11-6 所示。批量越大，单位采购费用就会越小，而储存费用则会越大。采购批量的确定应使这两方面的费用之和(即总费用)保持在最低水平即 Q 点上。Q 点一般称作为经济采购批量。求经济采购批量的数学模式为：$\sqrt{\frac{2CD}{IP}}$；式中，C 为每次采购费用，D 为年存货总量(或为需求总量)，IP 为平均单位产品年储存费用。使用这一数学模式的前提是：年需求量已知，单位采购费用和储存费用都不变。

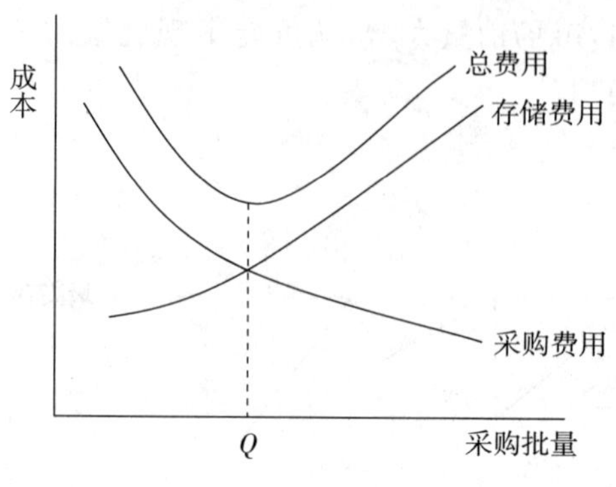

图 11-6　经济采购批量

二、商品的运输

李雪松(2004)[11]教授认为,运输是指物品借助于运力在空间上所发生的位置移动。具体地讲,运输就是通过手段在物流节点之间的流动,以改变“物”的空间位置为目的的活动,其中包括集货、分配、搬运、中转、装入、卸下、分散等一系列操作。虽然运输过程不产生新的物质产品,但它可实现物流的空间效用。运输是产品实体流通的主要形式。产品只有通过运输才能实现其在地区之间空间位置的转移,才能到达适当的地点,提供给适当的消费者予以消费。企业在运输方面的决策目标主要是速度快、费用省、损耗小。而这些目标指标的变化趋势往往也是二律背反的,所以在确定运输方案时,也必须综合权衡,以求整体效益的最优化。

企业在运输方面的决策,主要涉及以下一些问题,即运输工具的选择、运输路线的规划和运输形式的组织。

如何合理地组织商品运输,主要解决以下三个重大决策。

(一) 选择经济合理的运输线路

这是合理组织商品实体流动的首要途径,它的基本精神,就是尽可能地缩短商品运输里程,减少商品在途时间,节省国家运力,节约费用,降低经营成本,可以采取以下具体策略:

(1) 按照经济区域设置批发机构,选择经济合理的运输线路组织 商品实体的运输,而不受行政区划和行政层次的限制。

(2) 按照生产力合理布局的原则,在不妨碍地区之间正常竞争的前提下,合理规划各类商品的基本流向和流动范围。例如,凡不宜在地区间长途或大量调运的商品,而当地又可以创造条件生产的,就努力发展地方生产,以减少运输负担和流通费用。

(3) 强调商品实体运输的计划性。在具体制定运输计划时,要消除同一类商品的对流运输、倒流运输、迂回运输、重复运输,以及装载量不足、零担运输过多等不合理的运输现象。

---

⑪　李雪松,张理.现代物流作业管理.北京:北京大学出版社,2004:78.

（二）经济合理的运输方式

在选择经济合理的运输线路的同时，还必须选择经济合理的运输方式。一般可供选择的基本运输方式有以下几种：

（1）直送运输。指商品由生产地出发之后，不经过任何仓储等中间环节的运输方式。这种运输方式，特别适用于某些品种单一而运输量较大的商品。

（2）转栈运输。指商品由生产地出发后，要经过必要的中间仓储环节，再运往销售或使用单位的运输方式。这种运输方式，特别适用于某些大企业批量发货，而零售部门只能小批量进货的商品。这样，商品在中间仓储环节就可以进行必要的中转、调剂、选配、储备等，以适应零售企业进货的需要和消费者需求的变化。

（3）"四就"直拨运输。指没有条件采取直达运输方式或没有必要经过转栈运输的商品，可以采取"就厂直拨""就码头车站直拨""就库直拨""就船过载"（即商品由甲船直接过载到乙船）等方法，这样可以有效地节省商品运输费用和时间，减少商品损耗和损失，提高商品运输的经济效益。

（4）"零担凑整"中转分运。是指将同一发站、同一方向、不同到站的各种零担商品，凑成整车整船托运到一个中转分运站，然后再以零担分运到各收货单位的运输方式。这样可以有效地使用运输工具，节约运输费用，可以使小批量的、多品种的、零星复杂的商品，也能采取直达运输方式，以缩短商品运输时间。

（三）合理选择与使用运输工具

随着科学技术的发展，当代可供选择的运输工具很多，其技术性能、运输速度、装载容量、适用范围和所需费用等均不相同。在安排商品实体运输时，究竟选择哪种运输工具，只能根据不同的商品、时间和市场需求情况来进行选择。

运输方式有五种可供选择：公路、铁路、水路、空运和管道运输。公路运输是短途运输的一种很重要的运输方式，其机动灵活、装卸方便，但运输费用较高；铁路运输运送量大、比较准时正点，但车辆调度较慢；水路运输比较适合运输散装的、笨重的、价值较低的大宗物品，且发货地与目的地都在水路沿线时比较方便运输；航空运输是目前速度最快的、费用也是最贵的运输方式，比较适合于价值高、易腐烂或精密产品的运输，且运输量比较小；管道运输是一种新型的现代化的运输方式，石油和天然气常用其运输。具体应用时要注意以下几点：

（1）要接受国家政策的宏观控制和运输管理部门的具体指导，把企业降低运输费用、缩短运转时间的要求与国家对运输力量的统筹安排结合起来。例如，当前我国铁路运输十分紧张，企业的商品运输就必须注意实现货物的运输分流，路途较短的就尽可能用汽车运输，长途能走水路的就尽量用内河或海上船舶运输。

（2）要分析对比各种运输工具的吨公里运价和实际运输速度，然后再根据商品的价值大小、自然属性、运输距离和市场急需程度等加以选择。

（3）要注意提高运输工具的使用效率。例如，提高运输工具的技术装载量，在保证运输安全的前提下，适当多装多载，合理安排货源，开展捎脚运输，减少空驶里程，加快车船运转，缩短车船停留时间，积极开展集装箱运输等。

（4）建立"物流中心"，从组织上把"商流"与"物流"区分开，加速商品实体运转现代化的进程。这种“物流中心”是一种负责商品实体运转的专门化企业,它是独立的经济实体,具有法人地位,不是业务行政机构,也不是任何批发企业的附属储运机构。它的主要任务是为各企业代办集散工作,同时也为各企业代办商品验收、分类、分包、加工、保管、运输、装卸、配送等工作。

近年来,一些经济发达国家已经把商品流通领域中的商品实体的运转独立出来,各种形式的“物流中心”遍布大中城市和交通枢纽地区。目前,我国有的地区开始借鉴并设立了这种物流中心的组织,有的叫“商品流通综合服务中心”,有的叫“贸易中心”。贸易中心的业务中包含了专门组织商品实体运转的职能,专门化的储运系统和储运工作正在不断完善和发展。

三、商品的配送

(一)配送的含义

配送作为一项特殊、综合性的物流活动,其运行和发展有着深刻的社会根源和特殊的历史背景。从根本上讲,配送活动出现并普遍开展是社会化大生产的客观要求,也是生产力发展的必然结果。追溯历史,“配送”概念最早曾广泛使用于日本,它是英语“Delivery”的意译,其意是运送、输送和交货,是将货送达。日本对配送的权威解释应该是日本工业标准 JIS 解释:“将货物从物流节点送交收货人”,送货含义明确无误,配送主体是送货。

我国国家质量技术监督局发布的中华人民共和国国家标准《物流术语》,其中关于配送的解释为:在经济合理区域范围内,根据用户的要求,对物品进行拣选、加工、包装、分割、组配等作业,并按时送达指定地点的物流活动。

一般来说,配送是在整个物流活动中的一种既包含集货、储存、拣货、配货、装货等一系列狭义的物流活动,也包括输送、送达、验货等以送货上门为目的的商业活动,它是商流与物流紧密结合的一种综合的、特殊的综合性供应链环节,也是物流过程的关键环节。由于配送直接面对消费者,最直观地反映了供应链的服务水平,所以,配送“在恰当的时间、地点,将恰当的商品提供给恰当的消费者”的同时,也应将优质的服务传递给客户,配送作为供应链的末端环节和市场营销的辅助手段,日益受到重视。

(二)配送的特征

配送具有以下三个方面特征:①商流与物流相结合,形成商品购销、储存、加工、运送全过程一体化的配送体系,为商品流通提供多功能服务;②小批量、多批次、品种规格齐全、配套、实行连续不断均衡供货,逐步做到生产企业无库存或少库存,由物流企业承担原材料仓库的职能,并两库为一库;③物流企业与用户的供需关系更密切。通过签订配送协议或合同,在较长时间内稳定双方的供需关系,形成利益共同体。有了这种稳固的关系,用户所需的商品才有可靠的保证,物流企业的经营也才能够正常开展。

(三)配送的作用

配送与运输、储存、装卸、流通加工、包装和物流信息一起,构成了物流系统的功能体系。发展配送对于物流系统的完善,流通企业和生产企业的发展,以及整个社会经济效益的提高，无不具有重要的作用，具体可表现为：

(1) 配送可以降低整个社会物资的库存水平。发展配送，实行集中库存，整个社会的库存总量必然低于各个企业分散库存的总量。同时，配送有利于灵活调度，有利于现有物资的充分利用。此外，集中库存可以发挥规模经济优势，降低库存成本。

(2) 配送有利于提高物流效率，降低物流费用。采用物流配送方式，批量进货，集中发货，以及将多个小批量货物集中在一起形成大批量或形成单位批量发货，都可以有效地节省运力，实现经济运输，降低成本，达到提高物流经济效益的目的。

(3) 对于客户来说，采用配送方式，他们只需向一个企业订购，就可以订购到以往需向许多企业订购才能订到的货物，接货手续也可以简化。因而大大减轻了客户工作量，节省了开支，方便了客户，从而提高了物流服务质量。对于生产企业来讲，配送可以实现企业生产储备的低库存。实行高水平的定时配送后，生产企业可以依靠配送中心准时配送或即时配送，而不需要保持自己的库存，这就可以实现生产企业的"零库存"，从而节约储备资金，降低生产成本。对于流通企业，配送更能够发挥对多品种、小批量需求的低成本送货优势，这也就是流通企业广泛使用配送的基本原因。

(4) 在电子商务时代，企业开展 B to B、B to C 网络营销、网上采购，配送就显得更重要，可以说它是电子商务的平台。电子商务没有物流配送作为支撑，电子商务将成为一句空话，网络经济也将是泡沫。在连锁经营中，企业内部集配体系的核心技术同样是配送。

(四) 配送的环节

从总体上看，配送是由备货、储存、分拣及配货、配装和送货等环节组成的。

(1) 备货。不管配送活动是在配送中心进行还是在仓库、商店、工厂等物流据点进行，配送的前置作业环节就是备货，它完成了配送的集货功能。如果没有备货，不能筹措配送所需货品，配送就成了无源之水。

(2) 储存。储存货物是购货、进货活动的延续。储存可形成配送的资源保证，是配送中心必不可少的支撑环节。为保证正常配送特别是及时配送的需要，配送中心应保持一定量的储备，货物储备合理与否，会直接影响配送的整体效益。

(3) 分拣及配货。为了将多种货物向多个客户按不同要求、种类、规格、数量进行配送，还必须有效地将储存货物按客户要求，做好分拣、归类，并能在分拣、归类基础上，按配送计划进行理货，有了分拣及配货就会大大提高送货服务水平，所以，分拣及配货是决定整个配送系统水平的关键要素。

(4) 配装。为了完好无损地运送货物和便于识别装备好的货物，有些已经过分拣、装配好的货物尚需要重新包装，并且要在包装上贴上标签，记载货物的品种、数量、收货人的姓名、地址以及抵运时间等。在经过集中不同用户的配送货物，进行搭配装载以充分利用运能、运力后，送货成本就大大降低了。

(5) 送货。送货属于配送的末端职能。配送运输的关键是，组合最佳运输路线，选择合理的运输方式和使用先进的运输工具，合理安排装载的货物和载重，根据客户要求的运送方式和运送地点使车辆配装与运输路线进行有效搭配等都是难度较大的工作。因此，配送运输管理的重点是合理做好配送车辆的调度工作。

目前,市场经济的发展已为我国物流配送的发展营造了良好的经济环境。企业改革日益深化,为物流配送发展培育了达到微观应用的基础;现代信息技术和现代商品物流技术的进步为中国物流配送准备了充分的技术条件;政府对物流配送的高度重视,为物流配送的发展提供了强有力的政策环境。我国正式加入 WTO 后,国外物流资本的进入,将快速促进我国物流配送业的发展;我国各工商企业正在积极探索物流配送,将进一步推进我国物流配送事业的发展。挑战与机遇并存,我国目前还面临着配送规模较小,发展不平衡;配送中心现代化程度低;配送中心的功能不健全;建设配送中心的资金不足等一系列问题,但是我们也可以采取相应的解决措施。总之,尽管我国物流配送的开展起步较晚,现在仍处于发展阶段,又有许多现实问题存在,但这些都是前进中的挫折,我们应加强探索与实践,逐步构建起符合我国实际的物流配送模式。

复习题

1. 简述分销渠道的几种分类。
2. 联系实际谈谈分销渠道的形象是否会影响产品销售。
3. 简述如何进行有效的分销渠道选择。
4. 企业在设计自身渠道时应该考虑哪些主要因素?
5. 生产者和中间商之间的矛盾与误解主要有哪些?

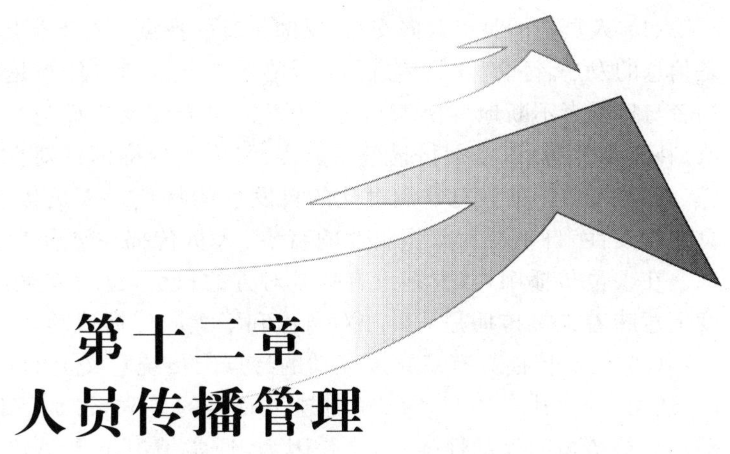

第十二章 人员传播管理

［教学目标］

了解人员传播的类型与特点；
了解直接营销与互动营销的概念和特点；
掌握互动营销的几种常见模式；
了解口碑传播的特点及重要性；
了解销售队伍的设计方法；
掌握销售人员的管理。

人员传播是营销学研究的重要范畴，在整合营销传播中同样处在十分重要的地位。人员传播就是两个或更多的人相互之间直接进行的信息传播。人员传播的渠道既包括企业销售人员、一线员工与顾客之间的传播，也包括企业经营领域的行业专家与顾客之间的传播，还包括社会上的相关群体与顾客之间的传播。人员传播的目标就是在适当的时候对合适的人说和做恰当的事情。

第一节 人员传播渠道的类型与特点

一、人员传播渠道的类型

（1）提倡者渠道。由公司的销售人员、一线员工在目标市场上与购买者接触传递信息。

（2）专家渠道。由具有专门知识的独立的个人对目标购买者进行有关企业品牌和产品的评述。

（3）社会渠道。由邻居、朋友、家庭成员等与目标购买者之间的信息交流。

二、人员传播渠道的特点

人员传播属于人际传播的范畴，因而具有人际传播的相关特点。

(1) 人员传播具有双向交流、反馈及时的特点。在人员传播过程中,信息的交流双方既是信息的发送者同时又是信息的接受者。双方的信息传播是以一来一往的方式进行的,传播者与接受者不断地变换着角色,并根据对方的反应而对自己的传播行为进行相应的修改、补充与完善,以把握传播效果。因而,人员传播的针对性强,且具有一定的灵活性。

(2) 人员传播具有非制度化的自发性的特点。人员传播属于一种非制度化的传播,具有自发性、自主性和非强制性的特点,人员传播主要是建立在资源和合作基础上的活动。在人员传播中,双方都没有强制对方的权利,也没有强制接受的义务,这就从某种程度上意味着人员传播是一种相对自由和平等的传播活动。

(3) 人员传播具有高频度互动的特点。传统意义上的互动基本上是面对面的直接互动,然而,现代社会的互动已经超越了时空的界限,形成了以大众传播为媒介的间接互动。人员传播的互动性强,主要是因为,通常情况下人员传播的内容都关系到参与者双方的自身利益,参与者双方在传播过程中有强烈的心理卷入或者行为卷入愿望,从而使得双方在情绪、态度和行为等方面发生比较明显的互动变化。

(4) 人员传播具有信息控制不足的特点。人员传播可以是面对面的,也可以是非面对面的,如通过电话、电子信箱、网上论坛等进行的信息交流。在面对面的传播中,不但可以运用语言来交流信息,同时还可以使用副语言符号表达意义,比如眼神、表情和动作等手段。在人员传播过程中,作为语言线索的言语交际由于交流主体具有自发性和自主性的特点,可能会造成参与双方所交流的信息内容偏离企业意欲传递的主题和精神。而作为副语言线索的非语言行为本身就具有一定的无意识性,常常使得人员传播的参与者在不知不觉的情况下传播(泄露)出其意欲控制的信息。

(5) 人员传播具有受社会性与心理性障碍影响的特点。人员传播总是在一定的社会物质文化环境中进行的。在人员传播过程中,可能会遇到各种社会性、心理性的障碍。这些障碍可能是由参与者之间不同的文化背景、个性差异与心理特征差异等造成的。因此,在人员传播过程中,必须充分考虑到参与者之间自身的一些差异,在彼此友好的基础上进行沟通。比如,跨文化传播就是在综合参与者个体之间不同的社会、文化等差异基础上的传播活动,如果不能充分考虑人员传播背后的因素,那么沟通和交流将是很难进行下去的。

第二节　直接营销与互动营销

一、直接营销

(一) 直接营销的概念

国外学者对于直接营销定义的理解一直存在差异,主要是有广告学说和营销系统学说两大派。美国奥美广告公司前副董事长兼创意总监德瑞东·伯德(Drayton Bird, 1982)提出[①],直接营销是指在将您的目标对象及现有客户当成独立个人的条件下,任何

① Drayton Bird. Commonsense Direct Marketing(Hardcover). Fifth Edition. Printed Shop, 1982.

能创造并开拓你们之间直接关系的广告活动。

目前最被人们认可的是营销系统学说，美国直接营销协会（American Direct Marketing Association，DMA）认为[②]，直接营销是一种为了在任何地方可度量的反应或达成交易而使用的一种或多种广告载体的交互作用的市场营销体系。

美国著名营销学者科特勒认为[③]，直接营销是一种不通过营销中间人、使用消费者直接渠道进行的送达和交付商品或服务的行为。

（二）直接营销的方式

1. 直接邮寄

直接邮寄是指企业向选定的目标顾客直接寄发邮件来推销企业的产品。例如，信函、广告、报价单、传单等等。直接邮寄越来越流行，是因为它能够更有效地选择目标市场，能够实现个性化，同时比较灵活，结果比较容易进行测试。

2. 邮购目录

邮购目录是指企业按照选定的目标顾客邮寄公司的全部商品目录、特定消费品目录以及业务目录，备有样品目录随时供顾客索取。公司邮寄给顾客的目录，会告诉顾客进行订货的方式、支付的方式等。邮购目录的方式是否奏效取决于公司是否了解邮购目录的顾客，能否提供吸引顾客的商品。

3. 电话营销

电话营销就是利用电话直接向顾客销售，实现公司与顾客之间的交流。目前，电话营销已经成为一种主要的直接营销方式。直接营销人员可以使用免费的电话为顾客服务，除此之外，还可以向企业进行电话营销。通过使用电话营销，大大减少了销售人员接触顾客的成本，增加了企业的利润。

电话营销的四种方式分别为：①电话销售。通过目录或广告吸纳订单，同时给顾客打电话。②电话问候。给顾客打电话以维持和培养与关键客户的关系。③电话展望。通过其他销售渠道培育和发展密切的客户关系。④客户服务和技术支持。回答服务和技术问题。

4. 电视直接营销

据《中国电视购物行业研究报告》[④]报道，2006 年 12 月央视宣布开播“CCTV 中视购物”频道，此举标志着央视正式进军现代电视购物领域。而国内新生的购物频道如快乐购物、开心购物、欢腾购物、家家购物、居家购物、乐家购物、新华购物、好易购等新兴的电视购物频道也都纷纷亮相。电视购物在中国处于起步阶段。美国电视购物的销售额约占美国零售总额的 8%。2005 年，我国的电视购物占社会零售总额的份额仅为 0.1%。由于电视购物频道的商品多、贴近生活、价格合理、运作规范，越来越受到消费者喜爱。电视是通过网络和电视频道不断发展的直接营销媒体，电视直接营销主要通过以下两种形式向顾客推销商品：①直复广告。企业通过电视台播放描述产品的广告节目，并提供

---

② 菲利普·科特勒．营销管理(第 12 版)．梅清豪等，译．上海：上海人民出版社，2006.

③ 菲利普·科特勒．营销管理(第 12 版)．梅清豪等，译．上海：上海人民出版社，2006：678.

④ 中国电视购物行业研究报告．hi. baidu. com/roc_yang/blog/item/bf46c8133dd00825dc5401e5. html，2008-07-16.

给顾客一个免费的电话回应号码用于订货，顾客可以拨打免费的电话订购电视广告上介绍的产品。②家庭邮购频道。家庭邮购频道就是整个电视节目或整个频道都是用于推销公司的产品。

5. 数据库营销

随着网络技术和通信技术的发展，利用企业网页发布企业信息、建立企业顾客的数据库已经成为一种趋势。将网站和公司的客户数据库连接起来，就可以通过顾客对网页浏览的顺序、停留的时间长短为这位顾客建立个人档案，识别出具有相似浏览习惯的顾客。一旦建立起数据库，企业就可以根据数据库的顾客资料总结出目前购买每种产品的顾客特征。同时，电子商务前端的客户关系管理应该和企业的内部管理系统（ERP、SCM等）连接起来，不管客户从哪个渠道进来，都可以跟后台的企业管理系统连接起来。网站的一切工作都应围绕着顾客需求这一中心，要符合顾客的浏览习惯，充分考虑到顾客在网上可能碰到的困难时需要的帮助和技术支持。开展网上自助服务，顾客根据自己的意愿，随时随地上网查询，自行解决自己遇到的问题，以帮助降低成本。虽然目前传统的营销方式仍占据着相当的地位，数据库营销只是对传统营销方式的补充，但是，未来数据库营销的发展会越来越大。

（三）直接营销的特点

（1）互动性。销售人员与顾客之间相互联系具有两层意义：一是营销人员怎样在目标市场上提供引起消费者反应的刺激物；二是消费者怎样做出相应的反应。在与消费者的交流中，营销人员可以获得有效开展目标营销信息。而在传统的营销活动中，营销人员总是力图将信息传递给目标顾客，但却很难了解这些信息究竟对目标顾客产生了何种影响。

（2）没有中间环节。直接营销是采用能直接引起目标顾客反应的各种手段作为沟通营销者与目标顾客的媒介，是一种顾客与企业互动式的营销方式。目标顾客对企业发盘的回应是直接的订购其产品，一般也是通过直接渠道传递的。所以，直接营销没有中间环节即直接营销企业与最终顾客间的分销渠道层级为零。通信工具的广泛运用，使企业与目标顾客之间的时空障碍被彻底打破，只要某一媒体能将顾客和公司直接联系起来，信息双向就可随时随地进行。

（3）目标清晰。广告信息的接收人可以是购买过公司产品的顾客，也可以是可能成为公司主顾的潜在消费者。直接营销便于营销人员选择产品信息适合的接收人。

（4）可测性。直接营销最重要的优势就是所有的直接营销活动的效果都可测定。在此种营销活动中，任何一种媒体对消费者产生的直接反应都是可确定的。营销人员能很确切地知道何种信息交流方式使目标顾客产生了反应行为，并了解反应的具体内容，从而使自身的营销活动有很强的针对性和时效性。

（5）连续性。公司可以为顾客建立相应的数据库，可以不断地有针对性地向这些顾客传递相关信息，并保持长期的沟通和交流。许多企业太过于注重新顾客的开发，而忽视了老顾客的重要性。

（6）隐秘性。直接营销以"一对一"为基础通过直邮、电话、目录等手段，在竞争对象不知晓的情况下进行，具有一定的隐秘性。

（四）直接营销与直销的区别

直接营销与直销存在着很大的区别。直接营销和直销都是无店铺零售的形式（制造商不需要经过中间商和零售店便将商品直接销售给顾客），与自动售货、购货服务共同构成了当今零售业发展的无店铺零售新潮流。直接营销是指直接营销者通过广告介绍产品，顾客可以打电话、发送电子邮件等订货，订购的产品一般是通过邮寄交货。直接营销者通过选择传播媒体来获得最大定货量。二者最主要的区别在于是否有推销人员的介入。直接营销是以非个人方式向消费者推销产品，非个人方式如电话、电视、目录、信函等，与顾客之间没有推销员介入。而直销必须是以个人方式向顾客推销商品，无论家庭销售会还是上门，与消费者之间一定有推销员的介入。

二、互动营销

（一）互动营销的概念

所谓互动，就是双方互相的动起来。在互动营销中，互动的双方一方是消费者，一方是企业。只有抓住共同利益点，找到巧妙的沟通时机和方法才能将双方紧密地结合起来。互动营销尤其强调，双方都采取一种共同的行为。

互动营销又称交互式营销（Interactive Marketing），早在20世纪五六十年代就已经在业界引起关注（Stigler，1961；Nelson，1974）⑤。互动营销是指企业在营销过程中充分利用消费者的意见和建议，用于产品的规划和设计，为企业的市场运作服务。企业的目的就是尽可能生产消费者需求的产品，但企业只有与消费者进行充分的沟通和理解，才会有真正适销对路的商品。互动营销的实质就是充分考虑消费者的实际需求，切实实现商品的实用性。互动营销能够促进相互学习、相互启发、彼此改进，尤其是通过“换位思考”会带来全新的观察问题的视角。网络技术的发展在技术上推动了互动营销的进一步发展（张希颖，宋琛，2006）⑥。

科特勒认为⑦，互动营销是直接营销的一种新发展，随着互联网的广泛运用，网络向企业和消费者提供了互动和个性化的良机。在过去，公司可能只是通过标准的媒体，例如杂志、报纸、广告等来传播信息，没有互动和个性化的机会。今天，公司可以发布个性化的内容，而顾客则可以进一步个性化这些内容，因此，与以往相比公司可以更多地同顾客进行互动与对话。

（二）互动营销的特点

（1）由推到拉。传统的媒介一般都是推式媒介，信息主要是从公司到顾客的单向传播。而互联网则是一种拉式媒介。只有当消费者有特定需求时他们才会访问网站，传统沟通媒介信息是被推送给消费者的。

（2）从独白到对话。通过互动活动创造对话是网络和数字媒介的又一重要的特征。

---

⑤ Phillip Nelson. Advertising as Information. Journal of Political Economy，1974，82(4). George J. Stigler. The Economics of Information. Journal of Political Economy，1961，69(3).

⑥ 张希颖，宋琛．基于网络技术的主动与互动营销，商业时代，2006，(3).

⑦ 菲利普·科特勒．营销管理(第12版)．梅清豪等，译．上海：上海人民出版社，2006：687.

如移动互动电视就提供了与顾客双向互动的机会。

（3）由“一对多”到“一对一”。传统的推式沟通是一对多的方式，经常是把相同的信息传递给不同的细分市场，缺乏针对性。互动营销则可以为顾客提供定制服务，以实现顾客所要求的产品的个性化。网络发展“one-to-one”更加方便了企业与顾客的直接对话，并让顾客在网上体验营销便利（王永强，2001）[⑧]。霍夫曼和纳瓦克认为，这种显著的变化足以代表一种新的营销模式或新的营销范式。

（三）互动营销的组成部分

（1）目标客户的精准定位。能够有效地通过客户信息的分析，根据客户的消费需求与消费倾向，应用客户分群与客户分析技术，识别业务营销的目标客户，并且能够为合理的匹配客户以适合的产品提供支撑。

（2）完备的客户信息数据。在强大数据库基础上能够把与客户接触信息历史进行有效的整合，并且基于客户反馈与客户接触的特征，为增强和完善客户接触记录提供建议，为新产品开发和新产品营销提供准确的信息。

（3）促进客户的重复购买。通过客户的消费行为，结合预测模型技术，有效地识别出潜在的营销机会，为促进客户的重复购买提供有效的信息支撑。

（4）有效的支撑关联销售。通过客户消费特征分析、消费倾向分析以及产品组合分析，有效的为进行关联产品销售和客户价值提升提供主动营销建议。

（5）建立长期的客户忠诚。结合客户价值管理，整合客户接触策略与计划，为建立长期的客户忠诚提供信息支撑，同时能够有效的支撑客户维系营销活动的执行与管理。

（6）能实现顾客利益的最大化。实现顾客利益最大化，需要稳定可靠性价比高的产品、便捷快速的物流系统支持、长期稳定的服务实现对顾客心灵的感化和关怀。顾客权益的最大化是互动营销设计的核心理念，欺骗、虚假等手段只能使企业的互动营销走向灭亡。

（四）互动营销的模式

（1）会议营销。会议营销是截流终端客户最好的办法，还没等客户走到终端，会议营销企业的促销员就把他们邀请到了会场上，促使他们一次购买半年或一年的量。在终端的促销员自然就等不到客户了，并且在终端的客户一般只购买一两个月的用量。

（2）终端促销。在传统营销中，促销活动是产品营销的重要环节，主要为终端的销售工作起到推动作用。虽然在传统促销中，也强调突出产品的品牌形象、个性化、鲜明化。但是在策略制定、活动设计以及活动的进行，对于个性化满足得不够充分，更多强调产品功效，每每在情感化传播的一环总是差强人意。

（3）网络营销。新型的网络营销也是一种互动模式，而且其成本较低，网络营销存在一种高效率的互动关系，顾客选定自己感兴趣的产品，产生购买行为。传统广告的弊端在于它是单向的，无法收集消费者的意见和信息，不清楚消费者的反馈及心中所想。通过网络营销的互动，可以更好地了解消费者心中所想，便于企业掌握所需要的消费者信息。

---

⑧ 王永强．基于网络的互动营销．企业活力，2001，(8).

第三节　口碑宣传与推荐

口碑宣传与推荐(word of mouth)在20世纪60年代已经得到业界关注，许多学者对此作了深入研究(Dichter，1966；Engel，Kegerreis，1969)[⑨]，并在企业营销中得到了广泛的应用。口碑宣传与推荐发生于一个已感知传播者和一个接收者之间非商业性质的、口头的和面对面的有关一个品牌、一个产品或一项服务的非正式沟通与购买或消费性建议。大量研究表明(Wangenheim，2004)[⑩]，消费者的口碑宣传与推荐对于处于购买决策阶段搜集信息的其他消费者的态度和购买意向的形成、购买决策风险的降低等具有十分重要的影响作用。

口碑宣传与推荐是指在信息影响过程中，潜在消费者在决定尝试产品或采用产品时依赖于别人的意见，特别是意见领袖顾客。在口碑宣传与推荐中，意见领袖顾客在理解接受过程中的作用是很重要的。其基本思想是，被称作观念领导者的特定个人，影响他们周围的人的偏好和购买行为。因此，企业积极利用那些对本企业品牌、产品或服务感到满意和信任的忠诚顾客的有利的口碑宣传与推荐就具有极其重要的意义。

一、忠诚顾客的口碑宣传与推荐的动机

(一) 口碑宣传与推荐的特点

口碑宣传与推荐的三个显著特点是：

(1) 传播者与接收者之间直接、面对面的接触与沟通；

(2) 传播者控制着信息，不受企业营销者的影响；

(3) 非商业性质的传播动机。正是这些特性，使得信息接收者认为传播者的口碑宣传与推荐更加可靠、可信和值得信赖。

(二) 口碑宣传与推荐的动机

口碑宣传与推荐主要是指一个已感知传播者就其与一个企业、品牌、产品或服务接触的个人体验同其他消费者之间所进行的一种人际沟通与推荐。鉴于传播者的口碑宣传与推荐所具有的强大市场营销动力，我们很有必要对一个忠诚顾客乐于进行口碑宣传与推荐的动机加以分析。决定传播速度和口头传达成败的关键因素是口碑宣传与推荐要符合受众顾客的动机特性(包括产品参与，自我参与和他人参与)以及产品或创新的特性等。

1. 愉悦体验的与人分享

当人们经历一项令其特别满意抑或惊喜的体验事件之后，常常会在主观上产生一种

---

⑨ Engel J F ，Kegerreis R J，Blackwell R D. The Journal of Marketing，1969，33(7)：15－19；Ernest Dichter. How Words of Mouth Advertising Works，Harvard Business Review，1966，40(11/12)：141－166.

⑩ Wangenheim Florian V，Bayón Tomás. The Effect of Word of Mouth On Services Switching：Measurement and Moderating Variables. European Journal of Marketing，2004，38(9/10)：1173.

喜爱或信任之情感，并因此而乐于向其周围的亲朋好友谈论自己的喜悦感受。譬如，一个人到酒店住宿，突然遇到大雨，全身衣服被雨水淋湿。到酒店后，一名热情的服务生主动提供优质服务，将其湿透的衣服烘干并熨好交给顾客！此举动让顾客感到很意外！有了此次经历，他不只是会成为该酒店的忠诚顾客，他还会广泛传播自己的愉悦体验，并推荐他人也来感受该酒店的服务。

2. 自我美化

通常，忠诚顾客与一个企业之间彼此已经很熟悉了。在忠诚顾客向其他潜在顾客谈论其所信任和满意的企业、品牌、产品或服务时，他（她）往往会给别人的感觉和印象是：熟悉企业的“内情”，是个“行家”。别人的这种感觉通常也会使他（她）觉得自己比别人“高出一截”。如果别人依其建议购买和消费他（她）所推荐的企业产品或服务的话，他（她）还会有种“被追随”的满足感。

3. 帮助他人

出于对家人、邻居和亲朋好友的关爱，忠诚顾客希望他（她）们也能享受其所钟爱企业产品或服务的利益。如一位星巴克咖啡店（Star Bucks）的忠诚顾客，因为其自身非常喜欢星巴克咖啡店环境的友善和舒适，他（她）就会建议他（她）的家人和好朋友也前去体验与感受星巴克咖啡店舒适的环境及友善的服务。这种建议完全是一种利他主义行为。再如，一位刚刚完成家居装饰的住户，对为其提供服务的家居装饰公司感觉很满意：做工精、对主家负责、价格公道！他（她）就会建议其正在物色、寻找家居装饰公司的朋友也选择该公司，以免因选择家居装饰公司不当而招致麻烦事不断、并蒙受经济和精神损失。

4. 帮助企业

忠诚顾客基于对所挚爱企业的心理承诺，会义务为该企业做口碑宣传和推荐，希望它不断发展与壮大。比如，一位来自福州的海尔用户给青岛总部打电话[11]，希望海尔能在半月内派人来修好他家的冰箱。不料第二天维修人员就赶到他家，该用户简直就不敢相信，一问方知维修人员是连夜乘飞机赶到的。该用户感动了，在维修单上写下了这样的话：“我要告诉所有的人，我买的是海尔冰箱。”可想，该用户事后的口碑宣传与推荐，其用意就在于推动海尔事业的蓬勃发展。

例 12.1：小蜜蜂（Burt's Bees）是美国一个化妆品品牌，其产品特性为绿色纯天然，天然程度高达 95%以上，婴儿护肤类产品更是接近 100%。小蜜蜂在中国市场的品牌传播和产品销售主要靠消费者的口碑营销与推荐行为。小蜜蜂选择在中国最大的女性化妆品交流社区唯伊网（www.weyii.com）上建立品牌 Club。唯伊网的注册用户有 40 多万个，主要为江浙沪、广东和北京等一线城市年龄在 20～35 岁之间的办公室白领女性人群；小蜜蜂将旗下的产品加入唯伊网的“宝贝”频道，以便于消费者点评产品。起初，小蜜蜂通过化妆品试用体验活动的推广，激发了很多网友对小蜜蜂产品的强烈兴趣和极大关注，网友们还表现了强烈的购买欲望。小蜜蜂品牌 Club 论坛由最初的体验试用者贡献口碑，逐步发展为购买过小蜜蜂的人贡献口碑，这些口碑话题的逐渐积累，产生了更多的

---

⑪ 韦桂华．口碑营销：让你的品牌靓起来．中国营销传播网，2004-03-23，www.emkt.com.cn/article/148/14815.html.

交流和讨论。口碑效应从试用者转移至初次购买者，又由初次购买者的口碑转移至更多潜在消费者，购买人群变大，重复购买频率增加。

资料来源：杨雷．小蜜蜂网络社区口碑营销案例．互联网经济观察，2009-02-25. http://story. ebrun. com/wanglyx/2009-02-25/1235549780d143466_1. html.

二、忠诚顾客口碑宣传与推荐的影响力

忠诚顾客口碑宣传与推荐的效果会有多大呢？信息接受对象会认同、接受忠诚顾客的口碑宣传与推荐吗？他（她）们会遵照忠诚顾客的推荐行事吗？影响忠诚顾客口碑宣传与推荐有效性的因素有哪些呢？一般情况下，下列因素影响着忠诚顾客口碑宣传与推荐的有效性。

（1）忠诚顾客的“行家”身份。很显然，来自于“专家”的口碑宣传与推荐信息对于接受者来说具有特别强的影响力。忠诚顾客对其所钟爱的企业、品牌、产品或服务知识或所谓的“内情”知道得越多、越直接和越权威，他（她）所提供的信息就越具有影响力，并越发有可能成为潜在顾客购买决策的依据。

（2）忠诚顾客同其口碑宣传与推荐信息接受对象的兴趣等相似程度。按照富斯廷格（Festinger，1954）[12]的“社会比较”理论，人们通常有相互间比较态度和潜能的趋向，而相似的个体往往会具有相似的需要和偏好。这样，如果信息接收对象觉得自身与向其进行口碑宣传与推荐的忠诚顾客存在着某些相似点或共同点的话，如同是年轻妈妈、同是初级经理，同样（或相似）的生活环境、同样（或相似）的兴趣和偏好等，则他（她）就比较易于接受该信息推荐者的意见。

（3）忠诚顾客同其口碑宣传与推荐信息接受对象的关系强度。一般来说，人们比较容易受其关系亲近的人（如，妈妈、爸爸、哥哥、姐姐、丈夫、妻子、男朋友或女朋友等）的言行的影响，因为彼此之间存在相互信任的情感基础。由此看来，忠诚顾客的口碑宣传与推荐信息对其家人和亲友的影响力最大，它是基于个人间亲密的情感基础之上的。同时，我们也注意到，在家庭生活、婚姻和亲密的朋友之间，忠诚顾客的行为的潜移默化影响力也很大，如存放在家里的某个品牌的香皂、牙刷、香烟等，无形中就起到了对家庭成员的推荐使用作用。

（4）信息接受对象对忠诚顾客的利他动机的感知程度。信息接受对象在面对他人的口碑宣传与推荐时，有意、无意地会在其心里犯嘀咕：“他（她）的意图是什么？是在向我兜售产品或服务呢？还是想帮助我呢？他（她）对我的需要了解吗？”可见，忠诚顾客的利他动机被感知程度在很大程度上决定了其口碑宣传与推荐的被接受程度。如果一个忠诚顾客在对他人做口碑宣传与推荐时，能够真诚地表示其对信息接受对象的生活很关心，并对信息接受对象特定的个人需要也很了解的话，那么，信息接受对象就有可能会信任他（她）、视他（她）为真正的朋友或很友善的邻居，并会很乐意接受其建议的。否则的话，其口碑宣传与推荐的效果就要打折扣了。

（5）信息接受对象对拟购买产品或服务的风险感知程度。感知风险，是指潜在消费者对拟购买产品或服务所做出的购买决策的负面结果的主观预期（Bauer，1960；

⑫ Leon Festinger. A Theory of Social Comparison Processes. Human Relations，1954，7(2)：117－140.

Dholakia，1997）[13]。购买决策的感知风险通常包括财务风险、功能风险、社会风险和心理风险等。这些感知风险除了因不同类型的产品或服务而不同（如，高价值家庭耐用品、新产品或无形服务的感知风险较高；而一般性的家庭日用品和习惯性购买消费品的感知风险就较低）外，还随不同的人而变化（如消费观念前卫者和观念保守者面对同一产品的风险感知就不同）。倘若一个潜在消费者（信息接受对象）对拟购买产品或服务的感知风险比较大，他（她）就会很重视购买决策过程中的信息搜集和评估，也会积极征询亲朋好友的意见的。在产品信息获取比较困难或者说不可能的情况下，抑或在购买决策时间仓促的紧急情况下，亲朋好友的意见就会显得特别的重要，它的影响力也会绝对大。

三、推进忠诚顾客口碑宣传与推荐的策略

正如我们前文所言，那些对本企业品牌、产品或服务感到满意和信任的忠诚顾客，是十分愿意和乐于为本企业做有利的口碑宣传与推荐的。他们是企业的支持者和拥护者，与本企业之间存在着一种具有高度亲密性和信任度的顾客关系。企业应积极利用和推进这些忠诚顾客为本企业做尽可能多的口碑宣传与推荐。企业可以采用的策略性举措如下：

（1）让他们有“东西”去说。韦伯斯特等人（Sundaratn，Mitra，Webster，1998）[14]通过实证研究发现，消费者的口碑宣传与推荐动机同其消费经历紧密相关。而消费经历所涉及的面非常广泛，它包括产品运行的性能表现和功能利益点、产品的价格（价值）感知、企业对消费者产品出现问题的反应以及企业员工在互动接触过程中给消费者带来的感受如何等等。由此推断，企业要能保证其忠诚顾客有“东西”去说，就必须立足于企业经营的每一个环节和细微之处，并着力制造令顾客感到快乐和满意的购买和消费体验。这些体验，不只是为那些有着亲身经历的忠诚顾客提供口碑宣传与推荐的“素材”，它们还增强了口碑宣传与推荐的说服力。

（2）为他们提供交流平台。许多企业通过各种各样的“俱乐部”形式，为其忠诚顾客和准顾客之间的交流架设平台。这些“俱乐部”通常每个月都要举办一些活动，如聚餐、舞会等等。在活动的进行过程中，“俱乐部”的会员和那些准客户可以有充分的交流时间，他们之间有很多话题都是围绕着俱乐部来的。很自然，那些准客户听见的几乎都是对该经销商有利的口碑，很多后来也都成为了企业的客户，甚至是终生客户。随着网络时代的来临，有很多企业还在自己的企业网站上建立了“社区论坛”，以供其顾客和准顾客之间进行交流，达到口碑的快速传递效应。

（3）主动“激活”忠诚顾客的“成功故事”。企业要经常地与它的忠诚顾客保持联系，通过与他们的接触与交流，“挖掘”出这些忠诚顾客背后（内心）令其感到快乐和满意的“成功故事”。在征得这些忠诚顾客同意的情况下，企业可以将这些“成功故事”编写成档

---

⑬ Bauer，Raymond A（1960），“Consumer Behavior as Risk Taking”. *In*：Dynamic Marketing for a Changing World.（ed.）Robert S Hancock.（Chicago），American Marketing Association，389－398；Dholakia UM（1997），“An Investigation of the Relationship between Perceived Risk and Product Involvement”. *In*：Advances in Consumer Research，14.（eds.）Brucks，Merrie and MacInnis，Deborah J.：159－167.

⑭ Sundaratn D S，Mitra Kaushik，Webster Cynthia. Word-of-mouth Communications：A Motivational Analysis，Advances in Consumer Research，1998，(25)：527－531.

案资料，以便于企业更好地实行推荐销售(reference selling)策略。当然，企业还可以邀请这些忠诚顾客以顾客感谢信的方式来叙述其所经历的"成功故事"，从而达到口碑宣传与推荐销售的目的。

(4) 激励忠诚顾客的口碑宣传与推荐行为。企业可以主动邀请它的那些感到快乐和满意的忠诚顾客，尽可能多地向其亲朋好友致函推荐本企业。对于忠诚顾客所做的口碑宣传与推荐行为，企业除了及时地表示口头或书面形式的感谢以外，还要对他(她)们予以适当的奖励，以表示对其所付出的精力和时间的一种认可和象征性补偿。这种人性化的举措，可以激发忠诚顾客口碑宣传与推荐的积极性和主动性。这里需要注意的是，企业切不可以使忠诚顾客的口碑宣传与推荐行为蒙上"商业化操作"的色彩和阴影，那样的话，就会有悖于忠诚顾客口碑宣传与推荐的"初衷"，并会带来不利的负面影响。

第四节　销售队伍的设计与管理

一、销售队伍的设计

销售人员是公司与顾客之间的纽带。对许多顾客来说，销售代表是公司的象征，反过来，销售代表又从顾客那里给公司带来许多有关顾客的有用信息。公司生产的产品和规模不同，公司的销售队伍的设计也不同(秦毅，2004)[15]。因而，对于销售队伍的设计问题，公司必须做出最认真的考虑，制定适合自己公司的销售队伍目标、战略、结构、规模和报酬方式。

(一) 销售人员的职责

实际上，"销售代表"一词在我们的领域中包括一个广泛的职责范围。对销售职责至少有以下六种分类：

(1) 送货员。此种职位的销售人员，其工作主要是发送产品。

(2) 接单员。此种职位的销售人员主要是室内接单员或是外勤接单员。

(3) 特派访问使者。此种职位的销售员，其职责是建立良好的信誉，培养现有或预期客户，而不是承接订单。

(4) 技术员。该职位人员的工作重点放在技术知识服务上。

(5) 需求制造者。该职位的人员创造性的推销有形产品或无形产品。

(6) 解决问题者。这些销售员用经验解决顾客的问题，比较多的是计算机产品或服务系统。

例 12.2：玫琳凯公司(MKC)是美国商业巨星玛丽·凯·艾希(Mary Kay Ash)于1963年创立的化妆品生产销售企业。创立第一年，在10来个"美容顾问"(销售人员)的共同努力下，公司的销售收入达到20万美元，第二年迅速上升到80万美元，并且拥有了3000名女性组成的销售队伍。此后，公司的业绩越来越好，从一个名不见经传的小公司

---

⑮ 秦毅．如何管理与控制销售队伍．北京：北京大学出版社，2004.

成长为美国最大的护肤品直销商。玫琳凯公司(MKC)的成功无疑与它最具特色的“美容顾问式销售法”有关。公司的“美容顾问”都是一些独立的推销员,不接受公司的报酬。她们用现金或汇款单从公司批发产品,然后在家里举办小型“家庭美容表演会”。在表演会上,她们展示并出售 MKC 的化妆品,并示范用法,然后发给每人一份使用意见表并提请人们日后寄回。这种销售方法比零售店式销售更具有具体、亲切和有耐心的特点,比传统的上门直销效率更高,更容易激发顾客的情感,引起冲动性购买。

资料来源:http://210.35.104.5/marketing/download/cases_13_1.pdf.

（二）销售队伍的目标和战略

许多公司一般对其销售队伍的目标都有比较明确的规定,销售队伍就应该是“销售,销售,再销售”。在企业中,销售队伍和销售人员都有一定的销售定额。公司要求销售人员在一定的时间内实现或者超过规定的销售额。公司必须能够仔细地确定他们期望销售队伍要达到的特定目标。

由于费用关系,大多数的公司倾向于平衡销售力量。销售人员主要集中于推销公司的复杂产品和给大客户定制产品,而低端产品应留给内部销售人员或作网上订货。诸如引导生成、编制方案、订单履行和售后支持等任务应该转给其他人处理。销售人员应处理更少的客户,而培养关键客户的成长。要求销售人员向以地理位置为基础的各种客户提供服务是十分困难的。

公司必须战略性地充分利用其销售队伍,在适当的时间以适当的方式访问恰当的顾客。今天的销售代表经常扮演客户经理的角色,安排购买机构和销售机构各种人员的联系。销售工作越来越需要进行集体活动,需要其他人员的支持配合,例如,高层管理层,特别是面对全国性大客户和进行主要销售时尤其如此;技术人员在顾客购买产品过程中和购买前、购买后提供有关技术情况;客服代表向顾客提供安装、维修和其他服务;办公室职员,包括销售分析人员、订单执行人员和助手。

为了维持市场中心地位,销售人员应该了解如何分析销售数据,测算市场潜力,收集市场情报,以及开发营销战略和计划。销售代表需要善于运用营销分析的技巧,而且这些技巧在高层次的销售管理中是特别重要的。如果销售人员像理解销售一样理解营销的话,相信在长期的运作中销售队伍将会更加具有效率。

公司一旦明确了方法,便可使用直接销售队伍或聘请合同式销售队伍。一个直接销售队伍由专门为公司推销的全职或非全职销售人员组成。这个销售队伍包括在办公室利用电话处理业务和接受潜在买主访问的内部销售队伍以及亲自旅行并访问顾客的现场销售队伍。合同式销售队伍包括制造商销售代表、销售代理商或经纪人,他们根据达到的销售额收取佣金。

（三）销售队伍组织结构

销售队伍战略还包括如何组织销售队伍的结构。如果公司只对分布在许多地方的最终用户销售一种产品,可以采用按地区来安排销售队伍的结构。如果公司是向各类客户销售多种产品,那么,需要按产品或按市场来安排销售队伍的结构。

1. 销售队伍组织设计原则

(1) 组织结构应体现营销导向。销售经理要充分考虑到满足市场需求、服务消费者的市场营销任务。

(2) 权责匹配。销售人员的任务要明确,同时赋予销售人员相应的权利,做到权责相互匹配。

(3) 平衡协调销售力量。营销部门与非营销部门之间相互协调;销售部门与其他营销部门之间相互协调。

(4) 稳定而有弹性。稳定是指组织拥有训练有素的经理人员在需要时可以替换,弹性是指组织应对短期的能力,如季节波动对员工的大量需求。

2. 销售队伍的基本类型

(1) 区域型组织。就是一地理区域划分为基础构建销售队伍。每个销售代表被指派负责一个地区,作为该地区经销该公司全部产品线的唯一代表。该结构给每个销售人员分配特定的独立的销售区域,每个地区既能控制合理数量的、代表相邻区域的销售人员,又能直接向销售经理汇报工作。

(2) 产品型组织。是以产品类型为基础划分销售责任与活动的销售组织结构形式。由于产品管理的发展,特别是当产品技术复杂、产品间联系少或产品类别很多时,这种结构特别适用。

(3) 顾客型组织。随着企业不断努力去争取有效服务各种不同的细分市场,满足不同情况的多种需求,这就给销售人员同时为大量的、不同类型的、公开的不同需求服务造成困难。将顾客以不同类型进行分类,销售人员专门为同一类顾客服务成为理想的选择。

(4) 职能型组织。职能型销售队伍是依据销售活动的具体任务来组建和安排销售人员的。销售活动涉及很多方面,有许多事情要做,当销售职能需要不同的专业人员来完成时,适合于采用职能型组织。

(5) 市场型组织。市场型销售队伍指销售队伍按照顾客需求来分配和确定,一些销售人员专门为某一类特定的顾客公开服务,市场型销售队伍的目标是让销售人员理解顾客如何购买和使用公司所销售的产品,如何与之适应去更好地满足他们的需求。

(四) 销售队伍的规模

一个公司一旦确定了销售队伍的战略和结构,便可着手考虑队伍规模。销售代表是公司极具生产力和最昂贵的资产之一。因为销售代表人数增加就会使销售量和成本也增加。

一旦公司确定了它想利用销售队伍触及的顾客数目后,它会用工作量法确定销售队伍的规模。这个方法包括以下五个步骤:

(1) 将顾客按年销售量分成大小类别;

(2) 确定每类客户所需的访问频率(对顾客的年访问次数);

(3) 每一类客户数乘上各自所需的访问数便是整个地区的访问工作量,即每年的销售访问次数;

(4) 确定一个销售代表每年可进行的平均访问次数;

(5) 将总的年访问次数除以每个销售代表的平均年访问次数即得所需销售代表数。

(五) 销售队伍的薪酬

销售薪酬是指销售人员通过在某个企业从事销售工作而取得的利益回报,包括工资、佣金、津贴、福利及保险。

通常薪酬体系由四部分组成：基本薪酬、奖励薪酬、附加薪酬、员工福利。基本薪酬说明不同岗位上的员工的基本薪酬之间差异明显，而且每个人的基本薪酬相对稳定；奖励薪酬具有较高的差异性，反映出劳动者的工作绩效的差异，员工绩效越高，其奖励薪酬越高；附加薪酬是一种补偿性工资，它会随着企业的效益水平、客观因素的变化而相应调整，甚至取消，但是一旦作为一种制度确定，就必须对从事同一种工作的员工一视同仁，不论绩效高低，都要作出相同水平的补偿；福利是人人都可以享受的利益，其设置的目的就是为了长期稳定员工和队伍的发展，所以它必须在不同的人和不同的阶段之间都保持较小的变化。

1. 销售薪酬的作用

补偿的作用，即用于补偿销售人员的劳动付出，他们可以用薪酬获得生活必需品，保障其再生产的投入；激励的作用，薪酬作为企业人力资源管理的重要工具，可以用来评价销售人员的工作绩效，促进他们工作投入和质量的提高，从而保护和激励他们的工作积极性；协调和配置的作用，薪酬管理和企业的其他管理结合起来，就能利用薪酬的变动，调节销售组织中各环节的人力资源，达到有效配置的目的。同时薪酬水平的变动，也可以将企业组织目标和管理者的意图及时、有效地传递给销售人员，促使个人行为与组织目标一致化，调节个人与组织、个人与个人之间的关系。

2. 销售薪酬的类型

（1）固定薪水制。固定薪水制是指无论销售人员的销售额是多少，其在一定的工作时间之内都获得固定数额的报酬，通常也称计时制薪水。固定薪水制的优点是：方式简单明了，便于销售人员的了解，管理和操作方便；固定而又稳定的收入，使销售人员产生安全感，不会由于收入的经常性波动而产生焦虑；当需要拓展新的区域和产品或采用集体努力来完成销售时管理层较易进行指导；销售人员不去过分的追求短期销量，因而会较多的关心顾客的要求并对顾客的利益给予恰当的照顾，有利于培养顾客的忠诚度。固定薪水制的缺点是：销售收入与业绩不挂钩，显然缺乏激励作用，对效率和销售利润的最大化缺乏刺激；不管销量如何，薪水制是固定支出，在销量降低的情况下，固定的薪水支出必然增加销售的成本；对于工作能力强、工作效率高的销售人员显得不够公平，容易导致他们工作效率的下降甚至离职。

（2）直接佣金制。直接佣金制是对单位工作量的绩效支付一定的报酬。与薪水作为单位时间的固定报酬相对应，佣金和单位成果相联系。当产品或服务需要开展很少的非销售性工作时，可以选用直接佣金制。佣金的计算可以依据销售额、销售数量或销售利润，但是不论怎样，佣金率必须事先确定。佣金率通常受下面的因素影响：预期销售人员的投入水平；产品的赢利性；产品的市场占有率；顾客和地区特征。直接佣金制的优点是：具有较大的激励作用，当佣金没有上限限定时，销售人员的收入可能会很高；有利于稳定业绩好的销售人员，淘汰业绩差的销售人员；有利于控制成本。直接佣金制的缺点是：销售人员的收入欠稳定，特别是销售波动的情况下；不利于培养销售人员对公司的忠诚；销售人员只关心售出产品，随企业的总体目标和顾客的特定情况缺少关心，使管理层推进管理变得困难。

（3）组合薪酬。①薪水加佣金制度：固定薪水缺乏弹性，对销售人员的激励作用显得不够，而直接佣金制令销售人员波动大，缺乏安全感，薪水加佣金的混合制度则调和了这两方面的不足。薪水加佣金制度是以销售额或销售利润的百分比率作佣金，每一个月连同薪水一起支付，或将佣金部分在年终结束时一起支付。此制度的优点是使销售人员既有稳定的收入，又可随销售额或销售利润的增加而获得相应的佣金，其缺点是佣金所占比例较小，激励效果不大。②薪水加奖金制度：销售人员除了可以收到一定薪水外，还可以获得许多奖金。该方案对于长期销售目标的实现是最好的组合。奖金不同于佣金，不局限于销售额，许多销售组织的目标都可以采取奖金的方式鼓励销售人员去完成，比如，建立特定的客户群组织，赢得大量新客户后在大批现有客户群中销售新产品，完成团队销售目标，开展非销售工作等。③薪水加佣金再加奖金制度：这种制度包括了前述方案的所有要素。它具有更强的伸展性和互补性，既能进行销售激励，又能提供安全保证，而且有利于管理者集中销售力量去完成特定目标。该制度的优点是兼顾了上述组合制度的长处，其缺点是实行此制度需要较多有关记录及报告，因而提高了管理费用。④特别奖励制度：特别奖励制度就是规定报酬以外的奖励，即额外给予的奖励。它可以与上面所述的薪酬制度组合使用。这种额外奖励分经济奖励和非经济奖励两种。经济奖励包括直接增加薪水或佣金，或间接的福利，比如假期加薪、保险制度、退休金制等。

二、销售人员的管理

（一）销售人员的甄选

（1）职位分析。为了有效地甄选和聘用人员，销售经理必须对招聘的岗位有全面的了解和认识，以便指导、确认和调整销售岗位。

（2）能力要求。职位分析确定了销售人员的工作领域，而能力要求则界定完成这些工作所必须具备的条件。如技能、知识、个性及职业条件等。通常销售工作包括经验、教育程度、人际关系、倾听艺术、推销意愿、自我激励以及独立工作等方面的能力。很显然，不同的销售工作对能力有不同的要求。

（3）工作描述。职位描述由销售经理与人力资源经理共同完成，它是对某一销售工作的书面概括。通过对工作的描述，可以使销售人员明确责任，避免角色模糊，也可以方便新雇员尽快熟悉工作，明确努力的目标和方向。

（4）招聘目标。在设计招聘目标时，要明确具体，具有可操作性。销售人员的数量和类型要符合当前和发展的需要，要保证销售队伍的效率，要有合理的评价体系。

（5）招聘战略。考虑招聘的范围和时间进度安排。具体包括：招聘时间、工作描述、可能来源、应聘者接受或拒绝的时限等。

（二）招聘人员

（1）企业内部选拔。企业内部从事其他岗位的雇员熟悉企业的情况，了解企业的政策，知道企业经营的产品，具有外部人员所不具备的优势，销售经理部应该忽视这一有效来源。

（2）企业外部招聘。除从企业内部发掘销售人才外，还需要从更大范围的企业外部寻觅销售人员。一个企业的销售队伍需要创造力，也需要吸纳新鲜血液，以增强组织的活力。外部来源主要有:大专院校、职业中介机构、招聘会、网上招聘。

(三)评估聘用

(1)初选。从应聘者的简历和申请表开始进行初选,把不符合要求和条件的应聘者从中剔除,以节约时间和经费。在分析简历时,销售经理要分析应聘者是否具备职位能力的要求,申请者的职业经历及变更工作的频率。

(2)面试。虽然面试不能准确地预测应聘者将来销售是否成功,但有助于找到适合于从事销售工作的人,因而面试的目的是深入掌握应聘者的情况。销售经理在面试过程中,一定要客观,不要对应聘者的容貌、个性等有偏见。面试可以采用到院校与毕业生见面的形式,也可以通过电话询问的方式,或计算机辅助面试等。

(3)考试。为了克服主观因素对应聘者的影响,必要时也可采用面试加书面考试的形式选拔销售人员。考试主要是为了测试应聘者的才能、潜力、个性和人际关系等,注重应聘者的分析与解决实际问题的能力,避免让应聘者猜答案,不要完全依据考试结果作为是否录用的标准。

(4)综合评估。在通过上述关卡后,成立专门的评估小组,对符合条件、达到要求的应聘者的表现作出综合的评估,以决定是否录用。评估可采用小组讨论、模拟、角色扮演及演讲等形式进行。

(5)背景调查。背景调查就是对综合评估合格的应聘者进行与工作相关的信息的调查核实。

(6)聘用。一切顺利通过后,销售经理就要向合格应聘者发放书面通知,确定其上班时间。应聘者上岗后,销售经理应用其长处,最大限度地发挥其潜能。

(四)销售人员的培训

(1)明确培训的需求。培训需求确定的是比较与绩效有关的技能、态度、洞察力及销售成功所必须的行为。因而确定的任何一个需要培训的主题内容,都应有助于销售人员提高其销售绩效。销售培训的内容随着时间和公司的不同而有所变化,主要有:销售技巧、商品知识、顾客知识、竞争知识、时间与区域管理知识。

(2)制定培训目标。多数公司把销售培训的目标锁定在增加销售额、利润和提高效率上,但事实上销售培训部完全局限于此,通常培训目标包括:帮助推销人员成为好的销售主管;辅助新手熟悉销售工作;该技能有关产品、公司、竞争者及销售方面的知识;提高访问率,稳定销售队伍;转变对销售工作的认识和态度;降低销售成本;培养适合于销售事业的个性品格;获得反馈信息;提高对某个特定产品或某类顾客的销售。

(3)设计培训方案。培训方案是针对某个特定培训目标而拟定的具体培训行动计划。包括:培训目标、培训内容、受训范围、培训时间、培训地点、培训师资、培训方法及经费预算等。受训范围主要指从地域及推销业务性质确定参加培训的人员,有时为了不影响正常的业务开展,可以采取分期参加培训的方式进行。培训时间、地点、师资要与培训的目标及内容共同结合而定。

(4)实施销售培训。在完成前几步的基础上,销售培训的实施是水到渠成的事情,但整个实施过程中销售经理要监控培训的整个进程,了解受训人员学习的意愿和方法,保证培训目标的顺利实现。

(5) 测定培训效果。培训效果的测定是一个很困难的问题。有时候很难对培训目标做一个明确的陈述,即使陈述清楚也难以用数字去定量衡量,因为我们不可能分辨出销售业绩的增长是因为培训的原因还是其他某个方面原因所造成的结果,推销业绩的好坏受很多因素的制约和影响。

(五) 销售人员的激励

(1) 奖酬系统管理。是指选择和运用组织奖酬,以指导销售人员的行为朝着组织的目标努力。组织提供的奖酬可分为物质性奖励和非物质性奖励两大类。物质性奖励是对可接受的业绩或努力的回报,主要是销售人员的薪酬,也包括晋升、成就感、个人发展机会、认可及安全感;非物质性奖励是指与销售人员的工作状况和福利状况有关的因素。

(2) 奖励销售人员的原则。销售经理应该认识到,他们所做的任何事情都可能影响到销售人员的行为。用人的方式、奖励的政策、培训、沟通的风格以及管理的方式等都会改变或影响销售人员的预期努力,管理层必须要调节好相关的政策制度,最大限度地调动销售人员的工作积极性。

(3) 激励销售人员的方式。①物质奖励。对做出优异销售成绩的销售人员应给予晋级、奖励、奖品和额外报酬等实际利益,以调动所有销售人员的积极性。在所有的激励中,物质激励对销售人员的刺激作用最为强烈,也是销售经理最为常用的激励方式。②精神奖励。是对做出优异销售业绩的销售人员给予表扬、颁发奖状、奖旗或者授予荣誉称号等非物质激励,以此来激发销售人员的进取心。

(六) 销售绩效的评估

(1) 销售绩效评估的目标。销售绩效评估的基本目标是确定各个销售人员的工作表现,并把评价结果作为销售管理的依据;保证物质奖励、非物质奖励与销售人员的实际绩效相匹配;确认可以提升哪个销售人员;确认可以辞退哪个销售人员及其辞退的理由;确定各个销售人员及整个销售队伍的具体培训需求;为有效的人力资源管理提供信息支持;确定适用于将来招聘及挑选销售人员的标准;为销售人员的未来工作提供建议;激励销售人员;帮助销售人员确立职业目标;提高销售人员的业绩。

(2) 销售绩效评估的标准。销售绩效的测定角度,销售绩效的评估可以站在不同的角度进行测定。主要有两种:一种是基于产出的角度,指对那些不受销售经理监督和指导的销售人员的行为结果的客观测量;另一种是基于行为的角度,是指在销售经理对销售人员的直接监控指导下对其行为特征的主观评价。

(3) 销售绩效评估的方法。①绩效管理法。指销售经理与销售人员共同设计销售目标,根据反馈进行审核,并最终给予奖励的评价方法。在这种评价体系中,销售人员自己设计发展计划,并自我履行责任,对自身负责。销售经理扮演合作者的角色,提供及时准确的信息反馈和指导,关注什么因素影响销售业绩,如何来实施控制,从而影响销售人员沿着既定的方向努力。②反馈法。即是广泛的收集各方面的信息,以此来评价销售人员的绩效的方法。采用反馈法有助于更好地了解顾客的需求,探测成功的障碍,预测需求的发展,促进共同参与,减少评估偏见,提高工作绩效。

复习题

1. 简述人员传播的类型和特点。
2. 联系实际谈谈互动营销和直接营销的区别。
3. 企业为何重视口碑宣传与顾客忠诚之间的关系？
4. 联系实际谈谈如何设计企业的销售队伍。
5. 有人说互动营销发展是对传统“对话式营销”的抛弃，你对这句话有何评论？

第十三章 大众传播与广告

[教学要求]

了解大众传播与分众传播的内涵；
了解大众传播的六种基本模式；
了解我国和西方两种广播电视体制模式之间的异同点；
掌握传播在广告中的作用；
掌握传播的要素与大众传播的功能；
了解各种大众传播媒体的特征；
掌握大众传播中媒介的组合策略；
掌握传播效果的测定。

由于市场竞争日益激烈，产品的替代性越来越强，产品的生命周期越来越短，因此，对大多数企业来说，必须解决较短的时间内将自己的产品的推广信息快速传达给目标受众。为此，企业必须借助大众媒体来完成产品推广。书籍、报刊、广播、电视等大众传媒的信息传播活动不仅普及到社会的每一个角落，而且渗透到社会生活的各个方面。大众传播是人们获得信息的主要渠道，是社会上各利益集团争取和维护自身利益的强有力的工具。

第一节 大众传播的内涵

大众传播具有其他类型的传播所不具有的性质和特点，同时国内外对于大众传播的概念的界定也存在不同的观点。

一、大众传播的内涵及特征

大众传播这个术语出现于20世纪30年代末，但是大众传播的产生却是很久以前的事情了。根据传播学之父施拉姆的观点，大众传播诞生于15世纪40年代至50年代，其标志是德国工匠古登堡使用印刷机和金属活字技术，成功地印刷了第一批油印的《圣经》，施拉姆(wilbur Schramm，1973)把这个日子称为"庆祝大众传播开始的日子"[①]。但是，也有学者(郭庆光，1999)[②]不同意这个观点，认为古登堡的印刷术虽然具有重要意义，但是真正意义上的大众传播的诞生，却是近四百年以后的事情。确切地说应该以19世纪30年代大众报刊的出现为标志。但是大众传播作为一研究领域进行研究是在1943年，担任艾奥瓦大学新闻学院院长的施拉姆创建了世界上第一个大众传播的博士培养计划，随后美国的不少学校也陆续设立了传播专业，这标志着大众传播作为一个研究领域被学术界正式承认。

国外有些传播学者(Little John，1999)认为[③]，给"传播"下定义是很困难的。"传播"是个抽象名词，同其他许多词一样，有许多意义，给出一个单一的定义已证明是不可能的。美国学者(T. O'Sullivan，，1985)[④]认为，大众传播是指特定的社会集团通过文字(报纸、杂志、书籍)，电波(广播、电视)，电影等大众传播媒介，以图像、符号等形式，向不特定的多数人表达和传递信息的过程。

国内学者郭庆光(1999)[⑤]认为，大众传播就是专业化的媒介组织运用先进的传播技术和产业化手段，以社会上一般大众为对象而进行的大规模的信息生产和传播活动。丁俊杰等(2007)[⑥]认为，大众传播是指媒介组织通过大量复制并且传播信息，从而影响庞杂的受众的过程。因此，大众传播包含三层含义：一是规模庞大的传播机构；二是大批复制的传播内容；三是人数众多的传播对象。郭庆光根据迈兹克(Gerhard Maletzke，1973)[⑦]的定义对大众传播的特征概括如下：

(1) 大众传播中的传播者是从事信息生产和传播的专业化媒介组织；

(2) 大众传播是运用现代的传播技术和产业化手段大量生产、复制和传播信息的活动；

(3) 大众传播的对象是社会上的一般大众；

(4) 大众传播的信息既具有商品属性，又具有文化属性；

(5) 从传播过程的实质来看，大众传播属于单向性很强的传播活动；

(6) 大众传播是一种制度化的社会传播。

由此可见，大众传播就是社会上的组织为了实现一定的目标通过一定的媒介组织或几种媒介组织的组合，向社会大众传播信息的过程。它包含以下含义：一是大众传播中的传播者是媒介组织。这些媒介组织包括报纸、杂志、广播、电视等；二是大众传播的对象是一般的社会大众，也就是"受众"，这是指社会上的一般人，而不是某个特定的社会群体；三是传播的内容是信息，这种信息既有商品属性，又具有文化属性。

---

① [美] 威尔伯·施拉姆，威廉·波特．传播学概论，北京：北京大学出版社，2007：15.

② 郭庆光．传播学教程．北京：中国人民大学出版社，1999：116.

③ Little John，S.W.，传播理论．陈德民，叶晓辉，译．北京：中国社会科学出版社，1999：9.

④ T. O'Sullivan. Key Concepts in Communication. Methuen & Co.，New York，1985：130.

⑤ 郭庆光．传播学教程．北京：中国人民大学出版社，1999：111.

⑥ 丁俊杰，康瑾．现代广告通论．北京：中国传媒大学出版社，2007：181.

⑦ Gerhard Maletzke. Evaluation of Change by Communication. Singapore：Asian Mass Communication Research and Information Centre，1973.

二、分众传播的内涵及特征

所谓分众传播，就是将信息分门别类后，针对目标受众的特点，运用不同媒介及不同的传播语言和传播方式，使用不同的传播手段，定点、定向、定时进行传播，以达到受众的最大信息接触度，产生更加精确或相对精确、经济的传播效果。

托弗勒(Alvin Toffler，1970)在他的《未来的冲击》[8]一书中首次提出了“分众”(denmassification)的概念。他认为，随着社会分工和生活群落化的形成，各个群落的消费者接触媒介的面积会越来越狭小。分众传播的就是指传播主体对不同的对象分别用不同的方法传递不同的信息。从接受者的角度，各得其所，各取所需。不同的媒体形态，不同的传播内容，不同的受众需求，不同的环境和场合，决定了分众传播具有最佳的传播效果。

例 13.1：截至 2008 年 12 月 31 日，分众传媒商务楼宇联播网络在全国范围内安装的 LCD 液晶屏和数字框架总数为 128 033 块，其中 122 597 块为公司直接拥有，5 436 块属于地区经销商。分众传媒公寓电梯平面媒体网络安装的非数字框架总数为 290 169 个，数字框架总数为 34 195 个。分众传媒 2008 年全年净营业额为 7.9 亿美元，同比增长 56%。财报显示，2008 年第 4 季度，分众传媒商务楼宇联播网的广告营业额为 6 330 万美元，公寓电梯平面媒体网的广告营业额为 3 922 万美元，电影院广告和传统户外广告牌业务的广告营业额为 2 165 万美元，互联网广告的营业额为 6 241 万美元。

资料来源：www.itcmo.com/invest/listed/200903/24－6537.shtml.

分众传播是相对于大众传播而言的，它具有以下特征：

(1) 分众传播是一种更为经济的传播方式。分众传播在传播成本方面，因为有很确定的指向性，所以从信息的发布者角度讲，可以避免很多浪费，美国百货商店之父约翰·沃纳梅克(John Wanamaker)提出，“我知道广告费至少有一半被浪费掉了，但问题是，我不知道究竟是哪一半”。这句企业界和广告界众所周知的名言很生动地反映了在信息传播过程中的资金无效消耗的现象，而分众传播——更经济的传播方式，正在试图解决这一问题。

(2) 分众传播的精确性是其他传播方式所不具备的。分众传播所采用的方式，是将特定的信息，通过特定的媒介，传播给特定的受众，所以，分众传播相对于传统的大众传播来说，是一种更为精确的传播方式。随着传播媒介的进一步发展，分众传播的精确性正在日益显现出来。

(3) 分众传播是一种比较环保的传播方式。在科技化和数字化时代，传播活动声、光、电等资源的消耗其实就是在消耗着可再生或不可再生的自然资源，分众传播减少了声、光、电等资源的浪费，同时也节约了很多可再生、不可再生的自然资源的浪费。大众传播模式下的无效传播，即信息垃圾等现代化、科技化、数字化的副产品不仅在污染着人们的生活环境，也在浪费着受众的时间、精力以及心理支出。分众传播，减少了很多垃圾

---

⑧ [美]阿尔文·托夫勒．未来的冲击．蔡伸章，译．北京：中信出版社，2006.

信息的产生，能最大程度地节省受众的时间、精力及心理支出。

从大众传播到分众传播是社会的进步，也是媒体功能发展的必然趋势。分众传播就是指面向一个有清晰特征的受众群所进行的"窄播"。分众传播的思路，就是如何从以获取绝大多数人的注意力为目标转向以获取某特定部分人的注意力为目标。

第二节　大众传播中的基本模式

传播活动的本质就是信息流通，传播模式的研究是对信息流通过程运行规律的一种模式化总结。在传播学中，模式的研究与使用是很普遍的，不少学者采用建构模式的方法，对传播过程的结构和性质做了各种各样的说明。加强传播模式基础研究，将有助于传播理论研究的深入。结合传播特性，将现有传播模式按其性质及其产生的理论背景和时间分为四种，即以拉斯韦尔的"5W"模式为代表的线性传播模式；施拉姆模式，这种模式是对线性传播模式的一种超越；马莱茨克的"CMR"模式，这是一种建立在市场细分基础上的广告传播模式；强调信宿反馈过程的 ELM 广告传播模式。

一、线性的"5W"模式

美国政治学家、心理学家哈罗德·D. 拉斯韦尔（Lasswell，1948）对传播学的最大贡献是来自他的对传播学经典论文《社会传播的结构与功能》[⑨]。他分析了传播学的五个要素，并按一定结构顺序将它们排列。拉斯韦尔认为任何一个传播过程都可分解为五个部分："谁"（Who）——传播主体；"说什么"（Say What）——传播内容（信息）；"通过什么渠道"（In Which Channel）——传播媒介；"对谁说"（To Whom）——传播对象；产生什么效果（With What Effect）——传播效果。

传播学的"5W 模式"模式把握了当代大众传播活动过程的重点，如图 13-1 所示。

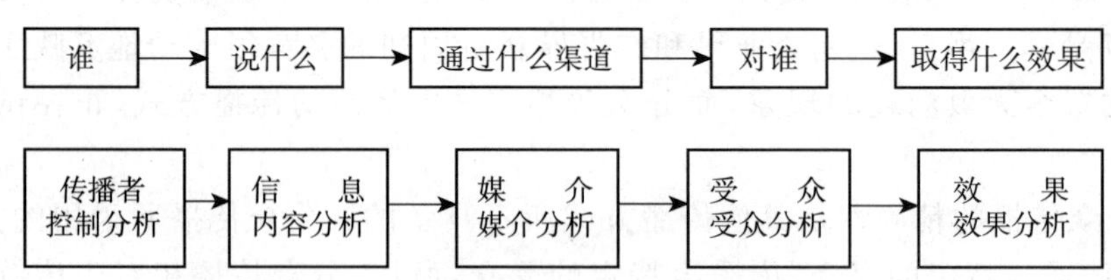

图 13-1　拉斯韦尔的传播过程"5W"模式[⑩]

作为早期的过程模式。拉斯韦尔的模式还不是完全的，这主要表现在它属于一个单向直线模式，是将传播活动视为内部发生的单向活动。拉斯韦尔虽然考虑到了受传者的反应，却没有提供一个反馈渠道，信源无法测量和评价传播效果。因此，这个模式没有揭示人类社会传播的双向和互动性。

⑨ Lasswell, Harold D. The Structure and Function of Communication in Society. The Communication of Ideas, Harper and Brothers, New York, 1948

⑩ M. Quail, D. , Windahl, S. Communication Models. Longman, London & New York, 1981:10.

20世纪前期,西方社会广告传播就是遵循着这种模式。从社会经济与市场特征的角度分析,当时西方市场格局处于卖方市场,传播媒体类型不丰富,传播环境单一。企业营销活动处于推销期,关注的主要是商品的功能、质量和价格本身带来的竞争力。作为一种销售促进方法,广告的核心概念就是"推销",广告大多围绕商品特点这个核心展开创作,通过广告发布商品信息、提供个消费者购买的理由,就可以达到销售目的。不强调广告的事前、事中、事后调查,即没有反馈,传播者看到的受传者相当于一个"黑箱"。因此,这种广告信息流动是单向的,企业并不太关注受众和消费者的反应,没有与受众实现双向互动的机制,而当时实现互动的媒介技术条件也不够成熟。

二、香农-韦弗模式

信息论创始人美国学者香农(C. Eshannon)和韦弗(W. Weaver)于1949年在研究电报通信问题时,在《通信的数学理论》[11]一书中提出了一个传播的数学模式,一般称为香农-韦弗模式。这个模式的最早版本是单向直线式的,但是很快他们又在这一模式中加入了反馈系统,并引申其含义,将通信原理运用于人与人之间的信息交流,从而对后来的传播模式产生了重大而深远的影响,如图13-2所示。

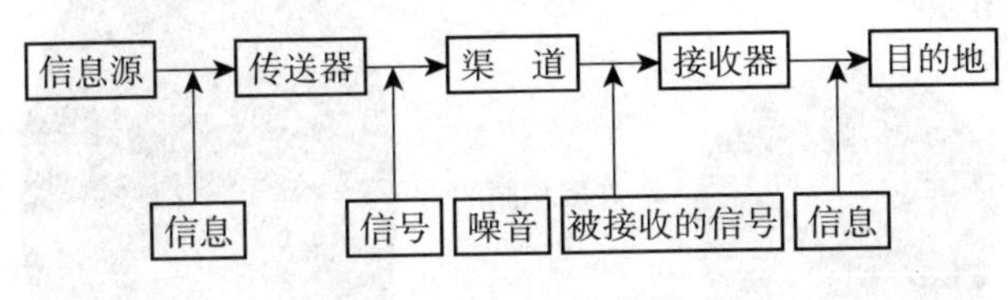

图13-2　香农-韦弗模式

香农-韦弗模式是描述电子通信过程的。它的第一个环节是信源,由信源发出信息,再由发射器将信息转为可以传送的信号,经过传输,由接收器把接收到的信号还原为信息,将其传递给信宿。在这个过程中,信息可能受到噪声的干扰,产生某些衰减或失真。虽然这个模式是描述电子通信过程的,但是却在拉斯韦尔模式基础上进一步进行传播过程研究提供了重要的启发。这个模式提出在传播过程中,信息可能受到噪声的干扰,产生某些衰减或失真,表明了传播不是在真空中进行的,过程内外的各种障碍因素会形成对信息的干扰,这对与社会传播过程来说是一个不可忽略的重要因素。

这个模式提示我们应该思考广告传播中存在的噪声。其实在传播的各个阶段,除了欲传递的信息,还有其他一些因素将以"噪声"的形式来干扰信息传播。如广告传播者编制不适当的信息,或者符号运用不当,那么噪声就有可能在传者和信息之间产生;噪声还有可能在媒体和信息之间产生,这可能是信息处理不当,也可能是设备产生噪声;噪声还有可能在媒体和受众之间产生,如媒体播放的其他信息或广告信息的干扰;噪声还有可能在传者和受众之间的反馈过程中产生,受众无法或没有如实反馈;等等。

相对而言,心理噪声是广告传播中最难消除的,也是最主要的。它指信源和受众编

---

[11] Claud Shannon, W. Weaver. Mathematical Theory of Communication. New York, 1949.

码、译码错误或疑问而引起的干扰。尤其是受众容易产生对广告信息本身抱有不信任、不感兴趣甚至是敌意,试图避开它,或者曲解广告本意。因为,受众知道广告试图影响和诱导他们,因此进入广告传播过程中就带着先入为主的自我防御意识。不仅如此,对广告的理解也往往掺杂着个人的主观意愿和想象,或由于人们的判断力和个性差异等原因,也会使广告信息的传递出现变动、走样或歪曲。

三、施拉姆模式

认识到直线模式不能体现人类社会传播的双向和互动交流性质后,一些传播学者又开发了其他类型的过程模式。具有代表性的是 1954 年施拉姆(Schramm)提出的"施拉姆模式"⑫。以后美国著名心理学家奥古斯斯德(Osgood,1956)⑬发展了这种模式,又被称为"奥古斯德—施拉姆模式"。这是一种循环模式。这种模式是对线性传播模式的一种修正和超越,增加了反馈环节。该循环模式强调社会传播的互动性,并把传播双方都看做传播行为的主体,如图 13-3 所示。

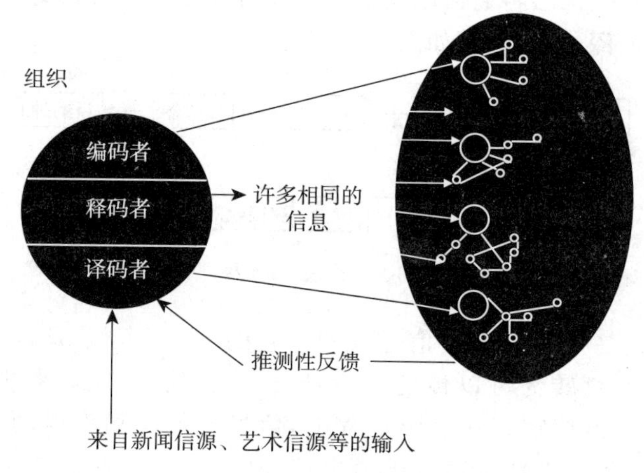

图 13-3 施拉姆的循环模式

施拉姆的循环模式与直线模式有明显的不同。首先,这里的传播双方都是传播行为的主体,没有传播者和受传者一说,通过信息的授受处于相互作用之中;其次,该模式的分析重点由分析渠道中的各种环节转移到分析双方的角色功能;最后,参加传播过程的每一方在不同阶段都一次扮演着译码者、释码者和编码者的角色,并相互交替着这些角色。

这种传播模式的缺陷也是明显的,主要表现在以下三方面:一是假设传播者和受众双方地位完全对等或平等,但在现实社会中,由于传播双方地位、传播资源以及传播能力等方面存在的差异,还存在着信息不对称情况,这种完全对等的传播关系是很少见的;二是这种模式过分注重信息本身的传播,缺少对信息传播者、接收者和渠道的系统分析,使

---

⑫ Wilbur Schramm. The Process and Effects of Mass Communication(Hardcover). University of Illinois Press, 1954:586.

⑬ Charles E. Osgood. Method and Theory in Experimental Psychology. Oxford University Press, 1956.

复杂的传播活动存在简单化的倾向；三是这个模式能够体现人际传播特别是面对面传播的特点，却不太适用于大众传播的过程。

但这种模式在传播观念层面对广告传播的意义是深远的。它在营销和广告传播中的意义在于，开始强调广告主与受众在信息交流中的平等地位，并且建立信息反馈通道，为了解消费者的需求，测定广告传播效果提供了条件。

施拉姆本人也意识到这个模式存在的一些缺陷，主动做了修正，提出了一个大众传播过程模式。这个模式已经初步具有了系统模式的特点，充分体现了大众传播的特性，在一定程度上提示了社会传播过程相互连接性和交织性，更加适合利用大众传播工具的广告传播。施拉姆认为传播过程中大众传媒与受众是一对大众的关系，两者之间存在传达与反馈的过程。

20 世纪 50 年代中期以后，市场格局转向“买方市场”，媒体类型较为丰富，传媒环境逐渐呈多元化的态势。消费者日趋成熟、理性、复杂。广告传播开始围绕企业和品牌形象，潜入受传者心智展开创作。

强调广告调查，尤其是事前和事后的广告调查，但是反馈的通道没有完全的建设起来，不是每时每刻都通畅。事实上现在流行的广告调查方法，其实质是从母体中随机抽取“少量”的样本，并用样本的特性“近似”替代母体的特性。从准确性、真实性、实时性角度来看，这种方法是有误差的，有时候误差还会很多，以一个有误差的信息作为广告创作的素材，其效果便可想而知了，这也许是部分广告无效的广告的根源之一。目前的媒介技术环境下大多数广告作品的创作都采用这种模式，广告效果是否理想取决于传播者揣摩受传者需求、渴望、差异的准确度的高低。

四、马莱茨克模式

马莱茨克模式又称“CMR”模式。1963 年德国学者马莱茨克从另一个角度研究，建立复杂的大众传播过程模式，称为“大众传播场模式”。马莱茨克考虑传播中的心理学和社会心理学因素，描述大众传播过程的关系，并注意到传播过程中传播媒介对信息的传者和受众的强制性以及传者或受众的自我形象因素。此模式可以说是数十年来从社会心理学角度研究大众传播的详尽总结，如图 13-4 所示。

马莱茨克模式较全面系统地对涉及信息传播过程的各项影响因素进行了分析，可以用来整合其他相关传播模式。我们每天日常生活当中所接触的相关传播内容，特别是一番设计之后的说服性信息，亦可以用上述模式来加以解释。

与前面两类模式相比，马莱茨克的“CMR”模式把传播活动建立在市场细分的基础上，体现了信息交流的复杂性，提出传播活动依行为主体而有所差异，对模式的演进产生了深远的影响，是目前实践应用中较为广泛的广告传播模式。该模式体现了广告主体对客体及渠道的关注，是在广告应用较为成熟的情况下，与买方市场成熟和媒体丰富相对应的一种模式。其不足之处是单纯的建立在自发反馈的基础上，在传播活动中难免出现主观倾向，导致信息处理不及时、不准确。

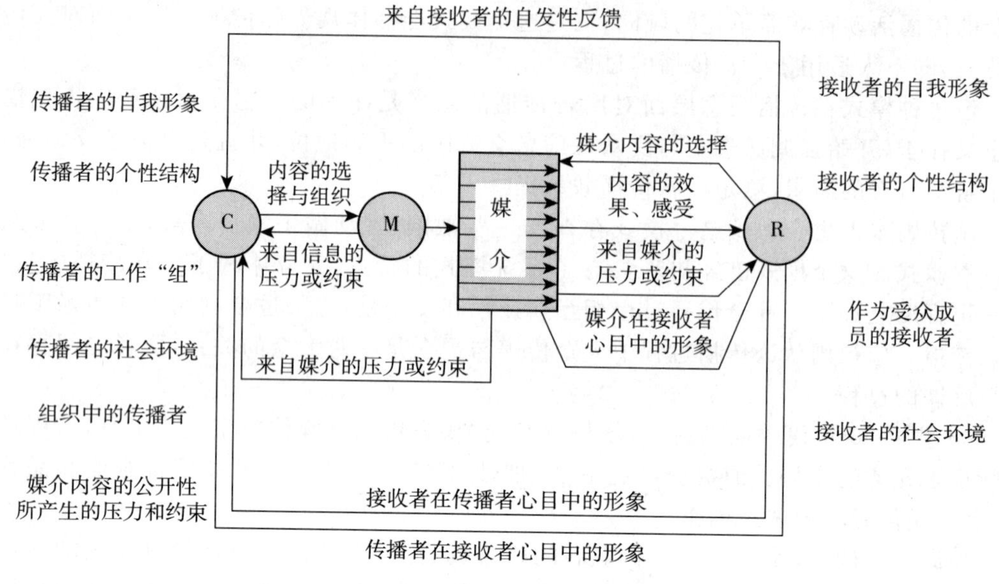

（C＝传者　M＝信息　R＝受者）

图 13-4　马莱茨克的“CMR”模式⑭

五、信宿反应模式

信宿反应模式注重信宿对广告信息传播后产生的反应。具有代表性的信宿反应的广告传播模式是 1981 年由心理学家理查德·E. 派蒂(Richard E. Petty)和约翰·T. 卡乔鲍(John T. Cacioppo)提出的详尽可能性模式(Elaboration Likelihood Model)，简称“ELM 模式”以及 1996 年 Rajeev Batra 与 John G. Myers 提出的“沟通过程模式”。这两种模式主要是在 1961 年鲁塞尔·H. 科利(Ruell. H. Colley)提出的“DAGMAR 模式”基础上形成的，共同的特点是详尽地描述信宿对接受信息后产生的反应，并考虑了信宿处理信息的动机和处理信息能力的重要性，是在广告应用成熟的情况下，与当时市场激烈竞争和经济全球化相对应的一种模式。其不足之处是忽略了传播过程中另外两个重要的因素，即信源主体与渠道的复杂性。应用该模式能够使广告主体对广告效果进行较为全面的分析，并相应调整广告传播方式及内容，提高了传播效果，如图 13-5 所示。

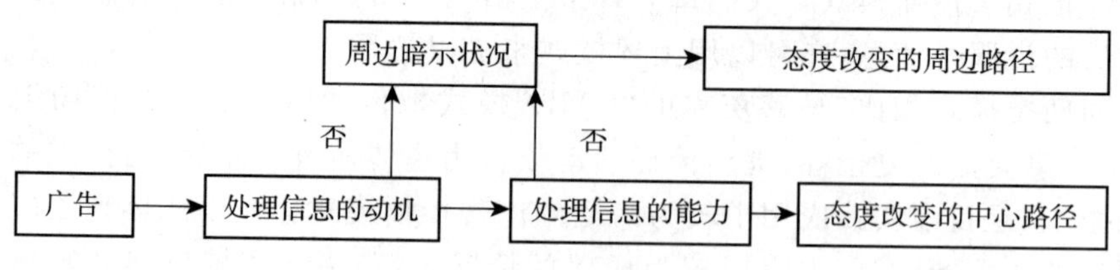

图 13-5　详尽可能性模式(ELM 模式)⑮

⑭ R. M Cyert, J. G March. A Behavior Theory of the Firm, London, 1963.

⑮ Petty, R. E., Cacioppo, J. T. Attitude and Persuasion: Classic and Contemporary Approaches. Dubuque, Iowa, 1981.

六、科利传播模式

科利传播模式又称 DAGMAR 模式。美国广告学家科利(Colley,1961)[⑯]认为,广告的成败与否,应视它是否能有效地把想要传达的信息与态度在正确的时候,花费正确的成本传达给正确的人。为此他在著名的《为衡量广告效果而确定广告目标》一书中提出"为度量结果而确定广告目标"的方法(Defining Advertising Goals for Measured Advertising Results)。我们称其为 DAGMAR 模式(达格玛模式),也称其为科利法。

DAGMAR 与传统广告目标方法的不同之处在于,DAGMAR 方法注重信息传播而非销售最终的变化,因为消费变化的因素实在太多了,广告只是其中很重要的组成部分。

DAGMAR 广告效果模式如图 13-6 所示。

图 13-6 DAGMAR 广告效果模式

知名(Awareness):潜在顾客首先一定要对某品牌或企业的存在"知名"。

理解(comprehension):潜在顾客一定要了解这个品牌或企业的存在,以及这个产品能为他做什么。

信服(Conviction):潜在顾客一定要达到一种心理倾向并信服想去购买这种产品。

行动(Action):潜在顾客在了解、信服的基础上经过最后的激励产生购买行为。

科利依据广告所执行的只是传播任务的认识,极力说服广告主以传播效果衡量广告效果是合理的基础,建立起广告传播的效果层级模式,主张每一阶段都必须确立能够加以科学测定的量化指标,以便最后测定和衡量广告传播效果。除了把沟通任务(communication task)作为广告目标的核心。DAGMAR 重要的思想还有设定明确的广告目标,这个目标将会是可书面表达、可定量测量、具有确定基点以及目标顾客和时间周期的。

上述六种广告信息传播模式的演化发展及其研究过程,体现了广告信息传播模式内在结构关系的复杂、深化和对外部发展变化的适应,体现了广告信息传播模式的继承性和延续性

第三节 广告和公共关系

一、广告的含义及特征

在现代市场经济社会中,广告已经成为企业营销活动的先导。"广告"(Advertising)一词源于拉丁文,原意是"我大喊大叫"。随着商品经济的发展,广告的内容与外延不断

⑯ Colley, Russell H. Defining Advertising Goals for Measured Advertising Results. Association of National Advertisers, New York, 1961.

地丰富和发展。广义的广告，是指与外界接触的一种手段，它包括政治广告、商业广告、文艺广告、社会广告、影讯广告、剧情广告、新书广告、征婚广告等一切公告、声明、通知和启事等。由于广告的形式多种多样，因此，有专家(Wesley J. Johuson.)[17]认为，要对广告进行概括是非常困难的。广告的定义有许多，其中有代表性的有以下几种：

美国市场营销协会(AMA)对广告下的定义是："广告是由明确的广告主(发布者)，以公开付费的方式，对产品(或服务，甚至是某项行动的意见和想法)进行非人员接触的任何形式的介绍、推荐活动。"[18]这个定义明确指出，广告的传播方式是非人员的大众传播方式，这就和之前的人员推销策略相区别开来。西南财经大学吴世经教授赞同美国市场营销协会的广告定义。

中国人民大学纪宝成教授认为："广告作为一种促销方式，是以赢利为目的的广告主，采用一定的媒体，以支付费用方式向目标市场传播产品信息的有说服力的信息传播活动。"[19]广告是一种信息传播而非人际传播，有明确的广告主和明确的对象，是说服的艺术，也是一种促销手段。

吴健安等教授认为："广告是广告主以促进销售为目的，付出一定的费用，通过特定的媒体传播商品或劳务等有关经济信息的大众传播活动。"[20]

总而言之，广告可以概括为：广告是以广大消费者为广告对象的大众传播活动；广告以传播商品或劳务等有关经济信息为其内容；广告是通过特定的媒体来实现的，并且广告主要对使用的媒体支付一定的费用；广告的目的是为了促进商品销售，进而获得较好的经济效益。电视、广播、报纸、杂志等是广告的传播媒体。

市场营销学中研究的广告是狭义广告，它是指以赢利为目的，通过支付一定费用，以各种说服的方式，公开地向目标市场和社会公众传递商品或劳务信息的传播行为。

虽然给广告下定义比较困难，但是，广告的特点是比较明显(Philip. Kotler)[21]的，主要有以下几种特点：

(1) 公开展示。广告是一种高度公开的信息沟通方式。它的公开性赋予产品一种合法性，同时也使人想到一种标准化的提供。

(2) 普及性。广告是一种普及性的媒体，它允许销售者多次重复这一信息，它也允许购买者接受和比较各种竞争者的信息。

(3) 夸张的表现力。广告可通过巧妙地应用印刷术、声音和颜色，给一个公司及其产品提供戏剧化的展示机会。有时，这一工具在表现上是很成功的，但是，也可能冲淡和转移对信息的注意。

(4) 非人格化。广告不会像公司的销售代表那样有强制性，视听接受者不会感到有义务去注意或作出反应，广告对视听接受者只能进行独白而不是对话。

---

[17] Wesley J. Johuson. The Importance of Advertising and the Relative Lake of Research. Journal of Business & Industrial Marketing 9,1994,(2):3-4.

[18] 于建原．营销管理．成都：西南财经大学出版社，1999：596.

[19] 纪宝成，吕一林．市场营销学教程．北京：中国人民大学出版社，1995：316.

[20] 吴健安，郭国庆，钟育赣．市场营销学．北京：高等教育出版社，2000：283.

[21] Philip. Kotler. 营销管理(第11版)．梅清豪，译．上海：上海人民出版社，2003：888～889.

例 13.2：只要打开电视，准会有哈尔滨医药集团的"盖中盖""严迪""泻痢停""朴欣""益萨林"等产品的广告出现。哈医药在国内创造了一种新的媒体买断方法：先与电视台谈好一个总体价格，再由电视台决定何时插播广告，于是电视台只要有时间就往里插播广告。哈医药广告往往同时出现在很多电视台。广告界称其为"哈医药现象"。长期以来，哈医药一直采取高投入，求高知名度的广告策略。据媒体监测机构跟踪调查，哈药集团 2000 年广告播放费达 11 亿元以上，正是如此，广告将哈医药的销售额拉升 100 亿元以上。哈医药广告媒体的投放目标就是追求产品的高知名度。其特征就是不计成本、巨额投入、大面积轰炸、明星助阵、强行灌输。针对自己的广告，哈医药的厂长汪兆金曾自豪地说："现在平均有 60% 的人看过 20 次以上的频率，有大约 40% 的人每天都看到。"

资料来源：乔均，刘湘萍．传播．2001，(8)。

二、广告的作用及分类

(一)广告的作用

一般来讲，广告具有以下几方面的作用：

(1) 传递信息、沟通产需。传递信息是广告最基本的作用。由于市场竞争越来越激烈，产品的生命周期越来越短，对于企业来说，要想使自己的产品尽快地让消费者知道，必须借助大众传播的媒体，利用产品广告向消费者传递自己商品的性能、特点、质量、使用方法、购买地点、购买手续以及售后服务等方面的信息，使企业的产品在消费者的头脑中留下深刻的印象，从而使消费者了解和认识企业的产品，最终产品被广大消费者所接受。

(2) 激发需求，促进销售。获得赢利是广告的最终目的。消费者的需求开始一般处于潜伏状态。这种需求并不能形成直接的购买行为，通过广告宣传，可以引起人们的注意，促使人们产生购买兴趣，使人们处于潜在状态的需求被焕发起来形成显现的需求。广告要产生激发消费者需求的作用，关键是广告能引起人们的注意，促使人们产生购买兴趣。无数实践证明，一则生动活泼、具有说服力的广告，能够激起消费者的想象，明确选择目标和促其产生更强烈的消费欲望，产生购买行为，从而有利于扩大企业的商品销售。

(3) 介绍商品，指导消费。人们的购买活动主要表现为两个方面：一是购买某种商品，二是到哪儿去购买。据有关资料介绍，我国的香烟牌号有 3000 多种，牙膏也有 700 余种，像鞋帽、服装之类的商品更是多得无法计算。恐怕许多人都有这样的经历，面对商店里琳琅满目的商品，不知该买什么好。甚至有时根本不知道买什么商品才能满足自己的需要。广告有助于解决这一问题，它有助于消费者了解商品的性能、规格、用途、使用和保养的方法以及购买商品的地点等等，促使消费者对所需购买的商品作出正确的选择和判断。

(4) 树立形象，击败对手。广告是企业开展市场竞争的重要手段，企业的产品进入市场，通过广告宣传产品的特色或介绍企业的质量保证和服务措施，这无疑会提高企业和产品的知名度，树立企业的信誉和品牌形象，提高企业的市场竞争能力。我国市场上大量的事实说明，具有品牌效应的产品在竞争中具有极大的比较优势。

（二）广告的分类

广告具有多种多样的形式和内容。对广告进行科学的分类，是企业有效运用广告开展营销活动的基本前提，有助于提高广告的针对性和效果。广告可以从以下几种角度进行分类。

1. 按广告内容分类

(1) 商品广告。商品广告是为了推销商品，它的内容主要是介绍商品，属于告知性的宣传方式。它并不是直接宣传企业的形象，而是通过产品的宣传介绍以及消费者购买使用以后，间接地使人感知生产该产品的企业。从这个意义上说，做好商品广告，不但可以推销产品，而且还可以帮助企业树立良好的形象。要做好商品广告，首先要选择好目标市场，针对不同目标市场上不同消费者的平均收入、爱好、厌恶和购买习惯等，确定采用何种广告媒介和广告语言。同时要明确自己产品的市场地位，从为数众多的商品中，发现或形成有竞争力、差别化的商品特质及其重要地位。广告本身的目的就要求给自己的产品定位，以使自己的产品或服务在消费者心目中占有确定的位置。还有商品性广告必须有明确的承诺和保证，但诺言要兑现，不能是谎言，因此，在撰写商品广告文稿时，必须注意用词的准确性，切不可言过其实。

(2) 企业广告。企业形象即是企业的招牌，它构成了企业生存的基石。企业形象树立起来了，企业的产品自然也就不愁销路。企业广告是直接为树立企业形象服务的。一般说来企业广告较为难做，往往容易犯自吹自擂的毛病，如什么全国首创，誉满全球，技术领先，质量第一之类的自我吹嘘。做企业广告，首先要谦虚和诚实，要把消费者看成是"上帝"，不要对消费者指手画脚。同时要给企业定位，明确企业的经营方向，确定企业需要树立的形象，不能随意改动，不急于求成。从企业目前和长远发展方向着眼，着重宣传企业名称、厂牌、商标、厂址、电话、联系方法、现状、技术设备、声誉等等，以建立起企业在消费者心目中的良好形象。

(3) 服务广告。服务广告是以各种服务为内容的广告，如产品维修、人员培训以及其他各种服务活动等。

2. 按做广告的企业分类

(1) 生产企业广告。这是生产企业为了推销自己的产品而作的广告。这种广告的目的是为了宣传本企业的产品，使消费者了解和掌握产品的性能、特点及其优越性等等，以吸引消费者使用这种产品。这种广告的内容要与目的相符合，重点宣传本企业产品的品种、质量、性能、规格、用途、优点及其保养等，同时要突出宣传企业名称，使消费者把企业和产品联系起来。一般来说，生产企业制作广告，其宣传范围与零售商业的广告相比更加广泛，更注意突出宣传本企业产品的优点。

(2) 零售商业广告。这是零售商业为了扩大销售而作的广告。这种广告的目的是为宣传零售企业所销售的商品，使消费者了解和掌握本企业商品销售的范围，以及某种商品的特点和优点，以吸引消费者前来购买这种商品。这种广告宣传的内容除了要宣传商品的品种、质量、性能、规格和用途以外，还要宣传服务项目和服务质量，以及购买商品的地址，等等。零售商业广告与生产企业广告相比，就其范围来讲，一般属于地方性的广告，就其广告的竞争对象来讲，零售商业的竞争对象是与本企业经营范围和经营商品大体一致的零售企业，因此，广告宣传要针对竞争企业的地址和服务的弱点，突出宣传本企业的地址和服务的优点。

3. 按广告目标分类

(1) 开拓性广告。这是一种以介绍为目标的广告，其目的在于诱导消费者产生初级需求，向消费者宣传新商品的质量、性能、花色品种、用途、价格以及服务等情况，以解除消费者对企业生产和销售的商品的顾虑，加深消费者对这些商品的认识，促使消费者建立起购买某种商品的信心，使商品迅速占领目标市场。

(2) 劝导性广告。这是一种竞争性广告，其目的是促使消费者建立起特定的需求，例如，对企业的某种商品产生偏好。劝导性广告应着重宣传商品的用途，说明商品的特色，突出比其他牌号的同类产品的优越之处，努力介绍商品的厂牌与商标，使消费者对某种牌号的商品产生偏好，以稳定产品的销售。

(3) 提醒性广告。这是一种加强消费者对商品的认识和理解的强化性广告。提醒性广告着重宣传商品的市场地位，以引导消费者产生"回忆性"需求，以便使企业转产转牌。

这三种广告目标不是孤立存在的。有时在一个广告中，上述三个目标同时存在。因此，企业在制作广告时，只能要求一则广告突出一个目标，不能要求一个广告仅达到一个目标。

4. 按广告媒体分类

广告媒体是指传递广告信息的载体，凡是能向消费者传播商品信息的物体都叫广告媒体。随着科学技术的进步和商品经济的发展，传播广告信息的媒体形式越来越多，常见的形式有以下几类：

(1) 电视广告。电视是声像两用媒介，它传递广告信息速度快、生动亲切，从而缩短了企业与消费者的距离，因此，它成了当代最有效的广告媒体之一。电视广告的主要优点是：①影响面广，不受空间限制，声像兼备，信息传递迅速；②电视媒介具有娱乐性，它能通过画面和语言动之以情，感之以形，从而可以让消费者在一种美的享受中了解商品信息。电视广告具有强迫性。它一般都安排在精彩节目前后，电视观众为了享受精彩节目也就不得不看一看广告。

电视广告的主要缺点是：传播速度快，稍纵即逝，难以保存；现实选择性较低，对产品不能详细介绍；制作要求和创作费用较高，企业无力做长期性电视广告。

(2) 报纸广告。报纸是现代广告信息传播的重要手段。我国的报纸有中央级，也有省级，既有综合性报纸，也有专业性报纸，有日报、周报，也有晨报、晚报，等等。由于各类报纸的读者对象不同，发行数量和范围不同，其广告效果也不同。因此，企业必须有选择地登载广告。一般而言，报纸广告的优点主要是：①报纸的覆盖面广，读者广泛稳定，遍及社会各阶层，宣传较广。如《新民晚报》发行 100 多万份，读者遍及社会各阶层。②报纸传递信息迅速灵活。一般情况下，读者在报纸出版的当天，或几天以后就可以看到报纸，既可仔细阅读，又可一翻而过。报纸版面灵活，易于反映企业的要求和愿望。③报纸广告易于保存，并可以成为法律上的依据。因为，报纸在群众中享有较高的威望，报社广告部门对所登的广告要加以严格审查，所以，报纸广告可以有效地减弱读者对广告内容的疑虑。④报纸的读者对象和发行区域比较明确，因此，便于企业确定广告宣传对象。⑤报纸具有新闻性、可读性、指导性、知识性和记录性等显著特点，因此，广告的效果一般来说较好。

报纸广告的缺点主要是：有效时间短、过目易忘、印象不深；报纸以新闻为主，在版面编排上不可能占有突出的位置；报纸印刷不够精致、不宜于做产品图片广告。

（3）杂志广告。杂志是一种比较受欢迎的读物，读者众多。不同杂志有不同的特点、不同的读者和不同的发行范围。因此，企业在选择杂志作广告媒体时必须对其认真研究和比较。杂志从时间上看有周刊、半月刊、月刊、季刊、年刊和不定期刊；从内容上看有政治、经济、军事、文化、教育、生活、娱乐等综合性和专业性刊物。杂志广告的主要优点是：①持续性长，精读率高，受时间约束较小；②选择性强，宣传对象明确，读者较为固定；③印刷较为精致，图文并茂，广告版面集中，易于突出企业和产品形象；④易于携带，便于长期保存；⑤内容较为专业，同一杂志的读者共性比较突出，便于企业集中开展专业产品广告宣传。

杂志广告的主要缺点是：时间性较差，出版发行周期长，信息传播慢，缺乏灵活性；创作较为复杂的广告，如图片广告，费用较高；由于杂志广告的时间性差，功效是慢性的，因此，不易刺激消费者产生冲动性购买行为。

（4）广播广告。广播也是传递广告信息最迅速的工具之一。广播广告的主要优点是：①传播速度快，不受时间和空间限制，只要收音机在无线电广播发射功率范围内，家家户户都可以收到电台的节目。②广播广告现场感较强，因为，它是通过语言、音乐来塑造企业或产品形象的，使听众感到真实亲切，好像远在天边，近在眼前。③传播对象广泛、传收同步。它可以是全民性的，广播在传播广告之时，就是公众接收广告之时。④广播广告制作简便，成本较低。

广播广告的主要缺点是：只闻其事而不见其影，稍纵即逝，印象不深，不易保存。随着电视的普及，广播的收听率逐步下降，这就会影响广告的效果，企业对此必须有所考虑。

（5）户外广告。户外广告在中国广告界发展迅速，户外广告包括路牌广告、橱窗广告、霓虹灯广告和车船广告等。户外广告包括：

路牌广告，这种广告一般是在街头、路口、建筑物、车站码头等公共场所设立。这种广告形象突出，主题鲜明，人们一目了然；但路牌地点受到限制，收看范围有限。

橱窗广告，这种广告是设在售货地点、商店门前或临街两侧，以商品陈列为主要特征的广告形式。它是商店的“脸”，如果布置得当，可以引导和诱发消费者的购买欲望，导致购买行为的产生。

霓虹灯广告，这种广告一般设置在城市繁华地区或高层建筑物顶端，在夜色中变幻闪烁，光彩夺目，易于引起消费者的注意，具有较好的广告效果。

车船广告，这种广告是用车、船等交通工具作为广告媒体的一种广告形式。车船广告收看人数多，具有重复宣传的特点。但是，这种广告如果字体太小，车船速度太快则不易看清。

（6）邮寄广告。邮寄广告又称DM广告，这种广告是企业将印刷的样本、商品目录和说明书，以及其他宣传品邮寄给消费者。邮寄广告针对性较强，不受他人影响，具有私人通信性质，可以避开竞争对手，详细介绍商品，制作容易，费用较低。

（7）网络广告。随着电子商务和网络技术的发展，网络广告发展迅速，由于网络媒体价格便宜,制作方便,直达率高,所以,网络广告越来越引人关注。

(8) 包装广告。这种广告是用包装纸、盆、箱等作为媒体,随商品进入消费者家庭和单位。包装广告保存时间较长,制作较易,费用较低。

从广告媒体角度来看,除了上述八类以外,还有图画广告、传单广告、信封广告、活人广告、娱乐广告、灯笼广告,等等。

5. 按广告内容适用的范围分类

(1) 地区性广告。这指由于商品或劳务只适用于某一地区,因此,只能在某一地区进行广告宣传。

(2) 全国性广告。这指广告的内容适合于全国各地,在中央一级广告媒体上所做的广告。

(3) 世界性广告。这指广告物是面向世界的,通过各种途径向国外所做的广告。

此外,按广告对象可分为消费者广告、经销商广告、工业企业广告以及专业广告;按广告的诉求方法可分为有感情广告和理由广告,等等。这些在广告学的课程将有详细介绍,这里就不一一叙述了。

三、公关的含义及特征

公关的全称叫公共关系(public relations),是一个组织与其相关公众之间的管理,是现代企业为了实现企业目标而运用的一种管理手段。公关的基本含义国内外学者众说纷纭,莫衷一是。美国公关专家哈罗博士曾经走访了 472 人,结果得出了 473 种定义。哈罗博士认为,所谓公关是指"一种独特的管理职能,它帮助一个组织与其公众之间建立和保持相互沟通、了解、接受和合作的渠道,参与问题和纠纷的处理;将公众的意见传达给管理部门并作出反映;明确与加强为公众利益服务的管理责任;它还作为监视预警系统,帮助管理部门预先做好应变准备,与社会动向保持一致并有效地加以利用;它运用调查研究和正确并符合道德的沟通技术作为其重要工具"。他这定义虽然显得有些冗长,但却说透了公关的对象是公众,公关的核心是协调,公关的目的是树立企业形象。这种分析对于我们认识公共关系含义具有一定的借鉴意义。

1978 年 8 月,在墨西哥城召开的世界公共关系协会大会上,专家们给出下述定义:"公共关系的实施是分析趋势,预测后果,向领导们提供意见,履行一系列有计划的行动以服务于本机构和公众利益的艺术和社会科学。"美国《公共关系新闻》主张:"公共关系是一种管理当局的职能,这种职能是估价公众态度,使一个机构的政策与程序和公众利益一致,并执行一连串有计划的行动以赢得公众的理解与支持。"[22]

菲利普·科特勒认为:"公共关系是重要的传播和促销工具,它对在市场上建立知名度的偏好,对产品重新定位和保护产品具有巨大的潜在作用。公司不仅要建设性地与它的顾客、供应者和经销商建立关系,而且它也要与大量的感兴趣的公众建立关系。"[23]科特勒认为的公众指的是任何一组群体,它对公司达到其目标的能力具有实际的或潜在的兴趣或影响力。

---

[22] 乔均. 市场营销学. 沈阳:辽宁科学技术出版社,1994:261.

[23] 菲利普·科特勒. 营销管理(第 11 版). 梅清豪,译. 上海:上海人民出版社,2003:693.

本书认为，所谓的公关，就是社会组织为了塑造组织的形象，获得内外公众的信任与支持，通过传播、沟通手段，与其相关公众建立和维持相互关系。这就是说公关的结构由组织、公众、传播三大要素构成。公关的特征是：以信誉、形象为目标；以诚实互惠为原则；以双向传播为手段；以网状结构为沟通渠道；以长远为方针。公关的职能是：塑造形象，沟通信息，协调关系；咨询建议和处理突发事件。

公共关系不是一般的促销活动，它具有以下一些基本特征：

(1) 公共关系不仅是为了推销企业的产品，而且是为了树立企业的整体形象，通过企业良好形象的树立来改善企业的经营环境。

(2) 公共关系的传播手段比较多，可以利用各种传播媒介，也可以进行各种形式的直接传播。公共关系对传播媒介的利用，通常是以新闻报道的形式，而不像广告那样需要支付费用。

(3) 公共关系的作用面比较广泛，其作用于企业内外的各个方面，而不像广告那样只是针对企业产品的目标市场。公共关系作为企业促销活动的一大策略提出，是有其背景条件的。

四、营销公关原则及作用

开展营销公关必须要把握好以下原则：

(1) 以信为本原则。市场营销的实践早已证明，信誉是企业营销之本。任何企业开展市场营销活动，都必须讲究信誉。一个企业在营销公关中如果不讲信誉，欺骗舆论，欺骗消费者，其失掉的将不仅仅是消费者和利润，而且可能从根本上失掉企业生存的基础。因此，企业在开展公关工作时必须坚持以信为本的原则，保证质量、信守合同，切忌言过其实，言而无信。应当在文明经商、礼貌待人、优质服务中保持信誉。

(2) 以实为荣原则。公关工作是一项实用性很强的工作，必须做到以实为荣，以虚为耻。任何企业欲求其他企业和消费者对自己的企业实，首先是自己企业对其他企业和消费者实。公关具有一定的技巧，但公关工作的技巧应立足于脚踏实地的工作，真诚地与外界交往，切忌以实为儿戏。企业不应通过公关技巧欺骗公众，而是应该实事求是地介绍企业、介绍商品。只有坚持以实为荣的原则，才能使企业与社会公众建立起良好的关系。

(3) 以德为准原则。市场经济是一种法制经济，也是公平竞争，是讲究信义的道德经济。因此，企业不能为了赚钱背信弃义，坑拐骗诈，沽名钓誉，急功近利。企业必须以德为准，切忌把公关本质庸俗化。对待消费者应该做到不论高低贵贱，一视同仁，不能将消费者分成三六九等，切忌另待。企业应当急消费者所急，想消费者所想，同广大消费者建立起一种和谐、友好的手足关系，只有这样，企业的营销公关才能促进企业营销活动的开展。

一般来讲，企业营销公关主要具有以下作用：

(1) 公关是增强企业凝聚力，有效开展市场营销活动的前提。企业开展市场营销活动，要想取得成功，本身必须具有较强的凝聚力。企业凝聚力的形成，在很大程度上有赖于企业内部关系的协调。要做到这一点，企业领导者必须善于研究和运用公关策略，尊重每个员工的个人价值，培养人才并重视挖掘人才潜力，为员工创造良好的工作环境，关心员工的生活，尊重员工的民主权利，鼓励员工参政议政，激发企业内部所有员工的积极性。只有这样，企业的市场营销活动才能顺利进行。

（2）公关是企业赢得外部公众的支持、顺利开展市场营销活动的重要条件。在市场经济条件下，任何企业要想有效地开展市场营销活动，必须通过公关工作，取得外部公众的支持，树立起企业的良好形象，处理好企业外部各种复杂的关系，扩大企业的知名度、信誉度与美誉度。如果一个企业的外部公关工作搞好了，它就可以建立起企业与消费者的友好协作关系。消费者是企业的"上帝""衣食父母"和"导师"，一个企业要想使自己的产品为消费者所接受，除了产品本身的形象以外，还必须搞好企业与消费者的关系，使他们对本企业的商品产生偏爱。同时，企业可以通过公关工作，建立好与政府、新闻机构等方面的关系。假如一个企业的外部关系处理得较好，它就会赢得社会舆论的支持，新闻界就乐于与企业交朋友，为企业提供经济信息和传递经济信息，这样自然就扩大了企业的影响，提高了企业的知名度、信誉度与美誉度，从而促进企业的营销活动。

（3）公关是企业获得和释放营销信息的源泉。今天的世界已进入信息爆炸时代。在这样的条件下，谁获得营销信息的数量多、质量高，谁就能在营销活动中取得成功。在现代社会，信息传播的途径多种多样，但人际传播，即人与人之间的传播行为仍是一种不可忽视的传播形式。企业为了获得营销信息或释放企业的营销信息，可以通过公共关系与社会交往，如派公关人员参加各种座谈会、交流会、联谊会、评比会、招待会、展览会、展销会等等，多渠道、多层次地与社会公众进行广泛的交流，收集企业所需要的营销信息，释放企业需要外传的信息，为促进企业营销活动服务。获取信息，传播沟通正是公关的主要职能。

（4）公关是企业开展营销竞争，提高影响效益的重要保证。当代科学技术飞速发展，新技术、新工艺、新材料不断被采用，新产品不断涌现，市场供求关系变化异常，市场信息瞬息万变，国内市场和国际市场竞争前所未有的激烈。这就向我们的企业决策者提出了尖锐的挑战，迫使我们的企业不断提高市场竞争能力，增进经济效益。而要提高企业市场竞争的能力，增进经济效益，企业除了有效地运用市场信息，采取得力的商品策略和价格策略以外，还必须重视公关策略的研究和运用，协调好企业内部与企业外部的关系，树立起企业和商品的良好形象，求得社会各界公众的支持，争取八方的帮助，以减少竞争中的抗衡力。只有这样，企业在市场竞争中的能力才能得以增强，企业的营销效益也才能得以提高。

第四节　大众传播与广告

一、大众传播的功能

在传播研究中，最早的从功能的角度讨论大众传播影响的是拉斯韦尔（Lasswell，1964）[24]。他于1948年发表了一篇题为《社会中传播的结构与功能》的论文。拉斯韦尔在

---

[24] See Harold Lasswell. The Structure and Function of Communication. in: Society. *In*: Lyman Bryson(ed.). The Communication of Ideas. New York: reprinted by Cooper Square Publishers Inc.,1964.

文中使用了结构和功能这两个概念。但是,不同的学者有不同的关于大众传播的功能学说。

(一) 拉斯韦尔的“三功能说”

拉斯韦尔是最早对传播的社会功能做出较全面分析的,他认为,传播的基本社会功能概括为以下三个方面:

(1) 环境监视功能。自然与社会环境是不断变化的,只有及时了解、把握并适应内外环境的变化,人类社会才能保证自己的生存和发展。在这个意义上,传播对社会起着一种“瞭望哨”的作用。

(2) 社会协调功能。社会是建立在分工合作基础之上的有机体,只有实现了社会各组成部分之间的协调和统一,才能有效地适应环境的变化。传播正是执行联络、沟通和协调社会关系功能的重要社会系统。

(3) 社会遗产传承功能。人类社会的发展是建立在继承和创新的基础之上的,只有将前人的经验、智慧、知识加以记录、积累、保存并传给后代,后人才能在前人的基础上进一步地完善、发展、创造。传播是保证社会遗产代代相传的重要机制。

拉斯韦尔的上述观点被称为传播的“三功能说”。这三项功能是包括人际传播、群体传播、组织传播在内的一切社会传播活动的基本功能,大众传播不仅仅具备这些功能,而且起着突出重要的作用。

(二) 赖特的“四功能说”

1959 年,美国学者 C. R. 赖特在《大众传播:功能的探讨》[25]中,继承了拉斯韦尔的“三功能说”,并在此基础上围绕大众传播的社会功能问题提出了“四功能说”。

(1) 环境监视。大众传播在特定社会的内部与外部收集和传达信息的活动。这里包括两个方面,一是警戒外来威胁,二是满足社会的常规性活动(政治、经济、生活)的信息需要。在这里,大众传媒的新闻报道起着尤其重要的作用。

(2) 解释与规定。大众传播并不是单纯的“告知”活动,它所传达的信息中通常伴随着对事件的解释,并提示人们采取什么样的行为反应。新闻信息的选择、解释和评价将人们的视线集中于某些特定的事件,社会或评论也都是有明确意图的说服或动员活动。“解释与规定”的目的是为了向特定方向引导和协调社会成员的行为,其含义与拉斯韦尔的“社会协调”是一致的。

(3) 社会化功能。大众传播在传播知识、价值以及行为规范方面具有重要的作用。现代人的社会化过程既是在家庭、学校等群体中进行的,也是在特定的大众传播环境中进行的。这个功能,与拉斯韦尔的“社会遗产功能”功能是相对应的,也有一些学者将之称为大众传播的教育功能。

(4) 提供娱乐。大众传播中的内容并不都是务实的,其中相当一部分是为了满足人们的精神生活的需要,例如文学的、艺术的、消遣的、游戏性的内容等。大众传播的一项重要功能是提供娱乐,尤其在电视媒体中,娱乐性内容占其传播信息总量的一半以上。

---

[25] W. 施拉姆. 传播学概论. 北京:北京大学出版社,2007:32.

（三）施拉姆对大众传播社会功能的概括

对拉斯韦尔和赖特的观点，施拉姆（1982）从政治功能、经济功能和一般社会功能三个方面进行了总结，详见表 13-1。

表 13-1 大众传播的社会功能

传播起什么作用		
政治功能	经济功能	一般社会功能
监视（收集情报）、协调（解释情报、制定、传播和执行政策）社会遗产、法律和习俗的传递	关于资源以及买和卖的机会的信息；制定经济政策；活跃和管理市场；开创经济行为	关于社会规范、作用等的信息；接受或拒绝它们；协调公众的了解和意愿；行使社会控制向社会的新成员传递社会规范和作用的规定娱乐（消遣活动，摆脱工作和现实问题，附带地学习和社会化）

从上表可以看出，施拉姆把环境监视、社会协调和遗产继承归入政治功能的范畴，而把社会控制、规范传递、娱乐等归入一般社会功能的范畴。这种划分并没有明确的标准，也不见得十分确切。施拉姆分类法的重要贡献是明确地提出了传播的经济功能，指出了大众传播通过经济信息的收集、提供和解释，能够开创经济行为。施拉姆认为："采用机械的媒体，尤其是电子媒介所成就的一件事，就是在世界上参与建立史无前例的宏大的知识产业。"[26]这就是说，大众传播的经济功能并不仅仅限于为其他产业提供信息服务，它本身就是知识产业的重要组成部分，在整个社会经济中占有重要地位。施拉姆的这个观点，已经为信息社会和知识经济的发展所证实。

（四）拉扎斯菲尔德和默顿的功能观

1948 年拉扎斯菲尔德（Lazarsfeld）和默顿（Merton）在《大众传播、大众品味与有组织的社会行动》[27]中对大众传播的功能进行了研究。拉扎斯菲尔德和默顿的功能观有以下三个方面：

（1）地位授予功能。大众媒介授予社会问题、个人、团体以及社会运动以地位。大众媒介可以使个人和集体的地位合法化，从而提高其权威性。拉扎斯菲尔德举例说，我们经常看到名人推荐某商品，表面上是商家付费给名人，借助其知名度，但是另一方面，通过代言，名人的地位也获得了承认其有代理某个商品的资格。

（2）强制执行社会规范。大众传媒可以通过"曝光"某些背离公共道德的行为，发起有组织的社会行动。这个功能与我们经常所说的舆论监督有许多相似之处。通过将问题暴露在阳光之下，人们必须表明自己支持或反对社会准则，这弥合了"个人态度"和"公共道德"之间的差距。

（3）麻醉的负功能。每个社会结构都具有促进社会平衡的作用，有些作用会起到破

[26] W. 施拉姆．传播学概论．北京：北京大学出版社，2007：155.

[27] See Paul Lazarsfeld，Robert K. Merton. Mass Communication，Popular Taste and Organized Social Action. *In*：Lyman Bryson（eds）：The Communication of Ideas. New York：reprinted by Cooper Square Publishers Inc.，1964.

坏社会平衡的作用，有一些结构对社会某些部分来说起到促进平衡的作用。对这些降低系统的适应性和调节能力，后果与功能相反的功能，称为负功能，或者叫做功能障碍。从这个角度来看，其实上面所说的地位授予会让一些投机取巧者赢得名利，法国学者布迪厄(2000)[28]曾提到过那些与电视合谋的学术界的"快思手"，常常借助电视，在圈外人那获得名声，再反过来为其在学术圈内谋取利益。

二、传播的要素

传播活动是一个十分复杂的过程，这个过程至少涉及三个要素：信息源、音讯和目的地。总体来看，传播过程由这样几个因素构成：传播情境、信源与编码、受传者与译码、讯息、媒介、反馈、噪声。

(一) 传播情境

传播活动离不开一定的传播情境。情境对于传播的影响很大，在不同的情境中传播的效果也不相同，但是有时候传播的情境是不明显的。传播情境可以分为以下四种基本类型：

(1) 物理环境。如传播进行时所处的空间、气候、温度等。这些物理环境对我们的传播活动的方式及传播的信息内容都有影响。如两个人在舒适、豪华的房间里谈话与在寒冷、肮脏的房间里谈话，其态度和内容都会大不相同。

(2) 社会关系。一个人要与别人交流，社会规范和文化习俗等都会对他的传播产生影响。

(3) 心理因素。心理因素即在什么样的心理情境下进行传播。心理情境直接影响人们传播的行为，它表现在行为上是喜欢还是不喜欢、高兴还是不高兴等特征。

(4) 时间因素。时间情境最不易为人们所重视，通常是指传播活动具有特别意义的时刻。

(二) 信源与编码

信源又叫传播者、发送者或者编码者，因为要与另一个人、一小群人或一大群人分享观念和思想，因而处于传播过程的第一环。为了实施传播，信源必须将观念或思想变成讯息，这个过程就叫编码，这时候需要进行符号的创造。

(三) 受传者与译码

受传者也就是受众，可分为个人或群体，是讯息的目标。正如美国消费行为学家威廉·威尔穆说的："受众是实际决定交流活动能否成功的人。"当受众将讯息译成对他们有意义的形式时，交流才算开始。因为受众是交流过程的主动参与者而非被动参与者，因此，交流活动是否成功很难预料。这涉及两个相关的调查领域：受众行为和消费者行为。从调查中得知，受众带入讯息所处背景中的全部生活经验会影响到他们的译码活动。有时，受众是一些头脑清醒、逻辑严密的译码者；有时，他们又耽于享乐，不受理智的支配，全凭感情行事。在整个译码过程中，每一种驱使受众译码的因素都是社会、经济、

[28] [法]皮埃尔·布迪厄．关于电视．沈阳：辽宁教育出版社，2000：28.

文化和心理等因素的组合的一部分。总之，即使可以精确地界定和预选受众，他们的译码效果和随之采取的行为也是不可控制、难以预料的。

（四）讯息

讯息指的是由一组相互关联的有意义的符号组成，能够表达某种完整意义的信息。讯息是传播者和受传者之间社会互动的介质，通过讯息，两者之间发生意义的交换，达到互动的目的。

（五）媒介

媒介又称传播渠道、信道、时段或工具。媒介是讯息的搬运者，也是将传播过程的各种要素相互连接起来的纽带。现实生活中的媒介是多种多样的，邮政系统、电话系统、大众传播系统、互联网络系统，都是现代人常用的媒介。

（六）反馈

反馈是控制论的一个重要概念，在控制论中，反馈是指把给定信息作用于被控对象后所产生的结果再输送回来，并对信息的输出产生一定影响的过程。控制论创始人维纳曾经说过，所谓反馈就是“一种能用过去的操作来调节未来行为的性能”。反馈的形式多种多样：听觉的、触觉的、视觉的、味觉的和嗅觉的。反馈可能是正面也可能是反面的。正面的反馈告诉来源（传播者），传播的效果很好，可以继续下去；负面的反馈告诉来源，传播的效果不好，传播进行得不太顺利，有必要对传播内容和传播方式进行调整。

（七）噪声

传播过程的噪声是指干扰信源与受众之间信息编译码过程的任何成分。实际的传播运作中，传播中的各种噪声障碍，包括环境噪声和心理噪声，存在于任何环节之中，均不可能完全消除，但是我们可以预测它并做出相应的消除计划，尽量减少它的干扰。

总之，广告信息传播过程无非涉及广告信源、广告信息与广告受众这三个基本“主角”，媒介是信息流通的物质条件，而反馈反映了信息流通的效果。在传播过程中，存在着干扰信源与受众之间信息编译码过程的许多噪声成分，虽然无法避免，但是可以尽可能减少影响。传播是以信源为起点，通过大众媒介向目标受众进行信息传播，目标受众有效接受信息的一个完整过程。目标受众对广告信息做出响应及反馈，才标志着传播过程的完成。

第五节　大众媒体传播的效果

一、传播媒体及其特征

传播媒体的发展是人类传播能力发展变化的表现，从某种意义上说，传播的发展历史实际上就是传播媒介的发展史。传播媒体的发展受制于两个基本因素：一是思想文化的发展；二是科学技术水平。历史上的每一个时期都有自己的传播媒介。在此我们主要介绍一些传播媒体，如电视、印刷品、广播、户外、互联网等媒体的特征。

（一）电视媒体

电视一般被认为能达到最广泛的消费者，是最强有力的广告媒体。广泛的涉及范围，意味着每次展示有相对较低的人均费用。从品牌建立的观点来看，电视广告有两项特别重要的优势。首先，电视广告是一种能有效展示产品属性的方式，能有说服力地向消费者阐释产品的好处；其次，电视广告是描绘用户和用法形象、品牌特色以及其他无形品牌的戏剧性方式。

电视广告也有缺点。由于信息的短暂性，电视广告中创造性的元素，经常被打乱，有关产品的信息和品牌本身也经常被忽略。而且，大量广告和非程序的材料在电视上会造成混乱，使适合的消费者非常容易忽视或者忘记广告。另一个重要的不利条件是在生产和布置方面的高成本。即使电视广告的价格猛涨，黄金时间观看广告的受众也在不断地下降。虽然电视媒介方面采取了很多措施，但广告的效力已经减弱是不争的事实。例如，Video Storyboards 报告说，在过去的十年中，注意电视广告的观众数量明显下降。

尽管如此，正确地设计并实施的电视广告，依然能提高品牌价值并且影响销售和利润。多年来，持续成功的电视广告客户之一是苹果电脑公司。其广告是介绍苹果的麦金塔个人电脑——用一部故事片描绘了一个未来世界集权国家——该广告仅播放过一次但却是电视广告历史上最著名的广告之一。在随后的几年中，苹果广告成功地为其系列化的产品创造了知名度和印象，就在最近，苹果公司发起了一次“考虑不同”的活动。从这可以看出，即使电视广告的受众在减少，一个好的电视广告仍然是一件有力的营销工具。

（二）印刷品媒体

印刷品媒体与广播媒体有明显的区别，因为可自由安排进度的性质，杂志和报纸能提供非常详细的产品信息并且也能有效地对用户和用法进行形象化的描述。但是，印刷品媒体的图像是静止的，使得有活力的介绍和展示变得十分困难。另一个不利条件是印刷品媒体是一种相当被动的媒体。

通常，杂志和报纸，这两种主要的印刷品媒体有大多数相同的利弊。虽然报纸是及时的和普遍的媒体，但是，杂志在建立用户和用法形象化的描述时通常更为有效。人们一般只会大致地浏览日报的 3/4，并且日报倾向被用于本地的——特别是零售商的——广告。虽然广告者有一些设计和安排报纸广告的灵活性，但是，糟糕的复制质量和短的上架期，会减少广告的影响。如，*FORTURE* 杂志是美国著名的财经类杂志，其自身形象广告采用了美国华尔街金融大楼为背景，展示了自己办刊的宗旨。

广告的篇幅、色彩和插图等版式要素对于广告的效果和费用有很大的影响。广告中一个技术上的小小改进，往往会在几方面提高广告的吸引力。篇幅较大的广告能引起更多的注意，但其费用不一定按同比例增加。用四色插图可以增加广告效力，但也会增加花费。用新型电子仪器对眼的运动所做的研究表明，对广告的主导因素用战略的眼光加以安排，便可吸引消费者的注意力。

从事印刷品广告研究的一些研究者指出，图片、标题和正文依次是非常重要的。图片会吸引观众的注意力。标题会加强图片并且使读者去读正文。正文本身必须是吸引人的，并且必须保证广告中品牌的名字足够醒目。尽管如此，一则真正出色的广告，只受到接触广告中不足50%的人注意。接触到此广告的人中约有30%可能会回忆起标题的要点，约有25%的人会记得广告商的名字，而读过大部分广告正文的还不到10%。然而，普通的广告甚至还不能达到这些效果。

（三）广播媒体

广播是一种普遍的媒体，随着社会的发展，听广播的人越来越多，例如私家车的增多，增加了听广播的人数，从而使广播广告不断地增加。广播最主要的优势是灵活性——广播站非常多，相对廉价，会得到快速的响应。

广播明显的缺点是缺乏视觉图像，并且导致了相当被动的消费者接受过程。但尽管如此，广播广告仍可极其具有创造性。可以把缺乏视觉图像视为另一个优势，聪明地使用音乐、声音和其他有创造性的设备，更有力地激起听众的想象力，使他们想象喜欢的图像。

（四）户外媒体

户外媒体是广播、电视、印刷品三种大众传播媒介之外最为重要的媒体。尽管有时候人们称其为“辅助性媒体”[29]。但是，户外媒体已经占据媒体总量较大的比例。

按照美国户外媒体协会的定义，户外媒体可以分为以下四种类型：

(1) 广告牌。标准的大型广告展示板，一般超过50英尺，目的是使人们在远距离外即可以看到。

(2) 街道设施。这种广告展示方式多是为公众提供便利的设施，一般安置在人行道附近或受众目力所及的地方，如公共汽车候车亭广告、电话亭广告、遮阳伞广告、商业街或商场内广告牌、便利店广告招贴等。

(3) 交通工具类。广告附着在移动的交通工具上，如公共汽车车体广告、公共汽车内部广告、地铁广告、拉环广告、出租车或卡车车体广告等。

(4) 其他类型的户外广告类型。任何一个人都可以想到和利用的户外广告形式。每年都有新的户外广告形式出现，如护栏广告、数字显示器广告，等等。

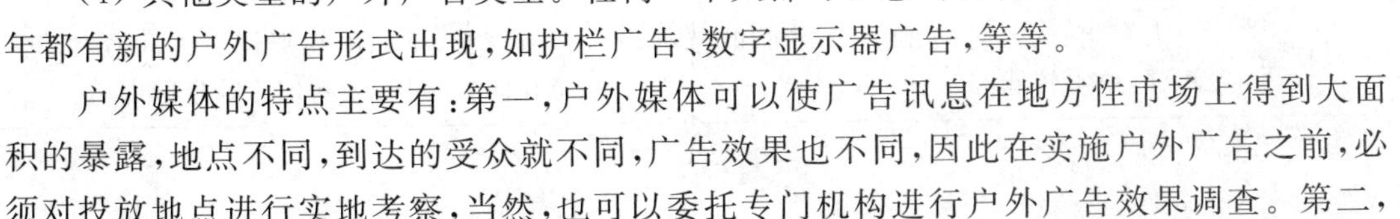

户外媒体的特点主要有：第一，户外媒体可以使广告讯息在地方性市场上得到大面积的暴露，地点不同，到达的受众就不同，广告效果也不同，因此在实施户外广告之前，必须对投放地点进行实地考察，当然，也可以委托专门机构进行户外广告效果调查。第二，户外媒体可以多次接触固定的人群。例如，每天沿着同样线路上下班的消费者总是能

㉙ 托马斯·C. 奥吉恩，等. 广告学. 北京：机械工业出版社，2002：507.

看到相同的广告牌，因此户外广告对建立品牌的知名度和维持品牌记忆度有积极的效果。第三，户外广告为创意提供了广阔的空间。一些富有创意的户外广告与人们的日常活动或特定的环境巧妙地直接联系起来，往往可以给受众深刻的印象。第四，户外广告信息简短。消费者接触户外广告时或是在嘈杂的环境之下，或是在远距离的情况下，或是在户外广告充当背景环境的情形下。因此，长而复杂的讯息虽然不适合这种媒体，有的专家甚至认为户外广告，特别是路牌的文字不应该超过六个。第五，现代计算机辅助设计系统和喷绘系统使得户外广告的制作质量大幅度提升，同时制作周期缩短。

（五）网络媒体

信息高速公路的出现和普及，导致互联网成为“第五大媒体”。到2005年，全球互联网用户已经达到8亿人，其中中国的互联网用户超过1亿人。这种具有“互动性”的介质正在改变人们接触媒介和获得信息的方式与习惯，进而改变广告主和广告公司的经营模式，使广告和其他营销活动的边界变得越来越模糊，使消费者在广告传播沟通过程中变得越来越有自主权。

二、传播媒体的选择

本书前面介绍了各种的广告媒介，在媒介的策略中，还有一项任务就是涉及广告媒介的选择运用。科特勒认为[30]，媒体选择就是找到能以预期展露次数和展露形式向目标受众传达信息的成本收益最佳的媒体。上面本书已经介绍主要媒介及其特征。媒介选择主要是根据品牌广告活动的需求去选择符合要求特性的媒介，因此，在为品牌广告选择媒介前必须要对各类媒介的优缺点加以了解。广告传播效果实现的关键，就是广告媒介的选择与组合策略得当。各个媒介的优缺点详见表13-2。

表13-2　各个媒介的优缺点

媒　体	优　点	缺　点
电视	综合视觉、听觉和动作，富有感染力，能引起高度注意，触及面广	成本高，干扰多，瞬间即逝，观众选择性少
报纸	灵活，及时，本地市场覆盖面大，能广泛地被接受，可信性强	保存性差，复制质量低，相互传阅者少
杂志	地理、人口可选性强，可信并有一定权威性，复制率高，保存期长	广告购买前置时间长，有些发行量浪费了，版面无保证
广播	大众化宣传，地理和人口方面的选择较强，成本较低	只有声音，不如电视那样引人注意，非规范化收费结构，展露信息瞬息即逝

[30] ［美］菲利普·科特勒，凯文·莱恩·凯勒．营销管理(第12版)．梅清豪，译．上海：上海人民出版社，2006：644.

续表

媒 体	优 点	缺 点
互联网	灵活，市场覆盖面大，能被广泛地接受，能引起高度注意	成本较高，干扰多，信息的权威性较差
户外广告	灵活，展露时间长，费用低，竞争少	观众没有选择，缺乏创新
直邮	对接受者有选择性，灵活，在同一媒体内没有广告竞争，人情味较重	相对来说成本较高，可能造成滥寄"垃圾邮件"的印象
电话	使用人多，有接触每个人的机会	除非有数量限制，否则成本不易控制
电话黄页	本地覆盖面大，可信性强，广泛的接触率，低成本	高竞争，广告购买前置时间长，创意有限

媒体计划者在选择媒体时，要考虑下列媒体变量：

(1) 目标受众的媒体习惯。例如，对于青少年，广播和电视是最好的广告媒体。

(2) 产品特点。各类媒体的示范表演、形象化、解释、可信程度和色彩具有不同的潜力。妇女服装广告登在彩色印刷的杂志上最吸引人，而宝利来照相机广告则最好通过电视做一些示范表演。

(3) 信息特点。时段和信息将对媒体选择产生影响，一条宣布明天将有重要商品出售的信息就要求用广播、电视或报纸作媒介。一条包含大量技术资料的广告信息，可能要求选用专业性杂志或者邮寄件作媒介。

(4) 成本。电视广告费用非常昂贵，而报纸广告则比较便宜。应该考虑的是千人平均成本。

戴文波特(Davenport，2000)认为[31]，由于媒体的丰富性，计划者必须首先决定怎样把预算分配到主要的媒体形式中去。必须有意识、有计划地分配费用，因为广告时间意味着金钱。消费者每天被广告和信息轰炸，来源是传统媒体，再加上电子邮件、语音邮件和快速信息这样的新媒体。消费者没有时间去尝试体验，更不用说培养嗜好或者转向其他娱乐。注意力正成为稀有通货，所以发布广告者需要更强大的设计团队去捕获人们的注意力。在决定广告预算的过程中，营销者们必须认识到消费者反应可能是S形的：一个广告的开端效应存在于一些有积极影响的广告中，这在任何销售影响发生之前是有必要的，但销售最后还是会下降。

运用媒介传递广告信息主要有两种方式：一种是单个媒介的运用，即通过经验和筛选的方法，选择运用某一种广告媒介传递有关信息内容。这种方法主要是一些小型企业，或者是大型企业临时性、短期需要运用，一般情况下因为信息传播面狭窄而较少采用。另一种方式是媒介组合运用。所谓媒介组合，实际上是对媒介计划的具体化，就是在对各类媒介进行分析评估的基础上，根据市场状况、受众心理、媒介传播特点以及广告预算等情况，选择多种媒介并进行有机组合，在同一时期内，发布内容基本一致的广告。

---

[31] Thomas H. Davenport, John C. Beck, The Attention Economy: Understanding the New Currency of Business. Boston: Harvard Business School Press, 2000.

三、传播效果的测定

良好的广告计划和控制在很大程度上取决于对广告效果的衡量。大多数广告商都想衡量广告的传播效果，即广告对消费者知晓、认识和偏好的影响，他们也想了解广告对销售的效果。一般传播学中的“效果论”与广告学中的“营销效果论”并不相同，前者以传播效益例如一定信息的受达范围、沟通程度与受众观念或行为方式的影响等为指标来测量效果；而后者最终以广告信息对销售的拉动情况为指标来衡量效果，即广告效果是指广告作品通过广告媒体刊播之后所产生的作用，或者说是在广告传播过程中通过消耗和占用社会劳动而得到的有用效果。我们这里讨论的传播效果主要是指“营销效果论”。

由于广告主和广告代理通常对广告效果的认识有所差异，所以有必要从广告作用的以下不同层次上评价：

(1) 认知效果层次。指广告在多大范围内、有多少人看到或听到了广告信息，并对广告信息产生多大程度的认知。一般理解这一层次的认知测定有利于对广告创作和广告文案的评估。

(2) 态度层次效果。指广告在为受众接受之后，对受众的影响怎样，其渗透程度如何。这一层次的态度测定有利于判断广告对受众态度改变的促进作用。

(3) 行为层次效果。指广告对消费者的购买行为和购买决策起到何种促进作用，帮助销售了多少商品。

下面是几种评估广告效果的方法：

(1) 消费者反馈法。消费者反馈法用来调查消费者对于某个筹划中广告的反应。他们需要回答下列问题：你从广告中得到了哪些主要信息？你认为广告人需要你了解、相信或做些什么？这个广告有多大的可能性会促使你购买其推销的商品？这个广告有哪些优点和缺点？你对这个广告的感觉如何？最适合于在什么地方向你传达这则消息？你最可能在什么地方留意它？你会在什么地方做出购买决策？

(2) 组合测试。组合测试是请消费者观看一组广告，而且他们愿意看多久就看多久。然后请他们回忆看过的广告，能记住多少内容就回顾多少内容，问者可以提示也可以不提示。其结果表明一个广告是否有突出的地方及其信息是否易懂易记。

(3) 实验室测试。实验室测试是有些研究人员利用仪器来测量消费者对于广告的心理反应的情况，如心跳、血压、瞳孔放大以及毛孔收缩等情况。这类试验只能测量广告的吸引力，而无法测量消费者的信任、态度或者意图。

(4) 销售效果研究。一般来说销售效果研究较之其传播效果更难以测量。销售受到许多因素的影响，如产品特色、价格、可获得性和竞争者行为等。这些因素越少，或者越能控制，广告对于销售的影响就越容易测量。在直接营销的情况下，销售效果最容易测量，而在运用品牌广告或建立公司形象广告时，销售效果最难测量。

一般来说，公司对广告费的高低更感兴趣。要回答这个问题可应用一个测量程式。一个公司的广告费用份额产生声音份额(即公司某产品广告占同种产品所有广告的百分比)，并由此获得消费者的注意度份额，从而最终决定其市场份额。

研究人员常常试图通过历史分析法或者试验分析法来衡量销售效果。历史方法是指运用先进的统计技术将过去的销售和过去的广告支出联系起来[32]。有些研究人员则使用试验设计来测量销售效果。

越来越多的企业都在努力衡量广告支出的销售效果，而不再仅仅满足于传播效果的衡量。例如，米尔沃德·布朗国际公司多年来对英国进行跟踪研究，这些研究的一个关键课题就是提供信息，以帮助广告决策制定者决定哪些广告能有助于品牌的发展。

复习题

1. 简述大众传播和分众传播的内涵及两者之间的区别。
2. 联系实际阐述DAGMAR模式对现代企业营销的意义。
3. 企业利用大众媒体传播时应该把握好哪些传播的要素？
4. 电视广告的投放量在我国一直处于绝对领先地位，联系实际说明为何企业乐于选择电视媒体？
5. 如何选择传播的媒体以及如何测定媒体的传播效果？
6. 有人认为没有认识活动也可以产生喜好，你对此观点有何认识？
7. 广告的经济影响是什么？什么时候它能使价格降低和升高？

---

[32] Kristian S. Palda. The Measurement of Cumulative Advertising Effect(Upper Saddle River, NJ: Prentice Hall, 1964: 87); David B. Montgomey, Alvin J. Silk, Estimating Dynamic Effects of Market Communications Expenditures, Management Science(June 1972: 485 - 501).

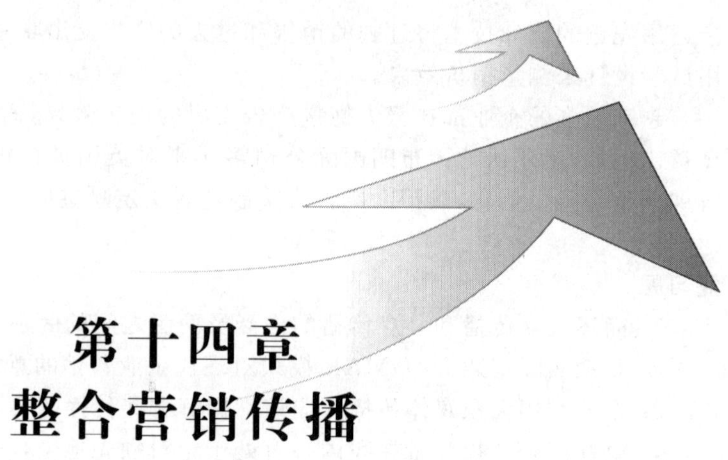

第十四章 整合营销传播

[教学要求]

了解整合营销传播观念的发展；
掌握整合营销传播的定义；
了解 4P 理论和 4C 理论的区别；
了解 AILA 模型的内容；
了解整合营销传播的指导原则；
了解 IMC 的闭环系统的内涵；
掌握整合营销传播的五步流程及其策略。

作为市场营销和营销传播领域的一种新观念，整合营销传播兴起于 20 世纪后期，但整合营销传播的思想很快受到了理论界和企业界的普遍认同，其理论和学科体系也在发展中逐步得到完善。整合营销传播是传播学和营销学融合发展的产物，由于单一营销传播效率的局限性，所以，整合营销传播策略越来越受到企业的关注。

第一节 整合营销传播的概念

一、传播的概念

传播学作为一门学科发展起来始于 20 世纪。美国学者罗杰斯（E. M. Rogers）[①]认为，有三个学派促成了传播学方面的重要进步。这三个学派分别为批判理论的法兰克福学派、符号互动论的芝加哥学派和交往传播的帕洛阿尔托学派。在传播学经验主义主流特征形成的过程中，美国政治学家拉斯韦尔（Harold D. Lasswell）、美籍德国社会心理学家勒温（Kurt Lewin）、美籍奥地利社会学家拉扎斯菲尔德（Paul F. Lazarsfeld）和美国实验心理学家霍夫兰（Carl I. Hovland），被称为传播学的奠基人。

① E. M. 罗杰斯. 传播学史：一种传记式的方法. 殷晓蓉，译. 上海：上海译文出版社，2002：36.

虽然传播学理论的发展已有半个多世纪，但是由于各家学者所站的角度不同，对传播概念的界定也有所不同。美国著名传播学大师施拉姆(Schram，1955)认为[②]，传播是信息的传递、思想的交流、信息发送方与接收方之间的思想统一或皈依的过程。辛普(Shimp，2003)认为[③]，传播是指思想传递以及不同个体之间或组织与个体之间建立共识的过程。他在《整合营销传播》(第6版)(2005)中又指出，传播是个体之间或组织与个体之间传递、分享思想的过程。布鲁恩在《传播政策》(2005)中认为[④]，企业的传播是一个企业使用的所有传播工具和传播措施的总和，其目的是向内部和外部的重要目标受众展示这个企业的面貌和成就，并(或)形成与这些目标受众之间的互动。我国学者张国良(2004)认为[⑤]，传播，即传授信息的行为(或过程)。

虽然各个学者对传播定义的认识有所不同，但是，也有认识的共同点，即认为传播是信息传递的过程或手段，传播的主体至少有两个，即发送方和接收方。

二、营销传播的概念

辛普(Shimp，2003)[⑥]把营销传播分为营销和传播两部分：沟通(传播)是指思想传递以及不同个体之间或组织与个体之间建立共识的过程；营销是指企业或其他组织用以在自身和客户之间创造价值转移(或交换)的一系列活动。营销比营销传播本身的外延广，但营销活动很多都涉及沟通行为。将营销与传播结合在一起，他把营销传播定义为在一个品牌的营销组合中，通过建立与该品牌的客户或用户之间的共识而达成价值交换的所有要素的总和。该定义主要是集中于品牌层次之上的，认为营销传播是实现营销和品牌发展的基础因素，它使企业的产品或品牌与消费者之间达成共识，进而实现价值交换。因此，尽管营销形式可以多样化，但始终不能脱离对信息交流的依赖。

汤姆·邓肯(2003)指出[⑦]，营销传播是企业营销活动中所有传播活动的集合词，包括广告(advertising)、公共关系(public relations)、直接营销(direct marketing)、促销(promotion)等，现代的营销传播还应该是各种包括数据库营销(database marketing)在内的互动传播方式(interactive communication method)，营销传播的目的是为顾客和公司来增加产品价值。

菲利普·科特勒(Kotler，2006)对营销传播定义是[⑧]，公司直接或者间接通知、说服和提醒消费者，使消费者了解公司出售的产品或品牌的方法。从某种意义上讲，营销传播代表了品牌的声音，是一种可用来与消费者展开对话或建立关系的方法。营销传播使公司的品牌与其他人、地点、事件、品牌、体验、感觉和事物联系在一起，通过在人们心中建立深刻的品牌形象，来成功地打造出品牌资产。

---

② Wilbur Schram. The Process and Effects of Mass Communications. Urbana：University of Illinois Press，1955.

③ 特伦斯·A. 辛普(Terence A. Shimp). 整合营销沟通. 第6版. 北京：中信出版社，2005：4.

④ 曼弗雷德·布鲁恩. 传播政策. 上海：复旦大学出版社，2005：2.

⑤ 张国良. 传播学原理. 上海：复旦大学出版社，2004.

⑥ 特伦斯·A. 辛普，整合营销沟通. 第5版. 北京：中信出版社，2003：4.

⑦ 邓肯. 整合营销传播：用广告和促销活动建树品牌，影印本. 北京：高等教育出版社，2003：9.

⑧ 菲利普·科特勒，凯文·凯勒. 营销管理. 第12版. 梅清豪，译. 上海：上海人民出版社，2006：600.

三、整合营销传播的概念

美国生产力与质量中心(American Productivity and Quality Center,1987)对 IMC 的定义为[⑨],整合营销传播是一种战略性经营流程,用于长期规划、发展、执行,并用于评估那些协调一致的、可衡量的、有说服力的品牌传播计划,是以消费者、客户、潜在客户和其他内外相关目标全体为受众的。

美国广告公司协会(American Association of Advertising Agencies,1989)对 IMC 定义如下:一种营销传播计划的概念,要求充分认识用来制定综合计划所使用的各种带来附加价值的传播手段。如广告、销售促进、直接营销、公共关系和人员推销,并且将之结合,提供具有良好清晰度、连贯性的信息,使传播影响力最大化。在这里,广告、销售促进、直接营销、公共关系和人员推销被定义为传播手段,则说明它们不仅仅是传统意义上的提升销售的手段,更是企业与消费者进行沟通的手段,是为企业解决市场问题或创造宣传机会的手段。

美国西北大学的舒尔茨等人(Schultz,1993)认为[⑩],整合营销传播应是一个更为广泛的概念,即利用现有的和潜在的顾客能接触到的与产品或服务相关的各种信息源。这是整合营销传播在理论意义上首次被提出。美国科罗多大学的汤姆·邓肯(Tom Duncan,2002)认为[⑪],整合营销传播是一个运用品牌价值管理客户关系的过程。具体来讲,整合营销传播是一个交叉作用过程,一方面通过战略性地传递信息、运用数据库操作和有目的地对话来影响顾客和关系利益人,与此同时也创造和培养可获利的关系。

菲利普·科特勒(Kotler,2006)对整合营销传播的定义采用了美国广告代理商协会的定义,即"营销传播计划就是确认评估各种传播方法战略作用的增加价值的一个综合计划"[⑫]。

在检视整合营销传播的定义中,我们发现从舒尔茨到邓肯,期间还有许多关于整合营销传播的定义,其观点并不完全一致,而对整合营销传播所追求的基本目标认识也有差异。这一点正如舒尔茨教授所指出的那样,难点就在于整合营销传播本身一直在迅速变化以适应那些接受和运用这一概念的组织,营销环境在不断发生变化,人们对整合营销传播的要求也在不断提升,因此整合营销传播也在不断发生调适性改变。显然,整合营销传播表现出了其属于战术层面和战略层面两个不同层级的战略目标。从战术层面上讲,整合营销传播作为一种协调形式,担负着对不同传播手段和不同媒体的协调和整合的责任,并最终使之形成达到一致性的效果强化,即通常所说的"一个声音,一种形象"。从战略的角度讲,整合营销传播所要完成的不仅仅是简单的声音强化和集中清晰,它超越一般营销传播要求,还包含了对整个组织形式和组织资源的全面整合、重新配置,舒尔茨所谓"整合营销传播是业务的战略过程"以及邓肯的认识着重于此。

---

⑨ Robert D Buzzell, Bradley T Gale. the PIMS Principles: Linking Strategy to Performance. New York: Free Press, 1987.

⑩ Don E Schultz. Integrated Marketing Communication: Maybe Definition Is in the Point of View. Marketing News, 1993, (18): 17.

⑪ Tom Duncan. IMC: Using Advertising and Promotion to Build Brands. McGraw-Hill Companies, Inc., 2002: 8.

⑫ 菲利普·科特勒,凯文·凯勒. 营销管理. 第 12 版. 梅清豪,译. 上海:上海人民出版社,2006:626.

综上所述，组织为应对环境的不确定性和多变性，必须发展、保持与其他组织的联系，经由这种联系组织可以协调行动、交换资源并分享信息。营销传播管理者必须整合协调所有可能影响利益相关者决策过程的营销传播方式、媒体传播工具及其他正式与非正式的信息来源，与利益相关者进行对话沟通。同时企业应舍弃过于"由外而内"的单向线性说服模式，采用"由外而内"的规划思考模式，从利益相关者的角度来进行 IMC 规划，了解利益相关者和潜在的利益相关者的核心需求、媒体使用形态、信息接触时机等等，与利益相关者进行双向沟通。本书采用菲利普·科特勒(Kotler，2006)对整合营销传播的定义。

CUBA 是中国体育史上第一个面向社会、面向全国，采取社会化、产业化运作模式的大学生篮球联赛。CUBA 的目标定位是能成为美国 NCAA 那样能培养出具有高素质的篮球人才，从而向更高一级的篮球联赛输送优秀选手的大学生篮球联赛。CUBA 不单纯地追求金牌与荣誉，而是淡化功利，追求文化。联赛期间，在校大学生可以通过参与文艺舞蹈、美术摄影、广告设计、新闻报道等多项活动，提高个人能力，丰富社会实践。CUBA 采取有力的措施来建立联赛的认同感，和媒体、企业联合主办如选秀制、海报设计大赛、联赛冠军口号设计、CUBA 科学论文报告会等活动，拉近了与观众的距离。2003 年 CUBA 联赛组委会与央视体育中心达成协议，央视每个赛季将转播 35 场比赛，CUBA 联赛成为央视的重点推广赛事。同年，CUBA 联赛新闻中心与体坛周报、青年体育报、新浪网、搜狐网等十几家媒体和新闻单位建立了重点协作关系，进一步提升了联赛的影响力。

资料来源：王振涛，单清华，刘莹．CUBA 营销传播策略及面临问题，体育与科学，2008，(1).

第二节　整合营销传播的模型

一、营销传播观念的发展

营销传播观念是社会经济形态的折射和反映，它的发展是与市场演进相伴而生的。长期以来，广告在营销传播中担当着主要的角色，几乎可以说 20 世纪 70 年代以前的营销传播理论主要就是广告理论。其在发展过程中主要经历了三个阶段的演进：20 世纪初到 20 世纪 50 年代产品推销时期的广告理论模式；20 世纪 60 年代以创意革命为代表的转型期理论；20 世纪 70 年代以后营销与传播整合期的现代广告理论模式。这种理论的演变表现了不同市场模式下的营销价值追求。

其实，在营销传播理论发展过程中，学者们提出了大量的模型，本节选取了几个比较经典的模型进行简单介绍。

(一) AILA 模型

AILA 模型即指"关注、理解、学习、态度"，如图[13] 14-1 所示。

---

⑬ 吉姆·布莱恩．营销传播精要．第 2 版．北京：电子工业出版社，2002：9.

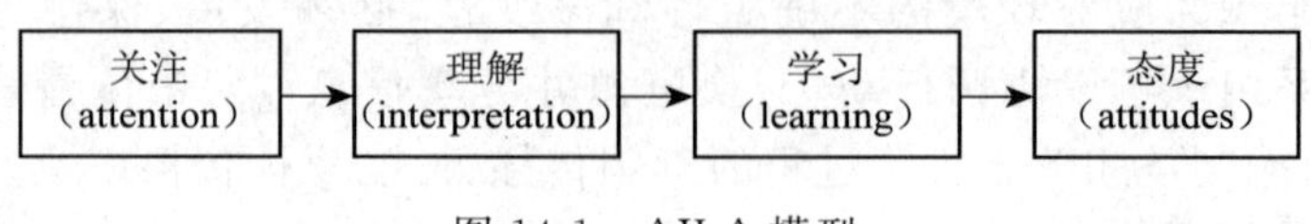

图 14-1 AILA 模型

AILA 模型相对于实际应用来说过于简化了。它表明产品只要吸引了观众的注意，其他的步骤就自然会顺理成章了。这就进一步宣扬了这样一个谬误：消费者是被动接受者，而不是传播过程中的积极参与者。

（二）Howard-Sheth 模型

在图 14-2 中[14]，实线箭头代表信息的流向，而虚线箭头代表反馈效应。实际上，该模型反映了这样一个过程：输入部分被加工处理以后进入感知和学习，最终产生的输出部分回馈给更深层次的感知。在以下领域中，营销传播扮演了重要的角色。

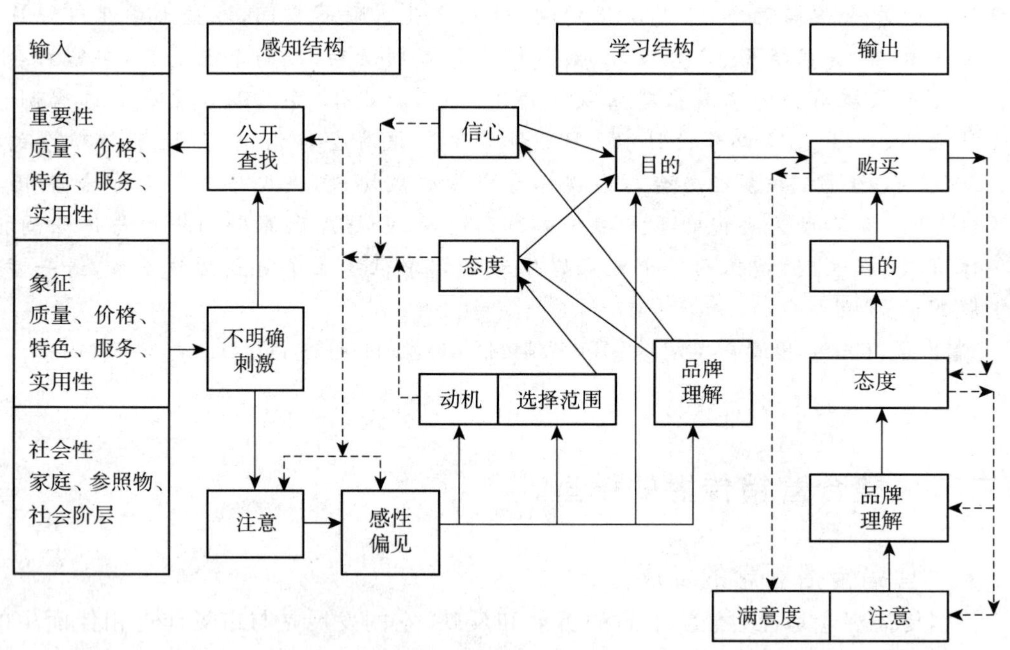

图 14-2 Howard-Sheth 消费者行为模型[15]

(1) 重要性因素。质量信息的传递主要依靠宣传册和新闻的形式，强调产品的物理特征。价格信息也通过广告中有所涉及。当消费个体积极地面对营销传播时，在某种信息搜索过程中，所有这些因素都得到传达。

(2) 象征因素。该因素列表内容与重要性因素相同，但此时，这些项目较少涉及产品的用途，而更多地同产品传递的形象有关。这些形象既包括对其他产品的尊重，也涵盖了自我推崇和自我价值实现。在非主动探究信息的营销传播中，以上因素的传递发生在信

---

⑭ 吉姆·布莱恩．营销传播精要．第2版．北京：电子工业出版社，2002：16～18.

⑮ Howard JA，Sheth JN. The Theory of Buyer Behavior. New York，1969.

息搜索过程之前，这种传播是在无意识的情形下进行的。

（3）学习结构。关于选择标准的制定和对品牌的理解也容易受到营销传播的影响。环绕在我们周围的“非探究式传播”会影响对决策系统的选择，对消费者在新的购买行为中寻求的特色也会产生影响。消费者对每个品牌特色和优势的理解，主要来自营销传播（尽管朋友和家人也会对决策的选择提供一些意见）。

霍华德—谢思模型尽管复杂，但更容易理解。模型的目的是将现实简化而不是重新创造现实，该模型相当成功地做到了这一点。

简言之，营销传播比传统促销的基本含义宽泛了许多。与传统促销注重“推”(push)的策略不同，营销传播注意到了使双方达成共识的沟通的重要性，并且大大地拓展了沟通的手段。这个转变不仅大大扩充了市场营销的构成元素，而且也包含着一种对营销价值体系的全新认识。

二、整合营销传播观念的发展

早在20世纪的五六十年代就有学者提出了整合的思想。沃尔弗等(Vidale, Wolfe, 1957)[16]在模型中将销售和广告联系起来，认为对任何传播工具的预算配置比例与对传播工具效率分享的一致性是固定和均衡的；两种传播工具之间的相对预算分配对于大众传播工具效率参数的比例是公平的。他们将销售和广告结合在一起考虑，为营销的发展提出了一个整合的方向，但并没有提出整合一词。阿罗等(Nerlove, Arrow, 1962)[17]在他们的模型框架中提出了“整合”概念，认为当整合参数增加时，广告主不只增加了整体广告预算，而且还给低效率的活动分配了大量的预算比例；在没有整合时，媒体预算应该按照各种活动的相对效率而分配其一定比例。当整合作为后续的一个增加出现时，广告主应该减少预算分配给更有效活动的比例。早期的思想主要体现在对各种营销工具的整合，就各个传播工具和各种传播措施之间关系进行连接，研究范围还比较局限，主要是针对广告的。

直到20世纪70年代，营销传播的人物基本上是由广告来担任的。在这个相对漫长的时期，产品一直是市场营销的基础和营销活动的出发点，由制造商和渠道商所控制的营销体系就是建立在产品信息传达之上的，所以广告以及营销传播的核心就是传达产品信息或者塑造产品（品牌）形象。

里斯和特劳特(Ries, Trout, 2001)[18]的定位观念使广告在营销传播中的角色发生了革命性的转变，虽然这也是一种继承和扬弃，但是思考的出发点却不同。其核心就在于，定位观念中有一个明显的转换，用从消费者出发开始思考代替了过去那种从产品出发的思考的模式。从这个时期开始，市场营销或者说是营销传播彻底改变了它的角色定义，由过去目的只在于出卖产品的简单线性推销，变为开始市场营销或发现需求，努力寻找可以提供给市场的某种满足状态。因此相对而言，过去的营销传播中着重于信息提供，

---

⑯ Vidale, M L, Wolfe H B. An Operations Research Study of Sales Response to Advertising. Operations Research, 1957, 5(3): 370 - 381.

⑰ Nerlove M, Arrow K J. Optimal Advertising Policy Under Dynamic Conditions. Economica, 1962, 29(114): 129 - 142.

⑱ 里斯，特劳特．定位．王恩冕等，译．北京：中国财政经济出版社，2002.

而现在则强调信息交流，甚至随着信息流量和各种信息干扰的逐渐增加，营销传播必须采取信息整合。而广告恰巧是传统营销传播的支柱，它主要依赖于大众传媒进行单向传播，其在传播中的本质特征就是对消费者进行诉求。由于诉求和大众传媒的单向传播模式缺少了交流与互动，因此单纯以广告进行营销传播，必须与其他营销传播形式加以配合才能达到效果。

20世纪80年代，众多公司意识到了战略性整合促销工具的必要性。他们开始尝试利用整合营销传播。营销商吸纳了整合营销传播的观念，开始要求广告代理商整合各种营销工具，而不是仅仅依赖媒体广告。许多公司还开始越过传统的广告代理商，利用其他的促销专业人士策划实施营销计划。一些广告代理商为了应对变化，综合运用公共关系、销售促进和直接销售等方式，成为为客户提供全方位服务的整合营销传播代理商。广告业很快意识到整合营销传播并非昙花一现。很多词汇如新广告、为达到预期目标而进行特定安排、无隙沟通等被用来形容整合概念。美国广告协会也在80年代末给出了关于整合营销的最早的定义之一。

1993年，美国西北大学的舒尔茨(Don E. Schultz)和田纳本(Atanley Tannenbaum)教授及北卡罗来纳大学的劳特朋(Robert F. Lauterborn)教授合作出版的《整合营销传播》[19]，是第一部整合营销著作。三位教授都曾供职于各种营销传播机构，操作经验和实践累积都相当的丰厚。作为在广告和传播领域的专家，他们在理论界提出整合概念之前就在自已的实践中对各种营销传播工具进行了整合。因而，著作也是基于现实需要对实践进行前瞻性的理论归纳。该著作的出版不仅开拓了一个理论研究的新方向，也标志着开始确立一个新的学科。2000年，舒尔茨又与英国贝尔法斯特(Belfast)女王大学(Queen University)管理学院的菲利普·J. 凯奇教授合作出版了《全球整合营销传播》(*Comunicating Globally: An Integrated Marketing Approach*)，继续拓展整合营销领域的研究，推动了更多的学者进行该领域的研究。

受舒尔茨的整合营销理论的影响，越来越多的著名学者在著作中论及整合营销。被誉为市场营销管理之父的著名营销学家菲利普·科特勒教授(Kotler, 2006)，在他的《营销管理》(第12版)中特别阐述了整合营销传播。南卡罗来纳大学教授特伦斯·A. 辛普，出版了《整合营销沟通》(*Advertising, Promotion, and Supplemental Aspects Of Integrated Marketing Communication*)成为美国数所大学的通用教材。美国圣地亚哥大学市场营销系主任乔治·E. 贝尔齐教授和迈克尔·A. 贝尔齐教授一起合作出版了《广告与促销：整合营销传播展望》(Advertising and Promotion: An Integrated Marketing Communications Perspective)，在美国、加拿大以及欧洲各国被普遍认可。在这些著作中，都对整合营销传播进行了详尽的论述和具体演绎。2002年，美国科罗拉多大学的汤姆·邓肯(Tom Duncan)，出版了《整合营销传播：利用广告和促销建树品牌》(*IMC: Using Advertising and Promotion to Build Brand*)，从舒尔茨等人出版的《整合营销传播》到邓肯的《整合营销传播：利用广告和促销建树品牌》的出版正好十年，代表了整合营销传播理论发展的一个完整的阶段。舒尔茨把整合营销传播从实践引向理论，邓肯则使这一理论更加系统化和科学化，使其在理论意义上具有相应的操作价值。

---

⑲ 唐·E. 舒尔茨，等. 整合营销传播. 北京：中国物价出版社，2002.

三、整合营销传播与传统营销的比较

传统营销理论的核心是4P理论，而整合营销传播这种新的营销理论的核心则是4C。不同的学者对4C以及4P与4C的关系发表了各自不同的看法。有的学者认为4C将完全取代4P，也有学者认为4C与4P没有什么差别，4C理论没有超越4P理论。面对各家观点，企业该怎样看待和应用4P和4C理论呢？对中国企业来说，4P理论还处于探索阶段，又面临新的4C理论，更让企业不知所措。因此，只有先领悟了4P与4C的区别以及二者各自的不足，才能在整合营销传播的实践中正确运用这两种理论。

（一）4P理论与4C理论的区别

4P理论和4C理论的区别非常明显，主要表现为下述方面：从运行原则来看，4P理论提出的是自上而下的运行原则，重视产品导向而非消费者导向；4C理论以"请注意消费者"为座右铭，强调消费者为导向。从营销组合的基础来看，4P理论是以产品策略为基础，制造商决定制造某一产品后，设定一个能赚到最大利润的价格，且经由其掌控的配销渠道，将产品陈列在货架上，并大大方方地加以促销；4C理论是以传播和良好的双向沟通为基础，通过双向沟通和消费者建立长久的一对一关系。从宣传上看，4P理论注重宣传的主要是产品知识，即产品的特性和功能，强调的是产品自身的特点；4C理论注重品种资源的整合，注重宣传企业形象和建立品牌，把品牌的塑造建立作为企业市场营销的核心。从传播来看，4P理论的传播媒介是大众取向和单向的；4C理论其传播是双向的，选择媒体"细"而且"多"，更加关注"小众媒体"。因此，4P理论与4C理论不仅在导向上有差异，而且在运作上也存在差异，两者谁优？4P理论是否已过时？4C理论是否应彻底代替4P？不妨讨论一下这两种理论在实际应用过程中所面临的问题，从而再决定对4P与4C理论的运用选择问题。

（二）4P理论的不足之处

毫无疑问，4P理论的贡献是巨大的，它的出现一方面使营销理论有了体系感，另一方面它使复杂的现象和理论简单化，促进了市场营销理论的普及和应用。然而，随着时代的发展、环境的变化，4P理论的不足也越来越明显，其具体表现可以归纳如下：一方面，科特勒在1986年提出了大市场营销概念，将4P扩展为6P；布莫斯和比特在研究服务营销的过程中加入人员实物证据和程序，扩展为7P；最多时扩展到12P，这种不断往上加P的现象本身说明，4P理论是不足以涵盖所有行业中所有企业可以控制的所有营销变量，不同产品或行业的营销活动可以利用的可控因素不完全相同。另一方面，4P理论是研究制造业中消费者的营销活动而发明的，在比较适合指导制造业中消费品的营销活动，一旦跳出这个领域，指导和应用于其他领域或行业，如金融业、零售业、公共事业时就显得不太适应。再者，零售企业的产品较难按照4P理论中的产品来理解。实际上，商业企业的营销因素和工业企业相比差别很大，因此，4P理论需要一定的修正。

（三）4C理论所面临的问题

4C理论产生于新的营销环境，它以消费者需求为导向。与4P的产品导向相比，4C有了很大的进步和发展，但从企业的实际应用和市场发展趋势看，4C理论依然存在很多不足的方面。

(1) 4C理论以消费者为导向，重点寻找消费需求，满足消费需求。而市场经济还存在竞争导向，企业不仅要看到需求，而且还需要更多地关注竞争对手，冷静分析自身在竞争中的优势与劣势并采取相应的策略，才能在激烈的市场竞争中立于不败之地。这样看来，4C理论显然与市场环境的发展所提出的要求有一定的差距。

(2) 4C理论以消费者需求为导向，但消费者需求有个合理性问题。消费者总是希望质量好、价格低，特别在价格上的要求是无底线的，如果企业只考虑满足消费者需求的一面，企业必然付出很大的成本，久而久之，必然会影响企业的持续发展。所以从长远看，企业经营要遵循Win-Win原则。怎样将满足消费者的需求与企业利润较好地结合起来，这是4C理论需要进一步解决的问题。

(3) 虽然4C理论的思路和出发点都是满足消费者需求，但它没有提出解决满足消费者需求的可操作性问题，如提供集成解决方案、快速反应等，使企业难以操作、掌握和普及。

(4) 产品、价格、营销手段日趋同质化，互相模仿是目前国内企业营销活动的特征。企业已把塑造、提升企业的品牌融入企业营销策略和行为中，在一定程度上推动了企业营销活动的发展和进步。但是如果不能形成品牌的差异，即个性、特色和差异化优势，国内企业的营销又只会在新的层次上同一化，不同企业最多是个程度的差距问题，仍然解决不了当前企业所面临的营销问题。

(5) 4C理论总体上虽是4P理论的活化和发展，但被动适应消费者需求的特点较重。根据市场的发展，参与竞争的企业不仅要积极适应周围的环境，而且在某种状况下，应创造环境，大市场营销理论的提出，也说明了这点。因此，从某种程度上来说，这种理论抑制了企业的主动性和创造性。

第三节　整合营销传播的原则和流程

一、IMC实施的指导原则

IMC的实施共有八项指导原则[20]，这是发展和执行整合营销计划的关键。这些原则是从具体案例及纯粹的理论和全面研究开始发展，贯穿于媒介、渠道组织和消费型商品公司。

(一) 成为以客户为中心的组织

企业必须把最终客户与消费者作为重点，因为他们是唯一可以让公司获利的人或团体。客户所带来的收入既能为员工谋福利、酬谢股东的投资与所承担的风险，还可以把营运良好且具有社会责任感的组织所能带来的好处贡献给社会。

IMC适合以客户为中心的组织，但却不适用于封闭型的组织。图14-3(a、b)显示了

---

⑳ 丹·舒尔茨，海蒂·舒尔茨．整合营销传播——创造企业价值的五大关键步骤．何西军等，译．北京：中国财政经济出版社，2005：39～52.

其中的差异。在以客户为中心的组织里，客户才是中心。所有的职能活动、要素和单位都将重点放在提供客户利益、迎合客户需求或是满足客户的要求上。服务并满足客户、建立客户忠诚度与维持持续的收入来源是公司的主要目标。

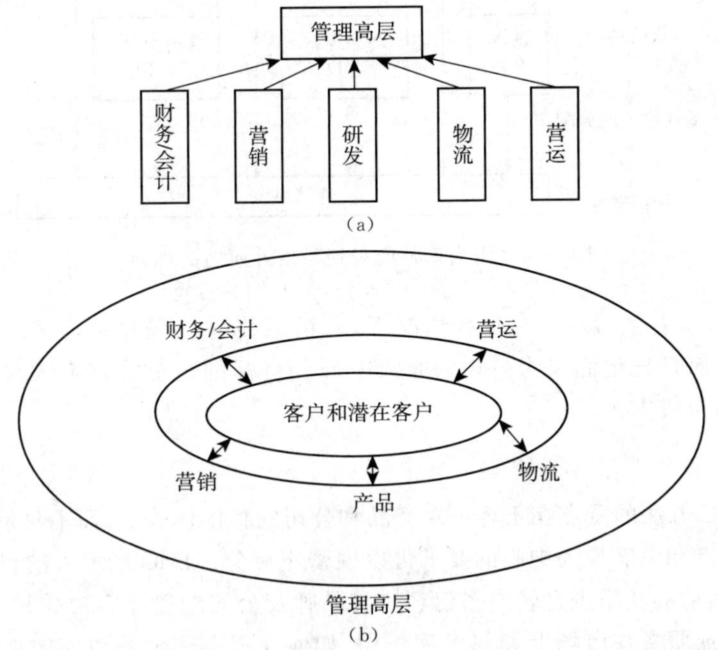

图 14-3　传统企业组织结构与以客户为中心的整合组织结构

由于以客户为中心的组织都强调这一点，因此组织成员才会目标一致地提供更好的产品、服务和解决方法。

（二）采用由外而内的规划

在建立客户至上的系统之前，必须彻底改变营销规划方式。客户至上不仅是指服务现有的客户，更表示公司已经以客户与潜在客户为中心成功建立了运作制度，从预算与规划、运营、传输到评估绩效，等等。

在为营销制订规划以及预算时，最常用的方法是如图 14-4 左侧所示的由内而外的规划方法。这个方法首先确定组织想要获得什么，然后把各种活动安排成一连串的行动步骤，并希望能因此而得到想要的结果。规划的数量或财务目标决定营销与传播的投资或支出水平。如果公司达到了预期的目标，那么公司就愿意用一部分营业额投资于更多的营销与传播活动。

显然，在由内而外的做法中，营销支出和预期的销售结果之间没有公认的联系。但实际情况恰恰相反，销售成功才能创造营销收入。这是最不合理的方式，但却被各式各样的组织广为采用。既然营销与销售之间没有假定的关系，管理层自然不会对营销与传播投资期待什么可观的财务回报。事实上，管理层的看法通常是，如果能减少营销支出，公司的盈亏结果就会好得多。没有花的钱就能留下来，而留下来的钱则可以改善盈亏状况。

虽然这种做法充满了错误的假设，但却是全世界大多数公司用来拟定、执行以及资助营销与传播计划的方式。IMC 的另一种选择是改变由内而外的模式，并建立由外而内

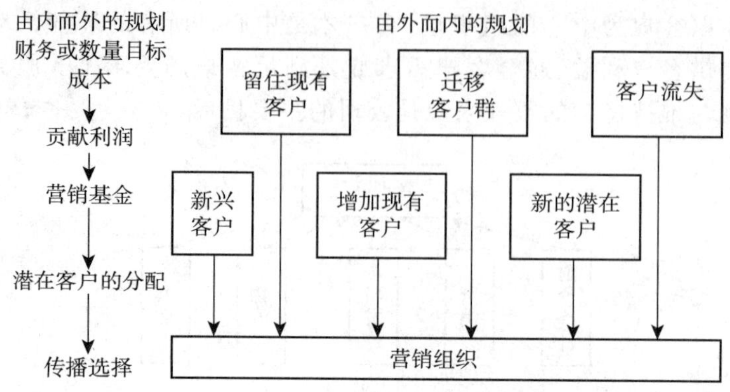

图 14-4　由内而外的规划与由外而内的规划

的做法,如图 14-4 右侧所示。在这种情况下,营销或传播经理并不将客户与潜在客户视为花钱的单位,而是把他们视为公司的收入来源。目标则是要管理需求与收入来源的创造,而不是产品与成本。

（三）以整体客户体验为重点

战略性 IMC 方法的重点在于客户对产品和公司的整体体验上,而不只是对营销活动的体验,认清这一点和以客户为中心的要求可以说密不可分。IMC 经理人的目标必须从外部传统营销传播活动的狭隘观念转向搭建客户与品牌及公司的整体客户关系上。"整体客户体验"包括产品或服务在市场上如何发挥作用、如何获得渠道成员以实时而有效率的方式提供产品的能力、如何实现客户服务以及公司对于所处的社区会造成什么社会影响。

（四）把客户目标与公司目标结合起来

最难办到的是把组织的目标与客户结合起来,然后以适当的营销与传播计划来支持这些目标。由于在竞争激烈的全球环境中长期经营业务有其本身的现实条件,所以管理层很难在客户的要求与公司的相应目标和目的没有相互选择以及保持相当的水平,那么组织很可能会使自己濒临破产。如果要在快速变迁的营业环境中达到这种平衡,营销与传播目标就必须跟整个组织的目标更紧密地结合在一起。

（五）设定客户行为目标

营销传播必须影响到客户或潜在客户的行为,这一点是至关重要的。如果目前能够给组织带来利润,就必须强化现有的行为,要不然就必须改变行为,以鼓励使用或增加用量。IMC 流程中的重要组成因素就是影响行为,因为行为才是客户和潜在客户为公司带来收入的来源。因此,在这种情况下,我们已经通过了解 IMC 的两个主要特征建立了适用于一般情况的评估系统。首先,IMC 是用来影响客户和潜在客户的行为。其次,这些行为可以从财务的角度来进行衡量与评估。IMC 的目标是要影响客户与潜在客户,使他们的行为产生重大的改变,而这也提供了很好的查核点来评估潜在的 IMC 计划与其他相关计划。

（六）把客户当成资产

在"把客户目标与公司目标结合起来"与"设定客户行为目标"的两个指导原则中所提到的财务问题,紧密相关的概念就是公司必须开始把客户当成真正的资产。大部分情况下，客户都是为组织带来收入的主要单位。而组织其他活动与措施几乎都是真正的成本中心。因此，认识到营销传播经理是资产经理这一点，可以说是价值型IMC体系的重要因素。换句话说，就是他们需要并且应该负责开发、延续并维持那些身为公司收入来源的客户。

一旦公司开始将客户视为收入来源，那么公司就可以采取下一个合理的步骤，即将客户当成资产。这就意味着对客户及潜在客户进行投资，然后预测这些投资的回报。这样做就使得IMC经理进入下一个步骤，也就是认为广告、直销或公关上投资根本不是真正的促销。相反，他们会对那些肯接受并可能有所回应的客户与潜在客户进行投资。

如图14-5所示显示了这个闭环系统的观念。对于客户的投资会通过各种营销与传播计划得到可以衡量的反映，进而扩大或延续组织的收入来源。如果要封闭把客户当成资产的循环，IMC经理就必须设法衡量客户或客户群的价值。在战略性的IMC方法中，所使用的是财务价值。我们可以首先找出客户群体过去的财务价值(左边的方块)。一旦知道了财务价值，经理人就可以针对该客户群投资多少作出合理的决定，并通过公司的产品或服务组合留住、扩大或迁移这些成员。因此，只要知道了客户群的最初价值，就可以对这些客户进行一定金额的投资。最后，传播计划执行后可以衡量得知这些投资给收入来源带来的变化，这样可以让公司封闭营销与传播投资的循环。这个首位的步骤在过程中很重要，因为这可以让IMC经理从实际的角度出发并有效地实现公司的各个财务目标，把营销传播投资与这些计划的回报结合起来。

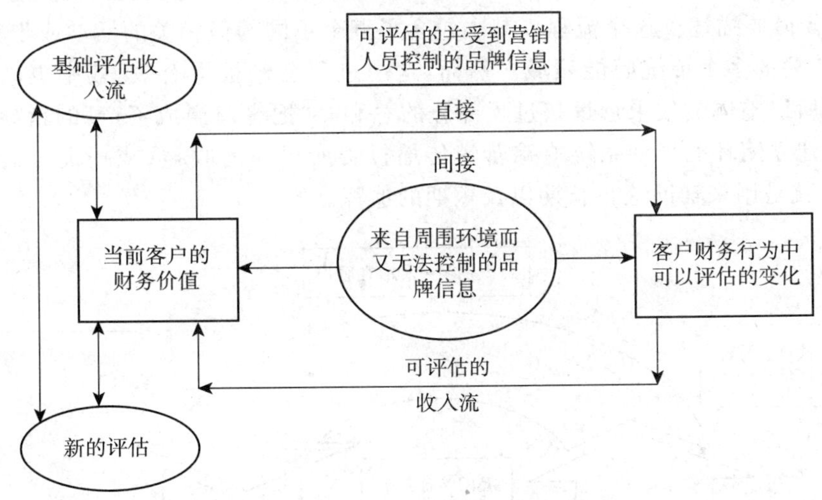

图14-5　IMC的闭环系统

(七) 精简职能业务活动

在被问及营销传播时，客户一般都会说，公司通常想要做两件事：第一，营销要传达出的信息是希望客户下次购买这方面的产品或服务时能够记得并按照信息的内容去做；第二，公司给予某些激励，也就是对做某件事或采取某种行为提供某种反馈，从客户的观点来看，公司实际上只在处理两种基本的营销传播活动，那就是信息与激励。营销传播经理在制定计划时采取这种以信息或激励为核心的观念对他们十分有帮助，因为这样可以简化规划与发展。总之，把不同的传播范畴打破并精简为信息和激励，传播选项就会产生更宽泛的范畴。

（八）集中营销传播活动

任何营销传播计划的核心内容都必须是集中。直到20世纪90年代中期，集中通常都被认为是把所有的传播活动集中在同一个屋檐下。今天，集中有了新的内涵，那就是把传统的营销传播与电子化的营销传播活动融合起来。

集中之后势必要整合。集中不但会出现，还会比我们规划或预期的要快。这就是为什么整合不仅是个很好的想法或省钱的方式，而且对于希望在21世纪的市场上能够或继续生存的组织来说也至关重要。

二、整合营销传播的流程

营销传播历来都被当成一连串零散而且往往不相干的工作来实施。广告公司将自己视为独立的单位，直销人员和公关工作人员也持有相同的看法，而且组织也把自己视为独立的单位。然而，整合营销传播是运用多种传播方法锁定客户的，整体目标则是要赢取、留住、增加并迁移客户，从而获得更大与最稳定的长期收入流。由于IMC需要组织上下共同改变想法，因此采用明确而一贯的流程最能达到这个目的。在此我们介绍IMC的五步流程，这一流程以及一连串相互联系的客户至上的管理步骤，不仅有助于发展并执行全面整合的营销传播计划，而且也会通过这样的流程达到全面的整合。

图14-6简要描述了这个流程。其中包含了五个不同的但相关的活动或步骤，并牵涉到营销与传播的多个传统职能领域。然而，这个过程已经被更有效、效率更高的新方法结合起来，所以整体的效果远远超过了部分的总和。“把客户当成资产”的指导原则曾经强调，必须建立闭环的规划系统追踪营销传播投资所提高的收益（或损失），而这个五大步骤[21]流程就是用来辅助这种长期以及短期的追踪。

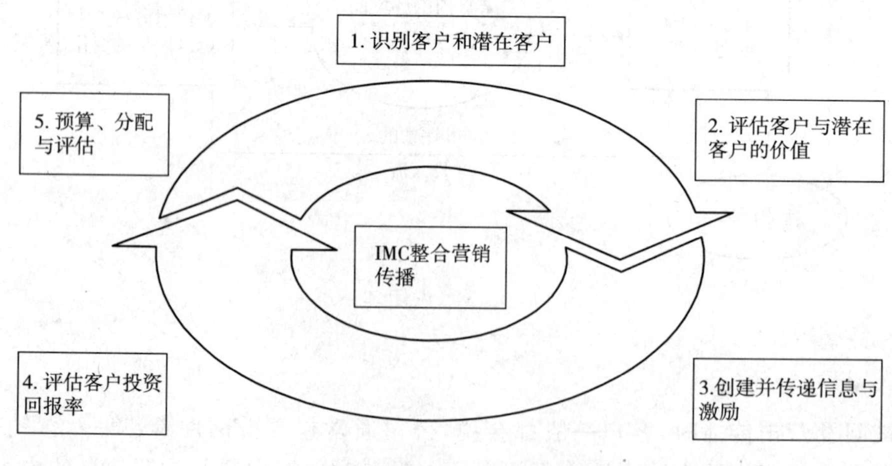

图14-6 IMC的五步规划流程

[21] 唐·舒尔茨，海蒂·舒尔茨．整合营销传播——创造企业价值的五大关键步骤．何西军等，译．北京：中国财政经济出版社，2005：52－57.

图 14-7 以更全面的观点展示了每个步骤的环节,并以流程图的形式呈现了出来。同时,在这个封闭循环系统中,一个时期的结果会被当成下一个规划循环的输入值。

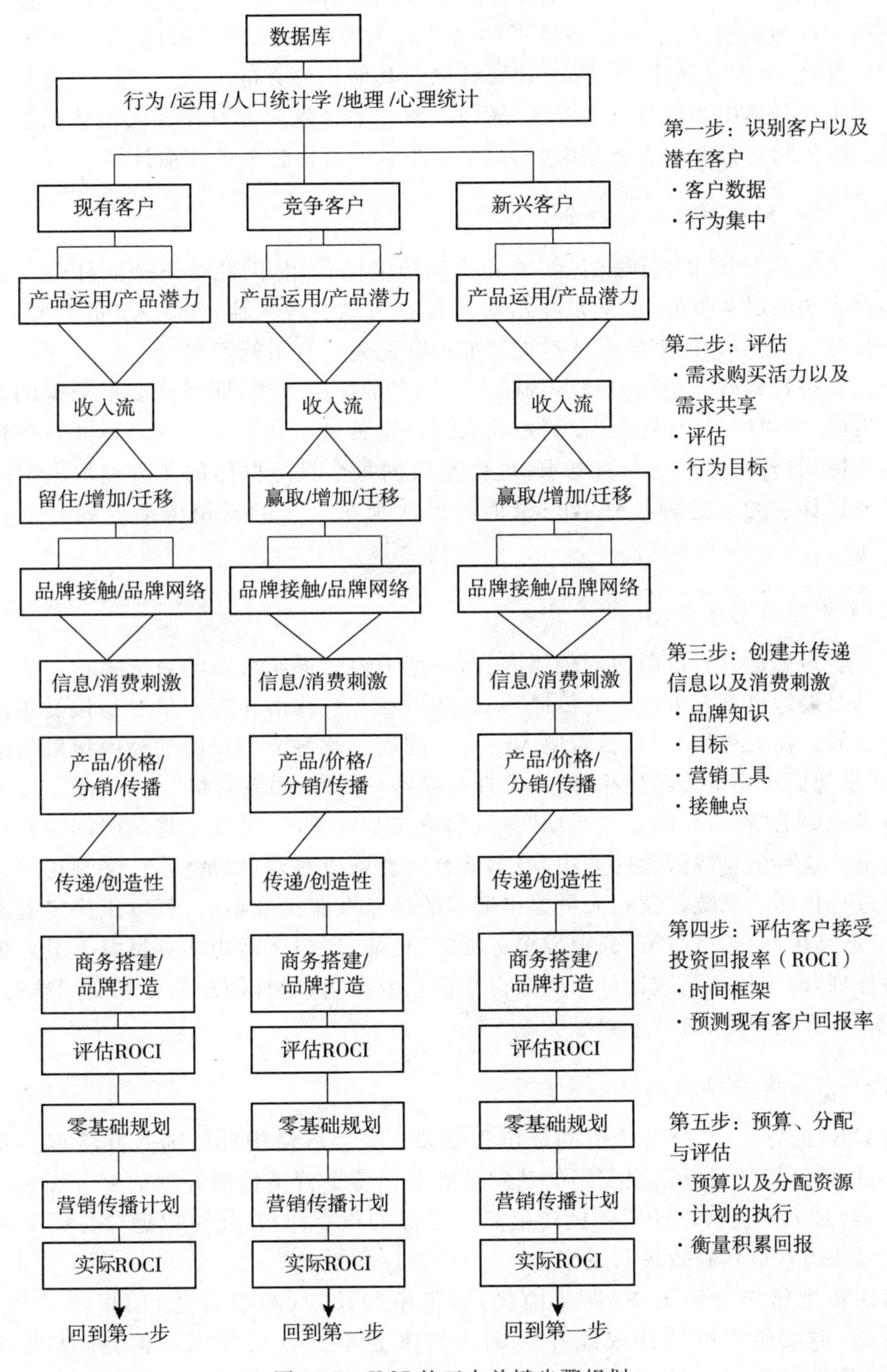

图 14-7 IMC 的五大关键步骤规划

（一）识别客户与潜在客户

如指导原则五“设定客户行为目标”所述，IMC 借助行为数据识别客户与潜在客户，也就是说他们做了什么或是将来可能会做什么。在 IMC 的第一步中，营销传播经理不仅试图根据行为识别客户，而且还要了解这些行为发生的原因。因此，第一步就是要搜集各种信息，包括人口统计、地理、心理统计以及其他相关资料。

工作重点是集中并整合这些资料，从而了解传播计划要针对什么人或什么公司来进行拟定。根据行为把客户进行集中归类，拟定与各个群体相关的传播计划。

（二）评估客户与潜在客户的价值

由于价值型 IMC 很强调财务影响和营销传播的作用，因此接下来的任务是估计客户与潜在客户的财务价值，也就是找出对公司有贡献的收入流。这一步很重要，因为有了这个基础后，组织才能判断要针对谁与如何分配公司有限的资源。

第二步一开始就清楚地勾勒出目标客户现有的使用习惯，同时还要把未来的发展纳入考虑当中，并说明组织目前或预测的收入流。这种做法是为了建立具体并且可以衡量的行为目标，符合指导原则五的要求，也就是根据每个目标群体的条件赢取、留住、增加销售量或迁移客户。这种评估客户价值的做法为第三步的营销传播计划规划提供了基础。

（三）创建信息与激励

第三步是创建具有说服力的传播内容，并把内容传递给公司的目标客户。而这一目标当然是要设计出具有吸引力的传播计划，然后在客户或潜在客户最容易接受传播的时候打动他们。在流程的一开始，营销人员先要彻底了解每个客户群的品牌接触与品牌网络，也就是他们在哪里接触到品牌，以及拥有哪些品牌的“关系网络”。

指导原则七“精简职能业务活动”是流程第三步的关键，也就是将职能因素精简为信息或激励。这种信息或激励的方法，原本就有一套可以对客户、消费者、终端用户以及潜在客户进行传播的系统。营销人员提出适当的信息及激励战略后，就可以决定基本的营销工具（产品属性、价格政策、分销或渠道战略、传播）要怎么运用才算最好。最后就是执行传播计划，即用传达系统让目标受众得知信息或激励；用有创意的方式实际执行，包括文字、图案、文案规范、活动主题等等。

（四）评估客户投资回报率

在 IMC 的方法中，财务价值的地位很重要。只要应用指导原则六并将客户视为资产，营销传播经理就可以运用实用的基础计算公司整个营销传播计划的财务影响。有了 IMC 后，经理人不仅可以证明营销传播具有正面的投资回报，还可以通过钻研具体的案例判断哪些因素最具有效果与效率。

第四步把结果分为短期（商务构建）回报率和长期（品牌打造）回报率。例如，在某一方面，激励经常被设计成能在短期内带来立竿见影的收入。但是，从另外一方面来说，品牌要经过很长的时间打造，因此营销人员也必须长期评估品牌权益的回报率。

（五）预算、分配与评估

流程的最后一步本身还包括以下几个关键步骤：

（1）抓住合适的时机在市场上实施IMC计划；

（2）计划落实后要加以评估；

（3）拟定再投资的战略。

IMC计划并不是把营销传播视为有限的计划，所以IMC的起点和终点并不是按照组织的会计或财务期间来计算。这就是为什么新的IMC方法认为营销传播具有持续不断的性质，而且永远不会有完成与结束的时候。

第四节 整合营销传播策略

良好的沟通与完美的销售总是具有鲜明的个性。一个有效率的推销员会用不同的方法对不同的客户进行销售。首要任务是了解顾客，为不同的客户设计不同的策略。整合策略指出了产品或服务的沟通方向，使得所有营销部门的人员紧密结合，因为他们必须共同确认谁是消费者、消费者的需求是什么、采用何种销售渠道等等。同时，这份策略制定出产品定位、设定品牌个性、竞争优势以及消费者能从产品得到的利益，并且陈述你认为消费者可能受到竞争对手影响的状况。重要的是，它提供衡量消费者行为变化的准则，营销部门将以此评估策略的成败。最后，该策略也指出消费者最常接触的媒体或接触点（contact points）及决定未来是否做进一步调查研究，以供未来修正策略时参考。

在战术上，也许对其中一个细分市场而言，公关活动是最能够戏剧化地表现我们产品（拥有别的品牌所没有）的竞争性利益点（competitive benefit），但仍能维持一贯的品牌个性；直销也许对另一个细分市场更有效果；而对别的细分市场也许最有效的是将不同的传播工具结合起来使用（详见下表）。

整体传播策略对消除公司内不同部门间的障碍也有很大的帮助，消除诸如销售部门、物流、包装、促销、广告、顾客服务和研发等部门之间的鸿沟，使整体传播方案整合而不松散。至于传播策略的制定，最好由专人负责，而且他必须“买入”营销部门所有的功能，甚至动用公司首席执行官的力量。当整个过程顺利进行时，营销者和在不同领域为其服务的各传播代理商之间的合作关系，将会既融洽又紧密。

简而言之，整合营销传播策略的好处是，可以使得整个公司群策群力、有效率地回应消费者的需要。因为如能确切地听取消费者的需要，那么该策略将创造出极具煽动性的销售标语，并且这个销售标语能够清楚地与其他品牌区别，在消费者心中建立极具竞争力的认识价值（perceived value）。[22]

㉒ 丹·舒尔茨，等．新整合营销．吴磊等，译．北京：中国水利水电出版社，2004：77－83．

整合营销传播策略的思考模式表

传播策略	执行策略产品
1. 区分顾客——基于顾客行为和产品需求	a. 精挑细选的广告
	b. 目标导向的营销
2. 提供竞争利益——给予顾客的购买欲	c. 公共关系方案
	d. 促销
3. 决定顾客当前的品牌取舍	e. Logo 设计
	f. 产品形式
4. 缔造独特统一的品牌个性使消费者能舍他品牌而逐我品牌	g. 销售和贸易介绍
	h. 分销策略
	i. 价格策略
5. 建立能使消费者信服的品牌承诺	j. 商品展示
	k. 产品包装
6. 揭开关键“接触点”使消费者能有效触达	l. 股东与内部沟通
	m. 销售宣传册
7. 为策略的成败建立明确的责任标准	n. 顾客所属的会所等组织
	o. 顾客的亲朋好友
8. 决定未来改进策略所需的研究开支	p. 联邦和州政府管制集团
	q. 售后跟进服务，宣传册与承诺研究

复习题

1. 简述整合营销传播的概念。
2. 如何利用整合营销传播开展工作，依据的原则是什么？
3. 简述整合营销传播与营销传播的异同。
4. 结合实际分析整合营销传播策略的应用。
5. 假设你是一位品牌经理，在中西部 4 个测试城市中进行一次为期 6 个月的实验。在这 4 个城市中分别安排 4 个层次的广告支出。把结果与去年同期水平比较。在你把结果呈交高级管理层时，你遇到了以下两个问题：执行副总裁说，模型得出的预算不适用于西部地区，因为那里的人们对广告的反应不同；广告经理认为，新广告比老广告更能激起受众的反应，因此模型得出的结果就没有什么用了。你怎么回答这些问题？

第十五章 客户关系管理

［教学要求］

了解客户关系管理产生的原因；
掌握客户关系管理的概念；
了解客户关系管理的特征；
了解客户关系管理的分类；
掌握客户关系管理五大模块的内容；
了解客户关系管理的功能；
了解客户关系管理的关键因素。

随着市场竞争的日益加剧，企业对客户关系管理的关注在急剧升温。尤其是全球信息技术的迅速发展，使得企业的经营环境发生巨大变化，企业竞争已从原来的以质量、价格为中心的竞争，转变为以客户为中心的竞争。随着企业与企业之间产品无差异化竞争程度逐步提高，企业在努力追求以科学的管理理念和先进的信息技术来创造全方位的顾客沟通与顾客满意。因此，客户关系管理与网络技术相结合成为了当今时代最显著的营销管理模式。

第一节　客户关系管理的概念

一、客户关系管理的产生背景

美国是最早发展客户关系管理的国家。早在20世纪80年代初，美国便有所谓的“接触管理”，专门收集客户与公司联系的所有信息；到90年代中期则演变为包括电话服务中心支持资料分析的“客户关怀”；到了90年代末期，基于数据库技术的应用、互联网络的普及和电子商务的发展，出现了“一对一营销”，它强调了网络时代开放的资源共享及资源管理，为实现企业与客户的“一对一”交互和沟通提供了强大的技术支持和高效的媒介整合，使企业终于得以有能力实现真正意义的客户关系管理。客户关系管理的产生主要归因于以下三个主要因素。

（一）需求的拉动

为适应新的形势需要，企业积极开展信息化建设，并取得了很好的经济效益，但销售、市场营销和客户服务部门的信息化程度却越来越不能适应业务发展的需要。其一，企业内部的销售、营销和客户服务部门面对多样化的客户越来越难以获得所需的客户互动信息；其二，来自销售、客户服务、市场、制造、库存等部门的信息分散在企业内各个部门，这些零散的信息使得企业无法对客户有全面的了解，各部门难以在统一的信息基础上面对客户。为了实现与客户有关的互动的全面管理，进而实现日常业务的自动化和科学化，这需要各个部门对有关客户的各项信息和活动进行集成，组建一个以客户为中心的信息网。同时，在竞争日益激烈的买方市场环境下，在控制权逐渐从供应商向顾客手中转移的同时，选择权也日益转移到顾客手中，顾客角色正在发生巨大变化，顾客成了整个商品流通和价值实现中的关键因子。与此同时，客户在市场中的话语权也随着其地位的稳固与提高而变得愈发重要。对此，企业不仅要能够设法降低生产成本、改善管理效率、提高营销效果，还要善于倾听顾客的多样化、个性化的需求。上述变化的客观进程将使“客户关系管理”成为企业管理新的内容和决定性的因素。

（二）技术的推动

计算机技术、通信技术和网络技术的飞速发展为人们提供了更为高效和复杂的交互点，大大发展了企业与客户的接触渠道，使得及时、高效、准确地处理客户信息成为可能。特别是近年来基于IT技术的电子商务的迅速崛起，其“一对一”和实施交互的特性不仅为企业提供了更多、更深入地了解客户的接触点，也使得企业能够对客户的需求变化做出及时的反应。同时，信息技术的进步为客户带来的无尽便利，客户已不再是仅仅被动地选择产品或服务，他们能够随时表达要求、拥有充分选择范围和较多话语权。总之，技术的不断进步使得有效管理大规模的客户群并充分满足其个性化需求成为现实，为成功构建客户关系管理系统提供了可能，因为，技术的进步为客户关系管理的实现和功能的扩张提供了先进的手段，如数据挖掘、数据仓库、基于浏览器的个性化服务系统等，也使得企业与客户之间进行交流的渠道越来越多，除了面对面地交谈、电话外，还有呼叫中心、移动通信、掌上电脑、电子邮件等。可以说，信息技术的发展是客户关系管理的加速器。

（三）管理理念的更新

伴随着企业营销理念从生产观念到产品观念到推销观念到市场营销观念再到社会营销观念的变化，企业管理理念也随着市场环境的变化而进行着自身的调整，逐步形成了以客户为中心的管理理念。在早期，由于生产力水平较低，物质短缺，企业面对的是一个需求极其庞大的市场，因此企业的管理重点必然是如何提高产量、提高生产效率，产值就成为企业管理的中心。随着生产效率的不断提高，市场上的产品逐渐丰富起来，特别是经过了1929～1933年的经济危机和大萧条，产品的大量积压使企业陷入了销售危机和破产威胁，企业管理的重心转向了销售，向消费者大力推销商品。之后，激烈的质量竞争使得产品的成本不断提高，促销活动使得销售费用上升，虽然销售额不断上升，但实际利润却不断下降，因此企业的运营利润就成为新的管理核心。激烈竞争的结果使得企业不得不进行有效的成本管理，但成本的压缩是有限度的，如果无限制地压缩成本则只能使得产品的质量下降或使消费者得到的价值降低，所以企业管理者不得不开始考虑在满足消费者需求的基础上实现企业持续赢利的解决办法，只有实现了客户满意才能够为企业带来持续的赢利，为此，以客户为中心的管理理念就成了企业管理的重心所在。以客户为中心要求企业必须善于倾听和洞察消费者需求的产生及其变化，这从客观上要求企业必须建立起一个完善的信息渠道来与消费者进行沟通，而如何构筑起良好的客户关系体系则是这个渠道建设过程中极其重要的一环。

二、客户关系管理的概念

对客户关系管理(Customer Relationship Management)的定义，不同的学者或研究机构有着不同的表述。Woodruff(1996)[①]认为，企业只有提供比其他竞争者更多的价值给客户，即优异的客户价值(Superior Customer Value)，才能保留并造就忠诚的客户，从而在竞争中立于不败之地。Peppers、Rogers 和 Dorf(1999)[②]认为，CRM 就是一对一营销，也可以称为关系营销。Gartner Group(2003)[③]认为，所谓的客户关系管理就是为企业提供全方位的管理视角，赋予企业更完善的客户交流能力，最大化客户的收益率。卡尔松营销公司(Carlson Marketing)给出了它的定义："通过培养公司的每一个员工、经销商或客户对公司积极的偏爱或偏好，留住他们并以此提升公司业绩的一种营销策略。[④]"这个定义已经被全球企业广泛接受。Payne 和 Frow(2006)[⑤]认为，客户关系管理旨在保持企业与顾客关系——提升企业业绩的一种营销策略。科特勒(Kotler，2006)[⑥]认为，客户关系管理是一个管理有关个体客户详细信息以及小心管理所有顾客接触点以最大化顾客忠诚的过程。

综上所述，客户关系管理是一种以客户为中心的营销策略，它借助先进的信息技术、数字化硬件及优化的管理方法，对企业所拥有的客户资源进行挖掘和管理，以改善客户关系，提高客户满意度和忠诚度，进而提高企业核心竞争力。

客户关系管理是一个综合性的概念，它包含了人们在三个不同层面的理解。

(1) 客户关系管理是一种战略理念。客户关系管理并非直接以提高利润为目的，而是以提高企业的核心竞争力为目的，遵循以客户为导向的原则，视客户为企业战略性资源，通过完善的客户服务和深入的客户分析满足客户的个性化需求，提高客户的满意度和忠诚度，进而实现客户终生价值的提高和企业长期利润的增长。

---

① Robert B. Woodruff. Know Your Customer: New Approaches to Understanding Customer Value and Satisfaction, Business & Economics, 1996, 338.

② Don Peppers, Martha Rogers, et al. Is Your Company Ready For One To One Marketing. Harvard business review 1999, January-February.

③ Gartner. CRM Success is in Strategy and Implementation, Not Software. 2003, March 3.

④ 吴为，等. 关于系统技术的探讨. 微型电脑应用 2002，(9).

⑤ Adrian Payne, Pennie Frow. Customer Relationship Management: from Strategy to Implementation. Journal of Marketing Management, 2006, 22(1): 135－168.

⑥ 菲利普·科特勒，凯文·莱恩·凯勒. 营销管理(第 12 版). 梅清豪，译. 上海：上海人民出版社，2006：168.

(2) 客户关系管理是一种经营管理模式。客户关系管理作为一种旨在改善企业与客户之间关系的新型管理机制,可以应用于企业的市场营销、销售,服务与技术支持等与客户相关的领域。企业通过与客户不断的互动,提供信息和客户作交流,以便了解客户并影响客户的行为,进而留住客户,不断增加企业的利润。

(3) 客户关系管理是一种应用系统、方法和手段的综合。客户关系管理是先进的信息技术、数字化硬件,以及优化管理方法等设备、技术和方法的总和。客户关系管理应用系统通过整合企业资源、实时沟通和电子化、自动化业务流程,不断改进企业与顾客的关系,从而创造利润。

例:广东步步高对CRM业务需求主要有以下几个方面:快速的顾客响应、畅通的企业顾客交流、统一集中管理顾客资源。经过考察国内多家CRM软件厂商,在平衡功能和业务需求等因素下,广东步步高选用了在设备服务领域比较成熟的杭州星际的CRM产品。该产品以客户服务中心为基础平台,提供多联系渠道整合能力,并带有客户分析功能。在软件提供商和项目实施商确立后,步步高调配高级管理人员和技术力量,与星际网络公司共同组成实施队伍,制定严密的实施计划。在客户服务体系的运营管理方面,步步高投入充分的资源和努力,在实施商的帮助下,对人员培训选择上不遗余力,建立一支专业化、标准化、规范化的售后服务队伍。此外,步步高建立了监督机制,包括开通客户投诉热线,接受用户对各地服务网点的监督,以及通过服务信息系统对服务过程进行监控,等等。步步高客户服务中心的建立为企业提供了客户统一的服务请求入口,实施多渠道呼叫的自动路由,大大改善了客户同企业的交互能力。在呼叫中心的基础上,标准的客户服务应用于集中管理客户服务请求,可以有效地组织和管理技术服务队伍,从而提高技术人员的工作效率。

资料来源:http://www.chinasexq.com/html/news/case/2007516113140964_4.shtml.

三、客户关系管理的分类

人们起初往往把所有的客户关系管理都称之为运营型客户关系管理。当客户关系管理厂商的日益增多且产品功能侧重不同,美国 Meta Group(2002)[7]把客户关系管理分成运营型客户关系管理、分析型客户关系管理、协作型客户关系管理三种。

(一) 运营型客户关系管理

运营型客户关系管理也称"前台"客户关系管理,指与企业业务紧密相关的销售部、市场营销部、客户服务部、呼叫中心以及企业的客户信用部。目的是加强和客户之间的联系和交流,将来自销售部门、市场营销部门、客户服务部门、技术支持部门等多个部门的信息加以汇总,形成企业的客户信息中心。运营型客户关系管理通过基于角色的关系管理工作平台实现员工的授权和个性化,使前台交互系统和后台的订单执行可以无缝集成衔接,并使得所有客户的交互活动同步进行,以此使相关部门的业务人员在日常的工作中能够共享客户资源,减少信息流动的滞留点,从而使企业作为一个统一的信息平台

---

⑦ META is an international, dynamic, independent group dedicated to the creation and acceleration of knowledge based companies for the wealth of open, brain intensive and entrepreneurial regions.

面对客户，大力减少客户在与企业的接触过程中产生的种种不协调。主要包括：销售自动化、营销自动化和客户服务自动化。

（二）分析型客户关系管理

分析型客户关系管理也称“后台”客户关系管理，主要是通过分析运营型客户关系管理中所获得的各种数据，为企业的经营、决策提供可靠的量化依据。它需要运用诸多先进的数据管理和数据分析工具，如数据仓库、OLAP分析和数据挖掘等。分析型客户关系管理不需要直接与客户打交道，而是从运营型客户关系管理中所产生的大量数据中提取有价值的各种信息，通过80/20分析、销售情况分析等一系列的分析方法或挖掘工具，对将来的趋势作出必要的预测或寻找某种商业规律，是一种企业决策支持工具。

（三）协作型客户关系管理

协作型客户关系管理主要是实现客户沟通所需手段（包括电话、传真、网络、电子邮件等）与客户互动渠道的集成和自动化，强调客户、员工、商业伙伴的协作，主要由业务信息系统、联络中心管理和Web集成管理。它将市场营销、销售、客户服务等部门紧密地结合在一起，支持他们之间的协作，使企业各个部门之间协作畅通，数据一致，从而使客户关系管理发挥更大作用。

第二节　客户关系管理的特征和功能

一、客户关系管理的特征

网络与通信设备的普及，不仅仅改变了客户与企业的关系，也改变了企业传统的客户关系管理。正如嘉信理财公司的执行副总裁吉顿·塞森所说，在互联网时代以前并没有真正意义上的客户关系管理，互联网在迫使每个人改变行为方式，当然也包括企业，客户关系管理被赋予了新的特征。

（一）在企业与客户的交互中客户占有主导地位

事实上客户可以直接上网查阅企业及企业的产品。客户希望做一些调查，购买企业的产品或通过网络得到服务，他们希望接触我们的产品或服务而不需要花费太多的时间和精力。逐渐地，企业产品的信息被主动发送到客户自己的信息网址和一系列快捷服务器上，从送货路线到网上拍卖，客户与企业运用电子接触，客户需求和客户合理化建议的提出无时间与空间的限制，企业全天候24小时准备服务。因此，客户关系管理不仅要利用信息技术全方位服务客户，也使得客户真正成了企业的核心，更为深远的意义是，客户的主导地位改变了企业的营销战略与策略组合，越来越多的企业正在转向“客户关系型”并已形成一种趋势。

（二）客户关系管理的目标不是获得客户而是保留客户

客户关系管理的焦点不是获得客户，而是保留客户，以客户为中心的企业早已深谙

此道。为达到此目标，他们使用了各种广告及营销招数。但随着获得客户成本的急剧增加，企业必须考虑如何才能保留已有客户并与他们发展长久关系。客户关系管理的焦点是保留客户，把每一个客户都看做是新客户不仅仅是一个坏主意，这么做也是浪费资金。Reichheld(1996)⑧在《忠诚度的影响》一书中指出，获得新客户的成本是与已有老客户进行交易的5～10倍。这也是客户关系管理打造全方位沟通渠道、全面了解客户信息、塑造完美购买体验的原因。

（三）客户关系管理的实质是建立企业的学习关系

吸引客户重新购买的因素有很多，如优质的产品、合理的价格、高知名度的品牌、完善的服务等。但是，这些因素都不足以长久地保留客户。当客户已经掌握了与企业交互中的主动权，他们完全有可能拒绝接触所有这些可以促成交易的因素。尤其在互联网络时代，大量的产品信息被封杀在垃圾箱中，他们并不想与企业保持销售关系，他们真正需要的是通过双向学习，实现与企业的知识、信息和产品的共享，目的是获得更加满意的服务与购买体验。所谓“学习关系”是企业通过网络提供方便和价值与客户建立的一种诚实且开放的信息交流，从而使得企业可以与每个客户互动沟通，彼此获得最大的长期的价值和收入。而客户与企业的相互依赖性和忠诚度也会极大增加。通过密切关注客户告知的信息，不断地向顾客学习，实时地调整产品与服务，为客户提供更加个性的服务，从而在传递信息和价值的交互中处于有利位置。

（四）客户关系管理的核心是实现客户与企业的实效沟通

沟通是市场营销的基本功能之一，也是企业与顾客交流和接触的主要目的。通过沟通，可以更好地了解顾客，消除误解，提高顾客满意度。但传统的沟通渠道和沟通方式一直局限于商场里的销售人员或企业的客户服务人员的语言或文字的沟通。无论是沟通的便捷性还是实效性都存在着致命的弱点。客户关系管理提供了全方位的沟通手段且使之自动化，沟通的发展趋势也由独角戏向双向互动交流转变，由大市场中的单向信息传递向客户与企业之间的双向沟通发展，这种趋势的标准是互动和交流。而保留客户的方法也只有不间断的互动交流。企业通过多种沟通渠道向客户发布信息和提供服务，不仅克服了传统商务时间与地域的限制，更主要的优点是通过更具实效的沟通更好地满足客户的需要。

（五）客户关系管理的基础是个性化的客户数据

客户需要享受个性化的服务，只有如此，客户的忠诚度才会提高，企业与客户才能实现双赢。所谓个性化就是在客户的兴趣、偏好等客户数据基础上实现现有客户交互的定制过程。具有交互性质的个性化一般具有如下特征：个性化特征、个性化信息、个性化偏好。这就意味着企业可以利用个性化为客户提供个性化的沟通与服务，同时提供最大限度的隐私保护。客户关系管理被看做是数据库营销的一种高度发展形式，在先进电脑软、硬件的支持下，利用从客户那里得到的信息，建立企业的客户数据库。通过这些极具个性的客户数据，企业可以开发“一对一”的个性化沟通和“定制式服务”。

---

⑧ Frederick F. Reichheld. The Loyalty Effect: The Hidden Force Behind Growth, Profits, and Lasting Value. Harvard Business School Press, 2001, Paperback Edition, 1996.

(六)客户关系管理恶化的关键是管理理念而不是技术

企业通过与客户不断的交互,提供信息和客户交流空间,以便了解客户和影响客户的行为,进而留住客户,不断增加企业的利润。通过实施客户关系管理,能够分析和了解处于动态过程中的客户状况,从而搞清楚不同客户的利润贡献度,以便选择应该供应何种产品给何种客户,以便在合适的时间,通过合适的渠道去和客户做交易。在客户关系管理中,管理理念是主要的,技术只是一个部分,是实现管理理念机制的手段。实施客户关系管理,主要是企业的组织、流程以及文化的方面的变革。尤其是中国的企业,仅从技术改进上追赶国外企业是远远不够的,重要的是管理理念的更新。

二、客户关系管理的功能

(一)客户关系管理可以重塑企业营销功能

企业实施客户关系管理就是要全面重塑企业营销功能。这种重塑来自于企业所处的竞争环境结构的变化,企业正在从一个大量市场产品和服务标准化、寿命期长、信息含量小,在一次性交易中交换的竞争环境向新的全球竞争的环境转变。在新的竞争环境中,产品或服务个性化、寿命期短、信息含量大,并处在客户基础不断变化的交易过程中,企业经营从以生产设备为支点变为以客户为支点。在这样的环境中,客户、竞争、品牌成了密不可分的要素,捕捉客户机会和迎合客户需求的准确性和速度决定了企业生存,企业需要一个信息畅通、行动协调、反应灵活的客户关系管理系统。

(二)客户关系管理可以提升企业管理水平

客户关系管理不是一个孤立的解决方案,它是企业管理的重要组成部分。大家已深刻地认识到,单从某些方面去解决企业的问题永远解决不了企业的问题。在电子商务时代,企业从大量生产体系转向灵活的竞争体系,客户关系管理要满足用户在丰富客户价值、通过合作提高竞争力、建立适应变化的组织、充分利用人员与信息的杠杆作用方面的需要,最终帮助企业造就一个获利稳定的经营基础。

(三)客户关系管理可以提高目标执行的准确性和速度

准确性和速度决定企业的发展和生存,客户关系管理的工作重心转移必须灵活以适应工作对象的变迁。一般来说,工作重心体现了对未来的策划与开拓、对现在的响应与服务、对过去的分析与评价。客户关系管理的逻辑架构应该有利于系统目标的快速实现和升级。

从产品和技术的层面来看,客户关系管理的基本功能主要通过五个模块来实现,即销售模块策划、营销模块策划、客户服务模块策划、呼叫中心模块策划和电子商务模块策划。以下表格内容描述了客户关系管理通过五个模块的整合应用可以实现的主要功能。

客户关系管理的主要模块及其功能表

主要模块	主要目标	该模块管理所能实现的主要功能
销售模块	提高销售过程的自动化和销售效果	销售。是销售模块的基础，用来帮助决策者管理销售业务，它包括的主要功能是额度管理、销售力量管理和地域管理
		现场销售管理。为现场销售人员设计，主要功能包括联系人和客户管理、机会管理、日程安排、佣金预测、报价、报告和分析
		现场销售/掌上工具。这是销售模块的新成员。该组件包含许多与现场销售组件相同的特性，不同的是，该组件使用的是掌上型计算设备
		电话销售。可以进行报价生成、订单创建、联系人和客户管理等工作。还有一些针对电话商务的功能，如电话路由、呼入电话屏幕提示、潜在客户管理以及回应管理
		销售佣金。它允许销售经理创建和管理销售队伍的奖励和佣金计划，并帮助销售代表形象地了解各自的销售业绩
营销模块	对直接市场营销活动加以计划、执行、监视和分析	营销。使得营销部门实时地跟踪活动的效果，执行和管理多样的、多渠道的营销活动
		其他功能。可帮助营销部门管理其营销资料；列表生成与管理；授权和许可；预算；回应管理
客户服务模块	提高那些与客户支持、现场服务和仓库修理相关的业务流程的自动化并加以优化	服务。可完成现场服务分配、现有客户管理、客户产品全生命周期管理、服务技术人员档案、地域管理等。通过与企业资源计划(ERP)的集成，可进行集中式的雇员定义、订单管理、后勤、部件管理、采购、质量管理、成本跟踪、发票、会计等
		合同。此部件主要用来创建和管理客户服务合同，从而保证客户获得的服务的水平和质量与其所花的钱相当。它可以使得企业跟踪保修单和合同的续订日期，利用事件功能表安排预防性的维护活动
		客户关怀。这个模块是客户与供应商联系的通路。此模块允许客户记录并自己解决问题，如联系人管理、客户动态档案、任务管理、基于规则解决重要问题等
		移动现场服务。这个无线部件使得服务工程师能实时地获得关于服务、产品和客户的信息。同时，他们还可使用该组件与派遣总部进行联系

续表

主要模块	主要目标	该模块管理所能实现的主要功能
呼叫中心模块	利用电话来促进销售、营销和服务	电话管理员。主要包括呼入呼出电话处理、互联网回呼、呼叫中心运营管理、图形用户界面软件电话、应用系统弹出屏幕、友好电话转移、路由选择等
		开放连接服务。支持绝大多数的自动排队机,如 Lucent,Nortel,Aspect,Rockwell,Alcatel,Erisson 等
		语音集成服务。支持大部分交互式语音应答系统
		报表统计分析。提供了很多图形化分析报表,可进行呼叫时长分析、等候时长分析、呼入呼叫汇总分析、坐席负载率分析、呼叫接失率分析、呼叫传送率分析、坐席绩效对比分析等
		管理分析工具。进行实时的性能指数和趋势分析,将呼叫中心和坐席的实际表现与设定的目标相比较,确定需要改进的区域
		代理执行服务。支持传真、打印机、电话和电子邮件等,自动将客户所需的信息和资料发给客户。可选用不同配置使发给客户的资料有针对性
		自动拨号服务。管理所有的预拨电话,仅接通的电话才转到坐席人员那里,节省了拨号时间
		市场活动支持服务。管理电话营销、电话销售、电话服务等
		呼入呼出调度管理。根据来电的数量和坐席的服务水平为坐席分配不同的呼入呼出电话,提高了客户服务水平和坐席人员的生产率
		多渠道接入服务。提供与 Internet 及其他渠道的连接服务,充分利用话务员的工作间隙,收看 E-mail、回信等
电子商务模块		电子商店。此部件使得企业能建立和维护基于互联网的店面,从而在网络上销售产品或服务
		电子营销。与电子商店相联合,电子营销允许企业能够创建个性化的促销和产品建议,并通过 Web 向客户发出
		电子支付。这是 Oracle 电子商务的业务处理模块,它使得企业能配置自己的支付处理方法
		电子货币与支付。利用这个模块后,客户可在网上浏览和支付账单
		电子支持。允许客户提出和浏览服务请求、查询常见问题、检查订单状态。电子支持部件与呼叫中心联系在一起,并具有电话回拨功能

客户关系管理通过运行及实施以上功能,建立一个系统,使企业在客户服务、市场竞争、销售及支持方面形成彼此协调的全新的关系实体,从而为企业带来长久的竞争优势。

第三节　客户关系管理的理念和程序

客户关系管理理念的问题是客户关系管理成功的必要条件。这个问题解决不好,客户关系管理就失去了基础。而没有科学的操作流程,客户关系管理工作的功能与效率将难以保证,管理理念的贯彻也失去了落脚点。

一、客户关系管理的理念

客户关系管理的理念根植于这样的思想：与每一个客户建立学习型关系，尤其是企业的高价值顾客。每当与客户打一次交道，企业与客户就进行了坦诚且开放的沟通，企业就增长了知识与头脑，客户也实现了完美的体验。客户提出需求，企业去改进产品或者服务，这样周而复始的双向学习，自然提高了企业的产品或服务的竞争力。

客户关系管理的目标是三个方面：首先是提高效率。通过采用信息技术，可以提高业务处理流程的自动化程度，实现企业范围内的信息共享，提高企业员工的工作能力，并有效减少培训需求，使企业内部能够更高效地运转。其次是拓展市场。通过新的业务模式（电话、网络）扩大企业经营活动范围，及时把握新的市场机会，占领更多的市场份额。最后是保留客户。客户可以选择自己喜欢的方式，同企业进行沟通，方便地获取信息、得到更好的服务。客户的满意度得到提高，可帮助企业保留更多的老客户，并更好地吸引新客户。

客户关系管理的实现有赖于企业管理者的高度重视，有赖于企业员工的支持，更有赖于企业切实地改变日常的管理工作。如何发现企业与客户的互动所存在的问题、激励员工解决这些问题、获得员工对客户关系管理系统的拥护是一门大学问，是企业领导应该时时关注的问题。

二、客户关系管理的程序

加强客户关系管理不仅要能识别目标客户，而且要能对目标客户进行有效评估。具体来说企业客户关系管理的操作流程如下。

（一）识别客户

识别客户就是通过一系列技术手段，根据持续更新的客户资料，辨识和确认客户的身份、偏好和对企业存在的潜在价值。这些资料为持续的交互充实了内容，而交互又逐渐发展为为建立和维系客户关系不间断的沟通。识别的目的就是帮助企业回答三个问题，即谁是我们的客户？客户的需求和期望是什么？客户的潜在价值是什么？许多企业自以为很了解客户，他们以为拥有大量的诸如人口数据统计报告、客户心理描绘图等客户资料就等于了解了客户。事实上，客户绝对不是企业的“固定资产”，随着客户的成长、发展和改变，他们成了商业平衡中流动的、持续发展变化的要素。企业只有能够很好地回答以上三个问题，才能够不断地获取最新的客户资料，真正地了解客户，这些资料包括客户的特性资料、偏好资料和潜在价值资料等。

（二）对客户进行差异化分析

不同客户之间的差异主要在于两点：他们对公司的商业价值不同；他们对产品的需求不同。因此，对这些客户进行有效的差异分析，可以帮助企业更好地配置资源，使得产品或服务的改进更有成效，牢牢抓住最有价值的客户，取得最大程度的收益。客户差异化分析具体操作的方法如下：第一，识别企业的“金牌”客户，运用上年度的销售数据或其他现有的较简易的数据，来预测本年度占到客户总数目5%的“金牌”客户是哪些；识别出哪些客户导致了企业成本的发生，寻找一种简易的方法，找出占到客户总数目20%的“拖后腿客户”,他们往往一年多都不会下一单,或者总是令企业在投标中遭淘汰,减少寄送给这些客户的信件。第二,选择出几个本年度最想与之建立商业关系的企业,把他们加到数据库中,对于每个企业,至少记录下三名企业方联系人的名字。第三,总结上年度有哪些大宗客户对企业的产品或服务多次提出了抱怨,列示出这些企业。细心呵护与他们的业务:派一个过硬的人员尽快与他们联系,检查销售定单的完成情况。第四,查看去年最大的客户是否今年也订了不少的产品,找出这个客户,赶在竞争对手之前去拜访该客户。分析是否有些客户从你的企业只订购一两种产品,却会从其他地方订购很多种产品,提请该客户考虑,是否试用企业的其他几种产品。第五,根据客户给企业带来的价值,对客户进行分类,减少对拖后腿客户的市场投入与其他花费,把节约的资金投向高价值的客户。第六,客户需求是划分客户差异的基础。“一对一”营销的发展,要求企业必须能够确认每一个客户需求的差异性。传统企业无法把客户关系精确到逐个客户和逐个情况的水平上,他们的注意力仍集中在市场细分上,所满足的是某些特定客户群体的要求。因此,企业必须通过不断的沟通,建立客户偏好资料,解决“客户的需求和期望是什么”的问题,更重要的是跟随客户变化时时更新这些资料。

(三)与客户保持良好有效的沟通

客户关系管理的核心就是实现企业与客户之间的良好有效的沟通。事实上,沟通不是独立存在的一个模块,它像一条实现企业与顾客接触和交流的链子,始终贯穿于客户关系管理的客户识别、差异性分析以及企业的自我调整的每一个流程。通过降低与客户沟通的成本,增加与客户沟通的收效。前者可以通过开拓“自助式”沟通渠道来实现,如用 Internet 上的信息交互代替人工的重复工作。至于后者的实现,则需要更及时地、更充分地更新客户信息,从而加强对客户需求的透视深度,更精确地描述客户的需求“图样”。具体地,也就是把与客户的每一次沟通放在“上下文”的环境中,对上次的沟通或交互何时何地发生、何种方式发生、已经进行到哪里心中有数,这次的沟通就从这个“断点”开始,从而连出一条绵延不断的客户信息链。具体来看,沟通的方式可划分为两大类别:一是个人互动沟通——日常形式的口头交流——传递企业普通的服务项目,如电话沟通、面对面沟通的人员沟通;二是客户与虚拟团队之间的“团队沟通”——与呼叫中心、网站人员、电子邮件的自动方式的语音或文字沟通。

(四)调整产品或服务以满足每个客户的需要

想把客户锁定在这种学习与服务的关系中,企业就必须因人制宜地“个性化”自己的产品或服务。这可能会涉及大量的客户化工作,而且调整点往往并非全部在于客户直接需要的产品,也可能是这种产品“周边”的某些服务,诸如提交发票的方式、产品的包装样式等等。如何调整和改进?不要闭门造车,而是要去学习,调动销售、营销以及企业中的其他部门去向客户“学习”。通过学习(企业与客户的双向学习),企业可以更好地为客户提供“个性化”的产品或服务。如改进客户服务过程中的纸面工作(信封、传真等),节省客户时间,节约公司资金;使发给客户的邮件更加个性化;替客户填写各种表格;询问客户,了解他们希望以怎样的方式、怎样的频率获得企业的信息,找出客户真正需要的是什么;改善客户的抱怨;征求名列前十位的客户的意见,看企业究竟可以向这些客户提供哪些特殊的产品或服务;争取企业高层对客户关系管理工作的参与等。只有设身处地地为客户着想，才有可能创造性地开展“个性化”服务，以上所罗列的工作只不过是其中的一部分，不同的企业应根据客户特征与客户需要及时调整自己。

（五）对客户关系管理进行评估

为了更有效地管理客户关系，企业必须对客户关系管理进行评估。有评估，就有不足；有不足，就有改善；有改善，就有发展。过去有很长一段时间，企业使用传统的工具（如三大报表：利润损益表、财务状况变动表、现金流量表）来对财务进行业绩评价。这些评价体系存在许多局限，如它们只能评价过去的活动。评估体系的建立来源于各个学科。社会科学已经建立了严格的评价理论，并且通过研究确保了理论的准确性。当这些规则对如今的客户关系管理实践造成影响时，许多企业自然很希望将评价框架灵活运用到客户关系管理评价体系中去。建立客户关系管理评估体系主要有三个目的：第一，辅助决策制定。企业实施客户关系管理评价方法会因不同部门决策制定方式的不同而不同。当公司制定有关客户的战略时，他们寻求客户评价来协助特定的决策制定者或决策制定流程，这种有关客户的决策一般是以“如何管理客户关系”为中心的。第二，指导进行中的活动或策略。客户关系管理评价体系并不是仅仅用来协助经理全面制定计划、制定决策，而且它也可以被用来引导与客户相关的日常活动。这与影响决策制定相关，但又有点不同于决策制定。评价客户活动不仅有助于公司决定采用哪一种客户战略，还有助于前端职员和经理完成经常性的任务。第三，预测未来的状态。企业需要使用客户关系管理技术来协助预测客户的需求，或者预测未来的潜在客户或市场态势。

（六）满足客户需求以提升客户满意度

提升客户满意度是企业客户关系管理的关键，为此，企业不但要认识到满足客户需求的重要性，并切实实施具体营销策略，还要尽可能地保证策略的有效性，这就需要贯彻客户满意战略。客户满意战略理论中，客户满意包括三个依次递进的层次：一是物质满意层次，即对企业产品的核心层所产生的满意；二是精神满意层次，即对企业产品的形式层和外延层所产生的满意；三是社会满意层次，即对企业产品或服务的消费过程中所体验到的社会利益维护程序，主要指客户整体（全体公众）的社会满意程序。实施客户满意战略需要从以下几个方面入手：首先，要站在客户的立场上研究和设计产品；其次，要构建企业与客户间彼此友好和忠诚的局面；最后，要不断完善产品服务系统，最大限度地使客户感到安心和便利。

三、客户关系管理的关键因素

具体到客户关系管理的实施，应该关注如下七个方面。

（一）高层领导的支持

客户关系管理更多是关于营销、销售和服务的优化，而不仅仅是营销、销售和服务的自动化。当客户关系管理涉及跨业务部门时，营销副总裁或总经理等高层领导必须给予大力支持。高层领导的主要作用体现在三个方面：首先，他为客户关系管理设定明确的目标；其次，他是一个推动者，向客户关系管理项目提供为达到设定目标所需的时间、财力和其他资源；最后，他确保企业上下员工都认识到这样一个工程对企业的重要性。在项目出现问题时，他激励员工解决这个问题而不是打退堂鼓。

(二) 要专注于流程

成功的项目小组应该把注意力放在流程上，而不是过分关注于技术。要认识到，技术只是促进因素，本身不是解决方案。因此，好的项目小组开展工作后的第一件事就是花费时间去研究现有的营销、销售和服务策略，并找出改进方法。

(三) 技术的灵活运用

在那些成功的客户关系管理项目中，他们对技术的选择总是与要改善的特定问题紧密相关。如果销售管理部门想减少新销售员熟悉业务所需的时间，这个企业应该选择营销百科全书功能。选择的标准应该是，根据业务流程中存在的问题来选择合适的技术，而不是调整流程来适应技术要求。

(四) 组织良好的团队

客户关系管理的实施队伍应该在以下四个方面有较强的能力：首先，业务流程重组的能力；其次，对系统进行客户化和集成化的能力，特别对那些打算支持移动用户的企业更是如此；再次，对 IT 部门的要求，如网络大小的合理设计、对用户桌面工具的提供和支持、数据同步化策略等；最后，实施小组具有改变管理方式的技能，并提供桌面帮助。这对于帮助用户适应和接受新的业务流程是很重要的。

(五) 极大地重视人的因素

很多情况下，企业并不是没有认识到人的重要性，而是对如何做不甚明了。我们可以尝试如下几个简单易行的方法：第一，请企业的未来的客户关系管理用户参观实实在在的客户关系管理系统，了解这个系统到底能为客户关系管理用户带来什么；第二，在客户关系管理项目的各个阶段(需求调查、解决方案的选择、目标流程的设计等等)，都争取最终用户的参与，使得这个项目成为对用户负责的项目；第三，在实施的过程中，千方百计地从用户的角度出发，为用户创造方便。

(六) 分步实现

确立客户关系管理远景和目标是企业成功实施客户关系管理的起点。在规划客户关系管理项目时，必须把客户关系管理远景划分为几个可操作的阶段，因为往往欲速则不达。为此，通过流程分析，可以识别业务流程重组的一些可以着手的领域，但要确定实施优先级，每次只解决几个最重要的问题，而不是“毕其功于一役”。

(七) 系统的整合

系统各个部分的集成对客户关系管理的成功很重要。客户关系管理的效率和有效性的获得有一个过程，它们依次是：终端用户效率的提高、终端用户有效性的提高、团队有效性的提高、企业有效性的提高、企业时间有效性的提高。

总的来说，客户关系管理在企业中的应用，首先解决的是管理理念和操作流程的问题，其次才是技术的问题。因此，本文尝试重点探讨的是前者，后者只是简单的介绍。再从战略和操作的层面看客户关系管理，可以将以上流程的五个阶段看做是企业寻找、创造和完善客户体验的过程，目的是通过各种渠道和接触点给客户完美的体验。

复习题

1. 简述客户关系管理五个模块的主要目标。
2. 联系实际谈谈企业如何通过加强 CRM 提高效益。
3. 简述客户关系管理的功能。
4. 企业如何开展客户关系管理工作,依据的基本程序是什么?
5. 结合实际论述怎样识别企业有价值的顾客。

第十六章 服务营销管理

[教学要求]

了解服务的概念和特征；
掌握服务市场的营销要素；
了解服务质量的内涵；
掌握服务质量测量模式；
了解服务环境的设计；
了解营销服务的有形展示；
了解内部营销的两个层次；
了解营销服务人员在服务营销中的作用。

第一节 服务营销概述

一、服务的概念

人们对于服务经济的认识是随着服务经济理论研究的深入而逐步成熟和完善起来的。最初由格里高利·金(Gregory King)和威廉·配第(William Petty)在17世纪的国民经济核算中第一次将不同经济活动进行分类并分离出服务活动。威廉·配第认为，在商品交换初期，服务依附于产品的生产和销售活动中，随着社会生产力的发展，生产日益社会化，服务才能成为一种专门职能和独立的经济部门而存在。

(一) 服务的概念

因为服务涉及人类复杂的行为，所以理论界至今也没有形成一个被普遍接受的权威观点。正是因为对“服务”认识的不一致，因此，至今为止对什么是服务业并没有一个得到普遍认可的完整的理论定义。服务业最简单和一般的定义是指生产非货物和产品的产业，是提供帮助、效用或关怀、经历、信息或者其他智力内容的产业。

美国市场营销协会(AMA，1960)对服务的定义是：“服务是用于出售或与产品一起被出售的活动、利益或满足感。"以后又修改为"可被区分界定，主要为不可感知，却可使欲望得到满足的活动，而这种活动并不需要与其他产品或服务的出售联系在一起。生产服务时可能会或不会需要利用实物，而且即使需要借助某些实物协助生产服务，这些实物的所有权将不涉及转移的问题"。

著名学者里根(Regan,1963)[①]将服务定义为，直接提供满足(交通、房租)或者与有形商品或其他服务(信用卡)一起提供满足的不可感知的活动。北欧学者格隆鲁斯(Gronroos,1990)[②]认为，服务是指或多或少具有无形特征的一种或一系列活动，通常(但并非一定)发生在顾客同服务的提供者及其有形的资源、商品或系统相互作用的过程中，以便解决消费者的有关问题。

菲利普·科特勒(Phillip Kotler,2008)[③]认为，服务是一方能够向另一方提供的基本上是无形的任何行为或绩效，并且不导致任何所有权的产生。它的生产可能与某种物质产品相关，也可能是毫无联系的。

综合以上定义，可将服务定义如下：服务具有无形性特征却可给人们带来某种利益或满足感的可供有偿转让的一系列活动，该过程不发生实物所有权转移。

（二）生产性服务业的概念

生产性服务业(又称生产者服务业)，其研究是起始于 20 世纪 60 年代。马克卢普(Machlup,1962)认为，生产者服务业应当是知识产出产业，供给各种专业知识。辛格曼等(Browning,Singelman,1975)提出生产者服务业包括金融、保险、法律工商服务、经纪等知识密集型行业为顾客提供专业化服务。Howells 和 Green(1987)[④]认为，生产性服务业主要为公司提供服务，包括银行、保险等金融行业以及广告、市场研究、会计、法律、R & D 等商务服务业。

一般来说，对生产性服务业的定义有很多，概括如表 16-1 所示。

表 16-1　生产性服务业的定义

时间	作者	定　义
1981	Noyell	中间投入品而非最后产出
1982	Hubbard	生产者服务业是消费者服务业以外的服务业
1987	Marshall	直接或间接从事市场中交易的专业信息业，其需求与供给的地点不一定相同
1989	Nicolaides	服务是在特定时间内，通过改变消费者的状态，提供消费者不同产品
1989	Grubel	生产者服务业是用来生产其他产品或服务的中间投入，为生产者提供中间产出，是生产者生产过程的媒介
1990	Stull & Madden	生产者服务业是涵盖中间产出的服务，也就是协助企业或组织生产其他产品及劳务，而非提供给私人或家庭消费

① William J. Regan. The Service Revolution. Journal of Marketing,1963,7(27):57－62.

② 格鲁诺斯．服务市场营销管理．吴晓云，译．上海：复旦大学出版社，1998:28.

③ 菲利普·科特勒．营销管理．第 12 版．梅清豪，等，译．上海：上海人民出版社，2006:447.

④ Howells, Green. Technological Innovation, Structural Change and Location in UK Service. Aldershot Aveburg,1987,(3).

续表

时间	作者	定 义
1990	Noyelle	当企业为消除或降低其内部自行提供生产性服务功能，而通过外在独立公司签订契约，尤其提供及满足所需的服务
1991	Reid et al.	生产者服务业就是商业服务业
1996	Juleff	生产者服务业是依靠制造部门，提供所需
1999	Hill	生产者服务业是将服务投入厂商或产业总成本的形式，且使用中间投入到最后产出

20 世纪 80 年代后期，人们对生产性服务业认识更加深入。其中最有代表性的是科菲等人(Coffey，Polese，1989)⑤提出的生产性服务业的定义，即生产性服务业不是直接用来消费，直接可以产生效用的，它是一种中间投入，用来生产其他的产品或服务；认为生产性服务业是中间性的投入而非最终产出。生产性服务业扮演一个中间连接的重要角色。我国学者对此问题的研究始于 20 世纪 90 年代。李江帆所著的《第三产业经济学》(1990)⑥，是国内第一部关于服务业的专著，他从服务业对象出发，界定了生产性服务的理论概念。之后，黄少军(2000)、李善同(2002)、江小涓(2004)和刘志彪(2006)等也分别探讨了生产性服务问题。我国政府对服务业重视并将服务业，例如发展规划是从“十一五规划”开始，而且各个省市在 2005 年纷纷制定相应的服务业发展规划，服务业在我国被提到了很重要的发展地位。

二、服务的特征

(一) 服务的基本特征

为了分清服务产品与有形产品这两类概念的区别，学术界对绝大多数服务的共同特性进行了探索和研究，从而达成了服务产品具有五种特征的共识。

(1) 服务的不可感知性。在区别商品与服务的独特性能中，不可感知性是造成其他三种特性的基本原因。服务是一种操作、行为和努力，因此，服务不同于有形的产品，能够看得到，感觉到，摸得到。服务只能用于消费而不能被占有。服务的无形性使得企业很难向顾客展示，因此顾客也不能做出相应的判断和决策。服务的无形性可以从以下两个不同的层次来理解：第一，服务产品与有形的消费品或工业品相比较，服务的特质及组成服务的元素都是无形无质。第二，服务产品不仅其特质是无形无质甚至是指使用服务后的利益，也很难被察觉，或要等一段时间后，享用服务的人才能察觉并做出判断。

(2) 服务的不可分离性。服务的最令人感兴趣的特征之一是不可分离性。是指服务提供者与所提供的服务在直接接触；消费者也包括在服务的生产过程中；其他消费者也包括在服务生产过程中。与商品制造商是在与市场隔绝的工厂进行生产时可能很少看

⑤ Coffey WJ，Polese M. Producer Services and Regional Development：A Policy-oriented Perspective. Paper of the Regional Science Association，1989，(19)：13－27.

⑥ 李江帆．第三产业经济学．广州：广东人民出版社，1990.

到实际顾客不同的是，服务的提供者经常与他们的顾客保持接触，并且必须在顾客实际出现时才能在心目中构建服务的操作。这种顾客和服务提供者之间的相互作用就称为关键事件。关键事件代表了在顾客满意和留住顾客方面是获得，还是失去顾客的最大机会。因为服务的这种不可分离性，所以不仅是服务提供者营销服务质量和服务结果，顾客对服务质量和服务结果也有一定的影响。

(3) 服务的异质性。服务与产品最经常被提起的差别就是异质性。服务的异质性使得企业往往很难控制服务的质量。服务往往会因为服务对象、服务提供者、服务的时间、服务的环境以及服务的地点的不同而产生差异。服务的异质性要使服务在操作过程中达到100%完美的质量几乎不可能，因为服务操作中的许多错误都是一次性的实践，无法预见，也很少有机会改正。服务异质性的另一个挑战是，不仅不同公司所提供的服务不同，同一公司中不同员工所提供的服务也不同，即使同一个服务人员每天所提供的服务也可能不相同。

(4) 服务的易损性。服务区别于商品的第四个特征就是易损性。易损性既是服务区别于实体商品的特性，也说明了服务不能库存的事实。与实体商品可以库存并在以后的某一天销售不同，原来可以使用的服务，如果不卖掉也就不存在了。很多服务的价值，如不及时加以利用，就会过期作废了。

(5) 所有权不可转让性。所有权不可转让性是服务的第五个也是最后一个特性。它是指在服务的生产和消费过程中不涉及任何所有权的转移。既然服务是无形又易逝的，服务产品在交易完成后便消失了，消费者并没有实质性地拥有服务新产品。

例：日本的一家化妆品公司设在人口百万的大都市里，这座城市中的学校，每年都送出许多即将步入黄金时代并开始学习修饰和装扮自己的少女。为此，这家公司的老板每一年都为女学生们举办一次服装表演会，聘请知名度较高的明星或模特儿现身说法，教她们一些美容的技巧。在招待她们欣赏、学习的同时，老板自己也利用这一机会宣传自己的产品，表演会结束后还不失时机地向女学生们赠送一份精美的礼物。这些应邀参加的少女，除了可以观赏到精彩的服装表演之外，还可以学到不少美容的知识，又能个个中奖，人人有份，满载而归，真是皆大欢喜。因此许多人都对这家化妆品公司颇有好感。在她们所得的纪念品中，附有一张申请表。上面写着：如果您愿意成为本公司产品的使用者，请填好申请表，亲自交回本公司的服务台，你就可以享受到公司的许多优待。其中包括各种表演会和联欢会，以及购买产品时的优惠价等等。大部分女学生都会响应这个活动，纷纷填表交回，该公司就把这些申请表一一加以登记装订，以便事后联系或提供服务。事实上，她们在交回申请表时，或多或少都会买些化妆品回去。如此一来，对该公司而言，真是一举多得。不仅吸收了新顾客，也实现了把顾客忠诚化的理想。

资料来源：http://bbs.openedu.com.cn/showtopic-998180.aspx.

（二）生产性服务的特征

生产性服务除了具有一般服务业的特征外，还具有不同于其他传统服务业的显著特点。

(1) 中间投入特性。科菲(Coffey,1991)[⑦]、斯塔贝克等人(Noyelle,Staback,1984)[⑧]等学者皆指出生产性服务业是一种中间投入,其作用主要在于提高生产者的生产效率。生产性服务的消费过程,会产生更多的产品,向社会提供更多的有效服务。因此,对生产性服务的消费不是一种最终消费,而是为了生产,为了创造更大价值而进行的中间性的生产消费。

(2) 较强的产业关联性。这也是与中间投入特性相呼应的。产业关联性是指某一产业与其他产业的相互关系,包括产业的前向联系和后向联系。生产性服务具有较强的产业关联性,它与制造业的关系极为密切,有些服务业就是逐步从制造业中分离出来的,本来就属于制造业生产过程中的一个环节,与制造业存在着千丝万缕的联系,能带动许多部门的发展。另外,生产性服务业各行业之间也存在较强的正向关联性。

(3) 具有知识密集的特点。OECD(1999)认为知识经济是建立在信息科技基础上的服务型经济,包括制造业中的高科技工业和知识密集型的生产性服务业。现代生产普遍具有迂回化和专业化的特点,生产的每一环节都需要专业人员进行规划、整合、控制、评估等工作,生产性服务业所提供的正是这种知识密集型的专业性服务,这也是其与传统服务业相区别的重要特征。由于生产性服务具有知识密集的特点,所以其产品往往申请专利以体现其专业化。

(4) 空间上可以与制造业相互分离。随着企业规模的扩大和国际市场竞争的加剧,企业或公司内部的服务项目正在不断分离出来,形成独立的专业生产性服务行业,生产性服务与制造业相互分离,逐渐外部化。尼古拉斯(Nicolaides,1990)提出生产性服务并不受制于空间因素,服务本身跨越国界、服务消费者跨越国界以及服务业生产者跨越国界是生产性服务的三种形态。信息技术的进步使得生产性服务可在世界任何地方,通过信息技术向生产者提供所需的各种服务。

(5) 具有集聚经济特征。埃伯特和兰德尔(Eberts,Randal,1998)的研究结果发现,生产性服务大都集中于大都市地区,成为整个地区产业活动的核心代表,玛库森(Markusen,1989)[⑨]认为生产性服务本身具有规模报酬递增的特性。萨森(Sassen)对全球城市的研究也证明了生产性服务大规模集聚在全球主要城市中,并且生产性服务更倾向于城市化经济,即随着城市规模的增加,生产性服务成本相应下降,城市规模越大,生产性服务越发达。

三、服务组合分类

经济学家辛格曼(Singelman,1975)[⑩]按功能将服务业分为流通服务、生产者服务、社

⑦ Coffey W J., Bailly A S. Producer Services and Flexible Production: An Exploratory Analysis. Growth and Change, 1991, (1).

⑧ Noyelle T J. Stanback T M. The Economic Transformation of American Cities. Totawa, NJ: Rowman and Allanheld, 1984: 86－90.

⑨ Markusen James R. Trade in Producer Services and in other specialized intermediate inputs. American Economic Review, 1989, (3): 85－95.

⑩ Browning H., Singelman J. The Emergence of a Service Society: Demographic and Sociological Aspects of the Sectoral Transformation in the Labor Force of the U. S. A. National Technical Information Service, Springfield: National Technical Information Service. Virginia, 1975.

会服务和个人服务四类。这种分类得到了大多数人的认可。对企业来讲，研究生产性服务具有十分现实的意义。

由于有形的产品在服务与产品的组合中变化多端，所以我们可以进一步对服务的种类进行划分，可以通过图 16-1 来说明。

(1) 纯粹的有形产品。此类供应主要是有形产品，产品中几乎不含任何服务的成分在内，如肥皂、牙膏和盐等。

(2) 附加服务的有形产品。此类供应包括有附带旨在提高对顾客的吸引力的一种或多种服务的有形产品，附加服务主要增加产品吸引力，如计算机、汽车等。

(3) 混合物。其中服务与有形产品各占一半，如人们去餐馆往往同时购买食品与服务。

(4) 伴随少量产品的服务。主要是由服务构成，同时伴有少量的附加服务或辅助性产品，如航空公司的乘客是在购买运输服务，但是他们同时可以得到食品、饮料和航空杂志等。

(5) 纯粹的服务。主要是提供服务，其中几乎不会附加任何有形产品，如照料小孩、理发以及心理咨询等。

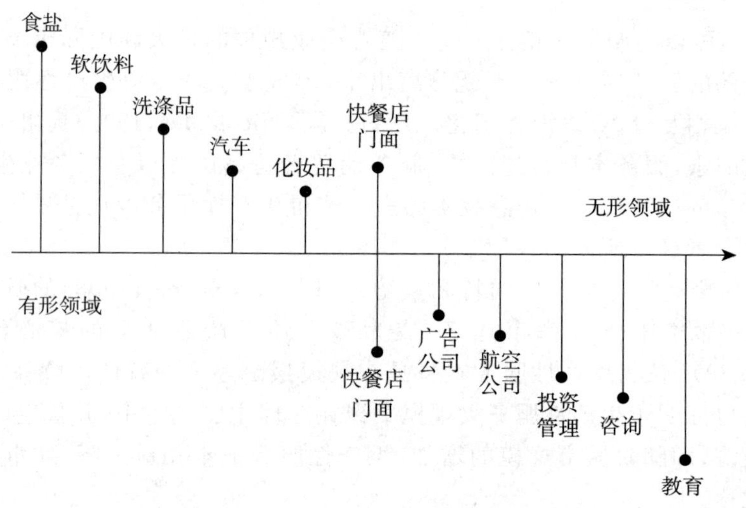

图 16-1　从有形到无形的幅度

资料来源：G. Lynn Shostack. Breaking Free from Product Marketing. Journal of Marketing，1977，41(4)：73～80，Reprinted with Permission of the American Marketing Associationg.

四、服务市场的营销要素

市场营销实质上是一种交换的关系，所以有形产品的营销理论同样适用于服务营销。但是服务相对于有形产品又有自己所独有的特点，因此对于服务营销组合要略有调整。

(1) 产品。服务产品必须考虑要素的提供服务的范围、质量、品牌、保证以及售后服务等等。服务产品包括核心服务、便利服务和辅助服务。核心服务是指企业为顾客提供的最基本的效用；便利服务是指为了配合和推广核心服务而提供的便利；辅助服务是指用以增加服务价值或区别竞争者的服务，有助于实施差异化营销战略。

(2) 分销。服务提供者的所在地及其可达性都是市场营销服务和市场营销收益的重要因素。随着服务领域的扩大，服务销售除了直销以外，经由中介机构销售的情况日渐增多。中介机构主要有代理、代销、经纪、批发、零售等形式。在分销过程中，地点的选择至关重要。

(3) 定价。由于服务质量的标准难以制定，服务质量的检验也就难以有统一的标准。影响服务价格的因素有很多，如时间因素，地点因素等。在区别一项服务同另一项服务时，价格是一种很明显的信号。

(4) 促销。服务的促销包括人员推销、营业推广、广告、宣传、公共关系等营销沟通方式。因为服务的无形性特定，所以在促销过程中，企业要尽量使服务有形化。

(5) 人员。服务业的人员，在顾客看来是与产品紧密联系在一起的。服务的竞争优势，往往体现在服务人员的表现上，因为他们是真正与顾客接触的人。所以企业要重视人员的素质和能力。在甄选人员之前，要结合企业服务的特点，对应聘人员进行细致、认真的筛选。

(6) 过程。服务供应商应有流畅、让顾客一目了然的服务过程，包括服务的传递顺序和内容以及整个体系的运作政策和方法。在服务过程中，顾客主要接触的是前台的人和设施，同时感受到服务的质量。但是，有些过程是在后台进行的。服务过程管理的好坏，直接影响服务的质量，从而影响着企业的竞争力。

(7) 有形展示。有形展示包括一些支持提供服务的可以传递服务特色和优点的有形因素，或能让顾客看得见、摸得着的东西，包括环境、实物装备等，象征可能获得的无形利益。

第二节　服务质量管理

一、服务质量的内涵

美国管理学大师李维特(Levitte，1972)提出[11]，服务质量是服务结果能符合所设定的标准。对现代企业来讲，企业的生产质量和服务质量直接决定其营销的成败。

服务质量总是与消费者的主观感受联系在一起的。消费者如何感知服务的好坏呢？斯温和库伯(J. E. Swan，L. J. Combs，1976)[12]在研究产品的感知时提出，消费者对产品绩效的感知分为两个部分，即产品的机械性绩效和产品的表达性绩效。也就是说，服务质量不仅受制于产品质量，同时也受制于产品提供的各种服务形式。该定义为之后研究服务质量问题奠定了基础。塞思(Sasser 等，1978)[13]在论述服务质量时明确地指出，服务质

⑪ Levitt，T.. Production-line Approach to Service. Harvard Business Review，1972，50：41－52.

⑫ J. E. Swan，L. J. Combs. Product Performance And Consumer Satisfaction：A New Concept. Journal of Marketing，1976，40：25－33.

⑬ Sasser，E. W.，Olsen，P. R.，& Wyckoff，D. D.. Management Search Behavior. Journal of Consumer Research，1978，12(June)：1－16.

量不仅包括最后的结果，还包括提供服务的方式。芬兰学者格鲁诺斯(Gronroos，1982)根据认知心理学的基本理论提出了顾客感知服务质量。他认为⑭，服务质量是一个主观范畴，它取决于顾客对服务质量的期望(即期望服务质量)同其实际感知的服务水平(即体验的服务质量)的对比。他把服务质量分为"技术质量"和"功能质量"两类：前者是指服务过程的产出，即顾客通过服务所得到的东西；后者是指顾客如何得到这种服务，提出作为过程的服务和作为结果的服务，同时也指出了一些影响服务质量形成的营销因素。

二、服务质量的衡量

质量界流传这样一句话："你能衡量的，才是你能管理的；你无法衡量它，就无法管理、控制它。"服务质量的衡量对于服务质量管理具有重要的意义，它不仅可为经营者提供有关顾客的信息使经营者做出正确决策，而且能够激励服务提供者。可以将服务质量衡量分为顾客感知服务质量衡量和服务过程衡量，服务过程衡量服从于顾客感知服务质量衡量。

服务质量的五个尺度分别为：有形性、可靠性、响应性、保证性和移情性。

(1) 有形性包括实际设施、设备以及服务人员的列表等。其组成项目有：有现代化的服务设施；服务设施具有吸引力；员工有整洁的服装和外套；公司的设施与他们所提供的服务相匹配。

(2) 可靠性是指可靠地、准确地履行服务承诺的能力。其组成项目有：公司向顾客承诺的事情都能及时完成；顾客遇到困难时，能表现出关心并帮助；公司是可靠的；能准时地提供所承诺的服务；正确记录相关的记录。

(3) 响应性指帮助顾客并迅速地提高服务水平的意愿。其组成项目有：不能指望他们告诉顾客提供服务的准确时间；期望他们提供及时的服务是不现实的；员工并不总是愿意帮助顾客；员工因为太忙一直无法立即提供服务，满足顾客的需求。

(4) 保证性是指员工所具有的知识、礼节以及表达出自信与可信的能力。其组成项目有：员工是值得信赖的；在从事交易时，顾客会感到放心；员工是礼貌的；员工可以从公司得到适当的支持，以提供更好的服务。

(5) 移情性是指关心并为顾客提供个性服务。其组成项目有：公司不会针对顾客提供个别的服务；员工不会给予顾客个别的关心；不能期望员工了解顾客的需求；公司没有优先考虑顾客的利益；公司提供的服务时间不能符合所有顾客的需求。

三、服务质量测量模式

如何测定服务质量？美国的服务管理研究组合 PZB(A. Parasuraman，Zeithaml. V，L. Berry)对服务质量测定模型的研究有广泛的国际影响。1985 年他们提出⑮，服务质量是顾客通过对服务质量期望和实际的服务绩效对比得出的，即服务质量＝感知服务－期

---

⑭ Gronroos，Christian. Strategic Management and Marketing in the Service Sector. Research Reports No. 8，Swedish School of Economics and Business Administration，Helsinki，1982.

⑮ Parasuraman A，Zeithaml V A. Berry L L. A Conceptual Model of Service Quality and Its Implications for Future Research. Journal of Marketing，1985，(49)：41－50

望服务。该理论模型问世后得到了不断的修正,目前已经成为服务质量研究的经典理论基础。同时,PZB还提出了服务质量测量量表即SERVQUAL量表,目前被广泛应用于各服务行业。1994年他们进一步提出,服务质量影响顾客满意度⑯。满意(satisfaction)的概念源于心理学,卡多佐(Cardozo,1965)首次将其引入市场营销领域,才产生顾客满意的概念。霍华德和谢思(Howard,Shety,1969)认为,顾客满意是顾客对其所做的付出与所得到的收益是否合理进行评判的心理状态。科特勒在其教材中没有采纳PZB的服务质量定义,他采取的是霍华德的定义。

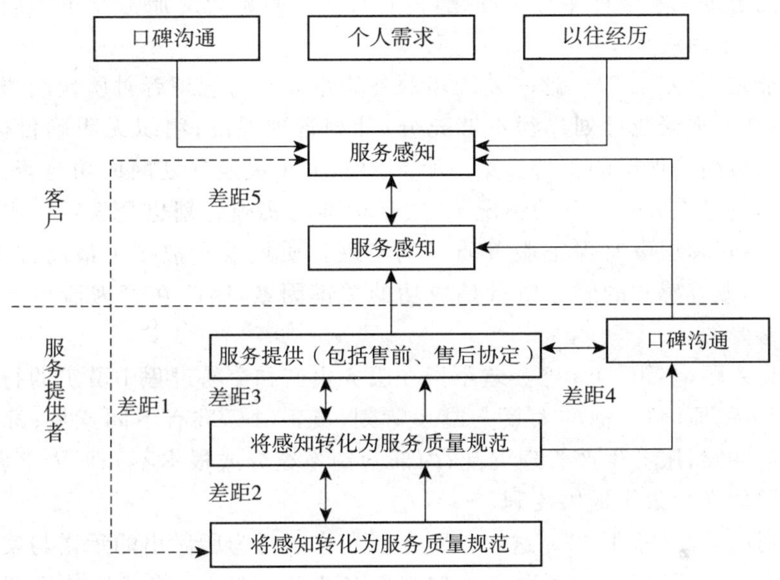

图16-2　服务质量差距分析模型

资料来源:Zeithaml V A.,Berry L L,Parasuraman A. Communication and Processes in the Delivery of Service Quality. Journal of Marketing,1988,(52):36.

服务质量差距分析模型(如图16-2所示)是20世纪80年代中期到90年代初,美国营销学家帕拉休拉曼(A. Parasuraman)、赞瑟姆(Valarie A. Zeithamal)和贝利(Leonard L. Berry)等人提出的5GAP模型,该模型是专门用来分析质量问题的根源。顾客差距(差距5)即顾客期望与顾客感知的服务之间的差距——这是差距模型的核心。要弥合这一差距,就要对以下四个差距进行弥合:差距1——不了解顾客的期望;差距2——未选择正确的服务设计和标准;差距3——未按标准提供服务;差距4——服务传递与对外承诺不相匹配。

5GAP模型说明了服务质量是如何形成的。模型的上半部涉及与顾客有关的现象,期望的服务是顾客的实际经历、个人需求以及口碑沟通的函数;另外,也受到企业营销沟通活动的影响。实际经历的服务,在模型中称为感知的服务,它是一系列内部决策和内部活动的结果。在服务交易发生时,管理者对顾客期望的认识,对确定组织所遵循的服务质量标准起到指导作用。当然,顾客亲身经历的服务交易和生产过程是作为一个与服

⑯　高力行.商业友谊对服务品质、顾客满意与顾客忠诚影响之研究——以汽车修护业与产险业为例.台湾朝阳科技大学企业管理系未发表的硕士毕业论文,2002:25

务生产过程有关的质量因素，生产过程实施的技术措施是一个与服务生产的产出有关的质量因素。五个差距以及它们造成的结果和产生的原因分述如下：

管理者认识的差距(差距1)。这个差距指管理者对期望质量的感觉不明确。产生的原因有：对市场研究和需求分析的信息不准确；对期望的解释信息不准确；没有需求分析；从企业与顾客联系的层次向管理者传递的信息失真或丧失；臃肿的组织层次阻碍或改变了在顾客联系中所产生的信息。治理措施各不相同。如果问题是由管理引起，显然不是改变管理，就是改变对服务竞争特点的认识。不过后者一般更合适一些。因为正常情况下没有竞争也就不会产生什么问题，但管理者一旦缺乏对服务竞争本质和需求的理解，则会导致严重的后果。

质量标准差距(差距2)。这一差距指服务质量标准与管理者对质量期望的认识不一致。原因有：计划失误或计划过程不够充分；计划管理混乱；组织无明确目标；服务质量的计划得不到最高管理层的支持。第一个差距的大小决定计划的成功与否。但是，即使在顾客期望的信息充分和正确的情况下，质量标准的实施计划也会失败。出现这种情况的原因是，最高管理层没有保证服务质量的实现。质量没有被赋予最高优先权。今天，在服务竞争中，顾客感知的服务质量是成功的关键因素，因此在管理清单上把质量排在前列是非常必要的。

服务交易差距(差距3)。这一差距指在服务生产和交易过程中员工的行为不符合质量标准，它产生的原因是：标准太复杂或太苛刻；员工对标准有不同意见；标准与现有的企业文化发生冲突；服务生产管理混乱；内部营销不充分或根本不开展内部营销；技术和系统没有按照标准为工作提供便利。

营销沟通的差距(差距4)。这一差距指营销沟通行为所做出的承诺与实际提供的服务不一致。产生的原因是：营销沟通计划与服务生产没统一；传统的市场营销和服务生产之间缺乏协作；营销沟通活动提出一些标准，但组织却不能按照这些标准完成工作；有故意夸大其词，承诺太多的倾向。总的来说，引起这一差距的原因可分为两类：一是外部营销沟通的计划与执行没有和服务生产统一起来；二是在广告等营销沟通过程中往往存在承诺过多的倾向。

感知服务质量差距(差距5)。这一差距指感知或经历的服务与期望的服务不一样，它会导致以下后果：消极的质量评价(劣质)和质量问题；口碑不佳；对公司形象的消极影响；丧失业务。第五个差距也有可能产生积极的结果，它可能导致相符的质量或过高的质量。

第三节　营销服务的有形展示

所谓“有形展示”是指在服务市场营销管理的范畴内，一切可传达服务特色及优点的有形组成部分。在产品营销中，有形展示基本上就是产品本身，而在服务营销中，有形展示的范围就较广泛。事实上，服务营销学者不仅将环境视为支持及反映服务产品质量的有力实证，而且将有形展示的内容由环境扩展至包含所有用于帮助生产服务和包装服务的一切实体产品和设施。这些有形展示，若善于管理和利用，则可帮助顾客感觉服务产品的特点以及提高享用服务时所获得的利益，有助于建立服务产品或服务企业的形象，支持有关营销策略的推行；反之，若不善于管理和运用，则它们可能会传达错误的信息给顾客，影响顾客对产品的期望和判断，进而破坏服务产品及企业的形象。

一、有形展示的分类

从不同的角度可以对有形展示做不同的分类。服务企业的有形展示可分为实体环境、信息沟通和价格三种要素类型[17]。

（一）实体环境

服务企业的实体环境是由背景因素、设计因素和社交因素决定的。

(1) 背景因素。指消费者不太会立即意识到的环境因素，例如气温、温度、通风、气味、声音、整洁等因素。如果服务环境中缺乏消费者需要的某种背景因素，或某种背景因素使消费者觉得不舒服，他们才会意识到服务环境中的问题。消费者通常假定服务场所的背景环境应该完美无缺。因此，一般来说，良好的背景环境并不能促使消费者购买；然而，较差的背景环境却会使消费者退却。

(2) 设计因素。指刺激消费者视觉的环境因素。与背景因素相比，设计因素对消费者感觉的影响就比较明显。设计精美的服务环境更能促使消费者购买。设计因素又可分为艺术设计(例如建筑物式样、风格、颜色、规模、材料、格局等)因素和功能设计(布局、舒适程度等)因素两类。服务设施内外设计状况都可能会对消费者的感觉产生重大影响。

(3) 社交因素。指服务环境中的顾客和服务人员。服务环境中的顾客和服务人员的人数、外表和行为都会影响消费者的购买决策。服务人员代表服务企业。服务人员的仪态仪表是服务企业极为重要的实体环境。服务人员衣着整洁、训练有素、令人愉快，消费者才会相信他们能够提供优质服务。

（二）信息沟通

信息沟通是另一种服务展示形式，这些沟通信息来自企业本身以及其他引人注意的地方。从赞扬性的评论到广告，从顾客口头传播到企业标记，这些不同形式的信息沟通都传送了有关服务的线索，使服务和信息更具有有形性。有效的信息沟通有助于强化企业的市场营销战略。

(1) 服务有形化。让服务更加实实在在而不那么抽象的方法之一，就是在信息交流过程中强调和服务相联系的有形物，这样就可把与服务相联系的有形物推到信息沟通策略的前沿。麦当劳公司针对儿童的“快乐餐”计划十分成功，正是运用了创造有形物这一技巧。麦当劳把汉堡包和法国炸制品放进一种特别设计的盒子里，里面有游戏、迷宫等图案，也有麦当劳的图像，这样麦当劳就把目标顾客的娱乐和饮食联系到了一起。这个例子证明使用有形因素能使服务更容易被感受，因而更真实。

(2) 信息有形化。信息有形化的一种方法就是鼓励对企业有利的口头传播。如果顾客经常选错服务提供者，那么他特别容易接受其他顾客提供的可靠的口头信息，并据此作出购买决定。信息有形化的另一种方法是在广告中创造性地应用容易被感知的展示。

---

[17] 吴建安．市场营销学．第3版．北京：高等教育出版社，2007：481－482.

（三）价格

价格可以为消费者提供产品质量和服务质量的信息，增强或降低消费者对产品或服务质量的信任感，提高或降低消费者对产品或服务质量的期望。消费者往往会根据服务的价格，判断服务档次和服务质量。因此，对服务企业来说，制定合理的价格尤其重要。价格过低，会使消费者怀疑服务企业的专业知识和技能，降低消费者感觉中的服务价值。价格过高，会使消费者怀疑服务的价值，认为企业有意敲诈顾客。

二、有形展示的效果

服务有形展示的首要作用是支持公司的市场营销战略。在建立市场营销战略时，应特别考虑对有形因素的操作，以及希望顾客和员工产生什么样的感觉，做出什么样的反应。有形展示作为服务企业实现其产品有形化、具体化的一种手段，在服务营销过程中占有重要地位。但是，有形展示能被升华为服务市场营销组合的要素之一，它所起到的作用及其战略功能当然不局限评估品质，具体来说主要包括以下几个方面：

（1）通过感官刺激，让顾客感受到服务给自己带来的利益。消费者购买行为理论强调，产品的外观是否能满足顾客的感官需要将直接影响到顾客是否真正采取行动购买该产品。同样，顾客在购买无形的服务时，也希望能从感官刺激中寻求到某种东西。服务展示的一个潜在作用是给市场营销策略带来乐趣优势。努力在顾客的消费经历中注入新颖的、令人激动的、愉悦性的因素，从而改善顾客的厌倦情绪。因此，企业采用有形展示的实质是通过有形物体对顾客感官方面的刺激，让顾客感受到无形的服务所能给自己带来的利益，进而影响其对无形产品的需求。

（2）引导顾客对服务产品产生合理的期望。顾客对服务是否满意，取决于服务产品所带来的利益是否符合顾客对之的期望。但是，服务的不可感知性使顾客在使用有关服务之前，很难对该服务做出正确的理解或描述，他们对该服务的功能及利益的期望也是很模糊的，甚至是过高的。不合乎实际的期望又往往使他们错误地评价服务及做出不利的评语，而运用有形展示则可让顾客在使用服务前能够具体地把握服务的特征和功能，较容易地对服务产品产生合理的期望，以避免因顾客期望过高而难以满足所造成的负面影响。

（3）影响顾客对服务产品的第一印象。对于新顾客而言，在购买和享用某项服务之前，他们往往会据第一印象对服务产品做出判断。既然服务是抽象的、不可感知的，有形展示作为部分服务内涵的载体无疑是顾客获得第一印象的基础，有形展示的好坏直接影响到顾客对企业服务的第一印象。

（4）促使顾客对服务质量产生“优质”的感觉。服务质量的高低并非由单一因素所决定。根据对多重服务的研究，大部分顾客根据十种服务特质判断服务质量的高低，“可感知”是其中的一个重要特质，而有形展示则正是可感知的服务组成部分。与服务过程有关的每一个有形展示，例如，服务设施、服务设备、服务人员的仪态仪表，都会影响顾客感觉中的服务质量。有形展示及对有形因素的管理也会影响顾客对服务质量的感觉。优良的有形展示及管理就能使顾客对服务质量产生“优质”的感觉。因此，服务企业应强调使用适用于目标市场和整体营销策略的服务展示。通过有形因素提高质量意味着对微小的细节加以注意,可见性细节能向顾客传递公司的服务能力以及对顾客的关心。为顾客创造良好的环境,提高顾客感觉中的服务质量。

(5) 帮助顾客识别和改变对服务企业及其产品的形象。有形展示是服务产品的组成部分,也是最能有形地、具体地传达企业形象的工具。企业形象或服务产品形象的优劣直接影响着消费者对服务产品及公司的选择,影响着企业的市场形象。形象的改变不仅是在原来形象的基础上加入一些新东西,而且还要打破现有的观念,所以它具有挑战性。要让顾客识别和改变服务企业的市场形象,更需提供各种有形展示,使消费者相信本企业的各种变化。

(6) 协助培训服务员工。从内部营销的理论来分析,服务员工也是企业的顾客。由于服务产品是"无形无质"的,从而顾客难以了解服务产品的特征与优点,那么,服务员工作为企业的内部顾客也会遇到同样的难题。如果服务员工不能完全了解企业所提供的服务,企业的营销管理人员就不能保证他们所提供的服务符合企业所规定的标准。所以,营销管理人员利用有形展示突出服务产品的特征及优点时,也可利用相同的方法作为培训服务员工的手段,使员工掌握服务知识和技能,指导员工的服务行为,为顾客提供优质的服务。

三、服务环境的设计

所谓服务环境是指企业向顾客提供营销服务的场所,它不仅包括影响服务过程的各种设施,而且还包括许多无形的要素。

(一) 服务环境的特点

服务环境的特点主要包括以下几点:

(1) 环境是环绕、包括与容纳,一个人不能成为环境的主体,只可以是环境的一个参与者;

(2) 环境往往是多重模式的,也就是说,环境对于各种感觉形成的影响并不是只有一种方式;

(3) 边缘信息和核心信息总是同时展现,同样都是环境的一部分,即使没有被集中注意的部分,人们还是能够感觉出来;

(4) 环境的延伸所透露出来的信息总是比实际过程的更多,其中若干信息可能相互冲突;

(5) 各种环境均隐含有目的和行动以及种种不同角色;

(6) 各种环境包含许多含义和许多动机性信息;

(7) 各种环境均隐含有种种美学的、社会性的和系统性的特征。

因此,服务业环境设计的任务,关系着各个局部和整体所表达出的整体印象,影响着顾客对服务的满意度。

(二) 理想服务环境的创造

有形展示并不限于环境设计,更不局限于室内设计,它包括环境、气氛因素和设计因素,还有社交因素。社交因素涉及服务员工的外观、行为、态度、谈吐以及处理顾客要求的反应等,这些对服务质量、企业形象乃至整个市场营销过程的影响不容忽视。调查表明,社交因素对顾客评估服务质量的影响比之其他因素更为显著,通过对社交因素的观察,顾客可直接判断服务人员的能力如何,从而影响顾客购买的决策和信心。

第四节　服务营销人员

一、服务营销人员的地位及服务利润链

在提供服务产品的过程中，人(服务企业的员工)是不可或缺的因素。尽管有些服务产品是由机器设备来提供的，如自动售货服务、自动提款服务等，但零售企业和银行的员工在这些服务的提供过程中仍起着十分重要的作用。对于那些依靠员工直接提供的服务，如餐饮服务、医疗服务等来说，员工因素就显得更为重要。一方面，高素质、符合有关要求的员工的参与是提供服务的一个必不可少的条件；另一方面，员工服务的态度和水平也是决定顾客对服务满意程度的关键因素之一。

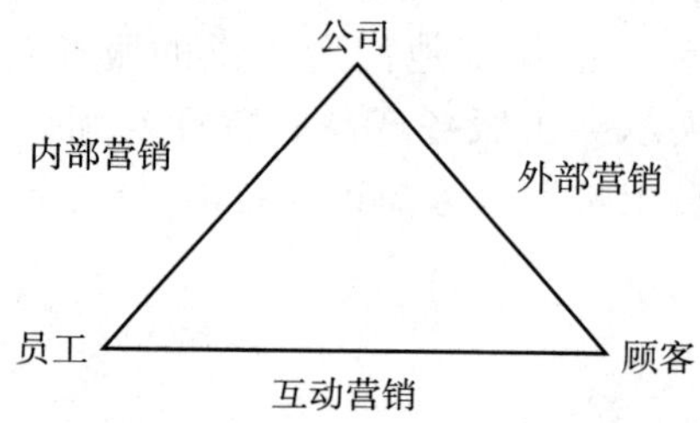

图 16-3　服务业三种类型的营销

资料来源：Adapted from Mary J. Bitner，Building Service Relationship：It's All About Promises，Journal of the Academy of Marketing Science 23，4(1995)：246 - 251；Chritian Gronrros，Service Management and Marketing (Lexingtong，MA：Lexingtong Books，1990)

图 16-3 中的模型清楚地显示了员工因素在服务营销中的重要地位。其中，外部营销包括企业服务提供的服务准备、服务定价、促销、分销等内容；内部营销则指企业培训员工及为员工更好地向顾客提供服务所进行的其他各项工作；互动营销则主要强调员工向顾客提供服务的技能。

在服务营销组合中，处理好人的因素，就要求企业必须根据服务的特点和服务过程的需要，合理进行企业内部人力资源组合，合理调配好一线队伍和后勤工作人员。以一线员工为“顾客”，以向顾客提供一流的服务为目的，开展好企业内部营销工作。服务利润链对这一思路作出了很好的说明(如图 16-4 所示)。

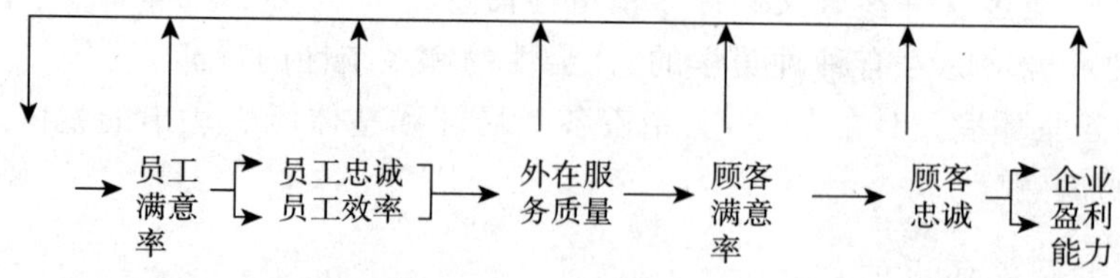

图 16-4　服务利润链

资料来源：James L Heskett，W Earl Sasser，Leonard A. Shlesinger：The Service Profit Chain，2001.

服务性企业要对员工从事内部营销，对顾客从事外部营销，而员工之间则互动营销，共同为顾客提供服务。因此，服务性企业的营销不仅施之于顾客，而且要针对内部员工。这不同于有形产品的营销。

二、营销服务人员与顾客

营销服务人员与顾客是服务营销组合中“人”的要素的两个方面。

(一) 营销服务人员

营销服务人员在所有服务业公司中都相当重要,尤其是在没有实物产品作为物证,顾客仅能从员工的举动和态度中获得公司印象的情况下,营销服务人员的重要性可想而知。服务行业的具体服务人员包括:企业售后服务人员、技术服务人员、出租车驾驶员、电梯服务员、图书管理员、银行柜台服务员、保险代理服务人员、旅馆的接待员、保安警卫人员、电话总机接线员、修理人员和餐馆服务人员,等等。这些人可能有实现生产或操作的任务,由于他们与顾客直接接触,他们的态度对服务质量的影响程度和正式顾客业务代表态度的影响是一样的。

因此,这些服务人员有效地完成其工作任务很重要,服务业公司有效性和效率的衡量也应包括顾客对员工的熟悉与适应性。服务公司必须促使每一位员工成为服务产品的推销员。如果服务人员态度冷淡或粗鲁,那么他们就破坏了为吸引顾客而做的所有营销工作。如果他们态度友善而温和,则可提高顾客的满足感和忠诚度。

服务营销管理应该涉及服务工作表现的管理,因为服务人员的各种不同表现对于所提供服务的质量有着重要的影响。服务的实现方式,对服务业公司员工与顾客之间存在关系的性质也有一定影响。

(二) 顾客

对服务营销活动产生影响的另一个因素是顾客之间的关系。一位顾客对某项营销服务质量的感受很可能会受其他顾客意见的影响,这与受服务业公司员工的影响在道理上是一样的。顾客总会与其他的顾客谈到服务公司,或者当一群顾客同时接受一项服务时,对服务的满足感往往是由其他顾客的行为见解决定的。

人在服务的生产与营销中扮演着一个相当独特的角色。人的服务代表了任何服务营销策略及服务营销组合中一个不可或缺的因素。服务业公司与制造业公司的一大区别是,顾客所接触的服务业人员的主要任务是实现服务,而不是营销服务。

一般而言,营销服务企业的人员可分为两类:必须与顾客接触的员工和无须与顾客接触的员工。顾客购买或消费服务时有些员工可以被看到,有些则看不到。顾客接触的员工可说是公司里的关键人物。服务业公司的职员职位表应予以倒置,应该让与顾客接触的员工位居最高阶层。

三、内部营销

(一) 内部营销的概念

瑞典经济学家克里斯琴·格罗路斯(Christian Gronroos,1981)认为[18],公司设置了强

[18] Gronroos C., Internal Marketing —Theory and Practice, in American Marketing Association Services Marketing Conference Proceedings, 1981: 41 – 47.

有力的营销部门，并不意味着这家公司实施了营销导向；公司实施营销导向的关键问题，是要培养公司经理和雇员接受以顾客为导向的观念，而这一工作比为顾客开发有吸引力的产品或服务更为棘手。

在此基础上，菲利普·科特勒(2006)[19]进一步提出了"营销化"的理论，指出要使公司营销化，就是要在公司里创造一种营销文化，培养和训练公司员工以满足顾客需求作为宗旨和准则，并逐步在意识上和行为上产生认同感，即把员工看做是企业的内部市场。如果产品、服务和沟通行动在针对内部目标群体时不能很好地市场化，那么，最终针对外部顾客的营销活动也不可能取得成功。

内部营销是一项管理战略，其核心是提升员工的顾客意识。在把产品或服务通过营销活动推向外部市场之前，应先对内部员工进行营销。只有准确恰当的内部营销，企业在外部市场上进行的经营活动才可能获得最终成功。

员工的作用至关重要。营销部门的专家并非是营销方面唯一的人力资源，甚至也不是最重要的资源。在与顾客的接触方面，营销专家经常被负责生产、技术服务以及其他一些传统上非营销部门的员工所超过。无论如何，这些人员的技能、顾客导向和服务精神对于顾客理解企业、再次光顾购买具有不可替代的作用。

（二）内部营销的两个层次

从管理哲学的角度来分析，内部营销功能主要是将目标设定在争取自动自发又具有顾客意识的员工。因此，内部营销计划可划分为两个层次：策略性内部营销和战术性内部营销。从策略层次上看，内部营销的目标是：通过制定科学的管理方法、升降有序的人事政策、企业文化的方针指向、明确的规划程序，创造一种内部环境来激发员工主动为顾客提供服务的意识。从战术层次上看，内部营销的目标是：向员工推销服务、支援服务、支援宣传并激励营销工作。

在实务上，营销措施就变成广告活动，不但是为了影响顾客，同时也是为了影响员工。它侧重于技能与细节，主要包括定期或不定期地举办培训班，内部相互沟通，召开情况介绍会、座谈会、茶话会；内部全员沟通，如定期出版报纸或快报，进行情况调查，确定员工需求等。

（三）内部营销的管理过程

内部营销管理意味着两种类型的管理过程：态度管理和沟通管理。首先，员工对顾客意识和服务观念的态度与动机需要进行管理。态度管理经常支配着企业内部营销中为取得竞争优势而推行的服务战略。其次，经理、接待员和支持人员需要大量的信息，以使其能执行作为领导或经理或是内部和外部顾客的服务提供者的任务。对于一个成功的服务企业，这两种类型的管理都是必要的。但是，人们往往只认识到沟通管理，并且沟通中的信息是单向的。在这种情况下，内部营销通常以活动或行动的形式出现。

---

⑲ 菲利普·科特勒．营销管理．第12版：梅清豪等，译．上海：上海人民出版社，2006.

四、服务人员的内部管理

(一)"顾客—员工关系反映"分析

服务组织通常是"劳动密集"的组织。"公司一员工一顾客"之间链式关系说明了员工在服务营销中的地位和作用。在服务组织内部的人力资源管理比一般的人力资源管理具有更为重要的作用。通过"公司一员工一顾客"的关系来理解员工的作用,我们可以认为,企业的最终用户并不是唯一的顾客,员工也是企业的顾客,其为员工提供的"产品或服务"是信息、资源、支持、放权。这一思想也就是20世纪80年代以来发展的"内部营销"概念的核心,即把员工作为企业的顾客。

这样的理解实际上是把"顾客"与"供应者"的概念加以引申。"提供者一顾客"这对关系不但说明了企业与最终用户的关系,也说明了企业内部各工作环节之间的关系。

管理人员把自己的手下视为顾客是一种很好的管理方法。当管理人员把手下员工视为自己产出(即管理工作)的顾客时,就会去了解他们的需求;而当管理人员满足员工的需求之后,员工往往能够很好地完成工作。这也是为什么管理人员应把自己作为一名"供应者"去为自己下属服务的最有力根据。

表16-2 信息传递表

组织→员工	员工→顾客
关心员工遇到的问题并帮助解决	帮助顾客的服务态度
使员工了解组织内部发生的事	由于熟悉业务,能够为顾客提供帮助
树立组织的整体形象,增强员工的责任感	热爱本职工作并有能力为顾客服务
尊重员工	把顾客作为具体的个人对待
给予员工决定的权力并支持员工工作决定	努力使顾客相信企业所做的承诺能实现

许多研究显示,如果管理人员与员工之间没有良好的关系,员工与顾客之间的关系几乎不可能保持融洽。如果组织内部的行为规范和价值观与员工们在和顾客交往中的外部行为规范和价值观不一致,往往导致服务质量降低,并对员工激励和顾客满意度产生负面影响。因此,企业应尽可能做到:①关心员工遇到的问题并帮助解决;②使员工了解组织内部发生的事;③树立组织的整体形象,增强员工的责任感;④尊重员工;⑤给予员工决定的权力并支持员工工作决定。

五、管理人员对员工的管理

"把员工作为自己的顾客"及"顾客—员工关系反映"给我们指出了管理人员如何在平时的工作交往中加强对员工的管理,管理人员所要面对的员工各不相同,并非每个员工都能很好地完成自己的工作。在这种情况下,管理人员应学会帮助员工改变做法,做好工作。而对于员工来说,为了更好地服务顾客,他们往往需要知道自己做得怎样,他们需要来自管理人员的反馈信息,无论这种信息是正面的还是负面的。因此,管理人员应及时评价员工的工作并帮助他们改正错误。

如果管理人员没有直接参与员工的工作,就该对员工与顾客的接触给予更多的关心。通过这些方法管理人员可以获得有关人员的第一手资料,第一手资料能使管理人员更加真实、全面地了解员工及他们遇到的问题。但在实际工作中我们往往可以看到，许多管理人员仅仅满足于有关实际工作的二手资料，而这些二手资料往往带有有关人员的主观看法，管理人员难以从中发现员工所遇到的问题。

对于员工在工作中取得的成绩，管理人员应该及时给予表扬，无论是对员工还是对顾客都将产生巨大的影响。但作为管理人员也不能滥用表扬，应把对员工的表扬用在较为关键的地方，比如：

当员工的行为超过企业所要求的行为标准时；

当员工的行为始终符合标准时；

当员工取得进步时（无论进步大小）；

当员工面对挑剔的顾客保持冷静时；

当员工采取灵活措施帮助顾客时。

管理人员在表扬员工时应记住这样一条有关人的行为的观点："当人的某个行为做出后立即被奖励，他将乐于再做出这一行为。"这一观点在管理实施中的启示是：当管理人员称赞手下的员工时，员工会把这种称赞与自己刚才所做的联系起来，他们很可能在未来的工作中仍然这么做。

但是，当员工的工作出现差错时，管理人员应以谨慎的态度对待，因为员工这时的心态是很敏感的。如果管理人员处理不当，可能会适得其反。管理人员的谨慎首先表现在对待员工错误的态度上，管理人员应对员工错误持理解态度，在帮助其改正的过程中应避免触发员工的敌对情绪（因为员工在犯错误之后的心态较为敏感，而这种敏感容易转化为敌对情绪）。

复习题

1. 企业如何依据自己行业特色做好服务环境的设计？
2. 企业为何要重视服务有形展示？有形展示有何作用？
3. 结合实际谈谈营销服务人员在服务中的作用。
4. 如何理解服务质量的内涵？企业怎样测定自己的服务质量？

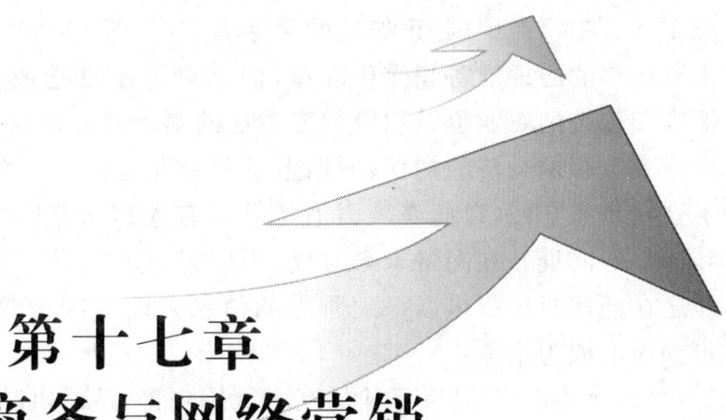

第十七章 电子商务与网络营销

[教学要求]

了解网络营销产生的背景；

了解网络发展对企业经营方式的影响；

掌握网络营销的概念及特点；

了解网络营销的基础及其优势；

掌握网络消费者的购买行为模式；

了解网络营销与电子商务的关系；

了解网络营销与传统营销的区别；

了解数据库营销的主要作用；

了解搜索引擎营销的实现过程；

了解各种网络营销的方式以及相关内容。

随着互联网的发展，对数字形式的信息获取、操纵、传输及使用已经成为当今企业发展的关键功能。数字计算技术和网络技术的大规模普及不仅在改写着商业准则，而且随着这些技术的能力和适用范围迅速增长，数字化革命正在改变我们生活的各个方面。利用企业电子商务开展网络营销已越来越普遍。

第一节 网络营销产生的背景

一、数字化主宰的经济社会

从尖端科技到每天的日常生活，互联网以极快的速度不断进行和完成着其自身发展。网络化生存几年前提起来还很遥远的事情，转瞬间便走入了我们的生活。20 世纪 80 年代末国外网络技术开始发展，90 年代初网络技术已在生产和生活中开始应用。到 21 世纪初，发达国家的网络技术的普及程度已经很高了。我国的网络发展要比西方国家晚10年左右，在中国，正如约翰·弗劳尔(1997)[①]当年评价美国人说的那样，人们似乎并未有足够的心理准备和文化准备，便已自觉不自觉地进入了角色，连相对而言观念较为保守和传统的农业也以积极的姿态在网络上开辟出自己的领地。

在互联网经济的初期，所谓电子贸易即是创建一个网址、传播一些横幅广告、在网络上建立相互链接，以此来吸引消费者。有人搜索某个关键字或主题时，他(她)就被引导到适当的网址。在网络未来时代，市场营销进入下一个阶段，目标面向更加成熟的顾客，使之在任何时候都可以得到所需的信息。以下四种要素结合起来将使网络经济从地下走到地上成为主流：

(1) 市场。数以百万计的互联网用户群，从对电脑、CD和情感兴趣的30岁以下的男性的旧窠中发展起来，并开始与主流人口息息相关。网络用户中，增长最快的部分包括十几岁的少女和50岁以上的妇女。

(2) 计时。因2000年问题而引发的早期电脑的系统问题给企业提供了把内部技术转换为互联网技术的显著机会。一些公司不愿调试旧的应急系统，而是干脆将主机设备转向了基于网络的系统。

(3) 行为。随着企业采用内部网并转向电子经营，公司的营销将会极大地改变。企业要培训员工如何在线订购，这样，这些员工同时也就学会了如何从电子化商店购买自己所需的个人物品。

(4) 价值。迄今为止，最重要的因素是网络买卖的经济性，存货和送货成本可以大大地降低。全球送货也将能够实现而且成本远远低于普通的市场营销方法。随着新的买卖方式的发展，在线托卖、自动推荐、自动货物补给等都会出现。这些将永远地改变买卖双方的关系。

二、企业经营方式的变化

在数字化的信息时代，我们的生活方式、生产方式、思维方式，包括教育、经营管理将发生根本性的变革。

我们所理解的旅游业是怎样的呢？你打电话给旅行社，让其代你预订这次旅行，或向你建议应该住哪家旅馆，应该去哪些景点，但你其实根本不需要一个旅行社。如果你现在有一台电脑，你可以很容易地自己料理预订事宜。这种能力并未使旅游业消亡，因为并没有那么多的人有电脑，还因为当旅行社能够方便地用电话联系到的时候，很少有人愿意费那份劲。实际上，一些公司已经成为它们自己的代理人，但不经常旅行的用户不愿意花时间去学习怎样登记预订。

除了最大胆的计算机用户外，没有人能轻松地决定用不熟悉的命令在电脑上检索一个不熟悉的数据库。然而，这种情形会很快改变。例如，将来你可以用你的电脑“到法国旅行”，看到你将去地方的录像，就你所见的向有关专家咨询，然后登记预订。当你与之交互的数据库发展到具有比任何一个旅行代理人都详细的打包信息时，陷入绝境的旅行代理人就会没生意了。

如果可以通过电脑得到他们提供的服务的话，旅行社仍会有生意可做。但这并不是

---

① 约翰·弗劳尔．网络经济——数字化商业时代的来临．呼和浩特：内蒙古人民出版社，1997：24．

必需的。这个行业真正的竞争优势总是在于是否能够提供视频或录像。谁能得到电脑用户的注意,谁就能成为最好的视频提供者,最好的旅馆业专家,最好的香槟行家,最好的观光计划者,甚至最好的语言训练节目,并因此而得到生意。

随着经济全球化的发展,企业的全球化成为企业发展的一个明显趋势,全球性的企业也越来越多。全球化使各企业之间在经济上越来越多地相互依存。商品、服务、资本和技术越过边界的流量越来越大,各国边界对贸易、投资和技术转让的开放不仅为企业制造了新的市场机会,而且使得来自国外的竞争对手能够进入它们的国内市场。全球性企业的出现,使企业间的竞争更加激烈。互联网和计算机网络使企业得以用前所未有的方式在全球范围内工作。

现在,很多企业都建立了在世界范围通用的网络地址,一些企业不仅有外部的企业网,而且有企业内部网。这些企业通过电子方式与世界供应商、代理商、顾客和贸易伙伴进行连接,这些企业的计算机几乎可以立即在全球范围内与其他企业的计算机建立互动关系。一些学术界人士认为,下一代的公司将不只是跨国公司,这些公司将与世界融为一体,成为无国界公司。世界上会出现一个世界性的网络,将数量日益增长的全球性无国界公司连接起来。

同时,企业面临的不再是一股意义的竞争,而是一种超强的残酷竞争,世界范围的网络将使某些类型的竞争更加残酷。因为新形式的电子辅助竞争,过去能够创造赢利的简单经营在将来可能只能创造很少的利润。人们正在使用计算机在互联网上寻找最低价格的产品或服务。因此,当每一个企业在说“我们不会被廉价出售”时,恶性的价格战将随之发生。价格战将不仅在某一个地区间展开,而且还在世界范围的企业间进行,通过电子方式可以与一切国家的企业相连,从而可以获得比竞争对手价格更低的竞争优势。有人把未来的这种残酷竞争称为超强竞争。超强竞争成为知识经济时代企业的重要特征。在这个超强竞争的新时代里,新兴企业将纷纷进入市场,其势之迅速正令老牌企业巨头摇摇欲坠。例如,微软、英特尔、戴尔以及许多类似的制造商正使一度不可战胜的国际商业机器公司(IBM)受到了重创。在超强竞争时代,产品迅速更新换代,产品生命周期变短,以价格和适销对路为基础的竞争十分激烈。

为了战胜竞争对手,实施超强竞争战略的公司进行了一场毫不留情的战斗,超强竞争者通过以顾客的需要为重点、以供货商为联盟伙伴以及向对手发起正面进攻等手段,令现存的各国寡头垄断的种种准则和规则化为乌有,靠质量、技能和市场壁垒而长期保持竞争优势的日子,一去不复返了。企业由竞争到超强竞争的转变,要求企业制定超强竞争的经营战略。在未来的世界里,各地的顾客都在需求更加物美价廉的产品,特别是技术的迅速变革和信息革命使进入市场变得更为容易。因此,在这个新世界里,谁最大胆,谁行动最迅速地打破秩序,谁就获胜。全球性超强竞争者有摧毁对手的竞争优势,可能侵入对手的市场;以迅速果断的行动打乱竞争对手成为获取市场份额、提高利润、战胜对手的重要途径②。

---

② 王霆,卢爽. 数字化营销. 北京:中国纺织出版社. 2003:32.

三、消费者心理的变化

互联网的不断发展、网上信息与产品的不断丰富与繁荣，促成了客户在观念意识、消费心理和购买行为上的巨大转变（王霆，卢爽，2003）[③]。

（一）客户观念的转变

传统营销中，客户获取产品与服务专业知识的途径和渠道比较有限，同时这种专业知识的获取需要一定的成本，还会耗费大量的时间与精力。消化和吸收这些专业知识既是个难题，更多时候也显得没有必要，这些原因打击了客户对产品与服务专业知识学习与掌握的积极性，导致客户产品与服务专业知识的匮乏，促成了客户被动的不利局面。

随着互联网的不断发展，网上信息的开放性使客户获取产品与服务相关专业知识的渠道更加广阔，上网费用的低廉也极大地降低了相关专业信息的获取成本。上网的快捷与全天候、跨地域等优势既提高了客户信息收集的效率，也克服了传统营销中的诸多不便。随着互联网上信息与产品的日益丰富与繁荣，客户不再被动地等待和抱怨，而是积极主动地参与到营销活动中来，主动地搜集、获取与商品有关的各种信息，积极地分析、比较、评价，减少风险感，降低和避免购物后反悔，以及争取心理上的购物满足感与成就感。

（二）消费心理的转变

在传统营销中，客户总是被集体服务，工业化和标准化的生产方式以及标准统一化的营销与沟通方式使客户的个性被淹没和压抑。在今天的网络时代，客户的个性化消费需求与消费行为开始冲击消费的主流。社会物质产品的多样化和生产技术水平的不断提高为个性化消费提供了坚实的产品基础，同时客户也渴望从个体心理愿望出发挑选和购买商品或服务。

客户开始定制自己的准则并向商家提出挑战。同时客户还追求购物乐趣体验以排解压力，消遣时间，寻找生活乐趣，满足心理需求。

（三）客户行为的转变

互联网时代的客户在行为方面有以下转变：

(1)网民数量在急剧增加。互联网是一个庞大的数据库，网民开始积极、主动地上网搜集所需要的各种信息。据统计[④]，截至2008年6月底我国网民数量达到了2.53亿人，首次大幅度超过美国，跃居世界第一位，同时跃居世界第一的还有我国宽带网民数和国家域名注册量，这三项重大突破举世瞩目。

(2) 个性化定制产品或服务。如在网上个性化订购计算机、鲜花、礼品、玩具等。

(3) 积极体验网上购物这一全新方式。网上购物是一种新的购物方式，不仅价格便宜，而且可以满足人们追求时髦和新奇生活方式的兴趣。人们在购物过程中体验新的购物方式给自己带来的新鲜感和刺激。有专家对网上购物的体验做过调查[⑤]，该研究认为

---

③ 孔伟成，陈水芬．网络营销．北京：高等教育出版社，2005：61－62.

④ 于青．中国网民数量世界第一，质量第几．广告大观：媒介版，2008，(11).

⑤ 沙振权，王静．网上零售顾客价值初探．商业经济文荟，2004，(4).

59%的受调查者表示对在线购物体验“非常满意”，然而10%的被调查者表示对他们的体验“非常失望”。

第二节　网络营销概念及特征

一、网络营销的概念

目前国内外对网络营销的研究都是分类的，对具体的网络营销并没有完全统一的定义。戴夫·查菲(Chaffey,2008)⑥等人认为，网络营销可以被简单地定义为：网络营销是通过数字技术的运用来实现营销目的。该定义提醒我们，应当由技术传递的结果来决定网络营销的投资，而不是由技术的采用来决定。这些网络技术包括网络媒体，如网站、电子邮件、其他数字媒体(无线电或移动媒体)，以及传递数字电视的媒体(如海底电缆和卫星)。斯特劳斯(Strauss,2007)⑦等人认为，网络营销是指利用信息技术去创造、宣传、传递客户价值，并且对客户关系进行管理，目的是为企业和各种相关利益者创造收益。简单地说，网络营销就是将信息技术应用到传统的营销活动中。

国内也有学者对网络营销的概念提出了自己的观点与定义。杨坚争(2002)⑧将网络营销定义为：网络营销是借助于互联网完成一系列营销环节以达到营销目标的过程。孔伟成(2002)⑨认为，网络营销是企业整体营销战略的一个组成部分，是建立在互联网基础之上，借助于互联网特性来实现一定营销目标的一种营销手段。冯英健(2002)⑩认为网络营销是企业整体战略营销的一个组成部分，是为实现企业总体经营目标所进行的，以互联网为基本手段营造网上经营环境的各种活动。所谓网上经营环境，是指企业内部和外部与开展网上经营活动相关的环境，包括网站本身、顾客、网络服务商、合作伙伴、供应商、销售商、相关行业的网络环境等。

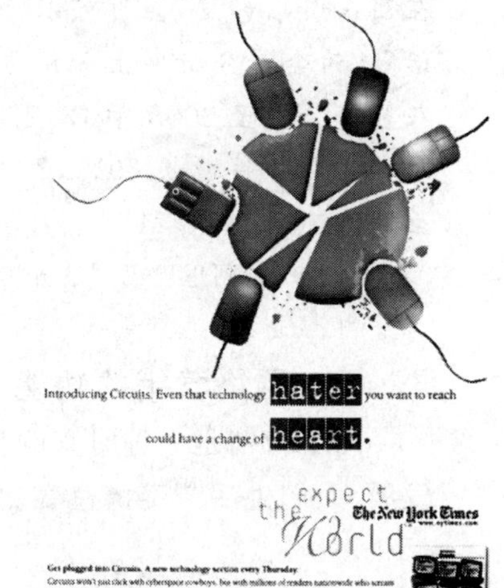

就目前国内外的研究状况，还没有对网络营销的定义有一个统一的解释，但是值得强调的是，网络营销的主题并不局限于企业，市场营销在企业之外也有着极其成功的应用，它们包括：人物营销、地方营销、概念营销、事件营销以及非营利组织营销。网络营销在所有这些非传统营销领域都大有用武之地。同时网络营销是基于网络技术基础之上的各种不同的营销方式的统一体，其中又包括了电子营销、数字营销、病毒式营销、搜索引擎营销、E-mail 营销、

⑥ [美]戴夫·查菲，等. 网络营销：战略、实施与实践. 马连福等，译，北京：机械工业出版社，2008：4－6.

⑦ [美]朱迪·斯特劳斯，等. 网络营销. 第4版. 北京：中国人民大学出版社，2007：5.

⑧ 杨坚争. 网络营销教程. 北京：中国人民大学出版社，2002.

⑨ 孔伟成，陈水芬. 网络营销. 北京：高等教育出版社，2002.

⑩ 冯英健. 网络营销——基础与实践. 北京：清华大学出版社，2002.

数据库营销、博客营销、RSS营销、Web2.0营销、口碑营销、网络广告营销、短消息营销等等营销方式。随着经济社会的发展,人们生活需求、消费心理的变化,网络营销的方式会成为很多消费者和商家的选择,并且能为经济创造出新的增长点。

例 17.1:阿里巴巴分为国际网、全球华商网和中国网三个网站,分别提供英、中繁和中简三种语言的服务。主要为会员提供一个国际贸易平台,汇集全球178个国家(地区)的商业信息和一个个性化的商人社区。服务内容包括:①商业机会。有32个行业700多个产品分类的商业机会供查阅。②信息。选择恰当的类别会员的买、卖、合作等商业信息。③每日最新。每天1000条左右来自全球范围的最新供求信息。④商情特快。会员可以分类订阅每天新增的供求信息,直接通过电子邮件接受。⑤公司全库。公司网站大全,目前已经汇聚1万多家公司网页。可以通过搜索寻找贸易合作伙伴,了解公司详细资讯。会员也可以免费申请自己的公司加入到阿里巴巴"公司全库"中,并链接到公司全库的相关类目中方便会员有机会了解公司全貌。⑥公司链接。会员可以通过免费申请,把公司网站链接到阿里巴巴"公司全库"。⑦样品浏览。按分类陈列展示阿里巴巴会员的各类图文并茂的样品信息库。⑧样品编辑。会员可建立和编辑自己的私人样品房,每个样品房均拥有独立网址。免费放置并展示样品图文信息的网络空间。⑨以商会友。在商人俱乐部里,会员可以交流行业见解,谈天说地。其中咖啡时间为会员每天提供新话题,为会员分析网上营销应如何去做。⑩中国人才热线。提供人才供求、招聘信息个人资料。截至2008年12月31日,财务报表显示,阿里巴巴2008年总营业收入30.01亿元,较2007年增长39%,2008年中国交易市场占总收入的比重由2007年的28%上升至36%。

资料来源:阿里巴巴网站分析报告,www.shuhai.net/files/article/html/8/8159/1184008.html.

二、网络营销的功能与特点

网络营销是一种时兴的营销方式,给传统的营销方式提供了新的参照,在经济高度发展、人们生活节奏快速变化的今天,网络营销具有不同于传统营销的功能与特点。

(一)网络营销的功能

(1) 信息搜索功能。在网络营销中,可利用多种搜索方法,主动地、积极地获取有用的商机和信息;主动地进行价格比较;主动地了解竞争对手的竞争态势;主动地通过搜索获取商业情报,进行决策研究。搜索功能已经成为了营销的主观能动性的一种表现,一种提升网络经营能力的手段。随着信息搜索功能由单一向集群化、智能化的发展,以及向定向邮件搜索技术的延伸,使网络搜索的商业价值得到了进一步的扩展和发挥,寻找网上营销目标将成为一件易事。

(2) 信息发布功能。发布信息是网络营销的主要方法之一,也是网络营销的又一种基本职能。无论哪种营销方式,都要将一定的信息传递给目标人群。但是网络营销所具有的强大的信息发布功能,是任何一种营销方式所无法比拟的。网络营销可以把信息发布到全球任何一个地点,既可以实现信息的覆盖,又可以形成地毯式的信息发布链。既可以创造信息的轰动效应,又可以发布隐含信息。信息的扩散范围、停留时间、表现方式、延伸效果、公关能力、穿透能力都是最佳的。更加值得提出的是，在网络营销中，网上信息发布以后，可以能动地进行跟踪，获得回复，可以进行回复后的再交流和再沟通。因此，信息发布的效果非常明显。

(3) 商情调查功能。在激烈的市场竞争条件下，主动了解商情，研究趋势，分析顾客心理，窥探竞争对手动态是确定竞争战略的基础和前提。通过在线调查或者电子询问调查表等方式，不仅可以省去大量的人力、物力，而且可以在线生成网上市场调研的分析报告。其效率之高、成本之低、节奏之快、范围之大，都是以往其他任何调查形式所做不到的。这就为广大商家，提供了一种市场的快速反应能力，为企业的科学决策奠定坚实的基础。

(4) 销售渠道开拓功能。网络具有极强的销售渠道开拓能力。传统经济时代的经济壁垒，地区封锁、人为屏障、交通阻碍、资金限制、语言障碍、信息封闭等，都阻挡不住网络营销信息的传播和扩散。

(5) 品牌价值扩展和延伸功能。拥有市场比拥有工厂更重要。拥有市场的唯一办法，就是占市场主导地位的品牌。随着互联网的出现，不仅给品牌带来了新的生机和活力，而且推动和促进了品牌的拓展和扩散。实践证明，互联网不仅拥有品牌、承认品牌而且对于重塑品牌形象，提升品牌的核心竞争力，打造品牌资产，具有其他媒体不可替代的效果和作用。

(6) 特色服务功能。网络营销具有和提供的不是一般的服务功能，是一种特色服务功能。服务的内涵和外延都得到了扩展和延伸。顾客不仅可以获得形式最简单的FAQ(常见问题回答)、邮件列表，以及 BBS、聊天室等各种即时信息服务，还可以获取在线收听、收视、订购、交款等选择性服务，无假日的紧急需要服务，信息跟踪、信息定制到智能化的信息转移、手机接听服务，以及网上选购、送货到家的上门服务等。这种服务以及服务之后的跟踪延伸，不仅极大地提高了顾客的满意度，使以顾客为中心的原则得以实现，而且客户成为商家的一种重要的战略资源。

(7) 顾客关系管理功能。在网络营销中，通过客户关系管理，将客户资源管理、销售管理、市场管理、服务管理、决策管理于一体，将原本疏于管理、各自为政的销售、市场、售前和售后服务与业务统筹协调起来。既可跟踪订单，帮助企业有序地监控订单的执行过程；规范销售行为，了解新、老客户的需求，提高客户资源的整体价值；又可以避免销售隔阂，帮助企业调整营销策略。收集、整理、分析客户反馈信息，全面提升企业的核心竞争力。

(8) 经济效益增值功能。网络营销会极大地提高营销者的获利能力，使营销主体提高或获取增值效益。这种增值效益的获得，不仅由于网络营销效率的提高，营销成本的下降，商业机会的增多，更由于在网络营销中，新信息量的累加会使原有信息量的价值实现增值或提升其价值。

(二) 网络营销的特点

网络营销的主要特点有下列几种：

(1) 跨时空性。任何一种营销理念和营销方式都是在一定的范围内去寻找目标客户，而网络营销是在一种无国界、开放的、全球的范围内去寻找目标客户。市场的广域性、文化的差异性、交易的安全性、价格的变动性、需求的民族性、信息价值跨区域的不同增值性以及网上顾客的可选择性，给网络营销提供了广阔的发展空间。

(2) 多媒体性。网络营销充分利用互联网可以传输多种媒体信息(如文字、声音、图像等)的特性，使得交易信息可以以多种形式存在和交换，充分发挥营销人员的创造性和能动性。

(3) 交互式。互联网可以展示商品目录，联结资料库，提供有关商品信息的查询，可以和顾客做互动双向沟通，可以收集市场情报，可以进行产品测试与消费者满意度调查，是产品设计、商品信息提供以及服务的最佳工具。

(4) 成长性。互联网的使用数量快速增长，并遍及全球，使用者多为年轻人，具有一定的教育水平，因为这部分群体的购买能力强而且具有很强的市场影响力，因此是一个极具开发潜力的市场。

(5) 高效性。电脑可以存储大量的信息供消费者查询，可传送的信息数量与精确度，远远超过了其他媒体，并能顺应市场需求，及时更新产品或调整价格，因此能及时有效了解并满足顾客的需求。通过网络购物，消费者能够根据自己所需得到产品，这比传统的营销活动只能让顾客大致满意的情形进步多了。

(6) 经济性。通过互联网进行信息交换，代替以前的实物交换，可以减少印刷与邮递成本，可以无店面销售。利用网络来进行营销活动，可以让小公司也实现全球营销，却花费低廉；网络营销虽然是定制营销，但并没有因此而增加营销成本，恰恰相反，网络营销大大降低了营销费用。

(7) 超前性。互联网是一种功能最强大的营销工具，它同时兼具渠道、促销、电子交易、互动顾客服务以及市场信息分析与提供等多种功能。它所具备的一对一的营销能力，恰好符合定制营销与直复营销的未来趋势[11]。

(8) 人性化。互联网上的促销是一对一的、理性的、消费者主导的、非强迫性的和循序渐进式的，而且是一种低成本与人性化的促销，它可以避免推销员强势推销的干扰，并通过信息提供与交互式交流和消费者建立长期良好的关系。

(9) 技术性。网络营销是建立在以高技术作为支撑的互联网的基础上的，企业实施网络营销必须有一定的技术投入和技术支持，改变传统的组织形态，提升信息管理部门的功能，引进懂营销与电脑技术的复合型人才，未来才能具备市场的竞争优势[12]。

三、网络营销与传统营销的比较

在工业经济时代，企业营销理论先后经历了生产观念、产品观念、推销观念、市场营销观念、社会营销观念以及生态营销观念。在这一演变过程中，推动营销观念更新的主要力量是生产方式与消费方式的变化。当前，网络经济已初见端倪，而作为推动网络经济发展的科学技术，以其巨大的威力深刻地影响着人类的生产方式和消费方式。由此，也必然引起企业营销观念的创新。[13]

---

⑪ 冯丽云．现代市场营销学．第3版．北京：经济管理出版社，2004：347.

⑫ 孔伟成，陈水芬．网络营销．北京：高等教育出版社，2002.

⑬ 孔伟成，陈水芬．网络营销．第2版．北京：高等教育出版社，2005.

（一）传统的营销观念不能适应现代生产方式的变化

营销观念的产生总是基于一定的生产方式与消费方式，若片面强调营销观念对生产的指导作用，而不对生产方式对市场营销观念的决定性作用加以研究，那将是一种因果倒置的思维。

（二）网络经济对传统分销渠道的挑战

传统营销理论中所说的分销渠道往往以各级批发和零售商业为主渠道，依赖储运设备进行实物分销，而实际上互联网的兴起为商场注入了新的内容，生产者与消费者可以通过电子数据迅速达成交易。由此，生产者与消费者的信息交换成本很低，中间商越来越受到威胁，那种起源于20世纪50年代为零售商需要而设计的包装方式也正受到严峻考验。

（三）“柔性”化生产对工业经济时代的大批量、标准化生产的冲击

工业经济时代的生产经营活动往往包括企业的市场调查、新产品开发与设计、新产品试销以及产品销售，甚至包括产品的售后服务。这样的一个全能型生产者在大批量、标准化生产时代这么做是一种经济的、有效率的行为，它的深层次原因是企业内部信息传递成本较低，强化内部管理比与外部企业合作更具优势。但是，这样的一个多职能综合体，除了产品对外，内部各部门、各职能间的交易都是内部的，往往产生内部资源的浪费。一种较为理想的现代生产者之间的布局是企业内部职能实体化，传统的工业企业沦落为加工中心，它只是社会生产者的配角，而主角则是众多的专业设计公司，它们与消费群共同设计出符合某一消费群特定需要的商品或服务。因此，有必要建立起非标准化的效率标准，即小批量、多品种的效率标准。应用计算机辅助制造，按事先编好的程式，在一条生产线上，一个产品就是一个型号。从某种意义上说，标准多到“没有标准”了，所以非标准化生产即是“柔性”化生产。

（四）网络经济下，信息成本的大幅度下降对传统生产方式的冲击

信息成本的大幅度下降使信息不对称导致的效率损失大为减少，市场进一步细分。并最终走向个性化产品的生产。信息完全对称是经济学中完全竞争市场运行的一个基本条件，信息不对称必然产生效率损失，但这是就全社会而言的。对于一个具体的企业来说，信息不对称则有可能产生两个相反的作用方面：一方面，有的企业往往利用生产者与消费者之间的信息不对称，使自己占据的信息优势成为获得超额利润的重要手段；另一方面，由于信息不对称，也使得企业带有很大的盲目性，高效率产出与大额库存并存，最终导致企业资源的浪费。但随着信息革命的推进，生产者与生产者之间、生产企业内部、生产者与销售者之间，以及消费者之间的信息传递成本大为减少。例如，以计算机和电信为例，成本的大幅度下降以及最近家庭会议和电子邮件这样的技术的广泛采用，已经使得对范围广泛的经营活动的协调不仅更加可行，而且更加可靠和具有高效率。由于信息化能使企业准确地即时掌握消费者需求信息，为企业进行市场细分提供了依据，并能给企业提供较为准确的潜在顾客群，有助于该企业进行细分市场的利润分析，所以信息化为市场细分提供了新的机遇。

（五）传统的营销理论不能完全适应网络经济条件下的消费方式

工业经济下的市场营销理论只将消费者当成纯粹的消费者，只能从消费者使用后的感觉来验证其产品满足消费者的程度，这是后验性的。消费者并不能真正地、直接地表达其消费需求，消费者个体需求信息必须进行加工、整理，以符合批量生产的要求，如果达不到批量生产的要求，那么消费者需求就无法得到满足。网络经济时代的消费方式要求产品效果的测定是先验性的，也即在产品生产之前及之中，消费者就能评估这一产品的使用效果，实现消费者个性化需求。

（六）网络营销的竞争优势

与传统营销的营销手段相比，Internet 所具有的全球性、虚拟性、时空性和高增长性的特点（宋文官等，2008）[⑭]，使网络虚拟市场成为一个全球性、数字化、跨越时空、飞速增长和潜力巨大的新兴市场。随着市场竞争的日益激烈，为了在竞争中占优势，每个企业都使出了浑身解数来想方设法吸引顾客，很难说还有什么新颖独特的方法能出奇制胜。一些营销手段即使能在一段时间内吸引顾客，也不一定能使企业赢利增加而网络营销却可谓一举多得。开展网络营销（宋亚非，2006）[⑮]，可以节约大量昂贵的店面租金，可以减少库存商品资金，可以使经营规模不受场地限制，可便于采集客户信息等等，这些都使得企业经营的成本和费用降低，运作周期变短，从根本上增强企业的竞争优势。在这一方面网络营销无疑具有许多明显的优势，具体说来有以下几点：第一，有利于取得未来的竞争优势；第二，决策的便利性、自主性；第三，具有成本优势；第四，具有沟通优势；第五，具有优化服务特点。

四、网络营销与电子商务的关系

网络营销是市场营销的最新形式（朱明侠等，2002）[⑯]，由互联网替代了诸如报刊、邮件、电话、电视、广播等传统营销的中介媒体，它具有市场营销形式的特点，并在多方面优越于传统的市场营销。

网络营销以现代营销理论为基础，由以推销产品为中心的传统营销的“4P”转向以满足客户需求为中心的“4C”。网络营销贯穿在企业经营的整个过程中，包括市场调查、客户分析、产品开发、生产流程、销售策略、售后服务、反馈改进等环节，所以不能简单狭隘地理解网络营销就是企业上网开个店，在网上进行直销；或是企业上网做个主页，树个形象；或是做个广告，登个产品目录什么的。网络营销是以网络技术为基础的包括营销活动全过程的全新的营销形式。

网络营销作为互联网起步最早的成功的商业应用，得到蓬勃和革命性的发展。随着网络营销发展的深入，它不再仅仅是营销部门的市场营销活动方面的业务，它还需要其他相关业务部门如采购部门、生产部门、财务部门、人力资源部门、质量监督管理部门和产品开发与设计部门等的配合。因此，局限在营销部门的互联网的商业应用，已经不能

---

⑭ 宋文官，姜何，华迎．网络营销．北京：清华大学出版社，2008：6～7.

⑮ 宋亚非．网络营销的竞争优势分析．东北财经大学学报，2006，(1).

⑯ 朱明侠，李盾．网络营销．北京：对外经济贸易大学出版社，2002：22～23.

适应互联网对企业整个经营管理模式业务流程管理控制方面的挑战。电子商务是利用互联网进行的各种商务活动。这是一个比较广泛的概念，而网络营销则是电子商务的一项子集；它是运用互联网进行的一切营销活动。不同的公司和不同的组织对电子商务有不同的定义，但基本内容是一致的。比较权威的定义是经济合作与发展组织(ODEC)给出的。

电子商务是利用电子化手段从事的商业活动，它基于电子处理和信息技术，如文本、声音和图像等数据传输。主要是遵循 TCP/IP 协议、通信传输标准，遵循 Web 信息交换标准，提供安全保密技术。如果给出一个更简单的定义，则是电子商务是指系统化地利用电子工具，高效率、低成本地从事以商品交换为中心的各种活动的全过程。网络营销作为促成商品交换的企业经营管理手段，它显然是企业电子商务活动中最基本的、重要的、互联网上的商业活动。

国际数据公司 IDC(http://www.idc.com)的系统研究分析指出，电子商务的应用可以分为这样几个层次和类型：第一个层次是面向市场的以市场交易为中心的活动，它包括促成交易实现的各种商务活动如网上展示、网上公关、网上洽谈等活动，其中网络营销是其中最重要的网上商务活动；同时还包括实现交易的电子贸易活动，它主要是利用EDI、互联网实现交易前的信息沟通、交易中的网上支付和交易后的售后服务等；两者的交融部分就是网上商贸，它将网上商务活动和电子贸易活动融合在一起，因此有时将网上商务活动和电子贸易统称为电子商贸活动。电子商务活动第二个层次是指如何利用互联网来重组企业内部经营管理活动，与企业开展的电子商贸活动保持协调一致。最典型的是供应链管理，它从市场需求出发利用网络将企业的销、产、供、研等活动串在一起，实现企业网络化、数字化管理，最大限度适应网络时代市场需求的变化。

第三节　网络营销的常用方法

一、搜索引擎营销

(一) 搜索引擎营销的概念

所谓搜索引擎营销(Search Engine Marketing，SEM)，是指企业或个人根据潜在用户使用搜索引擎的可能方式，将企业的营销信息尽可能传递给目标客户。用户搜索时使用的关键词，说明用户对该关键词所代表的产品或问题的关注，这种关注是搜索引擎之所以被应用于网络营销的根本原因。

搜索引擎是对互联网上的信息资源进行搜集整理，然后供用户查询的系统。搜索引擎是一个在网络营销中获得增值效益的马达。正因为如此，搜索技术才获得了飞速发展。

搜索引擎的实质，或者说外在表现形式就是一个网站，只不过该网站专门提供信息“搜索”服务。搜索引擎是专门提供信息查询的网站，它们大都是通过对互联网上的网站进行检索，从中提取相关信息，从而建立庞大的数据库。用户可以很方便地通过输入特定的文字(统称关键字)查找任何需要的资料，其中当然也包括各种产品及服务信息。由于看到了搜索引擎的商业利用价值，越来越多的企业都将登录搜索引擎作为主要的网络营销手段[17]。

例 17.2：淘宝网(taobao.com)是中国最大的消费者网上市场，至今拥有近一亿名注册用户，覆盖中国绝大部分的网购人群。淘宝网于 2008 年的交易量为 999.6 亿元人民币，较去年上升 131%。淘宝网于 2003 年创立，至今已发展成为一个网上购物生态系统，让超过 100 万名网商连接中国日益增长的网上消费者人口。根据中国商务部的统计数据，淘宝网的交易量于 2008 年已超越国内最大综合零售商的销售额，占全国零售总额的 1%。

2008 年度淘宝网十大商品的销售排行榜如下：

排名分类	交易量(亿元人民币)
1. 服饰	159.9
2. 手机	108.4
3. 化妆品	56.0
4. 家居日用	55.8
5. 户外运动	54.0
6. PC 及配件	51.6
7. 珠宝首饰	50.1
8. 手提电脑	48.8
9. 小家电	38.3
10. 充值卡	36.8

资料来源：亚洲财经新闻，http://www.abnnewswire.net/press/cs/30671.

（二）搜索引擎的分类

按照工作原理的不同，搜索引擎分为两个类别：全文搜索引擎和分类目录搜索引擎。

(1) 全文搜索引擎。全文搜索引擎通过自动的方式分析网页的超链接，依靠超链接和 HTML 代码分析获取网页信息内容，并按事先设计好的规则分析整理形成索引，供用户查询，全文搜索自动建立网页的索引。全文搜索引擎一般由信息采集、索引和搜索三个部分组成。

(2) 分类目录搜索引。分类目录的整个工作过程也同样分为信息采集、索引和检索三个部分，只不过分类目录的采集信息、索引信息两部分主要依靠人工完成。

（三）搜索引擎营销的内容

美国学者戴夫·查菲认为[18]，搜索引擎的内容应该包括以下几个方面：①搜索引擎优化(search engine optimization，SEO)；②分类目录登录；③搜索引擎登录；④付费搜索引擎广告；⑤点击付费(pay-per-click，PPC)；⑥竞价排名；⑦地址栏搜索；⑧网站链接；⑨关

---

⑰ 宋文官，姜何，华迎．网络营销．北京：清华大学出版社，2008：35.

⑱ [美]戴夫·查菲，等．网络营销：战略、实施与实践．马连福等，译．北京：机械工业出版社，2008：273.

键词广告。

（四）搜索引擎营销的实现过程

搜索引擎营销实现需要经过五个步骤：①企业将信息发布在网站上使这些信息成为以网页形式存在的信息源；②利用搜索引擎将网站或网页信息收录到索引数据库；③用户利用关键词进行检索（对于分类目录则是逐级目录查询）；④在检索中罗列相关的索引信息及其链接 URL（统一资源定位符）；⑤用户根据对检索结果的判断，选择有兴趣的信息，点击 URL 进入信息源所在的网页。

二、电子邮件营销

美国学者戴夫·查菲认为[19]，E-mail 即电子邮件，是目前最流行的一种通信手段，具有速度快、便捷等优点，还具有同时一信多发、邮件多媒体等特性。电子邮件不仅是一种交流的工具，而且已成为网络上非常有潜力的一种营销手段。

（一）E-mail 营销的优势

利用 E-mail 营销比电话推销、邮寄信件等传统的营销方法具有以下优势：

（1）E-mail 邮件价格便宜。这也是 E-mail 营销的最大优势。E-mail 不需要企业付昂贵的长途电话费用和邮寄产品宣传资料的邮资，特别是在进行国际贸易时，这一点显得更加突出。

（2）E-mail 邮件传递速度快、操作方便。通过互联网，E-mail 邮件可以在很短的时间内送达目的地。本地和外地，甚至国外都一样快捷。

（3）E-mail 邮件具有多媒体的特性。E-mail 邮件不但有文字和图片，还可以包含声音、动画、电影等方面的内容。

（4）发展潜力巨大。E-mail 邮件是建立在 Internet 基础上的发展，不难想象这种营销方式的巨大潜力。

（二）E-mail 营销的方法

（1）宣传企业的 E-mail 地址。通过广告宣传。企业无论在做在线广告和非在线广告时，都要留下企业的 E-mail 地址，这样客户就能通过 E-mail 与企业联系。还可以把 E-mail 地址印刷在企业的办公文具（信封、信笺纸、文件夹等）上；企业产品的内、外包装上；企业员工的名片和传真上，即使在广播电视广告上也要留下企业的 E-mail 地址，这样，便于客户通过 E-mail 和企业联系，使得企业能够通过电子邮件向客户介绍最新的产品或服务。

（2）收集客户的 E-mail 地址。在报刊上发布新闻。报纸杂志提供的新闻具有较高的有效性收集客户的 E-mail 地址，可以利用下面的方法：第一，企业可以在报刊上声明客户必须通过 E-mail 才可以获得企业的免费服务；第二，企业将通过 E-mail 发送产品信息给客户；第三，企业可以发表一些会引起客户共鸣的话题，在客户回应的过程中收集客户的姓名和 E-mail 地址。

---

⑲ 陈孟建．网络营销与策划．北京：电子工业出版社，2002：204～205.

使用交互式表格(Form)。在很多网站上都会看到像"在线反馈""读者留言"这样的栏目,它们大都是通过交互式表格来实现的。Form 是企业通过 Internet 获得客户反馈信息的一种方法,客户通过浏览器填写信息,发送到企业的 Web 网站,然后由企业 Web 网站将事先设定好的感谢信息用 E-mail 邮件的方式发给填表人,同时也将客户在线填写的信息送给企业网络管理者,由企业网络管理者再根据客户填写的信息逐一回信。企业和客户之间就在这种一来一往的过程下,建立起了交互式的通信。Form 还具备自动发信的功能。企业把要发布的信息放到 Web 网站上,在网站上公布信息的摘要,如产品的名称、价格、售后服务等,只要客户在 Form 中输入客户自己的 E-mail 地址并且单击提交按钮,有关产品的名称、价格、售后服务等信息就会由 Web 网站自动发送到客户的 E-mail 信箱中。因为是客户主动咨询,所以通过这种方法得到的信息和 E-mail 地址是比较可靠的。

(3) 其他收集 E-mail 地址的方法。除了上面提到的利用 Form 收集 E-mail 地址外,还可以采用直接的主动收集的方法,制造某种网上特殊事件使客户参与进来,如让客户免费浏览重要信息、竞赛、评比、猜谜、优惠、促销、提供优质的售后服务、制作特殊的网页效果等等。用这种方式来有意识地营造企业的网上客户群,不断地用 E-mail 与他们保持联系。这样,客户群就会不断壮大,这个客户群就是企业的最大财富。

(三) E-mail 营销的主要形式

(1) 许可 E-mail 营销(Permission E-mail Marketing,PEM),简称许可营销。

(2) 未被请求的商业电子邮件(Unsolicited Commercial E-mail,UCE)营销,也就是非许可 E-mail 营销,即通常所说的"垃圾邮件",英文中常用 Spam 和 Junk E-mail 来表达。

(3) 选择性(Opt-in)邮件列表营销。这是一种最简单的用户许可方式,即用户主动输入自己的 E-mail 地址,加入一个邮件列表中。

(4) 双重选择性加入(Double Opt-in)邮件列表营销。Double Opt-in 直译为"双重选择性加入",与 Opt-in 相对应,这里称为"双向确认"邮件列表。

三、数据库营销

数据库营销是企业经营过程中将搜集和积累的消费者信息,经过分析整理后,预测消费者购买某种产品的可能性,运用这些信息给产品精确定位并作为制定营销策略的依据,以达到说服消费者去购买产品的目的[20]。

(一) 数据库营销的基础

数据库营销的基础是数据库,称这种数据库为营销数据库。初始的营销数据库只收集顾客和潜在顾客的姓名和地址信息,是为直复营销做准备,后来,逐步增加了市场资料、人口统计资料、销售趋势资料以及竞争资料等内容,随着营销数据库在市场研究中显现出的重要性,数据库营销也就应运而生了。数据库的最大特点是资源易于共享,存取方便,既能保存历史信息,又可保存即时信息。因而,营销数据库是分析市场变化、掌握

[20] 张靖. 网络营销. 北京:电子工业出版社,2002:156~162.

市场动态的重要途径。

对营销数据库中市场信息的分析,便能跟踪市场的变化,能敏锐地发现新市场。运用分析软件对营销数据库进行各种相应的分析,可从中得出许多宝贵的有关市场决策的信息。营销数据库中,信息的来源更多的是依赖于Internet,而不受时间与地域的限制。数据库信息内容主要包括以下方面:

(1) 与企业营销密切相关的信息。企业的产品信息(产品种类、规格、功能、使用说明、品牌等)、价格信息(定价、折扣、策略等)、销售信息(分销渠道、促销、销售状况等)和其他特殊信息。

(2) 客户信息。客户信息是营销数据库中的核心内容。包含着客户的详尽内容,除包括姓名、性别、年龄、职业、住址、电话、电子邮件等一般信息外,还应包含一些专门化信息,如购买了哪些企业的同类产品,购买的次数、时间、地点、品种、数量,成交价格等;购买习惯、购买能力、购买中的关注重点(产品质量、价格、品牌、功能等)。

(3) 市场信息。市场信息来自于市场需求和市场供给两个方面,其中包括与竞争相关的信息。市场信息也是营销数据库的重要组成部分,翔实的市场信息有利于企业确定目标市场,也有利于实施市场推广策略。

(4) 政策信息。信息中包含的各种政策是企业营销活动的准绳,也是企业行为应遵循的规则,其目的是为了保护竞争的公平性。营销数据库里的政策信息主要包括国家制定的市场约束政策,消费引导政策和某些行业的特殊规范,有时还包括行业协会制定的规定。这部分信息量较少,更新速度缓慢。

(二) 数据库营销的主要作用

(1) 帮助企业在最合适的时机以最合适的产品满足顾客需求。营销数据库可使企业从规模营销转向一对一营销,即个性化营销,使得企业有能力面对广泛的顾客,而给每一位顾客提供独特的产品或服务。也就是说,根据顾客的需要提供产品或服务,因为数据库营销是将客户化信息直接传递给顾客个人,而顾客的姓名、地址和其他一些个人信息都被记录在营销数据库中。所以商家与顾客可建立一对一的关系,顾客了解商家的产品或服务信息并根据自己的需要提出定制要求。商家能按照顾客的要求定制出产品或服务并快速送达顾客手中。

(2) 准确定位目标消费群。营销数据库中存放着大量客户信息和市场信息,因而通过对营销数据库的分析或对数据仓库的挖掘,可准确定位目标受众,从而降低营销成本,提高营销效率。在生产观念指导下的营销,各种类型的消费者接受的是相像的、大批量生产的产品和信息。而在市场细分化理论下的营销,是根据人口统计及消费者共同的心理特点对市场进行细分,是在对顾客并不是非常清楚的情况下进行的。而现在,信息技术的快速发展,计算机和数据库技术完全可以使企业集中精力于每一位顾客,将最终目标定位在最小消费单位——顾客个人身上,以达到准确定位。

(3) 增强生产经营与市场销售之间的联系,让经营决策更加科学。有些制造商在与目标消费者进行初期交流的活动中,在交互方式下激励他们描述自己所需求的产品,制造商们也会在沟通中询问一些问题,以期了解不同消费水平的顾客的消费需求。例如,汽车制造商可能会询问:如果有这样的汽车打算什么时候购买?现在开的是什么车?已行驶了多少千米？如果是电器制造商，会询问现在使用的是什么类型的产品、改进建议、理想价位等问题。将这些信息汇编，输入营销数据库，制造商以此为基础确定自己的产品定位，这是一个有竞争力的定位，不仅能获得高利润，而且完全可以从满足目标消费者需求的角度来制定营销策略。

(4) 增强与现有顾客的联系，提高顾客对企业产品的忠诚度。通过对营销数据库的分析，可以及时掌握顾客需求特点，在此基础上，有目的地运用网络销售手段，或者是加强顾客的品牌忠诚，或者是刺激顾客需求，挖掘潜在顾客。根据消费心理学有关规律，顾客在购买企业某一品牌产品之后，总会有意识地与其他企业同类产品在价格、性能等方面进行比较，以评价自己购买的商品是否“物美价廉”。每位顾客都强烈地希望大家认可自己购买的品牌，以取得心理平衡。因此，企业在产品售出后，还要继续对顾客进行跟踪宣传，塑造产品的品牌形象，满足顾客消费心理，以加强顾客对本企业产品的依赖和信任。

(5) 加强与消费者的沟通，避免与竞争者之间的公开对抗。在维持和增强与消费者感情纽带的同时，也增强了抵抗外部竞争的干扰能力。在传统营销中，运用大众传媒大规模促销活动，容易引起竞争者的对抗行为，相应也就削弱了自身的促销效果。运用数据库营销，无须借助大众传媒，比较隐秘，一般不会引起竞争对手的注意，容易达到预期的促销效果。

综上所述，数据库营销的作用是巨大的，但实施数据库营销与企业的整个管理水平密切相关。数据库的建立、维护与计算机及信息技术密切相关，对信息化水平不高的企业而言，直接实施数据库营销难度较大。这类企业可将数据库营销作为企业营销工作的发展方向，在营销管理上注重顾客信息的收集，建立起初级的消费者数据库。对于实力强的企业或已经实行计算机管理信息系统的企业，则可依据自己的营销规划逐步实施数据库营销。

四、其他网络营销方法

(一) 博客营销

博客营销(blog marketing)的概念可以说没有严格的定义，简单来说，就是利用博客这种网络应用形式开展网络营销。博客具有知识性、自主性、共享性等基本特征，正是博客这种性质决定了博客营销是一种基于个人知识资源的网络信息传递形式。因此，开展博客营销的基础问题是对某个领域认识的掌握、学习和有效利用，并通过对知识的传播达到营销信息传递的目的。随着博客用户数量的持续增长，博客已经成为一种网络营销工具。

(二) RSS 营销

RSS(Really Simple Syndication)是一种描述和同步网站内容的格式，是目前使用的最广泛的 XML 应用。RSS 搭建了信息迅速传播的一个技术平台，使得每个人都成为潜在信息的提供者。发布一个 RSS 文件后，这个 RSS Feed 中包含的信息就能直接被其他站点调用，而且由于这些数据都是标准的 XML 格式，所以也能在其他的终端和服务器中使用。

基于RSS订阅模式的网络营销(或者称为"RSS营销")与邮件列表营销非常相似,都是通过向用户传递有价值的信息来实现网络营销的目的。这种网络营销模式的效果保证主要来源于两个基础:一是足够多的读者订阅(经营资源);二是企业或企业网站可以连续提供有价值的内容资源。

(三) Web2.0营销

Web2.0是以blog(博客,包含声音、文字、图像、视频,让个人成为网络的主体)、RSS(简易聚合)、Wiki(维基)、Tag(分类分众标签)、SNS(社会性网络)、Bookmark、Web service、开放式APIs等应用为核心,以XML和接口协议为底层,依据六度分割、长尾、Ajax、Mashup等理论和技术实现的新一代互联网。

Web2.0营销是一种小众营销,其本质是信任营销。从营销学来讲,顾客可以划分为重度使用者、中度使用者与轻度使用者。"小众"营销的"小众"指的就是重度使用者。"小众"营销明确无误地表示自己对20%重度使用者用"有色眼镜看人",给其特殊的关怀、特别的提醒,通过Web2.0模式以"小众"喜闻乐见的形式来进行营销沟通,动之以"情",晓之以"礼",比起那些铺网式传播,其冲击力与聚集效应是显而易见的。

(四) 网络广告营销

网络广告营销是指利用网络广告实现营销活动的一种营销方式。目前,网络广告的一般形式包括网幅广告(全屏、对联、漂浮、旗帜广告、通栏等)、电子邮件广告、搜索竞价广告、弹出式广告、富媒体广告,以及基于用户群体细分的定向广告等。

(五) 短消息营销

短消息营销是指利用手机短信实现营销活动的一种营销方式。它与传统媒体及网络媒体广告相比,具有定位准确、到达率高、时效性长、可信度高、传播速度快等优点。

(六) 其他网络营销方法

除了上述这些主要的网络营销方法之外,还有许多种网络营销方法,如在线咨询、网上订单、网上购物车、Help或FAQs、企业论坛或顾客交流社区、品牌营销、网上调查等。

第四节 网络营销的发展现状与趋势

一、我国网络营销发展的现状

我国开展网络营销的时间虽然比国外晚,但发展迅速。我国政府为促进网络营销的发展创造了良好的社会环境和政治环境。1993年年底,开始实施"三金"工程,拉开国内信息化建设的序幕。1996年,在国民经济信息化联席会议基础上成立了国务院信息化领导小组,将企业信息化、电子商务和金融电子化列为三大重点任务,提出了"推进国民经济信息化,企业信息化是基础,金融电子化是保证,电子商务是核心"的指导思想,鼓励进行网络营销试点,加强网络政策研究,参与国际网络对话。1999年,我国颁布的新合同法对网络营销活动制定了一些规范,尽管还不成熟,但总算是向前迈进了一大步,使企业开

展网络营销活动有了一些法律上的依据。[21]

（一）发展的阶段历程

从我国的研究成果来看，网络营销的发展可分成3个层次：初级、中级和高级。

1. 初级阶段

初级阶段是指企业开始在传统营销过程的一部分中引入计算机网络信息处理与交换，从而代替企业内部或对外部分传统的信息存储和传递的方式。例如，企业建立内部网络进行信息共享和一般商务资料的存储和处理（如建立企业自己的内联网 Intranet）：通过互联网传输电子邮件；在互联网上建立网页，宣传产品和企业形象等。在初级层次，企业虽然利用网络进行了信息处理和信息交换，但所做的一切并未构成交易成立的有效条件，或者并未构成商务合同履行的一部分。企业实施网络营销的初级阶段投资成本低、易操作，这一层次并不涉及复杂的技术问题和法律问题。

现有的网络营销活动，尤其是国内企业的网络营销实务，多半还处在较为初级的层次。初级层次有以下三点：一是内涵狭隘，网络营销基本上等同为网络销售，而销售的商品和提供的服务内容也多集中在IT及相关行业上：二是营业量小，页面的点击数和实际销售之间存在太大的反差；三是企业营销策略单调，网络营销的形象也因此大打折扣。

尽管在这一层次，消费者还不可能在网上实现真正意义的网上购物，只是从网上获取企业和商品的信息而已。但它的出现使消费者购物时多了一种获取信息的渠道，能更透彻地了解企业和产品，特别是一些难以购买到的物品，不仅能得到生产厂家的回应，还能得到众多网民的帮助。

2. 中级阶段

中级阶段指企业利用网络的信息传递部分地代替了某些合同成立的有效条件，或者构成履行商务合同的部分义务。例如，企业实施网上在线式交易系统，网上有偿信息的提供，贸易伙伴之间约定文件或单据的传输等。在某种程度上，中级层次的网络营销使企业走上建立外联网（Extranet）的道路。在中级层次，虽然有些网络系统传输的信息处理并不十分复杂，但它还需要不同程度的人工干预，如在线销售环节与产品供应不能有效衔接，仍需要部分传统方式的操作。但在这一层次，网络营销的操作要涉及交易成立的实质条件，或已构成商务合同履行的一部分。因此，这时的网络营销就要涉及一些复杂的技术问题（如信用安全）和法律问题（如法律有效性）等。这一层次的实施需要社会各界相互配合，是世界各国近期主要发展的目标。从消费者的角度看，他们从何处购物多了一种选择，购物更趋便利，消费者通过网络选择和订购自己所需的物品。

3. 高级阶段

这一层次是网络营销发展的理想阶段。在企业内部和企业之间，从交易的达成，到产品的生产、原材料供应、贸易伙伴之间单据的传输、货款的清算、产品或服务的提供等均实现了一体化的网络信息传输和信息处理。在强大的信息处理技术与全面的顾客资料数据库的基础上，企业可以根据各个细分市场，甚至是每一个顾客的独特需求来为他们设计"度身定制"的产品。高度细分化、定制化的产品更有利于提高顾客满意度和忠诚

[21] 陈拥军，孟晓明．电子商务与网络营销．北京：电子工业出版社，2008：44～46.

度，巩固和提高市场占有率。高级阶段是将 B to C、B to B 甚至 B to G(企业对政府)有机地结合起来，实现企业最大程度的内部办公自动化和外部交易的电子化连接。这一层次的实现将有赖于全社会对网络营销的认同，以及整个环境的改善。在这一阶段，与传统购物相比较，“顾客是上帝”得到真正的体现。[22]

（二）我国互联网环境现状

2009 年 1 月，中国互联网中心公布了《第 23 次中国互联网络发展状况统计报告》报告显示[23]：截至 2008 年年底，中国网民规模达到 2.98 亿人，较 2007 年增长 41.9%，互联网普及率达到 22.6%，略高于全球平均水平(21.9 %)(如下图所示)。继 2008 年 6 月中国的网民规模超过美国，成为全球第一之后，中国的互联网普及再次实现飞跃，赶上并超过了全球平均水平。

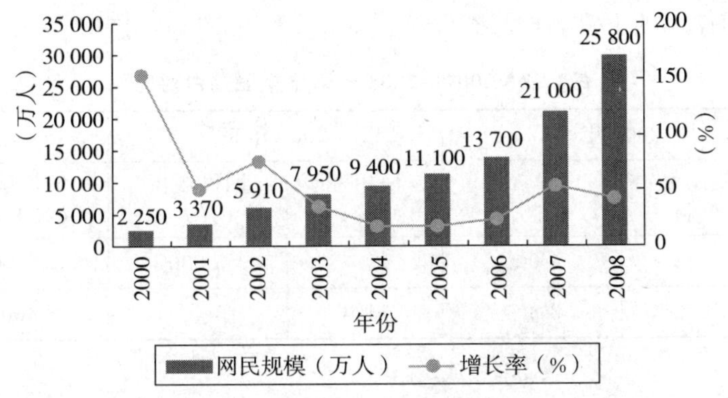

中国互联网络发展状况统计报告图

电子商务是与网民生活密切相关的重要网络应用。过去一年中，网络购物市场的增长趋势明显。目前的网络购物用户人数已经达到7 400万人，年增长率达到 60%。与国外的发展状况相比，韩国网民的网络购物比例为 60.6%，美国为 71%，均高于中国网络购物的使用率。

表 17-1　2007～2008 年电子商务类应用用户对比

	2007 年年底		2008 年年底		变化	
	使用率（%）	网民规模（万人）	使用率（%）	网民规模（万人）	增长量（万人）	增长率（%）
网络购物	22.1	4 600	24.8	7 400	2 800	60.9
网络售物	—	—	3.7	1 100	—	—
网上支付	15.8	3 300	17.6	5 200	1 900	57.6
旅行预订	—	—	5.6	1 700	—	—

[22] 孔伟成，陈水芬．网络营销第 2 版．北京：高等教育出版社，2005：20－21.

[23] 中国互联网中心．第 23 次中国互联网络发展状况统计报告．11.

从表 17-1 可以看出，除网络购物外，网络售物和旅行预订也已经粗具规模，网络售物网民数已经达到1 100万人，通过网络进行旅行预订的网民数达到1 700万人。需要指出的是，这里的网络售物不仅包括网上开店，也包括在网上出售二手物品。

与网络购物密切关联的网络支付发展十分迅速，目前使用的网民规模已经达到5 200万人，年增长率达到 57.6%。有力地推动了网络购物的发展。

就目前的网上的金融状况来看，网上银行的业务使用状况越来越好，使得网络营销的环境日趋成熟。

网上银行在 2008 年增长缓慢，目前使用率为 19.3%。网上银行的主要用户是大学生与白领。在校大学生基本在入学之际，就已经办理相应的银行账户，方便学校的管理以及学生与家长之间的财务管理。大学生和白领等高教育水平人群，有着较高的互联网操作技能，对网上银行有着很强的使用需求，但对目前网上银行业务的安全性不够信任，影响了用户使用比例的上升，详见表 17-2。

表 17-2 2007～2008 年网络金融用户对比

	2007 年底		2008 年底		变化	
	使用率（%）	网民规模（万人）	使用率（%）	网民规模（万人）	增长量（万人）	增长率（%）
网上银行	19.2	4 000	19.3	5 800	1 800	45.0
网络炒股	18.2	3 800	11.4	3 400	－400	－10.5

二、我国网络营销发展的制约因素

（一）网络安全问题

从技术上讲，交易的安全性（张廷茂）[24]是网络营销的核心和关键问题。由于网络是一个相当自由的媒体，这种开放性使得网上交易面临着种种危险，造成顾客与企业的担心。当顾客的信用卡或银行账户信息在网络上传输的时候，不法分子可能会截获这些信息，窃取其中有价值的部分。而企业则会害怕拿到的信用卡号码是盗用的，会在收款时出现问题。因此，可以说，网上收付款问题是涉及顾客与企业双方直接利益的敏感事项，若不能得到妥善解决，网上营销的发展终究会受到限制。解决这一问题的技术近些年有了一定的进展，主要有防火墙技术、加密、脱机付款等。

(1) 防火墙是一道门槛，控制进出两个方向的通信，通过限制与网络或某一特定区域的通信，以达到防止非法用户侵犯互联网和公用网络的目的。防火墙是一种被动防卫技术，由于它设定了网络的边界和服务，所以对内部的非法访问难以有效控制。因此，防火墙最适合于相对独立的与外部网络互联途径有限的、网络服务种类相对集中的专一网络，如常见的企业专用网。

(2) 加密则是一种主动的防卫手段，在网络应用中一般采取两种加密形式：秘密密钥和公开密钥，至于采用何种加密形式，需要结合具体应用环境和系统，不能简单地根据其

㉔ 张廷茂，等．网络营销．石家庄：河北人民出版社，2000.

加密强度判断。因为除了加密形式本身之外，密钥合理分配、加密效率与现有系统的结合性以及投入-产出分析都应在实际环境中具体考虑。

(3) 脱机付款是指利用电话、电传、信件等手段传递信用信息或银行账户信息，这种付款方式虽然不方便但比较安全。另一类付款方式即是网上直接付款。具体有直接传递信用卡、银行账号信息，或间接(通过第三方)传递付款信息，或把信用卡或银行存款转化为电子货币，用电子货币自动付款。

(二) 税收问题

实施网络营销，开展网上售货，固然大大方便了顾客，但也引起了税收方面的一系列新问题：一是税收管辖权不易确定。由于互联网没有一个固定的地址，当一项交易发生时，应由哪个地区征纳税金，不好确定。二是课税操作问题多。当今许多国家都对商品销售征收增值税，但不同国家间的增值税税率不同，也有一些国家不征收这种税，从而影响商品的价格竞争力。三是检查稽核难度大。通过网络销售产品，涉及的推销、渠道等费用极少，这使得税务部门不能用投入-产出的内在联系等老办法来检查稽核企业的纳税申报情况；互联网还降低了传统的中介机构如银行、经纪人的作用，使税务部门无法依靠它们了解一些商品的交易情况，核实个人从银行取得的利息所得；互联网上使用的电子货币与现金一样是匿名的，税务机构无法像以往那样可以通过银行账户或信用卡报表来进行检查跟踪，所以不好查清纳税人的收入与支出情况。

(三) 企业与消费者的认知问题

从当前国内企业的经营体制与营销实践看，经营者的“急功近利”思想很重。尽管出现了像网络营销这种新颖高效的经营方式，但毕竟需要企业在资金、技术和人才上的投入，而在经营初期，很有可能出现低利润甚至亏损经营的局面。这会令一部分企业望而却步，结果影响网络营销的实施。

从消费者一方来看，消费者的采购行为习惯也影响网上商品的出售。在非网络采购状态下，顾客是通过看、闻、摸等多种感觉来判断与选择商品的。而在网上购物，只提供了一种可能：看。另有相当一部分人觉得网上购物失去了上街闲逛购物的乐趣，所以积极性不高。而在我国，由于人们的时间观念尚未充分树立，顾客宁愿多花钱、多跑路、多费时间，也要“眼见为实”，这些都制约了网络营销活动的发展。

(四) 具体操作和法律问题

进行网上交易必须首先解决两个问题：一是对顾客的订购需求如何配送发货，二是结算。关于第一个问题，由于网上的求购信号来自于互联网覆盖的各个区域，他们可能和经营者相距遥远，如果配送点设置不当，会给企业带来诸多不便，造成成本上升，影响企业的效益。因此，学习国外的经验，大力发展连锁企业是非常必要的。如甲地企业与乙地客户在网上成交后，可从本企业设在乙地的连锁店送货，也可委托乙地的其他企业进货，彼此再做结算。或者若干个企业联合组建配送中心，实施社会化服务。第二个问题涉及结算方式、结算效率和结算的安全性，突出的是如何保障结算的安全性以及异地结算如何适应网上交易的效率。

法律问题也是网上交易必须解决的基本内容，否则会制约网络营销的健康发展。在网上交易，经营者与消费者不直接见面，消费者与商品没有直接接触，容易引发一系列相关的法律问题，如顾客得到的商品与选购的商品不一致，经营者无理拒付，网上欺诈行为等。

三、网络营销的发展趋势

（一）网络营销支持条件的纵深化

随着网络营销（王建宇）[25]的发展，它依赖的支持条件总的说来将有进一步发展，这包括：网络技术进步，网络基础设施建设日臻完善；网络整体水平提高，消费者接触网络的渠道越来越多，上网的费用越来越低廉；网络媒体和网络技术趋于成熟，有声技术、图像技术、立体技术在产品销售和顾客服务方面将得到更大的利用；社会商业环境更趋成熟，网络人口增加，法律环境更加完善，等等。网络技术的发展、支撑环境的规范化以及消费者个人参与的增加将使网络营销的发展空间极大地拓展。

（二）网络营销决策的专业化

总结发达国家电子商务的实践和经验不难发现，面向消费者的直线型网站和专业化网站具有良好的发展前景，面向特定行业的电子商务平台有很大的发展潜力。也就是说，电子商务的发展具有专业化趋势。一方面是面向个人消费者的专业化趋势，即对B2C商务模式而言，提供一条龙服务的直线型网站及一类产品或服务的专业网站发展潜力更大。另一方面是向企业客户的专业化趋势，即对B2B商务模式而言，以行业为依托的专业电子商务平台发展较快。顺应电子商务的发展趋势，网络营销的手段和形式也将发生分化，向专业化方向发展。

（三）网络营销技巧的个性化

网络技术的完善，可以使消费者个性化定制营销信息的获得进一步发展。网络是实现消费者主权的技术基础，它为个性化定制信息和定制商品提供了可能。以E-mail营销为例，有声技术、立体技术、文本链接的结合，使顾客服务中心可以通过Internet发送更符合顾客需要的信息。比如，你能够调控E-mail的字体和颜色，这意味着你能够根据不同受众的偏好来设计销售特定信息的式样和感觉。这样，满世界巡回的E-mail更像一份依照顾客需求定制的个性化信息产品，这种混合形式的发展能直接将邮件这种媒体带上一个新水平。另外，E-mail文件将能够发送声音、图像和立体效果。这种发展也将一改早期E-mail印刷体的单调风格。《华尔街时报》推出的个人电子报纸就是一个例子。

顾客化网址的重要性将日益显著。在公司网页的空白处依据顾客的记录创建顾客的个人网址，对于公司的营销目的将日益重要，这也是顾客所期望的。这个策略将会超越今天有限的技术，计算机将会记住客户所感兴趣的产品而及时提供给客户相应的新产品的信息。

---

[25] 王建宇．网络营销导论．杭州：浙江大学出版社，2002：9－10．

（四）网络广告将大有可为

制造而将会认识到在 Internet 上做广告的价值，从而制定包括建立网址、链接到销售主页的旗帜广告等在内的整体广告计划。而且正如前面所述，网络广告技术也在不断地演进、发展。随着越来越多的计算机配备高速的调制解调器和立体声音响，网上有声广告市场已经成熟。有声技术能够创建一种情境。当顾客进入一个汽车短程高速比赛的网址时，他能听到汽车引擎的轰鸣声，从而有身临其境的感觉。利用有声技术，还可以提升客户服务的档次，当消费者通过 FAQs 获取产品售后支持服务时，可以直接听到他们对问题的答复，并且录下来。当需要时间放这些信息时，这将会有助于建立人性化对话方式，改善客户关系。

（五）信息中心与 Internet 的结合

在网上分销产品、服务的公司，其产品报价的每次变动、新产品的每次发布等信息均通过 Internet 来进行，Internet 将是一个很好的途径。利用网络，公司的信息中心可以削减大笔的发布成本，而顾客也可以即时获得更新过的信息。

网络营销是随着网络技术的发展而发展的，对传统的经营方式、竞争形态以及消费者价值观念都形成了巨大冲击。作为一个全新的营销视角，毋庸置疑，网络营销将在 21 世纪的经济生活中扮演越来越重要的角色。

复习题

1. 什么是网络营销？网络营销有何特点？
2. 企业怎样利用网络营销提高自己的竞争优势？
3. 联系实际谈谈网络营销与传统营销的差异。
4. 网络营销的常用方法有哪几种？
5. 结合实际谈谈网络营销的发展有哪些制约因素。

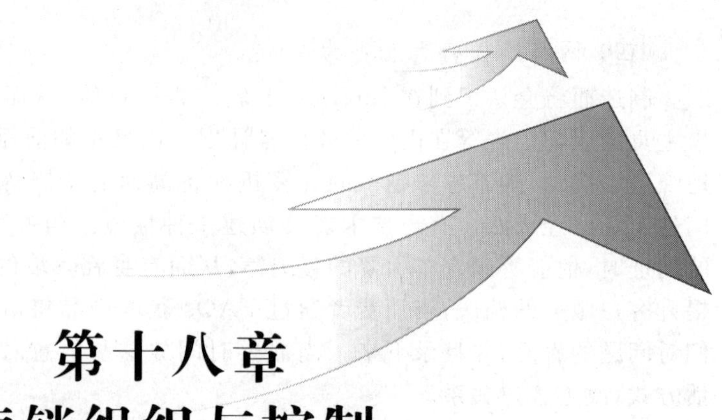

第十八章
营销组织与控制

［教学要求］

了解市场营销组织的演变过程；
掌握市场营销组织设计的理论框架；
了解市场营销组织的形式；
了解营销部门与其他部门的关系；
了解市场营销执行过程；
掌握市场营销执行技能；
了解市场营销控制；
掌握年度计划控制；
掌握赢利能力控制；
掌握市场营销审计的定义及特点；
了解营销审计的内容；
掌握营销战略审计。

市场营销活动是由企业一系列有组织的人员来负责计划和实施的。设计一个合适的企业营销组织，对于企业营销任务的顺利完成、企业目标的实现和战略计划的成功实施都起着不可估量的作用。然而，企业营销组织在执行营销任务和战略的过程中，可能会由于种种原因而背离企业的营销战略计划，这就要求我们必须对营销执行情况加以控制与审计。

第一节　市场营销组织设计

企业为了更好地组织和实施各项营销活动，必须设计合适的营销组织。当企业组织营销活动时，通常面临两个根本性问题：一是营销任务是应该通过内部组织完成还是应该通过外部组织（市场）完成？二是那些内部组织抑或是外部组织（市场）应该如何结构化，以实现组织的绩效目标？企业的营销组织设计，必须很好地处理这两个问题。

一、市场营销组织设计的理论基础

（一）交易成本理论

奥利弗·威廉姆森(Oliver Willamson，1975)[①]提出的交易成本经济学理论，为我们分析一项特定的营销活动是应该内部组织实施还是外部组织（市场）实施提供了很好的理论分析框架。交易成本理论主要关注内部组织实施与外部组织（市场）实施的相对效率以及影响这两种组织方式实施效率的条件。

交易成本理论认为，在充分竞争的市场条件下，企业任务应该通过外部组织（市场）来完成，因为内部组织的效率是无法与外部组织（市场）的效率相媲美的。但是，市场失灵的存在，往往会使外部组织（市场）的效率大打折扣。当一项任务需要高度专业化（特质性）的资产、投资和知识时，市场失灵情况就特别容易发生。在需要特质性资产的情况下，许多企业不愿意冒险做此投资，故产生市场上较少数量的讨价还价和供应企业的机会主义与非竞争性行为。市场失灵情况在下述两种情况下还会加重：一是外部环境存在着不确定性和复杂性；二是企业任务的绩效难以评估，买方不清楚企业任务是如何操作完成的，也难以决定契约协议是否得到履行。在市场失灵的情况下，企业任务的完成应该实行内部化。

（二）市场营销组织的演变

市场营销组织是制定和实施营销计划的职能部门。现代企业的营销部门是随着市场营销管理哲学的不断发展演变而来的，尤其在西方国家，大致经历了单纯的销售部门、兼有辅助职能的销售部门、独立的市场营销部门、现代市场营销部门和现代市场营销企业五个阶段。

(1) 单纯的销售部门。20 世纪 30 年代以前，西方的企业以生产观念作为指导思想，大部分企业都采用这种形式。一般来说，每个企业都是从财务、生产、推销以及会计四个基本职能部门开展的。财务部门专门负责资金的筹措，生产部门专门负责产品的制造，推销部门的任务是产品销售，通常它由一个副总经理负责管理推销人员，并且兼管若干市场营销研究和广告宣传工作。销售部门的职责就是推销产品，无权过问产品的种类、规格、数量等问题。

(2) 兼有辅助职能的销售部门。20 世纪 30 年代大萧条以后，市场竞争日趋激烈，大多数企业以推销观念作为指导思想，这就需要经常性的市场营销研究、广告宣传以及其他的促销活动，因此这些工作渐渐变为专门的职能，当工作量达到一定程度时，便会设立一名市场营销主任专门负责这方面的工作。

(3) 独立的市场营销部门。随着企业规模和业务范围的进一步扩大，原来作为辅助工作的市场营销调研、新产品开发、广告促销和为顾客服务等市场营销职能的重要性日益增强。这时，市场营销部门成为一个相对独立的职能部门，作为市场营销部门负责人的市场营销副总经理同推销副总经理一样直接受总经理的领导，销售和市场营销成为平

---

① Williamson Oliver E. Markets and Hierarchies. New York：Free Press，1975.

行的职能部门。

(4) 现代市场营销部门。在市场营销组织中,销售部门与市场营销部门应该默契地进行合作,但是他们之间实际形成的关系往往是一种彼此敌对、互相猜疑的关系。推销副总经理趋向于短期行为,侧重于取得眼前的销售量的多少,而市场营销副总经理则多着眼于长期效果,侧重于制定适当的产品计划和市场营销战略,以满足市场的长期需要。销售部门和市场营销部门之间矛盾冲突的解决过程,形成了现代市场营销部门的基础,即由市场营销副总经理全面负责,管理所有市场营销职能部门和销售部门。

(5) 现代市场营销企业。一个企业仅仅有了上述现代市场营销部门,还不等于是现代市场营销企业。现代市场营销企业取决于企业内部各种管理人员对待市场营销职能的态度,只有当所有的管理人员都认识到企业一切部门的工作都是"为顾客服务",只有当"市场营销"是一个部门的名称而且是一个企业的经营哲学时,这个企业才能算是一个"以顾客为中心"的现代市场营销企业。

二、市场营销组织设计的理论框架

沃尔克(Ruekert,Walker,Roering,1985)运用交易成本理论和传统组织理论研究企业营销组织的设计问题。三位营销学者认为②,企业营销组织的绩效类型取决于其营销任务的性质、任务的组织方式以及任务赖以完成的环境特性。据此,企业营销活动的组织和营销组织的设计需要依此三点而展开考虑。三位营销学者分别以营销组织结构特征和营销任务的企业内外部组织方式为矩阵的纵横向维度,界定出了下表所示的四种类型营销组织架构。

四种类型的营销组织架构表

		内部组织 vs 外部组织(市场)	
		内部组织营销活动	外部组织营销活动
组织结构特征	集权化 正规化 非专业化	官僚化组织 合适的使用背景 ·市场失灵 ·环境不确定性低 ·重复性任务,易于评估,需要一些专业化投资 绩效特征 ·高效率 ·高度有效性 ·低的环境适应性	交易组织 合适的使用背景 ·竞争性市场条件 ·环境不确定性低 ·重复性任务,易于评估,不需要专业化投资 绩效特征 ·最高效率 ·高度有效性 ·低的环境适应性

② Ruekert Robert W. Orville C Walker, Jr Kenneth J Roering. The Organization of Marketing Activities: A Contingency Theory of Structure and Performance. Journal of Marketing, 1985, (49): 21.

续表

		内部组织 vs 外部组织(市场)	
		内部组织营销活动	外部组织营销活动
	非集权化 非正规化 专业化	有机组织 合适的使用背景 ·市场失灵 ·环境不确定性高 ·不经常发生的任务,难以评估,需要高度专业化投资 绩效特征 ·高的环境适应性 ·高度有效性 ·低效率	关系组织 合适的使用背景 ·竞争性市场条件 ·环境不确定性高 ·非常规任务,难以评估,需要很少的专业化投资 绩效特征 ·高的环境适应性 ·高度有效性 ·低效率

资料来源:Ruekert Robert W,Orville C Walker Jr,Kenneth J. Roering. The Organization of Marketing Activities: A Contingency Theory of Structure and Performance. Journal of Marketing,1985,(49):21.

(一)有机机构

当市场环境高度不确定时,营销组织绩效的环境适应性就显得十分关键。环境的不确定性伴随市场的失灵,要求企业的营销任务实施内部化组织。企业的营销组织结构特征为:非集权化、非正规化和专业化。这种有机结构形式在满足变化的环境方面具有较大的灵活性,且有效性维持较久,但是,其运作效率不是很高。

企业的新产品开发团队和区域销售运作,多是采用有机结构运作的。团队成员享有一定的决策自主权。为了促进团队创新氛围的形成和团队创新努力的实现,规则和政策已经弱化,取而代之的是团队成员的决策自由。

(二)官僚结构

官僚结构实施营销任务的内部化组织,且具有集权化、正规化和非专业化结构特征。当市场环境是稳定的,某项营销任务是经常性操作、绩效可以清晰度量,但需要一定的专业化投资时,官僚结构可以提供高的有效性和效率。但是,官僚结构抗环境变化能力低。

企业的功能性营销任务通常采用官僚结构,如公司总部的销售人员、研究人员、促销人员、广告人员、终端销售人员等的组织管理就是使用此类结构。

(三)交易结构

在充分竞争的市场条件下,企业营销任务的外部组织(市场)实施相对于企业内部来说要更有效率。当企业与外部供应商之间的关系具备集权化、正规化和非专业化结构特征时,可以采用交易化结构营销组织形式。这种形式的组织最适合于那些易于评估绩效的重复性任务。交易结构具有极高的效率和有效性。

(四)关系结构

关系结构也是通过外部供应商组织企业营销活动的实施,但是,企业与供应商之间的关系结构是非集权化、非正规化和专业化的。这种关系形式存在的条件是:环境具有不确定性,营销任务是非常规的和难以评估的。在这种情况下,传统的现货契约(即期合同)是难以订立和实施的。

市场营销中的关系结构例子很多,如企业与各类咨询公司、批发零售商、广告代理商和包装设计公司等外部机构之间的业务合作,均属此列。

三、市场营销组织的形式

企业应该根据自己的实际情况建立相应的组织形式。大体上,市场营销组织的类型有以下五种类型[③]。

(一)职能型管理组织

这是一种最古老也是最常见的市场营销组织形式。它强调市场营销的各种职能的重要性。该组织把销售职能当成市场营销的重点,而广告、产品管理和研究职能则处于次要地位。当企业只有一种或很少几种产品,或者企业产品的销售方式大体相同时,按照市场营销职能设置这种组织结构比较有效。但是随着产品品种的增多和市场的扩大,这种组织形式就暴露出发展不平衡和难以协调的问题。没有一个部门能对某产品的整个市场营销活动负全部责任,因此,各个部门就强调自己部门的重要性,以便争取更多的资源和决策的权力。

这种组织形式的优点是易于管理。然而,在营销部门,能否发展平衡的工作关系受到重大挑战。随着公司产品品种的增多和市场的扩大,这种组织形式越来越暴露出其效率太低的弱点。首先,职能型营销机构常会发生对某些特定产品和特定市场的计划工作不完善的情况,未受到各职能专家偏爱的产品就会被搁置一旁。其次,各职能部门都争相要求自己的部门比其他部门得到更大的预算和更重要的地位,营销副总经理不得不经常仔细审核相互竞争的各职能部门专家所提出的各种要求,并面临着如何进行协调的难题。

(二)地区型管理组织

如果一个企业的市场营销活动面向全国,那么它会按照地理区域设置其市场营销机构。该机构设置包括:一名负责全国销售业务的销售经理,若干名区域销售经理、地区销售经理和地方销售经理。为了使整个市场营销活动更为有效,地区型组织通常都是与其他类型的组织结合起来使用。有些公司为了支持销量较高的市场销售力量,增加了地区营销专家。

改进的信息和营销调研技术也在刺激地区型销售组织。从商店柜台扫描中得来的数据使快速跟踪产品销售成为可能,并且帮助公司发现当地的问题和机会。零售商热衷于针对自己城市和附近地区顾客的本土方案。因此,为了使零售商高兴,制造商必须制定本土化的营销计划。

(三)产品或品牌型管理组织

生产多种产品和拥有多个品牌的公司,常常建立一个产品管理组织。这种产品管理组织并没有取代职能型管理组织,只不过是增加了另一个管理层次而已。如果公司所生

---

③ 菲利普·科特勒.营销管理.第12版.梅清豪等,译.上海:上海人民出版社,2006:785-791.

产的各种产品差异很大,或产品品种数量太多,使得职能型营销组织无法处理,在这种情况下,建立产品管理组织就是适宜的。产品经理负责管理几个产品类目经理,产品类目经理之下再设具体产品经理和品牌经理。

产品管理或品牌管理有时可作为一个独立中心。产品经理或品牌经理独立地与各个部门打交道。某些产品经理或品牌经理有以下的任务:①发展产品的长期经营和竞争战略;②编制年度营销计划和进行销售预测;③与广告代理商和经销代理商一起研究广告的文案设计、节目方案和宣传活动;④激励推销人员和分销商对经营该产品的兴趣和支持;⑤不断收集有关该产品的性能、顾客及经销商对产品的看法、产品遇到的新问题及新销售机会的情报;⑥组织产品改进,以适应不断变化的市场需求。

产品管理组织有以下几方面的优点:产品经理能够为产品开发具有成本效益的营销组合;产品经理能更快地对市场上出现的新产品作出反应;公司的小品牌产品也由产品经理专管,也可以受到产品推荐。

然而,这种组织结构并非没有缺点,其缺点有:①产品经理或特定品牌经理未能获得足够必要的权威,以保证他们有效地履行自己的职责。他们得靠劝说的方法来取得其他部门的配合。②产品经理或品牌经理虽然能成为自己所经营的产品的专家,但很难成为公司其他职能的专家。他们既像专家一样,可又会在真专家面前相形见绌。③产品管理系统常常开支过高。起初,只指定一个人专管一种主要产品或品牌,后来,又会安排另一些人去专管其他的小产品或品牌。④品牌经理任期通常都很短。他们工作任期较短,公司的营销计划也只能是短期的,从而影响了产品长期优势的建立。⑤细分的市场使品牌经理很难开发一个从总部角度出发的全国性战略。品牌经理必须更多地研究地区贸易群体和更依靠当地的销售队伍,结果是他把精力从营销转向销售。⑥产品经理或品牌经理使公司的重点落在建立市场份额,而非建立客户关系上。品牌经理似乎成为客户关系管理的对立面。然而,今天价值创造的主要手段是客户关系,而非品牌。

(四) 市场型管理组织

许多公司把产品向多种多样的市场销售。当客户可以按不同购买行为或产品偏好分为不同的用户类别的时候,设立市场营销管理组织是颇为理想的。一名市场主管经理管理几名市场经理。市场经理开展工作时需要职能型服务,一些职能部门的专家甚至要向重要市场的市场经理汇报工作。

市场经理实质上是参谋人员,他们的职责与产品经理相类似。市场经理负责制定主管市场的长期计划和年度计划,他们的业绩根据所主管市场的成长状况和利润水平来衡量。这种市场管理制度有着与产品管理制度相同的优缺点。其最大的优点是市场营销活动是按照满足各类显然不同的顾客需求来组织和安排的,而不是集中在营销职能、销售地区或产品本身。许多公司开始根据市场重组,成为以市场为中心的组织。施乐、IBM 和惠普公司已经从按照地区划分销售区域,转变为按照行业来划分销售区域。在公开管理型组织中,公司就能够更好地了解个体化的顾客,而不仅仅了解总体市场或者子市场的面貌。

(五) 矩阵型管理组织

生产多种产品并向多个市场销售的公司,趋向于采用矩阵型组织。这种矩阵型管理组织制度对于那些多品种、多市场的公司来说是符合需要的。矩阵型管理组织能加强企业内部之间的协作，既能集中各种专业人员的知识技能又不增加编制，组建方便，适应性强，有利于提高工作效率。但是，双重领导、过于公权化、稳定性差和管理成本较高的缺陷又多少抵消了一部分效率。矩阵型管理组织的出现是因为公司需要扁平精干的团队组织，以业务过程为中心，并能够削减水平职能交叉。

例 18.1：神州数码是以做 IT 产品分销起家，进而逐渐向 IT 增值服务转型的企业，其 IT 分销业务的销售额在行业中多年来一直居于领先地位。神州数码取得这些成绩的背后，是一个不断根据市场变化调整组织结构的历程。早在 2006 年 4 月，神州数码就开始打散了原先的集团事业本部组织架构，重组了四大虚拟子公司，分别运营海量 IT 分销、增值服务、IT 服务及自有产品等业务，现在又频频高调成立区域分公司。目前，神州数码已经形成了矩阵型的区域管理架构，通过区域平台拓展，可以更好地适应变化的市场。促成神州数码营销组织结构转变的主要原因是由于外部竞争环境的日益加剧，一些国外大品牌开始进行地域渗透，且不断在向客户端靠近。神州数码值此进行恰当的组织结构调整则有利于贴近用户市场，在提高用户满意度的同时，促进企业资源更高效率的调配。

资料来源：邓勇兵．神州数码营销升级从组织变革开始．中外管理：2007，(4)．http://qkzz.net/magazine/1002-6525/2007/04/818170.htm.

四、企业营销部门与其他部门的关系

企业内部各职能部门应该密切配合以实现企业的整体目标。但实际上，由于种种原因，营销部门与其他部门之间常常存在着各种各样的矛盾。其中有些矛盾是由于部门之间的偏见造成的，有些是由于部门利益与企业利益相冲突所造成的。在企业的组织结构中，所有职能部门可以说对顾客的满意程度都有或多或少的影响。正如市场营销部门强调顾客满意这一点一样，其他部门也同样强调它们工作的重要性，因此其他部门经常反对在工作中一切以顾客利益为中心。因此，如何处理好营销部门与其他部门之间的关系对于企业组织来说显得非常重要。

（一）与研发部门的关系

研究开发部门由科技人员组成，他们往往从科学技术的角度来看待问题，喜欢攻克技术难关，开发技术上领先或超前的新产品，而对新产品能否有市场、获利则不怎么关心。营销部门是由具有市场头脑的人员构成的，他们对市场环境比较了解，希望有更多符合消费者需要的新产品问世，注重产品成本和赢利水平。因此，两个部门的人往往容易各自带着偏见来看对方，这样，就会出现三种情况：偏重技术、偏重市场和二者并重。偏重技术的企业重视技术优势，开发新产品往往费用高，成功率低；偏重市场的企业，研究开发部门只是奉命为具体市场的需要设计产品，主要对现有技术加以改进和应用，新产品成功率高，但产品生命周期较短；二者并重的企业，营销部门与研究开发部门关系密切，能有效地进行合作，合作方式主要有联合举办研讨会、互派人员参与对方活动、共同制定营销计划与目标，当遇到矛盾冲突时，由高层管理部门予以解决。

（二）与工程部门的关系

工程部门负责运用切实可行的方法，来设计新产品和新的生产程序。工程师们更关心产品的技术质量、成本费用的节约以及制造工艺的简化。如果市场营销人员希望以产品多样化，而不是标准配件来突出产品特色，工程师们便会与之发生冲突。他们认为市场营销人员只要求外形美观，而不注重其内在性能，是一群极易改变工作重心且夸夸其谈的人，不值得加以信任。但在市场营销人员具有工程基础知识并能有效地与工程师沟通的企业中，一般不会出现这种问题。

（三）与采购部门的关系

采购主管人员负责以最低的成本买进质量、数量都合适的原材料与零配件。通常，他们的购买量大且品种较少。但市场营销经理通常会争取在一条生产线上推出几种型号的产品，采购主管人员认为市场营销部门对原料及其零配件的质量要求过高，尤其是当市场营销部门的预测发生错误时更为突出，这迫使他们不得不以较高的价格条件购进原材料，有时还会造成库存过多而积压的现象。

（四）与生产部门的关系

生产部门的职责是维持生产的正常运转，用适当的成本，在适当的时间内生产出适当数量的产品。他们往往抱怨营销部门做不出正确的销售预测，推荐难以制造的产品，答应给顾客过多不合理的服务项目。营销部门则对生产部门的困难关心不够，认为生产部门为顾客考虑太少，产品质量控制不严。这样，就会出现三种情况：以生产为重、以市场为重和二者并重。以生产为重的企业将围绕生产来组织活动，营销往往发挥不了作用。以市场为重的企业，就会想尽一切办法来满足顾客需要，营销部门要求生产什么，生产部门就生产什么，从而对产品成本、质量等考虑不够。二者并重的企业，生产部门与营销部门可以共同确定企业追求的最佳利益，采用的方法有：开联合研讨会；设置联合委员会和联络人员，制定人员交流计划；共同制定最佳的行动方案等。

（五）与财务部门的关系

财务部门认为自己最懂得怎样估算各项业务活动支出的获利能力，而营销部门经常要求为广告促销等活动提供大量的预算，却又不能具体说明这些经费带来多少销售利润。营销部门则认为财务人员控制资金太紧，过于保守，不敢冒险，因拒绝开发投资失去了许多机会。解决这个问题的办法是，加强对营销人员的财务训练和财务人员的营销训练。财务主管人员要善于运用财务工具盒理论支持对全局有影响的营销工作。

（六）与会计部门的关系

会计人员认为市场营销人员不能准时制作报表，尤其不喜欢营销人员为顾客达成的特殊交易，因为这些交易需要特殊的会计手续。反之，市场营销人员则不喜欢会计人员把固定成本分摊到不同品牌上去。品牌经理认为，他们主管的品牌比预期的更能赢利，但问题在于分摊给产品的间接费用太多，而使得品牌利润率降低；他们还希望会计部门能按渠道、区域、订货规模等编制各不相同的利润表和销售报表。

第二节 市场营销执行

市场营销执行是将市场营销计划转化为行动方案的过程,并保证计划的完成,以实现计划好的目标。市场营销执行是一个艰巨而复杂的过程,企业经常制定的战略和计划都是相当优秀的,但是往往不能得到预期的效果,这是因为没有得到有效的执行。管理人员常常难以诊断市场营销工作执行中的问题,市场营销失败的原因可能是由于战略战术本身有问题,也有可能是由于正确的战略没有得到有效的执行。

一、市场营销执行中的问题

(一)计划脱离现实

企业的市场营销战略和市场营销计划通常是由上层的专业计划人员制定的,而执行则要依靠市场营销管理人员,由于这两类人员之间往往缺乏必要的沟通和交流,所以导致了以下各种问题的出现:

(1)企业的专业计划人员只考虑总体战略而忽视执行中的细节,使计划过于笼统和流于形式。

(2)企业专业计划人员和市场营销管理人员之间的交流和沟通的缺乏,导致市场营销管理人员在执行过程中经常遇到困难,因为他们并不完全理解需要他们去执行的战略。

(3)企业专业计划人员往往不了解计划执行过程中的具体问题,所以他们拟定的计划有可能会脱离现实。

脱离实际的战略导致专业计划人员和市场营销管理人员相互对立和不信任。现在,许多西方企业已经意识到,不能仅依靠专业计划人员为市场营销人员制定计划,正确的做法应该是让计划人员协助市场营销人员制定计划。因为销售人员比计划人员更了解现实情况,让他们参与企业的计划管理过程会更有利于市场营销的执行。因此,许多西方企业削减了庞大的集中计划部门人员。

(二)长期目标和短期目标相互矛盾

市场营销战略通常着眼于企业的长期目标,涉及的是企业今后3～5年的各项经营活动。但具体执行这些战略的营销人员通常是根据他们的短期工作绩效,如销售量、市场占有率、利润率等指标来评估和进行奖励的。因此,销售人员常会选择短期行为。许多销售人员追求眼前效益和个人奖金而不顾企业的长远发展,经常会将公司的主要资源投入到现有的成熟产品中。因此,公司应该采取适当的措施,克服这种长期目标和短期目标之间的矛盾,设法求得两者的平衡协调。

(三)因循守旧的惰性

企业当前的经营活动往往是为了实现既定的战略目标,新的战略如果不符合企业的传统和习惯就会遭到抵制。新的战略与原来的战略差异越大,遭受的抵制往往会越大,执行过程中遭受的阻力也会越大。要想执行与原有战略截然不同的新战略,就需要企业改变原来的组织结构。

(四) 缺乏明确的具体的执行方案

有些战略之所以失败,是因为计划人员没有制定具体的明确的执行方案。许多企业面临困境,就是因为缺乏一个能够使企业内部有关部门协调一致作战的具体实施方案。企业高层决策和管理人员不能有丝毫想当然的心理,相反,他们必须制定详尽的实施方案,规定和协调各部门的活动,编制详细周密的项目时间表,明确各部门经理应负的责任。只有这样,企业市场营销的执行才会有保障。

二、市场营销执行过程

(一) 制定行动方案

为了有效地实施市场营销战略,必须制定详细的行动方案。方案应该明确市场营销战略实施的关键性决策和任务,并将执行这些决策和任务的责任落实到个人或小组。另外,还应该包含具体的时间表,定出行动的确切时间。

(二) 建立组织结构

企业的正式组织在市场营销执行过程中起着决定性的作用。组织将战略实施的任务分配给具体的部门和人员,规定明确的职权界限和信息沟通渠道,协调企业内部的各项决策和行动。企业的战略不同,相应建立的组织结构也应有所不同。组织的结构必须与企业战略相一致,必须同企业本身的特点和环境相适应。组织结构具有两大职能,首先要明确分工,将全部工作分解为管理的几个部分,将它们分配给各有关部门和人员。其次,是发挥协调作用,通过正式的组织联系沟通网络,协调各部门和人员间的行动。

(三) 设计决策和报酬制度

为实施市场营销战略,还必须设计相应的决策和报酬制度。这些制度与战略实施的成败直接相关。就企业对管理人员工作的评估和报酬制度而言,如果以短期的经营利润为标准,管理人员的行为必然会趋于短期化,他们不会为实现长期战略目标而努力。

(四) 开发人力资源

市场营销战略最终是由企业内部的工作人员来执行的,所有人力资源的开发至关重要。这涉及人员的考核、选拔、安置、培训和激励等问题。在考核、选拔管理人员时,要注意将适当的工作分配给适当的人,做到人尽其才,为了激励员工的积极性,必须建立完善的工资制度、福利制度和奖惩制度。企业还必须决定行政管理人员、业务管理人员和一线员工之间的比例。不同的战略要求具有不同性格和能力的管理者。

(五) 建设企业文化和管理风格

企业文化是指一个企业内部全体人员所共有的与遵循的价值观和行为准则。与企业文化相关联的是企业的管理风格。有些管理者的管理风格属于集权型。他们喜欢发号施令,独揽大权,严格控制,坚持采用正式的信息沟通,不能容忍非正式的组织和活动。另外一些管理者的管理风格属于分权型,他们主张授权给下属,协调各部门的工作,鼓励下属的主动精神和非正式的交流与沟通。不同的战略要求不同的管理风格，企业文化和管理风格一旦形成，就具有相对的稳定性和连续性，不容易改变。因此，企业战略通常是适应企业文化和管理风格的要求来制定的，企业原有的文化和风格不宜轻易改变。

（六）市场营销战略实施系统各要素间的关系

为了有效地实施市场营销战略，企业的行动方案、组织结构、决策和报酬制度、人力资源、企业文化和管理风格都必须协调一致、相互配合，这样才能使企业的市场营销战略取得成功。

三、市场营销执行技能

市场营销执行问题常常出现于三个层次：市场营销职能，即基本的市场营销职能能否顺利实施，如企业怎样才能从某广告公司获得更有创意的广告；市场营销方案，即把所有的市场营销职能协调地组合起来，构成整体行动；市场营销政策，如企业要求所有的销售人员对待顾客要用最好的态度和最好的服务。

(1) 配置技能。市场营销经理在职能、政策和方案三个层次上配置时间、资金和人员的能力。

(2) 组织技能。常用于发展有效工作的组织中，理解正式和非正式的市场营销组织对于开展有效的市场营销执行活动是非常重要的。

(3) 调控技能。包括建立和管理一个对市场营销活动效果进行追踪的控制系统。

(4) 互动技能。互动技能是指市场营销经理影响他人把事情办好的能力。市场营销经理不仅必须有能力推动本企业的人员有效地执行理想的战略，还必须推动企业外的人员或企业（市场调查公司、营销顾问公司、广告公司、公关公司、经销商、批发商、代理商等）来实施理想的战略，即使他们的目标与本企业的目标有所不同。

第三节　市场营销控制

市场营销控制是指市场营销管理者经常检查市场营销计划的执行情况，比较计划与实际是否相一致，如果不一致或没有完成计划，就要找出原因，并且采取适当的措施和正确的行动方案，以保证市场营销计划的完成。市场营销控制有四种方法[④]：年度计划控制、赢利能力控制、效率控制和战略控制。

（一）年度计划控制

企业都需要制定一个年度计划，但是，年度市场营销计划的执行能否取得预期的成效，还需要看控制的工作实施得怎么样。年度计划控制是指企业在本年度内采取控制步骤，检查实际绩效与计划之间是否存在差别，如果有差别，就要采取改进措施，以确保市场营销计划的实现与完成。许多企业每年都会制定相当缜密的计划，但是执行的结果却

---

④　吴建安．市场营销学．第3版．北京：高等教育出版社，2007：423－426.

与预期的效果存在不小的差距。实际上，计划的结果不仅取决于计划制定得是否正确和符合实际，更多的是依赖于计划执行与控制的效率如何。企业制定完年度计划并付诸实施后，还需要做好控制工作。

(1) 年度计划控制的目的。促使年度计划产生连续不断的推动力；控制的结果可以作为年终绩效评估的依据；发现企业潜在问题并及时予以妥善解决；高层管理人员可借此有效地监督各部门的工作。

(2) 年度计划控制的步骤。制定标准，即确定本年度各个季度的目标，如销售目标、利润目标等；绩效测量，即将实际成果与预期成果相比较；因果分析，即研究发生差距的原因；改正行动，即采取最佳的改正措施，努力使成果与计划相一致。

(3) 年度计划控制的方法。企业管理人员可以运用五种绩效工具核对年度计划目标的实现程度，即销售分析、市场占有率分析、市场营销费用对销售额比率分析、财务分析和顾客态度追踪。

(4) 销售分析。主要用于衡量和评估管理人员所制定的计划销售目标与实际目标之间的关系。这种关系的衡量和评估有两种主要的方法。一种是销售差异分析，用于决定各个不同的因素对销售绩效的不同作用；另一种是微观销售分析，可以决定未能达到预期销售额的特定产品、地区等。

(5) 市场占有率分析。企业的销售绩效并未反映出相对于其竞争企业的经营状况如何。如果企业的销售额增加了，可能是由于企业所处的整个经济环境的发展，也可能是因为其市场营销工作较之其竞争对手有相对改善。市场占有率正是剔除了一般的环境影响来考察企业本身的经营状况。如果企业的市场占有率上升，表明它较其竞争对手的情况更好；如果下降，则说明其相对于竞争对手的绩效较差。一般来说，有以下四种不同的度量方法：全部市场占有率，即以企业的销售额占全行业的销售额的百分比来表示的市场占有率。使用这种测量方法必须做两项决策，一是要以单位销售额来表示市场占有率；二是正确认定行业的范围，即明确本行业所应包括的产品、市场等。可达市场占有率，即以企业的销售额占全企业所服务市场的百分比来表示市场占有率。所谓可达市场，一是企业产品最适合的市场，二是企业市场营销努力所及的市场。企业可能有近百分之百的可达市场占有率，却只有相对较小百分比的全部市场占有率。相对市场占有率(相对于三个最大竞争对手)，即以企业销售额相对于最大的三个竞争对手的销售额总和的百分比来表示的市场占有率。相对市场占有率(相对应市场主导者)，即以企业销售额对于市场主导者的销售额的百分比来表示的市场占有率。相对市场占有率超过百分之百，表明该企业是市场主导者，相对市场占有率等于百分之百，表明企业与市场主导者同为市场主导者。相对市场占有率增加表明企业正接近市场主导者。

(二) 赢利能力控制

除了年度计划控制以外，企业还需要运用赢利能力控制来测定不同产品、不同销售区域、不同顾客群体、不同渠道以及不同订货规模的赢利能力。由赢利能力控制所获取的信息，有助于管理人员决定各种产品是从营销活动中扩展、减少还是取消。

(1) 市场营销成本。市场营销成本直接影响企业的利润，它包括：直接推销费用，包括直销人员的工资、奖金、差旅费、培训费、交际费等；促销费用，包括广告媒体成本、产品说明书印刷费用、赠奖费用、展览会费用、促销人员工资等；仓储费用，包括租金、维护费、折旧、保险、包装费、存货成本等；运输费用，包括托运费用等；其他市场营销费用，包括市场营销管理人员的工资、办公费用等。

（2）赢利能力的考察指标。企业的所有管理活动的最终目的就是赢利，因此，企业的赢利能力是企业高层管理人员最为重视的，赢利能力控制在市场营销管理中占有十分重要的地位。以下是企业赢利能力的几种考察指标：

销售利润率。一般来说，企业将销售利润率作为评估企业获利能力的主要指标之一。销售利润率是指利润与销售额之间的比率，表示每销售一百元使企业获得的利润。

资产收益率。资产收益率是指企业所创造的总利润与企业全部资产的比率。

净资产收益率。净资产收益率是指税后利润与净资产所得的比率。净资产是指总资产减去负债总额后的净值。

资产管理效率。资产管理效率可以通过以下比率来分析：资产周转率。该指标是指一个企业以资产平均总额去除产品销售收入净额而得出的全部资产周转率。该指标可以衡量企业全部投资的利用效率，资产周转率高说明投资的利用效率高。

存货周转率。该指标是指产品销售成本与存货平均余额之比，这项指标说明某一时期内存货周转的次数，从而考核存货的流动性。存货平均余额一般取年初和年末余额的平均数。一般来说，存货周转率次数越高越好，说明存货水平较低，周转快，资金使用效率较高。资产管理效率与赢利能力密切相关。资产管理效率高，赢利能力相应也较高。

（三）效率控制

赢利能力分析显示出企业关于某一产品、地区或市场所得的利润很少，接着就要考虑用什么高效率的方式来管理销售人员、广告、促销等活动。

（1）销售人员效率控制。企业进行销售人员效率控制主要有以下指标：每个销售人员每天平均的访问次数；每次会晤的平均访问时间；每次销售访问的平均收益；每次销售访问的平均成本；每次销售访问的招待成本；每百次销售访问所订购的百分比；每期的新顾客数；每期流失的顾客数；销售成本对总销售额的百分比。企业可以从分析中发现一些非常重要的问题，例如，销售代表每天的访问次数是否太少，每次访问所花的时间是否太多，是否在招待上花费太多，等等。

（2）广告效率控制。企业进行广告效率控制，要做好以下几项统计：每一媒体类型、每一媒体工具接触每千名购买者所花费的广告成本；顾客对每一媒体工具注意、联想和阅读的百分比；顾客对广告内容和效果的意见；接触广告前后对产品态度的变化测定；受广告刺激而引起的咨询次数。

企业高层管理人员可以采取若干步骤来改进广告效率，包括进行更加有效地产品定位、确定广告目标、利用相关计算机软件来指导广告媒体的选择、寻找较佳的媒体以及进行广告后效果测定等。

（3）促销效率控制。为了改善促销的效率，企业还需要进行促销效率的控制。高层管理人员对每一项促销的成本和销售的影响要做好以下统计：由于优惠而销售的百分比；每一销售额的陈列成本；赠券收回的百分比；因示范而引起的咨询的次数。

企业还应该观察不同促销手段所带来的不同效果和影响，并使用最有效的促销手段。

(4) 分销效率控制。分销效率控制主要是对企业存货水平、仓库位置及运输方式进行分析和改进,以达到最佳配置并寻找最佳运输方式和途径。

效率控制的目的在于提高人员推销、广告、促销和分销等市场营销活动的效率,市场营销管理人员必须关注这些重要的比率,这些比率表明市场营销执行的有效性,显示出应该如何采取措施以改进执行情况。

(四) 战略控制

由于市场营销环境变化得很快,往往会使企业制定的目标、战略、方案失去作用。因此,在企业市场营销战略的实施过程中必然会出现战略控制的问题。战略控制是指市场营销管理人员采取一系列行动,使实际市场营销工作与原计划尽可能一致,在控制中通过不断评审和信息反馈,对战略进行不断修正。市场营销战略的控制既重要又难以准确确定。因为企业战略的成功是总体的和全局性的,战略控制注意的是控制未来,是未发生的事件。战略控制必须根据最新的情况重新评价计划和进展,因而难度也很大。

企业在进行战略控制时,可以运用市场营销审计这一工具。各个企业都有财务会计审计,在一定时期内客观对审核的财务会计资料或事项进行考察、询问、检查、分析,最后根据所获得的数据按照专业标准进行判断,作出结论,并提出报告。

例 18.2: 在行业衰退显著的 2008 年里,华为仍然取得了增长 40%的不俗业绩,充分彰显了数年来华为强化集团战略管控的成效。多年来,华为巨资投入研发,以确保企业核心竞争力的增强。华为的研发战略始终坚持“市场驱动”,并实施以项目为中心的团队运作模式。任何产品一经立项就瞄准市场和客户需求,并成立开发、服务、制造、财务、采购、质量等人员组成的团队,确保产品一推到市场就满足客户需要。为了能对前线市场信息有充分及时的了解和把握,华为明确提出“将决策权前置,让听得见炮声的人来决策”。后方起保障作用,一切为前线着想。后方配备的先进设备、优质资源,应该在前线一发现目标和机会时就能及时发挥作用,并提供有效的支持。在国际化尝试中,华为采取了“搭船出海,全球合资”的经营策略,在全球化竞争中逐渐变被动为主动。2008 年华为 75%的销售额都来自海外市场,这与其长期以来实行海外合资的经营战略密切相关。

资料来源:白万纲．华为的集团战略管控解读．图书馆学科专题系统,2009-10-16. http://210.29.99.10/ztnews/show.asp? id=1080.

第四节 市场营销审计

一、营销审计的定义

营销审计这一概念在营销文献中最早出现于 1959 年美国管理协会的一份报告中,在这份报告里,Shuchman(1959)将营销审计定义为⑤,是对所有营销活动系统的、批判

⑤ AMA Management Report No. 32. New York: American Management Association, 1959.

的、公平的回顾和评价，它既是一个公司前景的预测工具，又是一个诊断营销活动中存在的问题的工具。

科特勒认为[⑥]，营销审计是对一个公司或一个业务单位和营销环境、目标、战略活动，所作的全面的、系统的、独立的和定期的检查，其目的在于决定问题的范围和机会，提出行动计划，以提高公司的营销业绩。

二、营销审计的特点

(1) 全面性。市场营销审计不是一种功能性审计，它不是仅对市场营销组合中的某个功能因素进行审计，而是把市场营销当作一个整体来进行审核。这是由现代市场营销整体性的特点决定的。因为企业的营销活动牵涉到企业内外环境的众多组织与个人，包括职员、供应商、供销商、顾客、竞争者、传媒等等，这就要求市场营销审计只有体现全面性，才能有效地对营销效果进行审核与评价。

(2) 系统性。市场营销的效果受企业的目标、战略、组织和计划等各种条件和客观环境的影响和制约，而且效果达到与否并非一目了然，这就要求市场营销审计必须对营销活动中存在的问题或潜在的机会进行系统性审核与诊断，以检查出影响营销效果的因素并提出正确的营销计划。

(3) 独立性。市场营销审计必须保证审计结果的客观、正确才有实际意义，因此，企业在进行市场营销审计时贯彻独立客观性原则至关重要。

(4) 定期性。市场营销审计不是在企业营销出现问题时才去审计，企业应将其作为一种管理制度持之以恒地开展下去，只有这样，市场营销才有实际效果和生命力。

三、营销审计的程序

(1) 初审阶段。即准备阶段，主要工作是明确审计目标、范围、深度、数据来源及所需时间，熟悉被审单位情况。审查营销控制和方案，掌握企业营销活动的主要问题，制定出审计工作计划的方案。

(2) 评审阶段。即计划实施阶段，主要是收集和核实数据及其他资料，确定评价标准，查阅有关资料，实施访问，掌握确切情况。

(3) 审计结论阶段。即形成建议阶段，主要是针对审计过程中发现的问题提出改进意见并进行书面总结和报告。

(4) 后续阶段。即追踪阶段，主要任务是审查审计建议和意见的落实情况，促使企业贯彻实施，并在客观条件变化时及时提出修正意见。

四、营销审计的内容

特曼(Tirman,1971)提出[⑦]，市场营销审计包括三个内容：第一，营销环境评价。主要是对一个组织的营销环境，特别是它的潜在的投资人市场、当前的投资人、竞争者和影响它筹资能力的宏观环境等进行审计。第二，营销系统评价。对组织内的营销系

⑥ 菲利普·科特勒．营销管理．第12版．梅清豪等，译．上海：上海人民出版社，2006：810.

⑦ Tirman E. Should Your Marketing Beaudited. European Business，1971.

统，特别是组织的筹资目标、实现目标的战略和最后实施的情况等进行审计。第三，细节性营销活动评价。是对组织的主要筹资活动，以及针对每次筹资进行的促销活动等进行审计。

科特勒(1976)则认为[⑧]，营销审计分为以下六个部分。

（一）营销环境审计

(1) 宏观环境。①人口因素的发展变化给企业带来的机会和威胁；②企业需要的资源的成本，环保措施，产品技术、加工技术的改进及企业在技术领域中的地位；③法律法规和政府的有关政策对企业的战略战术的影响；④顾客对企业及其产品的态度，以及他们的生活方式和价值观。

(2) 微观环境。①企业产品的市场规模、成长率、地区销售和赢利方面的变化，目标市场的主要特征及其发展趋势；②顾客对企业的声誉、产品质量、服务方式和价格的反应，对企业和竞争者的比较和评价；③企业于竞争者的目标战略特点，对手的优势、市场规模和营销动向；④企业的分销系统和主要销售渠道，销售过程中的各种有利和不利的条件；⑤企业的各项服务设施。

（二）营销战略审计

(1) 目标。①市场营销的目标是否符合国家的宏观经济状况，是否能反映市场的需求，能否与内部资源以及企业的应变能力保持平衡；②市场营销目标能否全面地反映市场营销各个环节的正常运转；③市场营销目标是否确定了优先次序，合理确定各个目标实现的时间顺序。

(2) 机会。①市场有什么需求，要付出的成本有多高；②企业在近期能获得的最低利润是多少。

(3) 竞争。①竞争者的生产规模、营销战略以及决策风格等；②竞争者的产品组合；③竞争者的市场地位；④竞争者的销售系统；⑤竞争者的促销活动；⑥竞争者的财务状况；⑦竞争者的技术素质和管理素质；⑧竞争者的自然资源状况、能源供应状况；⑨潜在竞争者的有关情况。

(4) 内部条件和资源。①产品评价。通过与竞争者的产品比较，评价本企业产品质量、技术、功能、价格、服务等方面的优缺点，以确定赶超目标。对照用户的要求，评价产品满足用户要求的程度，明确改进方向，评价产品对企业利润的贡献，评价产品的前途和风险，预测各种不利因素对企业会带来什么风险。②员工队伍的素质及其评价。③内部物质条件评价。即对企业开展市场营销的物质基础进行审计，包括企业的生存能力、技术水平、原材料来源、信贷和筹款能力、信息灵敏程度等。

(5) 企业实力和弱点。①评价当前企业的市场位置，即在竞争中的位置；②分析企业面临的外部环境，即主要的机会和威胁；③分析企业的主要资源和技术；④找出存在的差距。这里要特别注意怎样正确分析、判断优势或劣势。

（三）营销组织审计

营销组织审计包括正式结构、功能效率、部门间联系效率、权力配置、与其他职能部

---

⑧ Kotler P, Gregor W, Rodgers W. The Marketing Auditcomes of Age. Sloan Management Review, 1977.

门(如制造部门、研究与开发部门、采购部门、财务管理部门)的协调性等方面的审计。

(1) 检查市场营销主管的权责范围及其适应程度,分析市场营销组织的结构与目标是否适应,市场营销部门和其他职能部门是否关系协调。

(2) 检查市场营销人员的培训、激励、监督和评价的方式方法。

(3) 检查市场营销部门与生产、人力资源管理、财务和研究与开发等部门,是否保持着良好的沟通和合作。

(四) 营销制度审计

营销制度审计包括对营销信息系统、营销计划系统、营销控制系统和新产品开发系统的审计。

(1) 检查市场营销信息系统的有效性。即能否及时、正确地提供有关市场、顾客、经销商、竞争者、供应商以及社会舆论和各界公众,对企业、产品、市场发展的信息。

(2) 检查企业能否有效地利用信息系统提供的报告以及运用何种方法进行市场预测和销售预测,效果如何。

(3) 检查市场营销计划系统的有效性。即市场营销年度计划中销售、市场占有率、费用、资金运用和顾客购买行为分析等方面的执行结果,特别是销售预测和市场潜力(量)估计的正确程度;检查销售定额的制定是否体现了先进合理的原则。

(4) 检查市场营销控制系统的有效性。市场营销部门采取什么措施,收集、筛选计划实施中的有关信息;企业如何利用这些信息,对市场营销管理过程、市场营销活动进行监督、调整,检查市场反馈和效果。

(五) 营销生产率审计

营销生产率审计主要包括营销绩效分析、成本效益分析、赢利率分析等。

(1) 检查销售计划的执行情况。通过销售差异分析和从产品、地区、渠道等方面的分析,找出超额完成或者未能完成预定销售额的原因。

(2) 检查市场占有率。通过与竞争者的比较,找出上升或者下降的原因。

(3) 检查市场营销的费用率。分别列出销售队伍、广告、促销、调研和管理等项目的费用以及它们各占总销售额的百分比。通过分析比较,找出增减的原因。

(4) 检查资金的运用情况。了解影响企业资产净值报酬率的各项因素,了解企业利润率与总资产的升降程度,分析资金结构——现金、应收账款、库存及厂房设备等,研究企业能否以及如何改善资产管理。

(5) 检查企业对顾客的反应和变化有何追踪措施。比如,建立听取意见和建议的制度,组织顾客固定样本调查小组,定期通过随即抽样的方法给顾客寄送调查表,并评价企业措施的成效。

(六) 营销功能审计

营销功能审计包括产品、价格、分销、广告、销售促进、公共宣传和直接营销、销售队伍的审计。

(1) 分析不同产品、市场、地区、渠道和市场营销组织的赢利率,决定对有关细分市场是进入、扩大、收缩还是放弃,其短期和长期的利润将达到什么水平。

(2) 检查分析成本利益——哪些市场营销活动花费过多,哪些费用开支过大,找出成本上升的原因,并提出降低成本的措施。

市场营销审计不只是在出了问题时有用,其范围覆盖了整个市场营销环境、市场营销系统及具体的市场营销活动的所有方面。市场营销审计通常是由企业内部的相对独立、富有市场营销经验的市场营销审计机构客观的进行。市场营销审计需要定期进行,而不是出了问题才采取行动。市场营销审计不仅能为陷入困难的企业带来效益,而且可以帮助经营卓有成效的企业增加效益。

五、营销审计的方法

营销审计的方法指营销审计工作在技术上采用的具体方法,属于经营管理审计技术范畴,包括一般方法及一些特殊的定量方法。一般审计方法有顺查法、逆查法、核对法、审阅法、查询法、分析法、推理法、任意抽样法、判断抽样法、随机抽样法等,常用的定量分析方法包括因素分析法、本量利分析法、均衡率计算法、成本效益分析法等。此外,营销审计要求审计人员具备先进的思想方法和工作方法,精通营销管理,有较高的组织规划能力,综合判断和分析能力。否则,营销审计难以取得理想的效果。

复习题

1. 简述市场营销组织的常见形式。
2. 简述市场营销组织设计理论的基本内容。
3. 联系实际谈谈企业营销部门与其他部门的关系。
4. 简述营销审计的内容及特点。
5. 市场营销审计在市场营销控制中的作用是什么?

参考书目

1. Atuahene-Giam, Kwaku. An Exploratory Analysis of the Impact of Market Orientation on New Product Performance: A Contingency Approach. Journal of Product Innovation Management, 1995(12), 275－293.

2. A. Ries, Jack Trout. Positioning: The Battle for Your Mind. Warner Books, February 1993.

3. Annika Ravald, Christian Gronroos. The Value Concept and Relationship Marketing Relationship Marketing. European Journal of Marketing, 1996, 30(2).

4. Ansoff, H. Strategies for Diversification. Harvard Business Review, 1957, 35(5); 113－124.

5. Atuahene-Giam, Kwaku. Market Orientation and Innovation. Journal of Business Research, 1996, 35(9): 93－103.

6. Aaker D, Keller K. Consumer Evaluations of brand extensions. Journal of Marketing, 1990, 54(1): 27－41.

7. Adrian Payne, Pennie Frow. Customer Relationship Management. Strategy to Journal of Marketing Management, 2006, 22(2).

8. A. J. Faria. University of Windsor, Windsor. The Development Of The Functional Approach. The Study Of Marketing, 1940.

9. Ansoff H. Igor. Corporate strategy: An Analytic Approach to Business Policy for Growth and Expansion. New York: McGraw-Hill, 1965.

10. Brown, Thomas. An Experiment in Probabilistic Forecasting. R-944-ARPA, The first RAND Paper, 1972.

11. Booz, Allen, Hamilton. New Product Management for the 1980's. New York, 1982.

12. Booz, Allen, Hamilton. Management of New Products. New York: Booz, Allen and Hamilton Inc., 1968.

13. Berman, B. Marketing Channels. John Wiley & Sons, Inc., 1996.

14. Barker, L. N., H. A. Anshen. Modern Marketing. New York: McGraw-Hill Book Company, 1939.

15. Bigelow, Howard F. Money and Marriage, in Marriage and the Family, eds. Howard Becker and Reuben Hill. Boston: Heath and Company, 1942.

16. Brooksbank, R. W. This is Successful Marketing!. Horton Publishing, Bradford, 1990.

17. Bauer, R. Consumer Behavior as Risk Taking. *In*: Bauer, R. (ed.). Risk Taking and Information Handling in Consumer Behavior. Harvard Business Press, 1967.

18. Bendapudi N, Leone R P. Management Business-to-business customer Relationships

Following Key Contact Employee Turnover in a Vender Firm. Journal of Marketing,2002, 66(2):83－101.

19. Bell Russell W. An Explanatory Assessment of situational Effects in Buyer Behavior. Journal of Marketing Research,1974,11(5):56－163.

20. Booz, Allen, Hamilton Inc. , Barczak, G. , New Product Strategy, Structure, Process, and Performance in the Telecommunications Industry. Journal of Product Innovation Management,1995,12(2):224－234.

21. Barwise, Patrick. Brand Equity: Snark or Boojum? . International Journal of Research in Marketing,1993,(10):93－104.

22. Beery L L, Seiders K, Grewal D.. Understanding Service Convenience. Journal of Marketing,2001,66(7):1－17.

23. Berkley BJ,Gupta A. Improving Service Quality with Information Technology. International Journal of Information Management,1994,14(4):109－121.

24. Cavanagh, R. E. , Clifford D. K. The Winning Performance. Sidgwick and Jackson,London,1996.

25. Crawford, C. Merle. New Products Management, 5th ed.. Homewood, Illions: Richard D. Irwin. ,1996.

26. Claud Shannon, W. Weaver. Mathematical Theory of Communication. New York,1949.

27. Chaffey,D. E-Business and E-Commerce Management. Prentice Hall,2002.

28. Chritian Gronrros. Service Management and Marketing. Lexingtong, MA: Lexingtong Books,1990.

29. Calantone Roger J,Alan G. Sawyer. The Stability of Benefit Segments Journal of Marketing Research. 1978,15(8):395－404.

30. Cooper,R. G. ,Kleinschmidt,E. J. New Product: What Separates Winners from Losers. Journal of Product Innovation Management,1987,4(3):169－184.

31. Christopher W. L Hart. The Power of Conditional Service Guarantees. Harvard Business Reviews,1988(July-August):54－62.

32. Cooper,R. G.. Project New Product Factors in New Product Success. European J. Marketing,1980,14(5).

33. Christopher W. L. Hart,James L. Heskett,W. Earl Sasser. The profitable Art of Service Recovery. Harvard Business Review,(July-August 1990):148－156.

34. Christopher Rowland. The Pharmacists in Chains Promote Personal Touch to Keep Edge Over Mail-Order Firms. Boston Globe. 2003,11(10),2003:1.

35. Dholakia,U. M. An Investigation of The Relationship between Perceived Risk and Product Involvement. *In*: Brucks, M. , MacInnis, D. (eds), Advance in Consumer Research,Association for Consumer Research,Provo,UT,1997.

36. Dimaggio P L. Nonprofit Enterprise in the Arts. Oxford,New York,1986.

37. Duvall, Hill, Reuben. Report of The Committee on the Dynamics of Family

Interaction. Washington. D. C: National Conference on Family Life, mimeographed, 1948.

38. Duvall, Evelyn M. Family Development, 4th ed.. Philadelphia: J. B. Lippincott Company. 1971.

39. David J. Collis, Cynthia A. Montgomery, Michael Goold, Andrew Campbell, C. K. Prahalad, Kenneth Lieberthal, Stuart L. Hart. Harvard Business Review on Corporate Strategy. Harvard Business School Press, 1999.

40. Doyle, P. Marketing Management, Unpublished Paper. Bradford University Management Centre, 1983.

41. David B. Montgomey, Alvin J. Silk. Estimating Dynamic Effects of Market Communications Expenditures. Management Science, 1972, (6): 485 – 501.

42. David C. Mowery, Joanne E. Oxley, Brian S. Silverman. Strategic Alliances and Interfirm Knowledge Transfer. Strategic Management Journal, Winter, 1996, 17: 77 –91.

43. Dale Buss. Success from the Ground Up. BrandWeek, June 16, 2003: 21 – 22.

44. Dean Foust. How Lowe's Hammers Home Depot. BusinessWeek, April 5, 2004.

45. Dean J. Pricing Policies for New Products. Harvard Business Review, 1950, 28(6): 45 – 53.

46. Dichter Ernest. How Word-of-mouth Advertising Works. Harvard Business Review, 1966, 44(6): 147 – 154.

47. Don Peppers, Martha Rogers, et al. Is Your Company Ready For One To One Marketing. Harvard Business Review 1990, 68(5): 105 – 111.

48. Don E. Schultz. Integrated Marketing Communication: Maybe Definition Is in the Point of View. Marketing News, January 18, 1993: 17.

49. Domegan C T. The Adoption of Information Technology in Customer Service. Journal of Marketing, 1996, 30(6): 52 – 69.

50. Dyson, P., Farr, A., N. S. Hollis. Understanding, Measuring and Using Brand Equity. Journal of Advertising Research, 1996, (6): 9 – 21.

51. Diehl, M., Stroebe, W. Productivity Loss in Idea-generating Groups: Tracking down the Blocking Effect. Journal of Personality and Social Psychology, 1991, 6(1): 392 – 403.

52. Engle, James F., Blackwell, Roger D., Miniard, Paul W. Consumer Behavior Orlando Florida. Dryden Press, 1993.

53. Fitzsimmons, James A., Mona J. Fitzsimmons. Service Management for Competitive Advantage. New York: McGraw-Hill, 1994.

54. Festinger, L., A Theory of Social Comparison Processes. Human Relations, 1954, 7(5): 117 – 140.

55. Farquhar, P. H. Managing Brand Equity. Marketing Research, 1989, 48(9): 24 – 33.

56. Furnham, A., Yazdanpanahi, T. Personality Differences and Group Versus Individual Brainstorming. Personality and Individual Differences, 1995, 19(1): 73 –80.

57. Flint D J, Woodruff R B, Gardial S F. Exploring the Phenomenon of customers' Desired Value Change in a Business to Business Context. Journal of Marketing, 2002, 66

(4):102－117.

58. Gary Armstrong, Philip Kotler. Marketing: An Introduction, 7th ed. New Jersey:Pearson Education,Inc. ,2005.

59. G. Lancaster,L. Massingham. Essentials of Marketing. McGraw-Hill,1988.

60. Gardner, B. B. , Levy, S. J. The Product and The Brand. Harvard Business Review,1955,(2):33－39.

61. Green,Armstrong,Graefe. Methods to Elicit Forecasts from Groups:Delphi and Prediction Markets Compared. Forthcoming in Foresight: The International Journal of Applied Forecasting,(Fall 2007).

62. Green, Yoram Wind. New Way to Measure Consumer Judgments. Harvard Business Review,1975,(53):107－117.

63. Green E. Paul. A New Approach to Market Segmentation Business Horizons. 1977,20(2):61－73.

64. Glick. Paul C. The Family Cycle. American Sociological Review, 1947, (12): 164－174.

65. Gonzalez,L,Vijande,M. and Casielles R. The Market Orientation Concept in the Private Nonprofit Organization Domain,Int. Journal of Nonprofit and Voluntary Sector Marketing,2002,7(1):55－67.

66. Greiner L E. Evolution and Revolution as Organizations Grow. Harvard BusinessReview,1972. No. July-August:37－46.

67. G. Lynn Shostack. Breaking Free from Product Marketing. Journal of Marketing,1977,41(4):73－80,Reprinted with Permission of the American Marketing Association.

68. Gobeli, D. H. , Brown, D. J. . Analyzing Product Innovations. Research Management,1987,30(4):25－31.

69. Harold A. Linstone, Murray Turoff. Editors Linstone & Turoff. The Delphi Method:Techniques and Applications:A Heavily Referenced Work on this Method with an Extensive Bibliography,1975.

70. Howard,John A. ,Sheth,Jagdisk N. The Theory of Buyer Behavior. New York, Appleton-Century-Crofts Co. 1969.

71. Hooley, G. J. , Saunders, J. Competitive Positioning: The Key to Market Success. Prentice Hall,1993.

72. Hanson, F. Backwards Segmentation Using Hierarchical Clustering and Q-Factor Analysis. ESOMAR Seminar,1972.

73. H. Blumer. The Mass,The Public and Public Opinion. *In*:A. M. Lee(ed.). New Outline of the Principles of Soccilogy. New York:Barnes and Noble,1936.

74. Henderson,B. The Product Portfolio. BCG Perspectives,1968.

75. Henderson,B. The Experience Curve Reviewed:Is the Growth Share Matrix or Product Portfolio. BCG Perspectives,1973.

76. Heinz Weihrich. The TOWS Matrix: A Tool for Situational Analysis, Long Range Planning. 1982, Vol. 15(2):61.

77. Hammond, K L, Webster, R L, Harmon. H A. Market Orientation, Top Management Emphasis, and Performance within University Schools of Business: Implications for University. Journal of Marketing Theory and Practice, 2006, 14(2):69-85.

78. Harry Deane Wolfe. Techniques of Appraising Brand Preference and Brand Consciousness by Consumer Interviewing. Journal of Marketing, 1942(4):81-87.

79. Hoffman, D. L., Novak, T. P.. Marketing in hypermedia Computer-mediated Environment: Conceptual Foundations. Journal of Marketing, 1996, 60(7):50-68.

80. Heather Green, A. Cyber Revolt in Health Care, BusinessWeek, 1998, October 19:154-156.

81. Ingenee, Charles A., Parry, Mark E. Is Channel Coordination All It is Cracked up to Be? Journal of Retailing, 2000, 76(4):511-520.

82. Jay Blumler. Television and the Public Interest. London: Sage Publications, 1992.

83. Jean-Noel Kapfer, Strategic Brand Management: New Approaches to Creating and Evaluating Brand Equity. London, 1992.

84. J. Von Neumann, O. Morgenstern. Theory of Games and Economic Behavior. Princeton University Press, 1944.

85. Julian Dent. Distribution Channels: Understanding and Managing Channels to Market. Kogan Page Limited, 2008.

86. James G. Maxham Ⅲ, Richard G. Netemeyer. Firms Reap What They Sow: The Effects of Shared Values and Perceived Organizational Justice on Customers, Evaluations of Compaint Handling. Journal of Marketing, 2003, 67(1):46-62.

87. Jack Trout, Al Ries. Positioning Is a Game People Play In Today's Me-too Marketplace. Industrial Marketing, 1969, 54(6):51-55.

88. Jeffrey F. Rayport, John J. Sviokla. Exploiting the Virtual Value Chain. Harvard Business Review, 1995, Sep-Dec.

89. J. Carlos. On Strategic Networks. Strategic Management Journal, 1988, 9(1):31-41.

90. John D. C. Little, Leonard M. Lodish. A Media Planning Calculus. Operations Research. 1969, (2):1-35.

91. John D. C. Little. Decision Support Systems for Marketing Manegers. Journal of Marketing(Summer 1979):11.

92. John D. C. Little, Leonard M. Lodish. Commentary on Judgment Based Marketing Decision Models. Journal of Marketing, 1981, 45, (fall):24-294.

93. Johuson. Richard M. Market Segmentation: A Srategic Management Tool. Journal of Marketing Research, 1971, 8(2):13-18.

94. Kapeferer, Jean-Noel. The New Strategic Brand Management: Creating and

Sustaining Brand Equity Long Term,4th ed. London:Kogan Page Limited,2008.

95. Kenneth R. Andrews. The Concept of Corporate Strategy. Illinois, Richard D. Irwin,Inc. ,1980.

96. Kristian S. Palda. The Measurement of Cumulative Advertising Effect. NJ: Prentice Hall,1964.

97. Kirkpatrick. Ellis L. Cowles. Mary,Tough,Roselyn. The Life Cycle of the Farm Family in Relation to Its Standard of Living. Research Bulletin. Madison. WI:University of Wisconsin Agricultural Experiment Station,1934.

98. Kunhn R. Marketing Audit as A Management Tool. Un-temehmung,1977.

99. Kahn, K. B. Market Orientatin, Interdepartmental Integration, and Product Development Performance. The Journal of Product Innovation Management,2001,18: 314-323.

100. Kara,A,Spillan,J E,Deshields,W. Jr. An Empirical Investigation of the Link between Market Orientation and Business Performance Innonprofit Service Providers. Journal of Marketing Theory and Practice,2004,12(2).

101. [美]阿尔文·托夫勒．未来的冲击[M]. 蔡伸章,译．北京:中信出版社,2006.

102. 本杰明·古莫斯-卡瑟尔斯．竞争的革命——企业战略联盟[M]. 邱建等,译. 广州:中山大学出版社,2000.

103. [美]彼得．市场营销管理(英文版)[M]. 北京:机械工业出版社,1999.

104. 彼得·查维顿．大客户:识别、选择和管理[M]. 李丽主译．北京:中国劳动社会保障出版社,2003.

105. 伯特·罗森布罗姆．营销渠道——管理者的视野．第7版[M]. 北京:中国人民大学出版社,2006.

106. [美]博伊德．营销管理(英文影印版)[M]. 大连:东北财经大学出版社,1998.

107. Charles W. Lamb,et al. 市场营销学[M]. 赵银德等,译．北京:北京大学出版社,2003.

108. [美]查克·马丁．数字化经济——电子商业的七大网络趋势[M]. 北京:中国建材工业出版社,1999.

109. 理查德·J. 塞米尼克．促销与整合营销传播[M]. 徐慧忠等,译．北京:电子工业出版社,2005.

110. 理查德·L. 桑德霍森．市场营销学[M]. 陶婷芳,译．上海:上海人民出版社,2004.

111. 丹·舒尔茨,海蒂·舒尔茨．整合营销传播——创造企业价值的五大关键步骤[M]. 何西军等,译．北京:中国财政经济出版社,2005.

112. 丹·舒尔茨,等．新整合营销[M]. 吴磊等,译．北京:中国水利水电出版社,2004.

113. 丹尼斯·麦奎尔．大众传播理论[M]. 崔保国,李琨,译．北京:清华大学出版社,2006.

114. 戴维·A. 阿克．战略市场管理[M]. 王霞,申跃,译．北京:中国人民大学出版

社,2005.

115. 戴维·W. 克雷文. 市场营销战略(英文版·第5版). 北京:机械工业出版社,1998年.

116.[美]戴夫·查菲等. 网络营销:战略、实施与实践[M]. 马连福等,译. 北京:机械工业出版社,2008.

117. 大卫·乔布尔. 市场营销学:原理与实践[M]. 胡爱稳,译. 北京:机械工业出版社,2003.

118.[美]道格拉斯·兰伯特,等. 物流管理[M]. 张文杰等,译. 北京:电子工业出版社,2003.

119. E. M. 罗杰斯. 传播学史:一种传记式的方法[M]. 殷晓蓉,译. 上海:上海译文出版社,2002.

120. 菲利普·科特勒. 营销管理分析、计划、执行和控制[M]. 梅汝和等,译. 上海:上海人民出版社,1997.

121. 菲利普·科特勒,凯文·莱恩·凯勒. 营销管理. 第11版[M]. 梅清豪,译. 上海:上海人民出版社,2006.

122. 菲利普·科特勒,凯文·莱恩·凯勒. 营销管理. 第12版[M]. 梅清豪,译. 上海:上海人民出版社,2008.

123.[美]弗雷德里克·纽厄尔. 网络时代的顾客关系管理[M]. 北京:华夏出版社,2001.

124. 汉斯·克里斯蒂安·韦尔斯. 市场营销学[M]. 钟筱梅,汪如顺等,译. 杭州:浙江教育出版社,1993.

125.[英]吉姆·布莱恩. 营销传播精要. 第2版[M]. 王慧敏等,译. 北京:电子工业出版社,2003.

126. 家乔恩·米勒,戴维·缪尔. 强势品牌的商业价值[M]. 北京:中国人民大学出版社,2007.

127. 凯文·莱恩·凯勒. 战略品牌管理. 第2版[M]. 北京:中国人民大学出版社,2006.

128. 克里斯·费尔. 整合市场传播[M]. 杨琳,译. 北京:经济管理出版社,2005.

129. 克里斯·德诺夫,詹姆斯·戴维·鲍尔四世. 怎样客户才能满意[M]. 粟志敏,译. 北京:中国人民大学出版社,2008年.

130. 利普·科特,凯文·莱恩·凯勒. 营销管理[M]. 梅清豪,译. 上海:上海人民出版社,2006.

131. 罗伯特·J. 多兰,赫尔曼·西蒙. 定价圣经[M]. 董俊英等,译. 北京:中信出版社,2004.

132. 雷蒙德·P. 菲斯克,史蒂芬·J. 格罗夫,乔比·约翰. 互动服务营销[M]. 张金成等,译. 北京:机械工业出版社,2001.

133.[荷]里克·莱兹伯斯等. 品牌管理[M]. 北京:机械工业出版社,2004.

134. 曼弗雷德·布鲁恩. 传播政策[M]. 易文,译. 上海:复旦大学出版社,2005.

135. 迈克尔·波特. 竞争优势[M]. 陈小悦,译. 北京:华夏出版社,1997.

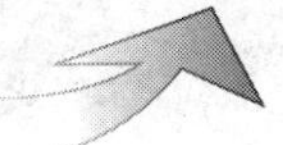

136. 迈克尔·波特．竞争战略[M]．北京:华夏出版社,2005.

137. 迈克尔·波特．竞争优势[M]．北京:华夏出版社,2002.

138. 明茨伯格．公司战略计划——大败局的分析 [M]．张艳等,译．昆明:云南大学出版社,2002.

139.[美]门罗．定价:创造利润的决策[M]．孙忠,译．北京:中国财政经济出版社,2005.

140. 内格尔．定价策略与技巧:赢利性决策指南．第3版[M]．应斌等,译．北京:清华大学出版社,2003.

141. 帕特里克·巴韦斯,肖恩·米汉．只需更好:如何赢得并留住顾客[M]．孙选中等,译．北京:商务印书馆,2006.

142. 皮埃尔·布迪厄．关于电视[M]．沈阳:辽宁教育出版社,2000.

143. 奎尔齐等．营销管理:教程与案例(英文影印版)[M]．大连:东北财经大学出版社,1998.

144. 乔治·贝尔奇,迈克尔·贝尔奇．广告与促销——整合营销传播视角[M]．张红霞等,译．北京:中国人民大学出版社,2006.

145.[美]斯坦利·J. 巴伦．大众传播概论[M]．刘鸿英,译．北京:中国人民大学出版社,2008.

146.[韩]申光龙．营销传播管理者工作模型[M]．天津:天津人民出版社,2008.

147.[美]汤姆·邓肯．整合营销传播:用广告和促销活动建树品牌(影印本)[M]．北京:高等教育出版社,2003.

148. Thomas L. Collins. 最大化营销[M]．邓盛华等,译．北京:中国标准出版社,2000.

149. Thomas T. Nagle,Reed K Holden. 定价策略与技巧．第2版[M]．赵平等,译．北京:清华大学出版社,1999.

150.[美]汤姆·纳格,约翰·霍根,王佳茜．定价战略与战术:通向利润增长之路[M]．龚强,译．北京:华夏出版社,2008.

151. 汤姆奥·森顿．顾客份额营销——释放顾客忠诚,找到利润源泉[M]．刘晓红,梁嫚春,译．北京:中国人民大学出版社,2005.

152. 特伦斯·A. 辛普．整合营销沟通．第5版[M]．熊英翔,译．北京:中信出版社,2003.

153. 唐·E. 舒尔茨,菲利普·J. 凯奇．全球整合营销传播[M]．何西军等,译．北京:中国财政经济出版社,2004.

154. 唐·E. 舒尔茨,斯坦利·田纳本,罗伯特·劳特朋．新整合营销[M]．吴磊等,译．北京:中国水利水电出版社,2004.

155. 唐·E. 舒尔茨等．整合行销传播[M]．吴怡国等,译．北京:中国物价出版社,2002.

156. 托马斯·C. 奥吉恩等．广告学[M]．北京:机械工业出版社,2002.

157. V. V. Bellur. 市场营销理论与实务[M]．于华民等,译．成都:西南财经大学出版社,2000.

158.[美]沃德·汉森.网络营销原理[M].北京:华夏出版社,2001.

159. W.施拉姆.传播学概论[M].北京:北京大学出版社,2007.

160.[法]雅克·朗德维,[法]德尼·林顿.市场营销学.第5版[M].张欣伟等,译.北京:经济科学出版社,2000.

161.[美]约翰·弗劳尔.网络经济——数字化商业时代的来临[M].呼和浩特:内蒙古人民出版社,1997.

162. 亚瑟·马歇尔.西方企业定价法.北京:中国财政经济出版社,1983.

163.[美]威尔伯·施拉姆,威廉·波特.传播学概论[M].北京:北京大学出版社,2007.

164.[英]朱利安·柯明斯.促销[M].陈然,译.北京:北京大学出版社,2003.

165.[美]朱迪·斯特劳斯等.网络营销.第4版[M].北京:中国人民大学出版社,2007.

166. Little John,S. W.传播理论.陈德民,叶晓辉,译.北京:中国社会科学出版社,1999.

167. 小奥维尔·C.沃克,约翰·W.马林斯,小哈珀·W.博伊德,琼克劳德·拉莱克.营销战略:以决策为导向的方法[M].北京:北京大学出版社,2007.

168. 小威廉·D.佩罗特,尤金尼·E.麦卡锡.基础营销学.学生版[M].梅清豪,周安柱,译.上海:上海人民出版社,2001.

169. 陈龙.大众传播学导论[M],苏州:苏州大学出版社,2006.

170. 陈荣平.战略管理的鼻祖:伊戈尔·安索夫[M].石家庄:河北大学出版社,2005.

171. 陈祝平.服务市场营销[M].大连:东北财经大学出版社,2001.

172. 陈拥军,孟晓明.电子商务与网络营销[M].北京:电子工业出版社,2008.

173. 陈孟建.网络营销与策划[M].北京:电子工业出版社,2002.

174. 丁兴良.深度解决方案式营销[M].北京:经济管理出版社,2007.

175. 丁俊杰,康瑾.现代广告通论[M].北京:中国传媒大学出版社,2007.

176. 戴元光.社会转型与传播理论创新[M].上海:上海三联书店,2008.

177. 冯英健.网络营销——基础与实践[M].北京:清华大学出版社,2002.

178. 傅浙铭.定价与分销策略[M].广州:南方日报出版社,2004.

179. 郭庆光.传播学教程[M].北京:中国人民大学出版社,1999.

180. 郭国庆.市场营销学通论[M].北京:中国人民大学出版社,2005.

181. 甘碧群.市场营销学[M].武汉:武汉大学出版社,1997.

182. 胡理增.面向供应链的客户关系管理[M].北京:中国物资出版社,2007.

183. 汗牛,陈企华.与客户成功谈判的技巧[M].北京:中国纺织出版社,2003.

184. 洪波.电信客户关系管理[M].北京:人民邮电出版社,2003.

185. 纪宝成.市场营销学教程.第3版[M].北京:中国人民大学出版社,2002.

186. 孔伟成,陈水芬.网络营销[M].北京:高等教育出版社,2005.

187. 邝鸿.现代市场营销大全[M].北京:经济管理出版社,1990.

188. 李剑锋,王珺之.营销管理十大误区[M].北京:中国经济出版社,2004.

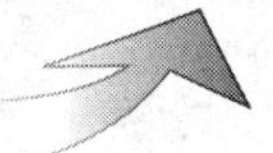

189. 李雪松,张理．现代物流作业管理[M]. 北京:北京大学出版社,2004.

190. 李名亮．广告传播学[M]. 上海:上海财经大学出版社,2007.

191. 李文同．市场营销学[M]. 成都:西南财经大学出版社,2004.

192. 刘联辉．配送实务[M]. 北京:中国物资出版社,2004.

193. 刘海龙．大众传播理论:范式与流派[M]. 北京:中国人民大学出版社,2008.

194. 刘向晖．网络营销导论[M]. 北京:清华大学出版社,2005.

195. 楼继伟．政府采购法律制度研究[M]. 北京:经济科学出版社,1998.

196. 立言等．物流企业管理[M]. 北京:清华大学出版社,2000.

197. 卢泰宏,朱翊敏．实效促销[M]. 北京:清华大学出版社,2003.

198. 骆品亮．定价策略[M]. 上海:上海财经大学出版社,2006.

199. 欧阳小珍．销售管理[M]. 武汉:武汉大学出版社,2003.

200. 彭星闾．企业市场营销学[M]. 北京:中国展望出版社,1987.

201. 乔均．市场营销学[M]. 沈阳:辽宁科技出版社,1995.

202. 乔均．品牌价值理论研究[M]. 北京:中国财政经济出版社,2007.

203. 乔均．商业银行和保险业品牌形象研究[M]. 北京:中国财政经济出版社,2009.

204. 秦毅．如何管理与控制销售队伍[M]. 北京:北京大学出版社,2004.

205. 阮青松,周隆斌,苟开红．企业实施掠夺性定价的经济学分析[J]. 价格理论与实践,2003.

206. 舒咏平．广告传播学[M]. 武汉:武汉大学出版社,2006.

207. 宋文官,姜何,华迎著．网络营销[M]. 北京:清华大学出版社,2008.

208. 王方华编．市场营销学．第 2 版[M]. 上海:复旦大学出版社,2001.

209. 王霆,卢爽．数字化营销[M]. 北京:中国纺织出版社,2003.

210. 王建宇．网络营销导论[M]. 杭州:浙江大学出版社,2002.

211. 万后芬．现代市场营销学[M]. 北京:中国财政经济出版社,1998.

212. 卫军英．关系创造价值——整合营销传播理论向度[M]. 北京:中国传媒大学出版社,2006.

213. 吴健安,郭国庆,钟育赣．市场营销学[M]. 北京:高等教育出版社,2007.

214. 薛可．人际传播学[M]. 上海:同济大学出版社,2007.

215. 叶万春．服务营销学[M]. 北京:高等教育出版社,2003.

216. 杨坚争．网络营销教程[M]. 北京:中国人民大学出版社,2002.

217. 余凌云．行政契约论[M]. 北京:中国人民大学出版社,2000.

218. 张国良．传播学原理[M]. 上海:复旦大学出版社,2004.

219. 张慧元．大众传播理论解读[M]. 苏州:苏州大学出版社,2005.

220. 张明立．顾客价值——21 世纪企业竞争优势的来源[M]. 北京:电子工业出版社,2007.

221. 张金海．20 世纪广告传播理论研究[M]. 武汉:武汉大学出版社,2002.

222. 张靖．网络营销[M]. 北京:电子工业出版让,2002.

223. 郑涵,金冠军．当代传媒制度变迁[M]. 上海:上海三联书店,2008.

224. 周志民．品牌管理[M]．天津：南开大学出版社，2008.

225. 周文，包焱．人员推销[M]．北京：世界知识出版社，2002.

226. 国际交流问题研究委员会．多种声音，一个世界[M]．北京：中国对外翻译出版公司，1981.

227. 关税及贸易总协定业务手册[M]．北京：经济管理出版社，1993.

228. 陈涛．国外营销渠道冲突及其管理研究综述[J]．外国经济与管理，2003，(8).

229. 陈涛，赵军．中国企业营销渠道冲突与管理战略研究[J]．商业经济与管理，2004，(6).

230. 陈兵兵．21世纪市场竞争经营的"通行证"客户关系管理[J]．电子与信息化，1999，(11).

231. 昌平，王方华，葛卫华．战略联盟的自组织机制研究[J]．华中科技大学学报(自然科学版)，2004，(1).

232. 程华，宝贡敏．网上购物意向决定因素的实证研究[J]．数量经济技术经济研究，2003，(11).

233. 杜荣，胡奇英，陈开周．同类产品多品牌的最优定价模型[J]．管理科学学报，2004，(3).

234. 范锋，陈文健．CRM企业客户管理的重塑[J]．企业改革与管理，2000，(12).

235. 范晓屏．计算机辅助新产品创意生成系统——超矩阵模型[J]．科研管理，2001，(6).

236. 范琛，姚俭．基于资本运作的同类销售企业定价博弈问题的研究[J]．商场现代化，2008，(5).

237. 付慧珊，王丰．营销渠道冲突管理六步法[J]．经济与管理，2003，(8).

238. 郭宏湘，李超，肖斌．价值链模块化与中小企业嵌入策略 [J]．现代管理科学，2008，(2).

239. 郭国庆，刘彦平．国外非营利机构的发展及其管理趋势[J]．北京行政学院学报，2003，(4).

240. 桂萍．国内外企业战略联盟研究综述[J]．武汉理工大学学报(信息与管理工程版)，2007，(2).

241. 过晓芳，王宇平．同类产品的定价模型研究[J]．技术经济与管理研究，2007，(3).

242. 黄彬，童晓敏，唐任仲．网络时代CRM应用中的若干个关键技术[J]．机电工程，2001，(5).

243. 洪明．渠道冲突相关研究述评[J]．商业时代，2008，(28).

244. 姜爽，沈烈志，金玉然．基于成本加成定价法的玉件产品定价模型研究[J]．商场现代化，2007，(13).

245. 姜波，秦勇．基于新产品开发链的门径管理研究[J]．价值工程，2007，(5).

246. 李珍刚，王三秀．论非营利组织的筹资策略[J]．社会科学，2002，(6).

247. 李小明．产品销售单价定价下限探微[J]．商场现代化，2006，(10).

248. 李桂华．产业市场营销的市场细分方法与模型研究[J]．现代财经，2004，(4).

249. 李瑛．谈内部顾客服务——企业价值链建构的新思考[J]．中山大学学报论丛，2001,(4).

250. 李平，狄辉．产业价值链模块化重构的价值决定研究[J]．中国工业经济，2006,(9).

251. 李启．传播学与中国[J]．国际新闻界，1997,(3).

252. 刘郁远．当前营销渠道研究热点问题综述[J]．经济论坛，2009,(12).

253. 刘大康．层次分析法在市场细分中的运用[J]．西南师范大学学报，2003,(4).

254. 冷振兴．中国销售队伍管理病[N]．中国经济时报，2002-11-29.

255. 罗雯，何佳讯．关系范式下新产品开发模式的变革[J]．商业经济与管理，2005,(5).

256. 欧海鹰，覃正，吴军．客户关系管理成功因素分析[J]．软科学，2002,(3).

257. 潘永花．浅析客户关系管理[N]．网络世界，2002(13-14).

258. 潘成云．解读产业价值链：兼析我国新兴产业价值链基本特征[J]．当代财经，2001,(9).

259. 乔均．商业银行个人客户忠诚度评价及实证研究[J]．管理世界，2007,(8).

260. 乔均．论品牌延伸对市场份额和广告效率的影响[J]．中国工业经济，2008,(9).

261. 乔均．百货商场服务品牌形象对顾客忠诚影响研究[J]．中国媒体研究发展报告，2009,(2).

262. 乔均．品牌权益研究综述[J]．南京财经大学学报，2006,(6).

263. 乔均．家用打印机品牌价格弹性机制探析[J]．现代广告，2005,(11).

264. 乔均．基于价格和广告投放的汽车品牌资产实证研究[J]．市场营销导刊，2008,(4).

265. 齐佳音，韩新民，李怀祖．客户关系管理的管理学探讨[J]．管理工报，2002,(3).

266. 齐佳音，韩新民等．我国客户关系管理研究的紧迫性和方向分析[J]．管理科学学报，2002,(4).

267. 全雄文，涂奉生，魏杰．新产品销售定价的制造商与销售商斯坦克尔伯格博弈[J]．系统工程理论与实践，2007,(8).

268. 任杰．考虑消费者信息不对称的企业定价策略研究[J]．江西农业学报，2009,(6).

269. 石飞．高新技术企业定价策略研究[J]．价格理论与实践，2006,(9).

270. 邵培仁．传播学本土化研究的回顾与前瞻[J]．杭州师范学院学报，1999,(7).

271. 孙旭培．我国传播学研究向何处去[J]．新闻与传播研究，2000,(1).

272. 宋亚非．网络营销的竞争优势分析[J]．东北财经大学学报，2006,(1).

273. 沙振权，王静．网上零售顾客价值初探[J]．商业经济文荟，2004,(4).

274. 谭晓宁，金维兴．创新的全面客户服务模式[J]．西安建筑科技大学学报，2002,(1).

275. 王静，于立荣．营销观念在非营利组织中的应用[J]．科技情报开发与经济，2004,(10).

276. 王宏达,郝以阁,汪定伟. 季节性商品的促销定价模型与算法[J]. 东北大学学报(自然科学版),2007,(1).

277. 王永强. 基于网络的互动营销[J]. 企业活力,2001,(8).

278. 王趁荣. 工业品营销中顾客感知价值分析[J]. 商场现代化,2006,(23).

279. 王毅,毛义华,陈劲,许庆瑞. 新产品开发管理新范式:基于核心能力的平台方法[J]. 科研管理,1999,(5).

280. 谢婉欣. 体验营销——更为新颖的营销模式[J]. 企业活力,2001,(6).

281. 殷家明等. 我国政府采购制度研究[J]. 财政研究,1999,(2).

282. 殷亚红. 我国政府采购制度基本情况介绍[J]. 中国政府采购,2005,(8).

283. 杨冰昕. 企业的客户关系管理[J]. 电子与信息化,2002,(3).

284. 于青. 中国网民数量世界第一,质量第几[J]? 广告大观:媒介版,2008,(11).

285. 张朝孝,蒲勇健. 新产品定价博弈模型的探讨[J]. 商业经济与管理,2002,(2).

286. 张红兵. 寡头垄断市场条件下的 VMI 定价策略[J]. 内蒙古科技与经济,2006,(17).

287. 张希颖,宋琛. 基于网络技术的主动与互动营销 [J]. 商业时代,2006,(3).

288. 张中元,孙伟,陈涛. 西方渠道冲突理论及新进展[J]. 现代管理科学,2004,(5).

289. 张辉. 全球价值链理论与我国产业发展研究[J]. 中国工业经济,2004,(5).

290. 张庶萍,张世英,郝春晖. 服务营销的定价策略研究[J]. 价格理论与实践,2005,(4).

291. 邹进文. 政府采购的经济学透视[J]. 当代财经,2002,(2).

292. 钟和平. 企业定价决策问题研究[J]. 企业活力,2004,(10).

293. 赵国庆. 客户关系管理中的客户分类方法研究[J]. 科技与管理,2001,(4).

294. 朱青松. 企业战略联盟类型与影响探析[J]. 当代经济管理,2006,(4).

295. 湛中乐,杨解君. 政府采购基本法律问题研究[J]. 法制与社会发展,2001,(3).

后　记

市场营销学形成一门学科始于20世纪初。一个世纪以来，该学科获得了迅速的发展和广泛的应用。由于体制上的原因，市场营销学在20世纪80年代中期才被引进中国。在汪道涵先生的倡导和鼎力支持下，梅汝和先生翻译了美国西北大学科特勒教授(Philip Kotler)第5版的《营销管理：分析、计划和控制》，从此，市场营销学在我国逐渐推广开来。我国的市场营销学教材的编撰深受该教材体系的影响，直到今日，国内流传的许多大家的版本几乎没有超越这本教材的体系。

我早年在上海读书时听过梅汝和先生的课，当我在南京财经大学执教时，又专门请来梅清豪先生给我的研究生介绍科特勒教授的营销管理教材体系的演变。在20世纪90年代初，应江苏省教育厅自学考试办公室邀请，我主编了《市场营销学教程》供全省自学考试的考生学习。从那以后，我再也没有编撰过营销管理教程。因为我觉得科特勒教授的营销管理教材是一座高山，难以超越。2003年，我申报的“市场营销学课程建设”获得了江苏省教育厅的精品课程。清华大学出版社的刘志彬编辑主动邀请我改编先期出版的营销学教材，我婉言谢绝了。2007年，我去美国俄亥俄大学做访问学者，认真研究了美国其他学者的营销管理教程，并系统收集了散落在各个营销学刊上的营销概念的演变文章。在教学中逐渐发现，高山虽令人仰止，但也有美中不足。科特勒虽然在后期的版本中，为加强教材在品牌问题上的分量，甚至不惜将自己1967年研究的“营销管理教程”与美国达特茅斯学院的著名品牌学者凯勒(Kevin Lane Keller)分享。但是，教材在营销学主要营销概念的出处，以及如何开展品牌传播方面等均未能做到让人满意。2008年，我决定将10多年前编撰的教材与我的同事一起重新改写。不仅在上述方面力求突破，更想在营销管理本土化方面能有所完善。

我设计了本书的体系并对全书章节做了终审。各章执笔如下：乔均教授执笔第一、二、五、八、九、十三章；张太海教授执笔第六、七、十五章；张国军副教授执笔第十二、十八章；刘杰副教授执笔第十一、十七章；高春亮副教授执笔第三、四章；张敏副教授执笔第十、十四章；任晓峰副教授执笔第十六章。另外，我的研究生何秀丽、史渊、许兴祥、庄成锺、吕智梅、王萍等参与了文献收集和中英文注释考疏工作。本教材的出版得到了南京财经大学营销物流管理学院的资助，还得到了清华大学出版社的帮助，在此一并致谢！

乔　均

2009年10月31日

教学支持说明

▶▶课件申请

尊敬的老师：

您好！感谢您选用清华大学出版社的教材！为更好地服务教学，我们为采用本书作为教材的老师提供教学辅助资源。鉴于部分资源仅提供给授课教师使用，请您直接手机扫描下方二维码实时申请教学资源。

任课教师扫描二维码
可获取教学辅助资源

▶▶样书申请

为方便教师选用教材，我们为您提供免费赠送样书服务。授课教师扫描下方二维码即可获取清华大学出版社教材电子书目。在线填写个人信息，经审核认证后即可获取所选教材。我们会第一时间为您寄送样书。

任课教师扫描二维码
可获取教材电子书目

清华大学出版社

E-mail: tupfuwu@163.com　　网址：http://www.tup.com.cn/
电话：8610-62770175-4506/4340　　传真：8610-62775511
地址：北京市海淀区双清路学研大厦B座509室　　邮编：100084